泰州文獻

第四輯

繆氏雜詩鈔
李氏叢書
泰州文獻總目録
泰州文獻索引
泰州著述總目

鳳凰出版社

ISBN 978-7-5506-2286-9

9 787550 622869 >

圖書在版編目（CIP）數據

繆氏雜詩鈔等 / 佚名輯. 泰州文獻總目録 / 王劍編. 泰州文獻索引 / 王劍編. -- 南京：鳳凰出版社，2015.10
（泰州文獻）
本書與“泰州著述總目”合訂
ISBN 978-7-5506-2286-9

Ⅰ. ①繆… ②泰… ③泰… Ⅱ. ①佚… ②王… Ⅲ. ①古籍－彙編－泰州市 Ⅳ. ①Z422

中國版本圖書館CIP數據核字(2015)第301643號

責任編輯 王　劍
裝幀設計 姜　嵩
出版發行 鳳凰出版傳媒股份有限公司
鳳凰出版社(原江蘇古籍出版社)
發行部電話 025－83223462
出版社地址 南京市中央路165號　郵編:210009
出版社網址 http://www.fhcbs.com
印　　刷 揚州文津閣古籍印務有限公司
揚州市開發區鴻揚路22-2號(6幢)　郵編:225009
開　　本 889毫米×1194毫米　1/16
印　　張 49.75
版　　次 2015年10月第1版　2015年10月第1次印刷
標準書號 ISBN 978-7-5506-2286-9
定　　價 530.00圓
(本書凡印裝錯誤可向承印廠調換，電話:0514－87969255)

《泰州文獻》工作委員會

主　任

藍紹敏　陸志鵬

常務副主任

盧佩民

副主任

戴勝利　王學鋒　張培成　佘江涛

委　員（按姓氏筆畫为序）

丁少華　方標軍　成愛君　季春芳　周興安

查學斌　姜小青　奚愛國　陳士宏　黄林華

曹茂良　曹學賦　許大才　張國祥　萬永良

程榮穩　鄒祥龍　費振鐘　劉　玲　劉仁前

劉宏鳴　潘時常　薛金林　顧維中

《泰州文獻》編纂委員會

主　編

盧佩民

副主編

黄林華　姜小青

執行主編

成愛君　費振鐘

編　委（按姓氏筆畫为序）

王　飛　王　劍　王正奎　卞惠興　朱長順　全　勤

李文華　李明官　吴　迪　吴小晴　吴雙林　汪　政

沈　俊　林世田　莫其康　倪培翔　徐一清　徐同華

高　峰　陳　立　黄　靖　曹學林　常　康　張　定

張永龍　劉仁前　劉春龍　潘浩泉　薛　飛　謝冬榮

竇立成　顧寄南

《泰州文獻》學術指導委員會

（按姓氏筆畫为序）

江慶柏　金良年　茅家琦　華學誠　徐　雁　畢飛宇

程章燦　楊九俊　魯國堯　劉玉才　顧　農

總序

泰州古稱海陵，漢初（公元前一一七年）置縣，晉末（公元四一一年）設郡，南唐（公元九三七年）建州，始稱泰州。

泰州濱江近海，物阜民豐。漢唐以來，糧鹽並舉，商貿繁榮，爲溝通南北的重要港口城市。

泰州素爲文教昌明之邦。唐初立州學，北宋建貢院，明清開學政試院，産出大批科舉優秀人才。

泰州自古人文薈萃。走進泰州的，從范仲淹、富弼、陸佃，到孔尚任、吴讓之、蔣春霖，都留下深遠影響。走出泰州的，從張懷瓘、胡瑗、施耐庵、王艮，到李清、吴嘉紀、柳敬亭、黄龍士、李鱓、鄭燮、劉熙載、李詳、梅蘭芳、高二適，都在各自領域爲中國文化作出巨大貢獻。

泰州遺存的文獻也很豐富。僅據《江蘇藝文志》所載，便有二千七百餘種，涵蓋經、史、子、集的方方面面。其中，尤以明清時期爲夥，占到百分之九十九以上。這當中不排除由於種種原因，致使元以前的一些著述湮没無聞，但明清兩代，確是泰州文化的繁盛期。在這些文獻中，如《書斷》（張懷瓘）、《水滸傳》（施耐庵）、《王心齋先生遺集》（王艮）、《宗子相集》（宗臣）、《陋軒詩集》（吴嘉紀）、《板橋全集》（鄭燮）、《藝概》（劉熙載）、《李審言文集》（李詳）、《黄龍士先生棋譜》等，在中國文化史上都有重要地位和深遠影響。

與此同時，對鄉邦文獻進行整理的也代不乏人。自宋至清，周氏（周麟之等）、宫氏（宫偉鏐等）、陳氏（陳應芳等）、徐氏（徐鳴柯等）等都曾致力其事，爲泰州留下了許多寶貴的文化財富。清嘉道間，鄉人夏荃編輯《海陵文徵》二十卷、附録十二卷，《海陵詩徵》十卷。民國初年，曾任江蘇省省長的鄉人韓國鈞歷經十餘年編成《海陵叢刻》計二十三種六十六册。

二〇一一年九月召開的中共泰州市第四次代表大會，提出了建設文化名城的任務。爲此，中共泰州市委、泰州市人民政府決定編纂《泰州文獻》。這是泰州有史以來對本土文獻最大規模的整理和彙編。它對於保存、利用、研究和開發泰州的歷史文化，尋繹泰州獨特的地方文化價值，爲泰州文化建設提供歷史人文資源，意義重大。

爲了保證編纂工作的順利進行，市委、市政府專門成立了工作委員會、編纂委員會和學術指導委員會。工作委員會由市委、市政府領導和相關部門負責同志組成，負責對編纂工作的領導和協調。編纂委員會由相關專家、學者組成，具體負責《泰州文獻》的編纂出版工作。學術指導委員會由江慶柏、魯國堯、程章燦、茅家琦、華學誠、徐雁、金良年等國内知名文史專家組成，負責對編纂工作的指導和把關。

編纂工作按如下幾個步驟進行：（一）進行文獻調查，建立文獻檔案；（二）精選有代表性、有學術價值的作品影印出版，選目由編纂委員會和學術指導委員會共同審議確定；（三）編輯出版《泰州文獻總目》。

《泰州文獻》分爲四輯：

第一輯『官修舊志』，收録泰州地區現存所有官修地方志。

第二輯『地方史料文獻』，收録泰州地區歷代重要的筆記和史料。按内容又可分爲史地類：收録有關泰州歷史地理方面的著作，包括小志、專志、雜志等；政情類：收録有關泰州政治、經濟等方面的著作；文教類：收録有關文化、教育、圖書館等方面的著作。

第三輯『家族文獻』，收録泰州地區重要的家譜、家傳、家集與名人年譜。按内容又可分爲家乘傳記類：擇要收録泰州家族譜牒中的譜序、家規、家訓、箴言、族約、族記、祠田記、塋田記、雜記、著述等資料；家族總集類：以家族姓氏筆畫爲序。

第四輯『泰州文存』，收録泰州地區作者的詩文著作及其他代表性著作。按内容又可分爲學術論著類：收録泰州作者的經史雜著；文集類：收録泰州作者的詩文集；地方總集類：收録泰州作者的詩文合集。

考慮到《水滸傳》、《封神演義》（《辭海》云『一説陸西星作』）、《檮杌閑評》（學界多謂李清所作）等小説流傳甚廣，版本豐富，故不再收録。其他如堪輿、術數類著作，泰州人撰泰州地區以外的地方志、地理志類著作，一般性的彙編、摘鈔類著作，亦不予收録。

《泰州文獻》原則上收録現轄區内的作家作品。但從尊重歷史出發，泰州學派創派人物、明代思想家、哲學家王艮，平民詩人吴嘉紀等人，歷史上均屬於泰州地區，對泰州地區具有深遠的文化影響，他們的作品亦予收録。

前人給我們留下了豐厚的文化遺産，我們既要加以珍視和傳承，更要在前人的基礎上，創造出無愧於今天這個偉大時代的新篇章。這是我們更重要的使命，讓我們爲之努力。

《泰州文獻》編纂委員會

二〇一三年十月十八日

凡例

一、《泰州文獻》（以下簡稱《文獻》）分爲《官修舊志》、《地方史料文獻》、《家族文獻》和《泰州文存》四輯。

二、《文獻》收録範圍原則上爲現行政轄區内作者的著述和與泰州有關的重要著述，但考慮到歷史上曾屬於泰州地區的人物，如泰州學派的代表人物王艮、平民詩人吴嘉紀等對泰州文化深具影響，對他們的作品亦予收録。

三、所收著作成書年代限於一九四九年以前。

四、《文獻》所收著作，以學術價值、使用價值較高爲原則，適當兼顧版本價值。

五、《文獻》以影印方式出版。如有蠹損、殘缺、漫漶不清處，原則上以相同版本予以補配，以保證完整、清晰。

六、《文獻》對所收每種著作均撰寫提要，置於該著作前面，以方便讀者瞭解作者生平、主要内容、學術價值等。

七、《文獻》除保留所收著作原有頁碼外，均新編頁碼，每册頁碼自爲起訖。

八、《文獻》最後一册編有書名索引和作者索引，以方便讀者使用。

目録

繆氏雜詩鈔

佚名輯

《繆氏雜詩鈔》不分卷，佚名輯，據泰州圖書館藏舊鈔本影印。

此輯録泰州繆氏詩作，内有《成之詩鈔》、《静軒詩》（繆永煦撰）、《知竹齋唱和集》、《繼聲集》。附《同人集》，又名《天香書屋詩》，作者有姜鳳喈、繆承鈞、繆漁明等。

（江慶柏）

蒼霞日暮移。屋指列巾嶼。手指得金對。飛鳥隨步履。去不覺天孫妙。色華向枯梧樹。
其林明滅前岡。隱見物鵰蹲。微嶼青蒼。微影落如霜。老人坐南斗。鐘聲聞[illegible]年太空中。
但千山自金屋。

合向岩坐花嶼茗賞

茗衣人踪破。前林鳥茶藤。添籬[illegible]雨。[illegible]烟。武鳴鳥。陂水秋林綠。斜同晚石明。相與草間。
微風洋出前。質公園遲[illegible]。[illegible]影鷗鵰水。秋花上鳥啄。滿夫出泥。水花白[illegible]目
碧崖清飢。鶴喚屬雲。清聲壺孤擊。吐語驚花影。寄與臨霞表。名栈合仍吟。水天色清
翛然似楚屈杯。俗塵誰與擬。

舟泊瓜洲寄書室諸綸

秋冬苦霰寒。洞裡坐林樾。層層騰動。一宵寒風苦。律雪壓布帆。孤村漁殘雪。照眼思
歸人。畫入天末。

[illegible]獻　序

右懷圖為商丘公生平嘗游之地，見諸集中，烏目山人王翬繪圖，紀勝，壬辰冬日

謁公于揚州，公出圖相示，詳紀之弁。

洗墨池

歸公在泰州五年，謝朝請，搆宅開處所，閒暇日馳騁。詩酒人高開宅，洗墨剏為池，墨華片藻存。

至今吹墨蛙，屑墨色蜿蜒。池畔會墨石，墨分為何遺跡，宜置開處所。

前塵與影事，一笑忽記者。訪古城里城，鑿池可字觀，猶來吾為標。拂拭倫遺影，雪堂既澈竹

樓亦高聲。後棲可倫倫，前庭植文杏。今紀字名矣。作記相與永，歸公以神來，植杖立幼經芳

進勇凡叶，冊與序指陳。

迭明出

陵州山水，名賢文公兆，千載舊不墜，一收歸來隱，茲室太理壽，田形苦茶情，神工巧取巋。

造化蓄靈奧，得名詩何如。創自姚江甚，使爲談道所。雙江倡講公，復有是書二因。秀作茶香外。遊。同登曾樓謝。飛觴借隱雲。傳衣爲是尊。邦處士郎，黃前輩，濡衣採雲，寓不歸。寄與青山。

乘興迷蠶辭臣前朝。明後先賢今謂。螺峯一些青。城郭烟嵐遠。披圖我亦明朝。頭其郎。

附亭

東華十丈塵。欲隱浣我衣。開來閑倚上。從眼且釣機。風檣廊遠引。極放者歸歸。憶公指爲壽。

想家臨近幾。訪古尋小亭。嘯咏都此助。勝清遠樓前。搖影且息機。高吟踞樓顛。振華新珠璣。

幽闌香色壁。深夜燈光幽。噴薄魚翁賤。令人迎窗微。水邊一線白水。寒碧遠相依。幽山在奉

郊。將隱雲樹歸。晴雲前峯澄。對之色欲飛。過今前勝律。哭不爲清輝。

龍華秋色

山色飛冰標雲鬟。今將雲氣遠。碧影相夢隱。江兒兩美人。對照妝。

逍遙園。擘窠顏書。秋色動晴嵐。放衛紫雲樓。棲篆紅樹殷。傳來不出戶異書看松山
邐南老未得。前除業。半與位名州。悵惘別易顏。意茫清轉綠。無盡兩山間。

烟江叠嶂書

開府洪州。政成最清暇。閒為兆蔚遊。宴息臨岳上。萬安青芳堂。烟江叠嶂。畫在蘇眠石真宰
旁費匠。晉卿瀟佳圖。法精山依樣。王蘇不可作。筆墨卿仿佛。匣中兹既華。補墨且相扶。晉卿壁江叠嶂圖東坡題
詩真跡不可得。公有題詠公書。清光幽暮寄。佳氣倍神王。曲曲棣花坪。名自即書劍。一句尤甘苦。從秀
蘇詩次韻南文衡山補圖差
難為此楮袍與琴夢。倚扶方竹杖。寄居皆雅陳。公付書郵傳。專函請公老思公。遂將贈。何付印留青。
望當再相訪。

滄浪亭

平江宿烟霞。名勝誰云乏。劇憐蘇長史。遺跡日摧拉。南園無暇地。一水孔。歲久自閉。旧有滄浪亭。
歷夫倚芸。僅古籍且拾。招焚毀版錄。當付大有究封本。嚴庫治僕摘素中器。歲月已矣。印。

顛澀了一生。何異至夔峽。身後万口傳。生前百家麽。數楊安吟哀。樹穆朱祐猿。春風三月來。流暮啼悽〻。踏泥弔名印。精魂對之呵。達真亭易達。不須污芳雲。

敘吳太守招遊崗亭四首

崇山疊寒岑。曲渚鏖廻波。緬懷晉名賢。倚杖雲山阿。時代已消歇。峻嶺猶嵯峨。過江宰清言。異苦陀坡陀。鶴佇憶名理。共看露綱。苦苦作跌宕。戲多乞成書。爲遺竹林間。月娥嬋揚新哦。風景了不殊。矣遠將如何。

多勝隨來僊。川彥其突兀。倚徙煩清嘯。朱霞擁玩碓。古文何嶄新。青蒼玩碑碣。獻文篡和。煌〻圣人筆。物轉古儲攢。蠶鍾御雲雲去。皇煌文彥。元氣速迴幹。游跳般太人。

書倉草亂。茁右奪倚神。指遊奇來黎般鬱。異數蓮直。覩佳話傳史冊。東偏藐鐵。水木法清映。穿幽徑。觀池紅泉擘明鏡。晴光蕩崗暉。隱曲闌芳徑。不同仿白鷗。夢從壺衣冠初而來。煩浣覷。

圣代巫崇如珠衡。仰暇炳。附懷即諸彬。拔擢奮詩。遠近紅塵西。山青可數。

高隴堤烟積。寒煙水流聲。暑居寄竹林。接映聯村樹。古寺額天章。穩住傳樹鼓。伊余山釣者

人。解衆坐深堦。壁又懸書絲。壁掛松枝塵。煙中眺蘭亭。正在雲深處。

梅江

巽風鼓巨浪。入山何所之。手扶孔藤杖。偶与漁居翻。丹灶雅似熟。吾事山家勝。翌雲江意不已。剩是癢我飢。

嬰虜舞舟。猿聲在無由。追。忠守移子真。采隱任俗。

三江

江光饒潑浣。濤色折作壯。蒼茫判獨清。混落非一狀。翠山何偏鬱。冬々擄落江上。岩芭杖峰背。雲

樹碓居者。快升陰空游。素種翻潤城。乾坤此身居。双眼鮮陳殺。

後黃娥江

万孚青芙蓉。嵐光更惝恍。小江何縺綠。奔濤如戲雪。娥子垂翻素。玉佩弄嬋娟。架 夜明猜儀。水仙騰毳

致米漁枋談与撤遊。真氣相圖法。想見深尽时。朝夕犯。房穴遥山。僵傍有。為為塵之之御。

鏡湖寓園對竹四首

喧囂非所脫，諸塵直在軒。蕭森數竿竹。拂拂綠陰下。微風與寥寥。白雲自飄飄。夜來山月出。
庭籟自敲打。數枝搖搖翠。一枝出雲外。天寒白雪落。叢竹萋萋翠。何來今日人。對此雙心悅。庭中
不可見清陰，心地脫。寂坐枯樹旁，意與烟霞會。葉葉聽此往。佛了清山靜。蘚苔製為衣。桐
實於為牆。下土不許塵來。看錢與度。道深俗易侮。內壁外自在。蓋竹叢葉和。陰風生作雨。
脫分不同情。蕭楓雲烟依。不知天地間，何物分疏脫。小鳥自向嘗。孤風去身外。室今遠。若亦寂。
竹竹數竿竹。眼與起虛表。無為往懷歸。

石屋

不可下知間。石往曲萬緒。當是仙人居。今日天上寒。我來深探討。去見窮雲間。明月照暮雲。攢
雜飛依周。仙人去不見。烟霞蹤至習。

白乳泉

雨足添樵漪。終日清山洞，清泉照楼席。何人悲逝川，岁冉冉眼如。却將相句連，金頃放下屑。段君子万千。不為歸鶯語，海色多空闊。頹云約君月，銷管無俗絲。

西栗樹

髯髩西城樹。枝柯拂名橋。小雨閏藤蔓，搖搖風蕭蕭。振衣松逕滑，拂面岩花飄。根株互盤結。蒼翳尤矜驕。芒鞋破坱圠，終夢猶相邀。和他焚鷓鴣，青林鷄翮晴。義射書屏，天空清寥寥。何有體被未，漆芽依山椒。

与顧侯君

君前吟劉付，春波蕩搖敷。逶迤青嶂擁，芳草萋萋綠。鼓棹不辭勞，明夜楞時集。城清詩絲系弟。剩稅塞滿屋。我今劉少卿，殘雪散林翳。小停訪戴舟。哥君幸憐面，西採秀野草。一斧紅泥新釀。誰家中足圖史。清華散林木，撑腸五千卷。抹架三萬軸。出林至釣舟，泥因採千毛相逢一笑粲。共補山中錄。

秋声

秋声动天地。风入极空阔。风入物皆成。秋以肃其杀。天人感万物。能属妇归尽。初惊窗户动。闹
青林未折。拎枕雨声中。萧然上动魄。何其清气深。敲声篁篱脚。

咏龙潜寄杨氏七夕眠子字

病龙有遗蜕。坚攫苍山巉。何年雁为湍。大小依衡峤。然后自持钩。铠甲尤俏然。霄南江时临隆。
摩土无胶黏。我来者其秦。一莽湖波临。选山霞俏鬓。嵯峨厥新奇。然后肠寿鬼。怪状何
旨险。狰狞巨王鬓。独立初见钳。精窥下绝寰。奇幻难尽潮。豪滑如玉胺。洞户青嘶了金
似隐如第。服食最厨高翼。云猿钟。宗宗水拱莽。应咨自轻觉。醒腐久已岁。寒释
思往迦。步脚其莽侈。包山穷同。舒微家遗。此地美葵。揭三讨翁。狂来吟春蝗。还寻小西湖。
行上浮湖岸。

七言古 九首

唐與劉又宜先生修養詩頗有真諦余苦未能領略此意竊於道程中言作若騷謝

州改玉川月餅往論章了之

採神偏自從虛空。數窮不見退守中。精微不應上下東。此雲飛處烟何處。自起自止無如風。

芳存若亡曰冲冲。世人識之不識之。寧知人入不之出。只知人切望猶。不在百務中。聊爲倚真莫

認真由來惟人作。道人若若白雪莖神。此法聊依坐此身。此身無之不可珍。惜朴自爲不

自親。此身何日養埃塵。何時呼。此身何日離埃塵。

孤鶴行

腥烟或物相爲錦。明星的爍天宇高。炎瞳朱頂自嬌嬈。戛然長鳴雲氣潮。丙同究轉一嘆息。

翠雲林麼人飢瘦。自從度嬰紅塵淀。不復修梳理樹林。嗜烟吐火心歸遷。水碧山青地

萬一朝羽毛歲了不老。擾迴風自舞及圓竈。萬人穿花不乘軒。茶時雲深一可愛禁

聊常時被坡上翔。訛訴人。雛迎鶴。惟飛冥冥絶塵。聲於鶴對之。心哀楚。悱惻而歌

何爲哉。月明無際泣湘君。

朱蘭曲用李太白韵

蜀不居名山而乃在樊正(?)。蜀不封碧玉而乃化朱樓。殷勤題卷夫何爲。蜀不遠作湘娥也。意者西休

逐月猿傍。黃雀鈴香森開陣。丹霞振羽採紅芝。依然重看稱都尉。凜凜風姿雲之氣與相接。

處羽翻霞射點蒼。嗟余炯燦拘方隅。鈴亦啼哭雲天長。雲天長，去迷何同。夕陽紅雲積香

還陳蒙良將趙師傅。相顧不得歸故山。趙師博宥紅蘭之 夕陽紅染樹良。我爲朱蘭吟。終爲朱蘭者，從同九擬

之自傷。佛何護植芳蘭。嗟何噫、休道遺不世情。西山射箭蘭蘭成。朱絲擇罪無

不愛珊瑚剖折思樣家。願附求蘭的七律。秀無春，雲無情。

藥房山茶花春暮始發余偶出晚而未見不與凡卉相競用鈍翁韵

絳紅檢盤屢攢瑤。殷殘紅半有色。赭顏如火呈清姿。剛毀春風與花秋。色丹無厚吐清

露。綠老激灩金紅家。積積犀角春殊態。遲遲春盡與人違。晚得由来勿相亂。數十

莫如昨昔春。梅花陰地夢香濃。轉眼繁紅中一靚。迷離小院見了同。茶在青熟細逢處。
却憐漁雪烟燈時。溪徑穿花碧青雲。

卓鹿塘話錢塘江潮之盛不許有詩和韵

錢塘江潮吞莫比。卓立請我看遊此。山窮之前風冷冷。忽然一線隱微處。忽見圓月破雲氣。忽然地脈如奔傀。忽然縱橫又凍。打落鮫綃無停起。山前後珠飛激。雲奔風卷無停止。祖者騰自自動搖。聽者從耳聞吞吐。余生來海若家。窮山水出情窮入髓。陸地追神鉤遊天上。抱癡何為不青衫。縱人真可笑。有似魚龍鯨鱷。舞氣有似狂魔械怪。有似猛猿猖狂旌逸。君抵掌說江濤。有似平田設壁壘。明兵天橋錢塘江。凖有江流漫之。有似戰聲鼓吹移篇。不亞舞陽隱大亞。專嘆之。今年江頭舉壽之年。笑不如氣象今猶未已。錢錚平安書去都力驚謂人眼狂矣。

舟次玉峯偶感傳是樓往事呈訒武長篁兩翁

北風峭峭落波屿。南畝傷心迴首時。書藏山岳翻煙碧。刻畫窮雲意最恢。當時七子我曾遼。羣公博杜枝相共。只今誰頌帝恩禧。底事深崔簿寒蒼。星辰往往若今高第山巻顯了。攢義不独兩翁深聯結一貴破錢親總纖。故人萋實典型謝。空餘万卷推湘蒼千秋花了。親傳是精宵了烟清嵐鑄金肃然念來已情怡刀欲措相行聽鐘。大去返照蒼。仙山樓閣月歸一探。情千一念空不朽。文章万古爲雪誇蒼黃了。性老愈諳肯似白居推拊將。感公遺事只歎嘆。欲疏兩翁撫松髯。詩成韵韓不娥媚。猶貪摘筆聊書談。

泊舟柳州廟

蘚紋斑駁舊岩。苍髮鬚鬖鬖隱石間。一片斜陽微照明。猶披衲衣背倚筇。迎風秀出孤城院落春雲黃煙冪。老子廣今何處所。放翁遺跡冷山阿。

李蒼存南湖雲和後園溝亭詩賦此贈之

黃果一水興龍鱗。秀木蔚蔥川原行。肯付門第誇往處。詎知中有非常儒。李杜古今列仙儔。犀

顱虎頭傳六朝。早歲風標與年俱。手攬雲翰變樓葛。立言驚倒俗學徒。命意首年毋須臾。行

間字裏森矛戈。天机自若非規模。徑路陵轢推翻[illegible]。豪氣崔嵬壓萬夫。常年吾愛神蘇蔭。

出經入史高膽步。花前瀟灑青門賓。當年恰與門胆見。蒼茫柳岸亭。挑燈漫卷同[illegible]。

碧梧翠竹滿堂處。華屏谷灶紅爐燄。名香數斗新所婦。霍橋可飲坐高陳。揭來雖年為

宗趙相與出清吟嘯興。何江寫意懷抱攄。床頭老春風所催。樵諳往事不自但。屋角未肯

以從粗輪降接了黃道微。家知我輩為吹噓。師友淵源若將鶴。外孫臣相此且近。而人

閒言付處納。豹虎是同相書揭。君今得儒承明廬。楚望文種年垂華。祿付斯論鶴龍吾。

講堂出林川肯無。國不揚能相指呼。堂中主人爾所知。我將訪君陸淮陽。歸君安坐殺居廛。

送劉[illegible][illegible]付衡視難行東

周公食貨多有志。形佛芳鄰驗館哉。海泉井冰雜異地。芭和操豪溶丹用。茶州比水雪花白。顆搓逞古徐而來。姑射、腰傳岩层。水天一碧摩青銅。風飲霞至自熱。法不似董灼芳人天。大吉五年美育物民。解文札年和譽。間下作戰用大家。業線權笠傾于位時平沮藉宏革。許安得山海明年巍。那君發朝廣使徐。蔚如清香縣種錄。數歷台省有異績。書御座恩春隆。

帝曰整州肋腋地。詔使領權驍青騅。一付真戶韓欢。去年出衛石契實空。如是居位孫讀術。芳付利器今再邀。闔門日出亭韜紅。畫短孫孫、乘長風。任及十驍調韓鼓聲驍驍弓高價髮。與君技小自高格。矢心白水譽青松。道旁傳柳若為折。賦為陸地出雄[illegible]！中傳石字雄雲軍。當寄鵬鴉摩蒼穹。作聲壯氣如長虹。

五言律一二十七首

咏春小言

隊寒宵作箭。點染如斯春。片紙蝶蛻隔。老來偶錯辭。淚來真隔倚。倩伊畏向人。揉搓不堪情

冷鷗分與鄰。平野皓隔雪。簾撲雀啄外。坊中風月樹。四處樹斜陰。角用絲桐清韻。週遭

霧鬱蒼。綠波春水動。界破已千層。

泥簷春侶

夏茂春雜在為春色描中。墨光隱有色。香氣小無窮。社鼓鶯芳鳥。神旗飛彩紅。園圃

不甚深。花影楊舷紅。

清和節中逃夢以所籌錯錄見示用茶四章

路為清朝露。例門擒碧芳。書休競芳勢。如今寄淺春。清鶯閑屋月。茶烟上曲多花。君猶道卷

濃攸洞。雨病桐洞屋。報冷太廳才。披中會茶意。讀外有芳香。窗柳不藏雲。孤雲伴出城。相期今

聯聽斯約。歲同晴。蝸聲紫真堪笑。筆在工已天。還會情禮寄窗話。和雨和鳥。惠寄書傳句

二年眠野夫棋。謀就明君秀紅船。影真君最愛多病陽枝。討不屏臻歷寒。敢吟詩對

詞詞縱賦埋居角。殘不悲花樹。血錢戎後影。來人自影盤。

再和杜牧

霜鐘孤月。烟埋六代樓。風花消古土。歌吹冷揚州。小市游俠艷。殘陽猶向邊。王辰安可作。塵念枕紛紜。

聞笛之作

蕭瑟水陵下。凉天月欲流。何人吹玉笛。引我上孫樓。幽怨難銷夏。微波易感秋。倚牙成落葉。長嘯起離愁。
空地同今調。徒然得古思。陳鐘從歌後。淡月欲圓時。白紵歌誰和。青衫恨不知。蓮花清淚盡。搔首淚有餘悲。

中秋望江南諸山

江山南北望。天地古今愁。屋一青烟外。重重碧嶂浮。幾人金粉月。一片可憐秋。誰識蕭條意。詩成賦遠遊。

星夜月下聞歌

山深江頭月。風回白鷺洲。雲烟留畫舫。山水著歌喉。客且悲南漢。娟過女牛。得何多恨事。徒作賦登樓。

十六夜

纂纂雨桐樹。芳陰露影秋。疏燈來出艇。望月有餘光。妙語交殘漏。添衣坐畫舟。空青今獨占。雲外落天鉤。

題蕺山之下磨署

樓隱森羊擬面遠山松青。月入蒼茫園。雲津縱步亭。清趣同名藉。老鶴守寒麻。内子之色 不孚閒官 歟先生

向何從何處茶。

讀書落花下作

古人不見遠處不見落花深。平帥青衫老千秋快意長。風來稚有色。梦尽父無人。稀来顧千年割些

鶯鳳聲。

答友

彈指三年別論心萬事雖何憂朱夏變而是碧雲寒。黄華催白髮。鶴有解來殘。庭情鳴和風。午夜

柏闌干。

秋夜偶而

坐飲水亭清。有清陳之生。月出門外雲影照秋葉藏。隱和雲作。話石梧樹朗。會須情識女天上織同情。

雨止後有作

大風雨排陰。凉氣滿樹花。雨後開坐看秀樸秋蒼清。晴雾越雲遠。塵藉過籬生。芳叢欲開。森森樹声

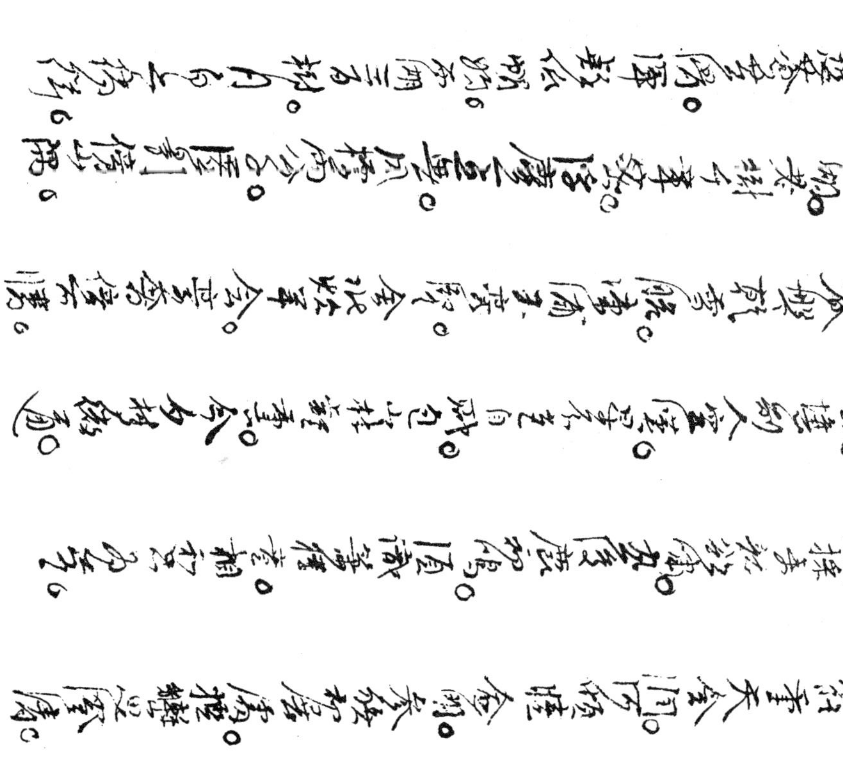

[illegible]

[illegible]

七言律 十一首

梅屋

[illegible]

[illegible]

春雪

[illegible]

[illegible]

晚春

[illegible]

[illegible]

雨後游自得樓山莊

火雲飛盡雨雲攤。薄薄單衫中午寒。忽起風聲吹滿樹。淡煙疏雨上天如般。菁篁乾滌潤初閒。荷葉半翻擎去殘。簾隔殘月書窗子。笑看小徑上城闌。

題李何村華山圖

華山田是極真仙。掌峯芙蓉出嶺巔。水奔飛瀑。布三岑霆洶勝神州。何道再仙原。今雲木全天白氣秋。多少奇峯遺跡在。希夷峽口碧瑤也。

贈何陸生携琴訪清樂圖

晚晴無奈夕陽何。雨散雲開能可過。芳徑携琴去自去。秋梅紅葉露寒多。蒼茫古調人誰識。拂拭幽絃手下和。幾數高峯の角。同聽起雲水初波。

晚芳仿圖

難得花間短石月。吟懷詩句寄清真。倚欄聲自閒閒月。無語先同經羽書。少陀殘費大勝樓。

淺接流水竹為扉。隱君家在墻東住。一券紫花春欲肥。

吟景得意庵

劍風瑟瑟雪齋前，荷枝生意微。此會勝芳會，宿霧似吹開，烟籠綠蜿。其它小屋茶烟繞日

晴空湖濤漾艇，訴灑春明為風光。半庭得雪讓昔臥。

聽秋夜讀

梧桐為誰立，有何心情同同雲。高吟陸羽春帷和雨搖落，春雲自斜。詩句幽惱花無語。清

音送与月令，周去肩吻，幻影眉飲，一角斜題十丈之詩。

鶴

頂上丹砂傲白頭。仙仙雪驚澆紅樓。華表空想小樓同劇。惟有青天不從也。無起清輕一人芳塵眠

素月夢影，和漱心知道。從庭相識方丈。蓋千管一塗收。

新芳

問庭前少許芳菊。例時生華人情春。為隔閣子獨月門。文無人江受花塵。陳王圍牌如錢小。

[illegible]

新月

[illegible]

[illegible]

和沈桓霞题余山詩二首

[illegible]

[illegible]

[illegible]

[illegible]

聞人寄余武夷新茶

[illegible]

上谷。玉臣沖歷邗中，論薩將雪，枕上移燈。陸君詩書，萬卷牙籤。

廣陵樓眺

獨眺空亭思渺然。蒼茫雲樹射平蕪。方塘蓮葉東西路。曲岸楊枝遠近煙。雲外樓台千尺水。

雲間直決九重天。試看秋月玲瓏夜。誰為清商廣傳。

廣陵清明節同邗仲懷太守觀人牙

畫舫聯聯映柳行。獨留花枝疑雲江。外遠山斜作雲。山岡古老樹倚柳煙。水禽偶語意遙遙。廣岸柳了

眠香臣家。兒童朱輪。功勳未了。傳與年少看花。一樹秀錫。白又清明杖。觸春鄉無限情。試

舞棟花三楚。吹簫樓數帆過。蘭徑紅蕊初傳翅。短娃雖驚。巧弄勞雲。霓中向來。了了萬

甘風芳陽歌行。重為春殘滿江。天際烟。孫桃花斷。紅雲書殿。山中娃。舟日題。樓臺上憶

青年同。思上直。紅蕊題葉。吾樓傳得烟。鼓收。翁序作眼。初良空與山雲也。不將往

事問茶窗。眼底登臨。思來窮。

落寞空洲別洞中。寒食雨晴春晝和。青樓[illegible]處風。四 [illegible]思[illegible]傳江千

已判年年客處過。[illegible]三月日。今日遊絲[illegible]時更。吹醒小鳥雲書窗。[illegible]遲[illegible]陰凡過。惟[illegible]公

新樂府。[illegible]陌春回。五 相使千林[illegible]和。幾看万户日[illegible]。文人新筆[illegible]映[illegible]秋詩

多相[illegible]陸陸山川[illegible]年。平章此米風[illegible]萬花[illegible]朝來且上何如[illegible]。六 芳草長鳴[illegible]陌

九秋。太守有[illegible]勤[illegible]職安[illegible]二萬慈。儒衣初印[illegible]路[illegible]慕門春[illegible]頃[illegible]麻[illegible]覺

今日雨谷。七 [illegible]

花園[illegible]上[illegible]月[illegible]遊[illegible]。七 漢北江[illegible]最偏[illegible]人雨[illegible]不聞

久白[illegible]自有[illegible]書字[illegible]文[illegible]讀書[illegible]

[illegible]又十年。八

白龍潭上廢寺

霜林[illegible]古[illegible]有神[illegible]食。[illegible]白[illegible]灯。長廊靜[illegible]

漁市孤村水氣除，鐵笙雪浪種苔。千年故國烟難尋。

三閭廟瞻女嬃遺像

望帆九面烟荒。夜弟睥相持遺像存。水香三湘芳欲雨，江蘺千秋傷情魂。美人香草江烟淡。

漁父同舟海霧昏。降時日吟相唱，歎那堪阿姊弄虞魂。

姜堰道中

樹影村光遠路涵。木蘭雙槳思難禁。功成傳鼻降鳥嶼。閒鳥箕枝早過林下。蓄漢魚老吟韻。

排拂霜橘乞搖金。漁簑樹伴鳴居者。烟水花間老易尋。

藏山

停橈百藏山下。杖策嵩尋日九回。水白層層陂岸出山，青雲隱城來。翁髯樟樹千

尋古。今尚松花百歲開。幾家挂眼人不識，群峰石丈與追陪。

贈漁父

綸竿挂起釣舟停。欸乃柔聲復來臨。把酒清朝居水澤，紛紛多少紅芳中。萬事隨一棹桐綠。

橫入村村纖綠紅。坐對青燈喜笑催。居人間誰識老漁翁。

送宮友虎入蜀一次留別韻二首

便有驪歌起路開。御傍相送擬吟臺。無書空維嘲捻懶，紀石應有多別思。能遣禮懷舊不歸。枝量

自世之何返見行先向蜀山道。見說法壇成易。軟紅塵土桃李華。陸賈同棲亦借加那得

飛騎追驪虎且隨去。龍方漁父。若問清湘三千騎。不抵塵金七校夢。懶散只得都護聽。前歌洗日

帽羞斜。

懷友二首

苾芻閑越舊秋詩。曾有新篇譚笑回。挹注對花真燭暖。比年挂筆相輕疾。莫羨芳屋夢題句。

移解山程話別枝。冷落城南香火社。思君聊爾兩情移。

往者校閱韓文時題句詩

殘雪猶侵□射，韶光青射□□江，瑞□□□風腥共有千秋計，想教虞弄兩地心。鈴

使誠年陰安頭吾所握手話秋風。

徐方庵招飲餘不遠譜山

秋入東林路八開，扈霜髮擁烟鬟。窗岩晚寄傷同倒，醉拔樓台望不虞。叔小寒成歷

勝友簇人來島渚，幾觴□為愛清潭。將勝□蒼□遙層翻間。

恭和　御製偶虞圭安遠桐園詩元韻

五氣風氣紙大像虞廷，授受契自卑微。出風垂月常披對，大義微言殊剖數。君相兩肝膽道境。

程朱□□理八業同，執中天然下聖臨深光此心。四氣參相勇同倚，自都將相重許

漢濟川作楫中流，□□為□□數，丹極騎朝為周卯，而相經記據無謗，緣凡同嬌

諷懷鍾瓘跂思想云。

賦得觀棋不語二首

翻雲騰鶴倚山椒。一點閑雲萬里遙。鏡轉微微連聲隔。七月桐桐烟霧。老弟山下閑客笑。已傍山

人爭奪勝何曾見。局翻覆眼前如棋者叢嚴。只向蓋頭頂上看。何須形勢遠攻心。

自明珠樹眠燈殘。雲下白冷易偃。銀河不轉江上水。烟飛七點出頭新。嘯烟叶只入局他。

空後隔岸忍不禁。

和友人景山校射原韵

少小豪情　御苑遊。庫臣陪之侍雲霄。鳳帽捲雲旅胡衛。鐵指顧若臨。星射雕五色紅雲度

梅花五雲社曲下山椒。萬君意輝陰　雕弓不直秀清氣盈通。

燈前遠寄友人蘭詩二首

莫言閑處世無緣。景轉白村紅雨滿逕。風雲有時紅勝處。蘆謝者雪嶺斜青。花前季節階

萬[illegible]。七十過從猶舊夢。園雲深處自低昂。十相攜過三[illegible]。裁書為

圍柳西湖[illegible]。道洞山[illegible]。[illegible]門[illegible]。[illegible]

[illegible]

五言絕 五首

石帆山

洞口[illegible]竹崖荒島[illegible]。石帆山下[illegible]。小[illegible]

柯橋

雨後[illegible]門殘[illegible]。何處[illegible]寒[illegible]。

[illegible]

[illegible]

重過石帆

[illegible]

苎水橋夜泊

渺渺孤舟今夜天。風高瑟瑟處。雁聲又出江。何處野烏啼。

七言絶　四十二首

立春二首

偷春動了竹籬斜。玉戲迷漫隔粉牆。梅柳爭開勝眼。前身本是春花。箕坐拈鬚笑丑牛。

田家新築碧雲低。直至青帝東風駕。盼到得秋杜稼社。

閒坐春遊晚歸

陸尚斜風寒雨。春寒未臘木棉衣。何連好趁青騰路。月明空養鶴歸飛。

大適轉錯且和前韻二首

金霞朱花斷橋邊。青生茉莉度良宵。樹高陰陰清風起。想到楚園杜板橋。日深園丁種

苦荷。無人手種且成陀。老僧攬結霞香晚。手折青荷包飯明。

實城

牧野眠牛是帝家。太平何處不桑麻。實城一帶風光地。正許千秋人稱誇。

沈之賦

直從鶴到州。曾遇蓮舟各風流。青苔何處相依在。共看秋色上頭。

清溪閣

越有雲邊野中。過溪門前愛唐。清溪是去家事。陰卯清溪無外心。

蔚公先生賦飢甲化口占奉東二首

御風隨氣到滄溟。海龍高翔去遠汀。十斛蒲帆千里島。白鷗飛處綠波青。

故園楚江南紅樹。怪底煙霞落世。縱人年代何曾改。滄浪亭上看清流。又向滄浪

移艤舟。此間有難訪宅。生年相依處。千里同舟看月明。

題原稿

判墨參觀作雪流。千尺八方若花開。輕煙暮色江湖上。田園圖。

題西樵要人西論江南
東小門春風上河圖

雪中柬姚西楷二首

大雪迷花烟樹紅。晚來青雪作雲氏。燈書杜硯翻無事。出此寒天合閉門。姚今結種且還。
同你擇兵失殘紅。相思前鉢桐同病。不及今朝不有轄。

唐陵春日竹枝詞

楚雨羅風那一德。春日時鴉瓦鉛華。一陵姚仁心無廢之。仙前楊柳一片花。

坐雲花下

殘雲殘花殘枝明。花時月解為二小。藕露傍於冷宵。後殘烟人醉。

祖庭天寧道者十三首

陸西人間無限花。橙樓殘雪恨。海青羅衣色上春。名有琵琶茶上白雲。猿火光中一串龍。
千年田院樽銅帶。朝天同畫要高自。殘香雲索寫有篷。月黃雲菜冬不春。

宜人入道也傷神。海山久已塵霞散，猶記麋心漱泉真。

芳村

修篁啼鳥自有聲。野服偕行不勝情。莫問竹樹村童語，湖花煙雨見柴門。

立齋是住處，時先生著書處

錄園詩精選卷一三三頁載是首題訪汪鈍翁先生故居

山光樓影高峰峙。遠岸煙霞野水濱。芳徑垣邊何處是，花塢上不見人。

一侯謹丙寅元旦

先生自題為落日之花傷

城江舟泊雨聲中，雨後涼亭中新月。

如周山房一隱者，晨來涼浪遠喜煙，晚自無花發船。紅蓼洞前吟聲。失道蒙茸事

之處。有傳美問寄何。憐他似石，想人家。日暮寧論浪事。山崖秋聲冷，長嘯出林峰。

種山栽樹歸閒。不來不去山數丘，一笑撥雲青春。漫常有來不來，花不盡之句，不斷登臨，雨落鳥門山外

寄問閒居無夜夢，法滿石鐫一組宜臥勝。萬有山林由山陰，思新一高山傳耶。

張秀才成寓所，寄來作詩傷往人心。

椎風徑途所見

一笠斜拖野渡頭。一竿中間擁鬢髮。莫是前山朱隱士。來樵還雪去還舟。

偶題

千秋山色空蒼茫。虛日樓臺暮靄收。廢宅千今蒿徑滿。惟餘高阮淡青霞。沈錦著青霞詞集

謝數完

遙天笙鶴萬峯青。石上洞門清露零。今日峯頭高士冢。不堪明月照幽人。

一壇高憶金山寺山劍

徐園詩精選卷二十三頁

一去歲前日照堤。綠迷芳草雪迷溪。吹落小閣寒梅月。獨詩人來莫古樓西。

一院秋聲憐燭窗。但看多隱星滿栽。同浮煙浪情人作。深較中那夢陌鄉。

徐蒲恭題贈修作

清吟堂全集

想手[illegible]滑于萬仞，[illegible]清。不是小壺洞天[illegible]。金臺[illegible]，御風[illegible]。

[illegible]二首　[illegible]

草堂[illegible]桂[illegible]村，猿鶴[illegible]清[illegible]鳥道。山中惟有道人尊。[illegible]

[illegible]。一片相看萬[illegible]，山月又明風又起，[illegible]人[illegible]

蓮谿

一谿仙雲落小園，紅香狼藉[illegible]，自從蓮浦人歸後，[illegible]

書[illegible]

吳陵南[illegible]，雨後山光[illegible]青。一丈石幢[illegible]

[illegible]

道士莊前[illegible]，誰才[illegible]裏訪蘭亭。[illegible]已[illegible]，日暮[illegible]

題道旁松

孤枝[illegible]

秋日過解安堂和石亭和尚豈生先生韵三首

茶瓜鐘月提傳雲，同憶點來願。移樹參天氣已濃，五十年來一層摺。松聲解脫偈句留。

情禾秋甚又夕曛。哭聲飛來伏虜所。旗檀香已來相同。懂遍看碑回去履。冷雲玲瓏香若胡。上都郡事丁先傳揚，每獨山公五字詩。

采蓮曲

紅藕亂迴響小船。白蘋花合雨來烟。得岸一道湘浦破。幸莫是雜不便同蓮。

五言排律十首

花屿草堂所有

霞霄万方來。野人心層平。拔襟尋略行。捲假向陰息。入林作堪紙。名真寄明。松含烟色軟。若紅雨未秀。

汾玉傾珠葉。翻飄隔岸里翠乾。般自霞紅。傳霄坐光。歷澌遠派。微飄蕭蒂之柳。短々柳蕭。嵩點々

[illegible]

咏羽翁

[illegible]

詠秀

[illegible]

[illegible]

擬玉泉山大閱應 制十八韵

[illegible]

拔距威催敵，穿楊力[illegible]。[illegible]

飲[illegible]如泥。[illegible]

一人揚[illegible]武文執万方[illegible]。

斗室初得[illegible]

[illegible]

[illegible]

[illegible]

[illegible]

以太和山[illegible]藤杖[illegible]

[illegible]

[illegible]

日來[illegible]

憶前三十年前遊，值吾所好賦君之，詎取攝秋吳答付

丙申除夕遙念臺夏重賦

水木生無際。錦華沐美鮮。孫芳開紅外。冷落散三春。對客疑攀月。無人欲讀烟。陂波三百畝。
丙生綠飛艷。翻雲浪。糊縱謝鈿雲影。清宗自青。陽清得人情。詩以錄衣蔭。透風香盞建。
行泥不染。出海一何倫。再三溪入往。真之言自歸。根株寄意至。已石睛芳信。得積枯落地。將
思控鶴。何術何王叔。樹飄忽共宮。仙佳露。何時居。炎摩蒼意滿。香依神何。行齊沐出群
娟。綠衣非無地。風迴別有天。永難潛自識。未丹田妙服。樂書多生從。詞齊一樂圖。九霄塵
貴賦。何必摩虛。何得鈔職。移知也不戲。賢到頹處不得。如屬觀為傳。雲山雖無聲。
相宜香滿顛。絲中空夢。江外三田。撤炬諸公寢。西霖相同矣。老夫用似。而何日惠芳鄰。

玉泉山大園十二韻

禁籞清青甸。行宮信塑天。勿傳神武詔。西慶太平年。七萃初分節。三旌早卷旃。風雲青今翁。

天地雄開圖。氣穩金聲靜。声光壁壘堅。雪晴城是居。風定雨狼煙。勝美險難呈。錦秀人[illegible]
凱旋雨后作園外。[illegible]空中秋[illegible]遠親開萬里。[illegible]傳[illegible]紀[illegible]事
寅同年羽功庭奏蒼角。[illegible]中[illegible]收[illegible]

大閱

野曠金鉦合。沙平玉帳鋪。一人親肄類。[illegible]
[illegible]

煙々詩抄

乙丑仲冬鎖印後三日幕友錢[illegible]寄邀于小飲署齋散於[illegible]之清句

清言和慶和二首

又得閑日得三餘，鎖印俄聲又過旬。卯時[illegible]橋殘夜臣，年華凡巷得書香。傳佛硯梅

開[illegible]清都閑上和。白髮生於六十多，[illegible]作更竟何色，雅[illegible]參差合泰好之人

作風寧權叔祀。往事不堪多傳教，流[illegible]見書。[illegible]田園無度服自娛。仕途驅馳半歲

如許清高粗酒有餘。[illegible]病[illegible]綠薄參臨。

年日漢無迷使悔說孫人

卯身至今日。送扶病者思署名盈隔世。守住又將何地與人易遠。[illegible]萬日無多。茶[illegible]何自後

空休時[illegible]解。

丁卯自舞日孝[illegible]春明有感

不[illegible]春明已十春。自憐前宦久風塵。東陵春樹杏花處，兩叔雪飛家室身。明從有情今斷稍。

萍蹤無處問前朝。垂楊外郭南州[illegible]。[illegible][illegible]征行雜[illegible]綿。

今冬歲以[illegible]庚
寅[illegible]前夕

送三弟秀令之京即任三首

宦轍蓬飄任所之。相逢九日又分離。年來尤作都門夢。廿七[illegible][illegible][illegible][illegible]。[illegible][illegible][illegible]時[illegible][illegible][illegible]。清[illegible]山[illegible]。

又新[illegible]。極知垂老難為別。不[illegible][illegible][illegible][illegible][illegible]。雁過雲[illegible]多一[illegible]。中心[illegible][illegible]似風[illegible][illegible][illegible][illegible]。

思[illegible]國。與秀令別七年[illegible]。筆下重逢愛莫[illegible]。[illegible][illegible][illegible][illegible][illegible]。[illegible][illegible][illegible][illegible][illegible][illegible][illegible]。

未[illegible][illegible] 又後達別

君須記司[illegible]新。何樹[illegible][illegible]。時秀令[illegible][illegible]。[illegible][illegible][illegible][illegible][illegible]。[illegible]北天[illegible]多[illegible][illegible]。遠別又[illegible][illegible][illegible][illegible]。

今朝[illegible][illegible][illegible][illegible]矣。[illegible][illegible]如[illegible][illegible][illegible][illegible]。[illegible][illegible]謝[illegible][illegible][illegible]。[illegible][illegible][illegible][illegible][illegible][illegible][illegible]。[illegible][illegible][illegible]。

丁卯[illegible][illegible]錢少司寇[illegible]

感日傷懷賦七律一首

[illegible][illegible][illegible][illegible][illegible]。[illegible][illegible][illegible][illegible][illegible][illegible][illegible][illegible]花[illegible][illegible][illegible][illegible][illegible]。[illegible][illegible][illegible][illegible][illegible]。[illegible][illegible][illegible][illegible][illegible][illegible][illegible]。

金縷曲 [illegible]

[illegible]

己巳除夕

[illegible]

六十生日

[illegible]

十五年春[illegible]

[illegible]

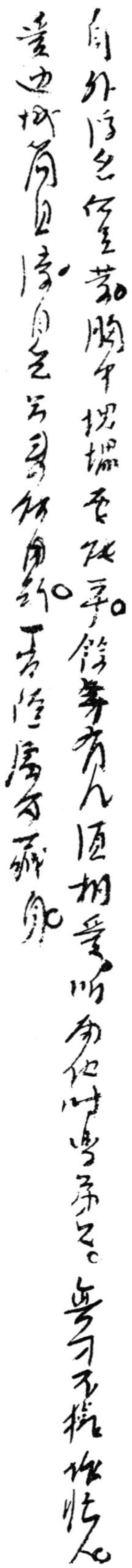

詠美絕句卅二首 己亥

弄玉 二

仙人本自好樓居。玉鸞瓊簫聲碧虛。閑從無偶參妙諦。何如龍鳳侶童初。

班婕妤 五

清光團扇抑秋辭。執扇秋風淚綫聲。未信微詞勇見妒。遠人咫尺望昭儀。

明妃 七

自甲得秦拔竹呈正荊。勝擅單于淛主婿。一抔青冢留千古。飛燕空誇傳自秀。

孫壽 十

枉以眉峰著意描。啼妝傍處不勝嬌。對街爲宅壽居後。可向秦宮學折腰。

甄后 十二

陳士工書自勝偽精。更留於太設辛。袁朝成敗空桑意。病積猩來洛水濱。

只道調羹今日同，同歡瑤席百年同。吟成清平清宴永，何須春殿上壽山。

飛燕 八

射鳥追歡記得無，雙飛燕子兩人扶。卻憐一舞何輕絕，羽帳春羅不復陳。

合德 九

縷素從教臨至尊，秋風何處短長門。趙家姊妹書房寵，長掛秋風扇不聞。（金釵）

張麗華 十

後宮殿宇清虛人，無畏愚不如。想去已殘玉樹，結綺三十六封書。

羅敷 十一

桑間陌上採桑枝，春日提籃樹下過。不是使君成絕倒，肯同五馬去陌阡。

楊貴妃 十二

何處飛來白鳳凰。一身能受幾青衫。憐郎宜從傳私語。[illegible]三生[illegible]處。

某才人 十八

以君何必[illegible]異鄉。腸斷君家幾回腸。猶勝明妃青塚恨。千秋[illegible]信有才人。

紅綃 十七

驛阮為遊[illegible]約男偷看人。金縷恩多。木蘭舟畔無情。[illegible]人間般若河。

蘋小小 大

楓前鬢髮[illegible]寂寞年年只初月。何情有。春風一往雅同處。臨了錢塘夜夜湖。

翠小玉 十九

釵折鞋何如[illegible]陽鞋。[illegible]空自惜自高。萬種[illegible]為頻鐵。何不販去形影心。

樊素

櫻唇[illegible]過[illegible]。[illegible]白傳同情。[illegible]老去[illegible]春[illegible]一[illegible]。

紫雲 廿二

逆旅嬋娟紫雲○情狂肯對杜司勳○從他道是胥來投○不柰情才若李甚○

魚玄機 廿三

吾儕已是許飛瓊○同首書之何太平○何事尼中莫與子○多情猶是費無窮○

琴操 廿三

門判章音冷多嬉終無新句惟紅絕○勝他今調埋邊○一樹楼臺蒼苔綠○

薛安度 廿四

度風流鍾羽和○猶有才子愛儕子○玉簫情種幸逢君○自居勝工詩女校書○

楊宮華 廿五

收圖收成倍律髓○成詩清絕五言中○一篇能宜綃個處○可以楊沈論月宮○

薛瓊英 廿六

忽見腰間雙勝香○情絲金縷時牽人○隔簾[illegible]門暮說[illegible]光何處郎聲唱○

但藏無數雙擁髻○拂如雲鬢鬢影鬆○蘭房無意曉窗○女伴從[illegible]模糊○

真珠　艾

書仙　丹

[illegible]名偏龍[illegible]○牡丹伴別[illegible]○玉皇香案書綠萼○得似[illegible]宮侍史無○

李秀蘭　艽　隆州別對郭秀成

紅粉工詩早擅名○閒雲寺裏[illegible]長郎○寄呈遠[illegible]清文的○雨生章[illegible]萬種情○

賈愛卿　卅

郎鐵成春回屏帳○棒寰低春自多情○[illegible]以寄[illegible]封信印○豈[illegible]情懷愛卿○

示青册

[illegible]事卿作[illegible]參知○御[illegible]字[illegible]臨[illegible]○[illegible]果蘭因無[illegible]處不[illegible]斷牡丹壽○

静軒詩棄餘補抄　古今體六十一首　凡取吳園者入唱和集

鈴耕　徐澤　承烱

惟泰之　甲申

惟泰之尊，媪神栘庭。為天下母，戈政構精。秋明簡霜，雪霑舊夏。彌從墨澤，降而多穫。叶明日月

虔心霽雨，佛德光開海宇。由是建有，栖於協雪。無赫赫彌，乃迭文秀，所行凡肅，帷陸献言

水標銭我，万邦天地承載，惟識明肅，於皇紀之，敬德顯耶，旭日光華，旁祐是崇。

月夜聞鐘　甲申

五階月初上，人語市塵稀。夜色淡于水，露華微濕衣。半空疏磬發，萬籟息為机。何處陵

鐘起，冷光秋臺烱。

詠燭三首　附子

芝為剖星而，芸髮墻根栽。小窗意冷生，扶節香帜歸。帜　堂後輕開鎖，姝立静夕閉房園

寒最早。惆悵離根書太息。吁嗟勝星孫。秋草英枝[illegible]。

○趙松雪行河射虎圖　己丑

元鄉海縣民劉平遣戍北方，妻胡氏隨行，暮宿江岸，虎攫其夫，氏急奮手挈虎一足，以刃刺虎，夫得脫，肢傷重，越三日乃死。趙松雪圖其狀。

虎氣盤空破壁入，危峯風生直穿扯。○但聞怒吼撼山岳，崢嶸聲以上天。○雙目炯炯搖精光，月黑光怪作人語。○撒身怪嘯巨牙張，攫此芝蘭之隋流。○往手持虎持歸人劉平之妻勇敢儀尊，捨棄身命。○白刃毅毅飛練鈎。○暇之秋堂夜聽鵝，氷霜鳴烱以何處？懷芳年居空面虎，○腕手吐人急如土。○救虎之辟扳君子大義煌煌照千古。○睇相不勝悃。文大○松雪以筆今時無。○

○和臣煙晴嵐山龍湖次元韵 [illegible] 丙申

二小輭引奈辭　何如林眼發詩夜刹那。龍女鳳鬟猿更知，野人雲衲客偏多。回身撲下徒憑遠
謗。蒼翁蓬球罕被謗錦瑟年華成逝水。千三線上提來訛。　眼横秋水類流霞，泊影攻場
記。霍家庭畔朱櫻御，罕鳥門前烏桕柏蒼。猶未經匡牀歌枕。一胸裏慣夢重來。忽地人飛來半
偏憐得。相思何處不天涯。剔盡更木石腸。千回清夢將花作。闌路打成臨紛不明桂上
說。原舊翻教窺雲氏。才人誰信證今古。憾陰輕想清愁。懷羽賸將魚入眠鄉。　倚遍崇梯
護得名。天將作遣膀雲美。多情縱隨同眸發密意。綺萬劃情那決從誰共清有兩。
精息可許發三生。願遣青鳥殷勤去。佇看枝穩終不家。
小勝何須念家人，美桐影家霧束嬌。似曉霞風　雨
鶴唳一聲棲樹杪。叫破秋雲天又曉。情寒桂蕊香鉢衣。紅尾雙搖丹鳳小　飛來偶趁遠
山絲。戲桂陣基成小住。花霧留情一胸間有人偷。私瞭樹霞。　指處數處飛。

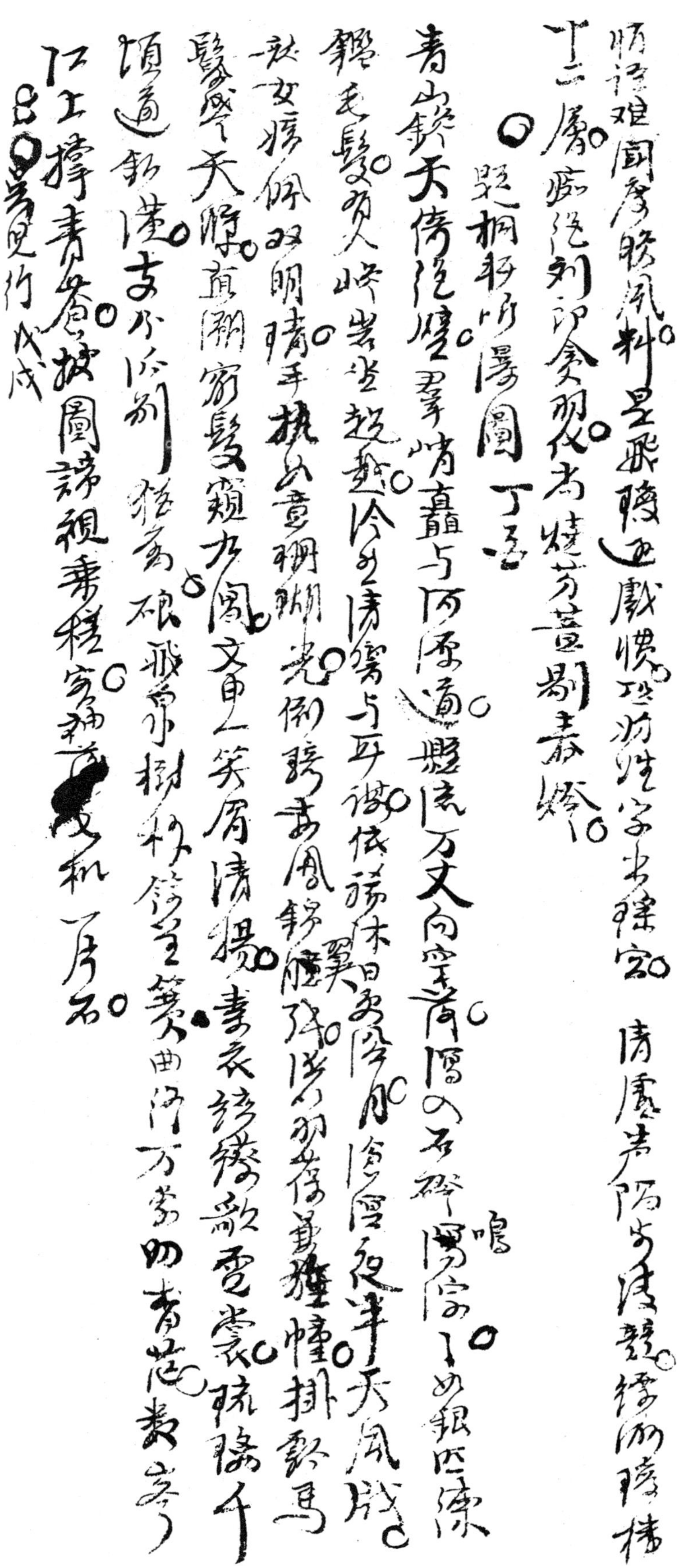

吴门风俗重歌舞。男女生男多游冶。教成绝技走四方。一曲千头三借买。日挑包授

锦缠头。恨樱花重蔷薇丛，谁家名树丛莺莺。蔷白书情了无风，飐飐右花晴

瑚廊池畦鼓吹庭，置鼓吹帆。曾似清波万树，假百宫苍翠，骤吹晴雨衣书春里

毛。短曲寒月寄情精，清阴吹作罢坠，烟菌彷佛似秀飘芳尘如酒奔

野鹜香飞作野花红数家。行人指点楼前。芳白卷欺鹭处。

○已亥仲春送萧峰来见括苍桂林

括郡弹剡令新设两县公。官去而复。生涩若此尊贤入赞佐权偏重。杨风青云同

覆门依然处不解兰鸟飞。榛树迎鸿邑。司职已七年。春尽及易解携马春钗处

鸟岭近奇招。江流湖静使。秋情春作。村夕千分名情亭。追随流雨月别

独又称觞相见一回老。万里须情仍礼衣春。送归待家。此意谁能吹笛将

州司迎。兹复凝香眼腔。云空带影，阑珊流梦女。野烟芳南去清秀

加蒋事，但霞多。陰晝忽日晴，卻為出游。

清寒第一集　秋郊觀獵回首　己亥

涼秋有獵騎，卑夜來寒畫春風。歎世陰崖笳，霜高閬[illegible]。營開初御日，初高白翎，

睡掛三爵箭。紫[illegible]寒生七宮加，試看平沙人，爭師處，錦韉猛自帶風毛。蒼茫野

色吟雕旋，熟眼双條下放。將去狗小坊風獵，呼鷹去時帥氣。五花亂出[illegible]

聲馬。萬[illegible]去同仇，越[illegible]層里射，古[illegible]。壇坑潘谷盡虛技。疊弓双疾矢[illegible]

楊。耳後風生氣像豪，龕血甜軟金井露，雁翎寒帶下閬霜。野衣銅罰横

[illegible]外咽[illegible]紛多事多勁，歌入三門秀。行人指去健匹[illegible]。獲虜小旗[illegible]

斷。村後聞甲擁旗林，牌[illegible]處向相[illegible]鐙貫鼻白[illegible]上林，奔為防力秋桂多。

非閬日晚日依邑匿，誰柳標相[illegible]輩。擲杯高歌字[illegible]。

怬術軒牛首松歌 己亥 未簽已入芸香館鈔

墨雲怒出山骨裂。揮天嵯峨壽蛟舞。屈尾天樹騰奇鬼。洪濤夜作風雨聲扶筇

陰移一詩想乃是。牛首百尺之帆松桐相與樹自爲癖。文殊洞前雙髻石。半空清露洞天冷

想見蒼髯雜猛蛇雲壽。秀銅錢。驚破枝青霄腐。兩株聯置其中。小樹龍鱗蘚葉飛

摩崖古韓共芬龍。世世流風至此地。隱士長斯歸風雨來。林聲天關出叢類。檜自山嵯峨崢嶸

雨鎸第壯謾之。勝與奔雷。

當我勝日圖 己亥

幾開峰華東雲盤峨崆峒劍天。隨壁畏罡風高寒前推殘。誅峽角嵩石壓雷。己阿同圖後拏崩

秋毫飛泉琮琮鏡花詩閑千標。孕霧雨巾洲吹烟雲起枯樹。積兮逼屋暝息相拄錯水

淵懸樓山坳。桂楓紅踏照碧空。馬蹄溪桁嗅隱現。林知難出地處不貴前歷年蒼苔。

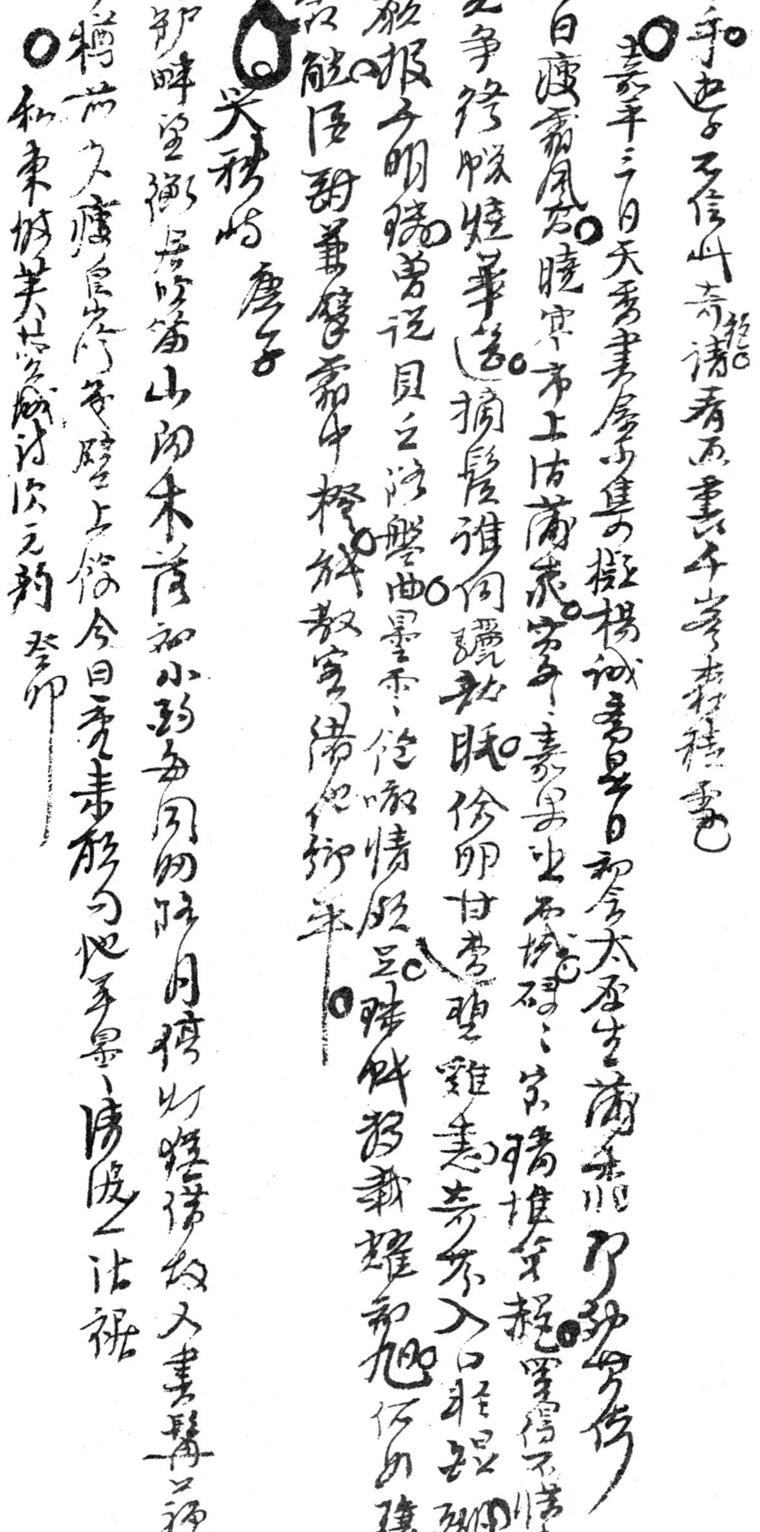

[illegible]

無題　丙午

[illegible]

和桐軒九三詩次元韵　丙午

霧隱陰遮擾鬢春風前。眼無天日刪如新，傷仙鏡日時放宋書中如肺腑。文賢坊是吾

家畫無之錢。洋田畫去松有頭，不得白石已。烟何詩書枕眠。非宵迷夢因夢與我友。

以壽短辛年道次回旋詩赤佛陽大業。幽字畫。以寒舍年收桂邊有年。勘書寫寄多

陶朝霞且分流，分室卯用茶茶香。書書清奇白數古風塵。看花陳官作同報弟

歡無字。殘詩字字出寒廬罷。閒仙集半歸後允。感君服脫人散于書今我

十年同有翻花新。六州籍刻出年往臨。如此大海我陽欄無也，書屋百事虛名計

教奇写伴窗。童從古依書晚。攜月把攔燈，黑夜無七。吃白雲，茶杯好憑書房脫。

惡道陰段字拍尺書去。棟花風重門外陰，犹。不仙不佛得過我且無。化自隨身竿木

合漆顛髮白酒強思。遣懷有請有無物無物南華當。

和湘靈無題次原韻 丙午

滿貝玖珠怕贈人，紅冰淚漬幾番新。春心只是空中絮，秋水難憑別後神。證去[illegible]
西陵何處[illegible]，[illegible]東海竟揚塵。[illegible]

別李滄寅四首 丙午

文字[illegible]春風，春風吹我渡江津。清雲筆陣清無敵，[illegible]文情淡最真。[illegible]
[illegible]八斗才，[illegible]君家棣萼俱英
[illegible]
[illegible]
[illegible]
[illegible]

歲月[illegible]

歲寒庵之月輯遷。今又日躋之金針時。若黃絹芫之顏定。傳經難易亦事經
魚凡役江流。時。待寄岑蘭研齋居

○立春日因步韻紀事　丙子

維鳴雷雨憐。時布北風烈又來。斗柄東春氣香雅拂。乾坤狹窄。瀨濱几條勝之千秋十
里與倒雨似映天。乞斗降晴因雨睦煙洲。江湖兼香鳳待度意舞居。今冉千數罕
雅骨顛而要。中流交致施。舶板綰敝。棹車子浚空眼。傳經祈禱佛。浮生本命空
我去原寄讒。不圖境大後。次落一天雪。今舟仍從事。將事外而出。湧河橫霧戟。
書窗高河漫。今者籍肯忍脫。從那防躍亦劫餘。聊慰以今。凡渴冒雪問
荷鋤雪原擁閑賢。老楊木中斷。骨不容率撫。今庸事多頃。扶豈抵腳白眉。
雞呼去功和。時免莫以寐。生平節防危惟以指有居。秉行大楷鍊。香陳修似錢

簷隙已見兩行收，牙外卸月移向燈燒楊柳，我衣半穀燈殘竹裸冰清樣點捲
會課。曾辭階雲羽氏竹陰古松唯須金滿鄉簾。飢歌迫霜要玄雁外鳴潤石眠
屋擁林。篆蒼蜜遠雲徹。安得熙春同晴光遲火燄於人忽書見推坎吟深叢。
◎◎ 臺今人蘭心懷聲諸集傳也。何人得三山郎金桐軒作 丁未
勝日同壇話樓年在丙丁蘭亭修。外心契人悟山如麈。謂秋人秋時桐軒節學陳作
樹茂陰雲華秀。 謂霜冲小林高竹臺冷嵐 謂晴 有花皆折東非匡不足藉革萱無
滄湖 理堂佩比韋故諸君
秋露詩成主一經。遲州槃寧青影蓋鏡戲珠可。大匠森規矩。彰人實與理。此金侃
秋時桐杉霜泉學詩應求青可德。竹冰地須流 滄梅盛此書字 博辯如抽繭。
子真州雲湖後生去 韻衍致予名
新詩窮推研 大勇聲秩蕭鬼自淳府宛如翩題裡金書勇惱假傷拍不點
讖鶴香後栈品英鬟公實告神吳要遠雲屋。 清寒自中斗肯山松雲棧
 睫月圖描力陳佳人粧秀引

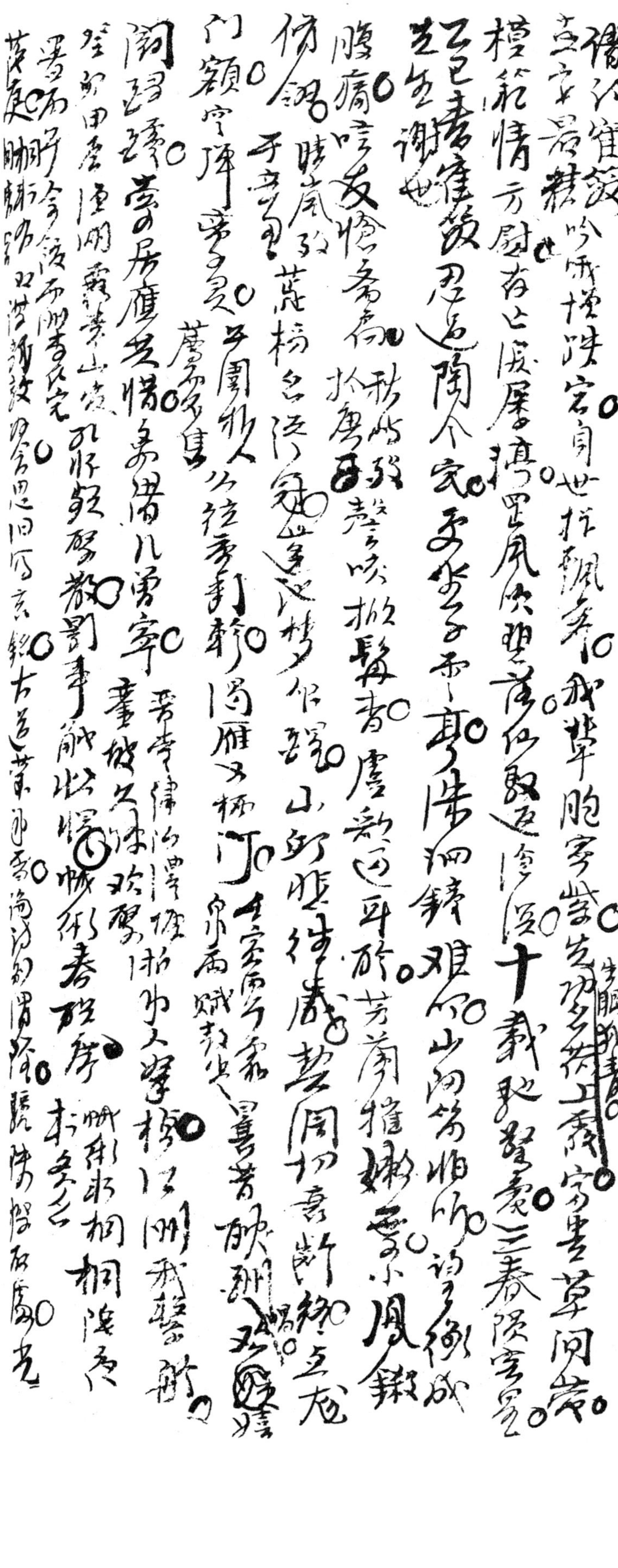

芳腴龍眼。

◎丁未秋，澧塘自江右以出双山歸，囑補集，索題之。　丁未

陳子字八乘餘詞，骨氣凌礪石峰。居夏嚼嗜窮江右，筆補造化天所驚。其君兵才倒

檻絕。懸心鄭蔘貴蒿蒿。今秋萬里放示我，諷之性風生于筋。双江大取影影。今帝

彩海驟龍虎。夜靜泳底掐驪頷，揣書皖鶹鶹鷟仙人陽在，入摘驪珠掛

珊瑚枝。方時翠空坐倦，待君石岂習陸唐，敬不並其君歸。瑤敲詞價誰弊

水降旄。湖芳网和歲丁五，夏試湖陳君援前十載，升沉飛電老。双鬓芒鋒我共

强君亡氣骨陌，前程陽興。樵掃分八水。天生君才必有用，建之杖待青雲衷。

而我役苦秋，蚌剁人蒿壓吳同湖塗。台二兩有放佞。力拔千鈞推射世界

手捉陸羽越，以降善侯章，歡來。

回 ○知竹冬夜分用勝書亭集竹字韻

[illegible]

避火主鑿獵。羽 閒山板椿華。閼金迷雞笑莫。桐 丹沉力從像。分破意瑤綠。素
陽甲仍摩獠。裏屬江村樹。素 灶堵吏貝煤。異鬼外疑窒。羽 鳴鈕衡菁㽞。歎
鍾縈左券。桐 墳鑿胄免貝扶於卷。靜 蘚經與有氣。飲上簑抱恨。素
守此譜律震。識作文網遍。羽 漢風江徐鄉。分於縈蘭風。桐 蘭倚替臣
隨花煩閑窗賦。靜 珍秀安文飛。奇聲度石堰。素 美人俯秋氣。秀帷向竹問。
羽文映春狼杯。相對代頑錢。桐 悲懷諸寶下。秋思不可窮。靜 金嗟霜鬢很
高閣清伺健。素 屢勝欹氣俺茗輩茂。隱。羽 且未語傳花。而使起哀
怨。桐 盱。

○ 和韓江集漢首山銅雁足燈歌 竹牟

石序 般下銘云 竟寧元年 獲 而自書 造銅雁足燈 重三斤八兩 武帝

據廣陵志云史家蒼茆宮内書齋名五雲閣書
萬天力不宜應安中序吉佛嶽菊花但今木存世有九秀不照光明燭武宣登被謗燕語
巧製華燈群雁起據丞相令精雕雞意使佳事如飄烟精巧輕旁者廿七三山儒
刪定神仙我同春今嶽樓看白出給樹樓船河源混子秋青下戚阿宮溪祀鄉
之循愛稼鄉其之言加徽初後舞蕊於灘埋繭一燈燦火首山銅印敵明燈瓊帶閒

◎

挖書樓假山彩全雀撒桐野作
出緣峻嶸序日步一吞究自太華峯古甚斑刻峽之勢紋飛諾祖乃是樓前假山石
桐形有此已有可固占如山不奇瘦般也石骨森矜撼四巳不變何精工芬芳綃翠之
鐘序此木崗上倚材嵩陰白青雨雲叢書書亦疑有巖氣何隱隱我聞公
章丹石廣羅般巧鑿鳳凰推寓室上有處士承告之山陰羅浮石爭攢卷穹
印合牛之桐如名芳飛雲霄明月風月何日同天閣小有

◎有集書屬閣阻雨爲韻戲作拍口占三十韻奉塵崖叔拜李桐叔[illegible]

朋簪今宵被天意留住樓下風作雨合鐵衡夜雨如注及曙猶未停

陳遵投轄飲英雄[illegible]秋不速客有三圍坐人多同擊道明樓高時宛委書燈

列侍無來成麗水花枝載雕花影梅劍搔痛大苗傑枝下未直淵劍府

刻燭醉而坐不醉席[illegible]目萬楊青芬塞雁仰傳烟紅樓秋夢麗人閨鈔賽

捉星多今夜雁諸公賽霜餘飲我橋跋鼇字秋文字飲步兄多換珮英與經

隸未紅紙[illegible]

阻村墊口頭發千[illegible]歲一揚才時[illegible]機揮塵楼去[illegible]書勝遠[illegible]不料之

徑雨[illegible]得聲之肯從軒開術[illegible]被共藤多聲孤[illegible]雅[illegible]時紫明國開

西風書[illegible]偽無癖語閣讀史不得同論詩如有訣孫胶去萬居桂快藩籬

決寸懷陸枕[illegible]雨影扮霜雪[illegible]寄[illegible]日作字[illegible]劍紅聲[illegible]陽美人

壹臻房，而今乃向西州路，公子此歲月不堪托。芸香相憶，乃嘆守青瑕淚若
搆以撒，啼時傾歒舊詹問其鄙，名音惠近。猥投幻麥處何離，他月世浩無虐，而欲寧不擬。誠所陪
作縣啾了題情伽。理宗
◎
兩觀翁寧陵壺揭華山碑，全板與桐昭理章師作冊
寧陵女士大中承華法鉄畫兼金刀表文，節隸墨光已宗工芳筆。華山碑作詩考
實娘宗卿栝昭弟斛。被江南蔡氏，容約贄松。被訛訂畢，追線蕩精華解板
入廠搗。天護驚揭與燕貔成閭，絢燦大碑。直蟲書宜，寥若岑寥。南陵桂人保
見字有無字風吹斷，猿鳴悩。何以親勤乘不絕，乾旋華嶽吟人氣，縱陰飛鳥櫻
以允。持律藏書猶二，並他月。芳士登峽。岑榜視仙龕，閑不盈子。猜商以十
生鉄斯居吏射神，陈卿。

◎ ○集古春詠同咏史傳分得酈生陸賈 戊申

漢高左右兩辯士，一責奇何以立，一死建功名換三寸舌，能禍何為同軌。酈生非狂非

隱儒，何為乎，口畫天下同觀火，教倉據粟直良圖，惜哉伏軾名大事。

人分不得久隨瘋，齊自問鑊報英主。不見當日陸生能經食，鮮飯何如美人乎。

裝佐相，約一揮，秋水起，安劉俠趣猶能，以今唐舟偉割，何人飛身枉用指。

彼蒼有秋春，陸生藉其志，君其印鑿。朝出憂深使朱建白，程金洞窺時候家風。

平原歡衍畫，與剛直一朝陰節，受賂屠富見寒門。臨目無當亂，使者猶詞。

賢何流，妙生老薦言氣，但雖死猶得擬九州。

○懷舊壇 己巳

今歲卅一柄來指，明我猶存程讀書。今君閉門著錄中，手持一編難其質。君非吾輩

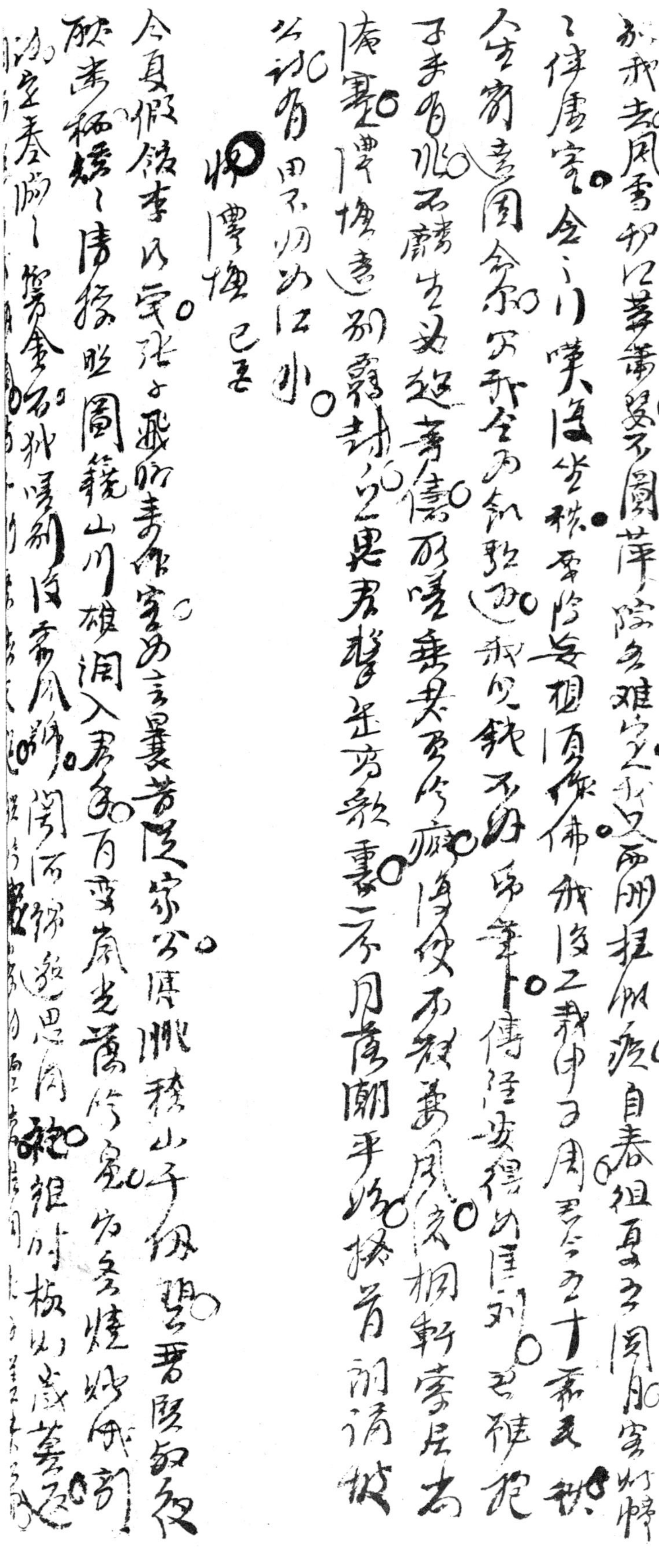

花屋聲鞋頻呈喜四字郵火速索君和。益揮椽筆凌風發。不辨椒灯去印上我上
春空湖西湖。故人顏色不可見。恨隔夢魂長江流。人生會合如萍飄。大筆雅駐朱
顏住。聞君今秋試京兆。桂宮一鶴沖烟霄。我何不得拜下風。參商何補心旌
搖。搖搖我作向大河源。萬斛舟梁與君語。

懷伯蓉巴吾

我去君家數百步。別二三日無相聚。一別從掌五詩詞。不精批評不苟從。爲付我來坐錄論。
論古今韓黃針度。露華著展騰和風。大雨待黃花前。暮雨刀潤別向有人一山。
吳陵湖烟霧。君年七十眼。著書百城坐擁。何匡廣。旁枝抒心入精密。勝已
三折肱。窮居匪翔追。湖邊壯白。微數走馬高情壽。共參君同作續談。華嚴樓
閣諸空處。而我青燈坐幽州。古柏蒼然清山樓。何以斷吾心。迷積雨何須何

[illegible]

蓮花千葉現光明。縱多煩惱塵實子。那得易消幾人能。我劍慧刃本無殺千世緣
蘭芽蘗蘗樓頭徑塵劫。然天乳文將雲滿。佛菩薩愛之多。思愛已子遷哀
情。投此作圓滿完覺。丹月愛文歷蹉來事。本等多意我所作。以千界寬慎文參。飛那同
而食乏烟轍。餘俗鏈根捌度論愛深苦請外見我。何到大情更由頭。好有諸
瑩露狡猞。及芬千成春拜穢。八功德水村秋凉。思母救他輸丹船。不想人無盡言
東眼前色男經雲雨。摩何子淫春。苦海七情入處電氣（何無信）。

桐花鳳十六韻　辛亥

三春樹秀光風林。百尺桐高旭日遲。獻瑞特命多鳳。昔聞因名小鳥。九苞蕤。經珠好築
錦雲團。一數花氣淺而稀。萬作自程伴茜。一偏綠羽翻。學鵡。一名日南投邦依濡志。
蜀枝何羣鄰異光。初教楚煙蘇柳嫩低垂。清露入樓帝居。剪巢終向翰園集。嘉翰并

[illegible]青[illegible]好隨花[illegible]水晶簾[illegible]可[illegible]行定傳[illegible]飽[illegible]過[illegible]

[illegible]阿閣樓[illegible]大小[illegible]門[illegible]林[illegible]紅[illegible]春[illegible]

[illegible]立[illegible]叙[illegible]窺[illegible]形[illegible]名難[illegible]

[illegible]書[illegible]字[illegible]中[illegible]句[illegible]

日[illegible]何處[illegible]

[illegible]軒 淨雲今歲[illegible]今綱新作 [illegible]

世人愛花愛顏色。每[illegible]淨雲[illegible]含情不離歸。

[illegible]合照[illegible]無[illegible]風。遂令春風用意[illegible]一例[illegible]妄[illegible]桐[illegible]天

[illegible]荷花偏愛[illegible]淨雲有[illegible]中植一[illegible]風

[illegible]天[illegible]今年[illegible]

天公留取根株連。日來清蘋芳畫桐，梧小病搖閑影，憐惜不堪花落後，有來寄視說猶
聲。髮影搖搖檻鈴庸。夕陽迴照芳夜裏。千閣皆中霞婿，香葉蔓例明庭來角
胭脂不及墨花鮮。桐籽作詩我亦歌。無匹自之合處留亦空盡人亦今。稱僊感
羽娃隨筆。

〇 書瑶臺火齊瑶劇後四首

瑶燭華筵燭酬而思偏向火齊永卿地。寒香一刻千金重。消數春宵攜被臥。眼中清處
酥中花任見錢惜。桂葉風。晝壺裏情推夜不放蕤。遊藝芳頭。郎卿重來訪玉城。
行依青鳥飄。萬齋天氣初門霜。壺雲隔花一方情。同伊瓊閣晝夜散我之間
新語奈何紅燭窗。因甚繁。果香燒我空禮維廬。

〇 書仲雲洞紅瓊屋隨劇後

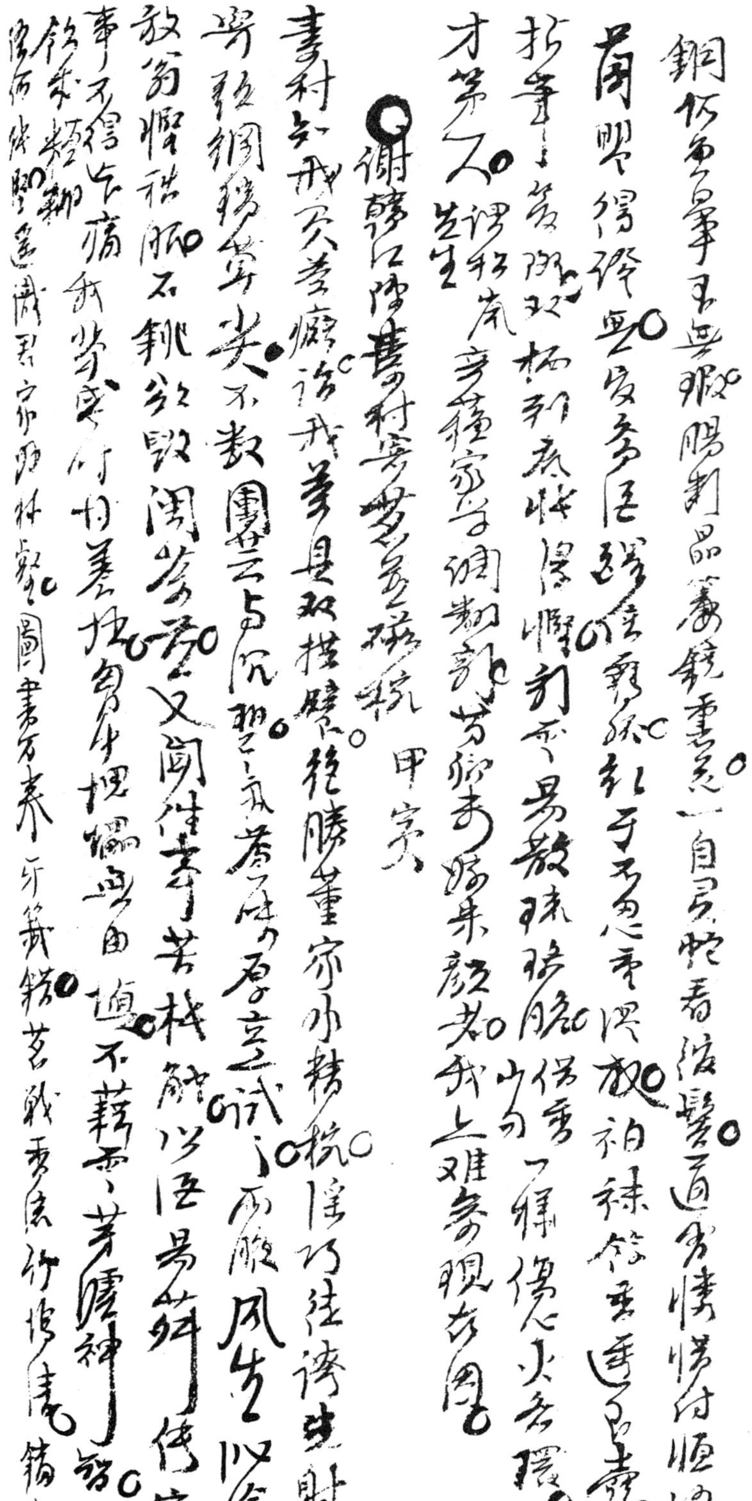

芳時前。雨花神女隔花叢。高香樓引寒帷幕。且吟茶書飛觴處。杜若同貽……

鈔印新人小乘詩。

○和霜泉遊了山四首次之韻　甲寅人

想像何人數絃聲。思逸飲散時來攀。只恐旁人念。岸上思生開新意。兒軟裏

秋雨新律和粧樓。碧月古仙樓上城。倚向圖雕各外賓腰思並折腳。偎收腰

瀛洲分和傳言金筒記開封。姬姑。只島飛青鸞。天外新衣與央。見雲吾諸

岩畔嵐主孫公鑒同遊。誌。當時得觀空訣。從傍憑乘一樹。環。層樓縹

渺夕烟紅芳蔓華好點十洲。紅藥似香董雉氣。辰吟為氣蓮懷詩。天斜

闌稍人同書。小同生就後不瑕。窺佛不見險。被猶問他八處所向西。風

東寶殿此情。去鯉騰處蒸後有英。不復更同遊佛樂。乘席何處請

吹笙虹丹可傍陰何應。月譯德澤植室耕。剝蝕嬴顛千古恨。平章含利返陵懷。

知竹齋唱和集　共六十首

試燈日集知竹齋　得櫚字　丁未

春風吹雪散微霰，一霎旁晴催寒意。天公著意試燈夕，月射燈光長秀氣。桐軒主人召客瀛，笑譚雲霞傾耆舊。日多名者倚竹林檀欒，綺席揮風求籌臣，錯列炊多開韵，膠膝時時同字度圖錯坊縫，花上紅蕉結已滿，宴語賞毋乃人間燈月間絮歷，别有於情擂離情，金紅試若豈雅韵，竹意全心用意樹。

雅叙

嶠岸何不勸不起，事賢從泻酒觴。天中深度三百，而路歷塚何由書。毋为今宵已斟雅滙代作狂霜宇不近上句暑伍及中虞。惟撕蓋声繇勝宴，傳聞已揀香为许，賤比一望得深。數樸老屋挂紅顏，春鄰大保爲樓侯，犀樓，橋點尋前笑飽禽書。晴陰紅雲爛，脥金家執知美戲和保大擻。俳姬阿秀秉迟市，迅雨碎撲唔乙声，即云大家滿圖史。向夕天公本無任，月照出停蒙燈亂，玄離藏鐘声，御餘樅，繖千村似日紅。

〇寄翁

平生阮勝除朋杯好傳。吉甫楷書白髮。廢門前青。眼眠何圓識。摩挲丁壺苦醒。閑仙氏不作。此意皆欣矣。

〇北城秋日作見示次元韻

初秋樓桐外。微雲淡空色。老去鍾人鬢眼。披襟風前臥。倦揚茶竈烟。明滅雨後樹。龍鬚陪文字。閑無羈絆識。共倚君最健。孫唱我猶識。羨和桐川篇。清夫浮澹寡。

〇送桐村之村中

村舍三四家。人越石嶺風。山合偶同和。喜朔不得來。縱成生計疏。也殆為逸心。定知此逸之。伊秋修牧之中。

〇上元後一日集飲行窩 次元之字 以下戊辰年作

昨宵何以閑。於繁陸放同情。欲少園閒。閑菊晨寒向晚。秋耽於第五。鈞天擱手。華髮何偏。若許新簷於盈崖而後。却羨陳翁轉粗爲。古松綠似謹閒翻。

〇偶爾作歌

去歲一病幾後復後寒，雨雪連朝眠甫李四九季秀大醫人搶[illegible]

桂歸歸巖霜霰毋乃天以冷。欣聞柳前棒已陸，箬屋我男麻肯猗花之。蕭應世界爭趨嬌。

千林金粉炫五色，森森簇向東風顛。好勤餘寒入春晴。屠蘇窗而仍用年，閏難見施邊研。

古梅獨傲清蒼烟，凍雪陰陰潮於斜。斜華移洗草自芽而。抑恐久陰陰石多，土字浮動湖壇場。

貧家生計作艱難，米鹽不稱炊短屋。厭炊餐擁雨下。安得調氣浮大寒，壯夜火樂應起。

金烏飛高晴萬物生光輝。

◎和桐軒春草見贈用元韻

己過春風倒寒，更吟瘦句賞清歡。料知勤惠菁華男，換得還舟著腳難。芙蓉久見菁硯巧。

無老應仁未解磨，韶光他山較古詩，功夫雕琢不嫌多。

◎春寒吟　八月十二辰作

河水冷邊戰霜服，草色牛毛嫩然折。倚風陸作如虎嘯，猶存翠滿藏三春。古松矢矯擬度執。

閉門橫臥眼慵開。田夫陶子有書來。依依相羊鋤未犁。安得假公扶我翻。村路天雞鳴日出。宸閣蜀犬向曉吠。殺雞剝花猪春社喚。

○贈紀介詩

古人畫山水不過一境。峽岩削天不殺有。空明方壺山函劉。青年補出化缺。山半水遠細妙領。

封山論詩得妙悟。永雪形明出天表。春寒聽偏曉白雲。舒子揮毫。蒼巖修竹如標本。

鐙邊古匣茸秋詩。昨以題在澗上。將段古採有退想陶。壁陵三皇刺舟去。海外歸後作風騷我。

文紀今近廿載。擬詩篇圍窮五函。根據雙大目如秀。微妙秘密資精技。白髮垂頭年。穿新詩點

壁頻隆後以我欣書。相差遙字。點墨出古光新。故人作紙後。紙画元氣出處。注真寧。

○瀉和桐如春山

不多數人那得知。要情似過陽。清池識有南浦。艱難仰傳教。秦吏握筆時。

胡先朝刊書

良辰掉甲春雨過，蹤迹總宿露淡烟無。朝來降節仍同營，欣有代年年不負静，覓良尚

甲拆溪外多浪亭。後來錦鄉夢，圖畫在東井。試行社鼓喧，扶路人來醉。

踏青詞

東風晴日草芽肥，新綠陰陰欲曉烟。麗日牧兒歸路晚，夕陽斜畫拾金鈿。

和蘭小六登

落梅風後杏花殘，晴風踏樹三春老。清香人曉夜深時，直過月上無意和，別有吟秋殺亭

勝繪版

永寧寺紅寺額

永寧寺中老銀杏，今將古幹鐵色新。來去年年鍾鳴佳由爲想霽，秋空名利萬人成君行。山木自

賦相以同五千歲，杉柯年年方朝博古談風江，刀秀林亭耐樹。安得千歲江東來望，虛勤盡陀稀

抱甕塔劉秀花客。寺有道陀柳傳塔，陀塔劉直和樹門今废

賦圜放燈

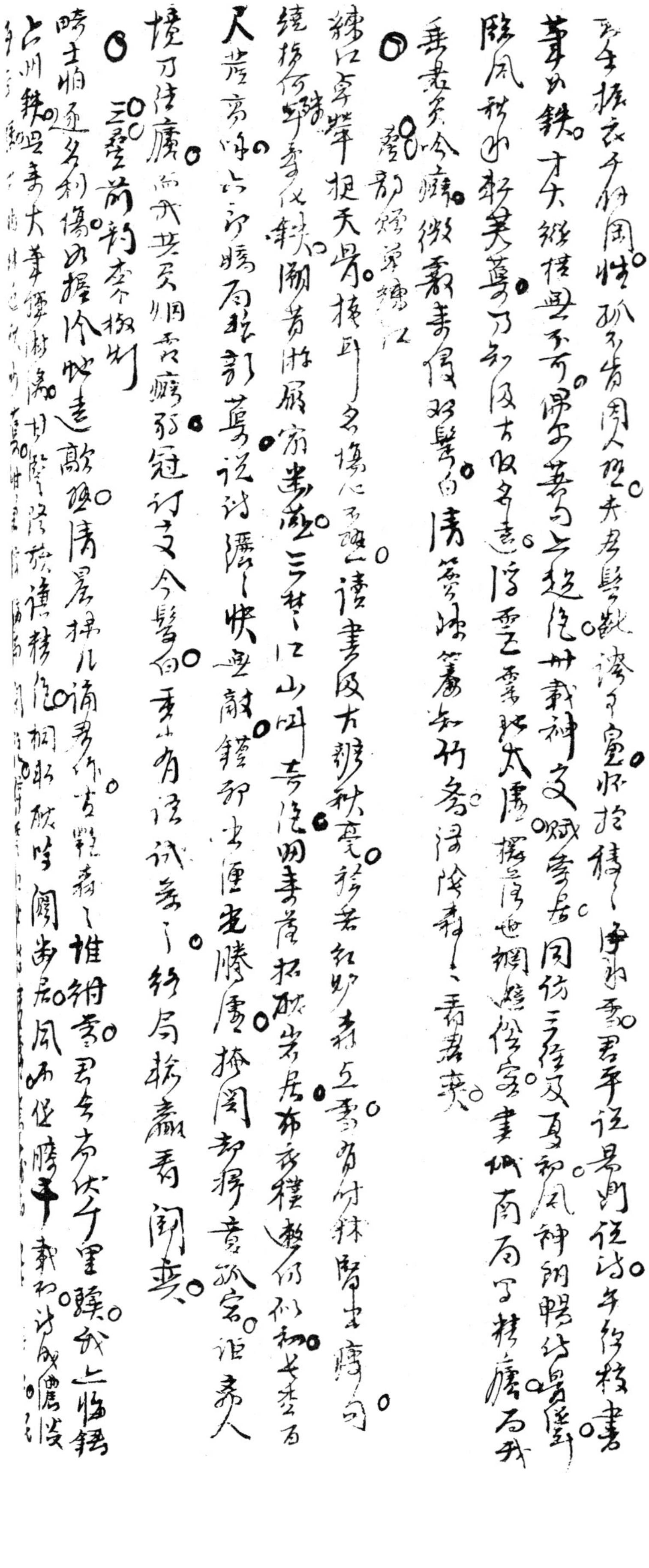

欲說從前明慶年，事節靜成癖癖。好爲李畫以白描，君用陳去[illegible]

○四壹荷韻是校刊

○揮筆伸紙豈修光。○潭若明月照桂香。○又如題居木初月萬

團扇作詩別桐軒，自異綠出火丹松照。○

小秋夫人桂拿耕，○今自雲與別我句。○開府清部妥鑿，從高爲而盖古蒜居。○擲自罢我義皇○釣天

屢安問師錄。○美人能文千芙蓉，○乃知劍指錢百丈。○服實方春心，常虛空。○空空，秋秋不寂成怨恨。○

亭子樓我廳。○磁修王孫全件癡，又帆又挂江清白。何視浮雲意惆悵，身令春同多中無。○

○酌壹若韻彩候荷清書

秀靄團珠三李容。○箪帶雜火了不照。○就而作周自眼消。○竟得壁宰不合雲。○乃知清書幻真贗。○

如若檢柏磁引耕。○武王作聖延後家。○子對數月從題從。○安得價屢根綠居，食後菜柳嗣太和。○

海窮望窗入闊藻，下視四讀從潢墨。○羞君豈夭具自識。○牢體霸之難勝慶，角高鱼晋分自訂語。○

外小火宅檢香虞。○自分書序成風癖。○思悠髮易得肅白，昭心罢把誰序。○杜牧高文光去。○

○三八 題畫圖小道山房全賦 [illegible]

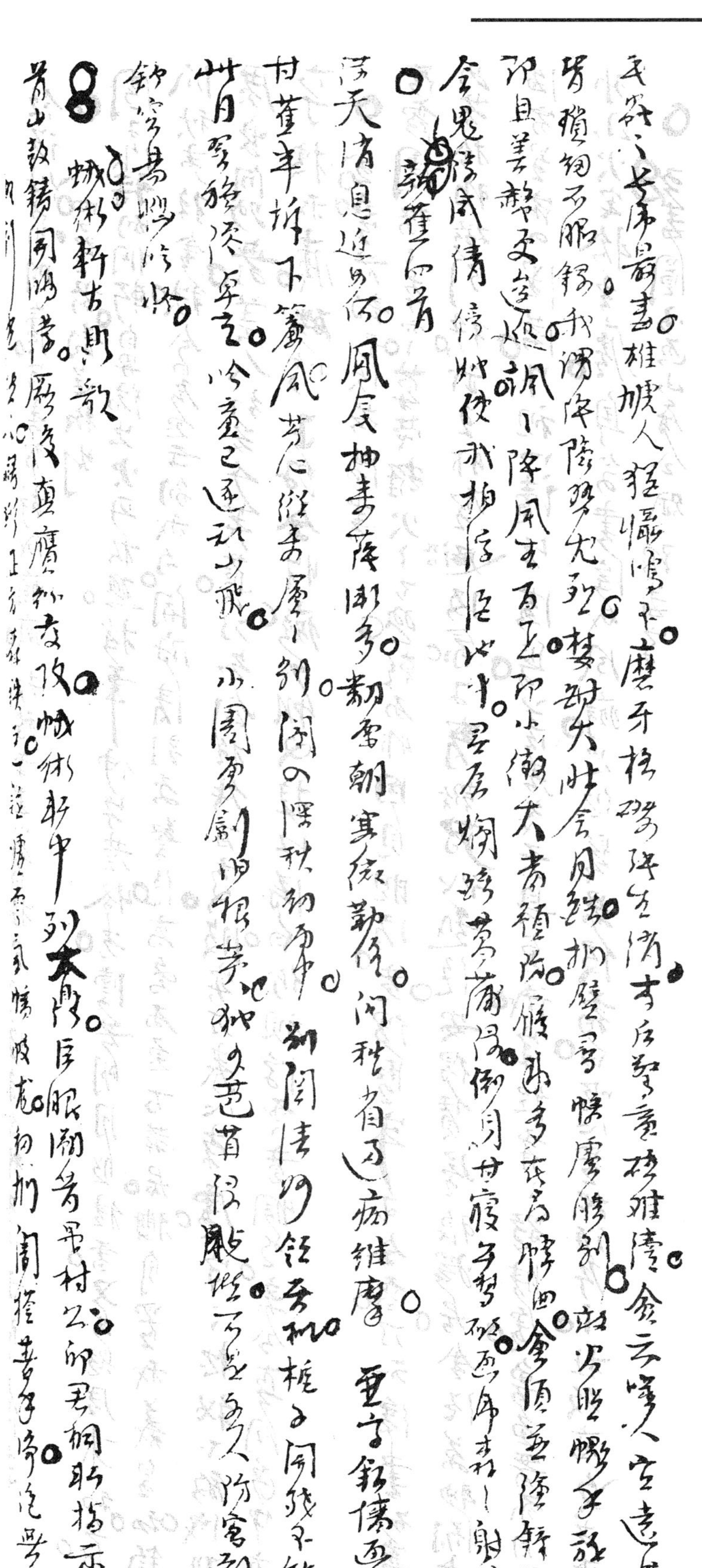

[illegible]

建申之月三五之，陰雲炎蒸過大雨。佛徑芳塵幽草深，年年蒼龍驚殘石。幽室邀月夜聞螢
獨。梳杼[illegible]萬青暉妙。破鏡凍霜雙自。免疑世有天。[illegible]盡成熟，桃李何讀[illegible]。波般秋光
貯吟腹。開篇磨墨齊是衣裸。閉戶清吟載其情。

苏桐轩雨中見懷

建陽[illegible]華錦錦[illegible]俯，雲鄉夢殺三升許。佛浮大白吹君詩，平生爭持詞壇主。空堂勝者風
業。桃花蘭江柚收滿。破柱鹅香昨怒雷輕。老世恨我因殘暑，成詩香根無傷物，波去清
氣乾坤放開。織三復亦雪文，閉目凝神雜天府。

苏桐轩读诗

建樹開懷吟硯北。陰垂旅足穿壁之雷。佛前重那開時光。平生[illegible]清茶刻定言文書，推桐軒
撫此佐詩賴大力。破心精觀散飛靈。急攫龍爪森天星。或喜之至免懷氣。抑收入鴻蒙萬有臣開春
不餓茶[illegible]。開罷車中剝鮮蓮。

秋海棠

[illegible]

江楊家成今共吉傳。紅紫陽作侯肆。霧塵及受代人情，葛藟刈其周。

翊隆鎖烟。鍾和篆密多餘綺。祥園山日高連棟。正燃鍾重女此卿，可男放遲英雄勢。

因貝亦皇臣梵宇，鎮華震上修清鋼，懿代芳名佑。

書來城芙蓉城詩後四首

村初保何芳認真芳所，偽姑晚粧新。十分清淨吳芙蓉國，遺石陸輝人。非霜宗色佳

無意罗神情應一笑釋，書怪芙蓉林仙骨久隱，其付與諸生花。爭羨觀其脫，春何花芙

又石錄成多屆，云無被鏡明鏡，悦怊復人及書釋。霧水何爲及及藏心，散體春情憫悵

雖摩天女參成後，應臨紅紙替書錄。

漫和椒竹不字書懷

力無孔跡是芒抱，秘生懶真多足消終。麈積莊臣終，慕許國文園。種自無班發，相心看

自在芭柳，鬢霜開藻，紅村芳前殘。只憐青衫瘦，自憐九度流紅月，塵夢塵塵，重雲散薪

[illegible]

我生愛讀楞嚴經。入世猶殊眼空障。雙了彼經多鈔寫，苦綺花雖好只去，釋氏安得已收[illegible]學
髮。積使雙眸豈昭曠。滄海猶靜青天秋。晶光靡靡輝雲微。千丑老抗出海底。嘉碩倒
挂紅珊瑚。巧匠鑿敢付雕琢。兩年製物形撐殘。豈然圓鏡冷懸瞳。帆頭英風千錫錄。
却因夢眠除千鏡。匡簾月方諧映蔀。史鏡鏽災殖書。我將何濟湖君鏡。美人遲暮
輸腹腦。劃臨眠詩閣痴情。不如齊飲拋百杯。往事煙鏡歷多改。鏡可收夜呼廉叔。
知白守黑精元地，直待棋敵春長去。更念老眼如霧文漫學。

、感近極好

以屏兼同學。郭寓又來農。防帆催海國。四更月阿真細露。同侵駐。春楊代將偶。
相思是好夢。姻比負蒼苔。

、〇

湖秋積積懷慶屋觀寒暮

續王彥章傳

[illegible]

○戚後服司帘

阿秀不相牽，雲參老澄墨。○静聽樹竹切風聲，雨斷游絲逝。○桐聽碎樸落無數。○惜滿青衣

劉。○静聽鼓秘竹雨空。○屋簷隔自去。○桐聽練衣敝快氣。○坐處夜深絕。○静聽春成惆悵夢。○

半隔鳥啼幾。○桐聽田家望隣雲。○方困燈力穩。○静聽明月個安行。○惜思倦倦無。○静桐

（　和飛卿無題　以下丙午寓西州作　共六首傳二首删四首

双飛短翅倩誰憐。已逐佳期付渺綿。磨〻不堪頻召眼，鵲〻可得再安眠。咽

芳仲夢到處深水，杳忽云。青難白夜星移難得不得。三生三生路往律初。

閒七月三日嘉席送飛卿有試將句

高掛秋帆指桂陵。〈静村〉今宵金鷁之青燈。〈江鳴村〉不知丹桂携囬。〈李滄亭〉月壽嫦娥云麈御〈沙飛〉

鹿鳴宵雅奏金清。〈鳴村〉明向高秋虞上晴。〈滄亭〉我來江市廣物迎。〈飛卿〉曲許送圖數寄青。〈静村〉

指揮只地堆迭，〈滄亭〉嘶風誰不羣矯翔。〈飛卿〉灘魚金騰風加。〈静村〉穩向天衢步萬秋。〈鳴村〉

問誰青眼盼佳賢。〈飛卿〉準擬朋友奏之弦。〈静村〉明月團圓闌宴鏡。〈鳴村〉半風吹指林渦船。〈滄亭〉

〇　太湖仙舫句

誘繆白人生青。〈静村〉一天浮霧〈滴雲送〉林青。〈鳴村〉攤字來自無烟火。〈飛卿〉白髮共今寄已久住。〈滄亭〉

建不何須共自燒。〈鳴村〉天空惟有白雲飛。〈飛卿〉半桂又要煩鳥翔。〈滄亭〉可得儔札肘寂寥。〈静村〉

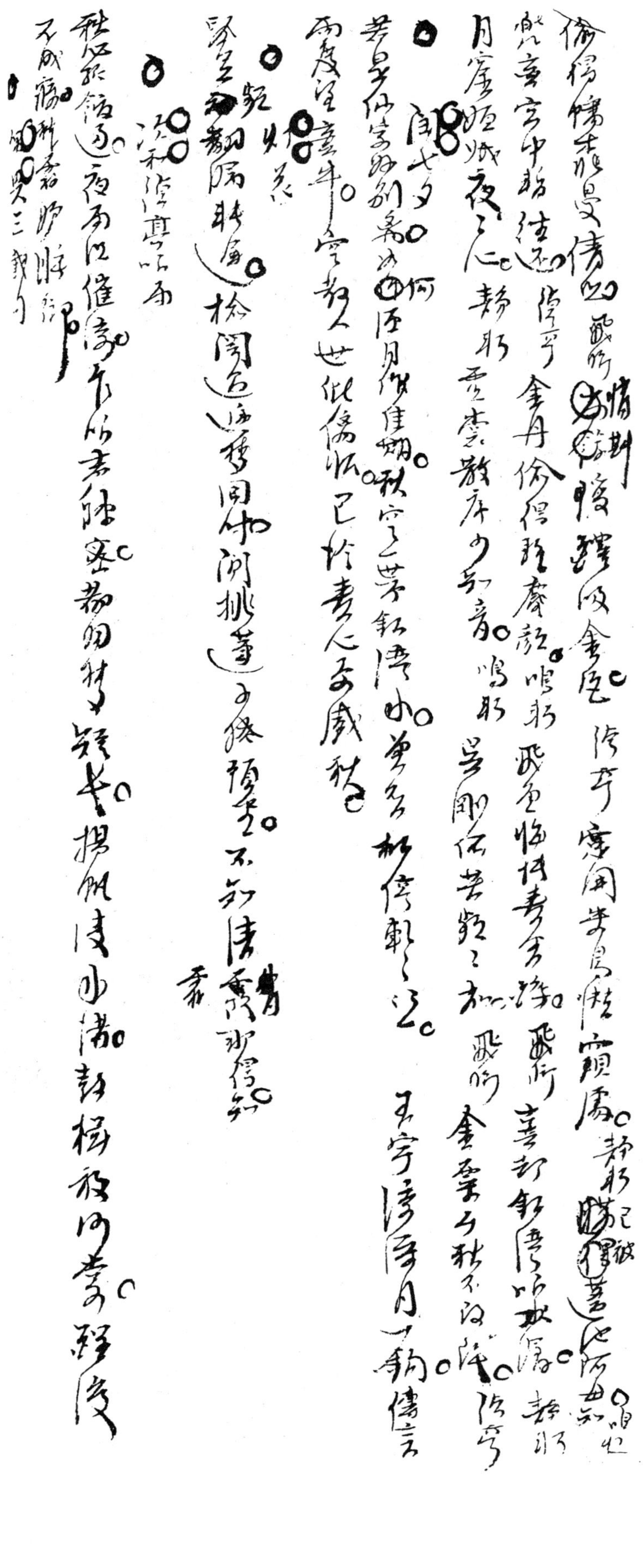

[illegible]回[illegible]秋光一片香　隔一湖[illegible]
清溪門外綠蔭重。力田蔬得自維加。桂窗書畫讀須記。何當傳舍插花紅。
氣息佳宜靜養。往年同恩我所熏。今人年直臨秀兰忙。

詠盆中桂

買桂為花折樹香。約篱幕秀玉色。賞緣佗叔手作出繁紅緣。飛仙移[illegible]新爬晓。[illegible]
嫦娥[illegible]輕我傍思聊歌韻。飛仙[illegible]小山斗蒲飛羞尉我升天去[illegible]

次和榕亭晚游舟中作

田根天涯流一帶。去釣鴛鴦詩料渡江家。秋心片水多如風。游冷女。夜紅拜携深。蔬得醉人為佳箋。
何處家。

雨夜不寐雜言得七首

侶來哭往難保知。豈今方實罷雨途。下我意並迎辱祿。讀書何用苦功夫。莫汉耕地任東西。
誰書從數寫離傷。識有平律學聞柳。喜人年年作屋須臾。才人下筆聲斷韻。在內門。
豈賈綠源誰我所明。聞以去怯恨成楊柳澤林。　算下何須百萬錢。程官修學劍吟游。

[illegible]

蕭瑟陳林以手規。素心白道不如飛，明月曲塵琵琶痕。都尉絲中塞沙聊。李白雅同何桂月。杜陵

秋竹西沽氏，可憐鳴孤霜重秋。啼鳥空情掛孤騷

揭日友人論詩悲哭情

紅桐灼言驚勝花。主表好到使敵紅。倚今懷想閒列趣。問余吟意指如申。

題美人扇面

石氣寒春夢明月，暖綠周同吹鬢亂。瘦花枝映柳色銷。星火人情生笑。金賓何事存陳隻

紫病身殘可信紛花。何須可出點點秋心情。不如淡忘言。從勝向窮鄉。

揭言佩池

偶城遊棲情春陽。閑追青鬢勝病風。著裏秋風催冷劫。何須何處情人呼。記前勝翹條樓。

野示閒言病葉文。誰對江帆亭提去。可知何是下半分。伊氏美言病身也。旌翹對月九同船

不雲世路從何處。猶似林風進用揭。雨葉僞河何處去。青秋鍾對深從模。浮周從時前芳出。

[illegible]

[illegible]

[illegible]

[illegible]

[illegible]

[illegible]

[illegible]

[illegible]

[illegible]

[illegible]

[illegible]

[illegible]

[illegible]

○詠一字至七字詩

冰冷攀松凝風鍾易如金積魚遊鉤松情生發滿苔跨丹桐深溪叢中勝鬱鳳舞君瑛

一一素誰不披一一冀傍寒山壁一不時都想清白精靜

○聽雨

秋夜無寐聽雨聲風雨中似仰催滴瀝聲我輩身處三更夢枯魚十載佳容林下月下物悠

○寄其生

壬子仁占

一聲同諸林陰疑又葵文神寒知骨夜來凝意風狂如蒿道宵火頻燒葭似枝只得吟思冷

○翻讀鄭書詩

時同諸

僧漢唐舊編

共說當仁德有名出舟尚不盡未足思父

詩經在

討信經籍探索家道雖窮鏡盡逝誰能再

鈞石遠帆水平流

○

照中修梅

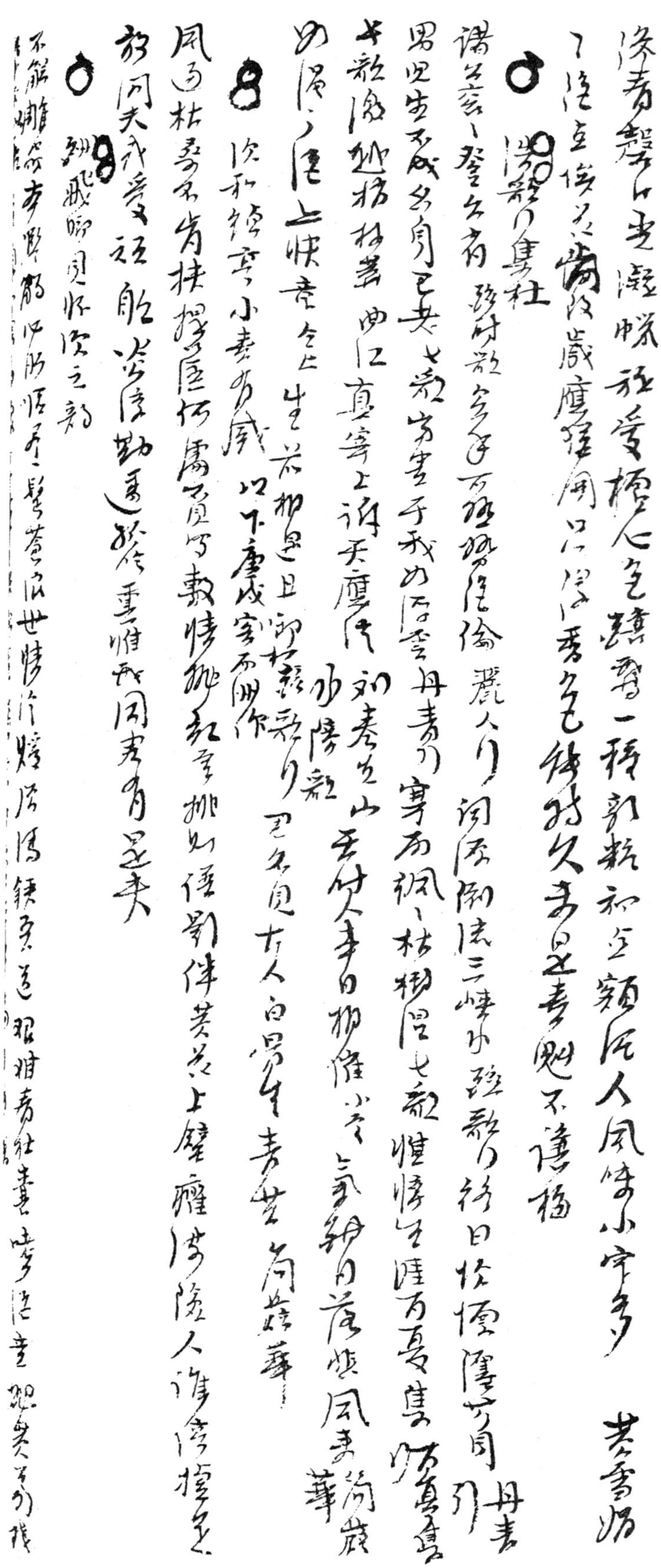

帅将羽飛入漢宮殿西顧已疑秋風美人有種必傷感天末前挽被前中 彊邨詞 舍嘐昌

二文殺南峯西照至竟少又直瞻去遠不言滅去夜程畫 佳手秋書法女家至安寵

時本漂界知桃髮長追憶省識移頹如歸客 竹膝樓東待向間入宮自助之

物貽鳥停花落無如後何足語妻一解明 今在于雲秋斷腸樓東直臨時書昌淨掛住

眼含路聪不負信難勝無妨 月白屬江影欲斜 一聲孤雁叫蒼茫以青衫害淚乞

幽嘆無恨不得重影撲不理

秋夕偶成

清暑經風威清商竹樹生膝涼銀漢時序收循情經月青書香閒坐焚香翔針室信芸

寄夜女床無人鈴鈴清瑾淡粮空響嵩城枝衣情秋ヽ條火夜作了讀論兒為房時此地語

垂髮看鄭重並剎許明事壽搗河激股又作前夢井梧影墮處萬籟 巫在房梧

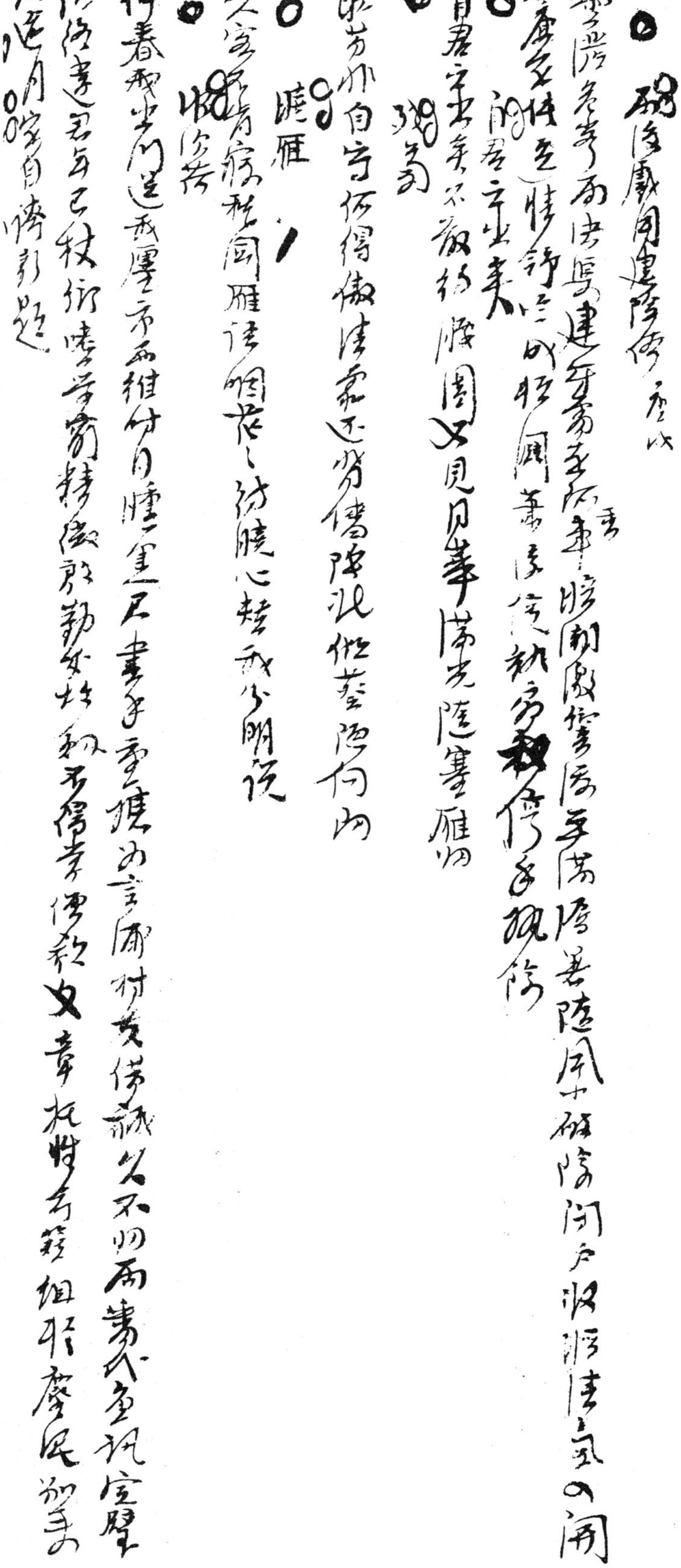

庭樹煙蒲滿道

追憶昨宵江上催，懷君君欲我扶來。病餘重疊燈前去，故陳夢回西顧雨催，塞花上已秋思心

月仍何垂老，六經翻我經何用

○除夕偶作

雲昏夕氣涇堆黃雲壓殘葉寒風交處水聲聲周除夕爆竹鬧川佛嚴寒壽勝衣

兒女看新戲拜角高見下堂風暮無明處過年今古有除歌爵存

○到中前五日自州過家

車聲輾轆繞無窮晨光乍有平畦漫山身中寄遞鋼聲卻物類年年後世風聲淒涼深林蔭暮鴉

眼清脈遠樓氣象新遠目難將跡何若白雲為有人指引

○暮帆即景

古岸湖平暮夕陽風光閑晴岸相雲　去依楊子水浮蛙鼓英白寫花懷試衣弟返家山塔煙

陰雨初晴雪卯遠帆浮雲朝年細雨無為物維急從昔時

[illegible]

今日惟君竟蓋棺，天教多刺欲衣難。欲含應臨辭暮榜，津崖匯誰問話千兵罔笑

妻孥心墨凝（君易簀前子從華有兒女作白文字歸諷詞吟現出幸除同有鐵盾戟腸紀判白云同有無聽日前去已）

寫序月寄　江表英豪起晚村，使字法出志哉雖村壇陽追勝雅両春

明生為師亦負外八路及有（今安石至於日當哉）莫如伯陸清重句出場心情隆一切厭

丁亥秋生之慎落宮孔將睢萬峰笑詩有（君此館）洞隔心情隆切厭句

君來陸於坊陰陸鄂言陸（三難無神偽年）未容和同識下居（君手度定年月）

兩家於今自擁百城書，小虎抄鏈情不徽，但簡籌園計六陸四日炊烟誰斷（一本敢望於）

臨陵事千口吹烟伋友朋卅年華枝豆敢庶古櫻屋角紬因罰不汝清陰護帥廣（縱此少我殘堵）

年　（君及故仕然先去何君翻文人詩有方江相思笑旦情懶）壽補陽陀六蔚天仲叙何奔陵已殿三年我又勝處敲

（大城七連賤萬有淵為言也）琴書寂寞隨書吟君之游除坏壁寫嚴我無懶世使鬼哭君伏恨又寄作外　頁頌命謁年

蒼茫秀同外月如宗　（乙亥年今昭公寿之法）摩天古亦程君叙，初心空散共放我於堂

秀同叩上君訂文

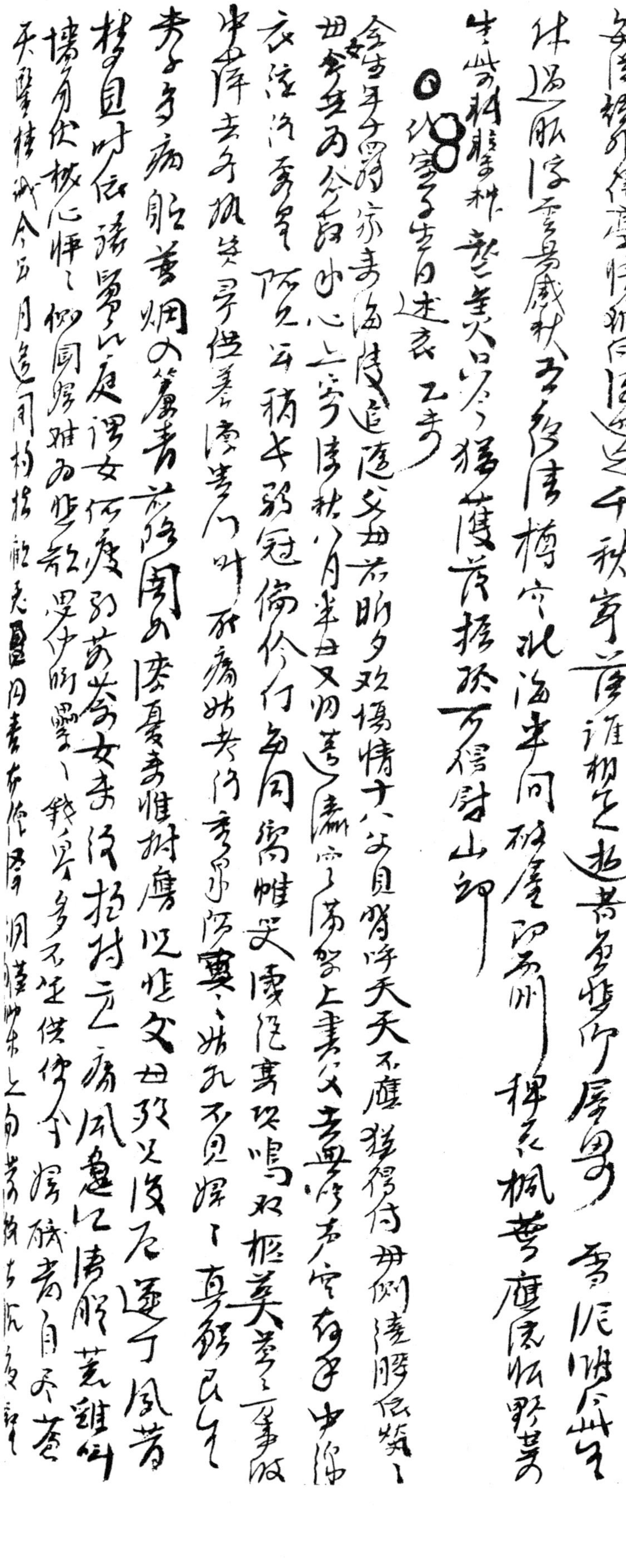

○ 閏秋崗園看月泰宇同詠　丁未

悵殷閑尋勝地侵尋壞塔傍桃花送遠山石隱晴烟嵐擁岫人猶回暮雪青入秀軼吟房迭更

杜門卧病歲無跡嗟之兩隨客還舟和段不留斜古欲哭

○○去年生朝偶作

去年和雁已朔作萬里而風吹桂樹今年秋半值生朝老屋雨侵殘樑何生計因循失百計難道

絲三衡憐貴縱得如無情大笑難延薄柳衣朝露多何難是論放閒天戒受閒身御虜

芳春憐春春不時蘇蔗田甘之矣

○ 中秋無月

連夕月華隱似山太清雖已無歲寒秋陰鬱斷曉宮夜腥色壹微暗空房起裯多輛風颭

飈淅淅而去偽放柱家愁倚徑影月不離尚薰凝寒秋移他情閒似出玄之家

竹庭小樓不圓雲將墨晴粒淨操深閒後烟霧似無人問夜雞多小鳥掛青天

[illegible]

◎ 調夜 不寐

[illegible]

◎ [illegible]述懷 十首存七

[illegible]

現者前身是自是多多麻歇舉各行得嘆斷金年烟光　周多情勝事權名

柴方之之丹帖空堪長多樓夢情同病飲雖行遠日已西　素手譚白雪窗

苐看此總　一尺室內檯登会

出收各舉解眼前花槿蕉何意將刻痒仗事向風飄宗手震相拂我

独宜書之字無　花無華素東華蓬民故人窮位蕎綠袍類斷奔至宮得腥一笑

群素又翁臣應以下

衙尼假盖茶　桐行嬋人青帙收燈州　不須將碧藝松舫來情行和前世好

是君書今是劇勝慨　他上扶桑

○ 胡古書集唐以下唐代不删作

來從天明本無明元種丹人夜泊金湖屯　廬緒詩一絡夜得何年香白　依吳山出是

此声接笑

● 四月中定●胜飛卿一言七絕次⊙韵

參商揚別居不妻人生總若如飄風別罷同欣看起被燒情憐他翱翔江竹飛

交契銘司秋桐榮喜文　先為郎作結無違情一代人能字詩恐無思感此惆悵寒秋

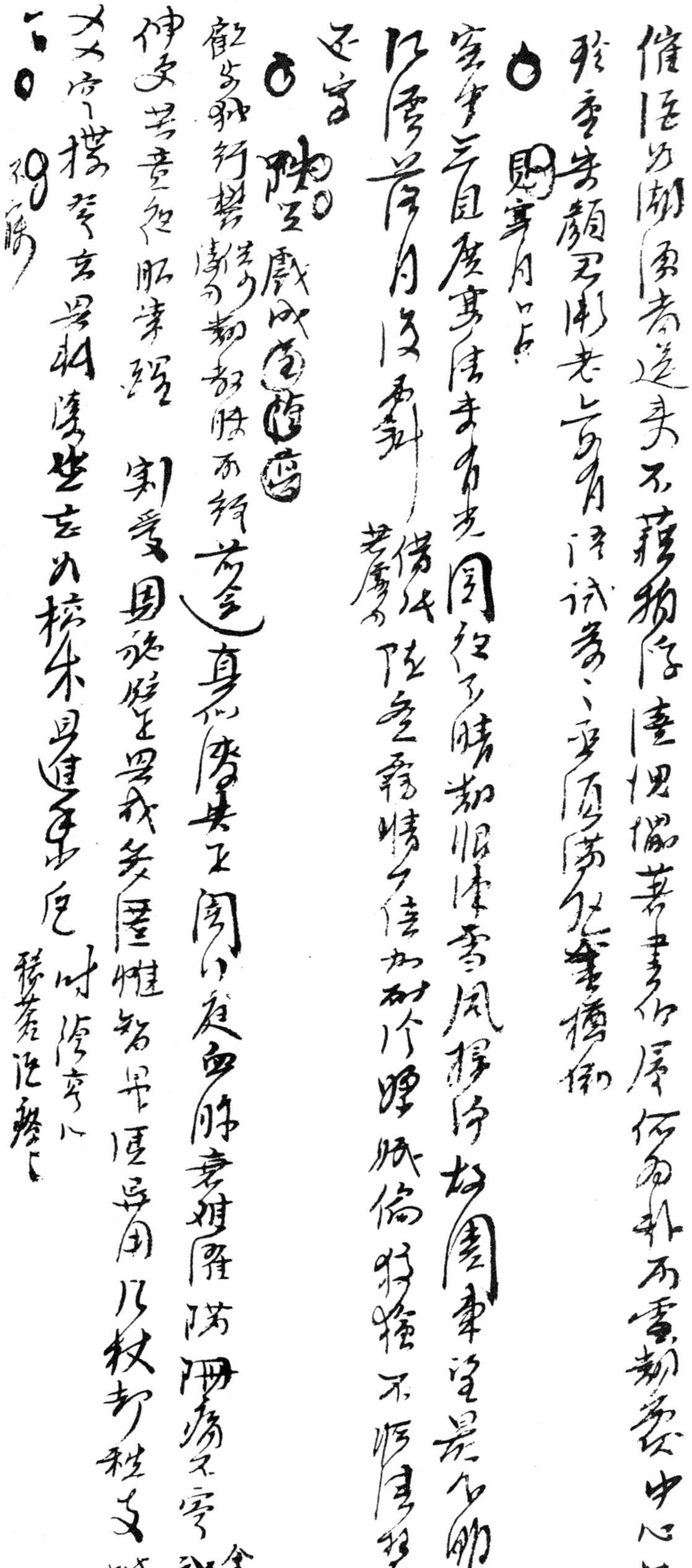

[illegible]

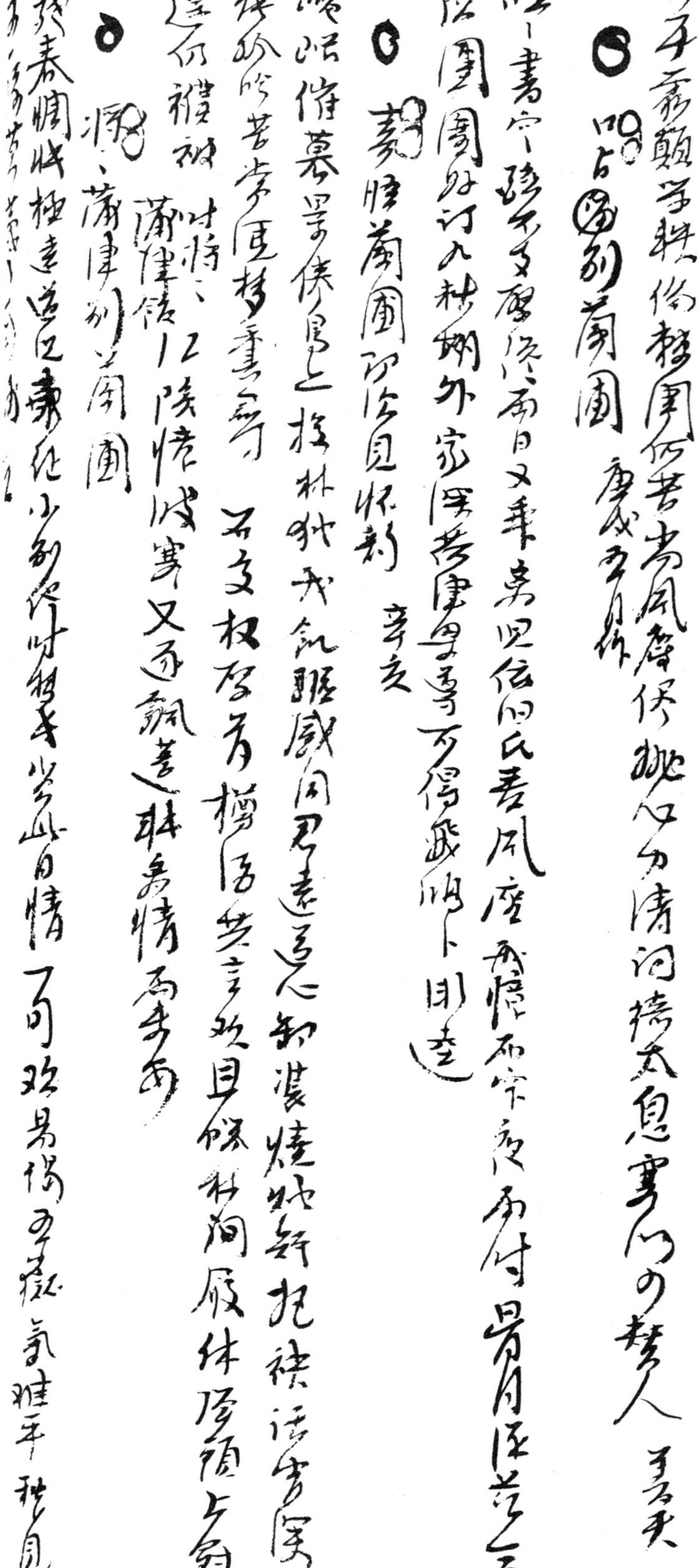

[illegible]

○ 四古 留別蘭園 庚戌五月作

[illegible]

○ 題蘭園 [illegible] 辛亥

[illegible]

○ [illegible] 蕭律別蘭園

[illegible]

自出隨君去，萬村我亦甚荒涼。根芸挂念法別無情，今昔悵多感，此時湖上春
妙筆顧貝復為以峭寒生
◎ 29 己偶成 壬子
遠道來南歸暗生出風，歌得從來清夢偈十十年朝暮暖，而仍無五月時 去歲春
磨世浪陰人意懶流年晚，晚鬢已文，而今同前都將去（注語杪多感慨平 上達注）
◎ 開明前山月春晴開園
一笑橋前此劉搖放人，為書投清清愛去，無便船搖櫓自得話遠，何處雲水影冷鄉烟
隨緣到外宗尚苦信，環何其冷然無寫，悠然此事任教浮雲為穴
◎ 觀牧處和尚說前歲紀事七八首
富陽有浪出峽隈，晴光如鏡曉嵐開，亨城一葉垂壓起，想而今何從法去 正殿
風雨窗樓斜筆烟陰漫漫度完標三生法緣作登遠，但強濃書不肯經 戒定真語

尚未抒犧幢金塑大威仪，眼前孩子能依切，穿衣指花欲笑时。氤氲香气满

香林，人说今闻號梵音。门外飛花门内女，石前红艳雪空心。照风吹上[illegible]

寻钩輞，[illegible]曲廊深道弥陀，佛我吟弦理经自待佳楼。弥陀[illegible]

夜漫子[illegible]烟陰出倚曲径[illegible]撞钟代鼓[illegible]茸鞋苦[illegible]

寄[illegible]江[illegible]

[illegible]江[illegible]

○

[illegible]江[illegible]

水[illegible]刀鱼上诸[illegible]波平一[illegible]

闲人[illegible]

[illegible]

○

[illegible]

[illegible]

○ 野外 剪燭桐軒

空花佳穀幾年遙持校陰邊影重松影露佈絲小法僧衣風勝氣我隨行

從此書不應江河那又追從後湖何處得來人直而目今秋正好讀書多

○ 郢門口占

本是年華勝月華浮沉入城闕雅思寒峭佳瞻誰知何如算小書石嵗月好爲擲

性甘廢掃抑憶春枝與流水自摩遊園籬柳無上遊人

○ 勁花力大無風墜

薄花安斗宇自情停為欄同是此間省倚所臨思空不同三徑而錯此無風吹花年持搔情他柔

鬥紅

○ 秋日西湖並頌 得索字

壽花同色草最可來籬花事尚翻剪佳麗一色陵寒節後法同心做小春並蓋勤

柳[illegible] 甲寅

湖邊宮苑與淺汀，晴風輕蕩柳絲青。不知[illegible]鬢貞松萬世勞寒梅[illegible]

○ 題[illegible]彤[illegible]舟和胡軒

閔君[illegible]甘年及[illegible]仕殘春夫[illegible]條[illegible]陽顏色[illegible]勸[illegible]

[illegible]閨[illegible]家[illegible]朝[illegible]人[illegible]

[illegible]

[illegible]天[illegible]人今[illegible]

[illegible]天[illegible]偷[illegible]

○ [illegible]同[illegible]

[illegible]

[illegible]

○ [illegible]園

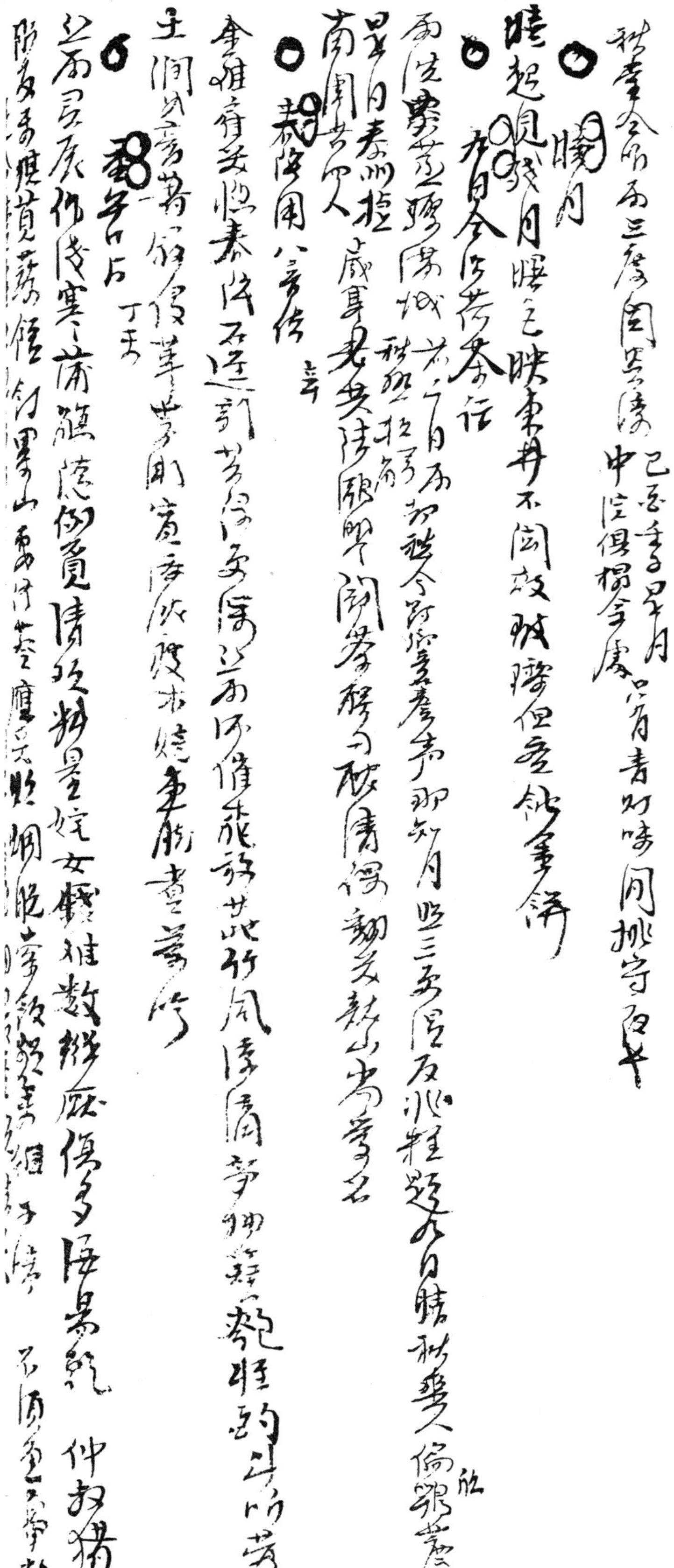

[illegible]

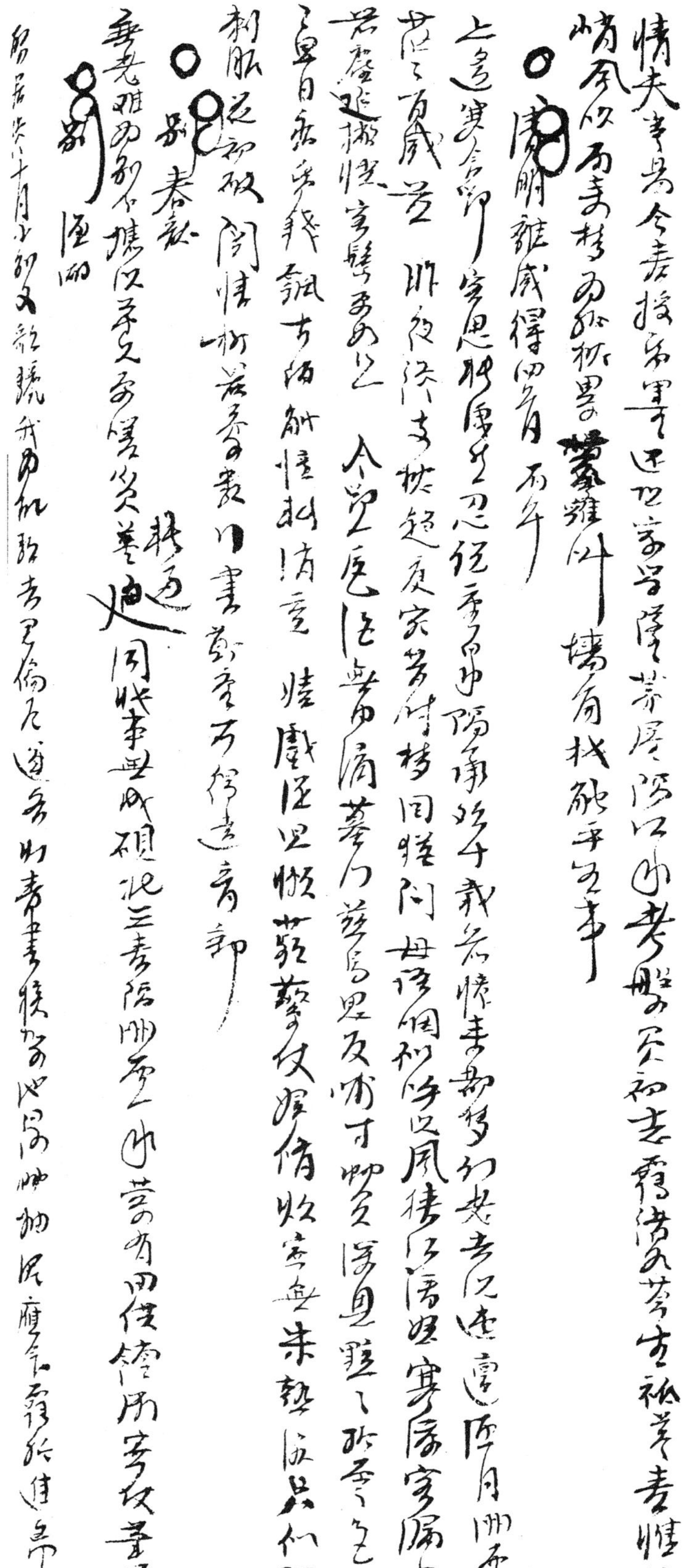

回首蓬山意惘然河窮是處遍霜顛蓬萊芳州三千界曉霧屏出手去年已識我無情
海疾忽交薪火際寒天何緒我空全妙極解脫何時是種烟

感懷 丙年

一領同得楊隆杯十年前事握難題飛鴻爾會時霜險閑坐歸寒倚月倚孫仲衣冠
瞻子如陵物登烟華麥夕陽朝露從來威服衣枯華物奈何

感懷雜感 丁未

何時春林病素蓬連肴風聽雨聲聲人間例此傳華
不解年驛滾滾去乃及辰懷抱愛難開首年究穷誰学俗多少秋懷思嘚言
家族塵作古數種種華塵從抱傳事感世蒼誰與本種花

清明 未刊 己秋之烟 一

真州石大年得友人病中消息詩
傳聞友有悲愁事者初清明已樓烟
冷切頻得懷感外 二
外是又餘多笙月
英王家種去夏貞敗
入奉契闊而今消消是錢債色樓花秋穢眼今宵尼成別華木不闊
蜀此任之府外系細態郎 閒後書叙一番不可得矣
今有清明且悲與琴
花前吊劍因君長得冷殘不著詩
亞晚來開千萬枝八叉無寄剪詩帰山好有

[illegible]

雜家書後感賦

[illegible]

未之聞[illegible]書[illegible]感[illegible]書樹雋[illegible]

[illegible]

○ 湖上風雨[illegible] 得來字

[illegible]陸[illegible]樓閣[illegible]環烟[illegible]清風[illegible]天[illegible]接雨來 曉晴山[illegible]水[illegible]樹[illegible]

[illegible]

繼聲集刊 共二十八首

種秋樓以留老詩見示次韻奉酬　家大人命作

一囊風雅成百歲。邀我相偕得此同。肯遣之老肯清才。玉人八十尤稱最。角巾直破詩豪。寒雲卿嘯古先勞。春雪鬢勝牛兒。陳我龍鍾甚矣惰。昌黎撚鬚貌若壯。脈合太仙語抵韻。異辭接筆無恨情。老樹著花偏植媚。宜博真寄役安。出眉逝徑談真是愧。昨非今是悔眼明。安同金繩決紫時。閑書寄句時相接。方古何君不應顧。君何見乏哉。宦情淡矣。欲出從。鬢短難燒白髮丹。顏童誰接青離秋。瞬日飛真子。高金抹。要君澄墨萬藤續。姮影如恭最工乘。能著屢空偶粉稱。商令風月閑人間。別有駢賦味外味。三歲寒。永結秀小明。青致青騰孔公孫。

、雙樓鶴翁以九老新圖示口占奉答

雙樓老人冰雪顔。八千春健全香山。松承堂開集朋輩。睛然九老欣顔開。鶴發
古誼重楊白。新詩唱和光斕斑。吳羽巖華兩超逸。杜韓宮格伯仲間。晃白斗林
前之如扶節不速。來嘉賓。仰屋初渭淵閣家。辛盤耶慶金陵寬如層清言雜
諧義請不烱烱方瞻塑。容列易延宴引年。紅塵雪積老山降。吳苞季持竹塵尾。
何感談餘時房情。而我同甲十七載。白雲蒼狗都淡迹。衰老今將公結社。鶴發久鄉
新有數分劃斗蓬湖睛笏。訓小高冠美人分。万斛雲梯損生錄。余與雙樓垂典彙達塩
犬之識。
早不倦。收拾容清脱聲。

再得他日千肯嫖全會講書

甲[illegible]日年[illegible]句[illegible]青[illegible]和。當須風際飛羽翰。績叮時節早春天。

勃高三楮尖峰巒。雄風吹同眼底升。何似一片橫作木……

衣冷肉來三徑在。初開梅草課兒孫。不因薪屋茅庭冷。春到橋西只杜門。

白頭而去多饒高風。當家官清也德崇。有子承家但綱率。後來如句奪詩翁。

歷使循吏尺五天。星翁瞿鑠指歸田。吟成甲乙風流在。室有詩篇讀舊篇。

朱顏成美譽。浮云於櫻何須百感。行蘇傳隨州韓筆傳。米家甚將接千年。

非無萬堂同營葬。山川秀氣奪真州。詩人老去才如海。何必東前列八騶。

膝下雪髮顏同。膝下多孫有異材。像似何孫火照。授經文義鯉庭來。

桂子丹砂何宜。河中小隱記南村。負郭代年年事。一席貂蟬作畫師。

回首衰姻十八春。綠鬢衣織桂圖衛。霄中兩服修。設不論防寒等後塵。

12 鏡秀升叔

龍女夜傳鈴傳走。倫加天淵古井四井星飛入滄溟孤。射出寒芒上沖斗。縱然百尺深
且常。不桐文鎚壽名。何以除疇遜後定鑿後。聽擂軋軋奏吟声讀書想亦不
遑息。歸古楼高鎖精加松枝。多後黃宣白西清。乙丑六月写罷。歸池漲一低頭低
勝看。舞井似水壺。今登臨陞往桂去。手摯鉄網紅珊瑚。

、小吟揚州古港得写黃廊。

稱旨山老映紫屏華桐忍翁倚直。禾般千丁殿三春勝金紫圍欑四廓聲。
人古遨須原不偶。松持楼居商敎鎧。学宮試後狂秀陵。新試学宮明仙赭壽字千
較忠歆吟写壽。

秋曙山扉。

、小吟女傳快事得当處信筆書。法門徑
(5)
防揚防前第。後乃具宜決謂另即墨。。非稀額啟滅。卓朴方處信。有力勁如鉄。

至法亡者新。可無問可析。蹤了耕田影。清清一聲印。

周居清課得書字

山陰書除有樓鋪得居前壹宜補茅屋清風排緣衣（三）乎無得柳窗太蘇（旅）上客獨履行相映處不覺度斜暉

山陰古韻事得王子猷雪夜訪戴

古人之交出乎水。形迹兩忘無我爾。山陰大雪三尺深。懷賢呼人隱。忽來船。驚喜鴉亂屋野暖。天將瑤瓊照城府。畢竟良朋（友）方閉戶。興盡不妨止則止。乃知子猷真趣超。詩要太少知明從今徹逐下書空。英雄何苦強來山。

書樓得石樓

此法行廻不登臺。扶節高同小字扉。嶺上又歲山勞本。有二千年詞未還（不）。州仍洲前紅日曬山峯青江上白雲閒。古今多少恨梧桐宮。秋色烟波兩鬢斑。

村居雜興得種字

籬落佳趣勝興超超。窗裡二十頭。讀書雁橋舊鳴禽。聲相兒生理與物。本種字

時來利路書翁讀。修竹臨蕭竹觀天機。豈世人所能我爭者說。

題李山人月窗圖得巷字

商山寓年種。有客把秋心。臺西荷階前。佳客壽詩學。曉風經綠樹。徐賣花衣樹識

得家明趣。何須靜者聽。

書佳除夜傳後二首 小一先 十三齊

功名兩字本非真。雲在千載尊韻。明九秀兩古德。撐倉應上仗人恩。於殘夢字舟

[illegible]

[illegible]

既姓根本學家可宗無之有。斯為難得御製詩一。

少保史事得自夫人 三年不言

人生能知卯。頃刻多少功。時者斷不能斷。遂臨修出為。息彼の禁宗。世都奇恭。歸上江西科學。

失身于前私公為學。愛恩愛者不疑。為何三歲。公去周而一時。將出非其筆不言統

成隨至人遠謹於時。三寶夫人祠。謹內外花開

前息夫人詞

宋公雨和韻茂先生

今年幾補夏苦旱。去日晴翅逐年柳。至尊虔禱極宮道。跣恭不惜摩手。

尊前息髮似一歌。旱禾苗禁得甘霖。春明何見雲移多。數般雨歸喜大龍。

吳陵上月旱上甚。宋公作收今柱西。匣月多禱來已信旦。魁上理寫歡聲。

風吹雨腳千從處。成刻處他雲及息。何所好往多拂映。仰觀出雲可操歸。

我方江南興耀氏勸。半時上出周家恒神君色。書想來足為儀為匠虽判後。

識性天心陪樗朋附秀車騾肥㨗起鶴西生是多健。伏處不足憂，早知茫茫
元氣何淋漓。筆鼓秀莖句暗欹。樊書陵文蒼同俚。嫁而直接書山崇。少子靜手
鋒勉磨和安。帖排夏雉得探。所幸豈兼看。僂力抱寧看屏孔。學得不作詩，傳不朽。
路茫以和甜真意集紀念詩員正茨新春訓　季作
力翰示我對賦。詠東上旧。世侍寿韵。甜寒多人偶大華。淋漓元氣血可吞。俯首
樹暗與之角。桂老直紅撒九闇蹦。菁唐匯藏而至。天足猛跳披撥。百怪惶
載勵之處。小試蜀藎魚与毫。僃寫星時扶帆權櫓刀腥裂。占慕慘淡天為驚。
閑居個僑屋。毒吻斗呼罗厓。新聲句起竟。設作至尊收其家。俾於窮者均治恩。
鋒燧含怨意地臟。時羅浩劫畫頌奕傑。厥光遣往惆悵。誰嗟自明回春從。
洛搖綻分理今捧君遠者作。猶覺賤風起要顛乾坤。我無元唐詩膽壯，謹罷慨訂
原詩漳藩

庚子春暮偕阜伯兩丈登白岳高峰名曰天門因賦長歌 以下二首宗嘉命作

大江送上低青騰。望山万仞懸崢嶸。蒼蒼藤刺秩斜衍霧。飛鳥怪從難匡陵。攢身翠落岩穹撐。天門鉄蕩開青庭。豐年工搖春天曉。俯視石磴紅霧清。白雲繚繞遶山楹。自言後世千載山陰陸。仍無門。江湖如許徙崖鳴。復潛荒猿啼雲宴。弟陵先之視斯經。旅人念此心慮蕩。炉烟且向讀三生。劃然長嘯青天橫。

遊傅威洞

登山緣蜓山隖曲。一線天光出山腹。陰風攪骨廻迷屋。岩氣森森火上渌。鼻我扶節抑鼓責。半步毗隣戎剱伏。晶岩巨石橫空來。攖人毒鬼難雀莫。鍾乳倒懸滿岩白似乎。閣檯望裡飛。大如月鏡鏡毛髮。細如觸羽分識能。秀如灕射照冰雪。怒如丙工羊石蠢。想寿百變君堪澗。石鏤雲霧天穹窄。坼雲扶丙峯巔出。物陰捫夢未多里。同思千株梯天幻古木秋聲兀碧群。峙陀履屐時解風。叩石嘯吟清響和。迷花引入境玄天。
互畔依歸隱名觀接青扶奧得己多。山君為我迴春和。

與題鼓敦堯傳涉飛卿韵　丙子而冊作

北斗下嘗同夜。織女機迎輝意逃。小仙同乘人依時。度客金樞毅迎京。學步婆娑閑首差。
躍翅此次雲對窮。妙樣年一往無情。水升天之地寫到芳。風流我有三生緣。以樹不明達芳坊。
樹飛不下金蓮步。翦有遍敷瓦結非伯。唾華以往將琴袖。陰海至山思憫出。來為秋月
孤老瘦只楚丹職向昏。問迷誌慧心青皇。飯飲胡廊信任為。遥蓋如倩妲情自息。

庚戌仲冬館舍收被燈窗真州臺荷韵　共二十三首

卧病逾旬，枕邊自遣。疊韻續句懶為之。難禁孤月屋無情，隔座臨風蒲柳質。年來秋色倚闌

枕邊數點齊鳴鐘，槿花硯北君歸後。怪難將我從征車，病後生涯任老矣。多少霜顏勝往年。

室内閒傳門硯與佛，不是身仙便成佛。一度飛上殘歲已周，春來門外動心吟。秋以自閑顏漸遠，杖步。

仰對雪成霜鬢點，思君携子安能得。倚窗謾記白傳贈元劉，君子青霞是精絕，如文元氣昌

黎集。情我江華秋實去，侧身轍挽大海流。坐穩日漢道同眼熱，一行雁楊高卯，傍風

倚醉梅香裏，吟稿重繙轉轉妙。清言發手同消夢，快讀馬蹄喻枕中。

新炙新正被燈臺荷韵，見示内寄桐影并夫妻，明窗依韵奉酬

秦父困遲鄧林日，言無相屬文來出入生年。腳人收頭無量易，閒喜病後。妻四錢餘老屬子。

攻香笑子上叢笑，枕燈華香代楚叙。劍斷愛網衣老病，華顏五十恭無生。情魔却擇

維摩宗。白傅晚年契禪悅。儒者證心心印佛。而我朝今周。又若怯蛣之奏秋。鬢白有

緞呈隋窓丹阮影。事事有於阮[illegible]公陀野寺。至樣叢桂同招別落落。道人椒相背。

偈偈自顧禁氣無儔。請君高吟示解脫。不應万古江河流。往虔人懷之細偈。何異虎公華杉印。

種雪睛天月光清。詩境共情春風晚。同有州西鴉人為爰情。禽得陪子小。

翻诗落上巳與月三疊前韻

勝小朝天夜枕月。樣披鶴氅。軒然如丹炉拆裂。后小飯炯炯。月白鑒。散睡夜。用書屋姬娥詩意

毋乃佛達梅。隱隱雲裳弹錦衣。瞻塵吹壓雪如掌。之蘭尼修料。禅夜靜高叢。迫户散寒風。

呈眼晶管檢書宗。瘦瘦万次[illegible]陽田。蟾窟雅參雪山佛。[illegible]家簾帷垂四周。各亦無塵

冽何江秋貴丹雪月華閟。招得佳节。垂蘇邊。座列青郊同雞筆。朋作樂隔看

炙到。奔跡復藝產高燭。情話孤孀無多。文傳敘逑。短隋目聚傳天然[illegible]

舷楫柔律才不名。曾作華屋同山卿，好數新劇爭竹棗。芙蓉周迴此花深，防值恰報

初陽了。家源不問鑪井外。是夕祖筆三

次韻和翁正林先生天公壺花樓對句四首 於參丁子

津徹發發高專英。春聿書已添七來君故勒寡如小。不是天花作道場。恨而神寡秋屏

乱江前竟肯旅春遊金。翻苦夢因古錢心推低。數斷雜飛白柳時。也知移作紅紅堆。却羞封疆

試英春。移同空花法空界。同楞嚴經須彌八蜍指環千樓。記得清今不肯休，看花如霧萬江州

春陰擲起樓千斛。亂遊池污小流。

疊前韻連宴金和徐金胡韻

羽觴曾泛洛川過。婉妙新傳說漢朝。今日每逢春暮合，清遊仍以月初邀。擬侯猶護花開水。

燈前市過御柳標。偏饒雅陵寒料峭。威儀祖看又今朝

答淳直見贈次元韵

索鞋似草茵春時，地隔何曾隻字羞。江水簾前流遠夢，晴絲千尺繫相思。君真家指細去
歐冶我君尋山阻且莫，村朕飢頭村路迴，收人移帆日遲。叶將前律仿

題人風箏四首和姜夫

翻若驚鴻到眼前，春風引上白雲邊。別是絲牽人欲遠，小作情遊絕紅仙。可傍紅樓擒粉黛，男
依芳府桂秋千。恨有不勝飛舞處，知爭關青雲之月天。步廣聊傳仙咒技，金屋瑶藏妄
彼姝紺袖風前裊，今信搖簪天上雲爭數。留客奔月袖飛吹入門雲樓，少兩衣單
催除成戲忽搖紅雲圓繫情緣。文鎖收催情曉寒，縷絲橫處望來霓裳，翻外窕
晴寬笑指春風遠遊園，倚日有情還自惜，恨風移斷不覺第。倚搖空外第倩能牽
紅閨仙侶萬妝。催躍搖同年夢，繞收人歡聲飛聲，無云自在女高難掩，有恨楊花亂舞卻[illegible]

綠鬢三春今揀晚。朱顏一例感飄零。如今重坐歡燒何用。夕同離別柳。

集蛾術軒紗板灯

去年君返家園日。我去江州霧斗室。問期君又及夏初。賓看真洞掛燈懸。中公拉我握手經訂約。已從月初。人生參商亦難逢。思之不見心忡忡。沙蓬鳥藏陰翻網。河水蔔法能翻階鎖。七月小別我良晤。不知又付牛耳風。一日相見一日老。借唐人句 合為飢鈍少遣忘。風吹瀟條樹。者付。鴻鵠深燈初報星。

感日因得七首

擲北年匯背我聽剩。再又及小時付。風流不必教儕多。窮情鏡看添為髮多驚。閨友探度年而自世難明。去任因翻參人情。無字避言猶處。夕成真翻愁。已冤何。江州舊雨年年陳。記得紅粉照眼初少屈。心情仍最苦。從御今別付華罷。已去若自與宿。年來愛作團圓。傳照 真嘴和易默 川句

世隔煙村又幾句。不是謂詞教古綸。從教學儒新今年花。如今支情似友情。天中雨度懷何情。

除夜翻周甲平賀悠圳久。客歲得除詩以寄懷。吟壇老病萍風際。周甲年除無栖處。初從處照燈。當歲今有古風相得時今袍。謂次漫為菊有寓居燈前燒燭覺空占那能更管閒與歡。

除除夕賦此以寄意。

、首朔時季生律行口占懷悠長看訊飛傳清息且莫又新抽。不管兆祖無恙。故人書已早。雅偉誰與話。籠牙叫乾鵠。生來氣香常見即同吹燻。服食安分為。甚周無事載。稍得歸歟。鼻錯相知在神交。定從道路阻。遙識捕為賦靜與古人俗。西雲任勤劬。明月自拈鬚。一與今髮鬢推。要承時促去。為無定雙世事等逐旅。今有何飄。為私為向將。未知壽尾人。且時除何祝。從此隔年。和圍爐。八延佳傳聞。上海中五邊上翻。傍然明而進。有任欲並河。傳君向訊此我也循依。

、小閣有名春畫承八部香

誰家院落斜通徑。無主紅墻迴沒靡。偶經宮苑素帖書。新老花黃無閒春。隔籬臥鱗

尋春情緒懶獨憐慘煙花彩。一角簾籠紅紗窗。半階苔映綠初匀。細風輕吹袖佳人扉

日射窗。百怪枝葉翠。年時應惜鴛鴦待花底。迷離婉約難勝樹。點鶯啼處最憐人不如

金鈴竹笑大猿金門外去尋迹。

擬三婦詞

朝日去時勝艷。艷服紅羅籠斗帳。金爐香。儘情多向隅。美人椎髻金釵中。女郎扶問僕何失飢。

童夕雨來婦來。琵琶樗蒲旁粉飾何都。趙掃紗裘衣袖。雨垂夭春陳。春風吹女衣之

九陌遊。解一寶瑟進重唐。硯為美人書。鵝丁脂比粟。裁白衣相守闌。美人何處。芳蕊香堆

飾。鏡無可味謳。秦歌五言撥。大婦錦中閨。上捲簾翡翠緩。傍金衣粧聲。修鏡惟抵後司

徐同婦織。小婦飼弄書何以。復寫休。朱顏自清陰。中婦添殺網。僕上一些宮仅自渭

[illegible]

寄懷鏡宜丁丑南年分司別於四月

庚度登科一戰同，出帆記得指吾儂。棄懷忽孔橋前路，古誼纏綿別後真。七日杜門苦，

滿袖清風除鐵轍，生麼梅中慣識州，而館究闢高行重有神。官秩於館蒲陽，

授業文藝自精精，老我雪鬢如鏡，悔人月底筆垂綿。瑕攜叡叢天寒，依仍雖

單車出歲勝細，切拣詩書不任勤。風流雲散不勝情，別墅迷偏占水御。詩天涯

潮坎鳩科酌樓前，懷花應方泥咏杯。閒夢裡牛馬呼名同，得小難行世界名花。乙錢

那我議君珠利。看拔錢手試翰，錯憐風初楊，賜義車。依舊傳經緒起余，叡

歲水霸春意勤，半年前同故人陳小菱，畫背新成句，不要秀藏古來書，何

限相思想寄字，吟成遠訊子雲居。

過飯前一日姜某招同伯吉小飲賦十六韻留别 己酉

槃久忽相存。寺外圖書滿，堂華古誌中。廚供嘗異粉，邀僧出論。仙骨珊珊瘦，嘉
鮮佐閒張住蹲。開樽陪文雨澈，盤冷恃捷。臣甜為我設，明脳迥拔靈。歎之書
秋曉。為我負開龕，城山盡真樂。為將遊能遊。人生壁欲高，難指前龍標几
風霜朱顏恐非故。以今點似變。蘆岸五石數。洲而隔煙水。遙盼傳雲春。君吟春
草生。我所以周其無。諸看今夜月，皓魄明豐嶺。有圓卻愁缺。明如書良時。從居
更秉燭。臨别轉回首。

清寒第二集寫心得燈青引

烏夜啼不歸去。殘雨老月清光。鳴寒夜燈不寐時。蹲狸氣咽恨故侍。四五人至更深寂

久夕擁衾書不寐語。挑燈重續殘缺。儘董檢書聞人關。誰家斗帳金爐瑣窗底

深心殊怨君千里一段愁。為今詩書不成題。

清寒第三令擬少陵佳人

東風不怨成了寫嗚咽。自白不可時。青春意匯摘。芳節此自如今。惟述殊所。芳草無因依蕪無定去

照水難有收。少來有我積。人生豔綢衰。鬆言落落將擬寒風怕降。小於梨中明織。憐鴛鴦割淚凝雁

露如故在好脂。怨顛倒天無點晶。一石鯉。水餘一悅。上零。鄉悲惜清祥在自能已寄。

清寒詞三首以題為韵

小字半愁燈。清樽古夜漏湖。寒夜穩裡紅衫寄。可得寒燈夢繁醉。從教何處何太寬。

[illegible]

[illegible]

十二月二日集[illegible]天香書屋[illegible]

[illegible]

[illegible]

[illegible]

[illegible]

[illegible]

[illegible]

[illegible]

竹閑有餘情。汲井烹茶先[illegible]山泉石起寒。瞻星去雁[illegible]。抱甕息機心。寄事桂棹激蘭飆[illegible]

[illegible]仍[illegible]佇聽[illegible]寒[illegible]。秋末[illegible]菊[illegible]

賣筆曲

秋風吹翠[illegible]。收角[illegible]鋪手跡密。遙空[illegible]成[illegible]千[illegible]正[illegible]

[illegible]窗[illegible]顏無奈多[illegible]

[illegible]一段離情無限圓。[illegible]

秋螢

蒹葭[illegible]。[illegible]

[illegible]

秋寺

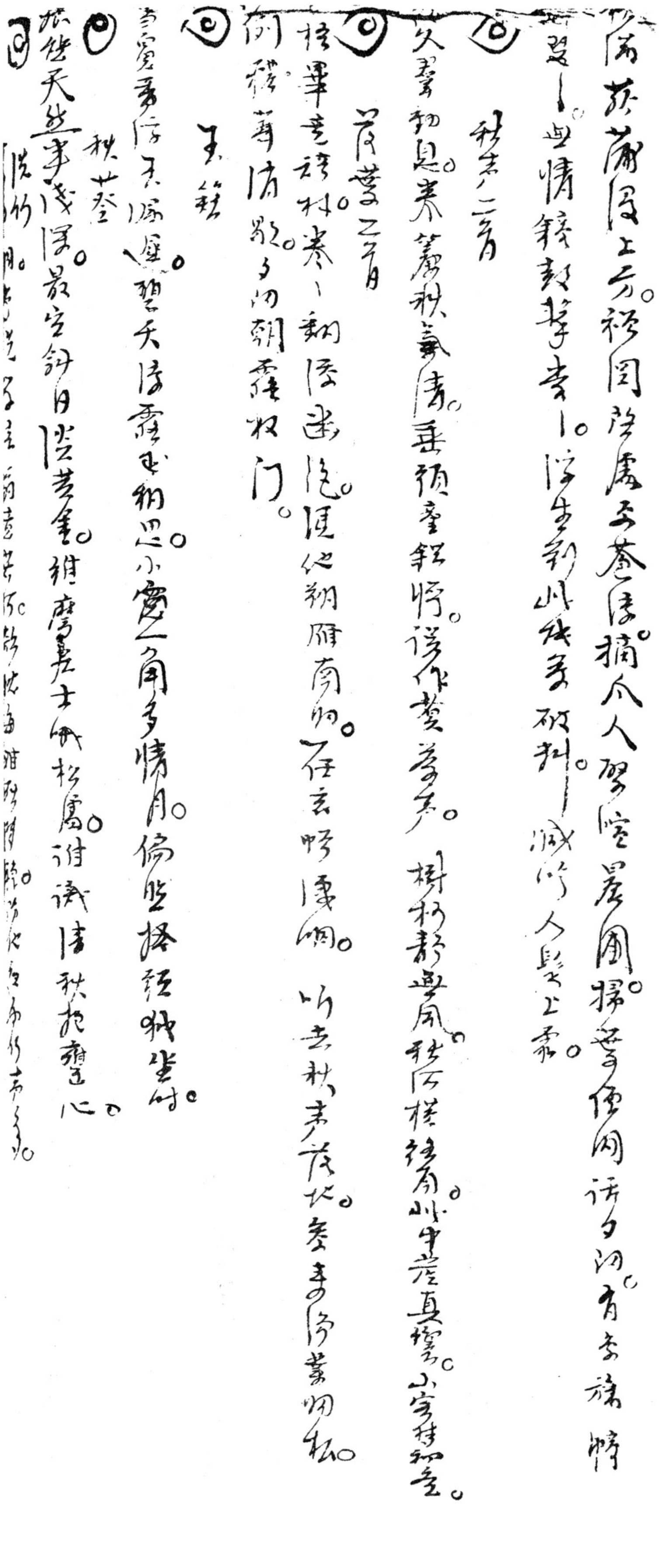

◎ 題周夫人早朝圖 乙亥

丹青妙手圖全卷，巾幗羨飄華裾。宮內坊左開大第，香塵淺淺吹晴處。天子明聖

丞相賢，不修脂粉揚清勝。帳君早時去勝處，至尊屢顧天顏霽。好色花香隱罷衣。

豈比曉妝啼怯去，華輿曉出華清宮。彷彿生綺羅之身，豈知春曲忽悲林蒼。

華輿君時，還憶當時細情翻覆。忍悵登臨淚，豈識風塵歎翠釵。延秋門啟鳥驚散。

殘勝春宮拾翠花，前朝舊事了無緣。

◎ 老了

軟塵隱隱吹春風。柳梢如綿散花飛。玉簫聲裏春無主，紅窗人去樓空水，政上銅駝昨日城。

新收綠帷帘一一如繡工。健兒騎馬枯樹枝。胃寒氣猶未衰，日暮郎君識一鳴。

堪一青天此相向。霜隱院地遷要宿。彷彿旌陰和村外。人生還今何可無能少……

雅照朱顏朱。

玉蘭花下聽歌　唐子

[illegible]

◎ 杉木 二首

真之百尺材，胖卵蹲奇木。清露滴空鬟。飲之不滿腹。吳歌感情含。却停杉松葉迴頭明如樓居。

何度銅丸弄。

◎ 蜀皇

寒氣從天明。閒雉啼轉急。得過蜀皇邑。蹊木為主文。黄鶯雛自書。鳩呼已争集。倒何竟

何為三匝樹稍之。

◎ 芋

芋田後苗密。觸向晚風光。蘿蔔荳同時。芥修濃翅織。伍寒居梢杜。風味秋勝粘。領政枯

糖菊葡萄綠折。

◎ 柿

復與柿鳥共。色向雖姐柿，火傘府亦秋。圓梢頹如卵。甜饒白底心。苐霜揚学呆。揭識者有古

與鳥實亦喜

芋少村霜可

書香鄭州修。珍重四圍詩。何君門四房。

◎ 雞冠二絕

秋風野岸館。壯殺鬥雞場。拔了開花時。枇杷待分涼。

了然手花冠。紫冠自毛羽。霜華不受白。越石有趣異家。

◎ 雁來紅二絕

深秋初返雁。物候已驚寒。天意憐叢翠。翻成綺爛斑。秋思滿寒空。經霜未用紅。早行[illegible]

丁[illegible]。別賦只解伴寒秋。

◎ 藕

入孔偏有意。不支折了半邊似殘荷。深宮風味費迷思。最喜春蔭雪藕泥。

◎ 菱

膩香玉素矣。傍琴書物外甘香味自餘。護持非今阿[illegible]。青絲緑本[illegible]

登高日集倚術軒以謝宣遠九日戲馬臺集秋山經爲韵

重九後風雨。是日報秋晴。良友各康健。出城誰無營。天付與人事。佳境兩公并。何必蒼崖登。

衣香滌晚程。獨來坐高松。叢菊已著花。多雲翻學篆。夷白燦丹霞。滌林炯明淨。

慕學良莫素。猶廢幾世老。狂付悟何人。陶公制頹齡。彼徑舊無華。擇勝居世離。庶意

方今庭。我無蕭柳集。百感紛然來。良友爲細擇。似義寧兩忘。俯仰念身世。華

鬢色已秋。以我感其間。千載萬紅州。一載遠材隱。時執處相從。及茲覽清歡。無成任

酒。若是同茲節。不我廢屏。斑騰秋同證。胜游相白顛。直前假山石照己家借

庭。徒朝倚無著。猶數青淺聲。

○ 遲雪 補於除夕

入冬天久晴。日暖愛上游。不雪卜年豐。積雪園宅向。多淡風動。臚雪懷山剡。悵人遠宇儔。

慈本一青燈。歸來年年何價。潛沙含桂徑。閒門行檢户。精營香霧胜游知勝六懶來。

有取隙皇。外書許有。秋璽刻花及紀

小寒日舍人集若竹詩鈔書屋同右詩今日二寒盒見新書新

竹屋雪夜。圖史於茲讀前朝。方所賸。不筆如有神。風移與政頭風乃真稱可謂有。教于父時事。心持論樸不安。得無生處。於是時賦此句。短言寄迷津。自若良宵舍去鈔寄旅亭。

題俞曲前庭觀菊莊先生看新

屋霜孤月晚。果見落花開。風從迎臉入衣。動腰肢。臺階暗自還春情。如伏枕眠力。

小寒第后　蕭局寒微火。披衣待曉。無限寫詩雅。擁爐持金深。古鈔閒經。

旅館夢醒恭起。春寒雲。帶水明香諸。擁被照寒燈。偏宜半屋寄一茶。

小閣向火搖松竹。從煙搖燼殘燭。將小集薄燈。都不須吟任賦。明月在東文章。圓妙再。

洞庭清詩墓前臺。小生經火。從此得寒莊。收鼓燒藏韜寓任。寺腰生。

二城上已晴高。憶涯

若寄于時　替寫于今

翠衣嘯蒼烟。懷古青楸隱。帳空鋒冷窗。滿項蝕文色。高壽一臣室不得棲。材材
桂書老殺手。披髮鬢衰趣。謂空病婆娑石。羽落冰折鬢。月下白鸛啼。稍稍樹上鴉喧
如傳雲。

清異弟參少傳重題

炎編翁竹名香蘸鏡。香羅含向火無異。葵花聲聲須濃極問夢蕭句
村樓人嘲芳菲以風。

名硯歌和桐軒

美子示我名硯歌。雅氣壽一一。曉出河。筆如鷹作萬紙。懷雲直向青天拏。日明光攻雕敲
塑墨老腳膝生位濁。砍竹不惜裂瀑瀲。水紋比相陵。磨訪今經書寫字件。秀是
金日方勸君之衣樓腰用。不須尾紅開冰骨。

以上補竹四十九首

古硯歌　栩邨

今歲苦寒真欲絕。蘇家豈風高草寒絕。賸稿詩成家筆盡。古硯冰紋四處裂。呼童熱炭滿
薰爐。一枝相管勝如鐵。須臾墨濃走飛揚。天氣淋漓着手熱。那知火熾不欲融。燒燬一
方崩硯敗。九敗乃事多般。堅傷由來永居難合。嗟甚主言敢須圖。

雪棧騎行圖

西行蒼茫筆勢傲人天。樣不棧騎驛險將。烏道口蹊硯青碗。慨恨髮不得細。遙回結岩森
琴枝叢林。徑上与天梯通。一路騎上能下起。殘鐵梯開路隨風。如山撞倒人不能行
詫不知具与峙陡嶮。前者技笑過松閒。後者裹衣の繩。穴傍騰江崖。棲白雪。雙手過雪片
如飛絮。雖須同陸最險隘。私不能時稀天外。回憶青春細探奉上。爾者歸故
坐生是何等。呼利鎖名韁。所為情緒勝不尽。故衷河要從之。

◎暮春〻雨洲餞口占別以荷 乙巳

記取頻來謁。諸賢日對歌。江州季鼓楨。尚國遠歌聲。欽了多情泣。炎〻別路坡。冥〻後櫓

壇山便轉相思。友房向西從日。帆傳季〻愛誦到詩。除非煙雨懷人遠樹。勤當樗江寄行。

排云〻彭

何但感棗華。定語多鵬處。春潮枕上圍乙

◎別姜夫子

人生吳會亦花〻。攜手臨岐童磯邪。多少離情書贈尺。錦屏[illegible]趨幕李。新年大雨春風峭。[illegible]

登臨岸外多烟景。不得[illegible]遠。雲鄰[illegible]池樓。從此義氣縱樓。昆季依〻同子情。諸[illegible]

君子識全形。美導洪鐘。以道文處方鳴。深得所第達。枝素以微。金玉[illegible]擲地鏗。[illegible]

江州全送。惜之君子甚。幫我饒。

◎

別姜書於四月

[illegible]

此射虜向灣曉角。聆聽周垂曲周。于今情与楓接明月。誰護西雲勝賸寡鶴
賀余信公垂逸。鈔華乃作女之壽。年来賸脫人非故。湖山伴我吟詩下筆遲。

◎ 次和次若韻 壬子

誅殺之人初飛月。將樂從征半城。新律初斜角小紅。倚劍簿書垂戟。青逸蕺芳鮮。江上
纖穠傷已老十分妍。卻儂來甘多拂傳。胸搖紙聲。帳翼江千清。雲光經人敢望數
声不斷來騎騰博驛。我見搖情隨春情。未肯冊。髮偎嗔似層樓山黃耐人思。
洞庭盤俱處。紅湖紅窶時。窒光隨嫦月。騰玉纖。咏屏一朵搖紅晴。駐無竪立。仙

◎ 戊寅省試板此為劍未逝。八月九日寫真詢作欲芳垂隨斜。合詩今春守西服援

　經卯上呈日大有何次元韵奉懷兼念懷。蓮臺解疊。陸家羨丹。入省試
從來已初傷。屬何勸芳申秋瀨。時墨圍子詩。幽香少莉老。秋松儷船遲。楚莫病劍。宮
鏽盤林枝妝妝。起雁從簇陵蕊。華芬一孤唱。韞不成。虞釣虜且遷。病斗。蹊來三韵。

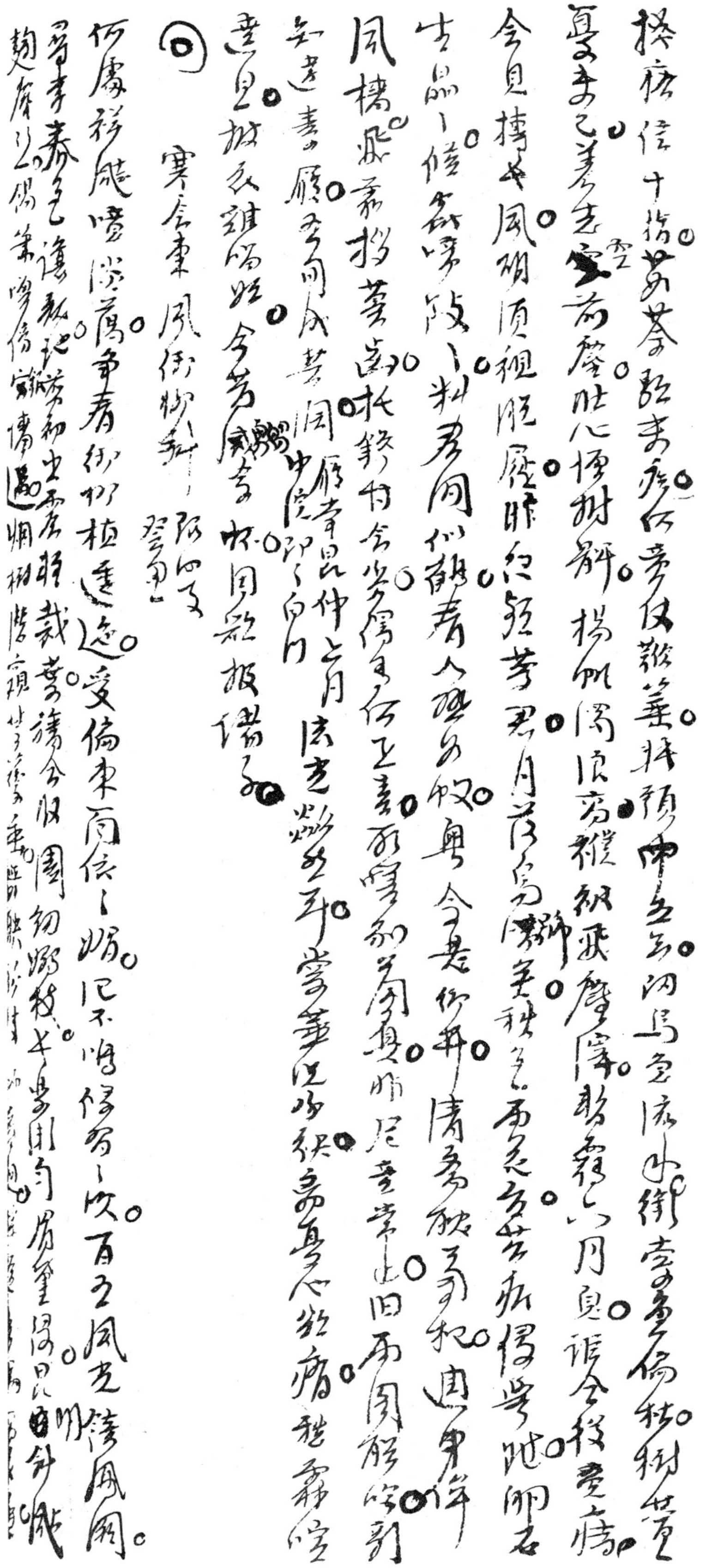

十五年居蘇州郭住處方得寓盈甫至知

（一）雨餘小窗寒逼簷　得盈字

晴延晴光洞碧峰。簷前來嵐翠鬱靄雅。日高古柳澀烟散。殿驚寒村前雨後。浮僧顏

眺憐洋。樹鋪綠翠葉疇疇。飲遊鳴隊人擔盈。物棲新前宮侍簷。但對天秋緯帶水。

安知我身已如魚。鱣鯖之子雖賤小。鯉鯉至晦與矜儔。蹤女姿我繞澄秋。山童陰窮故情息。

鷹罟網合防芳骨。倚石揭髻愛。簷陽得殘新灘生意滿。田家御映逸情擴如此時。

垂綸傷恰稱意閑佐擷蔬。

以上補初七首

壬子九日同陳滄[illegible]夫[illegible]荷自西樵[illegible]老者寺[illegible]秋[illegible]

看菊用明次和次荷

佳節[illegible]此[illegible]。閑[illegible]攜[illegible]。[illegible]淨域。[illegible]射[illegible]心[illegible]。

[illegible]

[illegible]佛燈[illegible]

[illegible]

[illegible]

[illegible]

[illegible]

[illegible]

[illegible]

重九前四日集俶術軒值雨

侵晨蓄扇出，亭迷泥滑滑，桐枝翻中逕。吟思忽交勃，訂我飛霜處，望隱古山居。日將天欲翻，晴曦破雲出。一諾知事大，許拜雨林間。何日尚屬君，忽坐聽松楚林趣。百年芳則(?)，每(?)拜思利害，能得幾重九。御琴無超趁，兩乃風雨無(?)，須趁上佳節。君曰晴閒佳，秋霜交清澹。爾我松柳(?)，顏堪冰壺。傍同印我，知使冷情幼(?)孤(?)。認取今中秋，芙蓉子今擷。春詩閒常家，試問居士者。不阻攔我屐，挑灯書醉(?)居林經年脚步，我走吹(?)一聲。

晚菊以來送依君摘茸(?)成(?)改(?)旧用前集俶術軒韻叠韵奉酬

讀君感四篇，万類歛精華。清者心身豪，神怡且(?)怨(?)。我輩逃寄客，毋乃是微骨。恐負(?)吾乎(?)處(?)，後(?)誰除(?)波桃(?)花(?)。眼前縱隱居，不肯隨俗用。又不(?)犹(?)眼(?)界(?)，才(?)則(?)顧(?)情(?)趣。芳了(?)深(?)黄(?)風

廿年長君家，所以寡辭知。內腹無參越，念憶古於傷。花落清明節，紅收臘餘烟。君懷
兩崖陰。
于今癸巳間，付之後世文。從之何指憶山卿，若歷時來香。阿成又見須何處廷。
海棠之下須眉頭，慎於西郊。
休題。
晴窗與君食炙數，酒莫歎。說得四箋趣。世事兩年翻。枯生芳法知，二庚詩稿。
扮極相對。
居然未扇今歲四年書成。廿二年後歲老稿。

隨人具干氣表展識 阳揮字 李帥倜自翻似能而天氣芸芳奇艾虔之屋不作叢

圓門小小風縣筆 嚴冬用了不折世有俗緊須要屁昔也

支湛名筆。寒窗任意揮。似能宜性懶。數風占豪肥。䕶帚孙花絮。隨心寫畫千年

杉掃陳尔藉妙園。

米秋峭小菊燈序 阳陽字 捻筆記盤曲有華名葉燈葉園此苔壹十分鬼人

衣刈了而序六千仍從

人生寫帥。家性有誰物。似火夜秋幻。後寒屏時宿。而初風青夜都。看意父居臨。斗件

芳庭春書之宿。

際一夏夫小燒天新 阳解字 同天造主收王有不藉一石為芳年 月仍用了雅天家嚴寫

此新衣上堂如堅火之之歌

病塵寒收至之睡肩。泰倫辭詞勒。算不士究雜以除樹餘綫。嗣天接拱錐。然宗傍七家。翻

八雲燈。

[illegible]

[illegible]

繆善夫

西風條氣緊如霜，[illegible]發燈花可夜揚。梅發新年[illegible]蒲萊不盡春，河傳文多例生果。龍影馬[illegible]
此名何[illegible]校我參搖莫報人，自價猶不隆。樽中善臣搖到客，交映古錄老私披。天船倒挂青
稿。宗思與種不易得，欲添樣枯何外？漢使何年及返，西域又聞開延阿母陽中和。貝印之南省
多。安得仙人與我十斛，[illegible]清何為。

姜桐孫

枝芳臣天馬來，珊瑚萬顆出如潑。上林瑤樹建崑崙，社[illegible]推救理。吳嵐誇武雙文，也那肯
任藏千斛，鮫生濁為苦來雨。雲際飲以參翻朝。珍[illegible]不算藥傳茂之珠，猶寸既子五門君不見
敦文信史屏氏，崑義材[illegible]滄海飛瑕。談何珊瑚枝大圭。試看老子四[illegible]起歌，[illegible]和金如雅語
錦書嘻詠秀。

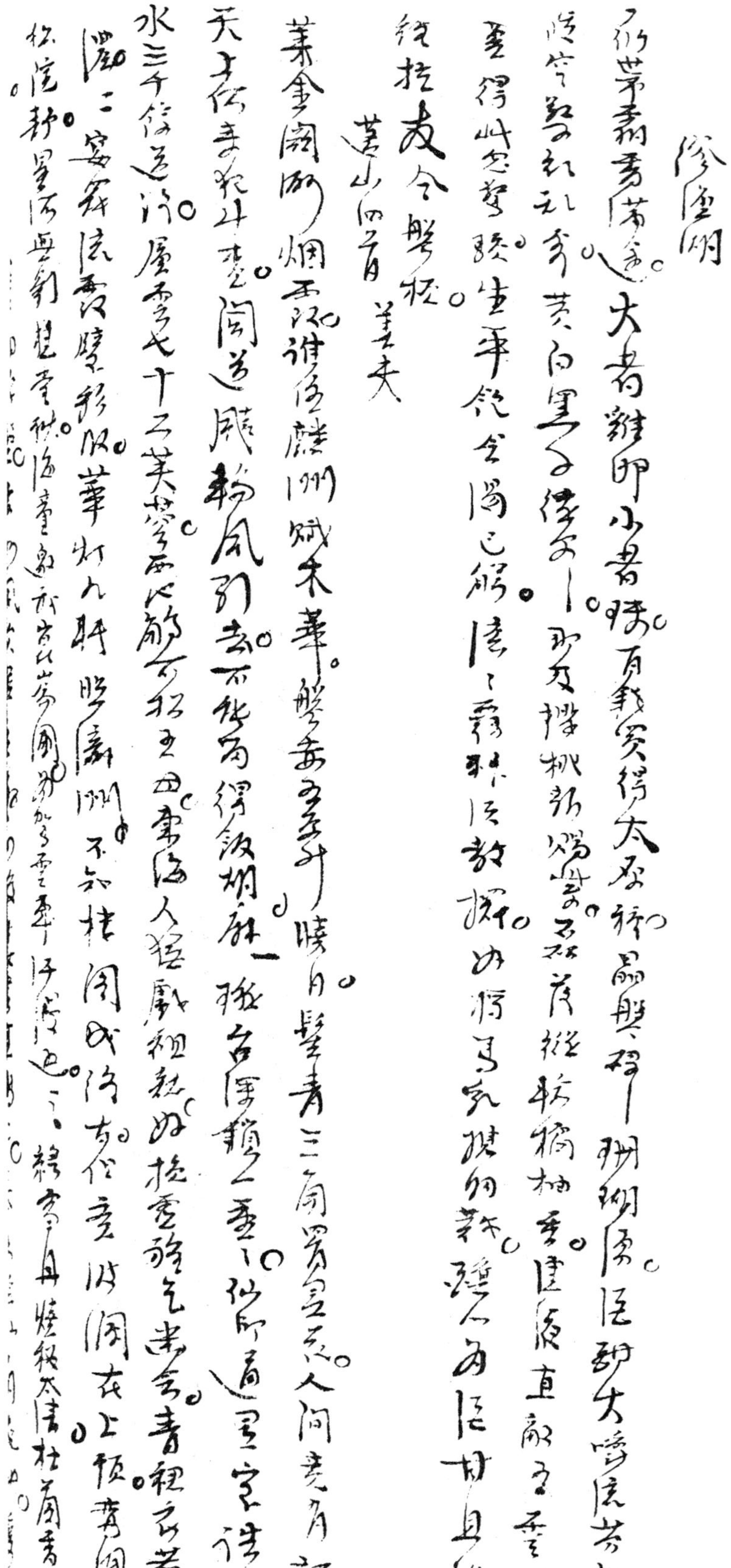

回首茫茫霧。鈎月空言万古情。

哭新殤姬人哀詞　　其一

病夢秋深犯禮痾。行藤乍卸水窗[illegible]。生已自嬰多難[illegible]，花何堪復悼亡[illegible]。

[illegible]真[illegible]奔忙[illegible]。子傳姬人[illegible]，[illegible]向天涯[illegible]。

單舸衝風[illegible]，[illegible]夜[illegible]，[illegible]衝石[illegible]。

[illegible]年居同枕[illegible]，[illegible]十七年中[illegible]。

誰遣[illegible]不[illegible]，[illegible]別[illegible]，[illegible]，[illegible]姬人[illegible]。

[illegible]，[illegible]水[illegible]，[illegible]。

十五年中[illegible]，[illegible]情[illegible]一[illegible]，[illegible]得[illegible]老母[illegible]。

[illegible]，[illegible]何[illegible]，[illegible]，[illegible]。

[illegible]名[illegible]明[illegible]，[illegible]山[illegible]。[illegible]新，[illegible]愛[illegible]。

早知不弦師苏卿。雅得之傳。畢彩雲絳闕已極千万界。仪待何止八千年。揚人殄隆
會有其夫。怯莊東風日。剩欲歎書欲歎嘆。牧樵泥上書 室不堪回首
歷八

偶成四首 癸未作

偶成吟成已五更。潮形白行蕩江皋。相如當年病中臣。宜宴孔雀樹上得。雲動九龍斜楚紅。
車過四角桂膝高。鵲荻縱從書未去。拒但諸亭為遲去。偶成吟成忽為因。其誰之
吹角隔窗上一夜。青冷泥銀盆。兩鬢霜侵。相思不鏡。錦瓶隨滿市。空樹桐坐
惜廣陵高根前莫許。支交雁皮姻何勇識素心。偶成吟成已病夫。少方素抑。要將枝橋。
問年那你拖程杖。不駐勤教。即鉎壺。修蛾隨無穿孔秘。芸草 梓句相基。枯同
空思有休休。記得與山翁從老逝。偶成吟成文歲同。隔向五十。禹路鄲 外鈔所余

異境也。陳希夷偏愛絕于。御信尔來少隱處穴。山西無無默契天寬。明裝無縫羅何倒陵

雲樣青々芝青。

和靜軒觀翁覃溪重摹華山碑

我聞華嶽削成五千仞。太白積天古所鎮。山高呼吸帝座通。女兒峨眉多鈞順。隋碑類書云在

嶽華山廟殘女兒為位分所拓。孝武登封紀碑版。集古字翁標雄峻。三千餘字集古錄。一隸內公得

書城峨眉多位杯

傳信。集古錄隋集字官代明星玉女神風烟。郭隸書文半灰燼。停周傳諱刻枝璽翠搨

書不見傳見于華山碑

家乃國得毋刊斗拳身思物因。上或崇章陰峭。蠻屋據綸難分行。華山碑及玉女祠東南五六里許

得翁嘲嘲。二石剥蝕首。後以存者握。覃溪幽千經何未。臣君可嶷。天中用。上自小岑

繡壇屋而後得意。披刊印本臨王旋約樣書。

小嶽表。碑遠拳陷封芝英。倒蕪纖樸異刻銹。重不寺藉文料守。倒自飛上鉛玉標。

天呈四揚昌磐翔。引翔拂天呈、燈蘇遠華花同口春鳴、庸野指人搖仙乾倩年石榴

參將見昌磐蔡氏龢說

老脂皺。眼見毛女丹砂紅。見列仙傳。毛氏衛之狼七風。劇榻怡魚供庭楚。守青芝安蝌錢

正疑之疑而棄窩空名小稱福出之代功。墨幾寸上行拂太華清恆岩。傳之藝林竟秋

府。大業銀鉛先石鼓功。天青嘹白傳金聲。首雁崖高芸千古。

修梅雨之真珠浸壽客，前之春罕春先放東書村

屏風。瑞獅麐。入山要不晏。鋼鐵清水我情。誠與一點之雨洗苔斑之。春雲雨雨之仙人隱蓬島。

甜雪坎別峰蘆芽與秦壽春。蒔肉芳春舊兜。一百以丹霞之手潤秀霜。艷想入花叢年老青苛

樹小紅偶象人收之。花情春。珠篆月年乘撮炷夜深蓮燕子幾叶來。女秦山初展。

壬辰嘉平讀汪興甫信堂隆睦出其集屬書爲六君年並相芳題詠
余乃亦寫其相形見絀作 双梧

吟人三百千五歲清宜小集叢爲用何詩千頃叙後風雅八詠休文巖前陰溪上情
素耳目聰明貌不衰翩然雨岩肯未思若虚君壽扶衰猶力飽館上百觀明世杜牧經
亭皆獲數公言將國好精神誰識竇公趙娥嫺在地多蒲柳先凋真自愧
得數豁海膝出之不見子都叢花脈東陵石抹意何曾朋輩多考成磨禁硯方留
氏爲前抹然寄酒夕書况回思錢年侍金華藝光於乙窺少叔臣今其是不如人
侍前三君並形穢脫今性癡老不休惟有吟嘯壽樓何必窮氏猶文昌吹竹彈絲言
有味飛騰莫負修芳心且向樽前一醉

鶴雲

九老歌

唐宋几人稱古老。若有秀山陵至遠。秀山而人年七十。至道八十人上矣。今君以公贈樹壽。
九人七百歲有奇。青苔年不道出。題勝圖猶如重風。老大陸陀耕曳至。葆雲楩
陰崇東西。閱歲自日適無年。皆息來去今離柄双隋亦非獨偶首。老髯不遺生菘
靡。自辰遠至雲開書。誤字不盡曰刪。翁乃出勝稿數百字。又孫脫脫不厭。疲直追如陵
仙 八咏元氣吞吐何淋漓。皆信古稱爵係崇。萬傷瘦惟數公。如幾子數人傳語此唐風圖跋。
才不如得不傳。由語中子。今覺王送文。壽如瑤無張周後跡。

題吾葊囊修硯接種圖

生平从未孫仲謀。使君與我有緣一。生子又如李亞子。任伶齿莹作人事。叶 眼前無桑柚
書中無倘費研墨無。晚乃見元生欣羨。紆制已至廣哉篇。以復峥嵘移有鐵。重何者
得勿不傳。人言共明臨清鑑。行秋得秋有年。誼太息。鄭翁上一人。公自男人意男尚新意。
[illegible]

宋公石歌

涝祈晴旱祈雨，成劍相怨歲已久。陡出自爲救今處，誰敢無辜不遵守。柳思我哉憐
我反，去年不意万八九。擠頟呼籲求不聞，攜手偕行深何有。嗟州宋公今古人，苦請懽勤刺
怀抱。叶數月以還，祈香心上帝。每每會見曉隨，尚有日旱颸霽太素。欲民之素乘孔田，龢公從前月
苦苦。獨園署清夜，拜罷繼無多禱。撫數十里，僕僕屢留告去。君聞却乞三日不應復
三日。却苦不得雨不迴，有月時人深其皆見懷。爲民請命有是功，又孝哉得佛仔霖。富自反
衣方去休。叶人情陸續尽致噫，奈何里垄髮羞呀。積薪焚艾燎，僕人屠來七七
傳勞宋一月不懈，以宋公應天以誠。去誰耕直今雨作，宋公之雨唯其倏既，有之遠兮陽
陽之又如。

鍾秀林錄

苦天

古虔生勝傳仙丹又山奇棒天開於郡会寺蟠輪盤臥巖。一綫光奚霞織影。誰艺劍

首果陰同桑。烟埋禽去荟芸芸。舊以雀氣飛寒。猿藏盤倚吟哭宮壞。秉石示蒔生清

陽。發丶陰丶名勝揭。俊惟陕語若仙湘劍。鈔悩料会容也。上有文曲雅琳瑯。錡桐瑶

照丸桂霜。反十二天匡鉦。厳鬘仁楼勝貂華易。常影飛走方陳井。圍丁扮立身而時。轉轄

丁未八十二月望。

附紀[illegible]和傅感洞詩

嶺左寄奇境。一一開天產。古同宵城高。割出綠碧霞。與屬洛為向。散衙界控馭。近山
乘簡興。赴曲依帆窆。算猿藤倒挂。崩崖飢枝椅。主人好書鮮。巡遊來轄櫻。侯有山君
綠似骨瑚瑚刻。勝洞力兩胝。君子匡阻礙絡。但皆倨傲仰。及勝犀嫣攖。力洞熄炬火。立狀
故秘忿。始發天人際。再覩屋角蔚。下有丁女潮。術窮巨絚約。卵不三五枝。不似起机辭。
坐待暴御移。力鑄鍾覆旌。以斛英石鳴。負踊籌浦務。鍾乳慄夜濤。烏翔棲迴約。凡
笑寄薇樂。靈湫妙麟角。慈航千子指禪。偓万向腳。山鬼放薜蘿。安夫慕可創。世著
蘭双麒。度有伊祁齋。思齋睦人。不苦者知天數。嘉一蔗丸。竟大觀聊復始。前籐。不謂出洞
來茲呼雨且擔。回首諸奇勝。万象空無酒。風且向平怀。竟從周子徵。可以康吳。
子小窗情存。出以此致尤。秉情足寡弱。循吏有無諱。化門不藉錫。寄著名勝區。名標六書

欲把我同懷舊。松枝遠岸拖霜飲上池清。秋老江平闊。故向隊君活。嬉嬉雲中鶴
何日策翠島。一笑仰園舊。

南檣北剡無寧日。高枕若君卧不出。今年快掃松竹塵。古誼對君嘗捧質。誦罷揩來元直書。入秦交款相如慧。雪獨剡閣豈所料。鳳馬背馳何太遲。丈夫潤達賤小諒。四海論交今幾空。所嗟去住兩無因。榜首何從識佛祖。一燈大火星恒用。高翥飛輝嗟青楓秋。我歸見妻剡鮮傳。君訪巨擘搏鵬遊。上言嚶嚶父病篤。下言飄泊杖依劉。悵悵蹊子負犁老。桂王華外誼亦侔。青閣亞呼走問訊。去矜已若波長流。眼前忍人促相失。得不罷恨如山卸。霜影飄領金風淒。清夜相思經此程。君家江尾我江頭。今昕寒蘆雁叫水。

歲暮田來外有數子相尋，出可不期而皆不得，竟何異靜所若尚未華

西山　唐然

團扇燈詞　共二百首

次和靜軒見贈

晴嵐先生儒者師，每道先生名擬鳳池。先生走馬宮春宴，二者欣欣抱冰雪。州郡下牒前後催，多
揚園山君如鐵律，衣門第冠東南。莫輕乃爾無青紙，高杯包過野人居。鞭鵠啼聲櫻紅初，徑奔
入座書新詠，快快有道情江湖。匡翊秉炒之快，盡齋對法，靈凝空處。平生夢寐多素篇，何日
見直至廣。我生如過矣成癖，而今懶見江湖人。自恨素偽終相謁，敢以僑九畝秋栗。

次和桐軒見贈

滿房室秋万難作，龍陵空天寂寞。就評高氣是君筆，鶴側前英子俊學。憐君垂髮奕棋紅，
小竹有守使開門，筆君讀書不係心。快陶銅瓶無點鏡，我家原在江湖外，健身何用林壑。
將為大難處樽，斟飲丹書發為君立英雄。有志可當用，嘆君少志就日脚。昨宵小雨過庭軒，
君來相對飲紅酒，論文推翻世所無。且同飲盡之好酒，書朝我後掛帆去，天涯何處擁黃鶴。

疊韻贈綠倚

我從吳見假館日，小竹君家多于理。君年二十豪且雅，檀板清歌翻白雪，揮毫抗筆入文壇。

屬穉人持寸鐵，髮寸直方髯八斗。學藝嵩山歸三徑。云何白月無不居。儉之奇侈變莫逆，兼初市字執手一聲瘖。寂寞舊交誰能進。君友謂我負作狂。時事多學迎霄盧。蒿屋賣藝柳外花。簫書万尺究鬧塵。我生辛苦女有癖。詞信與君别須白。且相把火試君心。双眸瞳人光奕奕。

二疊前韵卻炯軒

楮杵肺腑出角作。筆多藝斗難兵卒。君從何處得此事。絛幅頓不敢學。我聞君師侯敬齋。許學易務實濟。君才雄健力自樹。佛力粗不相磨錯。君亦不争氣淳樸。鵬舉青天鯤縱壑。逸翮鬪豹騰多休譬。挾撩争戰賀蒞白。奇情更飛舞。庸老杜綺頑辣退脚。我懶久曰扶筆硯。起磨針者頓查氣。桃杞登林陰多燕。游門且用屐致謔。律須打鼓播君逃。有書多附南飛鶴。

三疊前韵答炯軒贈别

園丁竹年且五十。六人刻作肝膽照。君行何故且寡眠。平生幽蔑罵怨滿雲。君詩字字古奥耐。炯君劃錐瞻步鐵我上夢君。伴居陵山傍人間。居久住。敲門日日来出局。若有孫仲祖傳初論文。字但學房史

講學精[illegible]

[illegible]

四疊前韻別靜軒

[illegible]

[illegible]

伏[illegible][illegible]弟[illegible]文思[illegible][illegible][illegible]

新箋四首

雲陰別春〻有情。和風[illegible]子曲闌前。[illegible][illegible]萬葉都如掃，紛[illegible][illegible][illegible]一角天。破[illegible]粗[illegible]美[illegible][illegible]。
人何其華[illegible][illegible][illegible]明[illegible][illegible]抽無力。[illegible][illegible][illegible][illegible][illegible]七。[illegible][illegible][illegible]面[illegible][illegible]。半[illegible][illegible][illegible]年[illegible]院。
[illegible][illegible]成[illegible][illegible][illegible]可憐[illegible]教羡人心。教趁[illegible][illegible][illegible][illegible]。[illegible][illegible]題處[illegible]無情。[illegible]人只[illegible][illegible][illegible]。[illegible][illegible]秋

[illegible]第[illegible][illegible]

桐[illegible]軒古[illegible]歌

桐[illegible]〻中[illegible]古[illegible]。呼我來作古[illegible]歌。[illegible]方一尺[illegible][illegible]。[illegible]之四[illegible][illegible]遊[illegible]。[illegible][illegible][illegible][illegible]難且[illegible]。[illegible]
[illegible]天[illegible]與[illegible][illegible]。[illegible][illegible]上[illegible][illegible][illegible][illegible]。[illegible][illegible]木高[illegible][illegible]。[illegible][illegible]腹[illegible][illegible]年代。刻[illegible][illegible][illegible][illegible]
[illegible][illegible][illegible][illegible]圖[illegible]。不[illegible]此物[illegible][illegible][illegible]。[illegible][illegible][illegible][illegible][illegible]太上。[illegible][illegible][illegible][illegible][illegible][illegible]。我聞[illegible][illegible][illegible][illegible]。
[illegible][illegible][illegible][illegible]陰[illegible][illegible]。自[illegible][illegible][illegible][illegible]枝[illegible]。[illegible][illegible][illegible][illegible][illegible][illegible]。桐[illegible][illegible][illegible][illegible][illegible]。[illegible][illegible][illegible]
[illegible][illegible][illegible]。年[illegible][illegible][illegible][illegible][illegible][illegible][illegible][illegible][illegible]。中[illegible][illegible][illegible][illegible]大[illegible]。[illegible][illegible]此[illegible]手[illegible][illegible]。天
[illegible][illegible][illegible][illegible][illegible]。[illegible][illegible][illegible][illegible][illegible]。[illegible][illegible][illegible]人[illegible][illegible][illegible]。以[illegible]世[illegible][illegible][illegible]。[illegible][illegible][illegible][illegible]礼[illegible][illegible]。

头道秀米精云松斗，堂楼插不敬诗，自笑周汉追是属，有宾肃请艺花船，天秀鬱□

飛蓬阿。

陽羨山水歌

宜州羨秀甲所尚。宜和占紀湧瑞金。君家安宅小中虛。得字世作鹽蒼色。不堂華士舊仙都。想見未荒書静时。碧峰映垂楊株。楼排高下青錯落。宜州雲霞御家白。門里交飲丹味也。才指小勾曲峰厚。客佳一满清漣樵。客山六十五周易惟其蒼而至星羣多郎岳題隱空陸秀松竹青霜岩業空。

假山歌

山居不羡城市居。城居偏爱山林趣。争似一坐全身具。盛山楚石摹山家。郎一成壑分周以砥雜以真樹照以水。巧可同女娲补天天共诗。此公從於書意人。今古之事多無事。不同真胡為上數山然後一物佳物作無偏意人多成識。太寂世俗假與真假。根據以山谷偏。此代頗倒好炒妙。自往定芳和剑租。深水曠立羣山眼。獨名如實擬事出。湖堂而筆綠周新。客芸不信名山嶽大中，有[illegible]逢接三山儷。恐是盛比羊[illegible]老，春皇服散搖何[illegible]，夜來天星如撒河。

[illegible]柏日明鏡裡行，人間惟有無情。搖身何神鬼驚，假使翔鸞在枝[illegible]，變[illegible]被以淋露。

爭手中一尾，如君倒可憐，[illegible]堅古秋，[illegible]山之往君住，[illegible]經書[illegible]何年多[illegible]。

和東坡次韻八首

鳥有鳴春聲，花有鄉[illegible]從[illegible]，春風又秋風。何其劫衣令。任識煌煌侍中貂，冉冉美人髮。[illegible]看[illegible]上雲。

煩子報秋信，吟上天秀朗月。下地[illegible]耕，天高海[illegible]深，一性[illegible]。脈蒸日月[illegible]丸，江河[illegible]轂[illegible]。

如何歸[illegible]，猿自在[illegible]，[illegible]陸鯉行，有土天生，戒有趣，萬物顛倒同歸。[illegible]有[illegible]意[illegible]。

審我外室，有[illegible]宮亭，[illegible]猿去，[illegible]人[illegible]生如[illegible]，蝸角[illegible]，榮自貴，[illegible]自抽。閉門[illegible]

如茲雙殺門，[illegible]，伯修吐鈍，來[illegible]，寄花蓮，一種傳，奏[illegible]，偏聽遠，文[illegible]，思[illegible]。

自有步[illegible]陰靜收美洞照，陽秋積無見[illegible]，[illegible]依[illegible]三首

前庸三月，相思已無極。清風拂口樹，日[illegible]何惆悵，[illegible]病[illegible]，中收[illegible]起太息，轉[illegible]李洪林。泉[illegible]挽

[illegible]文章，[illegible]舟[illegible]石，同[illegible]，[illegible]處惆悵，和[illegible]上路。[illegible]功名再封，[illegible]月[illegible]生[illegible]素，[illegible]

[illegible]柳多達道宮。[illegible]

般般愛影幼論文，故舊相逢。我如麋鹿友，君是松菊主。黃昏四月聞日對談今古，如何揮手揖別。暌有

尽三更。聞壺口之琅。

相逢復相別，良朋共笑談。芬秋樓

雁來紅奉同令姪公侄

雨窗書懷

少家亡受汲借炊，兩目懶。有屋不能掃。有衣不得[illegible]。我生本有日。我室風双蔭。閉門長臨几，排几幅

[illegible]紅蘭仕[illegible]，[illegible]上[illegible]手[illegible]書[illegible]。山[illegible]。[illegible]見[illegible]

[illegible]。目[illegible]秋[illegible]宮[illegible]。[illegible]風[illegible]。[illegible]江[illegible]。自[illegible]

不可[illegible]。[illegible]三千[illegible]風[illegible]小[illegible]。[illegible]

丸[illegible]寒[illegible]明[illegible]首[illegible]。[illegible]

無[illegible]點[illegible]扶杖[illegible]。[illegible]

[illegible]花[illegible]日[illegible]大[illegible]。

觀翁覃溪先生重摹華山廟碑石刻

[illegible]元[illegible]帖[illegible]。[illegible]書[illegible]。[illegible]華山之碑，真[illegible]傳[illegible]

自[illegible]世司[illegible]。[illegible]文[illegible]。[illegible]

[illegible]建武[illegible]。[illegible]

[illegible]古[illegible]。[illegible]

我以物至隨名微。終作中郎殺年歲。程邈作隸方家同。公府傳書入營綱。鄧溪學士風嘯方年得之秦其精藝。遠在蘭亭書家法。收得真賈同封鑑。殘楮多久惟夕珍。今人且真共云為山畫勒高馬其契。合方流傳文海商。我惟秀書實五人。漢家微書而云勒。筆無遺筆為(?)今人蔣(?)舊篆傳。書東方同謂凡凡。從頗有孝(?)扶城塔。云朝正至周世先桂刀弋翻雜陳(?)。四世之公真推。亦遺文自至其無。嘗求見來嶽山顛上有碑。書相甚大空垂露。

眼鏡小畫山房同賦

髮蒼蒼兮視茫茫。昌黎作書年方強。況我少年且五十。眼昏安得重生光。炉(?)門家云有西攝。刀圭術謂服青囊。二語戲之何有耶。此說作何稱良眼。紛紛同自比家。眼鏡一出來西洋。只是老人窺天偏。蔽目不識宿與僞。西云頗異今。試開看且遊看看。乃藏以物隱明一奩。甚妙。移題倒煩(?)擅譯小僞者名得靉靆。謂出異域發且靈。夫誰取火方諸水。日月精氣剛。人自雙瞳萬二鎔鑄字收拭。請試看。火日外景金內景。又以取像名。如何柔人所藝之先。僞說外。深保今稱安。七考從摹畫不亦奇。眼前見此訪僞作。我年徂云苦艱難。縱親星白頭黃瘦。悵頹彌字歷頹頹。家縣(?)絃(?)。筆勝(?)似芒行僞孤子為性命。夢人哆(?)數之夫何傷。君不見玉堂五久拷(?)制册。衆頑(?)皆(?)

日月扶桑挂左右，回人射。双眸炯炯神揚揚。

秦隋因隋漢史列傳少得稱文武。中間由寶文相將。武安雖莫稱其帝。

新於氣無敵。手持之矛在外咸。前有[illegible]殷之王。

秀傳女能聲腸處。拟門祚奈南之將安。权勇何如於底。孤相見臨危刀書。要須不事[illegible]起。

退讓不學之股利。共將崇止奔東南人。身各蟹高右帳。我讀此傳再辨之。[illegible]方此所有到。

悌我柱教灌將軍。而今不門通作新。用周應有名家[illegible]。君不見東方[illegible]重文作書。

卻門若教如此。

別桐於

歸心決歲暮夜思。纪未了即非佳。仍給遣煢情。秋風江岸無[illegible]。日暮孤城六月清寒

殘霞在木月。

陳澤儀詩　甘年四月

前後朱兆宗大清叙

里而無殺羣一無晶瑩，楊花不花李花素。海陽遺種作異處，代劫橫精粉氣侶別是一格。
滿年負氣秋月寒，方將夜雨難晨肅。殘碑留遺痕收拾，傷心別芳劇。蘚露生怪字，畫樹花條。
圖封，得毋神物陰護持，與鐵筆錐常不壞。君不見周將南下江之濱，陰空漏尺無何無。
情勢因無草不死，白中筆多作字為。

書東坡芙蓉城詩後

芙蓉城主石與丁，芙蓉花老春秋冥冥。多年一王生，還清息去。今來曾不多程。東雨樓殿出塵埃。
雲。十二珠簾簾玉顏，林下得芳淨信是。不須人人提之山。往事一日吾去，不自情志。
怪不受疑歸留去，之剝損思便是人間小物所。眼底有雨君何傳。誰令開期都之婦。
東坡何有理之多，更得朗霧居新無。

今人集題書情收舊微

滿風動古往。田雨後處樹，落葉已在家。秋多別後今，故人出真州。更有屏遠夜，話誤感今昔。
夢寐相疑許，江清不雨外，色看來得。君有臨上船，我居山中范。為何枝柳月，不無德花。
今年誰能明，別人生上歎。

雁來紅奉和閣公紙四首

上陽宮裏樹初紅，[illegible]

[illegible]

[illegible]

[illegible]

觀翁覃溪先生重搨華山廟碑名刻

北平先生考古有奇癖，[illegible]

延熹[illegible]琳琅金石多文詞，中郎[illegible]

[illegible]

[illegible]

[illegible]

[illegible]

[illegible]

從大河至此數千里。後讀鋼鐵出且專方爲之，封自武康錢唐明皇遂秋靜。龍出澤陵有不窮。

摩雲手作千尋臣，物安得年生一尺蓋勸。至今金石用鳴摩。

泰濤閣讀漢書列傳不得作耳 陳簡

鹿垂中原未脫手，已分知人不易也。只知何者今是非，自述不能信與耳。睥睨千年事傳爲可

湖頭傳傳有魔後微茲，異代亡常爾。若何恩怨相情來，藝殊更將殊與自類與顛爲

壹矣。楷戶低頭揮何遽。乃知例樂作人情，虛傳外其公害真亭累。同此公無上壽乎

名譽雖高乃寡五，傍我古今多少爲人窮也。

北城秋行 以下二首丁未

園居三十日，自河北望將及下月。種麥成熟再。歸園同上歸。如何得爲莊趣。人煙離村郭，山樹不陵卬。

華處乃堡橋，網守漫寒秋。同風吹黃花，牧脈高原。精意未圓路，黃逕陳星宋，咦亦佳。

飛鳥戲此高林，歸鉞點不得息。道遙盡作村家。此以時出河北 七彩付丹北，獨我從蒙佚。

秋霽曲

濕雲隨墜黯不收。銀漢倒瀉天無愁。空階夜用步徐低。陰霾其勢未飄飄。蓮花水滴低紅葉。立好不行昔散蕉。迷離夢影華燈月。月里風殘夜將半。依稀蛩嘶蟲嗚。咽絡緯道旁書聲。牆角商飛作乙窗。江湖天遠難為情。枯荷敗葉成幽情。半生霧落遍秋帷。擁將之子無寐。一夜教吾清漏過傳。

晴嵐　近作二十二首

火米七八韵

入值是同候，趁邊歲暮交。御冬備火米，入市問秀秔。隔岸小廚喜，怕鳴入釜鳴。灶前何用析，數粒太嫌貽。
妙處偏人爨，松杉柔細柔。般雲壓檐錯，肩簷竹光暮。秦倉參蒻熟，朝食雜五粱。乾饘舟靜叉，集飯[illegible]。
細稿香西來，親嘗偏芳去。且近味嘗人，不辨咀嚼味。遠景仍泥何村，窯處只如[illegible]，香宜和粟乳香。
下青稽因難，情不慨。思仍籍之[illegible]。偶因胡寮猛早晏，倩乞誰勁。真嘶久藏，莫因兹燃，好藥此清憐。
求真見思芳，蒼好作居年生。麻飯事

夷竹飛

只袖紅棲炮不分，九笑清瘦倚蕭疏。谷將開小玉立，承笑出仙源上洞雲。
夏月今宗陣，奚秋翠静，新紋吹文從一一，樹光青子行庸瘦，收花和南風，秋來橋傳。
鸚哥紅北生，旺豹滿空。名山萬佳契，老者不勝空。久勤之深了，從趁八都穿。上蒼月不如，牧地有常空，孫秘緣多。

萬[illegible]遠耕字。但須吞艰在何用書處字。欲從誅難通。極[illegible]勝不字。耶明因善慧須悟刹頓字。詩錢才偏多。
妙鋼解上雲。諸佳紅香白冷。錢句碧雲字。法界同途。嫏吟視諸般字。皆同善角。掛白似見春字。鄉月遲
為亂。鄰子歸芳字。相思暗將頭。今我將頭字。世事多年棄。弟芳外字。去去疲。又村過去。勿書字。口去
難藏以般假喇字。托根今夜寂。錢吊過芳字。可添發明利。還教情色字。秋情獨想。安息屠見人字。罗大
何處三生話年字。安穩徹唯憶此地。證心字。半日徐同教。閑人同其字。俗直同有涼。攝衛代無字。謝野遠
風。子去去思字。堂[illegible]和他探聖。修佛竹字。門外隨光法謂右稱。影字多同初傳。臟衣而淨時字
高住異其夜寂。其居、曉。掌書五遺拼。兩屋空偶。即同原韵。題贈情來。傳仿依旧和、
[illegible]物抱得後門楊柳情。移月閑。男樹墨。將周成蒼。星值陵破。翻芳紅。月雲何處。遲暮。雕餘天
自從數後佛上清。意寺剎竹立紙。脫去。錢查。寥訂心切意。特德。將無多。傍碧。紛網。界廣。島。翻多處擬雲
應心為書。書。 竹存情[illegible]淚。漏痕。挽上崇。懷思獨新。一種雜出。芳在。摶以仰付。瘦化。望天。都。鄉 仿
愛校懷。新雜。之為會人再無。臺闊空易清理。別徘是人同稱意殊。 海表尼牛眼芳腳。年去去幾火多。

兩兩風塵十相思債了九秋收拾[illegible]

楊花

生來薄命卸風塵。四大何曾着此身。移眼可憐妻與子。飄零猶自戀佳人。情牽勞燕遲還是。紅蓮腐草錢脫泰。蕙傍飛楊絮未定。何處再世了前因。

蓬山青野樓桂太史

蓬山有真仙人何曾提同類之剩鄉。陰陽時付風浪靜。瓊樓高處夜寒多。金之[illegible]揚煩惱生女投墓任遊詞是道。鉤天夢所貴。情法典已傳說。紅粉斗斛浮生。亡相見何來。[illegible]小字悟[illegible]雲和洋寞獨間。夜月燈前雙鴛。人間無有勝明鳥。世上鮮無孫秀蓮。好把名家易鐸。斷蓬孤[illegible]天涯青青[illegible]柱[illegible]明亞[illegible]雲[illegible]花之山中行楊花[illegible]海上傳書。楊柱[illegible]明閨[illegible]春秋勇記嬰兒[illegible]金華[illegible]一任寄[illegible]閣[illegible]十載[illegible]傳名[illegible]往四[illegible]何事年華[illegible]

胡傳字子和。

火鍋二十四韻和[illegible]

巧製鎔金錫，[illegible]

[illegible]

[illegible]

己亥除夕和宗丈蓉田韻

[illegible]

挽林翼舅氏

[illegible]

[illegible]

東心軒詩補抄

讀後漢書神仙事得左慈幻筆 以下庚戌作

漢季多異才，神仙亦間出。化物紀左慈，遺事最奇譎。曹瞞狎老奸，上陵柳揄術。貴其入羊羣，復偽難悉應。乃空佛廟封，首仍太虛生死，及奇問指角仍叢密。快我捋相人擲，孰樓序。我聞石不如砥，何況無異質。兩不任稱揮，霧髮呼爲之，變亦可斗。談古初剛烈，上有羊以應之匹。

讀陸平原事不得其見

其夢華秉燭，蒼天中。夫人莫儕搞其腰，已竟切腐，磨得佐。煙薪爲明同，昌其模型，坐夢細下箸。

[illegible]

擬東城秩

[illegible]

李氏叢書

佚名　輯

《李氏叢書》七種，佚名輯，據興化圖書館藏藍絲欄鈔本影印。

興化李氏家族是當地著名的文化家族，此叢書即收録該家族部分清代作者的著作。全書九册，鈔寫極爲工整。其中有清李跱撰《香雪樓詩稿》、清李浣撰《真我堂詩》（即《亹湄集》）、佚名《夢蕉軒詩草》，國内均不見有其他藏本。李跱，字皇望。康熙四十一年（一七〇二）助泰州宫夢仁編《文苑英華選》，四十六年復助宫夢仁纂《讀書紀數略》成。五十二年恩貢生。其《香雪樓詩文詞賦集》見《［同治］續纂揚州府志》卷二十二，但未見著録有館藏。子目如下：

《定齋詩鈔》，清李光國撰，一册

《林下風清詩集》，清李國梅撰，一册

《香雪樓詩稿》，清李跱撰，三册

《瀛隱集》，清李國宋撰

《珠塵集自叙》，清李國宋撰，以上合二册

《真我堂詩》（即《亹湄集》），清李浣撰，一册

《夢蕉軒詩草》，佚名撰，一册

（江慶柏）

吾宗盛風雅，提唱首鸞嘯。嬴隱亦踵趯，蚪峰允前導。惟茲正法眼，元音異輕剽。予也推繼起，接踵擅才調。選擇貢王廷，石鼓窺學校。循例品館課，松陰觀返照。司成廣育才，槐黃目屢眊。三上不見收，郤仍慎所操。不伺北山移，競欲東墻掃。火速遠歸來，付之以一笑。過我一出談，胸懷何浩浩。為言卅年前，家各植幢纛。憑誇七葉王，争傳絕塵到。魏晉溯淵源，唐宋別嗜好。根柢千卷書，頓挫力排奡。邗江文章藪，光遠自有耀。五言人人殊，皆能叅閫奥。如何風騷變，喧囂但取鬧。規撫遠先型，遺神取其貌。平章及花月，蛙鳴而鵲噪。近且高閣置，不言之為妙。此實地使然，直可動悲吊。又言詩窮人，賤貧身易蹈。苦吟泣鬼神，造物罕能療。

李氏叢書

武杜僅拾遺，武李終待詔。武孟以寒稱，武賈以瘦號。古來工詩者，彼蒼任顛倒。金張許史輩，奕世躋炫耀。未聞事聲韻，識字商推敲。是有激而然，措語多毷氉。今年逢上巳，修禊虛佳約。輕風吹微寒，飲酒盡一釂。能艋斗大舟，向日進短櫂。拱極峙高臺，滄浪俯水澳。時而耕可偕，時而漁可釣。行藥孤節扶，登山入窮窱。叜然雖寡歡，詩筒相慰勞。唱和惟汝俱，歌聲閙咷嗷。往哲有薪傳，前修在則傚。三先生有知，勿為他人道。半人基簡

此吾宗雪隣先生贈余詩也。先生病廢，曾許序余詩，命録帙呈政。會余遊學海濱，方手鈔以俟，而先生遽歿矣。余詩本不足序，不敢向知交妄索，恨不能起先生於九原。傷已。然素交最深無如先生，而知余家學之淵源者，亦惟先生得其詳。爰即以是詩為序。定齋識，時乾隆庚辰冬日

李氏叢書

定齋詩鈔總目

李氏叢書

定齋詩鈔

春窗試湖穎

鳳味香凝玄女胸，土蝕銅螭墜素縞。兔毫腕爲春風柔，詩腸寒瘦猶郊島。

洞簫引

譜就霓裳入烟竹，瀟湘帝子蒼梧哭。古龍摇甲出波心，矇目盲魂抱鉛筑。可憐閶闔鎖銀鐺，杜夔老死無宫商。枉將一部蘇門嘯，留在空山叫鳳凰。

中年惱

中年惱，老年輕我少，少年鄙我老。好友星散布天涯，漫空賓雁音書杳。獨抱寒爐撥死灰，柴門無鎖夜風開。可憐月色侵堦冷，曾向春光暖處來。

初夏遠眺

鎮日掩花關，登樓得放顔。蛙喧知水坳，騎轉辨村灣。麥滾千畦浪，雲横一帶山。薰風乘夏氣，浩浩送春還。

晚泊

何地堪停宿，荒村曲岸頭。黑雲吞落日，禿樹繫孤舟。衣食驅人老，行藏對僕羞。殷勤同一飯，明晚又揚州。

山行

高柳亂鳴蜩，重過廿四橋。穿林仍舊路，捙水已新苗。埜店泥齊

脛山塘草没腰羡他塵外客安穩坐團瓢

悲約社先生

凋謝吾宗甚無如此一門十年ミ兩世四代接孤孫筐滿未鐫稿堂棲久殯魂空庭餘老樹朽蠹直通根

僦居

負郭已無田家居欲刺船妻孥容膝地旅邸賣文錢壁立非今日囊空勝去年人間皆餓土拔宅望飛仙

登樓晚眺憶嵩萬似武

休夏生涯是黑甜醒登小閣立風簷晚烟青起亂山凹落日紅留古樹尖翳目狂華飛蠛蠓盲心積痞望鍼砭故園好友今還

殺翅首高天憶二髯

立秋前一夕風雨皆至中宵不寐

風聲離樹起水氣入雲流短簟青奴冷虛房素女秋境隨天自轉心與目為讐蒲柳蕭蕭質能禁午夜愁

新涼

玉繩低轉律吹商幾點流螢度短墻對酒那能忘舊雨高眠無過此新涼身因久靜神魂健夢入初秋境界荒耿耿深宵猶挂大樸糊錯認是家鄉

懷王滄浪

我客蜀岡西君隣東海島覓食活妻孥硯田耕遠道一歲幾歸

來俗事還纏繞握手倒青尊言談頗草草白日本舒長在家容易了束裝東西去淮雲割昏曉蕉窗綠影深離憂入懷抱平生素心人會面鴻留爪甲辰春王月雙車逐飛鳥朝走龍潭驛時有被褐老謂魏存齋指點南都山三人頭屢掉暮入石頭城九軌塗浩浩僦得市樓居卻没囂塵擾任華亦後至越二日似武到齊心謀醉飽切肉出屠門提壺過酒媼相使直指臂不知齒大小興到便登山幽境各探討異出歸互証神奇或自造炙轂共談天顧兎兩朒朓楚陽桑梓邦何似逆旅好遙遙七載中追踪日竟少良朋得歡聚從後須珍寶

秋日同詹二過慈麼庵

阡陌縱橫處禪關亂樹邊人行黃葉地秋在白雲天旙影搖香界鐘聲報淨緣平生耽寂寂日落尚留連

初夏閒居

午餘無一事夏日正暄長棐几敲棋子瓶花落筆床蝶情初帶夢蜂意懶尋香叉手看新綠枝枝出短墻眼倦拋書立黃昏一榻孤推窗驚蜥蜴芟網失鼅鼄屋小堂兼室年荒主攝奴中厨炊晚飯露坐飽潛夫

乍熱

今日如炎暑初更氣尚溫癡兒舁井水弱女灌花根無月夜不黑燒燈蟲打昏枯腸方病渴茶熟反關門

停雲

停雲謂行雲，爾胡太飛揚，幻化同一瞬。靜者寓目長，勿學三神山，縹緲裁泰皇。泰華吾根蒂，奇峰亦尋常。卷舒霄漢間，隨意布天章。友風而子雨，飛龍從翱翔。

獨坐

殘燈摇冷燄，獨坐裊心絲。水國三千里，冰天二六時。問年慚老大，卒歲累妻兒。此是書中味，酸鹹只自知。

冬夜同吴姊丈丹崖茅二心友閒話

拋殘酒盞扇茶烟，舌底瀾翻湧百川。多謝雄談消永夜，不知雌伏到何年。鹿藏蕉葉元非夢，蠹老芸編未遇仙。窮臘漸回鄒谷

李氏叢書

煖，行看斗柄轉霜天。

飯畢作字

已熟黃粱飯，兼調白菜羹。弟兄同一飽，燈火坐三更。上舍書聲歇，風窗裂紙鳴。旅懷無賴甚，揮灑墨為兵。

哭史嵩萬

吾之祖母君祖姑，兵戈播盪眷屬疎，故舊得君如拱璧，況復交情絶世無。憶昔尋君春欲暮，江干十里桃花路，籬畔掀髯一笑迎，熱腸滿腹無言處。吾翁若翁不相知，交游有數聚有時，以膠投漆二十載，不怨死别怨生離。乩問冬來老淚迸，黑雲如牛朔風硬，黃昏冰雪鬼吹燈，把酒為誰談血性。

大雨行和皖江王筠齋韻

大雨應時至，不須牲玉禱。三伏正炎蒸，陰雲布廣昊。翹首望西山，空濛没昏曉。俄頃碣石破，天瓢注淅浩。彷彿廣陵濤，銀波白皛皛。鮫淚雷下濺，冰絲簷際裊。屋翻葡子藤，階浸康成草。古樹烟霧濃，玉甃光輝渺。風扉響訇訇，旋渦互顛倒。蹄涔化巨壑，堂坳成曲沼。陸地可牽船，青蓑摇桂棹。駭鷺踏紅蕖，驚鱗跳碧藻。欲陷支牀龜，頓阻穿簾鳥。燥烈一時去，琴書潤多少。雨後路無塵，問卜李主好。

立秋

祝融鞭火入西流，從此雙龍駕蓐收。商氣捲殘三伏熱，角聲吹

李氏叢書

動九門秋。拳毛戰馬爭騰棧，磔吻饑鷹欲出韝。庾信鄉關何處望，燕山淮水獨生愁。

張節母

明季鳳陽亳州人張應麟妻章氏，于歸一載生一子。其姑亡，夫以毁亡，其舅亡，流賊入亳，其父母昆弟皆亡。撫孤成生孫，其子又亡。撫孫成生諸曾孫，而節母亡，年八十有六。曾孫某始上其事而旌表焉，詩以紀之。

剉藥瀝膽，苦難進口，生罹百殃，惟張節母。十六嫁，謹事舅姑。姑病篤，刲股奉姑餔。姑方永訣，夫傷泣血，匪夫之哀毁滅性，夫命中絶。誓同穴，檢羅襦，啟視我懷中，尚有呱呱三歲雛。吾死易，兒死絶吾夫。篝燈紡績易穀供舅，稗秕充枯腸，皸瘃兩手。時丁大疫兵荒，人賤於糧，舅不得延殘喘，棺衾草草入昇

北邙 鼠盗訌秦流冠略毫礮火飛高燭腥刀肆饞鍔可憐閭中弱攜兒竄身榛莽免填溝壑 賊氛靖毫城空啄肉烏鳶瓦礫叢親戚死亡盡眼孤心楚但見殘男剩婦拾骨斷垣中何幸母子得脫兵戎 莫謂門衰祚薄嘆耒亡嫠婦尚能恤緯佐兒讀書聘取佳婦抱孫有慶大乃祖乃父門閭 蕪境方甘豈料哭夫老淚又哭亡男 環侍孫曾鸞停鳳翥喜張氏繩繩不絕誰肇厥初而成功者去 嗚呼節母茹荼集蓼八十六年鐫姓氏於青史全石永堅

賦得宮殿百花中 十二韻

壯麗神仙窟芳華錦繡叢七襄盤地軸五采織天工濃淡環相間參差互不窮林梢翹畫雉根底臥長虹寶蛺金鋪照霞光玉碣烘千門攢駭綠萬戶簇紛紅乍弄罘罳影還遮燕雀風堂高羣卉伏扉闔香通夜月分明晤朝曦判異同唾衫嗆漢殿剪綵笑隋宮璀璨三春暮輝煌一氣中琱鏤非巧匠造化在蒼穹

臥病

可歎貧兼病囊中少一錢養生慳藥餌辟穀想神仙夜永秋過半魂疲夢不全燈昏天欲曙虛白滿窗前

病起

病起成何事空窗伴日斜古香研斷墨冷艷對秋花羣力猶爭鹿雄兵正鬥蝸莊生方化蝶栩栩樂無涯

九日

此生還許過重陽短杖支持骨不強半榻殘書排舊物一簾晴日老秋光血衰但有顛毛白人瘦真同菊蕊黃把酒登高讓年少羸軀怕見九門霜

憶家

寒燠憑誰問褐夫曉風穿幌逼肌膚人逢旅病身多賤月到深秋影自孤只有原頭羅燕雀從無海底覓珊瑚何時曝背茅簷下閒譜農桑課子圖

擬躬耕述懷和方望溪先生作

務成為帝師深山澹無事蠢蠢三苗民於何用才智干戈包虎皮山門苦一試誰云蹈厲衆而是太公志夾鍾吹天和秋鷹化其鷙種桑八百株飼蠶作田器

同異行

淇園之竹徂徠松地隔千里精氣通幽奇各抱恥雷同鏟削萬僞歸鴻濛畢天不老無初終凡卉齊生一畝宮顔色互妒爭華榮文枝接葉驚飄風向背陰陽頃刻中造物幻化何匆匆

復堂兄硯銘

燒雕巧成刼灰樸土團形文又胎

賦得中得天地心 八韻

象數開千古陰陽列九宮八方環繞向五位正居中紫殿天旋

極黃圖地載嵩微茫司化理樞紐執元功剝盡還來復初成自有終縱橫曾不易運量本無窮穆穆調真宰存存麗太空萬靈歸槖籥一氣轉鴻蒙

擬諺

惡木好成樹賤草好當路醜婦好艷粧庸相好養度

燕巢

只為窗多隙飛來亂點泥如何滋卵育久占畫梁栖

藤梢

借得隣家綠綠墻上華門三秋風力勁葉落必歸根

從蒲坂雇南有師試永平

客裏重為客秋風古北平萬山圍絕塞一水抱孤城日對空堂樹宵聽鎖院更吾師來此地衡鑑有餘清

孤竹山堂與同人閒話

孤竹山堂晝漏分茶烟晨處聚同犀簾開晝棟橫秋日松偃踈窗起塞雲共說盧龍唐節度誰俾射虎漢將軍數奇自是吾家事一笑人奴衛霍勳

夷齊廟

空山拜夷齊斷碣苔花古一片榛莽場還是商家土

讀史

劉季營天下太公可入釜大哉重瞳子不肯殺人父圖帝雖不成此義足千古

泰楚大亂後九土宜休歇漢文幸庸才遣此自藏拙采繒奉匈奴卑辭答南粵大度包遐荒情親國戚褻勿云捐細故高后受狎媟所以賈長沙涕流言激切孝武能雪恥萬里縱斧鉞勒功狼居胥瀚海烽煙絕天產霍嫖姚中道恨夭折駿馬馱明妃又向紫臺別

淮陰漢之傑將兵誰與倫鞅鞅羞絳灌實乃重其身谷風嘯雕虎雲氣嘘龍鱗國士本無雙肯伍屠狗人

相如貲郎伍情好非其志彈琴挑文君用為錢刀貲欲干王孫怨賣酒臨邛肆滌器庸保中辱身致貨利男兒無血性辭賦徒工緻

功大衆所歸何必拘長嫡世子立建成釀成兄弟鬩橫戈玄武門矢鏃弓弦急神堯始心驚天位恐反側高居大安宮左右無裴寂

唐代開風雅首推陳子昂曠懷賦感遇賓王激清商如何對女主興學坐明堂援古角空言幃闥涵圭璋大周受命頌獻媚不能長獄中尚占卦胡乃昧行藏

右丞多絕藝不但詩才高霓裳第三疊按譜識纖毫祿山召梨園歌管聲嗷嗷傷心凝碧池何似鬱輪袍

退之六朝後砥柱中流立數上宰相書求知何太急丈夫遊五

嶽山靈共呼吸，奇怪堅靡情，生死不得入，聳身玉女峯。云胡垂
涕泣。
鄭五作宰相，深愁天下笑，搔首對宗親，偘偘居廊廟，三月乞骸
歸，避賢樂耕釣，知己復知幾，豈是俳諧料。
從來君父耻，十世許復讐，二帝未生還，終古枕戈矛。雖屬草莽
臣，甲兵宜日修，金革代衽席，韜略爲衾裯，摩厲以待用，鼓譟學
春帙。南渡不講武，戎冠談書鄙，逍遙禮法場，主辱竟忘憂。此豈
鄉鄰鬪，閉戶甘巢由，務華絶本根，大海覆輕舟。
姦臣探主微，委由逢其惡，秦檜有何威，因風縱殘虐。本無恢復
志，不用凶門鑿，感敵錮尊親，故使權旁落，陰謀在廟堂，將軍自
鼂錯。

李氏叢書

峣峣者易缺，皦皦者易汙，申生性精潔，夜半麗姬誣。雜佩衆香
草，上官讒左徒，自愛授人隙，浪死亦非夫。試觀嘗糞者，含垢治
强吴。
楊廣梟獍性，馬能無疑猜，雖殺薛道衡，心實知其才。漢高遇儒
者，如火然死灰，天性不愛文，帝業從此開。
豎儒盡信書，動必引經術，絢思倉頡前，豈少聖人出。拘牽生利
害，事業百無一，縮首如寒龜，屏氣語蹇澀，反讓市井徒，彈射多
膽九。古來震世功，朴誠能樹立，霍光若好學，未敢廢昌邑。嗟爾
楊子雲，高文美新室。

王莽用僞學，能竊漢天子，雖爲萬世嗤，志猶不小耳。江河日下
流，古僞失其旨，傾身謀孔孟，不過博宦仕，手把六經文，鞭箠佚
役使，聖賢良難爲，久假滲漏起，何如東陵盜，真氣貫終始。
王朴平邊策，槩然如畫沙，多方以誤之，利在先乘瑕。江淮得門
戶，吴越一矢加，囊括桂廣地，飛書占三巴，席卷下隴蜀，幽燕隨
嗚笳。唯弃必死寇，勁銳相紛拏，力竭終內附，四海爲一家。香孩
劇六字，銖兩不能差，英雄有實用，空言何足誇。
商道尚嚴厲，賢聖六七作，周自成康後，中興不古若。忠厚感優
柔，積久必孱弱，震怒走雷霆，天心匪酷虐。子產鑄刑鼎，萑葦無
剽攫，西蜀諸葛君，關中王景畧。亂國用重典，救時投要藥，安得
此數公，經緯互秦酌。腐儒慣膠柱，祇可束高閣。

李氏叢書

視臣如犬馬，勿爲齊宣病，犀小徒賓禦，誅鋤誠難竟。彼己禽獸
心，人道胡能正，穿鼻加羈絡，帝王識物性，豢養鞭笞之，亦可供
使令。商鞅嚴刑罰，御下一大柄。
司馬受巾幗，用柔以制剛，可憐沓沓夫，緣斯學乞荒。好官自爲
之，千年藝辭香，寄語長樂老，笑罵豈尋常。春秋重斧鉞，庖丁善
刀藏，爾輩身名泰，安富壽且康。新臺刺燕婉，不爲倚門倡。
聖人憫聾瞶，立言非得已，繁簡奇乎異，萬世經常理。唐宋稱大
家，無端創起止，特地生波瀾，操縱頗自喜，排纂分門戶，洋洋數
百紙。刊落其枝葉，歸根曾無幾，卓然千載中，豪傑尚如此。何況

病腓人學步邯鄲子。

春秋號博物，吳札鄭國僑。二百四十年，屈指亦寥寥。後世盛文采，晉天產英豪。胸羅瑯嬛富，下筆傾波濤。駝裝走都會，多似九牛毛。乃知古無書，謬云秦火燒。太沖真鈍漢，十載空推敲。

山雲幻奇峯，物象隨情變。一自制科開，萬古無才彥。低眉塗粉澤，對鏡施釵鈿。貧女假珠纍纍纍，不貫穿。冶步學夫襪，奴誇美春。黃河天上來，魚龍暗流轉。李杜逢昌黎，熊熊起光燄。

姜蘭篇 為馮陶章悼亡作

儒家婦難為，良人抱遠志。束髮事詩書，奮起摩空翅。秣馬走京華，成均樹文幟。自謂致通顯，榮親光後嗣。男兒遊四方，懸弧誠

李氏叢書

古義。可憐蘭蕙花，芬芳易蕉萃。弱質臨秋風，長空迷雁字。繡匣斷寶釵，香奩蠹文翠。熒熒牀第間，六載傷心淚。貽封應有期，縈華身後事。何如共舖糜，食貧不相離。剪紙招柔魂，舉案在夢寐。

賦得夏雲多奇峯 十二韻

炎帝乘權司夏令，衆雲環回擁奇峯。懸崖絕壁來崑圃，疊嶂層巒出岱宗。玉女開盆垂黛髻，仙人聳掌挂芙蓉。排闥五闕疑雙鳳，御氣騰虛似六龍。歷歷白榆依峻坂，曈曈紅日走高舂。歌斜斗柄山腰隔，清淺銀河石筍衝。萬點青蒼摩詰畫，一拳秀拔巨靈蹤。霞留遠岫光先赤，露洗華巔勢欲濃。竹院風摇形起伏，池塘波動影横縱。卷舒有意還成象，結撰無心亦偶逢。丹桂宫前羅蕖葉，紫微垣外壯城墉。熙朝瑞靄隨時現，好逐非烟獻九重。

賦得天驥呈材 十二韻

黃竹歎沙丘，上選蒲梢汗血不凡材。海西舊用千金買，冀北新承一顧來。骨相權奇疑虎脊，拳毛迥立是龍媒。霜蹄走坂埃塵合，峻耳追風道路開。掣電驚帆空牝牡，過都歷塊笑駑駘。聖人本取馴良德，帝世兼收致遠才。莫使秋風餐苜蓿，寧堪永日卧蒿萊。丹青定擬陪烟閣，羈靮須教入義臺。玉埒金鞍從蹀躞，蹄輝超影免猋隤。魯侯頌載三章駜，衛國詩歌七尺騋。伏櫪長嘶心未老，負圖呈象卦先胎。天閑列駟多騏驥，願備鸞和步九垓。

連陰雜感

李氏叢書

三伏多雷雨，連陰直到秋。漏天同澤國，惡飆想居樓。古屋生青草，枯塘漲亂流。晨昏渾不辨，一氣滚鄉愁。

淫霖終不歇，秋日少清光。邪料幽燕地，翻成沮洳場。羣蠅叢穢物，小犬上頹墻。美稗當門立，纍纍穗轉長。

濕氣侵肌骨，繩床卧未能。黑甜夢杳鳥，几撥書凭。淅瀝空堦雨，模糊半壁燈。欺人多黠鼠，來去影騰騰。

定是媧天破，難逢蜀日奇。陰崖魑魅喜，丹穴鳳鸞疑。過涉防遭溺，無禾必薦饑。溝隍懼將及，恤緯歎窮嫠。

螢火穿簾入，微光欲照人。幾時離腐草，中夜亂青燐。隋苑妖柾靚，秋墳鬼眼新。重陰成汝質，迷化返吾真。

西山無爽氣鎮日白雲封路滑難馳馬風腥又起龍樹頭飛颯颯簷角響淙淙畏足長安道交遊萬事慵

四野浮雲合層層塞九閽未聞雷破柱但見雨翻盆蒼狗金風幻陽烏水氣呑支祈蟠大壑百里暮烟昏

雨過疎星出依稀認太微畢箕方閃爍奎壁少光輝鼯鼠巡檐立鵂鶹帶霧飛中庭陰氣重燭燒下書幃

銀河波浪濶牛女渡應難字寄千回錦䰟銷四角盤白頭搔短髮紅淚滴秋蘭極目長淮水維舟怕急湍

二千餘里外四十六年身面撲京華土心傷故國春筆隨頭共禿儒與丐為隣擬買烟簑去桃源問舊津

元旦後三日遊萬壽寺

京城西偏路近有萬壽寺客子無干謁可以放情致敕車偕我弟日暖和風吹郭外丰田園髪鬅勤農事折徑轉高阜亂石攢沙出遥聽澗水鳴漸逼愈騰沸寺門司懸流華闕鏤敕賜朱竿凌青霄風旛金璝碎鼉鼓對鯨鐘飛樓雙聳翠巋然梵王宮九級歷階次平臺敞百步丹欞白玉砌艷熾烘晴霞迴環盤錦字猊鑪銅花古莫辨誰朝器丝幢靈鷲簇雲蓋瓔珞繫九品蓮花座佛相特端麗妙顏無奸醜袒露猊羅臂裏項白氎巾云是西番纜七尺旃檀香琱鏤尤密緻五百羅漢形鬚頰一一異隻手擒乖龍赤脚踏蝸魅輸般逞奇巧鬼神驚絶藝徐步觀音堂法身齊屋際頂珠大如斗光耀青螺髻透迤入普陀周遭石逕細鞠躬下深洞幽隠日生翳穴隙逗樹根攀巖衣牽掣登臨瞰前簷偲偲心發悸奥室乗黄幞世尊大内製寶龕紗幂蹙珠相眼慈慧萬里烏斯藏鉢盂遠貢至宸翰墨淋漓繡文圍贔屭貝葉開牙籤最上一乘義方丈閴無人籐杖空中植重簾護禪房細氈覆平地如來大弟子在此參三昧老夫筋力疲欹側僵牀睡鐘聲喚客夢頹陽屋角睨大塊莽無垠芒鞵走一二億萬恒河沙祇園難數計山海象王家乾坤金銀世

昌運宮

傳是前朝昌運宮石垣缺處逕相通松枝壓屋碧瓦墮碑帽卧

堦枯草叢應有金泥留王府空將紫氣入清風不須細細尋丹竈萬古玄元一老翁

五塔寺

阜午薰𦋐陽閒身任孤往野寺何年建四圍谿平敞中央踞一塔五峯矗仙掌金碧千層甃凸凹萬佛像騰踔竟其巔下視境開朗奮僵戴亂黄疊垢如魍魎白日恣游戲不聞鐘磬響室前繫猘犬似畏客遊訪異類裏狼心幽邃觸世網屏氣尋我旅河山自高廣

晚眺

山迷遠樹樹迷雲曠野荒荒映夕曛舊土一堆誰是葬行人指

點建文墳

田贈公詩相國從典父也

明季國步艱危運遘陽九天下將土崩勢若拉枯朽君子存仁心顛沛不失守死生自有命焉能從小醜避難携童稚免遭兇惡手幼子及孤姪何分薄與厚伯氏爲小宗遺孤承祖後幼子身所出身存子亦有植木培本根枝葉必悠久仁哉田贈公權衡未嘗苟先河而後海源委分明剖名山産松柏所以異部婁

懷王滄浪

記得江船初識面廿年情好共江深千山風雨寸心結百歲聲華兩地沉老大各牽兒女累窮愁同載短長吟何當漉酒青燈夜互說相思及古今

李氏叢書

懷任似武

春水桃花岸回環野徑迷問塗穿碧草携手聽黄鸝十載江鄉夢三年計吏期郵亭稀會面湖舊境全移

懷趙景先昆季陸聯郭諸友

夢遊心尚少伏枕憶當初狂飲邀同伴燒燈讀異書江湖雙鬢禿故舊十年疎況乃重爲客三春七度餘

所思

百種機槍㕑觸蠻所思常在水雲間松枝偃屋猿吟細梅影横池鶴夢閒藥買韓康蘇肺氣丹分赤斧駐衰顔茅堂誰是羲皇侣二仲求羊日往還

即事

箪葉聲吹肅九衢將軍夜踞血躍揄盲奴唱得邊關曲笑飲羊醺捋短鬚

竹下

我愛陶潛菊兼愛茂叔蓮不可無此君相與共周旋繞籬數新笋數日已參天清晨方帶露暮色又含烟三夏多炎熱凉風夾徑穿科頭扶短杖右手把青編碧影射雙眸蕭然一枕眠

偶見

雕輪飛繡益驕馬控金鞭小婦花盤面胡僧紫裹肩背風垂窄袖映日吐輕烟辟重指揺過行人滿市廛

李氏叢書

秋日懷陸絨齋

文賦終須讓陸家思君南望塞鴻斜諧談常共秋宵被小飲看殘菊圃花雪鬢何心羈朔漠霜天有夢到蒹葭得歸還是吾儕樂快讀新詩手自撾

三感

逢此百憂惟我父仰事俯畜無寸土澤國頻遭洪水浸故家流落十之五舊時奴僕散如煙負郭田疇新易主畫棟雕甍王謝堂燕子已傍他人户烏衣子弟擲詩書賃舂莫問誰家廡大王母年垂九十七十衰翁有吾祖伯死幽都叔夭亡影隻形單倫

諸苦喪塋祖宅婚嫁促鬢白頭童齒牙齲還為兒孫計久長竹杖過眉那得拄花香鳥語暫開顏一笑慳如大旱雨每當除夕圍爐坐追遡少壯傷心語方喜含飴屢抱孫紅日頹西難再午有兒虛度三十春雞豚未養身何補只今偃蹇滯京華夢想南轅卜塋所傷哉兩世徹骨貧天地無情忍終古

歲在乙酉五六月大雨翻盆四十日孟湖水漲直東衝小邑半作蛟龍窟舍傍城隅地勢高溢流已到隣翁室居民架木結為巢日午不見炊烟出暑溼蒸釀癘疫多七月五日母病革藥猶在鼎醫在門回首茫茫只頃刻爾時余年甫十四弱弟幼妹知哭泣仲兄未冠姊及笄俱在婚癡未成立狼藉諸雛伏母尸白

頭老父無人色佐父辛勤二十年困厄憂虞備經歷五十始衷何足稀吁嗟天道太偪仄吾母雖有子三人娶婦未嘗目見一一子書愚最坎軻虛名題棺亦不得士貧且賤竟如此吾母遊魂應抑鬱

喪門兩世絕親屬母歿姊氏為家督姊氏于歸麻縷棼裳衣顛倒筐箱覆吾父何心續斷絃垂髫弟妹無拘束繼母中堂拜母靈兩行熱淚流雙目深愁嬌小受鞭笞那識慈顏同顧復垢膩衣韋煖湯濯瘡痏頭顱親手沐哺子均平各感恩劬勞只少離母腹父喪三載服初闋母氏孱羸暮景促作客柴墟凶問來單車奔喪哭寢褥我母生我我尚幼繼母撫我孫就塾空戴儒冠讀禮經列鼎重祠徒有欲棺衾草草取周身奉養生前但啜菽無財負罪天地間抱恨何窮此風木

四悲

同胞六人一長殤伯兄先母三載亡憶余八齡就外傅少長咸集讀書堂兄年十五軀幹偉皎如白鶴凌風翔雒誦中庭聲壯浪搖筆落紙驚老蒼熊熊光氣直騰上豐城求劍必干將鬼神見危喜排擠不教負重行康莊奪去驊騮萬里足留爾駑馬困車箱

母歿五月姊出閣夫家門祚久衰薄三歲為婦甘食貧一病臥床神色弱姊也年方二十二體貌豐盈性拙朴裙布釵荊分所

宜井臼蕭條亦頗樂乍有幽憂戴胸臆壹鬱噦嘔常中惡時復顧之心惏然何處尋醫得盧鵲日積月削漸銷亡病入膏肓難救藥淒凉半榻舊衣衾戶外冰天雪花落黃泉有母惠有兒見姊魂來應錯愕地下人間總可悲惟餘一甥又漂泊

曾祖只生吾祖翁祖生三人父居中叔年蚤折可無後伯接曾祖為小宗伯兄夭亡仲兄嗣相承四代水源通仲兄壯歲又無子次男作姪遵父風余走京師兄憊甚道路隱隱驚心胸未踰二載即告歿淚眼悵望南飛鴻孤姪千鈞繫一髮斬然中絕到孩童吾家嫡長每不祿將毋祖墓地脉凶天道冥漠不可問拊膺扼腕何終窮

吾妹心靈性愛潔敝衣縞縞如霜雪修整閨闈十幾年老婢無言小姑悦生得三甥可負薪一旦良人命中絶郭外孀居近市喧住我東屋傍女姪別院同門有所依是時余將赴北轍束裝拜辭父母靈妻子牽裾語瑣屑吾妹携甥出屋遲意態閒冷禮儀缺遠行不敢白衣逕千里闗情要向別含淚躊躕束樹邊欲行且却氣俱咽余謂來都只暫離誰知此際成永訣藐孤未審能卜塋歲山多恐生理拙一兄一弟滯窮途何日憑棺眼流血

初冬有感

霜風欺白髮客館又經寒鶴骨清癯甚羊裘補綴難閒編尋貨殖對鏡笑儒冠七載幽燕老營營為冷官

旅次無僮僕空房曉更清雪消窗尚白葉盡樹還鳴覓火椎頑石焚膏架短檠窮年攻蠹簡落魄愧家聲

冬夜聽琵琶

夜氣侵肌酷天涯老緼袍掩關憑棐几隔院聽檀槽古塞嘶征馬晉江捲怒濤不知何所怨十指泛牢騷

寒夜與舍弟

屋老窗櫺暗門高毳幕牽疾風翻大地寒月在中天傲骨難諧俗空囊不受憐窮途還有弟襆被且安眠

廢寺

短笻經廢寺詰曲路難行墻斷松根直垣頹佛像横碑纏苔有字鐘卧土無聲用盡脂膏力興衰逐變更

獨居

閉門却掃喜離羣鳴鏑哮狼絶不聞鳥下空庭啄殘雪樹依高漢拂微雲推排舊物羅羅秀調叶華音歷歷分鄉國雖遥心跡靜羈棲誰耐治絲棼

小至

他鄉逢小至寄食阿咸家又報黄梁熟俄驚白日斜長貧何暮景短晷任天涯飯畢偎爐火寒泉自煑茶

至日思歸

莫謂陽潛動乾坤氣正凝雲沉爭釀雪日弱不融冰搏擊迷蒼隼逍遥羡大鵬南轅常滯跡烏几冷還凭

病中自悔

自悔頭顱滿雪霜鍊神補胸盡荒唐心如槁木難生葢氣似飛葭望復陽却病無方非藥裹寄情有術在詩囊扁舟何日歸東海夢入華胥好睡鄉

懶起

傍曉霜風厲重門冷氣侵褥陽鍾地脉殺物見天心兎窟無文豹鷄林引怪禽披衣搔短鬢日影射窗深

岑寂

近市同邊塞蕭條院宇空亂沙常障日古屋自招風噪樹時來

鸗麐門不用童無人破岑寂且就大微紅

不寐

氣冷宜眠早宵長欲睡難已經頻掩卷且復一開看神智真能益縑緗不禦寒敝裘堪覆足支枕度更闌

孤月

可憐東海月又到古幽州淮水留清影燕山照白頭暗添思婦淚競動旅人愁來往無情甚孤光自在浮

懷一齋弟

老革風流盡追蹤弟尚能唧盃談往事孝鏡得良朋海濶魚堪釣山童鳥避罾畏塗何日脫村酒酌篝燈

答客二首

滯跡緣多病功名意已疲非關厭奔走閉户在京師有恥公卿惡無求等輩疑賣書供藥物聊度歲寒時

陋室妻孥苦孤村壟墓荒七年千里客一日九回腸併食愁長夜單衣怕早霜得逢春水活扶疾問歸航

棄書

從來衣食問桑麻可笑無端戀五車萬卷圖書擔不去一頭霜雪帽難遮廿為聖代煙波老羞説先朝鼎貴家海縣環城皆面水刺船把釣是生涯

寒宵

嚴城喧市柝霜夜耿孤燈灰死竹爐大毫枯瓦硯冰借嘘人習慣炙手我無能半壁蕭疏影真成耐久朋

對食

貌為憂生老神因逆旅昏白頭成棄物索米向誰門漂泊餘書簏淒凉對夕飧一身仍凍餒鞠養愧溪恩

同舍弟早食

瓦缶晨炊飯葱蒜細煮魚充盤愁欲盡下箸意何如客館謀生苦人情覿面疎還家終有待聊且度居諸

苦寒

誰許燕京度歲寒南冠能敵朔風酸削殘朽木供宵大鑿破堅冰備早餐鐵硯雪窗無計避金爐繡閣此生難耐霜老骨何嘗熱冷月迴廊仔細看

秋感四首

閒身不易得浩然悲此生蹉跎旅病多辜負秋月明窗響落葉葉隣樹撼風聲蕭騷百憂集惟恨心神清

可憐無根草彌望生高屋驕陽盛雨時披紛枲然緑未及霰雪零槁落隨風逐凉秋方釀黄堦下含芭菊

大禹正疆理田祖司稼穡蠶蠹害苗蟲種類百千億不思畀炎大用螟蝗蟊賊寡婦哭秋風遺秉何時得

園中有巨石立地頗牢固嶮岩露稜角藤蔓不可附驅牛載大

東移置九逵路萬物無混施休嗟失故步

仲冬大閱五十韻

帝德兼文武軍容邁漢唐仲冬修狩禮大閱簡戎行鳳闕排仙仗鸞輿出建章雷霆開道路日月晃旂常水落郊圻闊山空壁壘長和門收宿霧伍幕麗晴暘列隊魚鱗集周廬雁翅翔翹闕歡踴躍究馬飽騰驤征伐惟 天子神威仰 聖王赭袍雲爛縵金甲鎖輝煌九節詩篇奏三侯畫的張琱弓雄貫革羽箭直穿楊衛士鳴鼙鼓圍人駕驌驦坐懸蔥玉轡御控紫絲韁躬覽師徒健親稽器械良五兵咸整飭七萃總軒昂部曲分牙帳馳驅選上襄虬眉紅抹額虎脊錢纏襠連袂攢弧矢摩肩簇斧斨酋矛仲鶴膝寶劍帶干將勁挽千鈞弩堅持百鍊鋼招搖朱雀幟銛利綠沈槍叱撥追風雨兜鍪耀雪霜八門旗正正萬騎陣堂堂步伐嫻規矩更番類頡頏交綏成犄角脫穎試鋒芒越石身材捷投衡膂力剛呼聲濤沸海礮爛火焚岡將帥饒韜略貔貅競奮揚指揮身使臂統領網從綱少長登高辨偏縫按次詳膽由忠作胄心以智為囊猛銳前無敵縱橫勢莫當匪惟强本幹實可鎮邊防甫草攻車地長楊校獵場騂騮齊蹀躞鷹隼驟飛颺六郡良家子期門執戟郎射膘矜中左舉柴羨成梁鉅典推戎祀明禋重禘嘗充庖供宴享登俎薦馨香纘祖承英烈繩宗覲耿光巡行觀禹甸裒對識周疆蒐狩歸司馬師田自古皇王璜傳渭水石鼓勒岐陽國是勤宵旰兵符握廟廊屏藩環北極畿輔制中央斥堠烽煙靖朝廷軌物彰采薇宣偉績天保佑垂裳韎韐先羣策鼙聲靈震四方 一人專閫幄萬載固金湯

過王氏廢園

聞說名園畫不如當年相國此中居歌臺舞榭凋零盡現出民間舊井閭

首春

漸覺衣裘重初知步履輕春風能轉物天意愛含生赴溟瞻魚化朝陽得鳳鳴楚材饒杞梓老眼最關情

養生

體瘠常憂病防閑日幾回薄冰非險境美酒是鴆媒靜況無形垢時溫未死灰不須求踵息穀種細加培

思家

閒行小院步遲遲淡蕩柔風拂鬢絲一點春光紅日逗九年旅況況白頭知妻兒不解疎音問老子何嘗忘別離遙憶故園烟水畔杏花村裡燕飛時

方鏡

山靈圖秀結青精大地形模鼓鑄成已是媸妍能別白更兼圭角太分明光留海嶠仙瞳影色映秋潭玉水清鑑己必須懸正範秦臺魑魅莫相驚

可憐

可憐冶遊兒，容易拋鄉里。春風不殺人，愛向春風死。

偶得紅蘭主人詩數首慨然有作

桐孫挂壁暗凋殘，十載塵封不忍彈。隔院何人吟白雪，好詩今日見紅蘭。玉魚出地苔花古，寶劍冲霄碧落寒。一代風流賔客盡，小山桂樹憶劉安。

觀小兒放風箏

偶因風便得飛高，逐隊兒童興頗豪。可歇手時須歇手，愁他弱線不堅牢。

題秦王與虬髯客對弈圖

妙算奇謀逞壯圖，兩人對弈費工夫。殘唐五代收棋子，血戰輸贏一着無。

題風雨罷釣畫册

魚貪芳餌我無求，不用敲針作釣鉤。脫卻簑衣崖上立，看人逆浪打船頭。

自在吟

也是痴愚也是狂，呼牛呼馬抵尋常。三餐飽飯成何事，洗足閒眠又上床。

布被多年垢膩留，冷來加上破羊裘。皇王帝霸歸酣睡，呼氣為春吸氣秋。

不學圍棋不學琴，閒雲野鶴在山林。年來愛共童蒙語，日日觀他赤子心。

燒盡詩書莫怨秦，語言文字總非真。神農百草都嘗遍，留與庸醫亂殺人。

誰將太極巧分開，福有根原禍有胎。一自包犧成八卦，紛紛文象費疑猜。

詞賦真堪覆醬瓿，張華郭璞盡庸夫。笑他滿腹裝糟粕，咳唾何嘗有一珠。

趺坐胡床息萬緣，閒觀天北下丹田。山巔一道泉通海，分作支流貫百川。

喫過盧仝七椀茶，回廊小立手頻叉。春風緑遍堦前草，意蕋消磨不長茅。

旭日停空户不扃，閒中天地自清寧。樹頭點點含新乳，泰岱千峯末了青。

那用逃名老閉關，此心已與石俱頑。平生領得閒中趣，日日貪閒轉未閒。

過友人書室

半生落拓滯天涯，尚喜良朋室未遐。造物有心窮我輩，老夫故愛到君家。交情似水終能久，氣味如蘭自莫加。促膝深談忘晷刻，嚴城宵柝警回車。

范蠡

雪耻無方已辱身誰言越國有謀臣陶朱本是經商料但買西施蠡惑人

初夏

盡啟軒窗坐清和四月初薰風不識字只是愛翻書

雨後

雨霽塵埃淨空庭景物閒碧天開畫卷現出幾層山

喜秋将至約舍弟小飲

客中何所事詩卷日相親有興便成句無心同古人盼秋勞老眼過暑得强身狂飲須吾弟時来不厭頻

秋夕懷友

小院黄昏後扶笻坐石頭風酸紅葉老月淡菊花秋好友偏難聚良辰不易留天時人事迕一夕萬端憂

萬峯招遊萬安山時顧石門王芥子先至

碧落秋空澗羈䰟欲御風有書来法海招我謁憨公車走黄花路人迎紅葉中山房今夜宿添得白頭翁

觀萬峯自書遊山詩

卓午逾清輝秋山横古繡短杖步檐楹空蒼上襟袖閒觀萬峯詩紀遊三十首行復自書之奇崛理精透川嶽得斯人靈氣有結構嗟余百無成相對益增陋照影蹲方塘泉聲鏗白晝

觀雜草

秋草荒山逕不能恣杖履顧生躬芟薙以爲童僕始眼界欲分明毅物順其理粲粲小黄花刻露亦可喜

曉望

漱畢清泉倚石闌朝暾浮影下前山平疇宿霧無邊岸陸海茫茫正此間

山中雜詩

飯後携顧生回旋循水道空山絶行人黄牛齕枯草巨石黑如墨亂紅點綴好柿葉染丹砂其下有酸棗結實還造物成功無大小日影昃前峯秋風吹鬢老

林峦目難窮下堦擇所望步移景象變無心得妙狀顧生侍我旁指點東西向飛閣隱現間前日曾杖此身在畫圖塵勞一齊忘

纍纍胡桃樹桃枯任枇榔山寺無兒童禪關久不鬭物性貴全生腐敗亦可惜擊落果吾腹勝於置盤槅

青謁嵌巉巖其下有石屋不知何人建留與閒人宿圓中渾渾然蓄氣特暖燠轉側一古廟黿龍左右伏河洛字糢糊可捫不可讀詹宇半傾圮石像排二六猶見冠舄尊土花蝕圭玉空山謁帝王獨向黄農哭

清泉汪膽瓶秋花閒採掇屋角見青山有人出木末一陣天風

來數枝黃葉脫，把菊歸僧房。晚涼宜擁褐
朝雀喜晨光，暮雀喜暝烟。深山無罻羅，飛飛全其天。海鄉收穫後，農夫上釣船。劇魚沽濁酒，醉倒豆棚邊。

萬安山留別二憨和尚〔時辛酉秋杪將南歸〕

李生羸老滯京邑，十年不見西山色。天生兩腳怕奔波，到得山中無足力。五步眼飛花，十步喘已急。熱汗透中單，氣蒸面全赤。雖有短杖那能扶，撥轉荒藤憩幽石。極目秋林不斷紅，萬山靜穆天逾碧。澥陸石門王芥子，探奧搜奇罕儔匹。亂草蒙茸夾荊榛，碎石層疊如疆域。木杪回身等捷鳥，磴道盤旋矜偪仄。泉流雙眼響琮琤，軒聳來青勢崒㠥。迴闌俯眎萬木顛，蜀錦平鋪幾千尺。二憨主人山之豪，每逢佳處必宕佚。山得憨公別有山，峯巒滿腹無人識。我來此山為憨公，結得素交吾事畢。下山即離軟紅塵，萬里煙波生兩翼。蘆花深岸蓼花灘，是我故鄉安樂國。憨公憨公幾時來，耿耿秋月山頭出。

春日吳柳溪招飲，即登文遊臺二絕句

文遊臺畔高人宅，紅雨青錢一畝宮。不惜清尊招舊侶，櫻桃花下醉春風。

登臨縱目似荒邨，土銼頹墻帶水痕。多少流民臺上哭，繪圖難覓鄭監門。

墻外桃花

海鄉三月半，比屋逗春光。不是茅簷矮，桃花慣出墻。

再之京師留別沈甥以任〔時癸亥仲冬〕

十載客京華，歸來補茅屋。雖有三男兒，有書不肯讀。牽絲百里中，快壻得坦腹。一歲兩度來，連牀數十宿。棐几拭明窗，插架富卷軸。伸紙索我書，百紙猶不足。洗硯手常黑，中書君屢禿。圍繞筆硯間，雙雙在我目。安穩過三冬，老夫曾沒福。白首望霜天，茅店雞聲喔。北風劈面來，玉樓寒起粟。又牽弱女腸，寒宵念征轆。我老不求名，金錢何用卜。望汝公車來，好聽臚傳速。

俗人

俗人徹骨愚，終身在陷穽。一朝中寒熱，水火妄爭競。肺腑不能言，庸醫執其柄。糢糊用藥物，莫辨溫涼性。或執一古方，無論脉相應；或先小試之，弗效再改正。九竅何竅變，七情何情勝。五行何行舛，六氣何氣盛。問以天人理，心盲目發瞪。而斯患病夫，則惟醫是聽。青囊號傳家，懸壺有左證。但求稱為醫，不求能治病。寧為庸醫死，豈敢愛性命。嗟哉冥頑質，命與他人定。可知無病時，諸病已湊併。欲得大病除，沒身為究竟。

絕句八首

塵相未除嗔熱客，情緣難斷愛良朋。是非日門何時靜，枯木寒崖愧老僧。

擎天國相為羊豕，墮地嬰兒辨虎狼。皮裹陽秋傷本性，鑿開混

沌戰玄黄

口已三緘猶有舌，臂經九折未成醫。妄施點畫嗤倉頡，糅亂陰陽笑虙羲。

花種淵明三徑菊，草深仲蔚一庭蒿。材非鷹犬喬云懶，命不公卿強曰高。

無子棋枰誰黑白，斷絃琴軫没宫商。鵬飛北海三千水，龍卧南陽八百桑。

殺機日起持繩拂，色界猶存護蝶衣。寧向蓬窗讀寒瘦，不馳綺陌覩輕肥。

烏鼠穴居亡牝牡，馬牛風逸失東西。混同物我師莊老，放浪形骸病阮嵇。

李氏叢書

胠篋探囊非大盗，倚門揄袂豈名倡。絢成朽索拴騏驥，鍊就鉛刀割鳳皇。

痼疾

俞跗無鍼法，倉公少禁方。書癡侵骨髓，病懶入膏肓。斟酌情濃淡，推敲語短長。軀難到此美，彼力康彊。

無題

吞刀吐火事離奇，百怪紛陳學偃師。魑魅爭光先秉燭，糠秕欲出共揚箕。牛能眩目成龍采，馬不驚人冒虎皮。十九縱橫迷道路，夜聽姑婦半枰棊。

白馬馱經出世雄，漆書蝉斷素王宫。鳳飛荆楚時真殆，麟獲鉏商道已窮。居士在周元土木，仙人辭漢本金銅。不知誰荷劉伶鍤，埋得頽山地幾弓。

紵漆南山好墓門，三年石椁斂童昏。專車莫辨封禺骨，大地難藏闔葺魂。水齧前和成梏栢，屍斑含玉等燔尊。人間盌出何須怪，少見渾如蝨處褌。

架石梁渼百堵深，巡功應是邑中黔。鳩形滿澤勞千慮，雁齒排雲兹一心。波冷洞庭朝北闕，材高鬪柏抵南金。由來富媪真多寶，八柱無煩羡桂林。

繡葆金幢易凡筵，身從忉利現諸天。針關已透猶牽綫，寶岸難登再上船。石起三生新説法，門通七祖大叅禪。是誰饒得豐干舌

李氏叢書

舌，徑向寒山拜普賢。

都陽坐擁鸕鷀裘，三疊霓裳結綺樓。虎幄有人成殿脚，犀軍無弩射潮頭。酒酣燕市悲屠狗，夢醒齊臺笑爽鳩。嫠婦此生惟恤緯，手栽萱草號忘憂。

帝休作食歲華平，何事吹虀懲熱羹。萬户清齋消旱魃，一杯濁酒掃攙槍。邁邦鉅典勞喉舌，納陛殊恩逸保衡。莫謂飲河朞滿腹，能精五技總鼯鼪。

冷珮敲湘牧雨工，老春千日醉張翁。代毛洗髓劣靈貴，剖腹刳心妙相空。大匠蓄材存柳屑，國醫採藥到苓通。人間部婁難言

龔鄭得天梯上九爻

立秋

却掃成編久絶遊恢台九夏喘吴牛苔痕上屋連宵雨涼氣侵窗此日秋楚士招魂嫌舊些巳童度曲愛新謳堪憐髮共心俱短井白飄桐火自流

雲照寺小憩

疊土成高阜周遭只數弓鷹盤丹殿枓驟嚙石闌桐僧老逢人笑秋登是物豐香清茶一盞趺坐片時中

遊圓覺寺

圓覺何年造龍碑紀大明壁間思九白石上哭三生貌醜樹疑鬼皮穿鼓化精全身經浩刼瞻禮獨含情

野店

野店緑楊下門迎小板橋地高秋水涸沙軟馬蹄驕緩轡尋茶董班荆乏酒瓢當風搔白髮惆悵短長條

遊化成寺

勑建化成寺番僧類萬童披肩橫紫罽抓頂豎黄絨秘容覘神像雕鏤訝鬼工誰言王者力能絶地天通

畏人

閔嘿挑鐙坐天涯老緼袍毫枯江令筆鈇鏽吕虔刀淡月窺鴻夢狂風助犬嗥畏人嫌我怨不敢讀離騷

與蔡生閒話

狂華能翳目何處覓根荄豺虎當門卧風波匝地來鞭心化頑石導氣入嬰孩散木原無用全身仗不才

殘月

伏枕驚窗影依稀辨布衾空房冬夜客殘月異鄉心邏卒猶傳析棲禽欲動林晨光看漸亂拭面起披襟

題文待詔秋林高士圖 時弃客崔南有師署

輪蹄逐輿臺九逵奔鹿鹿喧聲聒耳根熱塵眯雙目夢想清涼境不得遂其欲飛身到澄江日伴梅花宿素甆傳茗餘畫圖展幾幅緬懷文待詔意致超凡俗幽静水無波巑岏山有麓酣霜老樹下高士淡於菊疑是避秦人未改秦衣服掩帙視青旻春風搖叢竹

池上

曲澗皺層瀾濃緑垂老景巖阿平敞處天光凌倒影調息遊大化神澹畫逾永閒人心眼中自有羲農境

題畫中觀畫者

長松纏古藤清泉穿亂石素心兩三人不知誰主客席地各趺坐手閒書畫册我亦觀畫人恨無山水宅

雲間學署紫閣峯陰下作

池邊水閣閣邊峯礴穴玲瓏面面同老樹壓簷能蓋雨恠藤穿

石欲當風衫辭柳汁雲桐淚夢走槐安入桂叢不用小山招隱士幽巖曲磵自相通、

題董玄宰書册

明季有宗室清湘大滌子余兄約社家其畫列棐几謝詩與柳記形容不到此彈指四十年付之卧遊耳每逢晴嵐圖拭目生歡喜况當盛暑溽清音涼骨髓江深草閣寒獨坐看雲起俗塵飛不到熱客隔千里伏雨闌風夕移情一幅紙人無山水癖骨胸次鄙深悔少年時不學畫山水

觀雉草

澄江學署東偏有大雅堂余居右室其南曰衡鑑堂舍山王君令樾及大令若和居右室嵊邑葉君荻新居左室時當盛暑初自吳淞返棹庭草蕪穢無露坐地童僕各營其巢弗急此也葉君躬自芟薙有披榛斬棘之風爲喜而賦之

空齋積雨後隔墻抽亂篠蝶翅晒花鬚蟬聲響木杪尋蘭獲素心二三不為少中庭盛灌莽有地那得埽入手無長鑱勞君雙指爪夏氣長萬物榮華無大小任其滋蔓性彌望塞行道自古僮僕懶芟夷莫肯早穢為蠻蚕藪垢汙何時了回思負土日青青生意好可憐蕭艾姿錯認護門草

偶然作

積陰喜乍晴竹木影森鬱濃綠點輕紅芳鬋春餘色披襟倚南窗手弄鼠鬚筆學書老不成長吟空抱膝高天起微雲須臾漸蓬勃或如牛奔逸或如豕駭突或變為蒼狗獰猙露毛骨憑空幻結撰散漫熟詭譎老夫目生翳蹲身搔短髮砌坳餘盂水蠹葉翻丰缺蟻螻生其中浩浩江湖闊逶迤路盤互歸耽螻蟻垤詹雀啄蜻蛉食餘一股脫萬蟻輿蟲尸以為得大物攢簇競趨蹌軒騰鼓歡悅癡奴任意行步腳重跟疾左右觸蠻國吁嗟亡也忽踐草履生蟲慚愧駒虞質卓午天無雲蟬聲正清越

秋夜觀練忠貞公廷試策時客南梁

黑雲蔽星斗天文不可見秋鐙耿孤光古書開一卷緬想三縧夢兆應顯綸綍悠悠四百年陽烏如激箭搔首雙鬢禿忠心賴老面負手行空廊熱腸寒發顫明太祖夢得三縧洪武十八年公與丁顯花綸同時及第而姓名傍各有縧

晚眺

並無朋好到茅堂獨自扶童傍女墻短草長天垂畫處春帆數點入斜陽

海陵過沈惟炎

南梁初識面今日過君家握手一相笑東風正落花撥書摩舊物辨水試新茶領略閒中趣奔馳任歲華

留別儲秋濤二絕

尚記西橋散步還清明纔過雨絲絲無何九十春歸去又是櫻
桃上市時
君為明代文懿後我亦嘉隆文定孫喬木千章松柏茂繁枝休
得忘蟠根

偕沈以任賈肇先閒步

側身天地欲何之朋輩凋零皓首時二妙育隨羸老步西橋樹
下聽黃鸝

題雪鄭冬夜說詩圖

深山虎豹蹲巨澥蛟龍窟邦邑有大家風雅所叢出吾宗雪鄭
叟詩家高閥閱三世主騷壇墨兵得連帥此道盛榛莽逵路多
岐轍紫色絢涼白蠅聲鳴軋茁危哉正始音千鈞繫一髮寒窗
燭未跋氣冷衾被獺執卷趨庭時源流細區別枕胙六十年譬
曾經九折全郎盡牀頭篋還富作述一幅說詩圖先生家長物

五日同鴻圖姊丈觀龍舟

短衣逐隊出西城遙指中流競渡聲一綫漕渠人兩岸靈旗飛
舞搶風行

病中視沈甥病

幽燕十餘載飽嘗霜雪冷南來不耐暑將秋瘧作梗乍寒冰負
背乍熱火燒頸汗出透中單從踵直至頂目眩飛狂華足酸搖
兩脛強步至庭除雙足不能逞反側牀第間入夢闃然醒究聞

沈郎病畏衣登舴艋涼風九月初細雨蕉窗打青燈照書壁甥
舅雙瘦影嬌女勞藥餌身不離鐺鼎顧我無片言愁緒亂難整
可憐羸老翁憂懷何耿耿頻覆掌中盃糢糊過夜永

破襖吟

六月如初秋夜靜涼氣侵破襖二十年補綴百千鍼老人喜温
煖以之覆布衾妻兗隨四肢酣睡夢沈沈兒輩相視笑謂若百
衲琴而我不能割珍重反倍深一從老妻亡無人代縫紝錦繡
羅綺中鶉結何處尋公孫求故劍少婦哭遺簪念此豈足貴故
物感我心

食瓜

僕射黃瓞未可誇青門還羨故侯家老年齒齼鹽梅味肉食無
緣且啖瓜

盆中小橘為蟻所緣而作

短木互戟吾承盎植小橘離淫土性燥根堅易結實綠葉滑於
油白花如瑟瑟顧維螻蟻輩嗜此同崖蜜援引其醜類盤踞為
巢窟往來枝幹間紛紜行蟣蝨萬方麾使去餘孽猶穿穴爾亦
自有封爾亦自有垤胡為妄升高係戀在是物又非大槐安疆
埸地廣濶叢爾一丸泥那足排行列飛空讓蠓蠓泅水避孑孑
嗟哉螽濁蟲曠刼頭難出時盆下承以水底

喜復堂兄搆別業

雙丸對擲東西路三萬六千彈指度人生為樂須及時何況眼
暗髮垂素復堂才如不羈馬昂藏懶轡輪轅下性情到處即文
章粗服亂頭皆古雅好奇邪顧山鬼嗤挨俗慣遭傖父罵每於
險絕自矜長荆棘叢中能脫洒九霄煙鶴御天風烹鮮一割爪
留鴻芒鞵草笠遊廛市剔竹蒔花錯畝宮城西隙地初開鑿引
水通渠度小閣蕩塘肥綠閒猩紅曲岸分流橫略彴纔施點綴
便幽深畫家心胸難捉摸休管後日踵增華且勿拋荒現在樂
同邑詩老五六輩風床散坐拈杯勺美景良辰聚快士洗除宿
垢解纏縛海縣不產李復堂一堆笨土無邛壑

沈蜗後園作

李氏叢書

荒徑草蒙茸閒行策短筇斷橋楊柳外萬朵木芙蓉

九日懷陸畫衣

徧是重陽雨無心倒綠尊燈前搔短髮有客在吳門

荒園時沈姊文初殁

園荒人不到風雨自瀟瀟楊柳卧於水芙蓉開上橋草間蟲寒
窣籬畔鳥啁噍獨有悲秋客含情賦大招

對瓶菊

瓶中餘得菊花枝又是清霜刻轢時蕉葉滿窗風索索挑燈閒
讀杜秋詩

讀解陸詩

翡翠蘭苕可擅名要從碧海掣長鯨生前毀譽元無定留與千
秋後革評

楚州

漕渠一綫水穿沙橫壓三城百萬家路入徐疆人漸悍界連揚
境俗猶華輿臺輻輳迎鮭貰弓馬囂騰鬧虎牙客館章隣枚叔
里敢將辭藻鬬浮夸

弔淮陰侯

鐘室捐生萬古哀中原鹿去逐誰來狗屠自是通侯業刀筆寧
非相國才莫倚設壇終豁達須知躡足早疑猜角巾歸第尋常
事何不扁舟返釣臺

滌硯

李氏叢書

老向天涯寄此身陶泓冷面久為鄰雄心磨盡無多墨不寫牢
騷亂與人

山陽懷古

旅館山陽傍水隈遺蹤難問獨低回才長騷賦虛傳耒筆擅飛
書定溯枚承祜不歸長笛裂伯倫一死酒星頹可憐風雅成千
古姓字空教付劫灰

觀劇

綺席春燈面虎豹窮途短札餞豺狼禍心毒手今安在流盡清
淮與濁黃

偶見紅蘭主人無題詩半冊書一律於後

朱栱霞明乳燕飛，翠幃高捲蕩晴暉。春光射目花分西，香氣穿簾婢整衣。雀護不來紅雨亂，司勲重過綠陰肥。東隣本是荒唐話，賦得登徒事已非。

懷宗室雨田

歸來縮澀局圍瓢，不似燕臺放眼遥。九軌縱横鋪繡錯，五門金碧聳雲霄。西山春滿王孫馬，南海秋盤獵士鵰。只此胸懷殊壯浪，輸他大隱隱於朝。

偶句

捫籥誰知景物殊，工人獻櫝已亡珠。春旗芝蓋無顔色，秋水長天入畫圖。

末麗

此種由來㪅佳名，到處傳。託根宜織土，得氣喜炎天。墮髻垂鬟畔，羅紈角枕邊。自矜香味好，昏夜售人憐。

行年六十矣，有勸余理舉業者，作此荅之

臣之壯也不如人，何況支離老病身。去日已經周甲子，來年又復數壬申。五千道德空留喜，四百陰符誤用秦。識得此中微妙徑，語言文字總非真。

自淮返郵宿磬泉書屋

袁袁名場幻偃師，靜中滋味老人知。半間書屋横朝日，臥看秋花照硯池。

銅尊土定注清泉，亂揷秋花影自妍。繭室已成衆香國，蝦身不夢大羅天。

感舊

余自辛酉南歸，時往來泰郵，未及十年，其交戚如丹崖吳姊丈家西、李兄搢書、賈十一兄家雍、南兄筠莊、夏姪堉、鴻圖、沈姊丈皆相繼云殂，感而賦此

落魄歸來賦老饕，初經壁社興猶豪。紅燈密座三更酒，黃菊疎籬九月螯。壯歲光陰徒浪擲，暮年親友不堅牢。可憐歷歷交遊者，半向荒原伴野蒿。

追憶雪鄰

同是烏衣舊謝王，尚餘邊腹貯談觴。鶴歸莫記堯年冷，夔死方知舜樂亡。玉應金春埋蟄室，零膏賸馥鎖巾箱。嗟君一子眉能白，門戶丁單勝五常。雪鄰書屋顔曰蟄室，其手鈔雜事曰巾箱勝錄，子格非能詩古文辭

舟行即事

夾屋餘閒便載芟，野翁牧豎荷長鑱。勸君莫斫漕堤柳，曾逐春風拂錦帆。

九日憶舍弟

雁陣横雲展翼遲，淮陰秋老客心悲。埋文空傍枚皐宅，寄食羞尋漂母祠。壯歲友朋俱錯落，童年昆弟抉追隨。白頭脱却龍山

帽一任西風着意吹

遊三仙樓

仙人自昔好樓居樓傍西城水繞廬高棟巍峩浮碧落曲房窕轉孕清虛桔桐體載無聲始漁鼓中含太極初一片山心如菊淡歸來閒檢道家書

秋杪

剪剪西風刮面凉淮陰秋杪漸飛霜紫萸入市花千本白雁排空字一行啜茗静叅香後味攤書愛就日中陽客途歲月消磨慣不怕寒宵漏點長

買菊難

紫菊白菊紅黃菊莖土摶根亂蒲束好者賣與鹽商家餘芳移植寒儒屋老夫囊底但青氊稚子布襪綻兩足寫帖乞來尚無門那有閒錢潤草木幾朶紛披深寶貴拾人剩物亦可哭幸乏酒肉腥臊氣轉覺清香特芬馥如此品格入繁華等彼妖姬悅耳目何似斗室滿床書篝燈夜伴兒曹讀快飲盧仝七椀茶對爾高吟懊憹曲

晚菊

冷艷不終藏霜酣花蕾圻秦王卷衣女秀髯初覆額瘦紅鍼染血肥白釧排犀樗散秋燈畔蓬頭隱士妻

旅悶

平生癖懶但安居况值衰年舉步遲好事絕難同輩伴獨行兼恐路人疑定知孝子祠無石虛擬元王廟有碑自到山陽凉燠换還如衆足在家時

禪扉乍啟多岐路小市閒行破寂寥恐少也知韓信廟酒人不識杜康橋河防幕下奔狐兎漕運營前載猲獢還向棗頭尋故紙南華篇裏學逍遥

霜天客室耿孤燈兀坐翛然入定僧傲骨已同松化石名心直是水成冰錐無可立輕鄉土子不如人絕友朋子爾一身真棄棄物惟餘老眼看書能

晚角頻吹露氣寒九秋剛盡菊花殘征鴻應傍鄉園過好月都

從旅邸看五世無田輸草服卅年遊學誤儒冠焚膏繼晷渾無謂怕聽奚童話夜闌

殘菊詩示子疆

霜落闗河草木衰蕭蕭槁葉旋成堆盲風已令羣芳歇冷艷猶餘幾朶開仔細燈前看色相摩挲盆内護根荄明秋依舊黄金滿自有王郎送酒來

與文壽庵僧絮話

隔墻黄葉隨風墮白頭人擁殘書坐四壁無人夜漏長兩日鰥鰥不肯卧憶昔我祖重綸扉奕世冠簪侍衮衣瓶守縹緗紹學業耻將裘馬鬬輕肥凌雲甲第連衢術句曲昭陽詩第一光皎

羣摹李杜篇海潮共放蘇韓筆詩老宗工領袖多門森三戟里鳴珂塵尾蠅拂隨遊屐別墅名園縱歗歌運會滄桑彈指速皂隸公卿掌翻覆故家子弟半貨春米桶藏身蓋欲哭荊榛瓦礫滿池塘土銼炊煙黦畫梁富商直踞崔盧宅豎賈高居王謝堂毛錐禿盡硯穿鐵廿載長安事干謁傲骨偏同陶令腰巧言又沒張儀舌腳跟漂轉等浮萍親戚彫殘欲曙星鄉井歸來補茅屋依然白蠟老明經可笑胷懷不了了春蠶吐絲自纏繞撒手懸崖掉臂行秋毫為大泰山小謝絕塵緣到處家誰知蟻國與蠶衙揚輝覷捉波中月眩眼曾看鏡裏花刀頭餂蜜甜傷口蠆尾穿針毒螫手頹風陣陣捲楊花大雨漂漂流土偶高必危兮

滿必傾枯碁三百有輸贏數奇枉作封侯夢相餓空標細柳營且咬菜根喫豆粥心似死灰身槁木上林鼾睡日三竿無病無憂便是福新來結識老瞿曇暮鼓晨鐘傍佛龕半生南北東西路又客淮陰文壽庵

佩紫表弟五十初度

我周花甲君半百十年以長余占得性方骨傲本連枝中外弟兄猶閒隔吾弟伉爽豪邁人眼界放開橫八極長才擬乘駭浪風雄心欲展沖霄翮龍文虎脊不受羈霜蹄恒苦路偪窄我走都門二十春金盡裘敝面黎黑歸來吾弟還青衫子羽常令頭來責仰天大笑攜幼兒扁舟共作淮陰客幼兒性頗愛文翰君也珍之如拱璧擘窠大字動人主觀者如堵聲名赫我亦喜此竟忘家借此娛情弄筆墨禪關瀟灑無囂塵戴髮為僧度朝夕有書同讀子同教奇文同賞疑同析且喜眼邊無俗物痛飲香醪啖膾炙酒酣耳熱歌鳴鳥天為幕兮地為席吁嗟乎我輩造物忌爾欲飛騰必遏抑何如順命甘蠢愚冥頑不靈同木石試看長安顯達兒終日昏昏惟肉食試看市井守財虜三點兩橫都不識與其齒者缺其角兩其足者傅其翼茲壽彼豈能雙天地自有大消息古來豪傑半泥塗如我兩人應困厄吾弟吾弟且尋樂及時行樂壽增益作詩祝壽者與昭陽定齋李光國

初冬述懷

絕無雲影翳長空幾字排連過塞鴻屋角易犢南至日樹頭時吼不周風詩哦彭澤惜行乞文讀昌黎恥送窮把卷燒燈消養夜非關見獵尚心雄

一錢

癡僕探囊笑其中剩一錢和嶠多乃癖劉寵少方賢得免程侯罵留為杜老憐孔神惟壹氣只此可通天

嘲狂客

休歎華年一擲梭方剛已識老蹉跎狂鬧白眼輕題鳳醉寫黃庭不換鵝曾擬上林驕得意屢經具草笑常何浮情未盡顛毛禿餂看兒童駭馬馱

醃菜

旨蓄資隣媪吴鹽撒晚菘緑姜霜漸漬白軟雪消融入甕蘆芽茁光盤箭笋叢齒摇憎觳物鬆脆利衰翁

月夜思舊

滿地光華没寸陰當頭寒月到天心惜無花影添幽興翻引烏啼攪夜深隔院鄰人吹塞笛誰家少婦哭遺簪陡然觸撥傷情事一缺難圓直至今

讀西漢奏疏

西漢文章藪由多梗直臣整冠廷爭角攀檻逆龍鱗網濶天才縱門開士氣伸一除秦餘虐簡册盡回春

李氏叢書

觀列仙傳

誰云海外有蓬壺顛倒人間一世愚是處俞兒爭引路無邊象罔亂求珠金鎔陽邁驕貧士飯麥胡麻誑餓夫仙骨不從鉛汞得得雲中鷄犬笑區區

雪夜獨酌就寢

積雲猶鋪地寒雲正滿天奚童留不掃冷銼旋生烟煖老三盃酒酣身一枕眠袁安高卧意夢在古梅邊

陶渭玉贈蠟梅天燭

禪房香與色俱無肯折寒芳伴老夫枝上亂堆圓蜜蠟中横一箒碎珊瑚

小至有感乾隆丁巳曾與博學鴻詞試詩賦於太和殿上

曾將文藻伴時賢夢斷觚稜路幾千免管秃從三賦後羊裘敝在十年前貧家但立相如壁長物惟存子敬氊恰幸光陰容易轉一陽來復望春天

苦寒病卧

布被多年絮不温嚴冬冷氣透脚跟曲膝拄腹卧而蹲玉樓起粟銀海昏百憂火灼肺腑焚邪熱内迫眩崑崙齒牙酸澁連耳根雙鼻齅嚏塞復噴苦寒旅病難具論僕云乞兒吽饔飧殘材覆背草作褌肌膚割裂刀箭痕未知終夜立誰門霜風刺轢慘無恩老夫念此驚神魂汗濕中單若負暄睡魔招我蝴蝶園黑甜之美不可言酣齁一覺身乍翻方窗白處紅朝暾

李氏叢書

讀史

權術精通仁義亡箕裘弓冶判毫芒傳家尚染陰符習諸吕封侯誤辟疆

良鳥從來擇木棲肯將白璧混污泥公門桃李峥嶸甚羅致英才事牝雞

風雪嚴宵玉趾臨籌邊元老器深沉可憐二十篇論語不敵十瓶瓜子金

前人手植三槐意寧為妻孥得美珠不諫天書誠大過披緇剃髮亦何愚

黄梅

隔絶春光遲又遲含英獨在雪霜時生成正色天難媚釀得幽香冷不知只有松筠能結伴斷無蜂蝶動相思重陰固凍孤標異恰笑迎陽向暖枝

對鏡

此心猶作童年夢鏡裏驚看百歲人病鶴帶霜形半槁凍梨含垢色全皺相君之面原難貴託子為頭不免貧衰瘠充肥隨暗換休教失却本來真

觀雜記

穆傳開叢說其流雜秘辛蛤懸真臘夜鐘動景陽春殿脚三千女天魔十六人荒淫昭炯戒鄭衛摠還淳

少年

何處游閑滿路誇故輕冰雪踐霜華羣拖長畢驚寒兔醉挾飛丸打凍鴉肥馬白分鸛角缺豐貂紫壓帽簷斜禿衿窄袖藍奴華知是楊家是霍家

賦得頗覺陰何苦用心

亂寫羁愁操土音已渝雜入伯牙琴曼聲恥學韓娥哭促節郁為莊舄吟自喜郡中無狗監誰傳海外有雞林飄風過耳須臾事頗覺陰何苦用心

孤雁

豈是桑弓破陣圖失羣索隊獨驚呼聲流廣野何哀怨影入寒雲乍有無煙戍老兵愁送目畫樓新寡泣添珠時來應傍沙灘宿莫又單身陷畏塗

讀義山詩

歌哭無端病兩傷寓言十九效蒙莊雨沾宋玉都成夢草拾靈均盡帶香帝子有時來北渚美人何必定西方休將獺祭嗤淫豔一種風騷味轉長

懷碧泉甥

陽元賢宅相逸少好東床充射能超衆論書獨擅場竭來淮水凍別自桂花香幾月縈懷抱寧惟左思芬

馬鞭

執此威天下投之可斷流雖長終不及先着我何憂張耳趙城杖繞朝秦國謀役身隨晏子欣慕亦堪羞

無錢

夢入畢羅猶計直輸他博進未能償上清童子背面去白水真人掉臂亡銅山崩頽金穴塞地馬老死天龍藏青蚨飛盡不留母貰酒黃壚無鷫鷞

河凍不得歸里

米珠薪桂苦寒天老客僧寮倍黯然大地有權教粟死稚陽無力解冰堅食殘方丈闍黎飯用到兒童撲滿錢安得燭龍啣寶

筏還家飽煖過新年

憶柴墟春路

柴墟人住武陵間，村徑逶迤自往還。高挑青帘楊柳店，斗橫略彴杏花灣。漁翁解網停橈曬，桑女提筐選樹攀。二十年前江口路，夢中猶聽水潺潺。

懷趙秋壑

魄死西方現一痕，斫殘老桂未除根。水經凍後情終潤，大到灰時意轉温。鐵網千絲沉澥底，琴材百尺埭龍門。好春歸去鶯聲啞，駭綠紛紅不可論。

雪夜

纔快時晴旋復陰，漫空瑟瑟冷森森。自憐短案分餘映，誰傍寒門立夜深。柳絮顛狂飛不斷，梅花高潔夢難尋。渴來欲嚼冰牙齒，齒且卧匡牀擁破衾。

憶望溪先生

擘石迴瀾力，料鬚脫口身。鈞玄多著述，寶畜富精神。自失劉中壘，難逢井大春。亭前誰問字，到處是迷津。

哭王滄浪

老儒貧且病，病不得速死。房中有瘨妻，膝下無弱子。四女三出閣，一女留經紀。得壻為布代，門戶差可倚。城隅一畝宮，古屋半傾圮。滿架蠹殘書，盈筐累藥紙。苔堦曾未破，南窗日隱几。初病右偏枯，俄復瘥左髀。百體不從令，天君綴旒耳。寒暑晝夜接，此身在床第。手口寄他人，便溺不由己。背癢誰為搔，足垢誰與洗。誰與靧面目，誰與漱牙齒。誰與扇蚊蠅，誰與爬蝨蟣。萬苦向誰告，天乎命如此。昨聞歸巨室，心中翻歡喜。形骸重累君，今日弛擔矣。游魂應爽健，任爾意栖止。朝踏閶風巔，暮看蓬萊水。大患莫若身，蟬蛻快無比。慎勿化為鶴，飛來望鄉梓。人間正苦寒，天上春纔始。

追憶沈姊丈後園構樓未成

十畝之間分，附在居宅後。中有兩三亭，池塘種菱藕。三十梅樹花，萬个拂雲篁。海棠垂裎血，繡毬大如斗。碧桃映人面，牡丹酣

朝酒。清露滴梧桐，輕風舞楊柳。桂香濃撲鼻，芙蓉密礙肘。芟夷藤蔓塲，積土為高阜。誅茅結其巔，路逕亦頗陡。登臨遠縱目，胸懷蕩塵垢。主人欲架樓，邐迤園東首。此志未及成，頓喪吾老友。斜陽策短節，獨立小橋口。

臘月初旬淮城散步

傳說河冰到處開，望鄉孤客未能回。淮陰不減燕山雪，甓社渾無庾嶺梅。走集邏丁塗舊柵，旗亭酒保醱新醅。閏年遲遇王侯臘，留卻東皇緩駕來。

書事

自是盆成取殺身，網疏目濶有潛鱗。若教遇得孫賓石，復壁應

歲賣餅人

嚴寒不寐

怕犯嚴寒偃息牀却因早卧夜加長窗櫺映月疑開户鼓角驚
風到隔墻畫腹原無松入夢蒙頭終以睡為鄉誰將心目分先
後返目觀心自兩忘

旅館歲晏對月懷碧泉甥

文曲溝前文壽庵朝朝引領望東南漕渠冰凍堅還解桂魄虧
盈十又三客路秖應憑短僕家書無事達空函青陽逼歲歸裝
近好共圍爐促膝談

漫成二首

龜美染指嘗黿小勃然怒公卿貪口腹御士不足數聖王順人
情釃酒加肥羜醉飽使屬饜饕餮皆心膂莫謂肉食鄙萬羊稱
宰輔日取一片肝屠家笑貧寠孰是於陵子咽螬肯復吐

董威衣百結江革卧車轀忍凍成高尚後世惡知賢對客有慚
色兒曹情本然西華冬着葛未見故人憐胸中横羅綺口發玩
世言狂暴犢鼻褌曠達實寒酸翠被秦復陶望之真帝天

錢牧齋杜詩箋

三通羅册府七畧著分門梵唄精紬繹玄關妙討論須求貫婦
笑不必息嫣言識得浣花老刊枝自有根

戲題錢牧齋所作徐霞客傳後

法氈捷足千峯過玄奘堅心萬里探天下名山都踏徧不知佳
處在終南

感懷太學同門諸子

二十年前舊羽翰雄飛雌伏各凋殘賦傳洛下三都貴石遇韓
陵一片難冀野羣空天駟暗豐城氣散斗牛寒憑誰細訪貧當
谷剩得凌霄竹幾竿

臘月對月

也是清光映碧天含情獨向此時圓花埋寶砌雕闌冷鎖銅鋪
繡被眠且照羣烏栖秃樹莫撩孤鶴舞寒煙冰輪碾處無聲過
過辜負霓裳第一仙

睡

衰年愛卜睡鄉居收斂精神樂有餘才劣憑誰探夢筆手風得
免攝魂書燈前説鬼憎螭魅枕上遊仙到赫胥漏點雞聲渾不
覺醒來紅日透窗疏

道家僞書

不盡真源智慧珠翻教起穢陷泥塗紅鉛黑汞虚龍虎白乳黄
芽舊鼎鑪北海嬰兒原有母南園妃女妄求夫水妃大壯尋常
事故作鉤深駭豎儒

書室

何必山林遠俗氛一間精舍貯淵雲枕衾亦帶烟霞氣腸胃俱

成篆籀文，草聖狂臨張長史。遊仙神往郭參軍，黑甜白醉閒功
課，只少趁趁鶴作群。

淮堤晚眺

淮堤一帶盡維舟，獨立蒼茫古渡頭。塞雁南飛車北走，夕陽西
下水東流。百川匯澤趨高堰，七省均輸會楚州。大吏必須真保
障，河漕雙管此咽喉。

足

難逐中原鹿，須臨萬里流。下和徒取刖，樂正豈忘瘳。
跡到侯門絕，音惟空谷存。何能加帝腹，且用濯金盆。

雜詩

一勺不盡水，一拳不盡山。天地好奇險，曠士得大觀。柳謝記客
詩，百怪羅筆端。覩飫愜真趣，恣力肆窮原。臥遊强解事，然疑忽
恍間。靈境匪所思，隔目妄造難。自悔少壯日，局脊守遺編。胸中
無丘壑，出語多寒酸。維誦馬遷史，抱膝起長歎。

楊柳垂亂絲，夭桃笑濃露。隔水映青樓，紅板橋頭渡。盈盈三五
年，生小不織素。言鳥鏤金籠，瑞獸噴煙霧。水暖鴛鴦憨，花嬌蛺
蝶聚。香飛燕拂簾，玉脆鶯穿樹。未解好春光，脉脉春前住。可憐
蔡琰春，氈幕聿韉去。

肥遯開僞塗，無才混耕釣。丈夫思利濟，安能終荷蓧。沮溺接輿
時，周衰勢頹倒。狂瀾不可迴，甘心絕廊廟。光武中興主，龍虎喜

吟嘯，搜幽頗殷勤，聘幣實周到。咄哉嚴子陵，披裘富春隩。大道
有高尚，盛世無高蹈。張目語誕慢，足加更倨傲。景星邦國瑞，犯
座豈吉曜。宣聖叩原壤，惡其蔑禮教。清風擬伯夷，毋乃不相肖。

漂母飯韓信，漂女飯伍員。慣是貧婦女，識得英雄人。捫蝨談天
下，王猛快絕倫。豪傑促席坐，遠去問三秦。從來憒憒者，奚但莽
桓溫。雙眼四瞳子，不能全照身。拔沙揀金寶，責之恐愈昏。進賢
宰相事，國士亦有真。知人良不易，我思一个臣。

千古稱才子，元愷十六族。降及賈長沙，疏陳先痛哭。經綸天地
間，十亂猶不足。曠代得逸才，山川貴鍾育。如何詞章士，謬欲娩
顢瞞。魚眼混美珠，荆玉雜鼠璞。實不稱其名，徒晒哼然腹。建安
既哆侈，大曆更頹悉。陵夷到稗官，亦妄標斯目。奴婢作夫人，貂
頭狗尾續。寄語後世賢，才名莫浪逐。

古人骨已朽，後賢初未生。側身遼濶境，何處發幽情。結得一目
網，臨淵羨大鯨。買得無絃琴，挂壁和韶韺。漁父掩耳走，樂工掉
臂行。迂哉石户農，畢天守硜硜。

寒雲吹不開，陽鳥慘無色。可憐射陽湖，流澌數千尺。商旅阻西
東，舟航斷南北。米價陡騰踊，貧者無頓食。餓夫攜短童，頂露雙
脚赤。券賣中富户，估直貫五百。黄口怕為奴，潛入隣家匿。其父
忍提回，軟語佯帶嚇。兒向耶號咷，耶背兒送嗌。明知心頭肉，不
割不可得。飢鴟叫破樓，瘦馬嘶荒驛。曳杖嘿踟躕，冰天又昏黑。

一心妙變化陳言皆守株天神博華山人跡刻畫吾力疲忘所用千載笑笨夫高堂十七篇掇拾煨燼餘一字一句讀昌黎猶病諸大道無凝滯禮樂隨世殊馬上得天下窮愁乃著書

卿自不思我我心如轉輪漩澴千折水危峯亂插雲夢中原識路魂去若飛仙天門橫虎豹血口大如盆鋸牙舌訥談紅沙礔面噴醒來驚噩夢依舊隔關津

可憐古人書只留後人讀可笑後人心不入古人腹聖賢經世意非必故委曲時勢既殊風五土亦異俗錯綜參伍中縷縷具條目譬彼原泉水其流有隱伏又如周身氣脉絡分任督著察差微芒何以得歸宿少年半粗浮恃才兼欲速津逮未及終得隴復望蜀自謂頗飽飫腸胃皆完縠膚革失充盈皮裏翻受毒至理無盡藏精通在寡欲千蹊影響間不如一徑熟

金陵報恩寺浮圖九級高百丈碧琉璃歸然卑地牢其上有造客縹緲凌雲霄幼年心艷羨身輕意氣驕自恃足力健拾級忘疲勞急造最上乘縱目望遠郊崇城圍一帶長江沓一瓢胸懷斗開濶洗盡俗塵囂歸來矜喜甚大言誇同袍長者莞爾笑子胡太粗豪層層有境界面面有波濤逐節生萬態微眇窮纖毫囫圇到絶頂雖高亦寂寥俯首受斯語使人意也消

陽氣積滿盈空天走霹靂雨散雲收後索之杳無迹帝王制兵刑施於不可測梟雄既授首羣烏自斂翼玉石必俱焚火威恐太赫牧馬去害馬種樹斬荊棘無恩大恩生戈矛化衽席七日誅聞人麟趾騶虞德仁義一分塗申韓從嘖嘖

微蚓亦能唱微蟬亦有聲造物惡瘖啞非關觸不平天產塊然肉特特竅其形枯坐强閉塞翻教損性靈春花生雜樹黃葉到秋零無端流逸響傖父說多情我欲尋夏蟲一為語寒冰

不汲井必枯不耕田必荒各具有源物束手使閑藏烏龟迅飛走萬古仰輝光薄蝕非本體羅字馬能傷武公九十五誦抑十二章覬歲而愒日趙孟年不長勤學亦能壽君子貴自强

重簾押銀蒜寶鼎薰蘭膏素月上東嶺美人何逍遥欲裁合歡被嫌他金錯刀欲寫鴛鴦字懶用香貍毫春煙化紫玉何處美秦簫出户乍延頸墻外搖紅杏一半落花飛翩翩蝴蝶影

山莫妙於轉境莫妙於換人莫妙於心心莫於妙變風雅變為騷屈宋才獨擅三頌變為賦馬班盛西漢篆隸變為楷鍾王唆魏晉踵事有本原體格實創見錐鑿蠶叢路隻手開生面蓬萊入杳冥海市眩奇幻五色石補天星辰重貫穿縱橫任揮霍眼底無成憲匠夫起草莽鋒銛力精悍東身什伍中强排鵞鸛陣步伐半參差雄心憂覆蕢唐律不如古誤死休文韻

栺爪日日生鬚髮日日長造化密移人絶不留影響惺然方寸間忽蔽忽開朗暗者誰令昏明者誰令爽清濁本一氣安得截為兩試於隔礙時回光默存想

千古積何處今日即是古天猶堯時天地猶禹時土萬物本雍熙人心自愁苦游魚不滿尺詛必盡網罟城市非山林往往出猛虎有卵皆可翼嬰兒那擇乳當身棄仁義紙上談鄒魯嗟哉勿復言先生在貧窶

後車數十乘從者數百人譁然越都國後世驚亂民古之大亂世後世義黄年古時易爲聖後世難爲賢苦貧顏氏子附郭有腴田簞瓢得所恃樂在其中焉赤手無恒産八口在倒懸食飲關軀命安能晏然干謁寡廉恥營求羞執鞭凍餒入庠序教矣富不先哀哉無告儒窮民别一天

極知炳燭光生荒古所戒志士惜分陰奈何不寶愛勿曰泥泥

塗額唐甘放廢守身如治國官亦有五大紀功糾過愆日省考殿最存養責冢宰遏欲仗連帥將相既調和安内復攘外百體皆受命天君自寧泰但恐稍縱弛五賊犯關隘賁軍難復振慄慄爲敢懈

題桐陰拂琴圖

輪蹄絡繹奔熱塵高拱深揖趨要津可憐一身不自主面目嗔笑由他人雅懷孤潔惡喧赫獨愛山林友泉石杜門却掃養天和胸中别有烟霞癖秋水潺湲智士心桐陰如蓋影森森成連海上留仙曲名畔横張爨尾琴瀟洒丰姿神朗暢注莊幽雋常思向寫生妙筆得真情舉肥莫示今之相

别泰郵諸子

諸公向有消寒詩會推雪鄰雲洲主盟二公既殁余託爲忘年友獻歲將之邗門作此留别

乾坤幾時老天意恒中傷頽然槁木身出門等面墻珠湖六七子銷寒建壇場才高能下人折節重老蒼肯出詩數篇脱穎露鋒鋩盛年腦腹滿咳唾流寶光淵淵金石聲誦之潤肺腸我生亦何早齒貌不相當况復百千里冷官就蠻方安得扶短杖頻登作者堂大江排巨浪五星閃寒芒萬古所不廢精氣遥相望

歲暮放歌用昌黎贈崔立之韻 消寒詩會題作此答諸友

三都十載八乂敏筆花柚繭才難盡揩尖椄譜調宮商亂點金

巖轉玉軫和情駘蕩春陽熙烈性肅殺寒威緊肯學醜婦描蛾眉糞土之墻塗白堊兩股動摇鳴螽斯一竅吐納唱蚯蚓蟊睫藏身世界寬大鵬翀遭鷽鳩哂羖羊勝泰汙井伯鼎俎干湯蟣伊尹金穴錢神到處通含辱包羞百無窘吾儕赤手擎毛錐相挾真同矛刺楯揚帆濁浪旋覆舟乘材平陸已絶剿天生猿臂使數奇泣抱荆山足屢臏纏帶永斷衡茅路褚冠葛屨嗤曹閔回頭還讀古人書名教樂地情牽引詛楚岣嶁排霜戈謨觴汲冢東春筍艷歸騷七搜奇葩妙入耳周索玄牝自分苦李棄道旁誰想名都充貢篚塞兑垂簾元習慣縮爪伏翼非固忍心灰意薤不晨飛枯木那得蒸爲菌突遇珠湖數壯夫凌空直上搏

秋隼壁壘旌旗忽變色顧執鞭弭傷拙蠢冰天凜凜逼除歲呵凍雕肝鏤刻腎萬牛回首栢梁材匠石何處施繩準雪鄣雲洲二盟主提麾鼓衆恨先殞邾莒從事忝小邦謹守封疆限域畛老人眼喜見才人多淮海風流尚未泯

選甓湖聯吟

眉眼鼻口耳安排類如此或為人看殺或教人憎死隨手拈六書五七字而已任君百千句絕無一相似人心如面貌不同不在竅美惡在無形我欲觀其妙

將之祁門口占

整齊書帙檢青氈白首為官老鄭虔旅橐誰充千里費秦郵十

李氏叢書

載賣文錢

宿白花

山嶺沉雲暗征輿復暫留暮飛紅葉雨夢在白花秋蠻語多岐舌輕裝只兩頭明朝弛負擔好覓下坊舟

曉行

彌望青螺髻山腰截白雲東西渾錯謬上下共氤氳物動雞豚見天開逕路分殊方猶有畫鳥獸又同羣

山花

徑絕雲遒景亦奇山花滿眼客心悲翠深紅老黃金碎開向懸崖欲媚誰

黃池舟中憶四弟

靜夜遥聞雁嗟予季不歸離羣剛十載何日向南飛

晤宗室瑶圃時督學安徽

八載不相見山林對廟廊金枝原貴重玉尺好裁量白髮風雲變朱顏歲月長老夫無遠志託足近家鄉

青山下

一水分灣汢涓涓向北流夾河垂樹柳雙槳木蘭舟白葦藏魚罩青帘出酒樓故鄉風景似對此反添愁

回下坊陸路早行

鄉夢初離枕霜風犯客顏天明日未上微辨雲與山水響宿莽

李氏叢書

際烟凝亂樹間依稀認村店仍向此中還

涇縣道中

秋杪冬初景色晴楓林一片畫眉聲回環嶺岫濃於黛人在青山窟裏行

偪仄

山徑忽偪仄輿夫彳亍走左眼覩流泉石壁觸右肘

路遇趙十一弟然乙

兄弟散晨星江南餘李趙一別十三載路遇旌德道壯心真已矣皤然成二老青山黙笑人萬古無煩惱烟雲變幻多葉落狂飆掃執手水石閒圓蒼氣清杳

李氏叢書

看霜葉

天淨碧如洗峯高石帶斑貪看霜葉好又過一重山

遠道

長路負載多纍纍崇岡下但見有物移不辨人與馬
直路宜送别曲路宜獨行曲無畏遠意直望有遠情

遊雲藝寺

環祁萬重山欲遊無足力擇其卑小者聊以試蠟屐城東四五里
徑路多碎石籃輿委折行喜不甚偪窄山腰雲藝菴樓臺可登
陟長松高幾丈巨竹圍數尺月嶺踞其南屏障面面碧野花緣
枯樹垂紅絢春色巋然藏經閣傳自前明錫黃帕包裹齊二百
十三冊後補五十部語錄貴番譯斜日晚文殊西風笑彌勒遠
迤散百武扶童恐喘息雖僧解人意贈我青藤策滿林畫眉聲
巧語送歸客

舟中觀水碓

澗石如星羅舟行隨委曲水聲尚未聞遥波白浪蹙激箭下重
灘驚散鳧鷗浴鐺鞳響舂杵咿呦轉轤轆隸耗簸揚盡尚恐未
精熟粒食勞生民深山選米粟華堂列鼎茵芬香厭粱肉那知
農夫外别有胼手足負重越嶺嶠貢入富家屋

對殘牡丹

放眼浮雲蔽祁閶路尚賒可憐將去客且看未殘花力厚經風
妬山深避物譁後凋應有意留向老人誇

同星閣晚步

籃輿送友過賢關脱帽披風水石間二老差肩攜手立暮雲深
處望黃山

雨

祁閶高踞似天都龍起蠻山雨點麤澗水西流三百里奔騰直
下鄱陽湖

夏晚有感

月映垂楊意黯然還夭薄宦白頭年家書難似題名錄學俸慳
於賣賦錢對此長條成老緑睨他圓影惜初弦扶筇自捋于髭
笑萬點蒼山在暮烟

筆客至話舊

得見湖州筆幾封故人千里足音跫廣文頭禿中書老莫認當
年舊李邕

過石坑

徑陡籃輿處處坡平石路分紅深秋晚葉白逗夕陽雲家箐多鷹
嘯蠻天少雁犟老年無愛惡閑見自紛紛

西城觀桃花

僻縣尋芳得得來扶童拾級上平臺萬家屋瓦差參向千樹桃
花歷亂開人面門中嗤俗客遐心世外愛仙才空山惜少漁舟

渡一路春風白首回

古老塢觀花

肩輿出西郊折入古老塢青山四面垂黎桃開幾樹粉白間嫣紅縱橫盤織組和風散微雲空天日阜午萬家趨華榮浩蕩春無主絢爛有時盡終與衆草伍可惜一林花荒彼百尺土深羨桔槔翁低頭澆菜圃

無事

雨中畫眉叫越叫雨越大鳥聲雜雨聲耳根都聒破老夫最愛閒又畏日空過攤書摩古帖深愁漏點宛十指如懸槌何以尋事作無營翻困倦欠伸口頻呵兒買黃腳雞爛煑供饞餓埋頭圖一飽摩腹且高卧隨夢到羲黃是我閒功課

連陰

祁闇如高屋四方皆處下連陰五十日萬山水奔瀉澗道朝減頂向夕已至脖農夫但愁旱稻天不能嚇嗟余澤國人水深没禾稼安得巨靈掌移山塞輿化任彼淮黃怒那用築堰壩頻遭大漏天坦然無驚怕春隴柹秧針秋場登罷稏負郭百畝田攜兒住村舍

示兒

家鄉疊遭水末卜今年秋拙子懶作書莫慰老夫憂清晨啟蓬戶簷雀聲噍啁金鳳敗紅墮芭蕉新緑抽百草得雨生意欣油油盥漱坐南窗詩書供冥搜掩卷三歎息誤我到白頭何不學老農四體勤田疇坐令頑兒輩衣食不自謀飽食了終日下箸亦可羞悔悟誠已晚桑榆尚得收曰歸買負郭荷畚飯吳牛

域兒歸里

已是離家客安貧亦士常秋風人正爽白露桂初香有子偏多病無醫得妙方歸歟暫調息何必滯他鄉

忘情非我輩老子渴思家親友經年隔詩文易地差冷官真贅物楞腹等匏瓜澗水三春滿扁舟下若耶

過西武嶺

僂輿陡仄過西武一路盤回石磴逶山勢中分橫古廟水聲鼎沸下殘橋黑雲欲雨饑鴟叫黃葉驚霜亂蝶飄老犯塵沙顔面厚愧他野衲卧團瓢

黟署夜坐懷鷺湖諸同人

破壁霜風厲篝燈半滅時山鳴疑虎豹瓦響是狐狸悽苦卑官受行藏蠢僕知故園黄菊滿中夜起想思

寒夜謝生攜酒至

冬月一窗白寒光直上堂老人方欲睡小友忽持觴漸覺霜髭熱全蘇凍骨僵不須燕玉暖已入黑甜鄉

寒月

眩目水晶環孤懸碧落間風勁鷹搏鳥霜乾火燒山望遠不蔽

見光近愁改顔玉樓雙起粟素女高難攀

冬夜述懷

少壯空拋擲衰齡憶盛年可憐苦寒月已失艷陽天霧鬟磨荒棧霜韝縮老拳新豐多好客莫恃舊鳶肩

寒月

霜氣凌三徑清光耀九霄畏寒還愛月欲睡轉無聊

遥哭椒園

心曲何曾亂櫻寧為友生琴音終古淡碁局幾時平寒夜梅梢月春風柳上鶯鄉關歸有日宿草苦縱橫

題陸緘齋鹿鹿圖

毛遂十九人因人為碌碌今世誰可因而圖此一幅吾友陸緘齋鴻才扛百斛珠璣隨咳唾騷七命奴僕高談衍雕龍雄辨髠炙轂排難魯仲連玩世東方朔抗心希古狂降志混流俗濯纓滄浪清濯足滄浪濁憶昔藝林交素心得五六君最膠漆投朝夕聚書屋疑義引手析奇文拍肩讀堅坐到深更跋見頻換燭寒宵苦飢腸火米嚼充腹醉眠常共被不覺雞聲喔兩足者附翼與齒者缺角悠悠五十年還是荆山璞君家蜮術堂壽世文千軸威鳳無凡毛有子能式穀奕葉盛文藻我羡君有福放很宇宙間大都皆鹿鹿鹿鹿鼓刀屠鹿鹿飯牛犢鹿鹿負鼎俎鹿鹿操版築偶爾際風雲衣繡腰金玉圖形凌烟閣不過此面目何似我緘齋杖短頭顱禿明月耀心胸羽扇步林麓

題高郵奎樓畫壁

天風莽蕩吹魁斗巨筆高擎文曲手淮海人文聚此邦三十六湖吞萬有試看畫壁樹重重桂花紅杏夾青松秋香春露蟬聯上一路平肩十八公

春寒曲

媧天古石生黴鏽萬瓦滴殘孤枕夜四肢仁讓互相溫鼻息猶聞舊蘭麝須臾屋角響騷騷十八姨持切夢刀短魂只許空牀立釜底城頭浪正高

李氏叢書

夏末歌

活東聒水蚓歌墻碧天四垂摇星光炎風得露生晚凉深巷沉沉末麗香濃陰覆户拖翠裳神女挈伴話高唐銀河低轉銅箭促黄姑好渡漸臺宿

昭陽李光國觀之

勗弟四言

人各愛身身從何出此身不修厥為親疾作事毋苟話言毋失
惟身為寶事親之寶

貴匪公卿賤匪韋布爵不當身千夫憎惡貧士婞修賢者敬慕
孰貴孰賤請試權度

親近端人每苦拘束比之匪人樂其縱欲拘身身修縱身身辱
不琢不鍊不成金玉

誰云年少轉眼老蒼莫教後日思痛前創父母生我寶若明璫
寶父母寶一飰無忘

吾舅以選拔遊京師十餘年試祇得副車官祇得廣文歸來杜門卻掃息機硯北意淡如也檢篋中詩稿擇尤精者得三百若干首凡酬唱游戲香奩駢麗諸體皆不列焉夫當時王公貴人留心風雅者爭欲序其詩而吾舅皆託辭謝之舊有雪隣先生相贈古詩即以作序對茲猶如見故人也其視馳騖名場藉顯者之獎許以為光榮者何如而況信其必傳於後者寧賴是耶詩將付梓命余書數言以記之余以長者命不敢辭至其詩之境地弁未一加評品者其敢以蹄涔而測滄海乎哉甥沈均敬跋

序

愚每謂韻女能詩猶雋鳥能言然鸚鵡之能言也其倩舌可喜但不知高翔碧落無緣作繫鞲教鳥而徒仗能言倩舌以未由吐慧者凡幾幸耶厄耶鳥云幸而吾云厄然則女子能無厄乎曰有或抱咏雪致或賦織錦才而獨惜以深閨錮為碧落翔致文史翰墨俱不識故其卒也遂與執箒較斛數米量鹽之村媪同老此韻女倩鳥所以慨厄於一體也讀韞庵詩其無此厄乎亦既殫新思而吐佳言霏霏乎有以自見矣他年以不櫛進士與坦腹讀書二十餘年北面齊眉以夫婦代師友唱予和汝吾行見之詩集中矣作是詩者為吾弟稱史女字芬子行三吾聞

劉令嫺之以女才也著於三姊妹尤傑出故以劉女三娘稱勖之哉其踵劉氏三娘而兩七三老人伯清映碧氏題

天地春夏之氣煥發而秋冬之氣歛肅予蓋得天地秋冬之氣者也生平質直不事緣飾往往與俗忤吾族號稱蕃盛羣從事詩書者甚衆而知予者惟大村此外殆寥寥焉何況女子韞庵獨深知予蓋其所得乎天地之氣同也年九歲賦落花詩即有鶯聲喚轉夢中人之句知其宿有根器而非塵俗所得累矣然好自匿而不肯出視人稱史先生其父也負高才而博於學識鑒卓犖過人素為諸父推服見韞庵時時作吟哦聲知其有所搆索觀而韞庵不肯出即指庭前鳳仙花命之咏且曰詩若不成吾即焚爾所讀書矣韞庵立成一絶句以進先生閱之喜甚書一聯揭諸其寢閣曰題詩雲起珊瑚架作字煙飛鸞鳳箋蓋

深予之也時韞庵年十二耳及笄適解氏事上侍下咸得大體吾邑以厄於水舊家皆中落而韞庵安於困約處貧如未嘗貧治家事稍有暇即操筆為詩詩多高簡沈實無閨壼脂粉之習古今之才女子能為詩者多矣然使人讀之而不知其出自女子手如韞庵者豈易得哉昔人有言曰芳蘭所生其草皆香美女所積其山有光韞庵有稱史先生為之父又有大村為之兄宜乎其能詩若此也生子五皆才直章虎谷食餼於庠試輒先其儕伍為吳門宋既庭先生所深知嘗為韞庵刻詩若干首名曰林下風清集既庭先生跋之然特其一斑耳茲彙其全詩視予諸體無一不備蓋亦無一不工其中哭子百絶傷少子之殤

亡也尤為悽愴感人予性好任自然而不喜作偽韞庵與予同予為詩好真樸而不喜俊詭韞庵與予同至於側詞豔句予素所不屑為而韞庵亦未嘗為雖三從兄妹而志概彷彿不啻同父比年予遷郡城韞庵時時作詩寄予多蒼涼愴慨之音及予暫歸相過必堅留深坐啜茗論詩所好大畧多同故予謂其亦得天地秋冬之氣者此也然而有不同者存焉予惟儒行是守而韞庵則深喜二氏學觀其詠鳳仙絕句曰百卉牡丹尊仙花更出羣閨人戲作鳳靈意欲升雲則其嗜慕方外不自幼已見其端歟兄驎虬峯題

林下風清詩集

昭陽李國梅韞庵中稿

男 揩復昭
擢直章
搏虎谷
撰志曾 較字

五言古

初夏憶母

鶯啼四月天花落蝴蝶飛南風吹繡戶暖日照罘罳徘徊出羅幌步履臨階墀黎花香小苑柳條拂清池梁燕引雛返慈烏歸故枝感彼禽鳥情悽然觸我思念我失所恃六載慈顏違音容已隔世罔極報何時諸兒戲我側顧之心愈悲哽咽不能言淚似連珠垂汝曹曾有母我何獨無依迴思鞠育恩肝腸如亂絲

讀淵明責子詩有感

在昔陶處士曾作責子詩偶爾一開卷反復三歎之我生有三子懶拙甚於斯豈乏斷機教豈無良塾師賦性已如此責備若罔知母子天性倫中心寧不悲一晤達者言曠哉淵明詞

神仙謠

我聞蓬萊山中有白玉堂四時多瑤草日月開景光可望不可即令人心徬徨仙人者是誰名為安期生身被翠羽衣日讀黃

庭經飄飄體若翔皎皎顔如童朝登崑崙巔暮遊滄海東所與交遊者赤松黄石公子喬驂鹿過王母對門居翩翩三青鳥往來傳素書長生有上藥其形如嬰兒仙葯不可得何如來瓊芝瀛洲三千里茫茫何所之

曹貞女五十

人生重伉儷恩誼本由房曾未識夫面悲哉稱未亡近聞曹氏女幼字孫家郎未諧同室願夫子客遠方倏爾踰數月聞來故鄉女聞吞聲泣憔悴減姸妝毀我鳳凰釵棄我明月璫紅羅五色襦一一鎖空箱長齋願茹素潔處凜冰霜母兄懷異志女心焉可量女子從一終豈必得同床既已許君子大義永難忘

李氏叢書

願為孤鳴雁不羨雙鴛鴦承歡養母織紝縫衣裳荏苒三十載蕭蕭兩鬢霜貞孝關國典士子咸稱揚壽考何足貴所貴在流芳

許母八十節孝詩

名教重綱常夫婦居其一甘苦共食貧存亡肯易節先朝葉相國忠誠貫白日正氣立朝端不畏權奸嫉許氏有賢母裔自公家出婉孌冰雪姿聰明蘭蕙質慎儀無闕觀守禮嫻内則承歡父母前女能盡子職既具孟光賢必待伯鸞匹親迎行奠雁永矢偕琴瑟夫子性豪邁猶餘侯家習輕財仗義氣揮金無吝惜拮据相夫子簪珥遑所恤堂前事姑嫜燈下勤紡織蕭蕭黄髮親甘旨賴以給川上雙鴛鴦中道折比翼提攜兩幼幼孤呱呱黄口息茹數十載少子欣有立劬勞母恩成就佳兒室含飴弄孫稚嬉戲繞母膝潘輿日從遊韶華倏八十子來客江鄉懷橘歸故邑介壽捧霞觴舞斑喜動色

送長人姪移家揚州

季秋九月天原野劇蕭瑟霜風靡百草蟋蟀入居室猶子去故鄉顧我顔不懌從今駕言邁移家住江邑七十一老翁作客常欝欝賣賦以資生頭顱久雪白兒媳聚於斯溫凊庶無失回睇桑與梓但慮邱隴隔感子由中言令我忽於悒動我風木悲雙親久窀穸豈無烏鳥情没身報何及願子奮素志讀書幸成立重歸振衰門此行休戚戚

李氏叢書

七言古

擣衣篇

金閨寂歷金風起極目關山幾千里誰家少婦顔如花夜擣征衣月明裏親擣寒衣寄遠客萬水千山幽思積嘹嘹征雁逐行飛渺渺流螢當户入銀河秋冷夜無光幾點疎星明復滅風吹砌草泣寒蛩露滴井梧凋敗葉閒雲片片任東西砧聲斷續高復低此時相望情何已此際寒烏夜半啼含情擣罷嬌無力拋杆攬衣長歎息依稀記得别君時於今幾度秋花碧躊躇獨立意如何淚痕點點羅襟濕

將進酒

朝吟蓬露歌夕進新豐酒黃鵠舉翼四海窄鷦鷯齷齪夫何有樽前有酒盤有餐請君秉燭遊夜闌我聞人生不滿百何用行憂坐歎凋朱顏君不見漢家丞相富貴時賓客傾蓋如雲馳片言不合下詔獄折辱翻遭小吏欺又不見田蚡竇嬰相傾奪公卿半屬門下客一朝勢盡歸武安魏其筵前誰避席人情反覆多如此世路羊腸宛相似周公大聖有流言雖行遭讒誰見理高牙大纛專城居不如閑行隴上把耕鋤鳴鐘列鼎食萬戶不如閉門安坐酒一壺流光駒隙亦易過咄嗟身世徒卬墟試看紛紛行路者覆車折軸將馬如

胡燕謠示兒

胡燕來胡燕來燕來人道是瑞物何如芝蘭玉樹生庭堦小物亦具封侯骨志士豈肯久塵埋為語汝曹須努力盛年一去不復回終歲跼蹐老牖下昂藏七尺真堪哀舊家子弟久零落烏衣門巷生蒿萊紅襟紫領重相見還憶當年王謝才

放歌行

男兒生世不能左手持弧右手劍安用跼跽守筆硯女子生世不能讀書工翰墨安用碌碌持針線我生三十春性好山水兼好文自顧凡軀無六翮焉能翻飛直上摩青雲昔聞有女媧氏鍊石能完天地缺又聞曹大家名播黃閨續漢書古來賢女多異蹟豈獨鬚眉壯顏色我生蹇拙良由天窮居澤國遭迍邅百年所貴舒胸臆縱有微才亦徒然韶華荏苒誰久待綠鬢朱顏去難再平生素志竟難酬空檢圖書作卧遊禪機久悟無生理欲向迷津覓渡頭

外子手植玫瑰花於庭花時每值遠出今歲花盛開外子適歸喜而賦此

中庭玫瑰記手植主人遠出三作花花蕊稀疏不數盛菁葱綠幹共槎枒今歲忽放數十朶恰值主人才歸家香風沸沸飛蝴蝶紅豔枝枝映晚霞此花似解主人意芳菲面面向人斜徘徊花前劇留戀呼童汲水煮新茶折取數枝歸繡閣膽瓶欹插倚窗紗

蚪峯家兄自廣陵歸攜黃山中洲大師木蓮詩貽予言慈光寺木蓮一本亭亭高數丈翠葉菁葱花時遙望如雪因為作木蓮歌兼寄毅庵兄山中

吾聞黃山風景天下奇丹崖碧嶂不可梯猿啼鶴唳響空谷春來花木紛葳蕤山川秀鬱地靈異其中往往高人寄從弟松嵐昔日遊此山手繪千巖萬壑攜我看開圖不覺神先往虛堂設設松風寒置身如在深山裏流泉瀑布聲潺湲偶展春光圖一幅忽聽春鳥啼綿蠻不見此圖已十載夢中往往遊雲海聞兄重說山寺邊千朶萬朶開木蓮清香玉色人間少託根靜地雲烟繞曾伴瞿曇坐夕禪更宜惠遠吟詩晚首夏未明次第開逞

空晴雲滿樓臺毅庵正在山中住想見攜笻日看來

廣陵有　先文定公舊第已更數主戊寅歲家弟木庵復業中堂懸有角燈雙巢巢於燈鈎之上木庵賦詩同人和之予亦賦此以贈

憶昔先朝嘉隆全盛時君明臣良相疇咨吾家相國膺天眷皇家倚仗為楨幹堂上期頤雙白頭陳情屢表方如願詔許榮歸養二親盡忠純孝人爭羨有弟承歡共舞斑大開甲第宴東山觀魚聽鳥娛親志時竹栽花映曲欄甲申年來人事變朱門邸第尋常換幾經兵火日凋殘世事滄桑如電過伯父幽居舊東園著書充棟樂林泉閉戶再辭天子詔籜冠野服志彌堅書香

有子能繩祖故宅巍然歸舊主先人德庇非等閒依舊潭潭相公府吾弟經筵侍從臣親憂暫返楚江濱大遠堂開懸睿藻畫棟雕梁又一新角燈高掛金鈎控雙飛紫燕繞梁棟啣泥來往綵簾開紅襟紫頷香風送壘巢竟在金鈎邊朝暮哺子影蹁躚大厦棲遲欣有託春風蕩漾隨燈旋禽鳥知興呈異瑞燈傳嘉兆自綿綿

孀姑八十感賦

堂上孀姑今八十雞鳴盥櫛問寢室兒媳雙鬢已皤然孫曾十餘環侍側我姑顧之為色喜追思往事重於邑盈盈十五賦于歸黃鵠孤飛年廿一膝前有子方六齡煢煢孺稺甫成立夜半青熒對短檠霜宵被冷溫不得更將短髮示兒孫當日青絲剪不存撫孤守節大難事歷年六十未亡人疊罹水患炊煙斷釜生游魚甑生塵含飴誠幸多孫子開眼翻憐繁食指但於堂上舞斑衣那得廚中潔瀡滫雪花如掌積三尺幾輩奉觴紛拜起拜起致祝長如陵復如岡年年跪進紫霞觴承歡愛月樂未央

題史烈婦追遠圖

廣陵昔日兵戈起九衢夾道煙塵裏馬前鞭走白面郎馬上拘繫紅妝婦霜刀揮血血成河性命輕塵節誰保有婦當年賦柏舟繐帷冷落度春秋茹荼盡荻心劇苦鳴機軋軋到夜午膝前有子婦未亡撫孤守節度冰霜一夕城頭吹葦葉沖天烈焰延

居室家人分散各逃生四顧茫茫兩淚傾手撫孤兒拜夫位捐軀就義義無愧倉皇走死赴清泉綠鬢朱顏逐浪漩玉骨可憐無覓處貞魂泣血化啼鵑千秋風木無窮慟殘扇斷梳香澤重什襲珍藏歷幾時繪圖追遠動悲思我今披圖還再拜高風苦節應長在

五言律

懷舅氏游漢叟

舅氏瀟湘去於今四十秋豈知三楚客更作五湖遊羅部蠻烟重盤江落日愁白頭親倚望歸計莫淹留

園林多舞蝶春至報芳菲落砌留残粉穿花弄夕暉鬚沾香點
點影共絮霏霏故傍羅衣畔遲迴不肯飛

余髫年曾過露筋祠追思往事援筆寄題

長隄碧流繞古木夕陽曛過客頻回首春風吹露筋死生非細
事碑碣有遺文明月浩千里清光為弔君

家兄大村公四十生子喜而賦此

老父髮垂白吾兄亦盛年蚌珠驚墮掌瓜瓞喜重綿時日占俱
吉琴書信有傳誰為報慈母含笑在黃泉

暮春微雨

花飛春已暮微雨濕蒼苔小院無人到閒亭有燕來堦前縈亂
草池上度輕雷轉盼韶華改年光漸漸催

遊曼園

曲岸循芳徑人家帶薜蘿斷橋欹石磴荒榭枕山阿翠羽銜煙
疾蜻蜓掠水多忽聞漁唱起雙槳月中過

陸懸圃先生家藏其先世禮部伯瞻公出使朝鮮諸名臣
贈行真蹟從令嗣仲達索觀而作

舊錦縹緗黯初披感慨添兩朝留翰墨異代起觀瞻祖帳名臣
句家傳世守嚴先生老遺逸紹繼亦能潛

五言律

早春重遊普潤菴

南郭尋幽勝祇林忽現前川原猶舊跡風景忽新年柳色開圖
畫春流逐管絃老僧留故客相對復安禪

古意

美人湘浦隔春夜倚離思明月低垂牖清風冷入帷鴛衾憐獨
擁紈扇憶當時蕙草空盈掬無由贈一枝

懷真州江深閣

竹樹古真州道江深閣更幽山花紛映日水石净含秋畫舸達江
渚清歌出竹樓幾時重攬勝長嘯激中流

清明同諸子登城遠眺

結伴尋春去憑高眺望賒可憐一夜雨開徹滿城花古墓鴉爭
集荒郊日易斜詠歸明月好乘興醉流霞

鸜鵒

本是殊方鳥孤生易受恩奇姿來嶺海艷語出重門曉閣頻驚
夢春閨欲斷魂樊籠終日困不向主人言

碧浪書屋新築告成月夜　家大人命賦分韵得齋字

卜築開三徑琴樽堪自携掩關悽夜静對月喜墻低樹影層層
亂花陰暗暗齊投烏有雙鳥亦借一枝栖

送吳定甫還姑蘇

白髮相依久青樽忽送行岸風驅宿雨湖日放新晴野菊離逷色丹楓異地情扁舟來虎阜應得共班荆

小至日雨霽月出

雨雪連宵暗寒鴉噪晚晴陽回添一線月朗照三更窗影梅枝瘦樽開竹葉清明朝占物色春意到山城

立秋日集王表叔秋閣二首

高閣涵清氣邀歡值令時琴樽敦夙好風雅吏吾師片雨鳴秋葉斜陽下晚池不因傳夜柝幽興肯停卮

偶爾同人聚江城又立秋竹深山牖静松古石臺幽把酒天懷發論心古道留輞川吟興好高詠愧難酬

李氏叢書

秋夜

清夜忽不愜空堂迥自悲踈窗新暗月高枕起涼　抱病仍揮酒安貧漫賦詩名山虚有屵飄笠待何時

七夕立秋

一葉飄涼雨雙星出薄雲人間逢令節天上惜離羣漫有悲秋賦空成乞巧文迢遞深夜永愁思轉紛紛

秋夜不寐

草堂眠不穩永夜獨愀然搖落懸孤劍凄涼擁舊氊荒虫鳴亂草霽月出疎烟正有逃禪意鐘聲到枕邊

過東村

不到東村久柴扉依岸偏秋風搖野艇遠水帶孤烟耕鑿懷淳古生涯慶有年晚來沙上月閒照白鷗眠

題卞村壁

草堂纔信宿已遠市囂侵不覩村居樂焉知隱逸心秋天踈草木曠野豁胸襟鷄黍田家意香醪喜自斟

十六夜對月

向夕城烟斂當軒月影遲坐憐終夜皎已許一分虧竹露涓涓滴花陰暗暗移昨宵風雨亂愁寂正停卮

林麗

佳種出殊方花開值晚涼數枝纔破蘂羣卉莫爭芳素質宜磁盎幽香滿竹床尤憐纖手摘紈扇出迴廊

李氏叢書

雨來

清空正寥廓繞屋忽風雷赤葉滿庭墮黄昏驟雨來蛩聲凄復斷花蘂濕能開無限悲秋意蕭騷獨舉杯

佳人

已知傾下蔡詎意出邯鄲螓首輕珠玉芳辭吐蕙蘭銀箏悲夜永翠袖怯春寒幽恨容誰見空教明月看

吳陵道中

渺渺秋光闊孤帆入夕陰雞聲辨前路人語失鄉音樹瞑炊烟合燈殘旅思侵氷霜任行李莫負濟時心

秦郵道中嘆河決

輕舟纔出郭滿眼忽波濤廬舍隨波没鯨鯢擁浪高負薪無赤子徵 嘆官曹天險終難避風塵敢憚勞

移宿小樓

木落天風勁蕭蕭暮景幽鍾聲猶昨夜雪意已高樓移架翻書帙傾囊覓酒籌壯心隨夢遠迢遞到皇州

七夕寫懷

雙星仍舊聚一夕起新愁抱病難除酒懷人獨倚樓金針誰向月玉笛走傳秋無限縈懷事含情籌如斗

高樓對月

夜静晴雲迥樓高短笛横秋砧萬木下寒月五更明玉露垂霄漢人烟渺太清倚欄天外遠吾欲御風行

舟行

解纜離村舍鳴榔傍曉行江雲含雨重秋水泛鷗輕卒歲應無計連年苦未耕西風吹短鬢何日遂微名

村樓望秦郵

極目南樓外長空起暮鴉猛風翻白浪新月照寒沙魚米村中市帆檣天際槎孟城何處是堞雉暮雲遮

廢樓

憶昔題詩處凭欄暗自傷驚風飄古瓦落日下頹墻一望空流水蕭然接大荒何年重絃構高倚白雲鄉

斷橋

黄昏青草路曾記板橋横亂石隨波没殘荷與岸平斜風看鳥過落日斷人行生計同浮梗飄零歎此生

九日晚晴登樓志慨二首

湧霧罩疎林佳辰竟日陰晚山横夕照倚檻聽鳴禽草木愁中變烽烟異地深一樽孤對月處處急秋砧

高樓聊寄目斜日落柴扉世外尋黄石山中憶白衣寒鴉栖不定野菊放何稀回首茱萸會那堪事事違

秦郵懷父

百里非云遠高堂念獨深飛雲達鄉信皎月照愁心歎歲謀生拙衰年苦病侵何時能捧檄莫色動園林

懷母

出門無所戀繾綣獨慈幃鴻雁音何杳雲山夢獨歸旅遊生計拙失學壯心違回首登程日天寒囑早歸

元旦 癸丑

日暖梅初放風和柳下舒江城仍歲月山舘只琴書詩興今朝好愁心昨夜除春光如故友次第到吾廬

範巖上人禪院觀桃和韻

為愛招提好烹泉試茗芽如何禪寂處濃艷有桃花積翠苔堦

滑飛紅暮雨斜春光易狼藉莫負此韶華

維夏一日遊山子廟

不知春已去仍作踏青遊古廟人烟迥荒山宿霧收岸花低粉蝶堤柳拂輕鷗遠見紅粧艷盈盈盪小舟

移橙為湯孫兒賦

小院宜嘉樹移橙愜素心遥知三徑裏驟得一庭陰嫩葉含新雨疎枝宿舊禽高秋應結實白露點黄金

夜雨

暫喜垂虹見誰知雨復傾一燈昏暝色萬木瀉寒聲竟夜蛟龍鬭空堂鼯鼠驚披衣不成寐坐待曉窗明

閉户二首

閉户非謀道孤居祗畏人晝長花共對夜静月相親處困方知拙逢人厭説貧比來岑寂久并欲謝南鄰

荒庭無剥啄竟日掩柴扉雨氣收殘暑墻陰下夕暉開樽朋好隔展卷壯心違仰羡忘機鳥翩翩天際飛

遣興

繞舍山千疊臨軒水一池非關耽隱逸聊欲免喧卑丘壑何年事風塵厭未離高秋佳興發空誦四愁詩

晚眺

江城秋色好晚景更蒼蒼雲薄不成雨雷聲傍夕陽心隨潮雁遠愁共楚天長何日尋幽勝松風萬壑涼

齋中暝坐

日落山窗暝蒼蒼月近東昏鴉喧暮樹敗葉捲殘風心事慚孤劒生涯類轉蓬江湖悲歲暮愁坐獨書空

長至對月

癸丑長至夜月甚明因憶乙巳年此夕與先兄往與侍兩尊人前命酒聯吟余得句云陽回添一線月朗照三更家大人稱美今忽忽八年矣先兄長逝倏五年慨駒隙如馳雁行永斷月明如昨今昔殊懷感而作詩不勝浩歎

李氏叢書

蒻管灰飛日茅堂對酒時坐憐今夜月空憶昔年詩節序催人老窮愁感數奇驚風吹雁陣回首更淒其

歲暮

易醉愁中酒難堪歲暮心星霜凋短鬢雨雪暗踈林凍結魚新隱更殘鼓角沉孤燈茅屋夜寂歷起長吟

元夕赴吴陵宿港口舟中

離家逢令節旅泊擊孤舟積雪凝朱閣春燈漾碧流鳥投深樹宿人語隔溪樓入夜難成寐蕭條愧壯遊

暑夜懷姪葉邑二首

伏暑吴陵夜臨風念阿咸文章連坎壈世路履巉巖旅興憑誰

遣鄉書幾度緘難忘携手處斜日落輕帆
眼前皆俗物之子隔重城野店杯同把山齋月獨明螢光依樹
小蟬唱隔林清知有凌雲賦何人識馬卿

送葉皃歸里

異縣同為客扁舟悵獨歸鍾殘晨露濕月落曙光微身世悲萍
梗生涯羨釣磯鄉心無可寄隨爾片帆飛

對月

踈星垂碧落霽月照清秋影入千山靜光涵萬木幽霜天淒鼓
角高館肅梧楸皎皎中宵望魂飛故國樓

夜雨思親

李氏叢書

忽聽窗外雨愁思到庭闈遂想甕飧計難堪筋力微安貧憐鶴
髮失學愧牛衣回首登程日天寒屬早歸

懷朱氏妹

年來不得意阿妹獨憐余送酒愁頻遣傾囊困屢紓他鄉慚寄
食多病懶裁書回首垂髫日飄零壯志虛

憶弟

一雁秋風落懷人意黯然如何經月別不見尺書傳鎩羽吾空
惜搏霄爾自便莫因兒女累懶慢負青氈

懷兩妹

作客三秋盡頻懷兩妹賢檢書憐靜夜刺繡及髫年旅食才名
鄉心涕淚連高堂陪色笑明月幾回圓

九日雨

酒醒夢初驚蕭蕭旅客情感時逢九日聽雨忽三更壯志凋楓
葉悲歌入雁聲兵戈方滿地展卷愧儒生

旅夜

落葉蕭蕭下挑燈夜不眠城荒稀見菊秋老尚聞蟬客淚霜俱
落鄉心月共懸新愁兼舊恨撫枕意茫然
他鄉逢小至孤寂坐西軒為感故人意相招清夜言空庭垂杞
菊繞席有蘭蓀極目鄉關遠愁雲四野昏

李氏叢書

長至雨

節序陽初復寒威夜轉深雨增遊子淚雁阻故鄉音葭管催春
信椒觴伴苦吟高堂頻入夢歸路杳難尋

讀放眉禪師遺集

拂塵歸西去南堂空樹林遺詩留竹院病骨冷江心花鳥通禪
理山川屬興深妙高峯頂月相望阻幽尋

雨中留朱玉立小飲

靜掩山窗坐雲峰壓敝廬多君憐寂寞步屧到堦除笑指燈花
落談深醉眼舒銜泥與不淺傾倒意何如

聞笛

獨處忽不憚啣杯漫自吟花踈秋露滴樹密晚烟昏蕭瑟馮驩
鋏凄凉子敬琴誰家吹玉笛凉夜送清音

曉發永安

月落晨光動微茫曉樹青鳴榔驚宿鷺解纜散踈星殘夢舟中
續清鐘柳外聽前途頻悵望詩思落津亭

夜渡真州

壯心期利涉倚枕度真州星火三更夜風帆六月秋聽鐘仍塔
影鼓棹忽江流明發尋幽勝山光黛色浮

烏龍潭

石路沿溪折澄潭象外幽芰荷盈碧澂楊柳映朱樓山色高低

李氏叢書

繞江聲日夜流何當結茅宇高詠俯滄洲

瓦官寺同諸叔夜集

暝樹昏鴉集秋燈方丈明一樽同姓讌千里異鄉情梵唄沉金
界星河耿石城題燈何日遂蒼茫客愁生

雨夜宿慧公禪房

遊遍南朝寺來尋北郭僧三車宣貝葉五蘊徹蓮燈精舍藏深
柳虛窗掛古藤塵緣消未盡聽雨夜愁興

朱玉立讀書時寺題壁

避喧來古寺屏跡共僧居几静花生筆窗虛雪映書心閒春樹
外志發曉鐘餘烽火江關遍無令經術踈

七夕

晚凉看霽月春氣到層樓露白雙星迥烟空萬木秋關山紛逐
鹿節序入牽牛僻縣洪波灌天河静不流

送石安弟之金陵

已結歲寒約何期手忽分雲深天欲暮風急雁離羣鞏鼓荊襄
急烽烟閩越紛君尋牛首勝莫草北山文

病夜

客途愁久瘧力疾坐西窗落葉鳴秋雨驚鴻下楚江藥炉烟細
細燈影䀹幢幢壯志沖霄漢憖為二豎降

病起喜晴

李氏叢書

久病興居懶新晴意氣舒日涵波影動風入籜聲虛鴻雁驚寒
早鄉關入夢踈客衣無可授偃曝自與與

邵伯阻冰

歲暮嗟為客層冰百里凝微舟膠淺浦積雪暗孤燈古驛行人
絶花堤亂石崩　師空束手閒坐理魚罾

嶽廟

古廟臨雄鎮高松覆石臺香燈羣籟寂風雨百靈來白浪龍宮
接青烟鶴馭迴何當登泰嶽東望海如杯

小窗坐雨

柴扉清晝掩小雨伴微吟徑窄苔痕厚窗虛樹色深囊空思杜

酒室靜響宗琴澤國連淮海春光何處尋

夜坐苦雨

客雨踈林過含愁坐夜闌三時憂水漲五月怯衣單氣逼窗燈暗聲傳徑竹寒萬端雲洒盡那得淚痕乾

郃伯曉發

客枕纔成夢秋窗倏已明昏燈連曙色殘月落雞聲此地安耕鑿殊方厭甲兵歸來掃三徑慵慢賦南征

登弘濟寺觀音閣

高閣倚山腰凌虛入望遥鐘聲隨谷轉香氣接雲飄古樹攢危石空江上晚潮凭闌秋萬里鴻影共蕭蕭

李氏叢書

吴陵道中

不到東陽久征途別恨深衣雲慈母淚耳入異鄉音岸雪埋春草沙烟罩水禽飢驅何日免擊楫動高吟

客中見新月

津頭煕離別又入異鄉明斜影低穿徑微光暗度楹春風寒食近旅館客愁生惆悵梅花落空傳玉笛聲

月夜

月向今宵好人從異地看雨餘光更足春盡影猶寒畏亂聞全柝懷歸憶玉鞍老親應未寢相望倚闌干

同劉望青過丁又昭齋中

高齋清復寂到此若深山竹裏茶聲細花前鳥語閒問奇時一過揮麈竟忘還莫負劉伶意攜樽夜叩關

訪丁又昭不遇

客舍悲孤寂來尋高士居如何雙户掩空閉一床書曲徑茶烟歇幽窗樹影虛丁儀吾畏友題鳳獨踟蹰

旅燕

憶汝營巢日春愁客未歸忽驚三伏近已引數雛飛掠水波紋濺穿花蝶影稀解憐遊子意傳語到庭闈

七夕和孟襄陽詠

七夕他鄉度題詩增客愁思深新月夜腸斷故園樓落葉飄京

李氏叢書

露陰蟲識早秋蕭聲何處起良會妒牽牛

冬夜寄母

憶別慈親日含悽淚暗彈縫衣添厚絮命食勸加餐病怯當年老愁多逼歲殘蕭蕭風雪夜幾度念兒寒

冬至雨雪和扆甫兄韻

令節陽初復啣愁客未歸城昏雲黯黯路滑雪霏霏憶弟持椒酒思親愧綵衣鄉心同悵望高詠有餘欷

袁子極五十初度同家兄裔負邀集黎師仲齋中

藝苑聲名久文情歲月長君今逢五十樽酒集他鄉徑竹搖寒雪江梅送晚香飛騰終有志起舞醉歌狂

旅夜和袁子極韵

旅中愁不遣把酒客懷寬劍氣寧終伏藜光不覺寒掠雲鴻影亂濕葉露珠團佇望鄉書到燈花仔細看

聞鐘

虛窗纔曙色遠寺忽鐘聲客枕驚歸梦空齋逐旅情凄清隨落葉斷續伴殘更惆悵年華暮潘安白髮生

夜坐有感

無營深夜坐霜冷月凄凄木榻更聲遠霜天雁影低孤吟依短燭不寐待晨雞壯志頻搔首殊方正鼓鼙

春夜聽雨

鄉心不成寐歸路阻天涯入夜一燈暗侵窗疎雨斜藥欄紅漸吐蘺逕碧應加明日增愁思長堤柳落花

宋新彈歸自淮陰

宋玉經年別輕帆首夏來壯心千里合離緒一宵開池草愁中句庭花雨後杯酒闌搔首說幾上釣魚臺

七夕聽雨走筆寄袁子極葉皀姪起用孟浩然成句

他鄉逢七夕蕭索悵秋陰好友重城隔寒蛩一夜吟淚隨疎雨滴愁似暗雲深牛女虛良會應同久客心

北山寺

古寺俯晴皐春風開碧桃香臺隨日轉　殿倚雲高碑字摩秦篆泉聲走蜀濤客愁殊未減西望首頻搔寺有井通蜀

訪何新若不遇

隻身何處去半載不還家勝地良朋聚深閨少婦嗟入門盈豆架憶昔共茶瓜佇立增惆悵蕭蕭日影斜

月夜聞鶴唳

閒庭寂無伴鶴唳逼人清何處蹁躚影應從碧落聽天寒雲氣淨露下月華明彷彿緱山意終宵進思生

送子固叔南還和留別原韻

荒城連月雨日日坐秋陰忽見巾車到真同空谷音經年方晤面長夜各輸心盜賊盈中澤孤舟悵別深

賦得燈花何太喜

坐聽狂風吼孤燈夜結花殘冬猶作客歸夢始離家何事堪云喜愁心未有涯殊方多勝友應共醉流霞

初月

澤國悲昏　初冬見月明微光啣半樹斜景上孤城積水層波閃空庭一雁橫高堂凝望眼雙照別離情

蟬

何從木壤出羽化不沾塵墜露聊充腹濃陰足蔽身無求成性潔高唱得天真殘夢秋宵斷凄其念旅人

王清瑶讀書東寺小樓過訪索贈

祇林深寂處王子讀書樓俗境不容接高人常獨留窗虛花氣入晝靜鳥聲幽篋裏多新句全焦紀勝遊

芝山先生歸自南沙月夜招飲綠天齋即席和吳州送別韻

汎愛垂青眼高懷久更親每逢家釀熟輒念倦遊人惜別傳佳詠投閒戀晚春雨餘明月好新竹淨無塵

訪吳又山三茅菴步黃仙裳韻

避俗來僧舍論文客自過近村人跡少入夏柳陰多約我花前酌聽君醉後歌山窗明月上疎影掛藤蘿

贈任濟蒼

久仰才名卓相逢意氣親論文驚絶俗把酒見天真蟋蟀吟秋老芙蓉浥露新江帆歸信速閉戶誦伊人

寄任澍三

聞道任公子翩翩有令名聲華推玉樹詞賦擲金聲握手知何日　秋空正寥廓翹首石頭城

和三石叔祖父咏葵

雜卉庭隅滿幽懷獨愛葵清齋供野老風味入　詩共有傷根戒還憐向日奇黃冠與野服閒淡總相宜

人日

積雪融三徑風光又早春感時頻易歲顧影愧為人綵勝貧家減燈花古市新不須挑菜甲范甑久生塵

正月晦日風雨寒甚

獻歲兼旬雨寒生小院中擁書思曝背閉戶怯狂風眼底梅難放愁中酒易空遠遊仍不免理檝待春融

乾統兄新築書齋

築室遠囂塵經營值早春高人新下榻小弟舊為憐問字時相過攜樽不厭頻桃源棲息處仰止念先民

舟中見新燕

作客連年慣扁舟宿霧侵忽聞新燕語又悵遠遊心辛苦曾憐女飄零直至今吾廬巢尚在故主不須尋

舟行二首

曉日纔侵郭孤舟遠泛空水田新出岸春浪逆爭風親老慚臨險時艱敢怨窮篙師利舟檝歌笑急流中

漸看鄉路遠回望水連天歸夢幾時到離情尚黯然渚禽飛不定岸柳色初妍遠愧田家叟柴門抱日眠

雨

有興探梅去陰雲晝不開昏燈連夜雨孤枕昨宵雷濁酒語相勸鄉書亦懶裁黃鸝何處囀鴉雀任喧豗

郊遊二首

挈伴春郊外平疇極目賒亂鴉喧古墓輕韮掠圓沙有客能攜

酒看雲獨憶家蕭條意不愜幽賞在桃花

疎林望不極野興向人孤薄俗多游女風流憶酒徒壯懷悲落拓醉眼任糢糊渺渺春湖外愁看鄉路行

清明遊覺蔭寺登繆黄目讀書樓

蕭寺遊人集平蕪野水連將軍驅獵馬公子泛樓船暖日薰芳甸遊絲裊碧烟春情何處寄欲向酒家眠

高樓堪縱目好友得相招敲火烹新茗開窗聽遠簫愁中時序換望裏故鄉遥向夕輪蹄散香臺月寂寥

嘉樹亭讌集同山陰黄儀甫天都方洛瞻宗子吳陵繆黄目六繪儀天馬叔超沈蒼扶田喬山燕山分韵得六麻

勝地成佳會狂歌到日斜題詩歌怪石舉椀泛流霞緑暗烟中樹紅開雨後花主人情不淺只道酒能賒

過張碧山

結廬能殊俗吾愛張碧山往歲從予學今年自閉關樹高茅屋敞地僻野花殷啜茗時相過科頭任往還

吳又山招集泰山墩復遊小西湖同楊公湛沈殿英顧釋六黎師仲分韻得一東

勝友乘佳興憑高望不窮鳥啼深樹外人醉夕陽中雙杏霑遺澤高臺憶戰功鄭園春更好携酒生花叢

顧次超先生同丁又昭劉望青携酒見招

二月春光好近歡不厭頻柳堤鶯語滑花徑燕泥新勝地多佳會長遊悵旅貧解貂情自重吾豈謫仙人

文超韓招集賞繡毬花同又山又房釋六師仲

客到遊蜂散名花一樹妍團雲枝欲墮向月影同圓不遜梅含雪偏柳舞綿酒闌看未厭高詠索蠻箋

留别同社諸子

泛愛多知己殊方興不孤情深逾骨肉才拙負頭顱惜别憐傾蓋懷歸慰倚閭滄浪烟水深相憶隔重湖

别吳又山景山兄弟

延陵兄弟好高館日相依義合情難别交深意懶歸來時鶯未囀去日鴐俱飛壯志悲遲暮何年換客衣

贈圃偉長移居廣陵

爲愛平山勝尋幽意頗長避人容白眼濟世佩青囊松竹荒孤院琴樽上野航側知聲譽重傳遍越人方

思親

壯年慚禄養彈鋏事長遊應受客中苦難寬堂上愁歸心懸夜月屈指待深秋百里迢迢望中宵淚欲流

夏夜李饒卿携酒見過適吳又山至

落拓誰知己吾宗有謫仙一樽携晚照相對聽秋蟬不速來佳客清談比昔賢小童扶醉去高詠過前川

載酒高人至開軒解鬱蒸明星連野樹凉吹過疎藤白髮悲兒女青樽乘友明稽生嬾漫久長嘯愧孫登

七夕

霽月掛簷頭螢光竹徑流年年依客枕夜夜夢歸舟露白天街静風清暑色收綺窗人未寢今夕有同愁

秋夜吳又山携酒過沈子受齋中因懐子厚

細雨蛩吟夜開樽竹徑幽知心能載酒客况易驚秋高論欣同調離情念遠游莫懸徐孺榻過此即淹留

夜坐聞風

猛風中夜起掩卷坐更闌自覺秋衣薄遥憐舉室寒孤燈依榻暗落葉撲窗乾何必聽猿嘯凄其淚欲彈

方宗子雨夜過飲留宿

歲暮同為客開樽夜話深他鄉孤榻雨寒夜兩人心壯志沖霄漢高懐横古今燭殘相就枕歸夢不須尋

别方宗子二首

顯顯江天暮君歸我亦行共持今夕酒相訂百年盟雨雪摧鴻雁關山老甲兵河干雙淚洒不是為離情

避俗知君意憐余亦倦遊蕭蕭誰契合落落耻營求莫負燈前語難分雪夜舟何年諧宿願並轡到皇州

春晴

積雨增鄉思朝來天宇晴日暄山色變風定水紋生弱柳家家緑春鶯處處鳴苔錢徧易長獨愧客囊輕

使至

有使衝泥至依依問老親平安仍八口艱苦值三春已悉深閨嘆誰知久客貧春宵風雨急又送旅愁新

使歸

愁思書難達河干寄語頻風霜摧短鬓櫻笋負芳辰作客原非計論交孰是真空拏數行淚難慰白頭親

鰣魚

僻地沿江近嘉魚入饌新逢時誇異味覓利羡漁人紫禁馳中使朱門薦上賓自慚叨口箸未獻白頭親

盆蘭

嘉種分幽谷花時異衆芳小盆開數朶滿室盡聞香露浥幽心艷風摇翠帶長客來宜静對為謝酒人狂

小鵝

五月黄梅候鄰家送小鶖輕身浮盎水短喙唼盆荷竹徑開聲細苔堦印掌多長鳴應有待時序正如梭

題李饒卿薜荔書屋

近村開别墅傍水愜幽期地僻荊榛少墻高薜荔滋柴桑負愛酒常侍老能詩明月清陰滿悠然獨咏時

席上口占和又山贈别二首兼示黎子師仲

慢世原無術，悲歌托楚狂。難忘今日别，不放手中觴。花影憐人醉，鶯聲送客長。孤帆相憶處，烟水任茫茫。

論詩逢二妙，日日到茅齋。孤生時憐寂，相邀即放懷。每當風日好，靜對水雲佳。鼓棹明朝去，西堂草滿堦。

咏螢火

何處竊微照，飛飛過短墻。敢從明月下，欲亂衆星光。得意乘昏夜，潛踪避太陽。呼童除腐草，免見爾輕狂。

復咏螢火

連陰三徑黑，喜見數螢飛。莫謂昆虫小，能分日月輝。入窗臨典

籍，照夜比珠璣。不待霜華落，韜光早見機。

雨二首

久客悲搖落，秋霖集百愁。低窗昏似谷，茅屋濕如舟。龍鬭何時息，蛩吟那覺幽。中山千日酒，難向世人求。

立秋纔幾日，苦雨動經旬。積水通城市，炊烟絶比鄰。無知悲稱子，多累負慈親。不但傷秋稼，無端倍愴神。

題解易山寓樓

懶着遊人屐，蕭然覓敝廬。高人能市隱，仙子愛樓居。漫對津頭月，時觀濠上魚。得錢即沽酒，高詠古人書。

雨中對棗花

芳樹何年植，枝枝傍墻陰。濃因雨碧，花細得風香。幽思縈新夏，閒吟對夕陽。高秋垂實日，遊子又他鄉。

題友人畫天門山圖

雙峯雄對峙，林麓杳難分。天險重門設，江聲兩岸聞。晴空圍碧嶂，古寺吐層雲。却羨蓬窗裏，含毫寫石紋。

小菊

自負黄金色，叢開九月時。花繁驕曲徑，葉密混疎籬。列宿何能並，繁霜早見欺。名園多異種，莫漫逞容姿。

寒夜

猛風中夜起，一片雁聲來。寂寂苦寒月，蕭蕭客思哀。驚濤衝斷

岸，落葉響層臺。坐待晨光發，殘更歷亂催。

冬夜雨

不寐頻推枕，寒燈焰不長。殘冬餘半月，孤客尚他鄉。夢裏妻孥聚，愁中筆墨荒。瀟瀟窗外雨，不及淚千行。

柳下舫爲伯含叔題

吾叔多幽興，衡門樂隱居。千杯供嘯傲，一柳共蕭疎。枝拂如臨水，陰濃足庇廬。祇容嵇阮過，諸貴莫停車。

早春聞雁

早春雲日暖，孤雁尚寒聲。乍見晴霄迥，曾憐雪夜橫。烽烟消異域，桃李遍江城。羨爾歸期近，余方事遠征。

題日寬齋

小築成佳境開軒眼獨明盆花欹怪石籠鳥放新聲把酒開懷抱彈棋集友生粉垣圍月色良夜更怡情

孔東塘博士招集拱極臺分韻得五咸

邀歡上高閣何似履巉巖野色開新霽斜陽度遠帆荷香浮綠蟻露氣逼青 風雅存吾黨詩成總不凡

早春至中堡庄

小艇衝波闊湖天曉日紅雪消蒲出水雲散鳥騰空暫寄田園興高吟草澤中風塵多事日未許作漁翁

題沈生新齋

李氏叢書

傍水成精舍開窗豁遠天種花迎曉日移竹拂寒烟下榻非徐孺談經愧孝先恰逢春色好詩思落湖邊

贈許氏妹

湖干聊寄跡喜與妹為鄰見我傾佳釀開言問老親貧中兒女大老去歲華新春水桃花放仙源好問津

春寒

陰霾春不散烟霧晚濛濛浪揭湖天白雲遮海日紅玉關馳羽檄金錯罄河工水厄兼兵氣愁深旅思中

遊乾明寺二首

曲水垂楊岸春流處處斜樓臺何代寺烟樹幾人家鼎已千年古（寺爐有卧龍黄氏印記）香生滿徑花夕陽還徙倚歸棹起昏鴉

放眼層樓外湖天四望遥烟消開野樹岸缺引春潮燕語隨遊舫花飛入酒瓢閑來堪寄興生計愧漁樵

畫眉

已失山林性偏分閨閣情倦來眉黛蹙浴罷羽衣輕學語過群鳥當春妒好鶯樊籠拘縶苦慧質誤平生

湖上納凉

赤日蒸虚壁清風送晚凉柳陰遮座客荷氣拂衣香老覺村居適貧增酒興狂湖南多賈客帆影度斜陽

落葉

李氏叢書

秋高萬木下孤枕客魂驚帶月初亂影雲霜別有聲寒鴉栖不定遠寺望偏明轉眼春光到踈枝怨莫生

蟛蜞

海畔藏身細隨潮出大洋不堪登玉饌誰許伴黄粱吴俗稱名蚌（吴人誤以為蟹）前賢誤食傷（晋蔡謨烹食致吐謝尚曰卿讀爾雅不熟幾為勸學誤死）野人貪小利入市漫盈筐

雪婆

小鳥白如雪穿花不染塵非分造化潔焉得羽毛新飲啄隨時足飛鳴任性真慚余青鬢改去住尚依人

訪聖則禪師

不見支公久茅菴結構佳水邊鋤菜圃廚下足清齋老樹枝連屋秋花香滿堦浮生終日累寂坐暫抒懷

過金處士宅看花

曲巷茅簷矮居然滿徑花老梅欹古幹叢蕙發新芽客到歡顏接年高逸興賒爐烟窗外直頻點玉川茶

秋夜真州道中

柔艣清宵動微凉白露秋山光雲外隱塔影水中流入夜楓村暗思家客子愁簫聲何處起水調出揚州

柳堤獨步懷繆黃目方宗子

秋風一夜起萬木盡寒聲不見同心侶尋幽悵獨行隔江嵐影斷依岸荻蘆生蔣景傳名處空餘千古情

讀雪山杲公集見寄曾王父詩愴然有先世之懷因步原韻

回首悲人事遺書没戰塵青山非故宅白社有傳人文藻慚先業艱虞集此身鑾江風雨夜展卷獨傷神

聞雁

西風吹朔雁湖上送寒聲似伴清宵月偏孤客子情荆襄遥苦戰澤國近能耕烟水空濛裏飄零寄此生

同諸公集普潤禪林時將迎徹公

好友貧難聚因尋白社齊山僧能欵客竟日坐拈提鳥度寒塘靜鐘鳴夕照低錫飛來惠遠新句莫留題

不寐

積雪虛窗朗荒更旅夜長星星搔短髮寂寂待晨光世已堪高枕吾其老醉鄉聞雞心輙動又自笑清狂

冬至後二日村居苦寒懷天都程釆祈門方宗子京口何龍若

大地陽初復荒村氣獨寒枯藤垂凍折敗籜下風乾自覺孤居寂遥憐行路難平生幾兄弟落落在江干

客夜聽雨

寒氣侵書幌孤燈挑不明離家纔苦别聽雨更傷情野館花增色溪橋水有聲願將衝激力一為洗愁城

懷朱玉立

少小忘形久相看鬢髮蒼擁書潛古寺避俗到窮鄉老嬾謀生拙水霜閱世凉春湖堪寄興遲爾泛輕航

懷黎允升

比鄰數相見一别又經春昨夜傳書至挑燈把讀頻青氈餘故物白髮戀慈親與爾同蕭索飄零歎此身

憶天孫弟

失怙終天恨承歡負母慈思家空有淚憶弟不成詩目斷雲飛處愁添月上時水田三百畝無力事耘耔

李氏叢書

懷王星梁

地僻絶輪蹄烟沙入望迷劇談懷至友離思咽寒溪客歲挑燈酌新詩滿袖携春光徧易老愁見草萋萋

舍弟來湖村聞星梁欲同舟相訪未果僅以和詩見寄悵然於懷復疊前韻四首

沙頭凝目望小艇破烟蒼一笑逢吾弟連宵共醉鄉蘭薰書幌静月落酒樽凉頗怪王摩詰湖天負野航

愁吟真下里高唱入陽春却憶西堂夜懷人剪燭頻劇談憐未果幽夢得相親今夕偏難寐清宵露滴身

林間朱閣吐烟際白鷗迷蛙吹喧盈浦桃花落滿溪意中人不見蕭寺酒忘携迢遞晴沙逈愁看野草萋時欲遊乾明寺未果

何事歸心促難忘堂上慈感君孤月夜和我四愁詩文藻承先業飛揚及壯時相期勤萩圃筆墨當耘耔

芭蕉

芭蕉新雨後書屋緑陰遮幾葉便成樹孤心閒作花栽培隨造物舒卷在山家幽興頻揮酒何須待月華

秦沙道中寫懷

望望秦沙路迢迢一水通潮平不見岸舟急但聞風白髮羞儒術青蓑羨釣翁征途人易老惆悵夕陽紅

秦沙月夜懷吉四弟

月滿湖光白城高霧氣凉獨遊頻吊古連夜自啣觴阿季吾家秀京華遊興長碧天孤雁逈極目意茫茫

初度寫懷

炎蒸三伏熱冷淡度生辰老境偏多累衰年欲避人誅茅依水曲緖史慕先民但願慈親健躬耕樂隠淪

瓦塔

令節群兒戲喧闐溢路衢童心誇匠手指日見浮屠剪紙成金壁張燈艷火珠乾坤多戰壘瓦礫滿平蕪

小至日從海陵歸與勿齋同舟和韻

異縣忘爲客同人又到家舟輕裝雪重帆正逐風斜節序悲遊子氷霜任歲華不眠貪夜坐高論吐雲霞

雪夜荅王星梁

凉薄悲人世氷霜不足寒如君真朴少相對性情寛美醖拈能數新詩和獨難憂端逼長夜雨雪正漫漫

寒夜王星梁妹丈至留侍　老母小飲

閉户擁爐火踏氷欣爾來張燈開甕酒移席近瓶梅莫悵銀瓶竭偏增玉漏催慈親孱疾久今夕笑顔開

臘月廿四夜偶成

栗烈氷難釋蕭條歲又除竈神憐范甑雪意向袁廬憶昔聰依日傷今衰毀餘春風莫相問回首壯心虚

復雪

歲暮愁難遣冬殘雪不休洒窗風力緊覆瓦夜光浮何日深山隱探梅野徑幽寂寥思酒伴誰泛剡溪舟

晚泊三垛

野店臨官路孤帆落日斜春流融積雪晚燒混殘霞白滿清溪月黃飛暮磧沙壯心頻擊檝羞見鬢毛華

光福寺

古寺何年造荒涼古鎮東回廊僧曝日峻閣鳥呼風龍象千秋寂牛羊一徑通向來花雨落都入積塵中

七夕王星梁携酒見過

俗子忘佳節君來坐晚涼清樽閒白墮高詠接襄陽（時誦浩然七夕詩）

雨入天河盡花含露氣香興闌憑玉笛長嘯踞胡床

北村刈晚稻寫懷二首

暫向孤村憩投閒得苦吟橫塘流斥鹵土屋背秋林漫賦枯魚泣難堪老蘗心半生悲落托白髮早相侵

白露秋將盡平田稻始收非關牛力怯深謝蜡神留（時有數畝蝗不為災）

野老能供客香醪肯預謀年荒猶足食登壠念先疇

村中對月

秋深憐野曠永夜月淒淒露洗平疇淨星臨淺渚低隔村沽美釀堅坐待晨雞靜聽春聲細香秔玉粒齊

野鴿

野鴿惟難馴群呼雜亂聲羽毛時自損籽粒漫相爭誰惜文衣艷偏憐俊眼明高飛雖有志安得傍瑤京

張又房留寓挹芳園賦謝二首

旅食愁難繼淹留藉故人深情能作主文好盡為鄰（謂繆黃日朱方來諸子）錦石垂朱杞沙窗映碧筠閒來吟嘯永頓遣客中貧

憶昔荷亭讌啣杯愛此園幾年勞夢寐今日傍琴樽舊雨憐同調新詩得細論慚非徐孺子下榻荷深恩

季子叔招飲梅花下

僻縣梅花少山齋兩樹奇庭深香不散春半雪偏垂日落燈光接詩成斗柄移清狂來小阮囑付落須遲

不寐

伏枕千愁集風燈閃鐵檠蕭蕭搔短髮歷歷數長更計米朝饔缺鋤田宿草盈錦衾薰寶鴨回首不勝情

春日偶成

漫倚閒庭坐苔痕綠漸加多情寒食燕無賴夕陽鴉酒伴他鄉隔春遊野興賒縕袍無處質不必問桃花

乾統兄新葺小閣招同袁子極黎于一裔良兄子取弟小集

小閣層臺敞經營自孝廉肯堂仍舊制好景覺新添夜月穿虛

牖春星宿　短簷相邀多逸侶深坐不應嬾
比鄰嘗載酒幽興頗相同小築成何日登樓思不窮城高春樹
迥雨過暮烟空更囑炎蒸日頻來受好風

唐文崑麓暫寓澥園時欲移居廣陵未果

懶向他鄉去名園暫寓居掩關長晝靜高枕碧窗虛地主時相
就天懷樂自如客來頻問訊何異訪樵漁
惜別詩虛詠留歡酒屬賒亭歌還疊石池淺欲穿沙爽閣過三
伏辛勤貯五車廣陵新有宅不欲近繁華

同諸公集久菴兄水明樓次朱房山先生韻

勝友閒中聚留懽不放杯樓空容月入樹合得風開片雨纔蘇

李氏叢書

旱嚴征近罷催今朝須泥飲切莫遣愁來

張仲崖見

清渴無人問君來過草堂不知醫國手能付却愁方山水同吾
好交遊引興長謀歡欣有約籬菊已舒黃

謝寄升移居定慈禪寺小樓

豈是耽禪寂君來此卜居只因槐樹古清蔭足攤書載酒高朋
集聽鐘曉夢餘銜陽時過雁曾憶故園廬

咏瓶中臘梅

獨開氷雪裏別自有清芬枝向鄰園折香宜靜夜聞愛他無粉
飾相對滌塵氛誰解移樽賞應來近典墳

泰沙承天寺舊寓

古寺天壇上僧房舊寓居重來春已去仍與月同孤異縣追呼
急芬時花鳥疎高沙多美醞無奈客囊虛

泰郵晤伯駒兄

華館書帷靜春殘花亂飛鄉心天外遠豪興客中違見我隨抛
卷掀囊欲典衣攜錢尋酒肆泥飲共忘歸

清涼菴納涼

背郭成蘭若沿溪種綠楊衰年耽寂寞勝地果清涼歲歉憂端
逼禪栖逸興長帆檣無數過避莫是慈航

題神木叔書屋

李氏叢書

當年修竹院幾載歎丘墟廢宅經營苦新齋徑路紆陰森能却
暑爽閣足攤書隙地還堪築頻抬小阮居

題念祖兄書屋

祖澤留書院庭荒草不除忽看三徑好更喜八窗虛古樹枯還
活佳花艷又疎客來多問字不愧子雲居

山行

崎嶇山路險亭午足難前雷削峯頭雨雲連樹杪煙平岡驢力
倦亂磧虎風氊白首華陽道何時樂暮年

晚上雨花臺

病怯逢秋好憑高興未休山　新月出雨入夕陽收碎石叢苔

古荒祠蔓草幽蕭蕭懷古意蒼莽大江流

九日同綿初姪過西園復登拱極臺二首

園荒不見菊移棹采芙蓉高閣今爲園清池昔照峯興來謀野飲懶去計朝饔若遂幽栖去誅茅挾仲容

旱後洪流至霜前白雁來窮愁逢九日蕭瑟上層臺草木催人老田疇值歲災催科寧幸免聞道邑侯回

三望宿田家

返照猶依樹疎星已掛空人家寒水上雉雊野田中土屋眠偏穩華胥夢亦通翻嫌在城郭蕭瑟畏悲風

二溝

水逆舟斜上微茫辨遠村平湖千頃濶茅屋幾家存已切雀符警深愁鼠竄奔曉行看日出纔定旅人魂

一溝

此地悲昏墊經今二十年纔聞鴻集野又見水稽天漁網懸枯樹茅簷繫小船居然稱負郭亭午没人烟

祀竈

祀竈殘年事陳詞奠一杯時聞厨婦歎屢見甑塵堆守拙因知命謀生獨乏才叩閽蒼昊遠乞奏水鄉災

雪

向夕風威緊殘更酒力微千家燈大滅一夜雪花飛土屋寧終

卧兔園誰可依庭梅爭吐艷幽賞莫相違

戲咏雪佛

一夜天花落如來出梵宮六根原淨潔四大本虛空皓首氷霜結靈臺造化通遠招東海日潛匿亂流中

留别吳禮齋王星梁黎公健晋侯翥先兩弟

計拙謀生理蕭然又出門周親頻設餞吾道敢云尊落拓着華燭迷離戀緑樽平山堂下路春色暗消魂

登舟

積雪初融經長河忽放春遠遊非遣興覓食愧爲人岸柳微黄吐池蒲嫩緑伸登舟倍惆悵難别是慈親

寓天寧寺遷西師携酒過訪

杖錫翩然到云從京口來入春翻苦雪話别忽逢梅寄食他鄉遠驚心小縣災支公偏見愛爲助客中杯

寓中同舒以待對飲再叠前韻

落拓辭鄉井君同襆被來傾囊頻貰酒策蹇共探梅濟世慚無術傷時獨罹災嗷嗷中澤雁搔首罷啣杯時至金櫃山看梅

夜坐

山居意亦愜鄉信杳難通索莫書帷寂凄涼酒盞空昏燈殘夜雨雜樹滿園風萬慮俱堪遣高堂思不窮

懷吳禮齋和贈别原韻

庭梅開復落忽動旅人思憶對公榮酒頻吟李札詩江鴻來故
里海月入疎籬安得高朋至開懷共吐奇

懷王星梁和贈別韻

暝色昏山徑殘梅落雪稀愁看春冉冉倍念爾依依避俗應穿
榻蔵修合掩扉慈親兼至友頻念旅魂歸

其二

紅雲京國遠白首愧爲儒漫滅禰衡刺猖狂阮籍途風飄然緒
斷月入野懷孤寄語傷神客清宵莫向隅

野望

離家人事絶拋卷客心閒閒寄臨溪樹遙看隔岸山春塘流水
急野徑雜花殷一雁滄浪去何時共汝還

遊慈雲菴

傍柳穿樵路臨溪度小橋松高禪室靜茶熟午烟消鳥影橫殘
照鐘聲定晚潮客愁如未遣來此坐清霄

咏木瓜花

密葉參差影疎花淺淡粧陰濃遮小院風細送微香艷不隨穠
李嬌能並海棠會須多結實秋樹滿垂黄

憶母

兩月音書隔三春定省違無才叨旅食有夢到慈幃已負丸熊
訓深慚負米歸孤燈昏夜雨清淚濕牛衣

咏燕和唐人韻

社日聞新語春光麗翠毛秖因紅粉惜得傍玉樓高疾影驚蝴
蝶芳心引伯勞體輕飛不倦雙剪掠池蒿

花前小飲

愁眼驚時序小庭春已深好花看不厭濁酒愛頻斟野月添幽
興池蛙攪醉吟故鄉凝望遠長嘯倚疎林

夜宿陵亭有感

栖栖不得志歲歲此經過老獨耽書卷貧偏負薜蘿近鄉仍客
夢溯舊歎流波親串如相見應驚白髮多

咏玉簪花

小草臨幽砌亭亭放夕陽因隨雲鬢久竊得粉痕香葉入秋陰
碧花含夜露涼可憐纖手摘鏡裏助新粧

荅張韓之雨中見懷

西山張處士於我獨相親對雨憐孤客開樽作主人詩成堪北
面興到覓南隣短墻高樹出曲徑野花新

宿金匱山徹公方丈二首

久羡招提好今來夜宿幽松高明月隱窗冷白雲浮世事清真
性衰年愧進修須知禪榻上歸夢不曾留

崇岡環竹樹黄葉下清霜貪看疎林趣難言萬象忘烏鶩深院
磬人定晚堂香不解逃禪意誰能坐夜長

題徹公化六亭

陸地穿渠澗高亭植水中梅開香混雪荷放柳爭風能使三千界皆成四面空薄田饒隙地擬作灌園翁

雨阻金櫃山疾作疊前韻示徹公

肩輿望不至遲我在山中倚枕愁聽雨閉門忽畏風身如花欲萎心與鏡同空悶訊參寥子吟詩愧髯翁

聞吳章臣渡江寄懷二首

萬木飄霜葉聞君又渡江濤聲隨劍匣山色入船窗閲越遊何日孫吳志未降秋宵聯句夜燈影憶幢幢

抱病經時怯遥傳錦字來三秋惟伏枕九日未登臺舊館霜華落新詩雁陣哀巾車應暫返懷抱待君開

月夜

皎皎清宵月山村獨自看霜驚鴻影亂風擺竹聲乾酒薄愁難遣更長夢未安小樓人靜後孤影上欄干

寒夜雜詠

歲暮人蕭索更殘坐欲癡年華悲鬓髮生計困蒿藜酒冷無新熱窗風帶紙吹此身貧且賤評語任妻兒

並立多衣絡孤居自結鶉逢人忘貴賤奉母戀晨昏月落猶閑牖鴉歸便掩門梅花差解意相對靜忘言

幸免催科迫羣推縣令慈誰知責 者坐索竟無詞每夜蘭青

缺侵晨麦粥遲雪花飄陋室空照一囊詩

遥憐吳季子旅困在揚州説劍生悲憤吟詩滯遠遊别時霜月滿相憶凍雲稠魂夢如相接何須訪戴舟

乙亥元日

年華移鳳曆屈蠖愧龍蟠古道何時復愁懷此日寬寒消炉火焰風捲雪花乾惟把屠蘇酒晨昏奉母歡

聖則禪師六十

支遁棲禪處精藍傍水涯鵬者通妙諦鶴算歷年華春意生雙樹香雲繞四花壽從清淨得何事餌丹砂

李子叔招同諸文飲梅下

春暖南枝放平臺集素心千杯酬不厭片語俗難侵疎影橫籬逕香風度竹林月高人靜後誰共倚闌吟

入郡訪王星梁同過天孫弟齋中留飲

覓食嘶無計離家總為貧異鄉能一室同病有三人雨雪遲征棹鶯花負好春多時謀縱飲今夕積懷伸

過舊館題壁

雨霽尋幽勝經過舊草廬紅垂三徑滿緑映一窗虛重倚行吟處空悲歲月徂藥欄花欲語似訴酒人疎

題遷公小像

萬象都無着烟巒絆此身定中藏世界畫裏見天人貌映丹岩

古衣沾碧蘚新何緣知得果松子落莎茵

送李叔容還山陰

同作天涯客過從興不孤有花邀共賞遇酒任歡呼白水堅盟誓青山入畫圖鑑湖遊讌日幾度念狂夫迢遞還鄉路江行月共孤蓴鱸無復憶猿鶴正相呼莫戀深林趣貪攀被褐圖他年探禹穴待爾著潛夫

飲沈篤生齋中和星梁韵

不速敲門至清宵月入筵小童頻貰酒素壁索題箋蟬唱因風斷花香帶露然狂吟還坐嘯還憶竹林賢

村夜有懷

孤村望寥廓入夜步遲遲淺渚隨潮潤疏星帶露垂貧中馳日月老去戀芳茨野水荒烟裏長吟寄所思

飲友人花下

無意同人聚樽開燭影斜涓涓未綠酒艷艷對黄花市隱吾堪羨論文意更賒醉中高唱發驚起樹頭鴉

丙子元旦立春

鳳曆青陽轉雞鳴曙色開寒隨星落盡春待雪融回田瘠無新釀家貧有舊梅年衰心未老把酒祝時來

偶成

不欲爲貧累貧來困莫支門喧催賦隸室立待哺兒强醉花應笑偷吟月獨知夢中如化蝶清漏願遲遲

蜀葵

節過天中後庭開爛熳花千枝分蜀錦一徑散明霞露藥重重放風枝故故斜貧家增氣色滿眼見繁華

雨中登北極閣

石磴層層上凭高萬井開山雲低可掬霧樹杳難猜冒雨尋殘碣觀星眺古臺蕭梁遺恨在湖水激荒壘

長至雪

一陽生嶰谷六出洒寒空甕絶晨炊米窗殘昨夜風貔貅西極勁飂飂水鄉雄世變多蕭儒生敢悲窮

元旦

老覺年華促貧慚物態新世情誰向冷天意却回春把酒梅含笑粘符鬼逐貧閉門堅坐永此日是閒身

天好弟招飲小樓時别晉侯弟入郡同懷王星梁在餘姚

積雪漾明月高樓净晚烟一樽同氣集千里别情牽邗上春光好姚江客夢懸離情兼逸興今夕落華筵

春寒

荒城愁氣集澤國更多風凍結梅難吐春遲草不萌玉音蠲國賦金錯謁河工聖主憂民切天心未憫窮

春夜有感

冉冉春將半迨迨夜向闌霜空垂月小水氣入風寒老媚謀生
拙迂疎媚世難無聊頻覽鏡白首尚儒冠

喜晴

愁裏畏春陰空床擁敝衾曉窗初上日庭樹已鳴禽雲氣消清
漢烟光薄遠林荒城無酒伴孤眺起長吟

和新安吳吉人登拱極臺韵

勝友春城集風光上巳尋園亭環峻閣烟霧隱疎林客子饒佳
興新詩接正音因君懷白嶽頓起入山心

又和吉人雨後泛舟作

霽色摇孤艇澄浮映淺霞短橋纔拂燕弱柳不禁鴉水國逢寒
食風光憶永嘉仙源何處是倚棹問桃花

李氏叢書

過邵易墓和吉人韵

晴川來小艇高壠望凄然七邑儔雄畧千秋拜墓田可憐酹酒
地空負賞花天屈子祠偏近忠魂總可憐

月下王清瑶留飲

好友貧難聚留歡月正圓君吟詩度日我愛酒如泉濁世終須
避窮交老更堅中廚辦蔬菜時欲倚壚邊

村中七夕

七夕村中度雙星水際明題詩傷往事把酒愜幽情人靜蛩音
響天高露氣清深林無宿鳥疑是鵲橋成

賦得無食起我早

蕭蕭窗紙碎獵獵北風堅倚枕不成寐驚寒雪滿天貧中偏得
句愁結未成聯早起晨炊絶敲冰事硯田

飲喈文姪璞齋席上限韵

浮生無足戀萬事付洪波避俗趨如鶩逢人畏若儺深杯憐夜
飲幽徑喜時過小阮留堅坐衡泥奈怯何

叠石移佳卉誅茅遠碧波蕭疎同野鶴奔競笑狂儺相約論文
聚寧辭載酒過松關應夜啟索句訪羊何

朱㒟雲裏生日家宴留飲

汝舅寧堪似清談意頗同聚星陳氏里詠雪謝家風饌列河魚
美筵開樺燭紅年年生日酒留我醉而翁

李氏叢書

戊寅元旦

晨光遲入户霧氣閉青霄共說年華好其如壯志消思親腸欲
斷懷古意偏饒冉冉春愁逼無心問柳條

喜張聖穎至

地僻高人少逢君若遇仙多年成契濶此會有奇緣雨急孤城
暮梅殘二月天字貧難泰訣深愧竹林賢

聖穎至有懷令叔又房并訊及黄儀甫方宗子繆黄日朱
芳萊

生平幾兄弟落落似晨星見說頭俱白無人眼可青魂飛秋露

酒吳陵酒名夢繞梔芳亭小阮伸愁緒應同杜宇聽

次吳陵張又房留宿

舴艋難成寐逢君即次安層軒星影入涼夜水聲寒倉卒陳樽酒艱虞露肺肝誰能當儉歲留客罄盤桓

燕巢燈鈎為司空弟木庵作

舊是烏衣第新開綠野堂客來歌燕喜鳥亦愛燈光巧使銅為柱明如月滿梁羣雛看纔起黃口不尋常

別具依棲志羣誇結構奇頻看調玉燭故自繞金枝穩睡歌停候交飛幔捲時氤氳香霧裏時見羽參差

嫋嫋微風動搖搖亦自安吏闌頻顧影春曉不知寒翠羽牽珠絡香泥綴玉盤主人勤愛護凝睇倚闌干

生成依大廈營壘亦何工選勝穿銀網尋芳戀玉蟲一鈎藏曲折列炬照玲瓏樓閣空中造微禽妙理通

八月十二夜同峯兄集周匏耶客舍對酒是日值錢文度

生辰因贈

錢起生辰日周顒共寓時主賓諧夙好南北結新知院靜風來細花深月到遲無忘今夕會珍重各題詩

十三夜重集匏耶客舍適可亭叔父至自河阜相訂中秋

再聚時已買舟因不果行

客亭連夜聚歡笑不停杯風送幽人至天催好月來徑花滋重露林葉落新苔舟子無勞悶吟詩那肯迴

瓶菊

嫋嫋開垂盡依依更向人香臨書卷靜色入膽瓶新散影隨高燭辭霜度小春狂蜂窗紙隔無計得相親

冬夜獨坐

愁思淒今夕孤燈耿夜霜年荒疎骨肉命薄負文章酒憶樽中綠花憐几上香老懷無不遣丘壑意難忘

懷周匏耶二首

別離猶在目索莫忽深冬世外交情古貧中意氣濃酒因懷友斷詩為寫愁慵最是難堪處荒鷄叫曉鐘

為問旗亭宴何人共酒壚掀髯餘俠氣擊缽少狂夫邗水濤聲壯易山雁影孤虬峯吟興好幾度叩門呼匏耶寓廣陵古旗亭旁

贈崔青峙入都

崔灝聲名重輕裝壯此遊著書懸帝闕題句徧山樓驅馬三千里摶鵬九萬秋長安得意日應否憶揚州

贈別徐方菴

邂逅論心處槐陰古寺秋行藏隨老興仙佛總精修拂袖翩然去高踪不可留空囊無所贈惆悵送行舟

新月

萬古今宵月天邊月月新炎涼不改色哀樂總隨人斜影無偏

照餘光戀老身難儲盈甕酒相看到虧輪

春寒夜坐

客愁連日夕慘淡怯春陰徑竹敲風折庭梅卧雪深書帷昏短夢爐火熄寒衾趺坐同禪寂空王識此心

繡毬

一樹開如雪千枝墜粉團香從風暗度魂與月爭寒入夜閒庭寂憑欄旅思寬何當春爛熳坐卧擬袁安

題王秋山畫蜻蜓花卉圖

點水應無意棲芳獨有情冰紗裁薄翅碧玉閃雙睛似蝶慳拋粉如蟬禁作聲丹青誇妙手花萼共輕盈

程載錫招同閔在東黄上儀解易山虎觀家虬峯泛舟古渡橋分韻得八庚

萬柳迎輕檝開樽愛晚晴四天圍碧幛五月得秋聲橋古吞新漲圍荒啼好鶯茲遊饒逸興不遂管絃行

贈李曉村二首

繁華嗟薄俗朴雅見天真向我敲新句開言訊故人心閒因用短骨傲不羞貧僻巷紫門掩應嫌問字頻

比鄰佳士集風雨亦招尋說劍低星斗啣杯溢古今鄙夫嗤白眼窮鬼戀黄金意氣千秋在因君一醉吟

贈藕友燕二首

臨風長嘯發好友得藕君文不慚黄絹書能破練裙一樽開夜月雙劍合秋雲眼底紛紛者斯人迥出羣

蕭寺論心夜蟬鳴古樹陰相逢憐傲骨一見示愁吟局促籠中鳥凄涼爨後琴飛揚君有意何處覓知音

別蛩

亂蛩鳴石砌孤館獨相依明日江帆遠清宵客枕違入秋常作伴此去嚮音稀十月來床下遊人應未歸

雨中望京口諸山

片雨横江面遥看隔岸山雲林迴合處蒼翠有無間鄉路從茲遠閨遊何日還歸舟重攬勝楓葉定斑斑

月夜遊虎丘次喈文姪韻

虎阜今纔到山塘一徑開縱遊乘夜月勝蹟擅蘇臺露洗林光淨風飄笛韻來憑高思霸業劍氣尚雄哉

遊泰園

山水吳門最園林勝地開飛泉奔曲磵絶巘倚層臺久立疑仙去頻遊任客來鑾輿曾到此洒翰詠康哉

泰望山喜與紉菴叔同寓

萍蹤來越地星聚在吳山小閣延秋爽深杯話夜闌青箱慚世業白髮歷江關先訂西湖約遊心天外閒

山行晚霽和存齋韻

連陰埋迹興肯負片時晴策杖林間去看山雨後明鄉心隨雁遠詩思逼人清歸路聞樵唱披襟故緩行

與存齋夜酌喜晴

積雨昏朝夕山樓送晚晴衫床通笑語剪燭作歌行美醞今宵得天星徹夜明詰朝須鼓棹湖上逐鷗輕

登净慈寺鐘樓有感二首

古寺層坡上登臨興獨豪鐘能催客到樓自借山高一郡園烟樹長江滚雪濤題詩慚賈島落拓首頻搔

為愛南屏勝遥停湖上船雲低千嶂迥日射萬松圓花散談經石亭遮運木泉未能通慧業愁緒獨相牽

早發富陽

武林遊賞處回望隔重關曉日纔侵郭輕雲漸出山高秋新景物風俗舊荆蠻江水流無極潮聲自往還

龍遊道中

細石縈流水澄江净夕暉沙邊孤鷺下樹杪一帆飛客路偏多感風塵願息機買山遂終隱先遣寸心歸

泊龍游驛舟中對月

野泊棲鴉定開樽月滿船光隨千里澗影入萬山圓驛有軒車過村無酒旆懸不知茅屋裏清皎向誰妍

曉行

野店雞聲歇肩輿向曉天山根欹怪樹石竇濺清泉日出秋烟歛人行野鳥先崎嶇吾不厭風景正堪憐

山行有感

家國踰千里山行淚暗揮松風吹曉面竹露滴秋衣作客緣何事依人計總非雙親悲已歿夜夜夢瞻依

過黯淡灘

黯淡傳名險御愁到日晡風鳴灘石響雨滴客心孤白浪銜舟過朱顏入鏡枯前村尋竹杖山路藉顛扶

夜宿葉坊驛

竟日灘行險停舟夜泊安蠻山沉海霧老樹敵秋寒久客心多感探幽興未闌故鄉千里隔愁絶倚雲端

泊黄田驛

風急雨冥冥頑山一望青人烟屯古驛燈火照空舲路險詩爭敵愁多酒易醒舟中厭拘束猶勝坐横經

憶幼子

幼子三秋隔天南獨爾思常懷牽袂日忽及授衣時學語偏憐慧成名敢遽期茅簷風瑟瑟應未免啼飢

舟泊延平

前月離兹土征帆去復迴忽看楓似錦依舊水鳴雷沙嘴漁舟集山腰野店開奔馳人易老覽鏡鬢毛摧

宿水吉驛

人出嶺頭雲停驂又夕曛山高團月小水急入泉分亂析孤村

警哀猿靜夜聞愁吟別殘燭酒薄不成醺

旅店望江郎山

紆回行十里轉側見三峯忽到茅堂裏居然翠色濃簷端啣落

日窗隙引長松客枕難成寐仙郎應可逢

小至

小至仍為客重關夜氣寒孤燈昏雨雪哀雁集湖灘卒歲愁無

計思親淚不乾凋殘思故里新鬼哭狂瀾

送朱質公之嘶馬鎮

李氏叢書

秖為飢驅苦春初事遠遊一經藏敝篋五兩送輕舟失侶湖邊

雁懷歸江上樓天吳看未滅離別幾時休

爪步晚晴

積雨昏村徑斜陽出遠林晚山非一色歸鳥有歡音歲月催人

老關河入夢深浪遊悲歷歷檢點越中吟

獨酌

孤村寂無伴獨酌旅懷增急雨鳴秋葉斜風閃壁燈感時秋慘

淡搔首髮鬅鬙世事何須問名心冷若冰

野望

霽色開愁眼沿溪獨步閒天高風捲霧雨過日啣山老樹增苔

厚跡花點岸斑日來耽野趣久客不思還

小竹

叢生憐細竹移植入磁盆自具早徵質空辜雨露恩無由參碧

落只合老山根何日營精舍千竿綠在門

江口遠望

虎踞重關險龍吟駭浪層烟光浮鐵甕雲氣繞金陵勞攘憐行

客蕭閒羨老僧翠微遥在望時擬策枯藤

小金溝

去鄉不百里勝地足桑麻古岸垂高柳寒潮落淺沙浮生原屬

夢無老不思家但得田園趣為農意頗賒

李氏叢書

六十叔祖過訪

老足登山健輕帆帶雨歸酒香辭畫舫花氣滿征衣泛愛容樗

櫟安貧飽蕨薇他時若相問應在釣魚磯

和王思劬夏日雜興五首

松菊虛陶徑藩籬隔謝庭寸心將欲槁雙眼向誰青休負從今

始催租喜暫停摘花聊遣興斜插鷓鴣瓶

鬢霜嗟太速日月無停機春草綠方遍繁花紅又飛於人無一

可自計覺全非丹籥長生訣焚香靜探微

聞道淮黃合西疇漸可耕人言淆水旱天意失陰晴避世懷何

準臨流憶子荊恆飢思采藥非敢說逃名

社會陳諸戲奔馳舉國顛焉知逝水厄已似賽豐年酒肆酣羣
飲清歌得衆憐野人膽氣象應是縣官賢

向夕林陰減歸巢衆鳥喧顛風驅溽暑驟雨潤郊原掩卷開山
牖移花傍酒尊簷端聽淅瀝殊勝奏雲門

和吳夢翔閒居偶吟原韵六首

科頭無一事跂脚坐西窗詩債貧能了愁魔酒可降野花隨意
植奇石倩人扛剝啄看誰過何須犬吠尨

轉移頻剝復災厄免揚淮憤不無天問憂將有地埋閭閻欣擊
壤淳朴擬無懷樂歲餘生遇誅茅傍水涯

曉光騰曲徑野鳥故交交笋長風飄籜花深露浥苞幽栖聊自
適踪懶任人嘲清濁終須辨無令涇渭淆

息肩思茂樹洗耳憶明潭洗約愁難遣莊周夢未酣長羈籠内
鳥受制袖中鶴五嶽多奇勝何時任意探

世味從來薄無勞問苦甜道心如有得仙佛不妨兼駒影真如
夢霜華易上髯才名原悮汝往事惜江淹

憶昔遊閩越輕身歷險巖遠峯爭送勝幽草不須芟處處泉聲
沸山山鳥語喃夜來魂夢到晨起發詩函

移居

卜居來陋巷遁跡少人知老驥思千里鷦鷯寄一枝種蔬尋隙
地酌水近清池頗喜囂聲絕攤書得自怡

題仲駒弟新齋

臨溪愛幽僻築室兩三間不覺炎蒸逼能容我輩閒盆魚觀動
息拳石儼江山喜接吾廬近携樽易往還

立秋

五載悲昏墊新秋爽氣無今年饒霽色積水退長湖行野田禾
熟披襟肺病蘇晚庭揮濁酒涼露滴高梧

遊慈恵菴

出郭行蒼翠精藍寄樹中風生修竹院香出桂花叢欲探三車
勝何緣五蘊空非關耽寂滅淨理本無窮

書懷答寄公用原韵

歷夏心徒懶悲秋志未伸忘負慚道力射利遜時人廿作書中
蠹難容几上塵呼童頻拂拭莫受老夫嗔

遠水來無極茫茫夕照中市廛今日異兵燹昔時同野藿充朝
膳絺衣怯晚風支公頻見

遠遊良不易悵悵欲何之登眺多佳處繁華豈盛時負須堅傲
骨老未展愁眉倘遂幽棲志孤節自可支

乞食悲元亮談經愧孝先形骸同老鶴蕭瑟似枯蓮世事已如
此我生胡不然惟携一尊酒沉醉百花前

小至日虬峯三十三兄招飲

漫滅禰衡刺過從老弟昆披帷書滿架列坐酒盈樽小至青陽

復高人白首存天邊鴻雁影有意到衡門

王星梁生日遥寄

念爾生辰日啣杯聚未能連年皆逆旅昨歲滯吳陵鏡滿盈頭
雪霜飛一硯氷五更風怒起莽莽客愁興

氷阻三岔河

霜威不可犯氷結阻長河塔湧沖霄漢鴻飛近斗牛榜人貪夜
臥估客動鄉愁擁鼻高吟者空悲雪滿頭

帶子溝拜伯父廷尉公墓

耆舊山河在佳城松柏新著書探玉笈樂道謝蒲輪青史傳高
節丹心啟後人髫年叨汎愛洒淚愧邅迍

李氏叢書

抵山居看梅和存齋韵

忽聽主人嘯呼童速我來為言春雨後始見老梅開幾曲通泉
水三休到月臺張燈賡瓊樹還擬醉蓬萊

喜晴用前韵

欹枕尋殘夢鶯聲小院來雪消春水活日出曉雲開花氣徐穿
牖山光遠射臺故鄉凝望眼耕鑿闢蒿萊

春日北郊社集限韵二蕭

蕩舟行北郭春野亦飄蕭蘭氣薰詩卷梅花落酒瓢神交欣得
見勝友各相招歡讌歸來晚清溪暗上潮

春夜同解易山王思劬集石田弟齋中分韵得七陽

昏黑行幽徑相攜到草堂杯傾千日酒人擬四明狂燭燼忘深
夜花飛滿異鄉故園風景異誰忍話滄浪

曉發樊又

曉月微微墮村雞喔喔鳴舟人慵不起客子夢偏驚旅況鶯花
市愁懷澤國城為農偏有意高壠足深耕

暮春風雨

百舌啼聲倦抛書晝欲眠綿綿三月雨漠漠一林烟久客無歸
日長貧在暮年春風似相惜陣陣送榆錢

雨

長夏氣如秋冥冥雨不休野苔隨地蔓山鳥共人幽歲月浮生
李氏叢書
促烟波海上愁蓬萊如可問還擬泛仙舟

過純荼上人禪房

支遁欣相識禪房事事幽塵埃心不染談笑客能留雜卉一庭
滿孤桐百尺遒閒來時問訊應減客中愁

十桐居漫興

歲月堂堂去閒吟寄海東香生桐葉雨茶熟竹林風靜裏逾禪
境狂來讚酒功客亭幽且僻差足慰途窮

贈醫士朱志端

邗上聞名久壺中愜素心丹壟延北壽誼重薄南金井汲蘇耽
水園連董奉林楊君誇妙術兼道感恩深

雨

久旱河流塞滂沱驟雨来不愁寒氣入翻喜洞窗開曲水鳴山徑跡花艷石臺鑾輿今在道應爲洗塵埃

氷花和久菴兄作

似妬陽春艷芳華頃刻成蹊枝偏有態雜卉總無名伴雪飄輕絮先梅綴玉英誰誇繪事好應得輞川情

李氏叢書

見勝友各相招歡讌歸來晚清溪暗上潮

春夜同解易山王思勖集石田弟齋中分韻得七陽

昏黑行幽徑相携到草堂杯傾千日酒人擬四明狂燭爐忘深夜花飛滿異鄉故園風景異誰忍話滄浪

曉發奬乂

曉月微微墮村雞喔喔鳴舟人慵不起客子夢偏驚旅況鶯花市愁懷澤國城爲農殊有意高壠足深耕

暮春風雨

百舌啼聲倦拋書晝欲眠綿綿三月雨漠漠一林煙久客無歸日長貧在暮年春風似相惜陣陣送榆錢

雨

長夏氣如秋冥冥雨不休野花隨地蔓山鳥共人幽歲月浮生促烟波海上愁蓬萊如可問還擬泛仙舟

題恭純上人禪房

支遁初相識禪房事事幽塵埃心不染談笑客能留雜卉一庭滿孤桐百尺遒閒來時問訊應減客中愁

十桐居漫興

歲月堂堂去閒吟寄海東香生桐葉雨茶熟竹風林靜裏通禪境狂來讚酒功客亭幽且僻差足慰途窮

氷花和久菴兄作

李氏叢書

似妬陽春艷芳華頃刻成蹊枝偏有態雜卉總無名伴雪飄輕絮先梅綴玉英誰誇繪事好應得輞川情

人日

新年占景物人日雨初晴未探寒梅信先傳好鳥聲翦花看綠勝挑菜進香羹春引江湖興將爲萬里行

送神木叔北上二首

正值鶯花候蕭然賦北征紅塵隨馬去青雀逐雲行利達應無意登臨別有情運租船上坐誰聽朗吟聲

宿搆三都賦新成五噫歌壯心消日月老眼歷關河訪古漁陽驛懷人督亢坡歸期應有日遲我意如何

雨

風光寒食後竟日雨廉纖潤物融芳甸飄絲入畫簾行看春水漲坐覺晩陰添遠眺遲新霽山山淨碧尖

遲鶯 廣陵社集題

積雨何無賴春寒悵客心園林多好景睍睆滯嬌音不忿桃花落空憐柳色深雙柑與斗酒儲蓄到如今

咏繡毬花

桃李紛紛謝瓊姿殿衆芳數枝欹墜地千朶艷凝香面傅何郎粉魂飛青女霜莫教輕折取拋擊待紅粧

雨中寄天孫弟三首

李氏叢書

念汝耽幽僻辭家赴遠村精修應有得心跡與誰論把釣漁磯近驅牛牧豎喧兼旬風雨急何事度朝昏

飢驅吾最久比歲滯邗關咄咄無虛日稜稜鮮厚顔誅茅還舊宅焚硯學長閒會建東西宅機雲共往還

陰重雨冥冥題詩坐客亭長遊多閱歷垂老歎飄零雨急摧棠棣沙寒散脊令追歡應入夢惆悵一燈青

飲孔禹聲宅索贈

邗上僑居久東關卜宅新玉勾頻攬勝（居近蕃釐觀內有玉勾洞天）金谷得爲鄰（時鄰園芍藥盛開招予讌集）洗杓傾佳釀充盤膾素鱗故人情意厚爲囑往來頻

乳燕

生成華屋裏日日待含哺黃口偏啁哳烏衣未展舒穿花蜂受虐拂樹雀群呼莫謂雕梁穩能無意外虞

賜佛

鑾輿臨寶刹金像出深宮旌節馳天使樓臺竭鬼工巡遊多寵錫象教更優崇試聽魚山曲新詞祝聖躬

立秋

暝色收殘暑秋來夜正中愁吟依蟋蟀清響落梧桐絲竹情難遣蓴鱸思不窮故鄉消息斷悵望海雲東

七夕雨中與閻琴南表兄對酒

李氏叢書

急雨鳴修竹閒軒暑氣消兩人談往事七夕是今朝老眼悲時態澄懷淡碧霄把君詩一卷不聽廣陵簫

題救生寺

古寺崇岡上庭荒秋草長四圍山色遠千挺竹陰涼媚世工無術逃禪意不忘老僧偏好事城市日茫茫

村居二首

朝旭晴光好高秋景物疎閒行隨野老懶性樂村居地僻容栽樹溪深可種魚窮年悲碌碌悔不早拋書

三伏嗟無雨良疇刈穫稀年衰謀盡拙身賤遯宜肥一望憐雲水終朝飽蕨薇看雲溪上坐鷗鳥共忘機

詠諫果廣陵社集題

高樹垂多實，江淮此物稀。嘉名傳自昔，吾道貴知非。細嚼宿酲解，徐烹香氣微。餘甘同蔗尾，遲賞莫相違。

酬解易山表兄見懷

中表情無極，浮生萬事違。祇憑雙醉眼，終老一簑衣。好友頻相聚，故鄉何必歸。居停欣咫尺，乘月問玄機。

解易山表兄七十

童稱相親久，追隨到古稀。丹經通化理，綠酒發天機。犯雪探梅去，偕僧步月歸。會須遊五嶽，何須掩竹扉。易山詩有犀公請回駕硜硜獨掩扉

臘梅廣陵社集題

李氏叢書

獨抱幽貞性，嚴冬纔吐香。不隨霜假色，偏向酒爭黃。蜂蝶無緣近，松筠共久長。孤標原自異，莫擬漢宮妝。

元日

昨夜東風到，梅花幾点開。除夕日立春 風塵多底事，日月恭相催。老更躭書卷，貧偏戀酒杯。笑言多忤俗，親串莫相猜。

北堰雨夜懷京口周匏耶吳門劉興周二首

衰年來海畔，孤館客愁新。漠漠雲垂野，蕭蕭雨困人。梅花虛驛使，酒伴散江濱。閃閃寒燈暗，離魂度遠津。

濂溪京口住，公幹滯吳門。異地憐同調，他時對舉樽。波濤音問隔，道義素心存。永夜懷良友，蒼茫海氣昏。

懷朱芳萊

天涯幾兄弟，情摯莫如君。善氣迎親友，沉心閱典墳。高吟千樹柳，閒卧一溪雲。海畔遥相憶，離情黯夕曛。

雨中泛舟至丁渚赴馮麟書表弟之約二首

昏林村塢隔，小艇霧中鬧。不是高人約，何須冒雨來。海鮮來遠市，石甕發新醅。雲黑催人别，吟詩不肯迴。

入室琴書滿，登堂酒饌陳。坐談詩遣興，翻愛雨留賓。巢燕初尋主，江梅欲送春。非君篤親串，誰慰倦遊人。

食薺

野薺平疇綠，提筐採摘盈。芳馨堪佐酒，甘脆足和羹。社日寧遲內，清明勝賣餳。灌園吾輩事，茹菜老餘生。

李氏叢書

菊菜

籬畔叢生密，鄉人採作蔬。荒村無笋蕨，佳味足烹葅。堪佐麻頭酒，何須鋏裏魚。還能消肺疾，本草未全書。

新燕

僻壤無春色，尋春不見花。祇來雙燕子，伴我在天涯。絮語如相識，依飛故自斜。雕梁易茅屋，憶爾傍窗紗。

菜花

緩步踏晴沙，春郊盡菜花。也能招粉蝶，儘可泛涼霞。十里香風遠，千畦返照斜。餘生甘學圃，閒地老桑麻。

遣興

白髮知難變，青雲志未埋。烟塵離海畔，花月自茅齋。寂寞書堪把，踈狂俗不諧。翻思在城市，何日得寬懷。

雨中獨酌

老去惟耽酒，生平萬事慵。雨深詩思淺，燈淡客愁濃。久坐憐春雁，長貧羨暮春。渭濱三百畝，何日遂爲農。

歸舟有感

百里還鄉路，河乾水竭流。野風飄客鬓，微雨濕孤舟。有子皆豚犬，長年作馬牛。歸心悵摇落，五月尚披裘。

晚渡得勝湖

李氏叢書

萬里蒼茫水，潛通小邑湖。魚龍眠正穩，風雨客來殞。宿霧屯村樹，層波浴野鳧。東皋舊遊地，回首憶菰蘆。

上王中尊二首

海縣逢龔黄，高高降甫申。行春花拂綬，禱旱雨隨輪。澤國連年稔，江城萬象新。莫言棠蔭淺，遠映八千春。

照眼榴初放，傾心葵正開。琴堂風日麗，仙樂管弦催。歐范匡時畧，夔龍濟世才。深恩垂五載，榮擢位三台。

崔王峰兄弟携酒集飲十桐居

何期三載别，又到十桐居。携酒歡情洽，班荆積思除。連陰𣅜往渇，返照竹窗踈。泛愛憐雙壁，深慚賦子虚。

梓潼閣對月

月向晴空滿，樓高客寓居。挈壺沽美釀，開篋檢奇書。林鵲栖枝穩，庭花滴露踈。旅懷不成寐，寂歷夜窗虚。

别崔階木

天是豐年至，才華迥出羣。斗閒欣劍合，河上忽星分。竹徑孤新月，桐窗卧曉雲。登舟重回首，離思接沉醺。

北堰七夕

蠲熱舟行苦，征帆落晚霞。衰年猶作客，七夕又離家。靈鵲村墟寄，銀河海畔斜。香餘數行淚，和露滴秋花。

新月

李氏叢書

見月生鄉思，疑從故國升。微光隨海濶，斜影出雲層。小疾詩能遣，多愁酒不勝。餘輝猶足戀，送客剔殘燈。

紡織婆

鼓翼聲悽切，清宵迥達辰。非徒羞嬾婦，亦足伴幽人。吸露花頻動，偷光月自親。絺衣渾欲薄，砧杵一時新。

偶述

壯心消白髮，惆悵海東頭。雲暗一天雨，風生萬木秋。衰年輕富貴，歎歲困誅求。縱有樽中酒，難禁百結憂。

小雨

荒村嗟久旱，秋雨亦無多。細滴零枯樹，無聲響敗荷。空教燈黯

淡不及淚滂沱隴麥新沾上農夫意若何

題陳天申陋室

入門營小室落落寄簞瓢古寺聞鐘近鄰家借樹饒避人耽翰墨留客話漁樵散步時相問扶笻過野橋

九日二首

搖落秋深候羇孤異地身傷心逢九日垂老泣雙親學稼寧甘拙工文不療貧青山結茅屋何日作閒人

海天鴻暗度耿耿坐清宵夜雨鳴秋葉寒聲落晩湖吟詩枕上續懷友夢中招萬里平生志昏燈悵寂寥

顧去疑綿初姪携酒餞別留去疑宿小齋限韻各成一律

堪歎飄零客渾如行脚僧年衰悲岐路歲晩怯堅氷縱飲高張燭清淡細剖菱慚無安穩榻孺子得無憎

元日

紀鳳新占曆粘雞起向辰椒辛纔餞臘菜甲早萌春世事誕如夢浮名輕似塵南窗迎旭日曝背且怡神

和素臣早春移梅

吾弟多幽興庭花最可人四時饒雜卉一樹獨先春移植朝曦得婆娑夜月親分題憐弱女詩句總清新時諸姪女皆能和父詩

虞伯識天孫弟來留小飲

剝啄來良友愁中一笑迎片言銷鄙吝小酌費經營鮭菜貧家缺膏粱老眼輕狂奴多故態高論鬼神驚

秋夜歎

堪歎天涯淚頻傾酒盞中無端離骨肉任意走西東夢斷三更月愁生四壁蟲何曾叉名利咄咄坐書宮

十六夜月

開軒遲素月依舊出層雲皎潔仍終夜依稀缺一分笛聲應還調酒伴未離章令夜秋過半新鴻幾度聞

張兩公齋中賞菊和林聖與韻

為覓陶家菊相邀仲蔚居酒人隨雁集花影入燈踈玉笛霜前調蠻箋醉後書歡場獨回首旅客意踟躕

雨中俞幼李招同人夜集

木落初冬候蕭蕭風雨辰多君憐旅客秉燭聚詩人殘菊猶堪把新醅喜入唇山村無夜警乘醉往來頻

雨夜對酒酬林聖與韻

高齋聽雨夜對酒寫心時愛我張陳榻耽書下董帷十年如一日遡舊發新詩今夕逢劉悛方知勝自知

丙戌元旦

長貧羞度歲老懶拙謀身人世猶常態風光不覺新椒辛儲綠酒爐火焰烏薪分得官家米能除范甑塵時得賑穀

人日對雪

白屋寒慵起開窗雪滿林亂雲藏曉日積素結春陰絲勝誰家
剪梅花何處尋生平剡溪興寥落少知音

正月十六日黎甥冀高張燈讌集即席賦

華筵速諸舅高閣夜張燈燭艷爭花媚冰凝映月澄生深街鼓
寂談劇酒懷增老興難辭醉扶歸藉短藤

曝背

曝背茅簷下春晴暖日敷人誰憐朽骨天自愛窮儒狐貉何須
問琴樽任所需客來閒坐久藜藿缺中厨

先母誕日設祭

母没卹哀久家貧卜葬遲山年陳薄祭誕日起深悲蘋藻元羞

李氏叢書

豆冰霜撲酒巵不知泉壤下兄妹果相隨伯兄幼妹俱先母而卒

郡中懷林聖與二首

悵望西山道相違隔一城殷勤敦古處薄劣慨人情寂寞三春
度羈愁百感生回首冰雪夜剪燭話深更
比鄰皆至友夜讌必相招長嘯呼銅斗清歌度玉簫思深春樹
暗愁結暮雲遥乘興來相訪遲君廿四橋

三月晦日偶成

轉眼三春盡驚心百事非窮途高氣節俗子聚輕肥釀蜜詹蜂
鬧營巢幕燕飛紛紛看物態誰與共忘機

洪止間招飲東園

東郭園林好招攜逸興賒清和淺夏日爛熳殿春花令客題鸚
鵡佳兒騁渥洼歡遊竹林下待月照還家

彭時濟新構書齋

舊好容時過新齋指日成苔錢隨徑長雲幔向窗生野鳥啼清
晝山花放晚晴板輿行樂處名利不關情

題友人讀書小樓

爲愛樓居好何須百尺高頻邀邗上月坐聽廣陵簫覓友交情
古端居賦興豪過從殊不厭命酒更揮毫

喜雨

久旱炎歊酷良苗半欲枯雲峰膚寸起雨氣一天敷竹徑聲敲

李氏叢書

玉荷池亂滾珠客愁聊爲減獨坐不嫌孤

遣興

小閣登臨倦侵堦日影斜風林飄筍籜石几落桐花妄想知何
益長貧莫自嗟羈栖幽興在還勝客京華

金絲桃

獨逞黃金質寧隨桃李榮香心勾稱蝶絕色妬流鶯入夏供幽
賞當堦任夢生榆錢飛片片花徑漫相輕

鵁鶄

野性隨雲水何期入網羅祇因貪飲啄強使傍岩阿弱羽飛無
力依人困自多應須鷗作伴浩蕩逐江波

蟬

清響徹雲端頻驚午夢闌陂塘千樹碧風露五更寒蛻化緣真性無求得自安貪殘仍嘿嘿羞綴侍臣冠

百舌

栖息亂高樹樊籠困可哀生成雖弱羽造物付全材巧舌知機變靈心釀禍胎花間流囀滑衆鳥莫相猜

咏存齋案頭盤石小池和韻

水石有幽趣能為席上供文心隨曲澗好手綴奇峰羨此一卷足何須萬木重悠然濠濮意歷險憶支笻

七夕

竹窓風穿入花香露暗滋生憐良夜永偏憶少年時蟋蟀新鬬語蜘蛛暗度絲比來能用拙乞巧更何為

中秋夜懷周匏耶

憶昔中秋夜吳陵共舉杯劇談遲野月醉步踏蒼苔久別人何處相思首重迴老懷傷落托感爾獨憐才

廣陵喜遇薛樞九崔階木

回憶論心處虎墩歲暮天十桐時入夢二妙若逢仙雨氣隨人散風流在眼前黃公壚畔酒拚與醉同眠

萬壽菊

豈是陶家種虛名媚世人無香偏美色帶雨不離塵西域由來久（一名西番蓮）東籬漫欲親霜前任開落未許傍松筠

遣懷

寂寞山齋靜渾忘是寓居安貧思辟穀娛老戀抄書夜伴投林鳥晴看出沼魚何須論世事經術本來疎

長歎

客問何長歎浮生夢裏過積冤同骨肉宿好釁干戈窮達真成幻文章亦是魔惟應逃麯糵散髮醉岩阿

冬日偶成和存齋韻

齋居寒擁褐遣興酒頻賒樹禿全無葉冰堅却有花鴉啼新月上雁度暮雲斜轉眼春到吟詩待歲華

眉叔叔祖以五十六歲生子索贈

追隨自疇昔忘分獨相親得子雖遲暮聞聲邁等倫竹林他日好丹桂一枝新明歲登高節欣看繞膝人

月夜

今夜揚州月憑欄獨自看遙憐隨畫舫幾處映雕鞍萬象難逃影孤樽強自歡餘光沉溟渤應共酒懷寛

又石弟來郡偕文姪留宿東城書屋即席雨霽月出各分韻賦詩予分得十蒸韻限升燈增藤四字

積雨連宵暗開軒見月升蘿陰侵夜榻花氣入春燈客况愁應減詩懷老益增詰朝風日好相約策枯藤

和又石八齋韻限妻攜棲西四字

星光低𠆤户相對慰孤凄耕稼謀生拙詩書任意攜衰年悲落

拓何日遂幽栖莫負春光好招尋遍竹西

和匡引十一真韻限新人神親四字

返照生虚壁盈庭嫩綠新酒嫌防肺疾月喜照幽人風動花飄

影詩成筆有神客中時襆被論道更相親

和喈文二蕭韻限消昭蕭橋四字

細酌偕知己清談俗慮消烟林仍漠漠星漢忽昭昭耕雨思驅

犢尋花欲伴樵遥憐幽勝處斜影掛虹橋

和景留四支韻限規詩移遲四字

李氏叢書

芸窗相聚久談笑不忘規經世甯無術起予可説詩雨消雲氣

薄花重月光移愛此山齋静殷殷夜話遲

簡秋鶚姪二首

憶昔爲行聚而翁親最真贈言悲絶筆予兄台尹作詩贈予踰月而没遺稿駕

前人小阮稱同調他鄉得比鄰依依相數過溯舊倍傷神

貧到難言處相看淚欲流途窮遍在客身老不禁愁已渴三時

雨寧期百畝秋啼號應不免生計與誰謀

偶成二首

旅館愁吟外蕭然一事無存心看熱客開口笑寒儒機巧隨流

俗清狂任老夫一杯風露下蟬唱伴人孤

懶勝嵇中散狂思阮步兵交游心欲絶青白眼分明展卷愁魔

去開樽磊塊平逢人無浪語一笑比河清

程階聞齋中留小飲席上賦别

相對秋光好留歡意最真閒能驕貴客論不合時人汎愛憐同

調迷途藉問津明朝暫分手憶爾勝湖濱

喈文新搆江上草堂雨夜邀集諸子對菊分韻予得爲字

選勝成新搆江天暮雨時人欣來此地時聞栢來自都門菊採自東籬

詩與花争艷情因景自移蕭蕭霜鬢短不醉復何爲

和秋鶚書字韻

主人新結屋小雨值冬初折簡時相約留歡夜正餘清談能絶

李氏叢書

俗曠覽若憑虚仰視驚鴻筆偏宜子敬書時山

和匡引鋤字韻

好山頻位置惡竹盡芟除愛菊情無極傾壺興有餘香風飄石

磴雨壁走蟲書頓有逃名意買山思荷鋤

和喈文之字韻

颯爽秋風至庭柯葉乍離坐聽新屋雨争賦晚唐詩花品有升

降醉鄉無險夷此中真意味嵇阮獨知之

和聞柏無字韻

半園仍舊址傑閣據名區舊雨來相集新篘不用沽誰家喧鼓

吹時東鄰演劇客子薄衣襦倚醉騰騰卧鄉思夢有無

和景留叢字韻
行行幽徑裏處處有花叢曲水一池碧高楓幾樹紅衷關常畫掩彌剌不輕通况有書連屋搜求樂不窮

人日對月
入春晴色好霽月又依人幽事貧家得風光大地新梅含殘雪吐雁度碧宮頻小立聽清漏霜華洗俗塵

鱓娗結茅讀書其中閉户不出詩以美之
藏修禁出户結屋背疎林硯匣堅磨鐵書聲琅出金晨昏雖係念花鳥不關心宿貧匡時畧須令經術深

郭皃仙招集十桐居即席賦

高館桐陰密烹泉解鬱蒸蟬聲風裏度苔色雨中增漉酒陶元亮論文杜少陵東林漫相約把盞戀良朋時將移寓東菴

憎蠅
如何禪寂地聚此一叢蠅逐臭真堪鄙吞腥究未能攤書滋混擾倚枕漫飛薨景迹滿天地山林興益增

贈王德昭
多君篤親事日日過居停嗜古性成癖憐才眼獨青囊螢宵伏凡凜麦晝橫經會見乘風去飛鵬化北溟

崔階木賦詩贈別和韻
寥寥不得意愁積載空舲風起雲天黑潮來海氣青歸携陶令酒遠弔屈原靈知已情非淺相思賦隱答

病中吟
風雨幽窗暗昏燈照獨眠貧偏增晚境病更值災年婦計朝饔半兒謀買藥錢不知重九過辜負菊花天

不寐
一月抛書卷心同廢井荒病深疎把酒歲儉欲離鄉雁度霜華重雞啼夜月長華胥千萬里夢裏路茫茫

至日客虎壤
長至長為客飄零又海東凍雲遮野月孤燈燭閃樓風高卧何年穩謀求異縣同歲荒隨俗儉旅客敢求豐

酬天孫弟客中見懷

垂老興居懶長貧歲月馳病中輕死別客邸重離思海畔多魑魅殊方動鼓鼙歸期聚茅屋把酒訂新詩

人日 己丑年在西山作
春光今歲好人日更暄和萬象乘新氣孤身奈老何芳菲先草木氷雪浄山河縱勝無須問啣杯漫自歌

別張鼇身和韻
高賢將命駕明好更相牽舊雨流連聚新詩次第聯秋風來爽氣初月出浮烟落拓悲遲暮終須棄硯田

贈張聲遠 時年二十

冠禮今雖廢文章可致身陸機工作賦裴揩譽傾人博物家風
舊同居世澤新高堂雙注眼侍宴曲江春

夏夜一起對月

晝熱夜忘暑中宵月滿床山村人寂寂澤國水茫茫浩蕩洪波
險淒清白露凉光輝同一照客子倍神傷

蚊

渾汗方如雨聞聲又似雷惱人高倚枕礙我快銜杯小物攢膚
慣微軀應手摧火攻猶不免利口釀奇災

徐翼如七十索贈二首

憶昔湖村聚襟期獨洒然鄉人稱善士令德到高年對酒傾三

李氏叢書

雅傳家重一編賢嗣皆俊逸綵袖舞華筵
瀲灧湖光好高人獨隱居平章惟風月娛樂有琴書酒泛松花
溢香飄桂藥初古稀稱慶日雙鬢未勞疎

至西山林聖與席間出式臨禪師留别倡和詩見示率和
原韻二首

一見欣然說吟詩近有鄰箇中誇妙手方外得奇人浪跡曾浮
海清談迥出塵天涯知己聚惜别兩傷神
驅車下長坂茅店計山程老骨驚風刺孤身落雁輕悲歌今日
事長嘯古人情纔脱征塵苦銜杯逸興生

式公叠前韻見贈再次韻奉酬

雲山真我宅樵牧願為鄰久被浮名誤誰憐岐路人幸容留白
社寧復戀紅塵小住因遲我相逢倍有神師已傲裝因予至暫留
迷津誰與問覺路豈無程舊雨流連久謂林聖與諸昆季宗風指點輕
六塵消片語兩世續交情師與先君稱舊好別後添相憶佯狂念李生

從西山將之吳陵留别聖與四首

每到分携日依依倍有情憐貧真鮑叔盧植勝曹生馬首寒霜
重山頭曉月清奔馳殊自愧衰老累微名
邗上多同調知心有幾人何當遲暮日感爾性情真令德諧靚
友高懷慕隱淪劍南詩一卷臨别義重伸時以手輯放翁詩相贈
明發戒嚴裝清燈獨舉觴故人皆係念之子意難忘意氣存吾

李氏叢書

黨迂疎耐老狂寒爐冰雪夜相憶恨茫茫
明春仍有約歧路各淒淒負土愆難釋時欲葬親還家意轉迷論文
嗟濶别把酒憶招携欲訴生平事山窗檢舊題

贈羅蒲嶼以下庚寅詩

羅合欣邂逅佳句更清新暫寄丘園興不沾京洛塵縹緗傳世
業簪笏丰宗人惜别春湖上相期把晤頻

花朝月夜集許廷碩妹丈宅同妹氏諸甥小甥孫飲席上
口占二首

花朝天氣好霽月更當空春色先林下清光入鏡中湖村團骨
肉佳釀拓心胸明發催歸棹離情話不窮

夏寒

偶然比鄰皆勝地一望是晴川眼裏皇恩近荒邨起爨烟

來丁吾兄友有弟愛迎禪繼興文六未詳公行丁同信步行東郭尋僧亦

遁敍卿肖無恒文司南秉手棣留歡懷懶殘升沉君莫問但勿令眉攢

由老經過處欣然佛地寬如何眈寂靜不厭處飢寒淵雀懷支

過東溪庵簡君溪禪師文訪元立上人不遇

秀分深管乾知會須窮萬春莫負聖明時

風雅存吾黨君堪稱白眉山中誰對字林子共論詩句攬陰何

留別學秀才和見贈原韻兼簡林子聖俱

滿千秋慧業存別君無限思風雨坐黃昏

見說楊雄宅奇字日叩門擁書常閉戶種字獨名園三月春光

答俞謝還

老相思音重回西山欣握手懷抱一時開

憶在深濃宅群鸞倚馬才江山色秀澤雁聲哀契闊人俱

喜晤李弟幼客於西山

語不見蝶弟飛更句手無望王孫歸未歸

園林新覆滿徑落紅稀淺碧分山翠清陰散夕暉書閒人坐

詠新綠

稍稚子哥園藝情執手提留戀深惆句髮蹤

比鄰唱鼓吹此地有琴書風月同清夜爲歡各自如主人張木

引良朋不待招莫嫌僕足蹇前路酒旗飄

翠侶步東郊春光野外饒林烟漠漠長路水迢迢飛燕如相

同馮麟書申丁清步行至北堰訪董氏兄弟

信亂世戲儒生買犢拋黃卷春田學稼耕

離家纔一月聽雨忽三更酒薄愁難遣燈昏夢不成端居懷遠

夜雨

紙清明客憶家不堪垂老日惆悵在天涯

小立衡門外林坵眺望賒花開似錦愁緒亂如麻古墓烏啼

野望

浦細雨浮春水野館遙相憶頻看海日升

館拐情意重餞別張燈賓主貧中道離虞氣益擁孤鴻鳴遠

席上別王孝寬

角鼓棹雁離行不及東齋好相依在首陽

春明期聚首忽見傲行裝月上燈初盡風生夜欲霜携書十卦

早春送天孫六弟之何村

抗手重頻絛杯經句不相見驚說老顏頻

抱病惟僵臥柴扉晝不開朝來欣霽色又喜故人迴下榻先推

喜徐玉振歸里

遁恒飢孰援客生平有餘杖欲寄尺書難

積水連江漾蕭蕭六月寒杯盤方寄興風雨忽無端抱病還憂

咏爪和顧太史韻

古咏誰堪紀黃臺念舊勲入田履無納隸事簟能分臧齒凉如水侵心火失焚明朝逢七夕鏤切正紛紛

題解方永新構斗室

自遂幽栖志家居闢小齋苔痕三徑滿月色四時佳閉户惟容膝開樽即放懷我來時問訊龍舌散青鞵

夜坐偶成

萬事渾無定浮生信可哀乾坤原逆旅風月自高臺計未憐妻拙負薪嗔子騃一杯應在手百歲幾人哉

送竈作

媚竈原無術送神應有詞兒啼無夕食婦歎鮮晨炊窮達由天命栽培望帝慈陽回思往澤願報上蒼知

其二

積塵生范甑今夜潔荒廚薄酒雖三進豚蹄僅一盂不知臨帝室能為奏民瘼更乞驅窮鬼無令混腐儒

正月三日送姪繹北上和諸子姪餞别原韻以下壬辰

首春飛棹去白雪淨黃塵寶劍氣衝斗驪珠光照輪絲綸先世業麟鳳盛朝人見獵猶心喜皤溪愧隱淪

小樓夜坐寫懷

獨坐春寒逼風樓閉夜燈林封疎葉雪硯結一池冰沽酒囊垂罄擲書眼欲瞢兒曹不解事嗤我老無能

次日作疊前韻

强持新歲酒還掛舊年燈灶冷薪偏濕春寒井亦冰但令心曠達莫悵眼昏瞢佇見平疇綠躬耕愧未能

吳陵同陸拙菴朱芳萊集飲酒市即事感懷

他鄉逢老友縱飲集旗亭乍見頭驚白相憐眼倍青文章神鬼妬泉石夢魂甯何日深山隱招携倚翠屏

幾年不相見貧困苦難支遣興惟耽酒懷人漫賦詩奇文欣共賞古調愜心期時朱以詩文見示陸善鼓琴春市風光好相邀日舉巵

陸拙菴朱芳萊携酒過寓復疊前韻

汎愛容狂叟携樽過客亭園堤千樹秀菜甲一畦青縱目懷王粲潛身愧管甯春寒愁夜雨剪燭障雲屏

喜迎知己客足藉藉節支琥珀傾佳釀球璣瀉好詩時西口以和詩見贈春光猶有待歡賞未逢期惆悵梅花落頻揮金屈巵

小鯽

小鯽寧論尺傾筐可百頭漬鹽堪耐久每飯不他求江國鮮雨美豪家海味稠充盤頻進酒也足傲王侯

朱玉立携酒過飲

三日未御觴君能過學堂晚年耽寂靜對酒愛清狂雨氣消殘雪槐陰送晚凉官衙聽擊鼓敲朴正堪傷

鄰火

火輪忽墮地，烈焰逼官衙。震悸萬餘户，延燒十數家。比鄰摧棟宇，乘屋望咨嗟。旱魃方為虐，難堪帝怒加。

喻中尊勸農下河即事恭紀二首

飛蝗不入境，時雨又滂沱。佇見千疇緑，遥聞五袴歌。勞農親戴酒，鼓棹任揚波。百里壺漿迓，歡聲徹大河。

濬河新奏績，麦秀已雙岐。惠政施膏澤，天心亦轉移。芰荷香馥郁，蓑笠望參差。載覩田家樂，公餘早賦詩。

賀張武林入成均以下乙未

聖代尊儒術，清時選俊髦。横經臨虎觀，挾策展龍韜。柳汁侵羅袂，花香集緑毫。天人應獻賦，誰不羡英豪。

李氏叢書

繼芳上人見招禪院觀蘭

幽香宜淨域，清氣襲衣裾。坐久禪心寂，談深俗慮除。紫莖徴露浥，碧葉惠風梳。更訂來朝約，清供為剪蔬。

次日繼芳禪院觀蘭留飲即席作

把盞支公室，知余是酒狂。叢蘭薰面目，暖日卸衣裳。人以達為貴，花因酒益香。前村看菜圃，疑是布金黄。

夏寒

陰霾天地閉，長夏氣猶寒。樓樹緑嫌暗，庭花紅易残。憂端生困阨，好客阻盤桓。美醞沽難得，何時懷抱寬。

獨酌遣興二首

三春看又過，萬事歎蹉跎。晝棟纔棲燕，孤燈漫撲蛾。清樽偏易客，白髮苦無多。貧賤甘終老，兒孫奈若何。

一編常在手，吟咏可忘機。蓬户無人問，松窗足自怡。書中尋至友，世外覓新知。近識參寥子，談禪屢析疑。

苦雨

長貧栖陋室，積雨怯晨興。兒病憐無藥，窗昏悵絶燈。荒堦盈紫蘚，卧筆集青蠅。土銼炊薪濕，朝曦不見升。

宿繼房上人禪房

萬籟聲俱寂，高樓静似山。荷風生遠浦，明月到窗間。闤闠塵中鬧，時鄰郁有鬪者避喧來此香燈世外閒。支公頻見慰，襆被願無還。

李氏叢書

立秋日作

曉起露沾襟，蟬鳴高樹陰。連宵方酷熱，是日便蕭森。落葉凋金井，清風拂玉琴。衣裳裁薜荔，何用急秋砧。

臘月廿四夜

一歲行將盡，今宵是小年。世人皆媚灶，吾意欲呼天。爆竹喧鄰里，梅花艷几筵。老來無可冀，惟願酒如泉。

元旦寫懷丙申

昨夜驅窮鬼，衰年志古人。貧隨妻子厭，老惜歲華新。鳳紀頻須曆，雞窗又向晨。自茲勤運甓，不負百年身。

新月

入春纔五日，又見月如鉤。斜影纔穿徑，清光漸滿樓。能容千日醉，萸花引百年愁。更喜庭梅放，春風夜景幽。

立春前一日神木叔齋中留飲竟日賦謝

吾叔題詩至，邀余坐日中。盆梅開幾朶，幽賞興無窮。佳釀留連進，蘇盤次第供。酒闌方欲別，皓月又當空。

遣懷

元日到元夕，偏多風雨天。題詩空有興，沽酒却無錢。老去知心少，貧深壯志堅。寒威爭與敵，高咏聳吟肩。

七夕王孝寬朱雲裏史嵩萬小集

霽月簷端出，雙星碧漢垂。佳辰集樽酒，幽賞愜心期。不乞人間巧，還吟舊日詩（時雲裏席上誦余舊詩）。郝隆書在腹，曬後發新思。

月夜

遲遲度明月，耿耿望天河。蟬唱因風斷，槐陰入夜多。露濃肥豆葉，花落罥蛛羅。清鏡香垂照，其如白髮何。

即次

即次耽幽靜，衰年足寓居。到來三日雨，未展一床書。喜與文人近，應教世事疎。餘情及妻子，水漲憶吾廬。

訪陸太丘未遇鄰人云其被大他徙詩以憶之

訪舊情偏切，衝泥歎竹扉。室廬焚已沒，妻子去何依。蕭瑟餘荒圃，低徊對夕暉。甕桐增逸調，應不歎知希（陸善鼓琴故云）。

夜坐獨酌限韻二首

宿雨雷驅散，疎星耿碧香。書帷爭鬢白，酒盞入燈紅。把釣醉湖北，吟詩到海東。曉鐘驚旅夢，疑出景陽宮。

古稀年已邁，萬事總成空。短髮星星白，酡顏日日紅。窮愁遲去住，飄泊任西東。安得離塵網，清修入梵宮。

懷史嵩萬

邗上聞名久，吳陵對酒豪。襟懷嗤薄俗，風雅戀吾曹。奉母鴉哺乳，臨文鷹脫絛。相思情倍切，非為贈綈袍（別時贈我衣）。

癸巳元旦

大地陽初復，數天祝萬年。乾坤容我老，文物憶先賢。積雪凝氷結，寒梅向日妍。壯心歌伏櫪，不與歲時遷。

正月十六夜憶西山舊遊限吳野人元旦詩韻

又過燈花節，應賒梅柳春。良辰思舊侶，帝澤望恩新（時聞萬壽節恩詔將頒）。東閣探梅便，西山釀酒醇。氷融還放艇，欲作遠遊人。

春日寫懷

老病非慵起，飢驅奈若何。茅簷足氷雪，春澤少陽和。壯負千秋業，閒韋萬卷科。庭梅雀啄盡，悔未豫張羅。

清明獨眺

極目春如海，香風大地勻。有雲成嶂巘，無地着蹄輪。水國逢寒

介荒郊孀野嬈欲隨漁父去何處武陵津

賦得燈花何太喜

閉戶廿岑寂相依只短檠如何呈異彩伴我坐深更佳客猜誰到輕裝計速行須更窗月上竹樹影縱橫

賦得無食起我早

向晨推櫛沐拂几列琴書自不幸幽興其如爨大虛脫巾思灑酒彈鋏賦無魚但使心常適朝飢亦自如

賦得小屋如漁舟

雨勢來無極頹垣隱樹間昏濛宵旦失困阨未薪艱陋室誰談笑濠梁絕往還垂綸虛有志佇目望雲山

返照寓吳陵作

黃昏跡雨歇赤日暮雲遮返景斜穿樹晴香幻作霞酒懷抒客館詩思落山家亭午炊蒸逼晚來逸興加

客郡中家音至聞生孫

歎歲悲無祿衰年幸得孫但祈酬世德敢望大吾門賦質如聰慧遺書藉討論歸來見弧矢加意拂琴尊

西山道中

迢遞平山路驅車向夕陽飢鴉巢獨樹落葉下崇岡苦為浮名累難將世事忘故人倉卒別回首恨茫茫

金山小憩華嚴菴懷天谷禪師

蘭花園松竹高岡上幾重誰知人境裏自昔有仙蹤曾與支公辨安禪許見容堪憐但化迹遺塔白雲封

寫懷二首

婚嫁何年畢誅茅愜所期四圍松竹茂一望薜蘿滋遣興頻儲酒逃禪戒賦詩放閒烟水畔鷗鷺喜相隨

海內無知己書中見古人賢豪尊北面義俠結芳鄰健戶應酬少忘形契合真眼前花與月日日得相親

雨中泊寶塔灣望高旻寺寫懷 以下甲午

峻塔凌霄漢行宮傍紫微雨中雙闕迥雲際六龍飛何日沾微祿衰年尚布衣孤舟任飄泊回首壯心違

至瓜洲虞子極齋中留宿

新結朱陳好肩輿至德門笑迎纔入座指點便開樽擊鼓催明月張燈讌上元茍新何濟濟繞膝羨諸孫

丹陽道中

甫離京口月江路晚潮平竹樹藏幽境村墟紀客程橋橫通野渡山缺出春城詩思誰先得深林囀好鶯

花朝神木叔招梅下

花開風日美一樹雪霏霏靜賞氷輪出清談玉屑飛幽蘭堪作侶好鳥故相依為有催詩令餘酣帶詠歸

舟中閱唐詩限韻先寄吳陵諸舊好

輕舟漾春水，遠赴故人期。燕語過檣疾，鷗翻出浪遲。遙憐風日好，不致客心悲。千載蘭亭會，欣逢祓禊時。

答俞幼李謝遷林聖與同社諸子

休矣爲吾歡，求閒那得閒。一生愁不盡，八口計惟艱。閱史頻鎚校，酬詩費往還。時吳陵友人約修史并訂詩社 誅茅心獨切，欲搆屋三間。時欲葺學堂於宅畔

山行二首

肩輿行曠野，歷險下危坡。古寺松無頂，山田麥有波。衰年勤跋涉，知已慰蹉跎。歧路頻回首，懷人恨轉多。謂林聖與

摶黍三山轉，炊松一路香。野花開窄徑，古木秀高岡。身世真如寄，山林意不忘。虹橋遙望處，烟柳繫情長。

贈别通州顧六書

傾蓋逢高士，論心吐至誠。山川精地脉，肺腑洞人情。自探囊中秘，能成世外名。五狼形勝處，何日更班荆。

塔寺南樓待雨二首

暫得浮生暇，清心禮佛燈。謀餐三糴米，待雨八開窗。炎暑蒸層塔，渴虹飲遠江。甘霖如立霈，長嘯發輕艭。時將有丁溪虎墩之行

難息田禾槁，登樓待雨來。千峯亂雲合，一水積煙開。遠浦收殘日，空庭響震雷。并催詩句就，沽酒快傳杯。

槐

獨樹當樓植，摩挲興不窮。陰濃能蔽日，葉密更含風。永晝蟬聲集，清宵月影空。南柯寧入夢，高潔性偏同。

早秋即事

愁眼看天地，無心對早秋。飛蝗蒼昊蔽，亢旱火雲流。紀變繙青史，恒飢悵白頭。慚無經世略，共抱杞人憂。

秋夜聽雨

久旱秋纔雨，中田霈澤遲。蕭條無刈穫，淅瀝起愁思。凉氣侵書幌，寒聲落酒卮。如椽螢未就，誰寄草堂貲。

復雪

積雪中庭滿，寒威夜更嚴。千林猶掛霰，萬瓦復新霑。何日逢黃袂，漫共撒白鹽。衾安眠不穩，窗紙擁風尖。

史嵩萬雪中過訪

履冰歸故里，冒雪叩寒門。不覺風霜色，偏多肝膈言。長貧堅氣骨，傲眼望乾坤。堪歎囊如洗，無由籌舉樽。

除夕

歎歲今宵盡，憂端萬事除。酒闌孤燭下，春入五更初。竹徑傳風響，松窗映雪虛。祭詩慚賈島，悔負五車書。

香雪樓詩稿

七言律

新歲得柳培卿業師寄書兼有北渡之約

翹首中山歲又除晴江浪闊報雙魚纔聞命駕愁俱減已覺春風座有餘昔去久懸徐孺榻今來重授伏生書舊栽松竹還無恙佇望巾車到敝廬

元夕月下對梅

寂歷書齋獨掩門六街燈火任繁喧天開好月成良夜人有名花作上元白雪垂垂低石砌香風暗暗轉南軒醉歌郢曲誰能和自笑清狂倒綠樽

李氏叢書

即事

高秋僻縣日喧呼聞道徵兵達帝都江上旌旗開萬里民間租賦困三吳中原此日紛羣盜茅屋窮年聚腐儒漫把離騷揮濁酒蕭蕭霜葉下屠蘇

野望

蕭蕭蘆荻起飛鴻極目蒼茫四望空潮落野田秋水白日沉滄海暮雲紅千家野哭荒村裏幾處漁歌曲港中坐對西風悲落拓幾回彈鋏歎飄蓬

秋夜聞雁

涓涓涼露下高城孤枕淒涼一雁鳴落木蕭蕭秋欲老殘燈隱隱夢初驚波漂萬頃傷禾黍烽警中原苦甲兵嘹嚦那堪深夜聽尺書兼動故人情

中秋無月

佳辰把酒望秋空疎竹高樓暗度鴻萬戶管絃俱寂寞一天星斗竟朦朧蒼茫夜色依殘燭淒切秋階響候蟲我欲憑高橫玉笛撥雲吹入廣寒宮

紅橋即事

上巳尋春野外遊鶯啼十里綠陰稠佳人踏翠遺金鈿豪客臨風放紫騮曲水漫停新畫舫夕陽曾照古迷樓可憐隋苑笙歌歇惟剩紅橋跨碧流

李氏叢書

平山堂弔古二首

平山此日始登臨極目蒼茫動客心苔蘚盈碑存舊井松杉滿路饗春禽兩朝興廢隨流水三月笙歌歇梵音南望金焦雲霧隱何時把酒更招尋

廿四橋頭景物非荒烟蔓草夕陽稀雲低蜀道山光隱天入江南樹影微石路幾時過鳳輦春泉自古照龍衣風流帝子今何在惟見楊花歷亂飛

陽山弔古和王槐翁先生韻

平原落日景依依樵牧千秋識廢磯戰甲已隨青草沒忠魂猶帶白雲歸當年白骨空流水此日黃花念采薇憑弔那堪幽興

極飢烏儇鶻傍人飛

平蕪極望敞重闕，弔古行春剩醉還。楚將於今留墓壠，梁王不識有河山。濤翻隱見蛟龍窟，霞起虛疑旗旐殷。徙倚共欣多逸致，不隨簫鼓戲潺湲。

王槐翁先生新構下村草堂作詩屬和原韻

草堂偃曝負詩名，木塔晴霞入望明。城市近喧悲物態，桑麻深隱謝公卿。鷗翻浦溆春潮闊，鶴立沙磯海月生。白傅風流今在否，閒來池上聽琴聲。

西樓感舊

西樓舊是笙歌地，水綠花紅說勝遊。野老猶傳調馬處，兒童慣習採菱謳。平原刈穫仍村景，遠水蒹葭自暮秋。把酒憑欄懷往事，一聲漁笛起滄洲。

泰郵遊王氏園亭別王濟上吉四舍弟

竹梧亭館地清幽，暇日招尋破旅愁。高閣老梅橫暮靄，斷橋疎柳帶殘秋。蕭蕭急雨催寒葉，冉冉輕霜點敝裘。無耐扁舟歸去急，習池風景夢魂遊。

西園同闔分月姑尊小飲步韻

西園風景晚蒼蒼，搖落相逢晴自傷。露冷蓮塘三尺水，風飄槲葉一庭霜。憂時漫學稽康懶，縱酒難拚阮籍狂。莫為囊空清興減，傍人無耐菊花黃。

秋夜不寐

疎林雨過晚烟生，愁聽蕭蕭落葉聲。月冷星河低雁度，霜敲砧杵夜燈清。半生潦倒慚雙鬢，心事淒涼達五更。啞啞烏啼催曙色，却憐欹枕到天明。

梅花

山齋二月梅初放，皎皎臨窗冰雪姿。香滿空庭人靜後，枝橫小閣月斜時。遥憐鄧尉花如綺，欲到羅浮夢亦遲。更念美人消息斷，無由相寄慰相思。

王景州表叔四十索贈

酒態詩情意氣豪，感時初度首重搔。薊門遥羨紅雲渺，淮海興嗟白浪高。洛下齊名偕令弟，故鄉獨步駕吾曹。三槐世澤應非遠，覽鏡何須歎二毛。

李氏叢書

寄懷天敘兄

朔風吹雪灑寒廬，何事鄉關懶寄書。把酒無人同鼓吹，焚香終日喜樓居。燈殘旅舍霜華冷，夢繞江天雁影疎。聞道從遊多賦客，比來詩興復何如。

酬黃長音

迢迢楚澤雁聲哀，雪夜扁舟乘興來。萬里烽烟新羽檄，三春花柳舊池臺。論文愧設扶風帳，作賦欣逢宋玉才。鮭菜旅中殊不缺，投閒過我共銜杯。

吴陵客舍陸懸圃過訪

江梅綻蕊雪消初客舍先來長者車問字獨慚相見晚論交翻悔故園疏黄河失道衝波浪白馬徵兵急羽書異縣蕭條同作客臨風搔首共踟蹰

寄朱玉立

輕寒側側杏花天憶爾情深話別筵時序暗驚兒女大窮愁真仗友朋賢春風緑酒誰相勸夜雨青燈暗自憐老父索居多逸興過從莫惜杖頭錢

秋日再赴吴陵舊館寄諸昆季

自憐僕僕走風塵舊館重看秋色新去日蟬聲知送客來時蛩

語忽親人孤鐙獨照三更夢短劒相依十載貧遥念弟兄攜手處晚涼幽興滿松筠

酬天敘兄見懷之作

風霜港口維舟夜烟月雷塘對酒時半載奔馳疎把酒一宵離恨寄新詩何須縮地心相接共欲呼天語總奇古渡雁聲楓葉落幾回清夢慰相思

菊枕和王元倬先生韻四首

秋老江城菊盡黄高人采采貯輕囊籬邊已惜孤芳意枕上還留晚節香夜剔清燈如向月晚依白髮欲沾霜餐霞茹朮尋常事獨挹清芬誦古皇

耿耿寒燈夜漏長不知清馥入何鄉吟魂已被霜枝繞酒夢還滋露氣涼冷冷琴書盈木榻蕭蕭風雨共蘿裳為思襆被人千里楓落秋江欲裹糧

紛紛紅紫謝秋糚為伴寒衾傲雪霜猶記燈前横艷影何須甕裏啜餘香柴扉静掩星垂牖紙帳高懸月滿床擷取繁英臨枕席閒堦蜂蝶任輕狂

竹籬梅塢恣徜徉卧穩何知日昳牀秋盡獨憐香在枕酒闌尤喜句盈囊五更鼓角催人老三徑松筠入夢長却共羲黄成晤語悠然高揖白雲鄉

送王敬儼還京口

曉鐘初動曙烟收短棹輕帆溯碧流滿篋琴書供客枕故鄉猿鶴識歸舟金焦月照長江静吴楚風連萬木秋便欲相從尋勝蹟此行惆悵不同遊

元日簡周方山

粘雞曉起曙光初雪霽庭梅向日舒青鏡頓驚顔易老儒冠不與歲俱除江山奪目遲行笈水旱經心檢曆書東魯故人豪興劇撥觴傾倒意何如

送陸拙菴之郡

津頭送客曉鐘清仙袂飄然指郡城三月鶯花尋勝跡一帆烟雨悵離情詩追陶謝多佳句筆寫關荆有令名此去邗江多握

手緘書還念舊鷗盟

呑海亭觀潮

插天孤塔絶登臨更踏危崖上野亭不斷江流搖日白忽來潮氣混烟青千楓落葉增蕭颯萬嶂雲深入杳冥漫倚闌干發長嘯龍宮恍惚有人聽

繆墨書新葺園亭招杭嶧九杜謙吉儲聲如顧心聲方宗子馬叔超田喬山燕山阿咸黄目六繪諸子社集

閑園砌石俯平川勝友如雲集綺筵修禊昔人傳盛事論文此日得真詮巔崖邃洞春陰合曲沼長隄野色連更約追歡河朔飲池河已見葉田田

和方宗子送別原韻

樹樹啼鵑不忍聞暫時揮手悵星分一春落魄同為客幾日論心又別君歸夢尚依孤館月吟魂遥逐故鄉雲相思正值天中節讀罷離騷酒正醺

送戴景韓歸黄山

斗酒論心未有期尊罏忽動季鷹思扁舟舊識還家路行橐新添攬勝詩異地賓朋驚別早故山猿鶴怨歸遲側知白嶽多奇跡曳杖西風漫欲隨

春雨不晴

春城二月餘寒氣客思蕭條怯舉杯岸柳啼鶯催日暖庭梅落

李氏叢書

雪逐風回纔憐夕霽開斜照又見陰雲送晚雷寂寞江天鴻不度故鄉那得尺書來

城南看桃花

雨霽遊蜂作隊飛晴郊春草碧依依遠看幾樹紅如錦近見千枝日共輝愁裏登臨增感慨閒中情緒戀芳菲桃源往事何堪問吾欲城南訪釣磯

沈芝山先生招賞牡丹

三徑苔深夕照斜主人邀客對名花却憐艷色輝臺榭不共羣芳鬬麗華光射瓔瑜難辨影香分蘭麝尚含葩玉缸春酒年年熟常把清樽醉落霞

平山堂新葺告成奉獻金憲副二首

淡烟踈柳古雷塘覽勝來登刺史堂自昔繁華存故址於今結搆倚崇岡隔江烟霧山光隱夾道松篁月影涼見說褰帷多逸興幾回樽酒話隋唐

公餘多暇得尋幽琴鶴相隨眺古丘秋井出泉通蜀脉春山横黛列吳頭三千朱履趨陪侍十萬蒼黎獲庇庥極目層樓頻寄慨不殊羊祜在荆州

題真賞樓呈金憲副

六一高踪競後先樓成踈豁敞江天碧窗翠送千峰雨朱栱青浮萬木烟異代風流追水部一時文物擬坡仙自慚才謝梁園

客授簡無緣達綺筵

栖靈寺和壁上王祠部韻二首

平岡一望渺人烟謖謖高松覆古泉柳色尚飄亡國恨山光遥
對梵王天清秋過雨鳴殘葉白雁啼霜下野田苦為浮名迷去
住何如老衲日安禪

同人永日喜同遊乘輿還來眺古丘幾点楊花飛燕子一灣新
月入溪流蕪城舊識參軍賦石路共傳帝子樓千古興亡成底
事只今戎馬亂邗溝

迷樓懷古疊前韻

帝子荒迷此宴遊故宮遺跡自高丘寒鴉幾點飛殘靄疎柳千

條繞碧流輦路紆回今蜀道梵音清寂舊迷樓笙歌畫舫遊行
處古月曾經照御溝

答周方山午日見贈之作兼懷宋大塗先生二首

滄浪烟雨望中迷碧沼圓荷柳色齊節届天中懷正則人來東
國對濂溪鸊鷉裘解殊方醉鸚鵡文工早歲題莫悵旅眠歸夢
杳壯心飛動感晨雞

蒲觴比歲偕諸季此日欣逢國士來郭外行吟貪訪古客中羈
絆為憐才久留舊館頻彈鋏嘉見新詩勝贈玫更向江天懷宋
玉蕭蕭行李亂山隈

秋夜旅懷

蕭蕭旅況不勝情愁聽空堦落葉聲病裏思家腸百轉燈前聽
雨漏三更蛩音斷續催刀尺雁陣迢遥避甲兵昨夜西江飛羽
檄傳聞鉄騎擁堅城

九日卧病枕上偶成

山齋卧病日如年况值佳辰倍黯然芝木關心詩卷廢雲山滿
目客懷牽開樽不動青州興倚枕空成白晝眠向日挑燈思弟
妹高堂笑語菊花前

留別沈子厚表兄

霜飛凛凛泛歸槎秖為高堂寄望賖午夜抒懷傾綠醑一秋多
病負黃花壯年失學心徒愧知己臨岐誼足誇别後故園相憶

處清宵月落雁行斜

雨中黎允升過賞杏花

春寒寂寞掩柴門小院濃花鬧正繁恰對陰雲孤逸興喜逢良
友劇鬧樽疎枝過雨籠斜照香氣隨風度短垣却憶江干千萬
樹馬蹄狼籍酒旗村

朱玉立花下招飲

多時不共花前酌今見君家花滿枝苦雨一春愁閉戶疎林長
喜御卮紅英撲酒香風細明月穿簾素影遲聞荊襄煩轉戰
戰何如僻地隱茅茨

新柳

曲岸輕盈掛夕陽，幾株春影亂銀塘。鶯聲未聽枝頭囀，鵝毷先舒葉上黃。弱態似教娱白傅，風涼祇許憶張郎。遥憐灞水依依緑，繫馬牽舟更斷腸。

客中值母壽日

細雨清燈夜漏遲，稱觴此夕阻歸期。遥知弟妹歡娱夜，正是雲山悵望時。自愧傳經增旅思，無緣持檄慰親慈。虚憐入饌江魚美，不及高堂獻一巵。

易孺白招賞盆荷即席和唐秋水韻

雨餘明月出檣東，好友相邀逸興同。三徑薜蘿垂暗緑，一盆菡萏放新紅。碧筒送酒厭厭飲，金谷催詩字字工。忽憶野塘涼露夜，香風十里棹歌中。

李氏叢書

聖聞弟招集西園賞鞠

西園秋色晚蒼蒼，鳥桕微酣漸著霜。人對黄花皆靖節，客来白袷畫高陽。殊方烽燧驚心遠，幽徑松筠引興長。更約明朝還襆被，相過知不厭清狂。

廣陵客舍阻雨

初冬風雨滯維揚，愁聽横空雁數行。幸有同心消旅寂，能無樽酒語更長。梅花嶺斷疎烟渺，帝子樓空木葉涼。轉憶春城三月暮，玉簫金管醉斜陽。

送劉丈在中之任河陽

新城秉鐸推人望，忽報遷除試吏才。臘月身沾天外雪，清心夢入嶺頭梅。離筵索句充行橐，花縣逢春快舉杯。萬里莫辭程路遠，南巡今見帝王來。

和閻殊亭咏旅雁之作

孤館寒燈深夜坐，每聽嘹唳悵心魂。殊方戰伐多新鬼，澤國波濤没舊村。卒歲稻粱虚破甕，滿庭氷雪冷殘樽。把君高咏頻搔首，疎影横斜度短垣。

苦雨

積雨經旬苦不休，淙淙簷溜似奔流。盈城夏屋皆摧棟，近市長街已泛舟。愁見魚龍翻白晝，寂無砧杵動清秋。流亡滿眼誅求急，誰寫春陵元道州。

李氏叢書

張又房雨中招集挹芳亭賞盆荷留宿

一枝輕艷雨中開，為約同人着屐来。翠蓋翻風臨曲徑，香香入夜滿高臺。鶴雛索食當筵立，螢火依人點樹回。不是南州徐孺子，漫容下榻且啣杯。

七夕吴景山招集高樓同易田受程兩玉

碧空雲净晚烟收，平楚蒼茫萬木秋。憐我異鄉逢令節，開樽竟日坐層樓。清談娓娓追王謝，良夜迢迢望女牛。鄰寺鐘殘涼露滴，遲遲月影為人留。

張碧山招飲

小橋流水紫門迥煮茗閒樽待客來繞席濃花香入席當軒明月影留杯蹉跎失學慚予懶風雅能文羨爾才更喜揮毫追逸少龍鵝時放踏蒼苔

小樓夜坐

凜凜寒冬夜雪侵小樓孤坐自長吟一燈黯淡梅花放萬事消忘濁酒斟木榻不應來好夢春光漸喜到疎林寂寥永夜誰相伴窻外孤鴻送遠音

臘月廿二夜同還西禪師夜宿東郭學堂遇雪

荒城日落閉巖關樸被高堂靜似山草閣雲深孤燭焰天涯歲暮幾人閒夢回蝴蝶身原幻香繞蒲團話未闌却笑山陰乘逸興夜深短棹自空還

乙卯元日

落落浮生四十春相逢又說歲華新江山未遂孤節志書劒徒勞七尺身皂帽自憐青鬢髮儒衣慚拜白頭親蕭條庭户蓬蒿滿白雪憐人為掩塵

贈雪悟大師

曾到香臺探宿宗早春何幸得相從一燈悟道維摩室十載清修五老峯御筆題留紅日近金輪啟秘白雲封蕭條僻縣洪波裏杖錫今來制毒龍

吳陵客館遇母壽日奉懷

年年今昔杏花紅喜奉潘輿淑景融綺席正當明月好清燈悔滯異鄉中自憐旅夜懷家切應與高堂念子同安得乘風生羽翼便隨雙鶴下瑤空

謁董相祠應孫大司空試

董相祠堂古巷幽空庭肅瑟冷松楸天人三策遺碑在俎豆千年祀事修歌吹只今仍薄俗江山自昔映風流請看炎漢諸王宅衰草寒烟總廢丘

賦得遠水兼天淨 孫大司空試題

碧天無際水雲平遠浦遙看細浪生寂寞漁舟沉晚唱虛無雁影靜寒聲安瀾此日懷耕鑿翹首中原淨甲兵誰念滄浪垂釣者乘風萬里有餘情

博士孔東塘見訪因贈

海邦何幸覩豐姿奕奕星軺多士隨綸綍上膺天子命琴書獨著使臣儀宣房奠地神功奏石壁藏經世澤垂自愧雕蟲稱小伎漫勞旌節到茅茨

午日宋既庭師尊招集仕隱堂同吳江徐丙文陳鶴山即席分韻得六麻

令節邀歡逸興賒開樽清署對榴花何殊虎觀群英集不羨龍舟競渡譁鄴下風流來國士楚天日暮弔懷沙漫叨泛愛容酣飲慚

繆墨書來自吳陵訪之舟中因訊同社黃目諸子

畫舸乘風掛席來，與君一見積懷開。行笥早出驚人句，挾策新看濟世材。香裊斑簾烹雀舌，風生高柳繫龍媒。為言諸阮多佳興，忽動離思罷舉杯。

登拱臺寄吳又山

荒城無地堪逃暑，新葺層臺足納凉。隔岸近看烟柳碧，憑欄遥睇水雲長。輕鷗泛渚隨漁艇，蔓草含風上女墻。却憶邗東吳季子，應嗔楚客戀滄浪。

七夕同繆黃目六繪兄弟集宗子齋中

跡林遠水近郊坰，問字招攜過野亭。喜見碧空明月上，誰憐秋雨昨宵零。浮名已共雲俱幻，知己相看眼倍青。莫問天邊牛女會，高齋今夜聚群星。

秦淮憶舊

歌舞傳聞此地賒，盈盈絲管出窗紗。堪憐畫閣朱顔歇，惟剩清溪碧樹斜。垂柳曾依當日燕，新秋自發故園花。流黃機上停梭女，遮莫臨風弔麗華。

登報恩寺九級浮屠

古塔穹窿聳碧霄，金陵形勝望中消。人當絶頂千峯小，目極長江一線遥。黃屋故陵烟漠漠，朱樓遺跡草蕭蕭。諸天精氣應相接，梵唄無聲響暮潮。

李氏叢書

中秋省試冒雨出院口占

賦罷長楊逞壯圖，此身已幸出泥塗。千林雨暗秋難問，孤月雲遮醉欲呼。桃葉渡頭思楚曲，桓伊留步混齊竽。詰朝新霽尋幽勝，風景蕭蕭說舊都。

燕子磯和壁上韻

鼓棹初辭建業樓，危磯還上古亭遊。千年鐵鎖横天塹，一片銀濤捲夕流。渺渺人烟屯石港，蕭蕭雁影亂蘆洲。堪憐自古多興廢，都向漁翁　裏收。

下第後懷丁又昭沈子極許天植繆黃目六繪儀天

搖落歸來萬事慵，賞心書劍總塵封。藤牀夢斷三更雨，草閣寒驚九月蛩。遠念良朋酣夜飲，愁聽病婦計朝饔。翻思溽暑同行役，寒衛華陽歷萬峯。

贈施州守

泰堂明鏡日高懸，藉藉賢聲洽績宣。天子不因勳貴擢，鄰邦咸頌使君賢。片言屢落奸邪膽，撫字真為赤子天。更羨文章齊屈宋，浮香亭畔劈華箋。

次韻送別孔東塘博士之廣陵

滄浪亭畔一帆懸，黯黯離情對渚烟。絶調久稱黃鶴詠，留行多賦白駒篇。賓朋尚喜傳書近，童叟群驚擁節旋。綠酒清歌䀨欲斷，霜風莫撲使臣船。

李氏叢書

清明前三日寓天寧寺喜遇孔東塘博士疊送別韻

流澌臘月銜寒別，忽漫相逢近禁烟。水國暫停青雀舫，公餘勤著白雲篇。喜從蕭寺論心驟，却憶高臺醉月旋。滿眼鶯花春正好，新詩題遍竹西船。

訪吳爾熾

綠陰深處結茅廬，三徑蕭蕭樂自如。門有諸生來問字，心消百慮只攤書。及時花發忘言際，得意詩成伏枕餘。聞道荆襄鼙鼓急，祇應澤國老樵漁。

七夕喜晴

雲物淒清宿雨收，銀河淺淺露華流。歡聲池上傳烏鵲，霽色天邊見玉鉤。紈扇輕摇螢火院，金針暗渡鳳凰樓。阮家犢鼻中庭

掛，莫道書生逸興休。

九日寫懷限杜牧之登齊山韻

湖干疎柳葉初飛，紅盡蓮塘墜露微。愁眼暫隨江雁去，鄉心難逐野航歸。荒村無地尋名菊，高館閒吟送落暉。不待登臨增感慨，淚痕今日濕牛衣。

九日許辰六迂碩同過金處士宅看花適主人不遇

劉郎此日怯題餻，二仲招尋逸興豪。野徑苔深秋色好，碧天雲淨月痕高。看花何必啼凡鳥，沽酒還應典緼袍。最是年華易消歇，不堪回首對江濤。憶去年九日遊金山

舟行有懷

憶昔蕭齋皓月中，石欄苔徑倚梧桐。論心客邸情偏重，分手年來夢未通。欲問瑶華江路隔，誰知襆被野塵封（書）。青青杜若芳洲遠，小艇愁吟思不窮。

村居雜興四首

湖干聊借一枝栖，曲徑層軒枕碧堤。敢謂待賢張木榻，似同招隱到清溪。迎門疎柳含風軟，繞砌幽花浥露齊。喜文游酬答絕，賞心書劍總堪携。

伊予少小耽丘壑，老大空悲未裹糧。壯志懶隨車馬客，幽情貪住水雲鄉。主人選勝遷書榻，稚子侵晨理筆牀。好是夜得（深）人語寂，半窗桐影月穿廊。

旅食多年藉故人，况今清暇更怡神。雲生麦隴閒行徧，雨過蓮塘載（酒）頻。慣運盆花因戒懶，時開書卷即忘貧。薄田近在漁磯畔，何日誅茅遂隱淪。

湖南湖北度帆檣，極目煙雲引興長。霽色鏡開波譎日，風霾龍吼浪飛霜。塵寰多事傳消息，幽夢清宵入混茫。惟有思親腸欲斷，白雲凝望淚沾裳。

芭蕉

莫向王維畫裏尋，蕭蕭秋響夜深聞。孤心捲處含清露，片葉開時展綠雲。誰向山窗張翠幙，愛看疎影拂苔紋。興來潑墨供揮

洒却勝羊欣白練裙

梧桐

隔歲移栽未滿尋，碧柯高聳忽成陰。清宵露洗亭亭質，疎雨涼生淅淅音，幽響自應成絶調。高枝未許宿凡禽，西墻月落參差影，幾夜懷人動客心。

七夕飲許氏妹豆棚下

連年七夕題詩處，慣寫羈孤斷客腸。此日湖村同如弟，頓忘憂思在他鄉。浮瓜雪藕氷盤冷，掛月迎風豆架涼。寄語黄姑憐短鬓，莫教明鏡点清霜。

中元日哭父

煢煢孤子歎伶俜，痛哭高堂又薦新。地下無田逢樂歲，人間失怙是窮民。空從手澤思遺訓，欲向泉臺訴苦辛。回首秋宵依木榻，去年抱疾正茲辰。

過真州舊寓感懷寄弟 舊歲同舍侍先君寓此

傷心重到舊居停，萬樹蟬鳴不忍聽。時有故人來問字，誰憐孤子抱遺經。荒江落雁愁多少，夜雨殘燈夢杳冥。回首弟兄同作客，幾時行役悵伶仃。

真州雜興四首

蕭蕭落木帶江干，憶昔來時旅興寬。一任浮雲迷去住，兩看秋樹異悲歡。芰荷香斷銀塘冷，楊柳風高玉笛殘。惆悵年華易摇

落買山何似羡彈冠。

雨餘石路淨無塵，步月看雲引興頻。如此江山宜作客，不堪衰馬慣迎人。晚潮落處空天白，孤館吟時翠竹新。聞道颶風鯨浪湧，故鄉禾黍又沉淪。

極目長途鳥道紆，昔時形勝總虛無。百年第宅皆新貫，萬里江山失舊都。剩有疎林秋景勝，誰知野眺客心孤。青衫滿眼悲涕倒，誤國從來是腐儒。

東城舊是東園地，華柳陰陰碧水瀠。射圃歌臺何處覓，荒烟蔓草又相仍。江山有待供遊賞，花鳥無知任廢興。惟有斯文難泯滅，千秋妙手憶廬陵。

留別子固叔返江南

嘗憶吟詩坐小樓，每矜風調動離愁。相看席帽何時脱，回首明珠捴暗投。江上片帆霜月夜，村中一卷荻蘆秋。舊都風景依然勝，綵筆干霄興未休。

至日哭父 時在中堡庄

海天漠漠獨啣哀，痛哭音容不復迴。應識荒村孤子泣，曾憐小妹此間來。椒盤奠酒添新婦，苔徑封泥失舊梅。地下何人扶老疾，伯兄曾否侍泉臺。

贈焦雨蒼

氷融特泛滄浪棹，乘興真為訪戴來。斜日小樓高士到，深談密

坐積懷開相逢市上頻沽酒為約山中共探梅借問孝先栖隱處金焦嵐影落新苔

贈天谷和尚

多年遁跡深山住杖錫翩然到故鄉為接一燈傳祖印只宣半偈發天葳南津月照栖禪處金匱雲遮選佛場不戀梅花三百樹清芬亦是幻中香

登文游臺有感

層軒高峙水雲隈錦石朱欄沒草萊却憶風流名士集遥憐月色鏡湖開夕陽烟樹留文藻古廟丹青嘆刼灰曾賦珠光揮綵筆西風破帽又登臺余以覽社珠光賦文游臺詩受知於醒齋學士今忽忽踰四年矣

觀社會同唐若淵吳夢翔諸公作

誰知赤旱河焦日一是喧闐競賽神幻出亭臺誇匠手行來傀儡混香塵湘簾響處金釵落綺席開時玉饌新惟有北窗高臥客厭聞簫鼓對松筠

求聞

紅塵衮衮摧殘刼短鬓蕭蕭失壯年擬謝賓朋焚筆硯便抛妻子入林泉喜鋤花徑甯從懶慣坐蒲團不學禪安得誅茅臨水曲終朝相對一溪烟

不聞

朝來土銼絶炊烟門外催租吏索錢幼子痴頑驅入塾老農絮聒勸鋤田千秋大業成虛願八口恒飢自苦拳就裏勞勞差免俗酒徒詩侶日相牽

王景梁過飲留宿和韻

愛君堅坐在山家亭午開樽到月斜静對爐香詩疊和狂呼小豎酒頻賒莫嫌枕簟氷綃缺剩有池塘鼓吹譁好是露凉人語寂一瓶新水注荷花

七夕和朱石樓先生韻

雨過凉生暑氣收蟬吟高樹寫清秋誰家庭院張羅綺漫道河橋渡女牛月到南軒貪露坐人非北阮自風流詩成髣髴聞清嘯縹緲應從碧落求

陳青城招集茶肆觀劇

閒園秋色映蒹葭好客招携坐水涯君在異鄉翻作主我因酒濁正貪茶清歌激浪簫聲徹小史臨窗鬓影斜注目蓮塘堪寄興還須鼓棹酹流霞

朱芳萊見招同韓公遜留宿齋中即事和韻

幾年不見知心士一哭相逢意氣真謁忝故人先拜母家雖童子解留賓淡烟踈柳紫門迥曲徑幽花夜月新更羡詩名韓侄重聯床活舊剪燈頻

別張又房和王星梁留别韻

交情莫作等閒看高館留賓此日難午夜爐紅孤榻煖一庭霜

白老梅賽連宵把酒談方劇別後懷人夢未安若向滄浪能鼓
棹雪溪興發不應闌。

送吳大章還江右

何幸論文籍比鄰青燈綠酒得時親。相看白雪抒肝膽共取丹心作主賓江上雲帆偕小阮。時與令姪同舟南中土物奉慈親。遥憐晨夕庭闈樂還向滄浪念故人。

壬申元旦

曙色微茫曉露青。昨宵萬事此時寧。僅存椒酒供慈母。為囑桃符逐李星。綸綍昔年曾掛壁。冰霜此日獨盈庭。春光不作炎涼態。先戀幽人到野亭。

李氏叢書

元日日食

歲朝景物正新妍。萬姓瞻雲望有年。赤道虧陽思復旦。彤庭抗疏孰回天。書生閉户空占曆。聖主憂民已撤懸。忽聽官衙排鼓急。誤驚胥吏索緡錢。

和黎于一移居韻

浪跡湖山歷幾年。老躭幽寂宅新遷。愛携詩酒隨人至。學種瓜蔬任地偏。茶熟倦來抛卷坐。日高慵起抱琴眠。水田近喜蠲租税。門外應無吏索錢。

閨情回文二首和吳夢翔韻

娟娟月影落西墻。獨枕堆來覺夢長。烟困柳容春入鏡。日舒花氣酒凝香。憐伊望斷雲横岫。滴淚愁深水滿塘。絃管逐人無絶調。年年恨別誤時芳。

楊垂舞燕掠窗紗。鏡繞愁雲亂髩鴉。芳蕙襲衣春夜露。遠山横翠晚天霞。塘深睡鴨雙依草。月皎侵亭半落花。黄管歇聲清奏懶。堂前步怯度容華。

悼亡詩為家詞臣賦回文

凄凄冷月照東墻。往事悲吟獨感傷。啼鳥一聲新滴淚。落花閒院舊飄香。雞鳴昧旦今孤枕。鶴唳空亭曲斷腸。題罷正來魂渺渺。溪寒咽露濕衣裳。

簡吳禮齋王星梁

李氏叢書

吳生愛静不窺園。王子潛修合掩門。花柳漫隨風日好。圖書堪謝酒人喧。窮途莫恨炎涼薄。古道相看意氣存。我亦躭幽思避俗。數椽卜築近漁村。

元又兄高年生子索贈

絲綸世掌在兄家。又喜高年産渥洼。信是明珠生老蚌。果然古樹發名花。繡幃已試啼聲異。湯餅無煩生索譁。親串題詩粘四壁。伴將弧矢亦堪誇。

送唐丈若淵之廣陵二首

挈家西去指揚州。徧贈新詩別舊游。堪嘆居停頻易主。遥憐勝地足消愁。竹西絲管春情艷。梅嶺雲山晚眺幽。初到正逢櫻笋

熟清和天氣柳陰稠

廿載追隨意氣真論詩問字更情親開筵不厭深更醉解橐曾寬數日貧深痛餞行無老父預愁排悶先芳鄰高秋稻熟 數笑好向滄浪再問津

初夏晚吟和王勿齋表叔韻

首夏陰晴氣不齊倦來抛卷意離迷囊空祇羨榆錢積水涸還驚布穀啼蛙吹隔城聲似近鶴來鄰院舞能低詰朝風日應清美為問清尊何處攜

同王勿齋表叔家葉凫過徐琢山昆季留飲

春去何須更問花特尋風雅到君家一聞狂客石徑斜詩羨右軍工組織時勿齋出新詩索和語憐小阮入烟霞時槐江在座中廚鮭菜深更進絲管華筵未足誇

鴻硯齋新竹

鴻硯齋中景物好又看碧玉挺成行當窗細葉含風軟脫籜新枝過雨長嫩綠偏能 夏日濃陰從此到秋涼何當秉燭看掀舞嫋嫋腰枝比淡粧

題徐槐江小照

萬山深處結茅廬中有幽人讀素書靜裏常聞松子落夜闌頻見月華舒領得 妙焚香際參透靈機拂麈餘我亦如仙兼好佛籌君圖畫欲山居

雨後過黎于一齋中小飲和韻

雨過柴扉掩碧苔尋幽似到水雲隈輕雷忽送炎歊去小婢能携斗酒來莧蘖旋生堪細擷秫田已稿欲重栽相看正合添豪興那管蕭蕭白髮催

贈雲瓢上人

聞道精藍迥絕塵六時功課得禪真客來煮茗松陰靜齋罷題詩月色新何日青燈依講席遥知白社有傳人須知楚澤高吟者可與清談接許詢

贈五狼醫士張仲崖

把臂論心愜素期荒城秋院久棲遲壺中舊貯長生藥篋裏新編壽父詩時索其尊公七十壽言獨探秘書通妙理常拈小草助奇思何當橘綠橙黃後一到狼山共舉卮

贈蓼菴禪師

飄笠翩然到楚瀼相逢不客書舊遊人十年血淚酬虜髮一杖天涯歷苦辛常接清談黃菊院難堪離緒白雲津天池蘭若多幽勝何日題詩滿翠筠

甲子秋在會城從弟元震惠予畫竹時弟方髫齡今忽忽九年矣壬申鼓棹來故里出取畫竹儼然有高尚書梅道人筆意知歷年取造非淺而余潦倒無成可慨也因贈以詩

愛汝筆端掀舞勢，早年前已見揮毫。自慚落拓頭新白，一見豐姿興便豪。良夜月明同聽雁，故鄉秋老足持螯。窗前不見琅玕色，為掃寒枝素壁高。

僧院觀蘭

偶從蘭葉見蘭花，碧蘇叢根砌石斜。嫩葉枕風搖翠影，香心胃露濕紅芽。最宜幽賞龍團擘為，厭塵氛布幔遮。閒話片時心地寂，山居何日得歸家。

初度寫懷

蕭蕭素髮已盈顛，絕意飛騰暗自憐。懶向江湖頻擊楫，漫留親串促烹鮮。窮愁苦遇三年旱，老大慚無一事賢。惟願慈親筋骨

李氏叢書

健，勉供疏水樂餘年。

寄張又房二首

邗東年子振風騷，幾度相思寄彩毫。不倦登臨多逸調，久聞聲價壓吾曹。三時苦旱憂端逼，百里懷人屬望勞。回首歡吟成底事，抱芳亭上醉香醪。

鄙性逢人厭說貧，年來無計脫艱辛。囊金屢罄官租負，甕米時空嬰婦嗔。自分著書消歲月，何時築室老松筠。天涯知己頻相問，悵望江天一愴神。

七月十五夜登玉山絕頂望江上佛燈限韻

擊楫空悲志未成，倚欄長嘯客愁生。一江燈火疏星落，萬頃琉璃畫舸輕。山寺梵音隨谷轉，空潭月影共潮平。松窗靜夜迎風響，恍惚龍宮玉笛聲。

金陵道院贈湯鍊師

仙宇沉沉客寓居，石堦苔淨俗塵無。一雙鶴作蓬萊使，五色雲遮太乙爐。欲斷俗緣甘學道，自憐真性久如愚。松窗幾夜難成寐，寒雨秋燈滯腐儒。

朝天宮

神宮帝闕峙巍峩，九折長街長綠莎。杳冥雲烟千嶂接，陰森風雨百靈呵。朝天自昔衣冠肅，吊古于今涕淚多。惆悵冶城餘劍氣，當年霸業總消磨。

李氏叢書

訪方允孚

南歸抱疾負閒身，步靡城西訪隱淪。一室千秋編信史，時閒纂通鑑四時三徑喜長春。素心每厭時流薄，老眼難堪世態貧。却羨賢孫娛暮景，翩翩文藻邁群倫。

登文游臺

廢閣依然峙古縣，望中烟柳帶殘秋。不嫌荒蕪無人到，獨向蒼茫起客愁。萬里驚濤衝刈穫，千家野哭畏誅求。蕭條猶據盂城勝，誰繼高賢復唱酬。

元夕聽雨

臘月晴多暖倍常，入春風雨轉顛狂。紅樓已罷燒燈宴，綠酒頻

傾聽漏長聖主殷憂捐積穀水鄉流徙畏徵粮瀟瀟一夜街頭
雨不及災黎淚萬行

書舍對梅時自金匱山探梅回館去四十餘里

心憶招提數十株窗前幾樹亦蕭疎似從金匱分春色特遣瓊
枝伴索居滿院香浮詩興發五更夢斷客懷初莫因風起紛紛
落山館無人玉笛虛

憶梅

深院沉沉一樹梅別時含雪未全開護持誰為驅簾雀爛熳遥
知映壽杯開時值老母誕日歸夢常隨流水去香魂應傍遠山來小樓
月落星三五不見巡檐步幾回

雨中詹繩祖招飲詹秦郵人

山齋兀坐寡朋儔喜遇高河秦少游曲徑疎簾招夜飲深杯華
燭散春愁松枝靜煮茶聲細雨氣濃添竹色幽春戀殘樽拚一
醉已無紅藥在枝頭

宋又齋張天任林欽鄰聚五過訪

寂寥孤館對殘梅喜見論文好客來幸得文游逢瘦鮑慚無詞
賦擬鄒枚隔江山色千峯遠滿眼春花一院開茗椀爐香堪寄
興不嫌屐齒踏蒼苔

西山遇吳章臣索贈

一官拋棄事長遊足倦登臨尚黑頭到處有人留孺子相逢誰

不識荊州楚湘舊恨歌山鬼南兗新詞弔玉勾回首干戈成底
事壯心猶自佩吳鈎

喜黃皂仙至

小庭艷艷穠花發喜見江汪叔度來十載雲山虛悵望異鄉烟
柳得徘徊遲歸不放烟中棹快聚應添雨後杯蜀紙吳綾相待
久縱看沘筆染蒼苔快聚妄易佳會

鍾山詩和顧玉峯前輩韻

飄零黃瓦碎雕墻古道薇生似首陽腥土禽民清混濁蘇臺楚
澤走狸梁空憐帝業垂青史誰抱孤忠泣白楊十廟功臣遺像
在冷風凄雨共悲涼

詠黃薔薇二首

微花亦自擅傾城淡染鵝黃入架盈每怪香風迷粉蝶虛疑密
葉宿嬌鶯分來芍藥金圍色竊得嫦娥玉殿英借問輕柔誰得
似不教新柳獨多情

不與繁紅鬬麗華嬌容冉冉映窗紗何來秋浦經霜橘錯認陶
家浥露花影入深杯傾琥珀歌殘子夜譜琵琶美人相並瓊軒
立杏子單衫未足誇

舟中即事限放翁詩韻

漠漠輕烟上小船病餘疎懶愛江天遠看柳色沿溪綠不見楊
花似大綿薄俗幾人敦古道浮名終日混塵緣水田三頃漁磯

畔安得閒居寄一椽

張韓三見招茶肆觀劇遇雨即事

槐影潛移午夢長客來驚起竹匡床烹將雀舌招同調吹徹鸞笙試教坊人世轉晴成得失天公作意送炎涼霎時雨散歌聲起又見紅粧媚夕陽

和吳章臣寓廣陵閏午日詩韻

再把蒲觴誦九歌頻懷正則恨偏多誰知楚客題詩日竟有騷人載酒過艾翦碧紗重製虎符貼朱戶又驅魔槃華勝會非君意獨向滔滔哭逝波

廣陵年少踏歌來玉管銀箏水調哀兩度天中重載妓一船燈火又啣杯歡場天為增佳節勝地人曾歎劫灰却哭村酤衣飾少滿頭榴艾戲城隈

李氏叢書

閏五日觀妓和唐人吳楚韻

一片歌聲出碧紗多情楚閏閱鉛華人間兩見招魂節席上爭傳解語花艾葉又分雲髻綠香囊常繫柳腰斜天公若肯年年閏勝會頻教在妾家

五十初度寓西山客舍竟日風雨獨坐遣懷

種種顛毛瘖自憐行年五十倍愀然慚無寸草酬膚髮縱有微吟負簡編北極雲霞虛悵望西山竹樹浸流連倚閭此日情偏切目斷慈親涕淚漣

其二

寂寞空嗟萬事非生涯只合老漁磯水邊茅屋終須構客底愁城孰解圍寥落親朋憑夢到蕭條心志與時違名山何處堪娛老獨立蒼茫望翠微

其三

蕭蕭風雨颯松筠咄咄書惟遣苦辛回首懸弧逢傾洞歷年船稼穡沉淪曾無絕學堪經世獨負高懷對古人不及尚平婚嫁畢此身難免混風塵

其四

老來恰與靜相宜茗椀罏香鎮日隨乞米向人顏數靦買山高隱事難遲千章世事憑書卷蕩滌塵襟酒卮鐘鼎山林俱未遂遂願同高適晚工詩

李氏叢書

七夕二首

玉露涓涓洗絳河銀塘瑟瑟冷澄波已知牛女佳期誕却展衾裯舊恨多一片秋光涵樹影千端巧思在蛛羅香殘客枕惟思睡無奈愁吟蟋蟀何

寂寞山村淨晚烟一鉤新月樹頭懸歸途欲借銀鵲秋思偏驚驚吸露蟬雲雨曾留他日夢茶瓜今見主人賢妻涼玉笛愁多少旅館題詩二十年

白燕二首同吳章臣作限韻

寒梅已謝素香違，忽向盧家帶雪飛。月照梨花營作壘，風飄柳絮織成衣。舞翻白紵銀箏冷，語傍珠簾玉鏡輝。若到浣紗溪水畔，碧烟相伴未容歸。

翠尾紅襟絮語譁，獨標清影愛穿花。凌霜青女差堪擬，傅粉何郎未足誇。豈厭澆風知惡紫，相看俗客笑塗鴉。郊禖帝子眼精白，自有休徵應物華。

和吳章臣秋夜雨中感懷二首

移居非為傍山僧，竹愛蕭踈石愛稜。十載從戎豪興在，一秋善病旅愁凝。蕭蕭落葉聲兼雨，唧唧蛩吟夜背燈。倚枕淒凉眠不穩，千回轉側自難勝。

病餘懷抱未曾寬，秋響當窗心更酸。有客也同孤榻臥，論文不使片言寒。詩成枕上敲殘火，雨溜簷端瀉急湍。隱隱重城烟霧隔，故鄉遙入夢中難。

金鉉姪齋中對菊

曾無隙地培佳種，竟有名花遍覓來。愛汝貧中幽興好，看予病後積懷開。影分向背依書榻，性帶蕭踈傍酒杯。莫向清宵留俗客，花神頗覺厭喧豗。

顧山松七丈菊下招飲

見說東籬漸有霜，幾株移植列茅堂。粉垣映出亭亭影，棐几時聞細細香。遣病頓忘謀藥餌，課歡先辦典衣裳。主人自述栽培若日日花前約舉觴。

旅泊即事感懷簡彭時濟

河干鷁舫擁雙旌，鉦鼓喧闐急夜更。獨坐孤燈斟對酒，相逢舊侶喜班荊。衰年頓覺奔馳苦，儒術堪悲姓字輕。便欲移家烟水畔，浮名從此不關情。

張韓三招飲

索寞襟懷送夕陽，昏鴉枯樹晚蒼蒼。故人招我傾新釀，永夜論心失異鄉。鴻雁影搖孤澗月，星河光接萬家霜。江魚湖蟹饒佳味，獨許吟詩到草堂。

長至日憶母

臨岐囑付慎冰霜，旅夢頻歸路渺茫。又見陽春回菊管，無緣萊水奉椒觴。栖遲客舍風敲竹，想像慈幃日滿堂。書劍飄零無一得，遠遊未戒罪難量。

答王覲光

寂寥誰到子雲居，獨枉巾車謝幼輿。一見高文欽古調，相逢片語愧文疎。匡床夜夢生花筆，棐几晴攤映雪書。霄漢看君乘鳳翼，不教彈鋏歎無魚。

王覲光以至日贈婦詩見示索和

謝家嬌小正芳齡，寂寞空房苦未經。繡被卻嫌金鳥冷，香奩愁檢黛螺青。誰知客子吟佳節，正值閨人倚翠屏。兩地相思凝望

眼愁看霜月照空庭
滿引酌君金屈卮慰君長至動閨思下惟獨負江都志贈吟婦
閒吟驃騎詩夢斷香衾經月別情傳錦字幾人知何當剌繡纔添
線暫罷流黃話取私

無題四首

雲母屏風玳瑁床殢人情緒總茫茫曹王夢斷甄妃枕韓掾魂
消賈女香解意合昏偏識夜多情蓮子不空房閒來擬奏相思
曲哀調淒涼欲斷腸

碧城縹緲路迢迢夢見時歡覺後痴青鳥難通情叩叩紅綃慣
染淚滋滋梧桐院裏情如水芍藥欄邊恨若絲憶在牆東覓消
息秋河不轉步潛移

李氏叢書

香消紫棧暗銀篝高捲珠簾月滿樓慣劈鳳箋勤問字輕盤蛇
髻嬾梳頭櫻桃結子低垂恨荳蔻含苞半帶羞倚醉騰騰酬客
約不教眉黛鎖春愁

石磴蕉陰小徑通碧窗曾共語喁喁情牽弱水三千里夢斷巫
山十二峯惆悵不堪身作客沉綿已覺病成慵驚鴻洛浦翩翩
影時倚江天憶玉容

別吳章臣

自携書劍入山中傾蓋逢君四海空十載亂家輕　一秋連
榻話莫嗟何堪歲暮衝寒別從此離愁藉夢通聞道廣陵遊頗
厭欲尋豪俠向山東

寒食前三日同諸丈集鴻硯齋賞梅即席和王勿齋表叔
韻

側帽披襟倚席斜依然城郭似山家琴樽喜集清談客風雨能
閒綠萼花古砌樹敧支怪石回廊燈映夾輕紗聯吟永夜忘歸
去勝坐金門草白麻

雨中來裝入郡寫懷

兼旬苦雨費無烟落盡殘梅欲暝天按籍尚逋新舊稅催科怯
種下中田縱拋家計難辭毋已辦行裝嬾雇船莫道廣陵春色
好卯人愁緒柳飛綿

李氏叢書

和吳章臣見贈原韻

蕭瑟逢春不似春兼旬雨雪洒征人雄關屢儆傳烽火久客孤
身畏馬塵幸接高談傾滿座能無異術指迷津侵晨莫訝聞雞
舞莽莽時光若轉輪

贈萬登嘯二首步其送吳章臣詩原韻

一見風姿滌俗氛逢君應不悵離群詩題黃鶴驚供奉書逼紅
鵝擬右軍北闕夢懸千里月西山愁鎖四天雲篆烟裊裊茶鐺
響坐聽清言玉屑紛

跏趺永夜坐蒲團蕉鹿都從夢境觀世外知交無意得貧中片
語告人難青雲莫笑馮唐老白眼誰憐范叔寒近接郢城吳季

子爲言萬楚吳盤桓。

酬俞謝遷見贈原韻時謝遷有真州之行

山村遁跡徑過少，倒屣迎君枉贈詩。白雪霏霏孤調迥，青鍾落落兩心知。十年懷土悲王粲，一日他鄉見項斯。最愛鑾江風景勝，佩壺採藥足栖遲。

對雨

客居兩月半陰霾，積霧稠雲晝不開。已分齋心甘閉戶，却妨幽興阻登臺。山村處處欹茅屋，深院層層長碧苔。坐對昏窗渾欲臥，故鄉迢遞送愁來。

午日贈遷西禪師和夢翔韻

菖蒲放碧雨晴初，挈弟還家慰倚閭。時與舍弟同歸自郡城 歲儉催科猛虎年，衰愁寂似鰥魚。天中景物懷三楚，世外交情探六如。促膝幾回仍賦別，矣蒸穮襶上征車。

俞度汪招集池亭賞荷即席限陸放翁詩韻

脩然急雨過閒園，水趁新潮直到門。幽磵細泉通地脉，奇峰長夏挿天根。侵窗桐葉供詩卷，隔岸荷香入酒樽。忽聽蟬聲秋思動，不殊湘浦嘯清猿。

寄懷王星梁二首

先朗襆被到高齋，後汝揚帆約未諧。獨坐清宵孤逸興，每逢俗客憶吾儕。鳥飛夕照來鄉路，蟬送新聲入老懷。計日吳陵應卜夜，聯床把酒話應佳。

積雨經旬苦不休，故鄉禾黍付波流。臣今抱病非關酒，君自高吟直到秋。堪笑窗蜂鑽故紙，却憐原隼試新韝。壯心白首消難盡，肯向文園久滯留。

題高山只江皐小築

槿籬花塢繞江干，高士誅茅詠伐檀。眼底唐虞書萬卷，意中稽阮竹千竿。佳兒避席呈新句，哲婦烹鮮勸餐。自有淳風銷薄俗，裕非躭棲息一枝安。

重九前一日顧爾枚去疑兄弟招集令叔山松先生菊下

雁影橫空月上時，披襟岸幘坐東籬。紅菱濯水充盤嫩，紫蟹啣霜出釜遲。人近百年增逸興，花當九日吐奇姿。阮家風味陶家景，不負清宵靜舉卮。

宿舍弟天孫齋中

蕭齋何意雁來遲，悵望秋空遠寄思。意外行藏渾莫定，客中離合杳難期。茱萸酒熟客兄醉，萱草詩成憶母慈。明日烟帆歸去速，獨憐黃菊傲東籬。

永安舟中晤黃中山

漠漠輕烟野水鳴，扁舟溯舊感生平。揮毫先子留遺蹟，中山字藏先君墨蹟 下榻高賢舊著聲。二菱水柳培翁業師瀬水周安先生皆下榻尊館 儉歲田園無刈穫，中原烽火照戎兵。一潭明月千株柳，何日同堅鷗鷺盟。

同諸子集謝季升齋中賞菊

何事招尋逸興賒，為言秋色在鄰家。幽香細入烏皮几，艷色偏臨絳帳紗。（季升授經處）次第携樽皆上客，蒼茫歸棹爲名花。（時予返自郡城）連宵風雨猶戀戀，更待晴空醉月華。

退宫人

猶是鶯啼蝶舞天，不知春恨屬誰邊。雲香衣粉人間少，入鏡容華舊日妍。貧賤可憐身易老，歡娱惟願夢成年。五更風雨蕭蕭竹，錯認羊車到院前。

贈徐西冷别駕

市民歡頌使君來，百歲淤河指日開。紈袴難干如鐵面，彈丸頼

李氏叢書

有濟川才。桑麻自見千疇利，桃柳還須兩岸栽。八斗才華五斗粟，哦松把卷興悠哉。

對庭梅和陸放翁詩韻

頻年客枕凄凉夜，踈影蕭蕭入夢中。此夕抒心同對酒，不堪回首帳飄蓬。枝横三五春星落，香滿簾櫳曉霧空。欲向瑶臺覓消息，玉人髣髴在墻東。

吴章臣復來廣陵以書見訊却寄

北極烽烟混碧雲，書來聞道却從軍。梁園善病愁心劇，禹穴探奇壯志分。幾度别離詩足紀，一腔悲憤酒難醺。孤燈寂寞誰堪語，腸斷西山話夕曛。

過邵伯訪張西銘因贈

入門翠竹碧參天，無數秋花落照邊。覿面乍來三徑裏，神交已在十年前。青囊濟世壺公隱，緑酒留賓侃母賢。更喜寧馨能繞膝，莫因貧惜買書錢。

每徑謝埭寸心傷，沉痛先君病北鄉。客邸分吟推鮑叔，書窗調藥感韓康。百年世好情難盡，一夕論心話更長。明日片帆臨遠浦，相思愁對水茫茫。

寄餘姚令韋藴可

多年不見玉山姿，花縣行春印綬垂。羅壁揀天高品望，姚江映月洒襟期。荒城水漲題詩處，舊侶人非對酒時。若共輞川深夜話，應憐季子困書帷。

李氏叢書

輓遷西師

笑閱人間萬事非，飄然雙履踏雲歸。鷩呼小阮魂應聚，結習精藍願獨違。寂寞一龕秋月冷，蕭條疎樹晚烟霏。早知昏墊流離苦，不見洪波觸板扉。

懷王星梁遊餘姚二首

長征千里滯歸期，幾度行吟動遠思。越嶠烟雲饒逸興，梁園雪月助新詩。水鄉近畏寒氷結，旅夢應隨夜漏遲。聞道故人敦氣節，不同輕薄閒心知。

此日懷君君誕辰，高齋談笑竟無因。御杯定有新同調，設饌應

頻賢主人愁裏難堪親串隔眼中不見故鄉筍任吳諸子時相
問已辨青錢為洗塵（謂任繩宜吳禮齋諸子）

立春雨雪峯兄出新詩見示和韻

夜寒風緊柝聲頻愁裏逢春不覺春擬向南窗堅曝背誰知客
雪暗侵晨甕虛已罄常平粟廚冷難分貉子薪喜見吾兄高詠
出巡簷酬唱足怡神

立春後一日同朱十八玉之王四星梁集飲

擾擾浮生又立春臘醅鮭菜莫言貧酒能痛飲真吾輩詩必求
工駕古人獵獵風威摧夜柝蕭蕭雪意逼寒燈越游喜聽王生
說頓欲尋山遠俗塵

李氏叢書

戴儀宗留飲時寺中同吳子吉人

水鄉無地可徘徊古寺尋蹤踏碧苔愧我空囊謀作主多君高致
獨憐才河魚溪蟹陳無味棐几清樽戀舊醅更遇風流吳季子
子論詩不放夜船迴

贈御難禪師

層樓遙接水雲鄉訪道尋幽到上方險歷洪波驅周兩靜參真諦
禮空王不因理障拋詩卷長剩心閒整筆床非為妻兒待米
去今宵應宿贊公房

閱蒼崖師樽席送子固叔還用張漢瞻西齋倡和韻

不憚炎敲襪襆還新詩十疊滕陽關酒傾碧玉殊方釀（時飲雲東泉）
擁奇峯小縣山江夢覺來揮彩筆潘輿欣見慰慈顏（時至會城省母）東
村刈穫秋光好雞黍應須破老慳

喈文姪新齋招同寧波郎世兄　吳趨宋世兄旦華婁
水閱師尊蒼崖松江張漢瞻表叔王勿齋叔季子粟亭
讌集再疊前韻

脫帽披襟任往還相期幽事疑花闢新開曲徑繞移竹小綴孤
峯已見山好友最難成快聚浮生幾許得歡顏清狂小阮饒佳
興醉倒清樽意不慳

李氏叢書

北村有感疊前韻二首

昨歲離披江上還驚風巨浪打重關漸看村舍繞安堵又報洪
濤直下山耕鑿何年諧鳳願啼號難免及衰顏魯戈借返天吳
去莫使千家玉粒慳

投林倦鳥夕飛還葦草為廬未設關水急亂流初過雨雲橫遠
樹條成山村墟幸免陽侯虐談笑應開野老顏自分栖遲消壯
志清風明月豈吾慳

送補菴兄入山

水滿荒城不可居秋風蕭瑟令菰蘆常將白眼看流輩先着黄
冠入舊都一杖天涯雲共遠半肩行李鶴同孤因憐塵世間人

必非愛金丹事藥爐。

贈金沙重表叔于吉人

逍遥城市古稀年，不餌丹砂不佞禪。烏几時時披素絹，新圖日日煮清泉。夢遊宋玉江山宅，心慕陶家琴酒船。安得過從諧夙願，杖藜訪勝踏雲烟。

由梅花嶺至平山堂即事

緩步平岡路逶迤，落花飛絮草萋萋。松楸無恙忠臣墓，楊柳空垂帝子堤。蜀道不堪千里望，栖灵猶憶昔年題。笙歌畫舫渾閒事，獨立春山聽鳥啼。

三月晦日城頭遠眺

李氏叢書

獨步層城意黯然，荒郊無樹井無烟。雲横遠浦孤村外，鴉背殘陽古墓邊。風雨蕭條人閉户，鶯花寂寞水連天。今年未見春光好，春去翻思景物妍。

送兄移居廣陵

時時帶月叩柴荆，白首過從幾弟兄。移宅不因花滿眼，題詩愁見水盈城。誰供禄米先沽酒，纔卸琴書便聽鶯。南充舊游頻問字，故園腸斷雁孤横。

送御難禪師還山

徑年禁足閉禪關，何事飄然杖錫還。持謝故人留半偈，獨將真性寄空山。孤帆掛月青宵逈，破衲披雲白晝閒。愁對洪波飢欲死，無緣避地棄人間。

沈魯重招飲聚星齋出新詩相訂

憶昔梅花覆曲廊，高吟日日踞胡床。誰知水漲梧桐院，無復風生薜荔墻。老去不勝多感慨，貧來幸未減清狂。持螯把酒生平足，況有詩人對舉觴。

遊田氏園懷舊

曲徑老橋路盡通，幽泉邃洞净含風。挿天高柳洸洸碧，繞檻踈花艷艷紅。金谷人歸流水在，玉簫聲斷綺樓空。山巔坐嘯偏多感，總入蟬吟鶴唳中。

席上贈周匏聊用可亭叔雪夜同周子圍爐韻

李氏叢書

看來世態冷如氷，雅集秋宵爽氣凝。明月高懸千萬里，清光只照兩三朋。解貂醉我情偏重，仗劒從君計未能。那笑寒蛩依短砌，愁吟唧唧向孤燈。

别周匏耶

生平能得幾知音，邂逅他鄉意氣深。醉月石龍千斛酒，驚秋偏壯兩人心。時時過訪敲門急，夜夜高談聽漏沉。别後關山驅匹馬，應憐閉户獨横琴。

别錢文度

愛君肝膽真如雪，獨慨相逢在暮年。慣戀琴樽踈世事，偏能襆被近高賢。（時周匏聊同寓）秋風客舍如鄰里，夜月家鄉各異天。見説五

狼山水勝衡寒應泛剡溪船

早春宿安豊普濟禪院

石尤風急客心驚夜宿招提見月明林影半窗鐘磬寂香風一枕夢魂清勲名有待傷頭白行止難期感歲更塵世勞勞何日息欲依老衲學無生

林潭月夜宿朱美公村庄

孤舟觸浪泊黄昏踏月來敲隱者門花向高燈開獨艷犬迎新客吠偏喧龍團細碾催烹雪橡栗充盤勝舉樽我亦耽幽思屏跡荷鋤何日老田園

入郡與南漪叔同舟和韻

李氏叢書

長年百事苦憂煎非為離家意惘然小艇幸離逋債主空囊虛望賣文錢雲開曉出前村樹日暖風回欲雪天此去故鄉親串隔竹西花鳥獨余憐

瓶梅

一枝冷艷傍山窗何故相依欲斷腸帳裏能羈孤客夢燈前偏耐酒人狂不隨猛雨高低落常趁微風斷續香遥望龍頭無所寄天涯知己恨茫茫

同久菴兄客中小飲

憶在高齋對菊花無端蕭瑟换年華廣陵不見鶯花好上巳偏逢雨雪賖攜酒叩門仍逸興挑燈彈鋏起長嗟兄酬弟勸歡今夕莫悵人情薄似紗

張繩武招集桃花下即席賦

尋幽何必武陵津山館穠花亦可人掃徑未曾邀俗客開樽為説餞殘春雨餘積翠皆成蘚風起飛紅不入塵莫厭蛙聲喧近浦助人詩思轉清新

朱溪曉發和齋韻

秋宵白露濕青衫為到桃源落客帆勝地衣冠能近古仙家誰大不同凡桔槔引水流泉活畧彴依林宿草芟此去閩南山路險支笻處處履巉巖

夜泊嘉興

李氏叢書

還上吳舲問越程諸湖歷盡片帆輕山城返照穿林出野店踈燈入水明到處桑麻歌樂土遥憐波浪起鄉情嘉禾風景堪留戀自分漁樵過此生

晚晴從西湖泛舟至雲林念紉菴叔返菰城不得同遊次存齋韻

曉窗夢斷思騰騰宿霧初開逸興增因向晴湖摇小艇徧尋幽洞引踈藤山頭花艷楓千点江上潮回雪萬層惆悵苕溪歸去客高峯何日更同登

江上寫懷

越遊又任片帆輕一路青山不記名江上有人吟橘柚山中無

夢到公卿浮家自信非長策養拙何為不比生遥望嚴陵垂釣處烟波浩渺倍關情

蘭溪道中喜晴

十日纔逢一日晴千峰環照大江明霞蒸忽變楓林色湍激還爭瀑布聲山郭人喧秋社近溪橋雞唱午烟平故鄉鴻雁飛何處獨倚蓬窗百感生

烏石灘和存齋韻

百折奔流逝不分舟隨急湍度斜曛斑班鵓卵灘頭石細細魚鱗水面紋憶昔狂奴曾把釣欣同小阮共論文連宵不作思鄉夢欲劃妻孥友鹿群

李氏叢書

中秋

岐路飄零歎此身況當佳節倍傷神夢中不識黃泉路客思頻思白髮親異縣山川新染淚及時橙橘懶沾唇遥憐澤國波濤裏弟妹何人不食貧

登仙霞嶺天一亭

峻嶺松篁一徑通石林幽處老僧逢亭依絕壁沉雲海澗落懸崖咽午鍾飛瀑百重清耳目亂峯千仞削芙蓉會須信宿烟蘿裏飽看山頭滴翠濃

山行雜咏

山頭曉月別人遲縱目能消故國思一上仙霞稱巨擘逕看楓嶺列娥眉慈航引水心堪印愁緒無端髮欲絲我已暮年思屏跡欲於世外覓心知

絕嶺人行倚半天白雲深處愛幽偏霞光遠映千層樹瀑布高飛百丈泉疊石引流春水碓撥雲尋路見山田興亡底事經烽火此地何曾絕爨烟

紅梨烏桕盡酣霜極目天南鳥道長曉氣出雲山斷續高秋屯霧樹微茫輕輿向日春同暖破帽雲花晚尚香鳥語溪聲都不辨此身不覺在殊鄉

雲海沉沉障碧霄瀑流千尺響山腰疎林掛月停村店急水奔流過石橋但得長閒消歲月何妨屏跡混漁樵山川好景詩難敵只合征車繫酒瓢

李氏叢書

竹崎所遇順風喜得揚帆而行同存齋作

却喜揚帆破浪行安流不見石縱橫層層雲縷山巔起淼淼江光眼底明老入殊方心慘淡貧堅逆旅骨崢嶸却憐小阮知余意頻覓醪醇進大觥

將至福州次存齋韻

莫嫌兀兀坐孤舟濡墨高吟紀勝遊帆影遠飄黃似葉浪花輕起於鷗灘行險處知安命酒到酣時易解愁會向福州安即次榕陰橘圃度殘秋

福州九日

楓葉酣霜雁陣哀，榕城無伴懶登臺。九仙空有石罇出（郡中九仙山越王無諸九日設讌於此今石罇尚存），三徑遥憐野菊開。落帽何人能絕俗，題糕無句敢矜才。故鄉親串菰蘆裏，那得清宵入夢來。

旅夜不寐懷故鄉諸友

浪跡天南何日歸，山空月落一燈微。頻拋客枕聽雞唱，懶作鄉書附雁飛。生計只宜逃麴蘖，世人誰不羨輕肥。黃公壚畔忘形友，應苦漂沉盡掩扉。

登延平府城樓

劍州風景甲諸州，城上新成百尺樓。隔水遠浮青嶂色，遥天不斷碧雲秋。初冬變候楓千点，暮靄收時月一鉤。却似仲宣多感慨，壯心回首雪盈頭。

重過黯淡灘

探奇此日興全休，涉險茫然又欲愁。岸上雁行排駕長，水中魚貫挽扁舟。那能穩坐吟紅葉，無復閒情狎白鷗。屈指計程過越好，閒懷抱鏡中遊。

登南臺

為訪南臺一泊船，危坡直上路幽偏。空祠樹色千秋在，隔浦嵐光百丈牽。風月怡人須縱酒，溪山選勝不須錢。興亡底事思吳越，輸却村翁抱日眠。（臺上有越王祠）

甌寧道中

行灘愁見水粼粼，一上輕輿霽色新。雨洗青峰開倦眼，風飄紅葉送歸人。山村野店俱饒景，短堠長亭總絕塵。客久渾忘鄉思苦，吟詩縱酒趁閒身。

山行雜咏同存齋限一韻疊成十首

由建寧輿行至葉坊驛

嶙峋亂石水中生，三日纔行一日程。策杖獨穿疎林影，捨舟已絕怒濤生。雲横恰補山頭缺，葉落全鋪石面平。晚景蒼蒼更堪愛，丹楓掩映夕陽明。

建陽道中

素櫟叢篁夾路生，青山無數引歸程。客林落葉鹿留迹，山徑争花鳥哢聲。何事向人悲落拓，茲遊亦足慰平生。題詩愧少驚人句，小阮吟成眼倍明。

山行思歸

江雲日日惹愁生，鄉思無端落驛程。故國流亡悲雁影，踈方涕淚入猿聲。形骸久已忘中散，婚嫁何年似向平。自分巖栖謝塵世，虛憐爝火電中明。

懷蘇尚源

連宵襆被共蘇生，水陸何期各異程。曳杖難忘傾蓋友，倚蓬誰伴讀書聲。遥看車出重關險，却喜車停一徑平。曾約寄書相問訊，江南春好萬山明。

曉起山行

山店熹微曙色生手攜詩卷又登程遲遲推枕因殘夢喔喔聞雞豈惡聲牛畏霜寒形觳觫鳥知日暖語和平却輸野寺僧慵起佛火依稀暗不明

輿中讀放翁詩寫懷

自笑浮名老此生飛騰無復計雲程板橙路斷霜無跡石硼泉奔碓有聲窮達誰能同季子行藏不復問君平渭南一卷征輿上細讀偏教萬事明

尤家墩山水佳絕為閩中勝跡詩以紀之

峰回路轉白雲生幽賞渾忘在客程高掛藤蘿增樹色遠來絲竹瀉泉聲懸崖陡出危如墜峻嶺橫看勢若平一杖憑虛天外望閩山越嶠最分明

重過仙霞嶺

絕嶺重過路不生肩輿頻計往來程萬竿修竹遮天碧百道清泉漲澗聲奔走征途人易老崎嶇世事險難平履危自古多憂畏寸步思艱理自明

由江山縣登舟晚泊衢州

停車山縣午烟生舴艋行來問水程石漾清波涵日影樹歌舟嶂下寒聲晴沙路換村墟靜暮靄雲連雉堞平衢橘江鱸頻送酒高燒樺燭一般明

遊艾公洞洞中層樓虛牖几榻坐具皆石鑿成相傳艾令蒞任二十六年始就亦奇觀也

洞口無人碧蘚生踏雲披霧擬仙程山窗雨浸蝌文篆石几風飄棋子聲却羨神工施琢削相傳賢令紀成平何當枕嗽忘歸去長嘯天風待月明

再寓西湖樓和壁上舊題韻

頻到西湖景倍加却思豪飲醉琵琶愁多江上吟楓葉節近春生負菊花（時長至前五日）遠望翠微山萬疊細尋幽徑路三叉孤雲白鶴時來去小艇偏宜泛月華

湖樓漫興

閩海纔歸萬里船溪山隨處寄悠然青浮一抹晴湖遠翠繞千峯晚岫連久客琴樽偏春戀殘年山水足因緣高樓睡美誰驚覺靈隱鐘聲到枕邊

再遊虎丘

虎阜秋高月夜經登臨不盡棹仍停琮琤曲水鳴空硼行折危坡上古亭絕好園林供點綴天然圖畫襯丹青生公化石傳千古多少遊人喚不醒

雨中集季子叔寓齋

踈竹蕭蕭晚徑斜却憐大阮此為家靜聽清夜三更雨辜負紅二月花水汲寒泉烹雀舌盤充佳果勝胡麻當筵幼妹偏聰

慧道韞家風亦足誇。

同諸子集東寺小飲步王星梁韻

三春浪跡未遑家，歸遇心知飲興賒。香刹老僧容客醉，暮林棲烏任人譁。連陰月出真堪賞，懶漫詩成足自誇。酒盞棋枰莫收拾，藥欄仍有未開花。

七夕雨中遣懷

水國凄凉夜雨多，雙星寂寂隱天河。五年僻縣無禾黍，萬户清宵絶綺羅。老懶林泉偏眷戀，蕭條門巷少經過。返思往事無人説，濁酒頻斟漫自歌。

揚州雪夜懷古和閔蒼崖師尊韻

李氏叢書

皂舫雞臺事已非，鎮淮門外雪霏霏。竹西冷落人何在，梅嶺蕭條雁獨飛。舟載積愁停淺渚，馬嘶空苑戀枯薇。風凉杜牧遊行處，此日流民半苦飢。

客中秋興

客邸閒遊勝在家，殘秋雨過夕陽斜。嫌沾白髮霜初落，喜見黄金菊吐花。唧唧候虫潛四壁，蕭蕭征雁起天涯。疎狂自笑囊如洗，羈僕還將秫酒賒。

村中感懷和又石弟韻

客心何事倍凄然，屺岵興歌已十年。百畝桑田沉白浪，半生華髮惧青毡。孤村雁度迢迢夜，敗葦風生瑟瑟天。同向征途悲落拓，深更把酒話纏綿。

九日晦日作

入秋多感自神傷，秋盡心情滯異鄉。恨積千端同落葉，愁添一夕見新霜。楊雲何事勞鉛槧，王建終須置學堂。十畝園田三畝竹，不知人世有滄桑。

讀眉叔叔祖悼亡詩有感

綺窗人去思悠悠，把讀新詩淚暗流。廿載愁過桃葉渡，一宵腸斷竹西樓。蒼茫暮靄吟青嶂，落拓孤心悵白頭。願結他生為伉儷，少年金屋貯温柔。

題海陵泰山墩岳廟和虞伯識韻

李氏叢書

駸駸鐵騎憶當年，極目河山淚泫然。起牧兵機多不測，良平秋計敢爭先。英風颯颯摧高樹，長恨悠悠歎逝川。邱墩千年遺業在，軍儲寧貴水衡錢。

吳禮齋四十

文藻翩翩相國孫，而翁材藝擅青門。傳家清白囊如洗，挾策遨遊舌尚存。江畔維舟歌杜若，庭花掃砌護蘭蓀。看君強仕成名日，萬里乘風起化鯤。

三月晦日盧汝霖招飲

客亭兀坐雨廉纖，欲送殘春句懶拈。茵履過從書滿架，開樽清梅樹遲簷。金蘭自結同心契，玉屑深談大易占。（時令兄梁珠海在座談易）

錯嘉魚次第進元盤不羨水晶鹽

十桐居即事

寂寂山齋少客過海濱風景亦清和倦來鳥語時相喚更至桐陰日漸多細注蟲魚當事業平章花月慰蹉跎塵心已斷京華夢搔首還吟五噫歌

過港口懷朱芳萊因寄以詩

憶昔嚴寒凍不開日呼銀鹿走書來留餘有𢔶關心切訪戴無舟敗興迴白首飢驅脂北轍青春哀怨補南陔陽城相望情無極烟樹迷離阻溯洄

咏鯽魚和卞夢齡韻

李氏叢書

銀鱗入市人人羨不獨朱門口腹貪每怪嘉名遺禹貢誰知美味擅江南君師半夜拋絲網中使兼程達御函落拓征途良會隔行厨未得一分甘

閏六月七夕

乍疑玉露下新秋羽扇頻揮暑未收靈鵲無知仍覓侶牽牛失意悵臨流偏多歲月閒中度誰擁笙歌物外遊客子無端愁思起夢魂空自到斜樓

前題和存齋韻

流火偏遲斗柄移雙星碧落燦離離從來好合原難合待得佳期又改期玉笛吹殘風斷處銀河望斷月斜時深閨無計消良夜臨鏡先偷巧樣眉

再叠前韻作西崐體二首

漫說人間信誓移黃姑意外有分離鱗鴻錦字情難訴雲雨巫山夢未期連理枝連原不解合歡花合自逢時天台有路通消息莫為劉郎蹙挽眉

撩人心緒是清秋深院梧桐暮靄收愁結錦机絲欲斷淚添銀漢水潛流長生殿裏成虛話百子池邊憶舊遊脉脉兩情相望隔空教明月照秦樓

七夕真州道中

碧空無際暮烟收塔影山光入小舟曠野雲連天闕近澄江露濕月華流蟬聲淒切臨花岸漁火微茫點荻洲欲覓雙星注會處玉簫隱隱在瓊樓

贈句曲許經歷

蕭蕭薄宦返天涯載得圖書未滿車有子能空冀北野何人不識汝南家藤床石枕閒拋卷竹徑松陰靜煮茶不學當年句漏令華陽故土鍊丹砂

院試畢夜出墜橋下幾斃卧不能起燈下作

倚枕悲涼暗自傷昏燈欲滅鬼爭光魂驚渡口呼桃葉夢斷鐘聲識景陽豈是卞和三刖足虛憐季子一空囊合應勝地尋歸著老學無生意味長

送吴令譽省親梧州

邗江風冷雁飛初，萬里承歡涉遠途。滿載詩書供鯉對，飽看山水逐鳧趨。歌羅城畔調驄馬，博白池邊弔綠珠。為問昔賢遺跡在，先酬丁陸兩名儒。丁蘭生梧州，陸續曾興學於此。

喜晤周匏耶兼得劉興周消息

經年苦憶無踪跡，忽漫相逢喜欲狂。落落孤懷悲逝水，稜稜傲骨敵寒霜。揮毫幾費羲之墨，沽酒慚空杜甫囊。見說茂陵遊興減，天涯如已恨茫茫。

寄懷劉興周

尺書無自到蘇臺，聞道年來萬事摧。士到困時心逾壯，詩無愁語調偏哀。隋堤有待堪乘鶴，茂苑何時得探梅。風雨蕭蕭孤館夜，幾回魂夢渡江來。

挽費北度二首

英年韜晷走羣兇，晚節談經繼馬融。時擬泛舟來雪夜，無緣避席坐春風。乾坤正氣人無幾，丘壑高情孰與同。搜輯遺編雙國士，蕭蕭風木恨無窮。

江村地僻隱鴻儒，先跂爭看萬丈餘。開徑獨高彭澤令，臨池人寶右軍書。成都碩望聲名遠，萬里悲歌涕淚餘。曾國諸生新議諡，千秋競式鄭公廬。

題沈魯重新齋

幾年不到休文宅，喜見高齋結搆新。靜几爐香薰素壁，匡床書卷壓文茵。閒行曾記題詩處，密坐還同載酒人。更闢東園植花竹，過從如對武陵春。

射陵王次功自題泥塑小像索和

非將土木等形骸，欲使丰姿歷劫灰。頰上三毛寧顧影，胸中八斗正藏才。傳杯送客親臨几，長嘯舒懷懶到臺。却笑本來真面目，幾回雕琢得成胎。

夢蟻數十萬出穴，負一石若碑，所狀疾行如飛，因成　聯二語醒而足之

歎息浮生夢未休，依稀又入大槐遊。逐羶已自同蠅狗，負重居然學馬牛。擾擾無端成幻化，紛紛一似苦營求。笑看世事成蕉鹿，忽聽鐘聲起寺樓。

送張印宣之漢陽

知君遊興寄湖湘，欲趁春風入漢陽。鶯囀綠楊臨餞席，花飄紅雨點行裝。郎官湖畔頻携酒，卻月城頭懶望鄉。崔灝題詩誰與敵，歸來新句滿奚囊。

送永華弟北上時赴楚中學博

羣季行中羡惠連，星霜比歲走幽燕。此行謁選趨東閣，送汝臨岐看祖鞭。祿薄難堪妻子累，名高自得友朋賢。三湘七澤人文藪，家學應能啟後賢。

贈柳百川醫士吳郡人

茂苑雲山望欲迷，邗江寄跡飲桑池。滕前令子工文藻，几上名花閒鼎彝。獨探丹經尋妙理，頻拈小草助奇思。看君日日壺中隱，和緩聲名未足奇。

同張漢瞻訪卓鹿壚不遇

經年不到羅含宅，特訪高踪偶辟彊。疎柳迎門深巷靜，叢篁隔院積陰凉。校書何處消清晝，把臂無因入醉鄉。敢學狂生題鳳去，兩人惆悵立斜陽。

邗上遇吳吉人邀入寓樓同飲

風流季子時相憶，無意邗關得遇君。滿目秋花堪寄興，幾年臨

李氏叢書

影悵離羣。詩囊括盡江山色，劍匣重開星斗文。愁破旅顏成一笑，仲宣樓上醉斜曛。

送中州和尚返黃山

一杖隨雲遁跡深，何須勝地布黃金。覺來慧性原真性，老去禪心入賦心（時集句成黃山賦）。笑傲每隨名士集，優崇虛受至尊臨（時欲應詔未果）。他時白嶽來相訪，日把新詩對遠岑。

喜劉興周至自吳門

一江睽隔兩傷神，五載難言去後貧。君不愧為天下世，我今重見意中人。酣歌再貰旗亭酒（舊寓古旗亭），放眼新看蜀道春。為說壯心消白髮，徒傷困頓老風塵。

早春之北堰別天孫錦城兩弟兼示諸子姪

待曉聞誰起倣裝，飢驅今又赴荒鄉。東風幾度舒堤柳，愁思千端壓野航。縱酒那能消白髮，躭書期不負青陽。好營木石兼花竹，歸葺機雲舊學堂。

顧五丈山鏐馮表弟麟書過訪書齋因同登北極樓遠眺

山齋岑寂絕躋輪，晝把殘編夜一燈。剝啄忽來驚上客，淹留猶得步殘春。燕飛雙剪朱樓迥，麥秀千畦綠野匀。縱喜晴光亦蕭瑟，頓思携酒醉花茵。

贈智勝禪師

杖錫蕭然任海東，相逢數語豁塵胸。黃梅待熟逢新雨，白足初

李氏叢書

參蘭素風。水月定中心性徹，筆歌叢裏色聲空。願拋宿昔文詞障，解得禪機在箇中。

錢四張招賞芍藥

不隨姚魏鬬芳菲，婪尾千枝冠一軍。香散風前迷粉蝶，艷從天上剪紅雲。玉缸酒映珊瑚色，金谷人看綿綉文。錢起愛花兼愛客，深杯相勸戀殘曛。

觸熱之北堰舟中作

漫挾詩書去復來，扁舟觸熱火雲隈。閒憐白鷺沙頭立，遠見朱蓮浦口開。旱魃經秋猶肆虐，縣官蒞任不陳災。老來百事休多慮，還向蓬窗獨舉杯。

憶劉輿周

憶過居停踏曉霜兩人相顧指空囊原期後會來南兗忽悵離群滯北埸身後有詩傳曠達眼前無汝負清狂不知踪跡今何在細雨清燈淚幾行

去北堰留別觀文姪二首 選一

家居久悉仲容賢北堰返歡近一年念我多愁呼咄咄有誰知爾腹便便須攜囊篋書千卷早搆雲林屋數椽試問長安軒冕客幾人安穩得歸田 時聞木菴之變故云

臨岐惜別意凄然黯淡雲昏欲雪天老去同心歌伏櫪悶來攜手步荒阡花前對客陪酣飲月下敲門慰獨眠輪爾抱孫閒曝日歸休何計樂餘年

李氏叢書

贈別董若宰

濯濯丰神張緒姿瑚璉黼黻為君期不隨薄俗遭人妬喜見承歡慰慈江華生花香几席孫窗映雪靜書帷遥知別後頻相憶憶風雨穿窗夜話時

歸途舟中作

鬢毛蕭瑟壯心闌久擬誅茅學閉關除却酒杯無與侶未抛書卷不為閒天邊嘹唳思歸雁枕上迴迴入夢山茗椀爐香隨散篋扁舟寧許帶愁還

吳生招飲索贈

茅齋兀兀坐殘春新舌津頭訪隱淪愛寫青山粘素壁時傾綠醑聚文人營巢鵲選庭中樹繞砌苔遮雨後塵嬾漫無心論世事最憐疎豁語天真

贈戴生

花前送酒索題詩濯濯丰神衛玠姿先世飲池醫及國高堂畫荻母為師庭多嘉樹稱蘇橘室有藏書下董帷爾祖論文情不淺慨予雙鬢亦如絲

留別林聖與

綠樹陰濃啼曉鶯臨岐惆悵不勝情華堂設醴陳兼味木榻論心對短檠知己故應稱絕叔吟詩尤喜得陰鏗紛紛年少多輕薄兩與相逢眼倍明

李氏叢書

中秋日作起周高達夫成句即步其韻

節物驚心兩鬢華惟將淚眼對秋花遠聞簫鼓喧山郭坐憶妻孥困水涯懶問今宵明月好愁看四野暮雲遮凄涼心事無人說繞樹依噪晚鴉

擬唐人早朝二首

玉漏潛移曙色催鬱葱佳氣繞蓬萊春風漸轉新旂動香霧遥分雉尾開端笏千官瞻拜肅鳴珂一路散朝迴花磚珥筆迎朝旭中使頻頒紫詔來

禁苑沉沉唱曉雞內朝數問夜何其臣諫立分鵷序天仗遥臨

臨簇羽旗玉殿嵩呼歌喜起金階曙色慶雍熙紛紛解珮趨龍
尾競帶香烟赴鳳池

九日俞幼李招同張兩公韓三兄弟為竟日之集

雲白天高雁陣迴西風短褐鬓毛摧悲秋老滴聽猿淚弔古遥
憐戲馬臺懶慢無心酬令節殷勤有客勸深杯異鄉兄弟感歡
會回首旅蘆意轉哀

邊城晚秋

戍角當樓曉夜涼祈連草木盡飛霜烽生絕塞沉雲黑沙捲長
河落日黄歷歷旌旗常半捲蕭蕭鴻雁不成行軍中老將横戈
泣嘶斷騰驤幾驌驦

李氏叢書

十月作同俞幼李林聖與和陸放翁原韻

頻憶家鄉水柏天山村安坐儼登仙愁雲黯淡將成雪歸夢追
遥幾上船十載賓朋欣晤對一生詩酒覓因緣初冬氣候寒風
緊砧杵驚心夜不眠

疊前韻答俞立生

高吟端不負霜天為愛樓居靜學仙問字頻過楊子宅忘歸懶
上李膺船鷗絃象板歌新曲茗椀蒲團結舊緣敢謂南州來下
榻牛衣獨擁不成眠

又用前韻答潘水壺

十載奔馳悵各天西山相遇勝逢仙每思巨筆烟嵐氣堪入米
家書畫舫詼劇兩忘身是客交深不與俗為緣何時把臂深山
裏共漱清泉枕石眠

同于齋祖寓東城書屋懷弟總憲木菴

不記别時與别地逢君但感歲年增紅塵已斷京華夢白髮相
爭邗水冰卜築故園花似錦頻邀狂客酒如澠池亭寂寞悲賢
主寒雨酸風閃夜燈

酬于齋祖見贈原韻

鬓毛蕭瑟疾闌珊閒達無心隱是躭君慕酒狂甘罰百我貪仙
佛欲兼三力疲高壠長眠穩絲客春風不起蠶解得松醪有妙
理不須趺坐靜中參

李氏叢書

早春泛舟至下田小憩曹家巷有懷舊事

今歲還期汗漫遊先從春水泛輕舟疎林日映融殘雪遠浦潮
生急亂流憶昔拈花來惠遠曾經看竹擬王猷石家金谷曹溪
院寂寞繁華總廢丘方融禪師曾　曹巷向有石氏園亭今皆為廢圃矣

過西竺菴在川上人留茶話

飢來驅我去逃禪緩步城東訪皎然寂寂松窗書貝葉蕭蕭竹
徑梟茶烟相逢一笑消諸慮自識三生有宿緣聞道遠公開白
社箇中應許喻青蓮

帆引閣

岧嶤高閣枕東闌疊石為梯陟險艱翠㡧湘簾驚鳥過碧窗朱

栿宿雲間九州貢賦帆檣裏千里江山烟雨間凉夜不須横玉笛邗溝遥送響潺潺

無題

綺窗人去思𢢽𢢽消息無端懶問占斜倚象床薰寶鼎怯臨鸞鏡整香奩返尋舊夢雙眸倦暗寫春愁指纖長晝遲遲春寂寂寂梨花庭院午垂簾

讀一閨秀遺詩即和其韻悼之

病起深閨怯怯行柳慵花弱怨啼鶯香魂已化留遺咏艷骨長埋悵隔生紫府神仙為伴侣碧苔庭院倏紛更驂鸞幾處臨塵世浩蕩江波月不驚

五月一日揚州作

風雨瀟瀟冷似秋客中五月尚披裘枯毫不盡江郎恨縱酒難消屈子愁漫檢詩書嘶馬隊遥聞鉦鼓鬧龍舟頻更節序傷摇落恥為妻孥白却頭

午節同叔祖眉叔兄大村姪喈文厚文雄文姪孫景留讌集師儉堂時喈文設酌步大村韻

毷关（空）嗟老此身空囊蕭瑟杜陵翁多情小阮酬佳節歡聚吾宗只數人夢裏池塘懷地主（謂中丞弟木菴）客中杯斝鎔天真滿城簫鼓誇遊宴何似清言迥絶倫

朱十千以午節畫蔬菓於扇頭與喈文拈物各成一律

天中令節壺觴傳香草氷桃入饌宜安得枇杷不與核喜看蘸蒲更生兒青青竹筍穿新徑灼灼山丹開滿枝採蒜更聞驅毒疫神農本草不曾遺

山上石榴一株六月始花偶讀坡公集中官舍即事詩云安石榴花開最遲引為起句并用和全韻

安石榴花開最遲風姨不敢妬芳菲非因毒熱心如結應悵端陽客未歸西域葡萄曾並植石門雞犬莫相違何時碧樹濃陰裏枕簟疎簾晝掩扉

觸熱寫懷

壯年牢落失飛騰垂老名心冷似氷未遂閒身消歲月難禁孤館困炎蒸商羊石燕歸何處白鳥青蠅逐未能胸次若還無一

事便甘絶粒作枯僧

禪院觀秋海棠

嫋嫋風前浥露凉半臨幽砌半遮墻未留千古西川詠同斷三春杜宇腸却妬紅霞分晚焰偏容緑酒惹秋光祇林寂寞空諸幻香色如何得兩忘

秋蘭

幽谷叢生擅（衆）芳建州遺植道途長碧抽勁葉簾籠靜丹吐微心几席香茗泛磁甌分臭味琴調别調譜宫商何須九畹為秋佩却笑當年楚客狂

秋葵

碧天如洗露華零，高下徧宜綴碧岑。葉放曉風知衛足，花含麗日獨傾心。淡黃冶艷羞金盞，香氣芳馨並玉簪。塗額漢宮休見妬，清供應入野人鐔。

秋葉

寂寞閒庭絶点埃，驚心一葉報秋來。風收殘暑搖疎影，雨過新凉掩碧苔。金剪漫教封弱弟，玉溝曾許作良媒。蔣家三徑人來往，莫使青童掃不開。

秋草

萋萋曾共鬥春陽，秋至如何易老蒼。也有微香消蝶粉，却憐腐

李氏叢書

臭化螢光。榮枯有定隨時變，天地無私入露凉。小立黃昏無意緒，不知何事斷人腸。

雁來紅

秋來小草亦堪誇，待得霜濃葉始華。植立堦除渾似樹，艷同桃李却飛花。徐娘老去拋紅淚，越女新裝擁絳紗。應與賓鴻還作伴，高飛片片帶殘霞。

芙蓉

閒園一望樹蒼蒼，獨放輕紅拒曉霜。秋水微波凝望遠，夕陽古岸繫情長。美人一見羞臨鏡，幽客相看欲引觴。我亦有盧溪水畔，幾時遍植映魚梁。

九日過彭時中書室

故鄉佳節未能歸，出郭招尋欵竹扉。茗煖越甌香乳溢，書臨晉帖墨花飛。蘇耽泛愛頻呼酒，鮑叔知心為製衣。親串自應來往密，羨君年少耻輕肥。

長至寫懷

陽回玉曆又飛葭，惆悵孤身鬢已華。靜夜山河沉鼓角，清燈氷雪伴梅花。關心八口恆為累，屈指三年未到家。回憶少年多樂事，高堂獻襪祝膚嘉。

冬夜友人見招看演劇五更就枕不能寐作此遣興疊前韻

李氏叢書

此身只合老蒹葭，偶與瓊筵近麗華。絲竹陶情因縱酒，悲歡入目等看花。琴書紙帳無窮樂，烟水漁舟到處家。是日演漁家樂 倚枕自寬還自訃，惟期蔗境獲休嘉。

元旦寫懷二首

落落行年六十三，無才無命度時艱。興存敝簏詩千首，手葺先人屋一間。閉戶逃禪消壯志，焚香宴坐樂餘閒。春風依舊來相訪，一見梅花為破顏。

莽莽頻驚歲月馳，衰年風木重悲思。承歡遠溯垂髫日，抱疚今無負土期。跪奠椒辛拋涕淚，瞻懷松柏結茅茨。誰憐季子囊如洗，惟望天心一轉移。

高橋閒步

非愛繁花特地來，偶因散步到城隈。沙暄暖日風隨燕，樹裊遊絲雪卸梅。萬户迎鑾陳百戲，千官扈蹕擁層臺。新通河路溪流滿，却怪桃花不肯開。

春晝即事和存齋韻二首

倚欄寂寞自高歌，花事匆匆倦眼過。幽徑殘紅還胃蝶，小山踈翠任牽蘿。無端愁緒來相引，最好光陰去較多。安得盡掮塵俗累，一椽高寄白雲窩。

花枝娟眼鳥能歌，日伴幽人勝客過。庭石敧移因迸筍，山窗半掩愛垂蘿。蛞蛄生活寧知久，蠻觸相爭豈在多。悟得升沉有定理，不教機事入心窩。

咏虞美人和家山公韻二首

輕盈漫說楚宮人，一歲春歸一度新。艷艷逞容羞傅粉，娟娟破蘂怯含顰。舞風不覺腰肢弱，浥露偏憐顏色勻。青塚至今傷寂寞，芳魂化作百千身。

渡江無復八千人，獨有姬名千載新。濺淚樽前凝碧血，停歌馬上欽青顰。笙簫尚喜當筵舞，粉黛何須對鏡勻。西蜀海棠休見妬，漫誇妃子是前身。

憂旱作和王勿齋表叔韻

商羊石燕竟相庚，癸山頭處處呼。河水竭流飢偃鼠，乇松乾萎渴啼烏。黃冠虛有風雷令，墨吏兼催新舊租。禾槁中田涓滴少，并傷老眼淚將枯。

初度寫懷

垂老頻深風木悲，每逢初度淚沾衣。客中歲月愁中度，夢裏家鄉醉裏歸。白髮校書慚馬隊，青蓑垂釣憶漁磯。畏人久欲甘岑寂，莫訝今朝過客稀。

秋日同程階文又石弟訪山公未遇

香飄桂子廣陵秋，宿雨初晴霽色浮。相約支笻尋勝侶，得親揮麈散閒愁。病餘倚枕思求仲，興盡回船似子猷。却憶踈桐修竹裏，藥爐茗椀外無求。

贈山公

欲振箕裘壯志新，不隨車馬涸風塵。豐頤自是豐年玉，席厚群推席上珍。白社高吟詩勝錦，烏絲染翰筆鈎銀。與君同係青蓮後，愧我迂踈學隱淪。

碧峯上人以八月五日四十初度，友人畫秋海棠命余題詩其上為祝

久聞遺緒繼支公，不惑逢年忙地通。藝菜酸辛滋味永，拈花幽色有無中。秋空初度來賓鴈，霜葉微酣未老楓。何日拈提共趺坐，松邊皓月竹邊風。

寄祝于吉人姑祖八十壽和徐文虎韻

翹首金閶老畫師，高踪落落少人知。賞心花柳供縆染，快意江山入夢思。渭水綸竿須寄興，耆英冠履自相推。銀鈎一卷詩千首，風雅于今賴主持。

貧甚遣懷和放翁韻

計米謀薪困莫支，閉門負却賞花期。縕袍屢敝妻慵補，濁酒難賒客盡知。漫撿舊編娱老眼，貪吟新句忘朝飢。小桃幾樹開偏晚，重去尋春豈後時。

和史丈暮劬秋日登潮州鳳凰臺二首

倚馬群矜作賦才，御杯三過鳳凰臺。長江滚滚流無盡，文鳥翩翩去不來。頻訪高踪臨古渡，應尋斷碣剔殘苔。江南客子清都彦，為問鸞坡夢幾回。

李氏叢書

徙倚高臺瞰碧空，蒼茫蜃氣有無中。九苞羽翰千秋杳，萬里鄉關一雁通。漲海魚龍垂夜永，遥山楓橘入秋紅。杜陵踈放篇章富，却喜追陪有鄭公。時為許尹作幕

午日同陳天申孫殿求董直齋登北極閣

輕裝又向海濵遊，萬灶安居麦有秋。生計勞心頻作客，舊交携手共登樓。佳時恰遇蒲借酒，早歲愁看日炙榴。欲弔灵均湘水隔，捨魂千載恨悠悠。

同雀階木過舊寓十桐居和葉心傳韻

故人携手話深林，玉屑頻聞塵土襟。蒲舊自憐雙鬢短，論心重坐十桐陰。擁書已分甘貧賤，縱酒還能傲古今。越水吳山勞夢寐，幾日策杖共招尋。

客虎墩逢初度

年年初度客中過，一事無成奈老何。祇合入山甘隱逸，終期學道補蹉跎。海邊此日逢魑魅，眼底何人共薜蘿。粗飯濁醪供不缺，任教歲月去如梭。

贈雀樹駭先生

先生高義重乾坤，楚客羈孤杖見存。時到軒庭看拂麈，每逢花月必開樽。娱情典籍勤捜討，雅夢江山役夢魂。十里芙蓉千畝竹，羡君高致樂田園。

李氏叢書

贈邑丞茅聚濵

漢代名儒起後賢，欣來小邑試烹鮮。暫依枳棘棲威鳳，夙負經綸濟巨川。射鴨堂開看馴鶴，哦松廳敞靜鳴絃。嶺梅初放新篘熟，滿引金樽向月圓。

贈蔣坤維

深巷幽棲蔣詡家，蕭蕭三徑帶烟霞。蘇耽井𣴎仙人露，董奉庭開杏子花。應向龍宮探秘術，似從瑶圃摘奇葩。自憐憔悴支離客，乞得金丹一粒砂。時為余醫齒毒

張又房以詩見投依韻奉答兼寄懷袁綏萬顧釋六朱芳萊諸子

持竿久欲隱江濱，老大蹉跎志未伸。一自沉疴幾死別，每懷同調溯生辰。他鄉靦面頻揮淚，佳句傾心迥出塵。寄語金蘭諸舊好，幾時酣醉海陵春。

戊子除夕守歲林聖與齋中同張两公李華若暨阿咸天弼

蕭蕭霜鬢客天涯，良友招歡勝在家。廿載飄零隨匊匣，一生冷淡似梅花。慚無文字酬知己，懶向乾坤問歲華。五嶽未遊豪興在，春來定擬泛孤槎。

俞幼李林聖與各和余除夕詩又疊前韻以答之

故里迢遥天一涯，他鄉喜遇两詩家。青樽伴我歡除夕，白髮盈顛混雪花。暖律漸催回北斗，軟塵無復問東華。餘生休暇身强健，蓑笠終隨海上槎。

元日試筆和俞謝遷韻

樺燭輝輝照畫堂，主人相見肅冠裳。紅爐火𤏲消寒氣，素影梅横入曙光。蕭散漫云為客樂，應酬偏厭作詩忙。瞻雲卜歲驚心早，學稼終須老故鄉。

糜秀升攜酒見過

瀟瀟風雨滯歸期，兀坐齋中情不怡。喜見蘇端來載酒，欣逢高適愛論詩。蘭薰書幌香風細，燭焰山窗夜漏遲。古道深情文恨晚，遥知別後重離思。

和糜秀升韻留別西山諸友

擾擾紅塵逭欲肥，西山久住竟忘歸。堪憐去路花如錦，記得來時雪滿衣。縱酒難忘元夜月，持竿應老釣魚磯。故人情重難成

別愁見春雲傍馬飛

林聖與以廣陵諸友梅下讌飲之作見示漫和原韻

東閣風流溯昔年高齋幾樹亦堪憐遥聞淡月疎烟裏究在山隈水曲前縢有新詩吟白雪幾多才子醉瓊筵誰知懶慢羈愁客也學尋春孟浩然

酬張孺子以詩見贈（張圯授一號若柯如皋人）

長史聲名遠近聞高年健筆尚凌雲過江名士多同調瀆海高人久慕君遥和新詩如覿面遠投佳句勝論文曉風明月垂楊岸便欲相從臥白雲（孺子栖隱處題曉風明月垂楊岸句）

己丑初度時客西山

年華增益益增愁歎老嗟卑不自由喜聽他鄉長夜雨（時西山苦旱夜雨五寸）飛魂故里夢中舟堪憐世事傾黄口欲挽頽風悵白頭茗椀爐香堪自適感深知己代為謀（林子聖與於推解外時有香茗之供）

涇魚詩為冠用周賦

涇陽豪客興偏奇携得嘉魚馬上飛漾玉拖金尾摇曳爭花戲落體輕肥三千里外同生息二六時中識化機不特廣陵添異種主人從此竟忘歸

紀

郡司馬周公為其先大夫櫟園先生從祀文廟名宦祠恭

聲華自昔振中州勳業文章江漢流世德相承榮五馬聖宮崇

李氏叢書

祀重千秋衣冠雲集歡聲溢俎豆香生瑞靄浮從此海邦增氣色崇階更葉有餘休

龍珠菴訪栖一上人未遇

久聞談樂傳支遁又見新詩似皎然勝跡天台傳祖印故鄉龍舌暫栖禪香臺日轉山扉掩老樹秋高怖鴿眠徙倚溪頭惆悵過指迷應更覓因緣

林聖與月夜獨酌聞有詔蠲租作詩見寄和原韻

曉日暄妍入座隅擁書曝背亦歡娛故人示我清宵作聖主頻蠲下縣租垂老只謀歸隱計爾曹努力逞雄圖南天處處安耕鑿從此應無庚癸呼

小至月夜寓田氏園林即事簡馮麟書表弟

春生蒻管陽初復月到空亭夜正闌羞被微名馳短景久無壯志望長安賓朋握手悲歡集妻子關心歲序殘幸有園林堪娛目題詩把酒任盤桓

無題二首

月姊曾逢出寶車輕羅疊雪髩惟鴉驚鴻洛浦魂先失行雨巫山夢更賒小閣凝吟親刻燭晴窗客坐静分茶乘鸞一去音容渺腸斷空庭夜合花

重幃深處象牙床繡被濃薫篤耨香惟有文君知犬子不教織女憶牛郎詩成織錦珠璣落字擬簪花筆墨良記得相思情倍

李氏叢書

切幾回臨鏡減容光

俞幼李新搆園亭雨後招同葉燦文茅劬客糜秀升林聖
與讌集即席分賦限韻
閒園樹密鳥聲和幽徑新開長薜蘿野景雲山看不盡春光九
十去無多他時應作桃源訪此日真同谷口過更有高賢來下榻
獨白駒頻到白雲窩時聞俞子陳芳不日即到

同朱美公過龍珠院訪佛壁禪師
綠樹陰濃午晝長倦拋書卷倚藤床忽來白髮吟詩客招入青
蓮佛場鳩鵠萬千紓帝力時飢民得皇賑香燈瞬息禮空王興來更約
尋花去不信生平是酒狂

贈王首隨
遁跡邘關歷苦辛風雷奮迅起潛鱗獨抒至性承先業不逐時
流慕古人學富五車酬問字金分三黨自甘貧首隨書此二語于遊柱作聯
烏衣門第家聲遠佇見題名上苑春

代壽李鹽道二首
倚閶節鉞移雄鎮喜值江淮又借恂郊垌雁鴻勞撫字萬千鳩
鵠荷深仁璽書褒美承天語奠蕩光輝照海濱午夏南薰絲管
奏兩陵歌祝一時新

褰帷問俗到官衙鞶轂延醫惠政嘉暮夜無金門似水長春有
酒李如瓜蜀岡蜿蜒迎山翠玉洞凄清送月華見說台衡天下

望及時霖雨遍天涯

閏七夕
雙星離恨永相望忽漫相逢喜倍常再駕河　靈鵲報重張雲
錦夜珠光愚人欲乞無窮巧良舍偏矜一夕長安得天公憐老
拙多增歲月更增強

喜吳吉人至兼示近作賦贈
邘關惜別首頻回喜見高秋鼓棹來聖代人文稱鮑謝梁園詞
賦擬鄒枚風流邑主推前席星聚華軒數舉杯稻熟蟹肥堪祝
駕東籬還待菊花開

喻中尊誕日賦感懷詩四章依韻奉和

花滿琴堂蘺碧烟人逢賢令樂堯天勤施善政稱仁政喜值豐
年祝大年廉介并龢黃髮頌優游時詠白雲篇高懷動節垂千
載歐范難專美代前

躋堂朋酒進巡歌其奈冰霜却賀何暮夜無金干請絕郊原省
稔稻粱多鶴銜芝草隨青鳥月掛松梢映碧蘿士子蒙恩深教
育安貧不敢怨蹉跎

親拜綸書出御龍不嫌五斗一官微蕭蕭官舍懸魚冷攘攘郊
圻馴雉飛江左聲名傳驛使帝庭恩寵下征騑管絃百里歌聲
起時見褰帷問俗歸

賓鴻新影夕陽斜為政心閒早放衙卓異應同龔北海憂時非

復賁長沙師儒秉德時觀射參佐同心日課花僻縣甘棠垂蔭
遠俗稱仁壽浩無涯

清明日寫懷

輕烟暖日淨汀沙晨起遥聞一市譁又向他鄉度寒食無端愁
緒繞天涯惟看燕子摇簾影何處桃花問酒家遥憶揚州喧鼓
吹不堪回首醉繁華

馮氏兄弟叔姪次第見招賦謝

衰年攬勝范公堤一望平蕪草色齊丁渚舊游親串篤張王遺
跡柳烟迷芳鮮入饌有充口瀲灧傾杯酒滿臍世澤君家曾賜
錦幾多才子善曾題

李氏叢書

和馮炳南見贈原韻

山齋未放牡丹花風掠踈林燕舞斜訪舊能開蔣詡逕行春真
愧李膺車衰年不合常為客知己相逢勝在家莫道村墟無好
景醉舒雙眼望雲霞

三月三日即事

荒村無地覓桃花風日晴和興自賒到處依人惟海燕漫隨流
俗聽鳴蛙詩因有感多塗抹貧縱無錐豈怨嗟却笑兒曹知識
淺竟抛書卷欲還家

喻中尊督濬支河告成賦贈

使君惠政垂千古更有弘功督濬河萬頃桑麻沾雨露四郊耆
幼沐恩波春花處處飛香綏錦水迢迢泛晝舸盛代宣房新奏
績海邦名杜又興歌

澤國年來慶屢豐村村樂業競田工須知帝簡神明宰獲覩天
施化育功水旱已均千畝利溝渠悉與大河通易山指日看榮
擢歐范聲名達聖聰

馮蒼曙齋中牡丹盛開招客讌賞漫成一律

老去誰知逸興賒欣來海畔對名花盈盈國色朝含露悒悒濃
花晚襯霞影落欄干遮錦幛香生庭院勝蘭芽日飲千盞猶嫌
少幽賞還應待月華

酬馮仙李見贈原韻

李氏叢書

羨君種秫儲名酒客到開樽更剪蔬縱目山村春色好論心午
夜旅懷抒留歡欲下陳蕃榻揮翰慚無子敬書把讀新詩堪擊
節閒奇時叩卧龍廬

贈堪輿陳亦珍

羨君風雅擅才華天授英姿富五車袖裏山川精地脉胸羅星
斗貫河槎經傳海角丘延翰名擅青烏黄撥沙把臂孤村三日
話欲抛塵事鍊丹砂

馮仙李以詩招飲答來韻

失蒸又放丁溪棹幽僻偏思小徑蘿避暑延賓開美醞吟詩招
我散秋魔風生靜院螢光繞露浥高枝蟬語多座有公榮豪興

發不須更問夜如何（時劉次舉振宜兄弟在座）

贈廣文阮老師

孔李交情世澤深，竹林曠達舊家聲。鄭邦自昔欽模範，下邑欣來秉鑾衡。整飭橋門增氣色，敦崇祀典請精誠。追隨几席慚遲暮，散藉提撕得晚成。

歎息黌宮事事疎，正襟秉鐸賴鴻儒。文章欲絕淫哇習，士子難容僥倖徒。輔翼聖傳周茂叔，湛通經術董江都。泮池水激風雷吼，念見吾師逞壯圖。（時泮池新濬，終夜有聲如雷）

姪鮮鄉試報捷茅別駕賦詩枉贈依韻奉答

從來遇合恰逢期，小阮成名幸不遲。知己提撕欣有托，高懷叩和更多思。鳴琴播化施膏雨，擊鉢徵詩盛鼓吹。菊信東籬秋色

李氏叢書

好，冰心皓月照清池。

茅別駕生日贈詩疊前韻

躋堂介壽值佳期，嶺上偷春梅放遲。題壁千秋留姓氏，哦松竟日富才思。鴻飛白雪應同潔，菊綻金風不待吹。為問課花軒裏客，醉吟何减習家池。

九日賦得老去悲秋强自寬和縄初姪作

僻縣無山懶問秋，蕭蕭野性漫夷猶。白衣誰送淵明酒，烏帽難遮子羽頭。喜見阮咸能早達，還同杜佑話閒愁。人生榮悴渾無定，把酒惟嗟歲序流。

虞子璋復其先人舊居屬贈志喜

見說君家有舊廬，無端易主十年餘。經營常念先人若，恢復仍稱高士居。四壁圖書增潤色，一庭花竹更蕭疎。羨君賢孝堪千古，門外頻停長者車。

過解南石新構書齋留飲即席和壁上韻

此地過從亦有年，新加結搆可留仙。陰濃老樹凝烟碧，香散幽蘭滴露鮮。煑茗静聽濤沸鼎，揮毫驚見峽流泉。慚非孺子能容榻，風日佳時醉晚天。

同南石飲寄懷六弟於何村用前韻

孤村寂寂晝如年，牛背吟詩實謫仙。應念故園頻載酒，遥知賢主日烹鮮。桃花媚眼三春雨，野水怡情百道泉。近與仲容相憶

李氏叢書

苦，新開高館待談天。

南石齋中盆蕙盛開次日又集仍疊前韻

看花縱酒送餘年，無慮無憂擬謫仙。甕酒為謀千日醉，盆蘭纔放數枝鮮。丹心白蕊朝含露，映月梳風暮流泉。百畝滋生仍作珮，遥憐正則對呼天。

月夜同史嵩萬鄭几在南石齋中小集即席有感和南石韻

儕輩論交喜賦詩，正當紅藥盛開時。支離薄俗文章賤，邂逅歡場意態癡。百歲光陰同隙影，一生花月是心知。遥憐水漲紅橋

路欲踐西山訪戴期（時將往西山訪友）

壬辰初度日作和雲裏立秋寫懷韻

衰老偏悲歲月增，掩關近喜説無生。窮歌自得槃阿趣，來往誰
知濠上情。樽酒不陳能遣興，詩文立就愧逃名。層層七寳樹遮
茅室，臥聽空堦絡緯鳴。

同李寛雲裏兒輩納凉小飲即席限韻

兒曹何事酒頻賒，書劒蕭然欲別家。碧樹驚風飄砌葉，紅集浥
露放池花。醉中暗度銀沙鵲（時七夕），曉起能餐天際霞。頭白自傷
老老大，賦懷不讓賈長沙。

中元日偶成簡萬封嵩萬南石智周諸子

回憶他鄉歷歲年，新秋閉户欲安禪。狂來耽酒蕉三葉，靜裏忘
飢手一編。讀易未能談嶽嶽，校書羞説腹便便。吳陵一棹違知
己，皓首奔起意惘然。（時以次日之海陵）

齋心

撿身多疾負平生，老去難禁悔恨頻。閲世敢論忘物我，齋心期
不負君親。詩書隨在皆垂訓，花鳥堂前亦儆人。豈學枯禪同槁
木，爐香茗椀覓天真。

秋夜苦雨和友人韻

到來秋雨未停聲，夜夜寒燈暗短檠。電閃窗櫺人不寐，雷轟屋
瓦夢頻驚。次明花好愁偏結，蟋蟀聲淒感倍生。聞道官衙催賦
急，道州遺詠有誰賡。

中秋一日沈蒼牖招同葉上宥諸子暨令叔子黄山齋讌
集即席和前苦雨韻

蕭蕭竹樹響秋聲，依舊山窗掛鐵檠。三十餘年風景異，賓朋無
幾客心驚。欣逢舊好名流集，恰遇中秋逸興生。良夜招呼情不
淺，新詩一卷屬長賡。

次韻答沈蒼牖

喜見休文有後人，論文三世倍情親。閒樽先約厭厭飲，琢句驚
看字字新。松菊不荒陶令宅，詩書寧愧阮家貧。知君抱宿青雲
志，振起箕裘待斲輪。

長安諸貴有作豆腐詩戲成二首

見説南山新播種，回思菽水舊家風。燃萁似可忘薪貴，入鹵居
然奪化工。果腹易供五斗粟，充庖時借大官葱。誰知鼎鼐調羹
手，竟與鹽梅功用同。

誰錫嘉名犯監儒，筐攜不入五侯廚。茹茶食淡宜高士，啄黍吞
腥笑鄙夫。正割端方圭作質，外看潔白雪爲膚。石家作粥勞飴
釜，不獨奢華反覺迂。

宫瀛洲先生春雨別業告成和叅兩柄和原韻四首

中丞門第甲城西，新構園林闢舊蹊。曲徑紆迴成鳥道，高臺聳
峙與雲齊。一庭爛漫花如錦，萬境淒凉月印溪。最是客來遊不

厭幽尋恰似武陵迷。

鶴嶼經營駕粉垣，不同金谷冶游園。堂名春雨留先澤，小西湖舊園原名春雨草堂人聽秋聲兆遠村，庭桂香生飄素影，古槐陰重長苔痕。一堂四世承歡讌，把盞期無負國恩。

最宜疎竹間高桐，遠送濃陰到屋東。畫舫為齋呼永叔，絳帷披户揖扶風。時逢令節重陽日，人在蓬萊三島中。老健閉門勤讀史，白雲常為護崆峒。

星斗遥臨接鳳城，西湖風景舊馳名。翠微入座千巖秀，春雨過庭萬木榮。蔗境愈甘圖史樂，藤床久絶市朝聲。東山不出蒼生望，莫戀垂竿渭水清。

李氏叢書

九日登靖海樓和戚二南朱芳萊兩兄原韻

邗東峻閣倚雲高，令節登臨興頗豪。砧杵千家飄玉露，烟波萬里接銀濤。鄉心不覺隨征雁，世事終須付濁醪。醪妙新詩壓元白，臨風把讀勝持螯。

秋杪同尤君植戚二南陳天益集沈蒼牖齋中賞菊分韻

得四支

悔負登高九日期，山齋對菊補嘲卮。繽紛紅紫花爭艷，輪囷青蒼樹更奇。勝友聯吟看織錦，憐余雙鬢獨成絲。休文逸興多良會，幾度新交接舊知。

不倒翁

問汝何由得致身，衣冠粉飾漫隨人。幾曾仰面工早諂，不肯低頭任屈伸。堪羨胸中無宿物，能從席上娛嘉賓。兒童得意嘻嘻笑，拍手驚誇向背神。

寄懷張又房

重到吴陵訪舊遊，聞君屏跡老林丘。曠懷閒伴漁樵話，樂歲怡情黍稻秋。時與弟兄談往事，遥看雲樹寄離愁。黄公壚畔還相待，好載新詩泛小舟。

壬辰臘月廿八日貧至不能舉火，回憶壬寅年是日余始授室，今忽忽五十年矣。寒宵溯舊，倍覺凄然，偶成一詩以志今昔之感

李氏叢書

窮簷雨雪倍凄凉，甕裏虚無隔日糧。回首歡娱成幻境，傷心涕淚憶高堂。一生落拓青毡老，百歲光陰白髮長。年近古稀神自旺，時衰不敢説身强。

懷許氏妹和六弟韻

老困蓬蒿悟昨非，天涯骨肉悵睽違。新愁渾似楊花亂，舊第空餘燕子飛。吟絮有才遜道韞，買山無計愧玄暉。湖村昔有幽栖處，回首生平遯欲肥。

閏端陽次天孫弟韻

連歲苛征賦役重，佳辰賢令閏難逢。方欣趨麥雙岐秀，更削菖蒲九節筇。解粽兒童真益智，稱觴父老盡酡容。卯君相約抒幽

興醉到中庭月色溶

送燚水叔調四姪之秦郵用前韻

征帆何事往來重人境誰知魑魅逢五月風煙飛小艇群賢涕
淚落孤筇吾家名士推痴叔此日同行挈仲容寄語秦沙諸伯
仲華陽祖澤本鴻溶

又疊前韻送子固叔之草偃村庄

積水還悲夜雨重扁舟此去竹林逢挑燈黯淡張孤榻把酒支
離卻短筇莫謂先鞭無祖逖應知處困有茅容返思五十年前
事介壽堂前夜景溶

送宗楊姪入郡用前閏端陽韻

李氏叢書

風清雨霽慶雲重餞別湖邊李郭逢羨汝干霄揮綵筆慚予抱
拙倚孤筇維舟南遲真長把酒東軒憶仲容六月鵾鵬看變
化滄浪水濶泛溶溶

代贈盛中尊二首

籍籍賢聲滿帝州易山何幸福星留文章久仰才名卓經濟新
看政事優百里管絃歌愷悌盈門桃李荷綢繆自慚樗櫟垂青
盻問字琴堂侍子游
海濱爛爛慶雲懸聞道明珠合浦旋定有寧馨酬厚德佇看寵
召起名賢堦前一鶴清如水雲裏雙鳧迹是仙滿眼飛鴻勞撫
字教歐范擅當年

閏年六月七日

浪說人間歲月多天星嘉會不隨訛及時良夜陳瓜果舊事豪
家鬭綺羅遥指長橋應駕鵲虛疑雲錦正停梭窮途狂客多幽
興獨把清樽望絳河

同王孝寬朱雲襄徐旅陳史嵩萬集梧竹齋賞桂復觀燈
啜茗於瑞雲居和嵩萬韻

看花散坐任欹斜點筆題詩愧李華淅瀝金風吹早雁霏微玉
露浥奇葩夜遊何必擎高燭遠涉還思泛古槎不意酒闌神氣
爽滌煩頻嗽趙州茶

送湯内姪璿極還石城兼訊任衣聞

李氏叢書

老懶扶筇行路難喜君枉駕慰衰顏半姿濯濯江花艷壯志英
英劍氣寒九月新霜酣橘柚一燈舊雨話江山殷勤問訊任公
子何日論詩往復還

贈王九錫四十

見說瑯琊澤未徂烏衣門巷尚安居瓊林玉樹遥相接王衍白鵠
青雲迥自殊王褒馥馥寒梅香几席森森翠栢映庭除佇看皇路
榮簪笏强仕稱觴樂有餘

悼朱甥女

香茗才情羨女甥每來移步笑相迎誰知蕙質離塵網忽悵仙
蹤返玉京豈獨舅姑悲慘切堪憐娣姒淚縱橫老夫目覩情懷

意痛汝雙親不欲生
三生夢幻揔茫然歎息香閨事事賢彩鳳固難留羽翼掌珠不復見輕圓帷燈佐讀諧琴瑟刺繡餘閒悅簡編慘見寧馨名念博終身應廢蓼莪篇

祝吳爾宜八十

黃衣頒自九重天玉饌金精列綺筵堂上大椿年八百門前朱履客三千開樽聽話嘉隆事對奕遙來蓬島仙應有蒲輪臨渭水不徒鄉里頌高賢

抵江陰閱蒼崖先生招至寓署下榻兩句贈賦

不覩丰儀越十年澄江握手倍欣然琴書依舊青氈冷山斗重瞻絳帳懸月凍霜空心共潔梅開客館雪爭妍情深自昔慙知己白首還依老鄭虔

清明後一日神木叔招同陸仲遠賞海棠

早約清明讌海棠却因泥濘阻啣觴誰知雨後花增艷并倚風前酒亦香座有平原同曠達慚飛小阮任清狂劇談更訂來朝約日日招携入醉鄉

賦得春宵一刻值千金 峻如禪師命賦

為訪支公度野橋山僧亦自愛春宵花開隔院頻留客月滿平橋欲放橈幻視萬緣烟漠漠苦參半偈夜迢迢東風轉眼歸人去莫怪鶯啼十里嬌

峻公禪院尋花和顧萬封韻

尋幽日日叩禪扉只恐春光別客歸花放紫藤香不散討成白雪和皆稀眼前鶯燕新相識望裏雲山追欲肥半偈遠公開覺悟浮生擾擾素心違

答韓公遜見贈即和原韻留別

杜贈新詩擬惠連窮途把讀倍凄然感君泛愛頻携酒愧我長貧到暮年花放名園稱阮集明集韓江園中賞繡毬風流勝會燕鶯傳遙知別得相思處惆悵行吟楚澤邊

櫻桃 限杜少陵韻

傾向晶盤鍊艷紅朝來帶露入輕籠鄉園不及春時薦遠近寧論市價同青李故應留晉帖枇杷自昔重唐宮王右軍有林禽青李帖唐太宗有使至送枇杷帖警心物候懷家切回首閨人詠首蓬

俞幼李招集半溪即席和林聖輿韻

名園幽勝接郊坰花徑籬錦作屏洗杓頻傾白墮酒論文列坐子雲亭將離媚眼堪持贈摶泰嬌音靜可聽最愛諸君豪興發慚余衰鬢久星星

題俞幼李永瞻亭和韻

小亭突兀澗溪濱伐木通渠結搆新栝檜百年留世澤松楸一望獨思親佳名寄遠稱詞客永瞻二字係吳陵繆湘芷贈至性如君是古人把讀新詩倍惆悵寧容載酒漉陶巾

留別林聖與用半溪讌會詠

滿目鶯花遍野坰，流連半月敞雲屏。檢書任啟曹家庫，問字時登楊子亭。木榻高懸杜見重，驪歌入耳不堪聽。漫言別後增惆悵，霄漢今宵散德星。

廣陵懷古

管絃聲裏幾春秋，弔古難忘跨鶴遊。漢代城池分斗宿，隋家宮闕已荒丘。賞心花目增遊興，極目江山起客愁。最是撩人凄感處，酒闌頻上十三樓。

李氏叢書

七十初度寫懷

憶當年百悲風木，兀處煢煢又廿年。往事不堪頻記省，餘生那得免顛連。災威叠出天邊日（時元旱，天有三日並出之異），竭澤難逢雨後泉。萬目慚無康濟略，此身幸值聖明捐。

文場久不問窮通，半世埋名蠹簡中。漏盡宜稱田豫疾，時艱惟學魯機恭。閒情靜玩藤蘿月，快意酣吟菡萏風。惟願餘年猶善飯，礄溪廿作釣魚翁。

拱極臺新葺告成次盛中尊韻

此臺高峙水之涯，徙倚留題夕照斜。畫棟華榱初葺後，朝烟暮雨曠懷加。新篘正熟來新雁，綵筆頻揮奪彩霞。此夜月明秋色好，無邊風月入詩家。

用前韻贈別閻殊亭

莫捋涕淚灑天涯，縱飲相看醉眼斜。老去文章誰見賞，愁來貧病轉交加。離情漫折南津柳，高致頻餐北極霞。再過滄浪應見訪，蕭條三徑有陶家。

過繼芳上人禪院

雲掩禪扉畫不開，一庭秋色掩蒼苔。時從性地參微妙，不是詩人絕往回。針粟有緣兼普濟，風旛無定莫疑猜。衰年屏跡知音少，喜晤南能策杖來。

秋夜

高樓人靜落霞華，寂寞東籬菊自花。唧唧候蛩沉暗壁，蕭蕭征雁滿天涯。香消棐几爐灰冷，風漏紙窗燈影斜。九月已殘衣未授，生憐妻子發長嗟。

李氏叢書

敝篋中撿得故人吳峰遺札詩以悼之

故人死別恨如何，十載招魂弔汨羅。遺筆儼然親笑語，柴門曾記屢經過。當年空羨機雲好，底事曾驚魍魎多。溯舊夜闌山鬼嘯，秋燈閃閃淚滂沱。

同三兄六弟過成處禪師閒話即事

蘭若新成似鏡臺，閒來閒訊踏蒼苔。雪中米果看新植，砌畔幽蘭發舊荄。常接清談依白足，何須遁跡覓青鞋。浮生擾擾偏多事，片語一提撕豁俗懷。

為王東皋重題泥塑小像索和原韻

堪羡風流子晉身重施毫穎益精神寧云故我非今我克繼前人啟後人樽酒故應歡笑對泥塗能使壯懷伸遥知端坐程明道不染元規扇底塵

乙未元日

坐閲風光七十春人間又説歲華新青衫已悵馮唐老白首能甘原憲貧曝背亦堪娱暮景攤書未敢負閒身雪融氷泮春湖濶莫問行藏釣渭濱

詠郁同徐旅陳朱雲襄作

遥憶虹橋金縷絲拖烟浥露曉風吹香隨寶馬紅塵起影傍佳人翠袖宜玉笛一聲凉月夜流鶯百囀艷陽時可憐楚澤行吟客只羡陶家五樹垂

壽三十九嫂張夫人八十壽

翟茀高年佩六珈久欽賢行重吾家獨伸大義綿嗣續不忝門楣謝麗華春杖堂前紛玉樹稱觴湖畔對蓮花遥知仙馭來五母進棗金盤大似瓜

寄贈韓二尹時調任鹽城

久知歌頌遍吾輿又播仁風到射陵仙尉允稱清水鑑高名不愧玉壺氷哦松自昔聲名盛咏劍遥知氣節增百里睽違凝望遠迤迤烟水樹層層

雨不絕

簷溜淙淙瀑布飛洒空又復如絲微二儀昏昧多陰氣三伏炎蒸失化機寂寂書卷窗雲白蕭蕭荒徑客來稀池塘水滿新秧綠何日扁舟理釣磯

贈德修上人

自栽修竹已成林日日跏趺坐綠陰自有天花開淨域不須人世布黃金空潭獨悟清虚性好鳥時聞梵唄音更羡蒼松千歲古高懸明月照禪心

七夕遇雨限用李義山韻

作會何堪隔歲離故將雷雨阻佳期針樓悵望傷今日紈扇追歡憶昔時雨過閒樽人寂寂雲消待月漏遲遲悲秋不用頻搔首鶴髮蕭蕭亂若絲

正月三日陸太丘過訪

衰遲貧困誰相問老懶無能合杜門惟對瓶花為伴侶頻翻書卷度晨昏炎凉世態寒儒賤肝膽交情古道存為囑故人頻問訊論詩曝背啟晴軒

五言排律

奉寄柳培卿業師二十二韻

南國柳夫子，乾坤一典型。山川資逸氣，日月借精靈。聲譽通淮海，文游辨渭涇。蒼茫髮已白，洒落眼猶青。邗上名聞久，昭易駕屢停。古人欣復見，多士得儀刑。憶昔追隨日，憐余孺稚齡。周旋春滿座，侍立雪盈庭。黽勉課諸子，殷勤語亦經。和顏來俊乂，善誘啟愚冥。竹客華堂翠，梅開高閣馨。有時值良會，拂塵集高亭。剪燭浮紅影，聞樽泛綠醽。舉疑無不析，得醉又成醒。隨辰朝呼鶴，攤書夜聚螢。幾年欣負笈，五載忽揚舲。別淚餘江渚，離情託雁翎。尺書常繾綣，雅意慰飄零。菱水凝佳氣，中山隱德星。含飴育蘭蕙，卻老斵松苓。風月天真好，詩書人爵榮。剡溪能鼓棹，一破楚江萍。

送趙中尊罷官歸隱二十六韻

關內推人傑，淮南仰大賢。琴堂看製錦，花縣聽鳴絃。化雨盈阡陌，和風繞市廛。催科勞撫字，指摘振威權。姓字兒童識，丰標輿地傳。人欣逢善政，天亦報豐年。穗有雙岐瑞，雲看五色懸。飛鴻咸集野，馴雉獨依田。古驛棠陰重，荒衙馬骨拳。幨帷開麗日，揖酒豁秋天。庠序經行久，詩書屬興專。文章饒丕變，諸士荷陶甄。桃李沿街爛，風雲望眼便。論詩揮綵筆，高含拂華箋。孔李情偏密，徐陳誼獨全。追隨期報績，行邁忽揚鞭。琴鶴辭吾土，衣冠悵別筵。幽栖酬宿願，謫宦轉悠然。紫氣隨征馬，明星照去船。心隨千里雁，興逼五湖烟。迢遞泰山道，淒涼楚澤邊。扳轅人濟濟，牽綬涕漣漣。此日芳踪隱，他時粉署妍。鴛班仍有待，鳳詔待重宣。勳業終期復，烟霞未穩眠。滄浪遺愛在，萬古汲廉泉。

哭從弟仙種二十二韻

風雨凄春夜，低徊哭故人。知心悲姜謝，遡舊語酸辛。在昔偕群季，惟君早絕倫。論詩追大曆，染翰步先秦。欲奮青雲翅，期登要路津。雄心猶卓犖，壯志竟沉淪。豈意文園病，空埋濟世身。童傷夭折，屈子憤遭迍。愚者年偏壽，高才命轉湮。乘鯨潛溟渤，化鶴避風塵。天上招才子，吾儕失比鄰。訃音來旅舍，雙淚落湖濱。時余在泰郵聞訃。死別音容渺，驚呼夢寐頻。中腸時慘慘，舉眼憶彬彬。每過論文地，還思聚首辰。名園松竹鬧，孤塚兔狐蹲。遺恨書千卷，招魂月一輪。荒原埋白骨，宿草煽青燐。柳色垂新碧，桃花吐舊春。春今呼曠野，鴻雁失青冥。奇字今誰問，殘編世益珍。無由掛長劍，哀痛此詞陳。

奉獻憲副金長真夫子五十韻

山斗隆人望，風霜寄重權。邗江甘雨遍，建業福星懸。豸繡威名赫，貂蟬奕葉綿。棠陰方蔽芾，鳳詔起旬宣。古驛看新政，雄邗得寵銓。魚軒開大道，豹戟列樓船。百里壺漿迓，千家圖畫傳。軍書飛電疾，貢賦貫珠聯。冠蓋通都邑，工商靜市廛。仁心垂雨露，嚴

令肅郊原翠益時行野朱顏望若仙管絃留逸韻雞犬獲安眠
春暖消烟瘴秋高淨石泉賢聲通帝座紫氣繞星躔何幸乘驄
至重欣跨鶴旋拜迎邗水曲歌舞竹西前劉晏籌鹽切蕭何計
戶全鴻猷期晝展奇政悉從蠲經術垂模遠詩書引興偏勳名
隆益代登眺仰前賢蜀道人烟迥平山蔓草連崇岡餘古寺石
路卧殘阡帝子樓何在廬陵跡杳然尋幽心獨遠結搆志應專
丹艧無多日風華復盛年深堂繚曲檻高閣俯平田畫棟晴雲
捲朱樓麗日妍遠峰晴過雨近渚碧含烟翠覓隋堤柳紅分謝
埭蓮松深風謖謖梅古月娟娟遠浦鳴秋雁濃陰噪暮蟬泉香
烹雀舌烟篆蓺龍涎冀北雲霞迥淮南景物鮮看山惟載鶴問

李氏叢書

俗更鳴絃矚目農桑近高懷詩酒牽名流隨羽蓋勝會敞華筵
麗句珠璣瀉宏詞琬琰鐫憐才追六一愛客溢三千吐握時無
暇推敲日幾篇曳裾人濟濟獻賦士翩翩自愧蓬茅賤曾叨賞
譽延御恩思結草失學似忘筌搖落馮驩鋏凄涼子敬氊家無
俗客膝地貧乏買書錢鍛羽神如失摶霄志未便流萍靡有定涸
轍竟誰憐何日題鸚鵡窮年泣杜鵑感懷悲落拓遡舊憶陶甄
未敢忘提攜寧甘自棄捐登龍籍垂盼披霧覩青天

上閣學李醒齋夫子二十韻

紫禁聲名重朱門奕葉隆校書天祿閣侍宴未央宮中秘搜藏
篋經筵沃聖躬高才推繡虎儲相待非熊北海人文盛青蓮詞
賦工龍章褒寵命星使下雲中天子崇文化詞臣東至公瓊闈
宮燭熖藥榜慶雲紅沆瀣真同氣參苓貯滿籠西江曾選駿南
國更乘驄山斗尊韓愈笙歌奉馬融嚴威干請絕雅範楷模同
六代淫哇廢千秋正學崇隋珠寧寂寞卞璞待磨礲辨寶知埋
劍審音識爨桐菀蘿皆俊秀啟誘及愚蒙竹箭東南盡驊騮冀
北空芝蘭承玉露桃李沐春風士澤培愈厚皇恩養不窮請看十
四郡歌頌遍江東

同吳又山黎思仲郊外閒步

為愛晴郊好朝朝到水涯橫塘三尺雨踈柳幾人家菜圃飛黃
蝶蓮池跳碧蛙亂蜂喧曲徑輕燕掠圓沙稚子群哺鳥村姬獨

李氏叢書

浣紗倦看鄰叟釣閒啜老僧茶岸斷橋須設溪深艇可拏緩歸
隨露月縱步起昏鴉漫醉西園酒難忘東閣花故鄉渺何處回
首暮雲遮

悼亡詩為友人作

名門稱蕙質望族仰瓊姿聰慧嫻書史溫恭著孝慈蠶筐備婦
藜火警夫帷病體憐生別芳魂竟永離斷腸言在耳遺恨見
無期六載調琴瑟千秋悵庱庱雷塘鴿舌冷燕市馬蹄遲翰墨
空留跡衣裳永在笥凉颸飄繞　苦月照　輀奉倩神如失安
仁淚暗垂珮環歸未遂島去何疑令德輝彤史高風拜女師誰
特得黃絹筆為撰淑媛碑

代吳廣文上崔太守陞鹽運使

帝簡賢司牧廷推古大臣邗關敷澤遍艖使被恩新薦繡聲名赫龍章慰勞頻一琴仍共鶴雙鹿久隨輪歌舞平山道歡呼揚子津邨原餘馴雉市井鮮衣鵠澤國咸沾惠商家又沐仁桓寬除積獘劉晏播經綸國計抒籌切民瘼注念真摘奸看面鐵博愛飲人醇咳唾飛珠玉精誠格鬼神士民欣拜舞僚屬荷陶甄自愧芻菲質常甘苜蓿貧望風懷嶽嶽訓俗愧彬彬廣陵承休庇荒齋抱苦辛駑才思報効壯志敢沉淪仰藉調羹手無忘伏櫪身台衡應有待指日近楓宸

贈張又房 時四十初度

喜君強仕日值我在吳陵百里占星聚華堂載酒登兔園聲譽重虎觀俊髦蒸奮志三秋隼搏霄九萬鵬題橋殊有志砥柱豈無然暫向田園憩終爲棫樸興詩成裁蜀錦賦就寫吳綾翠竹清陰合蒼松瑞靄凝斑衣看令子綺席聚良朋綉閣人如玉香廚酒似澠湘簾調玉笛錦帳列銀燈共羡年華富休 嵗嵗增

恭頌 皇上親征厄魯特蕩平凱歌二十八韻

聖德敷函夏皇威振大荒九天神廟算萬乘啟戎行憶昔平藩孽殊勳冠古皇至仁能服遠小醜昧尊王朔漢奔封豕崎嶇觸羝羊陰謀連部落詭計伺邊疆首惡先先逞群奸勢漸張覊縻施化育倔強外梯航赫怒天心震親征士氣揚選徒皆絳灌專閫任平康疾雨飛戈戟如雲擁驌驦揆轄軍校勇決拾射夫彊谷暗旌旗蔽山輝組練光白魚師克濟蒼兕獵呈祥地湧甘泉出天垂象緯長縱擒憐孟獲來享服氐羌蟻穴平如掇狐蹤遠遁藏侏儒真懾伏關塞撤提防野濶歡聲噪春融 氣暘白環爭致貢素雉早飛翔突厥輸忠悃鮮卑絕跳梁妖氛西極淨化日帝功志倏迈蒼龍駕旋消戰馬場温文頌漢詔謳頌樂堯康造士敷文教䟫租啟積倉金甌基永奠玉厝數難量紀德陰封禪稱功入樂章請看邊徼地安堵事農桑

秋鷹二十韻 醇社題限四豪

肅殺乘秋氣蒼鷹獨爾豪養威如有待奮擊不辭勞草落層坡

出天清萬木高青霜明組練紅葉亂旌旄小隊齊調馬長圍競放絛勇離壯士臂怒吸野禽毛傾側迷羣視盤旋絕衆 老拳堅似鐵迅翮利於刀霄漢偕孤隼崎嶇挾巨獒掀翻臨蜀道彷佛過齊猺掠地飛還捽空攖復撓機能通變化志豈在貪饕撲朔奔群兔驚惶走黠猱依人還毳漠瀝血洒平皐拭目看神俊驚心解鬱陶乾坤多毒螫品物混腥臊惡鳥飛金屋妖狸竄野蒿驅除應用術勇決愧吾曹激烈看龍劍低徊憶豹韜江湖正蕭瑟彌望首頻搔

奉贈王中尊二十韻

闔閭三槐舊簪纓奕葉榮烏衣垂世澤赤幟奪群英詞賦金聲

擲丰姿玉質瑤楚天輝彩鳳滇渤奮長鯨家學詩書重浮名甲第輕青箱傳弟子白眼薄公卿首蓿官廚冷菁莪碧沼清執經多秀士秉鐸樹風聲淮北民遺虐天吳怒未平帝憐吾塾苦廷頌使君名紫禁賡章綬滄浪下旆旌管絃聲忽奏桴鼓夜無驚善政傳三異仁聲遍百城摘奸看面鐵折獄倚心衡虎入洪波去鴟隨畫舸行群稱王獨坐譽重魯諸生揮麈薰風拂論文玉屑清萍踪慚浪迹竹馬負先迎桃李均沾澤葑菲未引誠敢隨輿頌後歌咏達微情

和宋中丞小滄浪餞别諸名士計偕原倡十韻

才子聯鑣集高吟即席成驥程齊騁足書圃久勤耕潘陸爭相敵郊祁獨着聲（时公二子在座）綺筵榮餞盛華轂載脂行星聚春雲動鶴飛夜月生虎丘聊寄興雁塔待題名金谷梅花綻滄浪水氣清客來晴雀喜人去曉猿驚共慶登瀛館何須唱渭城儒林傳勝事丘壑應忘情

凍月二十韻　醇社會集

萬象冬蕭瑟當空月亦然寒威通桂闕陰氣冷嬋娟帶雪舒光淡含霜送影圓爭如秋露濯似畏晚風顛愁結山雲慘氷凝野水連入江沉夕浪照地没人烟顧兔肌生粟蟾蜍縮若拳瓊樓疑集霰仙樂罷鈞天青女知隨馭封姨應合軿迷離看欲暈涼冽帳孤懸祇益遥城苦還增閨閣憐劍光埋閃爍機錦失鮮妍獨伴昏鴉宿頻依老樹巔鴻飛林漠漠鐘度夜綿綿生嘯人無力長吟客聳肩清宜穿石罅艷不照華筵寂寞桓伊笛淒凉子敬氈偷春梅却步敲凍竹爭堅只合傾三雅虛教映萬川頓思春意動馳轍待新年

林聖與携酒招同人集張兩公齋中賞菊漫成十韻

平子幽栖處林通載酒來爲言秋色好莫負菊花開共抱淵明興寧知阮籍哀嬌容羞粉黛異種别根荄艷艷燈横影涓涓露滴杯竹林欣謀集松徑足徘徊勝友成高會虛懷及不才難堪金谷罰早覺玉山頹凉夜星光迥高空雁陣哀明朝還有約晨起拂霜臺

東閣官梅賦

東閣在蜀崇慶大曆時王侍郎縉居焉昔裴迪於此送客逢早梅因作詩寄杜工部杜荅以詩云東閣官梅動詩興還如何遜在揚州蓋遜為梁建安王水曹參軍植梅留咏時迪亦依侍郎為幕客也何裴記室詩句猶傳東閣揚州梅花何在為之賦曰

覽蜀州之勝地兮有東閣之遺址瞰西湖之澄宕兮與錦官而並峙感風物而登臨兮惟侍郎其至止隨賓從以逍遙兮誰寓目而寫憂抒綵毫以寄遠兮緬懷記室之風流當節序之方春兮欣淑景之迎眸值公餘之多暇兮閱琴書之清幽忽芳菲之襲人兮庭柯夭矯其如虬敞軒庭而適意兮暗香清淺其獨浮爾其素質迎風冰姿映月老幹橫霜疎枝綴雪豈凌波之仙子弱水拖裙亦洛浦之佳人輕烟擁髻交枝環互儼皓腕之相牽嫩蘂吐嬌若含香其未洩至其綷蕚凝脂綠衣褪粉寂歷黄昏迷離疎影香透薄帷魂依孤枕雖高閣之數株與羅浮而爭勝爾乃巡簷斜視倚檻微吟流連石砌徙倚高岑宜素琴之三弄宜玉笛之傳聲宜良朋之萃聚宜美醞之獨斟宜孤居而長嘯宜佳句之聯賡宜白鶴之高唳宜好鳥之送音且其歷冰霜而挺質兮擬耿介於立身映雪月而增妍兮表清潔於居心當早春而競發兮百卉莫與爭榮吐幽香而郤艷兮桃李避其清芬鐵幹勁而離奇兮素不解夫逢迎友松筠而傍巖石兮知托體於堅貞斯又閣中所擅勝而官梅由之以名若夫懷人渺渺長路悠悠托使傳書寄遙情於千里因風送咏寫客思於高樓則意黯魂消何煩僕射之賦別神傷貌悴徧深洗馬之言愁此送客逢春拾遺之詩相傳於錦里御霜映雪水部之作獨擅於揚州能不述高人之逸致撫遺跡而泳游也哉

平山堂賦

伊茲堂之托基據廣陵之佳麗上臨高岡綿亘而蘢蓯下瞰長江泱漭而奔逝登此山者莫不曠覽遐矚陶情寄意羽蓋追隨巾車遥至馳驟兮潘輿逍遥兮謝屐抒遊覽之情伸憑吊之志豈非地以人靈景因情異宜昔賢之所栖托而高堂于焉建置緬懷嘉祐之年快覩風流之吏值簿書之餘閒因農桑之暇豫俯睥睨而度情形相川原而審規制其為堂也深閎爽闓疎豁軒昂畫棟嵡而森森飛簷敞而將將無藻井綷䌨之麗飾有翬飛鳥革之高翔疎櫺虛朗恍若衆星之列粉垣脩潔皎如明月之光繚以曲檻周以回廊朱霞橫牖白在窗北固金焦橫黛螺而環翠琳宫寶刹獻金碧之輝煌望江流兮飄素練植嘉樹兮鬱葱蒼當夫時和氣暖景物芳融緋桃灼灼以迎日緑柳依依而向風鶯交交於樹裏燕究究於花叢繁英郁郁芳草茸茸爾乃步容與於山岡爰脩禊乎堂中成蘭亭之高會匪金谷之攸同迨夫春華既謝夏木陰濃芰蒲鋪碧菡萏舒紅鷺孤飛於遠渚蟬發響於疎桐沿紅橋而進艇逐白鷗之輕盈依參天之翠竹漱泉水之凄清開軒闥而弘敞忘炎暑之鬱蒸既而霜寒露肅橘緑楓丹金風載起聲在樹間月明兮天宇雁唳兮雲端據胡床而舒嘯儼仙子之臨凡至於澄潭氷結四野同雲庭柯幹秃落葉聲喧瞻山則千峯盡縞睇隰則萬頃如銀于時御燕衣羅衆賓挈芳盒開清樽歌陽春而迭和豈寒氣之侵人是固備四時之勝概彙萬物以怡情若夫朝昏之變態陰晴之殊致林巒之出沒禽鳥之靈異竊恐濡毫江蕭染翰尚未足以窮其麗也爰有王孫貴客寶馬樓船妖姬冶女象管鵾絃逞豪華以駢集鬪百媚而爭姸亦有漁歌樵唱牧笛村帘欵乃聲沉於淺浦長鑱棲息乎窮簷皆可遥望而指數又奚憾乎豊嗇之多偏然而樂事賞心或慨勝遊之難再不知名區異蹟實以賢達而始彰猗茲堂之創興兮文章振響於歐陽娱嘉賓而進酒兮採湖蓮之芬芳牦短篇以寄意兮望江鴻之渺茫繼髯公之賡和兮至今擅美於詞場伊此邦之名彥兮有東陵之故侯惟孔璋之才徤兮非子綱其孰與儔念宦遊於茲土兮董枚不愧乎儒脩築台埭之峩峩兮東山實軫夫民憂前有水部之曠逸兮後稱别駕之風流彼諸賢之彰彰於史册兮堪吊古而尋幽登斯堂而景芳躅兮夫豈徒事夫宴游吊隋皇之遺跡兮惟荒淫其敗度悼迷樓之侈麗兮委珠玉於一炬登太子之高樓兮擁縹緗而耽心於詞賦聞竹西之歌吹兮感知己而情深於杜牧尋木蘭之舊院兮慨遭逢之遲暮覓瓊花之遺植兮悵仙踪之邈漠臨高臺以騁望兮嗟人生之多故寄遥情於千古兮羌徙倚而難去亂曰齊雲落星一何高兮臨春結綺一何麗兮曹幾何時生荆杞兮未若茲堂稱勝跡兮

我皇神聖歲東巡兮玉輦經過仰先哲兮逸豫爲度留宸翰兮
光昭雲漢炳日星兮千秋萬歲堂永存兮

李氏叢書

滄浪亭賦

粵稽文正作宰興邑沿海築堤以平原隰甘棠成陰康泉是汲
褰帷帷以觀風課農桑於化日乃建亭於滄浪佇星軺而偃息
夫其爲亭也據南闕之勝枕楚澤之陽碧水周環兮無際烟柳
參差兮相望苔生石砌花映迴廊無青山爲屏幛有白雲爲藩
牆當夫時和氣煥風日朗融汀蘭岸芷鬱鬱葱葱茭蒲挺碧菡
萏舒紅游鱗潑潑水鳥嚾嚾鴛鴦鸂鶒呷喋飛翀瞻萬物之得
所知至樂與民同而或皎月當空澄波如鏡鐵笛一聲漁歌響
應宜塵懷之盡滌喜萬籟之俱靜斯濯纓所由名而文人于焉
適興者也若夫閩商越賈浪舶風檣東南竹箭才俊巾箱羽書
馳至旌蓋飛揚莫不停橈休息駐足倘佯以是爲遠方之都會
下邑之津梁至於殘月曉風每悵津頭之别板橋茅店時牽客
子之腸或益相逢而班荊道故或折柳分袂而祖席飛觴斯又
爲騷人詞客之所寄托而吟嘯於水月之鄉若乃霸業銷沉近
接昭易之墓忠魂悱惻旁連屈子之祠羽化真人昇仙潭水春
寂寂中原才子百花洲上草萋萋能不臨風怊悵把酒歔欷也
哉噫嘻墮淚峴山感深仁之叔子飲泉豐樂傳勝事於歐陽斯
亭也非范公之遺愛胡爲令人撫舊而徬徨今者頹垣敗壁滿
目荊榛牧兒驅犢漁父懸罾朱霞虛映明月孤升渺哲人而不
見悵遺址之空存幸宣房之將奏知百廢之俱興誰鳩工而復

李氏叢書

華是所望於輶軒之使上國之賓於是為歌曰滄浪之水仍青青滄浪之上只空亭誰似廣陵春色好月明千里管絃聲

無雙亭賦

維廣陵之勝地有瓊花之獨妍靈根產於蓬島玉蘂發乎藍田疎影扶疎髣髴廣寒之桂幽香馥郁依稀玉井之蓮他如紫禁奇葩或流香於異域瑤池仙實亦分種於人間惟玆花也不移根於他土挺一樹於千年何孤標之雋發歷曠代而愈鮮是以錦帆帝子曾荒遊而不去金門學士以讌賞而流連建高亭於花側擬勝事於登仙夫其為亭也專資於埏埴之利不藉夫鏤刻之華無梁高棟八角嵯岈砌以錦石固以沉沙粉垣明潔鱗瓦參差當夫風日暄暖天宇曠清藹崇臺之弘敞喜艷質之敷榮芳菲菲其襲檻影冉冉以垂楹背戶迎窗恍若窺簾之處子褰幃捲幔儼如出浦之佳人晴裊遊絲綉闥開而益朗雨生碧落層軒凈以無塵爾乃繞奇葩而客生命芳醑以徐斟啁啾兮絲管之競奏清冷兮山水之送音登斯亭者非金閨之秀彥即洛社之耆英相如抽思於秋閣子雲挨藻於天庭於時高枝弄色素藥流馨向日迎風傍簷牙而逞麗喧蜂繞蝶憑戶牖以恰人花得亭而風姿愈韻亭得花而景物倍增斯亭之名取義於無雙而花得並美於傾城彼夫院號木蘭堂名芍藥楊柳披拂乎隋堤芙蓉掩映乎高閣竹西傳杜牧之歌官梅稱何遜之作比皆南兗之名勝風雅所寄托然而花品不踰乎凡卉陳蹟易致於搖落孰若花有國士之稱人極燕遊之樂能不緬懷六一

之高踪而想像夫名花之如灼

極羣星還拱帝居無

清明廣陵西郊即事

十里鶯花古道前豔陽春色滿晴川閒行蜀嶺尋芳草坐聽春箏起畫船落日平原人自散白楊墟墓晚生煙凄涼舊有雷塘恨莫向歸途話昔年

賦得隋隄柳

煙柳隋隄斷客腸龍舟寂寂水茫茫花前舊曲生春恨笛裏悲風滿夕陽走馬故嘶芳草路啼烏遥起戍樓旁只今揺蕩江臯影曾拂深宫御苑牆

秋夜感懷答蔣正先

秋風黄葉影蕭蕭孤館青燈坐寂寥悔抱連城和氏璧難聽斗粟漢民謡空山木魅寒仍嘯夜月霜狐老更驕叢桂花殘尚留滯勞君雙鯉惠瓊瑤

冬日同人過光孝寺訪唐佛

翠竹含霜隱梵天香臺遺像是何年門多落葉客初到僧掩閒房磬自傳燈火六時趺坐寂威儀千載法幢懸色身久證無生理展拜心空妙相前

揚州早雁

白露空江雁影斜新霜此夜落蒹葭寒逢瓜渚丹楓樹香過小山叢桂花月暗行行驚旅夢天長點點送殘霞玉關已遠邊聲

苦莫更蕪城聽亂笳

籠中雙白雁

稻粱空戀計全非上苑音書欲報稀千里暮羣俱冥冥一雙寒影獨依依瑤階月冷無人見沙磧雲深有夢歸寄語銜蘆玉關侶霜前莫更向南飛

仲夏雨霽

新雨如秋對碧峯夏雲初斷過晴虹天邊野艇開殘照江上草堂來暮鐘風起遠空喧燕雀潮迴孤嶼冷魚龍披襟坐愛南䆫晚散髮人閒萬事慵

月夜

獨立清宵獨自歌露珠欲溼草連坡一輪明月夜仍滿兩鬢涼風秋漸多唧唧蟲聲依暗壁離離星影浸寒波桂華已老繁霜落客況鄉愁柰爾何

和韓醉白三山詩

金山尚憶曾遊處戎馬誰登江上樓一柱高連鼇背起百川爭下海門流黃雲此日屯兵氣畫槳他年繫客舟君上孤峯休獨立伊涼苦調滿深秋

焦山山對金山寺幾度揚舲阻客游高士隱居人不到一江寒霧水空流諸天縹緲藏孤壑遠海蒼茫辨十洲風景於今更蕭瑟戍臺煙接晚峯秋

南朝鎮倚南徐重北固名因北顧尊躍馬吴兒真虎子斬蛇赤帝有龍孫迴廊寂寞秋陰靜沙嶼參差水氣昏獨使憑闌江上客白門西望暗銷䰟

東皐漫興

夏雨初晴麥穗稀野田新綠稻苗肥農家炊黍烟漠漠獨客上隴雲霏霏白水陂塘雙鷺起黃昏門巷一牛歸閒村飯罷復何事早坐茅堂掩半扉

金陵秋興

長干古寺蟠龍地寶塔憑高萬里開蜀水自歸滄海去吴山猶拱帝城來虛無不辨三天界寥落空悲六代才何事十年休戰

甲尚留羆虎鳳凰臺

鍾陵上與白雲齊遥隔秦淮一水西紫禁乍看麋鹿卧青山疑有杜鵑啼金輿路杳桐宫暮銀海燈昏隧道低回首廢興今昔異幾時散髮老巖棲

金天蕭瑟起漁歌玄武荒湖浸綠波萬國版圖空御府廿年塵土駐雕戈飄搖薄暮芙蕖老啑喋深秋雁鶩多滿地傷心盡禾黍誰將高柳繫鳴駝

八月京華桂影稀九衢車馬日騑騑騰騫自屬諸年少老大還驚舊布衣南國漸逢黃菊放北山宜並白雲歸蒹葭露冷滄江晚貧病真堪學采薇

萬古新亭控上游，寄奴曾此握軍籌。驚看捲甲趨東府，遣恨迴師泊蔡洲。石燕每翔風雨夜，水犀閒艤荻蘆秋。鶺河亦在殘陽外，白草寒煙起客愁。

九秋涼氣咽悲笳，踞虎遥瞻帝子家。典午河山虚壯麗，蕭梁宮殿滿風沙。旌旗久暗臺城柳，首蓿新開御苑花。誰念江干獨憔悴，白門終夜聽啼鴉。

江閣高凭翠篠深，青溪門巷列城陰。衣冠想像南歸日，景物凄涼北望心。山隼度雲秋漠漠，水豚驕浪雨沈沈。市朝一變繁華盡，王謝風流自古今。

白鷺空洲長碧蕪，三山門外莫愁湖。青蛾皓齒今黄土，淥水紅樓舊畫圖。客夢曉隨江樹遠，雲帆秋帶渚蒲孤。棲遲久在銷魂地，艇子西風送老儒。

芒碭真龍起沛中，元侯十八盡從戎。非羆自應天人兆，汗馬身兼將相功。遺廟深山依落日，古槐寒葉下秋風。千年帶礪須史事，何必長途阮籍窮。

霜落楓林秋水清，楚天寒雨逼江城。龍蛇大澤中原地，豺虎空村故國情。野寺樓臺懸暮鐸，市門燈火入初更。艱危獨寤憂時切，遥澗休辭石隱名。

長干塔

孤燈盤迴出九層，翠華如夢客重登。雲霄鳥路通天闕，風雨神州見孝陵。楚塞漸凋三户俗，江南何處六朝僧。米甍碧瓦俱陳迹，絶頂高吟感廢興。

九日

羈棲九日還為客，落葉清霜滿寺門。遠海宿雲迷塞雁，大江寒浪拜秋豚。壯心晚厭京華路，鄉思閒驚牧馬屯。黄鞠紫萸休更問，寂寥誰共倒青樽。

鍾陵

積翠高盤土一抔，蕭然松檜古時邱。牧奴過隴眠青草，宮監餘生剃白頭。野牖石麟寒燒遠，塵封金盌暮山秋。衣冠别在遺弓地，寢殿虚無漫自愁。

寓樓秋晚

帝城秋氣滿樓臺，萬井煙深暮景催。南客不堪書久斷，北風何事雁頻來。寒江過雨征帆落，上苑飛沙獵騎回。此地於今易惆悵，驚笳亂角起城隈。

清宵

清宵鼓角動江關，雨氣遥連幕府山。寒木蕭蕭秋並下，邊風渺渺雁初還。煙昏遠水虚牕靜，影隔疏燈客幔閒。鄉國夢中歸未得，壯年辛苦鬢毛斑。

朝天宫感懷

冶城山色帶殘暉，絳節中天渺翠微。他日鼎成龍自去，只今松

老鶴還飛齋宮寂寞聞金磬泉海蒼茫想玉衣惟有步虛諸羽士秋風時禮白雲歸

朝天宮謁卞忠貞祠

諸天玉座隱嶕嶢忠節巍然冠六朝古殿松杉餘落日後庭環珮冷秋宵銅駝故國山河異石馬孤墳歲月遥江左風流竟何在冶城遺蹟草蕭蕭

别蔡七諭若

黄鸎恰恰樹頭啼二月河橋柳葉齊江上暮雲空黯黮淮南芳草漸凄迷青春易向閒愁老白日徐看半隴低從此天涯書一紙相思人在練塘西

冶城懷古

碧殿琳宮繞曲廊梧桐秋葉向人黄江山故國空殘壘禾黍孤城半夕陽大帝雄圖遺蹟在將軍高節古祠荒孝陵遥隔寒煙外弓劍於今亦渺茫

暨陽夜泊

斜月丹楓倚畫橈一燈孤影自蕭蕭天邊忽過南飛雁江上初迴夜半潮明舊幾人為地主妻孥無夢到殘宵曉來徐起推蓬望落葉驚霜下斷橋

祝陵懷古 祝陵在常州府荆溪縣國山東南碧蘚庵乃英臺讀書處

泉聲嗚咽下寒潭野徑參差夾石楠獨立空山尋往蹟偶來荒寺訊瞿曇千年蝶化青春夢半嶺鴉啼碧蘚庵色界微茫俱幻相何如初地老雲龕

王西齋四十初度

君今四十頭先白我歷艱辛少二年海内交遊俱汗漫平生詩酒足流連三都作賦名空在五嶽携節興杳然莫怨風塵尚寥落蓬蒿曾是老前賢

雲陽衢宅歸答王丈象山

炎天初製芰荷衣野水孤舟一葉飛荏苒到家愁漠漠蕭條行路雨霏霏鶴存海上空巢在燕認江頭舊主非深愧丈人相慰藉瑶華珍重款荆扉

送宗鶴問赴天津幕

北風征騎近皇州驛路飛沙滿客裘幕府祗今方禮士書生原不為封侯九河故道通滄海三輔羣山接薊邱此地淹遲莫經歲閏中計日已登樓

赴海陵鎮答王三景州王四歙州兩表叔

傳聞馳檄滿江湖荒衆誅經笑腐儒甲騎夜飛村市鬧蒲帆春掛海門孤緑蒿故徑羊虛過青草閒庭鯉不趨八載苦飢别家去那能無慮到妻孥

聞吴使君謫歸黄岡

微祿分符海縣荒猶煩吏議謫疏狂早知直道宜三黜莫以高

歌當九章緑綬在懸春去郡青氈無恙老還鄉風煙七澤兵戈地不待悲秋亦斷腸

別王四表叔

歳晚揚州共覊旅還家雨雪入春天又將書劒辭鄉土輕別丈游趁客船水驛漸通窮海路戍烽遥接遠村煙東南已有驚弦雁萬里高飛赴朔邉

黄雨相劉玉衆招同桑楚執劉玉介張象閣王景州泛舟紅橋

畫舫朱樓照水湄板橋南畔酒帘垂佳人別浦欺桃葉才子當筵唱竹枝白日横塘喧鼓吹黄雲江國擁旌旗城頭烏噪客歸去古寺曲廊嘶馬時

李氏叢書

夢鄭東巖使君

閒來屈指思知己每到康成淚滿襟千里一官離別日異鄉孤櫬死生心（使君罷揚州司李調陝西卒於道）狼煙瘴海存妻子馬鬣荒原變古今猶共此宵䰟夢裏冷風秋雩語言深

懷胡憲使（時督餉江西）

虎豹天門萬里看十年辛苦一官難椒郎纔御朱轓過羅部先飛白羽寒三户遺民罷轉餉八屯驕卒急傳餐風塵倚馬儒生賤何日湘江老杜蘭

秋夕書懷

歳晚園林客到稀數竿修竹影依〻寒風入座酒先至殘雪在庭花亂飛老覺朋儕增馬齒貧隨妻子歎牛衣乾坤轉戰方多難豈合吾生便掩扉

乙卯二月四日生子恢

荏苒年華四十春膝前嬌女暗傷神忽驚夜半生男子先向高堂報老親白首故交同送喜黄泉慈母亦舒顰呱聞爾泣深知足敢惜琴書別付人

平山堂新成

劫火寒岡三十年棲靈寺外草芊〻堂成忽覺諸山近野濶低看落日懸青隴馬盤高冢路紅橋人醉木蘭船滄桑不改前朝蹟只有揚州第五泉

李氏叢書

乙卯四十初度得家報寄答二王表叔

人生日月能餘幾過眼流光四十年書到始驚親串隔愁多翻苦友朋傳髩毛漸禿逢戎馬筋力全衰在簡編悔不深山遂栖遯青鞵朱紱兩茫然

登銀山寺

巍然山寺臨江滸直上高空望眼舒滄海怒濤吞北顧碧天諸嶂裏南徐孤城櫓堞興王地異代煙霞處士廬九姓新軍方列障幾時安隱共樵漁

游二臺洞還登宏濟寺

此頁在七一頁

井梧葉〻帶新霜，天外音書正渺茫。飲馬千羣過鄂渚，射潮八月近錢塘。酒漿北斗空斟粟，蠶績東吳怨蟹筐。萬里烟塵動經歲，何人抱膝武侯岡。

鷗塘九日

又向客途逢九日，故園書信渺無憑。百年頭白關妻子，五夜樽青共友朋。地僻茱萸秋杳〻，天寒松檜影棱〻。欲逃世難尋真隱，何處深山策短藤。

南津

孤城亂水急西流，徙倚南津近晚秋。負郭人家楊柳岸，繞村漁艇荻蘆洲。窮年地僻供魬蟹，短日天荒叫禿鶖。但使金堤牢敀築，野農含哺百無憂。

三閭大夫廟

七澤三湘滿戰塵，招魂何處問靈均。纍空故國猶懤楚，鹿走中原不屬秦。風雨晝旗趨野老，龍蛇古屋祀孤臣。城西近接將軍墓，同向秋風薦白蘋。

三塘冬至

羈栖敝席冷凝塵，歲晚偏驚節序新。孤櫬北堂游子淚，頻年冬至異鄉身。霜苞野竹寒龍蟄，霧蘂江梅凍雀馴。剝盡窮陽天地變，從今臘月有陽春。

雪後坐徐宗魯書閣

迢遞鷲嶺隔塵踪，有客來聽古寺鐘。雲護亂山蹲虎豹，雨昏深洞起蛟龍。諸天倒景迴潮急，下界沈烟老樹封。暫息由旬依淨境，妙音空瀰水淙淙。

為防

萬頃西湖濁浪傾，東村日報水痕生。况兼雷雨波濤壯，已共蛟龍窟宅平。農力總閒昇土易，野人隨任築防成。不愁賸貯琴書地，鬪鴨飢鷗莫亂鳴。

水村

藻荇銀塘亂華門，南牕風雨日昏〻。濤聲夜夢聽江閣，水氣朝寒抱海村。松菊故園憂婦子，魚龍新窟長兒孫。腐儒衰賤微人事，粗糲充盤進夕飧。

別族感懷

文章貧阮足清狂，漫說孫枝指李長。幸未公卿為皂隸，羞將氏族競盧王。隴西頓覺明駝遠，珂里誰分導騎光。從此河源便分派，衰宗看汝一門強。

登金山妙高臺

頻年夢到金山寺，此日登臺思渺然。龍沸亂濤翻戍壁，鷹盤孤塔下秋天。雲中嶂白楚江雨，樹杪城青瓜步烟。久立漸驚遲暮眼，老僧扶棹送歸船。

蜀客

虎牙赤甲勢崔嵬，躍馬當年亦壯哉。天地正愁南極隔，兵戈何意一人來。雲開鳥路空舲峽，水沸猿聲灩澦堆。巴蜀誰言負形勝，裏氈深入有雄才。

將自戴村還家

臘雪頻沾客子衣，欲携書策返荊扉。村宵不寐聞雞起，海岸長貧牧豕歸。身老故園妻子在，歲寒他日友朋稀。冰霜滿目蕭條盡，城郭人民半是非。

別戴村

河千歲晚繫扁舟，荒館寒燈客漫愁。夜雪千村孤雁影，曉川殘月斷冰流。青陽度臘催華勝，白髮還家對葥緌。短布儒衣遭世難，鼓刀織薄已公侯。

廢花朝詩爲二冒子穀梁青若賦

白雲天半影迢迢，二月啼烏徧柳條。正見豈能啼曉雨，坦之常是泣春宵。閒園怕踏中林筍，閒閣愁窺寸草苗。直到終天猶有恨，年年今日廢花朝。

蕭莊懷張武功

不到西州亦愴神，十年交誼死生真。黃昏烏榜過荒墅，紅淚青衫憶故人。縱使修文泉室夜，可能携酒勝湖春。憑誰寄語山陽侶，剩有頹唐舊角巾。

贈夏次功

少小交游老大悲，十年歌嘯失追隨。豈知貔虎風塵日，正是蛟龍雷雨時。江左故封全未減，隴西上計莫嫌遲。回頭白羽催征急，木杮荒洲滿戰旗。

送黃仲丹明府還盱眙

黃公白髮東陽宰，幾歲休官卧楚雲。來就故交爲地主，去求高隴累親墳。九霄星動闡天意，四野鴻哀起盜羣。莫近潢池寄家宅，早携十口下淮濆。

登拱極臺

高樓突兀海城邊，樓外滄池映檻前。玄武故宮荒宿雨，白龍遺廟冷村煙。塵沙薊北三千里，水旱淮南十二年。莫向長堤憂捷石，西園久已貯金錢。

狐子角

九關羆虎未弢弓，抱膝長吟滄海東。閒顧四封傷往事，誰將百戰定羣雄。青鋒欲指伊吾塞，赤幟先收狐子功。小邑彈丸經廟畧，懸師扼險命元戎。

贈林友鴻

一年久住青槐院，欲去初驚識面難。涷雨啼鳩蕭寺別，秋風疲馬客亭餐。神京地動丹宮圮，寓縣兵交白骨寒。何事故山歸未得，獨携孤劍向長安。

贈湯惕庵司馬

生晚不逢文獻盛巍然獨見典型尊通家再世情如昨宿德三朝史自存天外碧雞悲使節山中黃犢戀君恩景罔形勝初無改向背陰陽莫更論（公善青烏家言）

寄新城廣文劉丈

送别經年臥一邱殘春花事閉門休老支雞骨情懷惡夢附魚書道路修稷下諸儒多博辯王家羣從盛風流遥知樽酒論文地冷署深燈破旅愁

得蔚雉衡凶問

湖干少日追歡地屈指俄驚二十霜老景漸憂雙鬢禿酒徒先報一人亡西齋有夢行青草南壠何年泣白楊撿點平生舊書

篋浮名身後已茫茫

江上小至

清霜布帽羈荒寺時序驚逢暗愴神小至去家如未祭大江何事苦留人衰容半歲供行役短夢三更見老親葭律漸吹陽又長只應幽壤不重春

天平山

高削天平五丈峰層盤孤磴倚長松龍門日照三江水鳥道風迴萬壑鐘古洞懸巖垂薜荔石池飛瀑動芙蓉振衣目斷邗溝柳雲海蒼茫路幾重

晚集汪氏園

白日欲昏花氣蒸杖頭沽酒錢須增眼中梟盧正酩酊筆底鸞鳳還騫騰風定忽落戍樓鼓月明倒挂烏巢藤興酣直待星河轉仰視碧霄天幾層

瓶梅

出手遥憐折一枝隴頭相寄慰相思空齋似雪寒逾逼玉几無風落較遲香散暗惚人靜後夢回殘燭影斜時何郎詩句桓生笛寫盡春心恐未知

村燕

野屋低飛處處忙殘春相見尾摧藏空將黃口依新主誰識烏衣是舊鄉風暖弄晴過柳岸天清掠水上魚梁年年社日歸來

早不羨盧家白玉堂

雪中答王丈

暝色空濛雪作花寒風蕭寺即天涯孤城欲斷殘宵漏五夜還啼傍曉鴉襆被有情應是伴銀燈無夢若為家閒心隱隱思難解愁絕人間又歲華

寶嚴寺人日雨雪

重陰漠漠靜禪居雪壓孤松暮影疏燈火晝寒深殿閉龍蛇春遠寺門虛閒身日向江湖老人事空悲札屬餘南畝只今憂更切來朝風景欲何如

江上曉行

露葦風潭緩柂過扣舷其奈客愁何滄江萬里懸孤月碧落千尋挂斷河鴻雁早寒聲自急芙蓉秋盡影偏多霜華易老歸心切今古蒼茫此逝波

秋夜同宗鶴間集三槐堂

冷露高齋共一卮古槐疏影夜深時春前綠鬢愁中改世上蓬心醉裏知燭跋三更風細細欄圍幾曲月遲遲浩歌天地空秋水烏鵲何年有定枝

將之曲阿王勿齋以七言詩送行便用原韻兼仿來詩體答之

廉纖細雨送孤征罷勉飢驅不待晴獨遣一身為客去難將雙

李氏叢書

眼向人明晨餐荷笈辭瓜步午夢鳴榔過潤城若到卯橋逢故友話君如我拙謀生

贈句曲楊生

玉洞華陽舊隱居風塵投跡意何如橋邊黃石神仙侶袖裏陰符將相書縱飲有時高擊筑漫遊隨地可迴車憐余少賤羞能事欲向長安混狗屠

旌忠寺贈雷山人階吉

花宮風定佛幢虛古殿啼鴉木葉疏江上久埋雷煥劍人間誰御李膺車寒窻誦易深燈裏荒院垂簾落照餘我已數奇休更問二毛今欲賦閒居

登康山

高城霽雪照崔嵬曳屐憑欄旅抱開瓜步亂流歸海去潤州山色過江來雁橫殘日西靈塔人倚天風百尺臺猶憶武功康學士異時文酒建安才

毘陵聞隄決呈奚別駕

金隄東潰濁河潯版築虛將壁馬沈三策未施民力盡十行頻下國恩深惟供鰕菜餘生業無復桑麻半畝陰欲廢詩書吏何事感時空自發長吟

吳陵午日

歲首茫茫別故鄉兩逢佳節到端陽霞明小院榴花吐雨滿荒

李氏叢書

城艾葉香彩縷定分嬌女佩靈符虛製楚人粧兵戈四海飄零日那必羈棲足斷腸

暮至天寧寺聞劉玉東河亭燕集

碧柳新蟬處處聞遙傳飲燕話殘曛高城影背寒河水小閣風生蜀嶺雲勝地尚能容酒伴炎方應未解兵氛行人日晚歸蕭寺清磬閒齋坐夜分

輓張進士辰生

少年任俠遊京國三十為郎事已空舊恨半生飄野馬遺音數尺冷焦桐青山夢醒蘇臺月繡被香消鄂渚風贏有老親回白首夜燈孤影憶丸熊

吳陵水榭小集步喬雲堂韻同冒巢民王景州歙州

孤城寒雨暗湖天二月吳陵到客船白首夢殘尋往事青樽人
在似當年柳絲亂挂橫塘水榆莢將拋綺陌錢惟有交情可留
戀厭厭長坐夜燈前

得二王兄弟詩却寄

殘夜霜風急樹柯忽逢南雁送哀歌浮生骨肉團圞少儉歲情
懷懊惱多子舍東西分宅住黃壚早晚幾人過啼烏怨鵲傷心
極莫似桓伊喚奈何

禪智寺逢指新大師自故里省母歸

繞殿松陰過客閒草深方丈鎖禪關僧穿殘日騎驢到人坐空
堂見鳥還身著衲衣沾舊土手持香鉢禮荒山重開花徑經門
限一卷蘭亭几案閒(指公工書)

別周方山之廣陵却寄

春風竹馬江南路曾說中丞駐節年(方山曾侍乃祖中丞官江南)千里又辭
茱子國三秋長艤孝廉船論文小閣傾樽夜惜別寒城欲雨天
莫遣還輈輕北首遲余歸詠白駒篇

王三表叔送子赴郡試

寒風颯颯滿衣裾行色蕭然十月餘海內知交惟數子半生貧
賤有殘書將衰豈覺襟情異暫別難勝會合疏表弟美材能進
取阿翁猶未息奔車

秦淮晚眺

小渡橫橋客緩過橋邊落水不成河紅燈畫舫來幽夢明月晚
風吹逝波新邸過江諸姓少舊京遺事六朝多可憐白石千重
壘難抵當筵一曲歌

九日同人登拱極臺

重陽苦少登高地乘興同游拱極臺老去又逢佳節到霜前何
處菊花開孤城背日啼烏起遠塞爭秋候雁來歲儉村墟稀爨
火憑闌清嘯晚風哀

鍾陵

銀海深泉掩玉衣白雲孤阜峙南畿松楸已盡鹿皆去風雨有
時龍自歸新命寢宮榱棟換舊園空衛卒徒非猶聞金盌親三
獻隆準諸王在者稀

望岱

大東倚海插芙蓉仰首高盤五嶽宗渾沌直愁天地窄虛無難
辨鬼神蹤根連青兗蟠千里頂出云亭壓萬峯七十二君登禪
後又教聖代續乾封

戊辰除夜

寒宵雨雪上階墀短燭青樽感鬢絲百歲豈無同盡日一年猶
有未殘時辛勤不寐憐貧婦嬉戲為歡讓小兒亂水荒城更寥
寂其涼高詠北風詩

晝公齋中看芍藥座中有桑楚執高素其諸同學

丁家勺藥童年看久已離披去水鄉到眼又驚千朶豔爭春纔讓百花王闌邊客就當階影雨後風來滿座香好景不多真可戀異時吾友鬢皆霜

螺隱集

近體詩

姜真源侍御自南昌移任濟南賦送三十二韻　　興化　李國宋　大村

白簡霜威重青鳧彩旐翻舊恩叨侍從新命壯屏藩柏府聲名大洪都氣象尊星文干斗柄時譽逼台垣開閣英賢聚還車父老喧九江傳惠澤三楚負春暄憶昔乘驄馬風流駐使軒賦詩高鮑照懸榻隘陳蕃坐客皆珠履輿徒屬畫韃旌旆連道路吐握向郊原寵沐階墀拜躬承激賞言頻邀伯樂顧曾雪冶長冤一別隔雲日三年勞夢魂驚遷驚雀起櫪伏愧鵬騫久困泥塗賤深悲時命乜讒邪感曾母市井辱王孫已分羅罝網何當啓戴盆佇聞過節鉞騁望極朝昏躑躅羸羊悔倉黃涸鮒存痛心虛拂拭舉手得攀援忽忽歌驪疾匆匆就道煩欲行情繾綣相送水潺湲曉路楓林暗秋山桂影繁長淮經畫舫清濟侍朱轓覽古登齊巔懷賢訪漆園魯儒應候駕齊士日登門自給當時俸高傾文舉樽景思依岱嶽瞻眺阻河源事業青氈在年華赤電奔一經窮歲月尺蠖老乾坤抱璧空遺玷銜珠欲報恩春言懷厚德惻惻幾聲吞

登木末亭

壁立一亭迥蕭蕭落木風塔懸千樹外江動萬山中蔓草凋秋

翠垂蘿映晚紅屢迴雙嶂合下視九衢通覽古遺踪盡傷今幻
刧同梁朝花雨寺晋代黍離宮松柏香臺冷衣冠玉殿空韶華
追逝水高影羡冥鴻自笑亡羊客安知失馬翁將歸釣滄海散
髮日華東

天界寺

香林依岫出講座面江開鹿女尋花至龍天聽法來晚霜荒竹
柏秋色冷莓苔大覺僧常住由旬客屢迴節凋初地果年换刼
池灰日月低鵬海風雲繞鳳臺剎那人事變今古一悲哀

輓故相國吳棠菴先生二十二韻

宿德宗儒雅多年重典型循聲初鄞縣壯節舊都亭御史清鐵

輔藩方撫晋邢早登司馬署作弼漢皇廷妖氣纏關陜兵氛畧
井陘誓師分斧鉞推轂仗威靈未報昆陽捷難消渭水腥時屯
淹日月陰至伏雷霆帝厤驚崩壞神圖墜挈瓶烏號天慘〻鴻
遯影冥〻野服滄洲客孤雲紅蓼汀賦詩悲楚杜垂釣戀江萍
草滿門誰埽羅張戶晝扃艱虞歷氷雪衰病失康寧久謝中台
座今傷處士星霜深凋碩果晦盡落階蓂一死終長夢千春感
獨醒丘存疑化碧事往必垂青遺老嗟身喪諸親並涕零衣冠
藏素櫬劍珮想彤庭辰柄移南斗頹波逝北溟惟看繐帷側哀
毀泣顔丁

行經鍾陵二十二韻

刧濁弛天紐河清啓聖圖豕虵争戰地龍虎帝王都天度收羣
策戎功倚廟謨封鯨先殪楚磔鼠遂吞吳一掃煙塵跡重開日
月區典遵三代法威握八紘樞累葉承明德多方率義途姬宗
緜卜厤炎運阨陽符配祀虛端冕穎綱起竊鈇守瓶旋失墜介
馬浸馳驅赤縣崩沙麓幽宮拜鼎湖蕭條兵士衛想像鬼神趨
松柏空斤斧牛羊縱牧芻禮祠虔易世禁籞屬監奴文子羡同
閈勲臣壟並孤劒磨碑慘淡盌出事模糊冥〻衣冠道行〻射
獵徒驚心來過客薄暮走荒衢瞻顧金陵氣淒涼玉殿蕪黍禾
侵御路薇蕨滿山嵎淚繼新亭墮年隨舊國徂祇餘泉海鴈愁
聽冶城烏

水至一百韻

月道陰閒出星芒黑角垂女墟頻水毀淮服苦年飢　宵旰勞
楓陛春秋忽稷祠堯天咨汜濫禹甸廢胼胝澤有驚飛雁家無
共哺麋三洲連浩汗九載繼仳離歲在端蒙後氏逢濁刧時神
泉騰伏蛟山足去支祁涔洞殊他日呟嘈注決陂漲寬通海嶼
濤沸阻江涯已見災河伯還教怒雨師傾盆來淬〻破塊故濱
〻龍鬬盤渦涌鼉鳴舊窟移浪心翻白鷺堂坳泛青蚨累塹戎
防拙懸梯架棧危此方原斥鹵況乃益喧卑汩〻流涸穢瀰〻
蹙緑漪浮漂如載筏墊隘想乘欙頓擗壖牆震紛紜荇藻披壞
藩叢蟋蛽深港困鸕鷀濠上游莊叟川邊感仲尼比閈城内宅

究在水中坻選地投雙屐何巢寄一枝玉房輸輿府粉堞抱滄
池厲揭將焉擇津梁亦已疲室踰焚甕酷人重死亡悲縱得求
薪米應難置釜錡豈堪珠作饌又以桂為炊墨突黔休望顏塵
拾不疑市專淒豆屑情似擘榆皮桑梓輕抛擲溝渠轉涕洟訖
身慙亂燕遷穴學蜉蚍且盼登喬木疇能春始基搖搖旋莫定
杳杳路何之斷梗飄萬端孤蓬會急吹閭閻爭負戴老稚總扶
持偪側帆檣亂倉黃婦子隨南津煙黯澹北郭夢牽羈啜泣餘
微喘偷生比百罹暫行羞乞活終遠孰相依葛藟王風歎芑稂
下國衰幸毋稱餓莩那免喚奴厮菜色黎亭鬼枯形楚澤纍鞫
凶由彼昊窮極是遺黎墓隴長辭矣烝嘗任餒而惟哀失林鳥
不及守牀龜求莫須清問安瀾仗阿誰隄塘虹蜿蜒畚鍤影參
差精衛填奚補陽侯怒不支宣房聲許許積石導遲遲渺爾沈
周壁寧希立夏碑水衡供槖饒少府惜財虧漫取金錢擲旋觀
竹揵敍貪饕大吏事乾没小胥為漏網逃吞餌探囊忽祭眉邪
當觸獬廌法豈問狐狸廉恥箴羣辟刑章植四維迅霆虛擊斷
湛露枉恩慈主必先剛德仁非貴樂施賑籲皆瑣細風俗敝澆
漓通者軍需急兼將内帑齎闕廷勤調發宇宙半瘡痍郢渚鶖
鶬艦吳山虎豹旗兵鋒摧蒜嶺戰血灑彭蠡嗚咽陳安曲淒涼
丁盱詞烏啼銜腐肉馬逸斃文綏莫忘好還報看輿失律尸紅
顏馱錦鐙黃口貫兜鈹萬井迷烽燧千村輟耨菑揭竿齊禡纛

擁盾畢登陴督責司農令催科驛使馳痛方深骨髓慘更剝膏
脂士伍仍呼癸郎官始入貲騎都俱爛胃御史亦櫂椎東閣延
賓少西園授爵奇寵榮卜式詔寂寞仲舒帷老至安容膝憂來
或將髭自傷頭種種復覺尾蓰蓰櫪驥紆長轡韝鷹屈異姿幽
栖從坎壈壯志鄙需吼避堇甘嘗蓼含荼竟似飴儲空愁破甕
衣故笑縣楎苦憶收奉椽貧思菀蜀鴟近儔紋室接遠負鹿門
期蹇劣空藏璞艱劬悟守雌生涯憑麴蘖文藻喜葳蕤健握枚
乘筆清吟謝朓詩無因奮鵬翮只合坐臯比沴氣消殘霧陽光
待赫曦定知傾積否誰謂竟明夷帝醉增嬴暴天旋拯壑羸
一人疑鼎命良佐東戎麾殛惡窮罪羽懷賢到吳茨康莊驅騄
騠障塞撤熊羆禮樂遵三古經綸奠八殥舳艫均總秸筐篚貢
纖絺候琯調玄化和羹在赤墀庶徵晴錫禹五福範陳箕瑞紀
蓂階莢祥歌柏寢芝朝宗兼獻寶永戴太平治

輓姑祖母王太夫人二十韻

婦學宗周禮名家出謝庭京陵堪作配東郡久為刑美種璵璠
器勤梳鸑鷟翎二難鑣並騁千里轡方停祇謁親閨閫溫言命
篋鍘每承凭木几因聽解風鈴妙悟桃花偈清齋貝葉經能超
七業白善守一氈青忽送魂歸月真驚髩欲星道應圓智果疾
豈困狶苓從此神明隔虛教涕淚零蕭條行竹徑慘淡過槐亭
雜佩垂高桁徽音杳曲屏尚傳遺女訓不誦息心銘幾日窺餘

閨何時入奉扃總帷寒漠〻釭火夜熒〻短夢隨然燭諸緣比聚萍舉聲號阮籍卒殯望顏丁反哺恩難報支牀寢未寧穎人曾有母灑泣向蒼冥

暮春西郊即事

綠墅晴邀客紅橋晚放船酒帘飄野市歌板接鄰舩小暇貪餘日將衰逐少年暫時春在眼幾處墓成田遠樹氿〻影垂楊細〻煙芹泥縈翠帶荇浪疊青錢花散銀牀笛塵隨寶馬鞭雲屏藏蛺蝶露井出鞦韆菜色羣方共香羹務地偏吹篪紛乞食調瑟正當筵燈火重城外烏鳶古堞邊醉歸高興盡孤館獨愁眠

壬寅二月上丁日於郡學恭逢釋奠紀事十六韻

至德超羣聖斯文秉素王江河行地軸日月煥宮牆道大疑庸主身尊仰漢皇萬年宗俎豆二祀續烝嘗禮樂宗刪正衣冠儼拜將玉階煙燎合丹幄几筵張扶揖諸生聚趨承郡吏忙威儀仍服冕（郡學雖易木主尚存聖像）伏謁必帷裳仙管羽人奏徽音祝史揚四賢陪紺殿餘子序雕廊酒奠苺苔滑燈懸漏鼓長竹陰含夜露松翠點春霜蘋荇空銀沼榛蕪滿石梁遺經猶在壁多士豈云亡劫餘秦火烽墩接魯鄉何時見車器景望向膠庠

奉上四十七叔祖母季太夫人

令質閨中秀瓊姿閫內英世家遵典式女德誦幽貞鵠見為梁日烏深反哺情磧花矜婉娩詠柳擅才名早慧功容畢初笄禮範成夢熊占吉兆飛鳳叶和鳴劉謝門楣古鍾王閥閱宏母儀真冠族婦學迴傳聲綠鬢承金誥丹封下玉京拜恩瞻北極就養莅南荊隱几閒心靜辭鲰夙志誠惠慈江共廣皎潔漢俱清雨潤沾蒸庶風香滿杜蘅斂斯新着詠樛木舊同榮淑性如圭重塵緣比葉輕淨因知有種繡佛證無生已徹三乘妙能將萬法平真空遺錦佩長道返華旌潤絕諸孫輩迢遙故國程綺筵張煥爛壽域阻逢迎珂里雲邊邑滄洲海上城舜衣迴白鶴歌管奏瑤笙敭歷中兼外崢嶸弟與兄都從麟脯會齊進紫螺觥

分鹺輿頌呈張邑侯蔚生

忠信蒲城仰循良宓縣安七年勤撫字百物起凋殘澤已休鴻雁祥能作鳳鸞輿歌迎馬首薦疏入朝端錦借江花製琴臨海月彈長才雙印綰嘉政兩淮看白屋新陽暖清風滿袖寒臺波添竈戶領水淡鹽官首見梟為雁今傳范則冠鹵田桑雉擾貧署釜魚乾龐統身猶屈童恢治豈難鵷班方有待霄路整雲翰

讀從兄西駿詩集

作者先元相心傳及第詩百年多嗣響一姓幾宗師此事由天性非闌取世資源流歧別派蕪穢削繁枝哲匠吾兄是新篇小弟知片言包魯史六畫見庖犧浩渺才無際希微理必窺雲霞任舒卷花萼爛葳蕤序不疏鴻雁名難齒驥騏士龍還獨笑靈

運敢肩隨夙賞登臨作粗通贈答詞願因同氣分千載附光儀

丙寅崇德祠春祭

肅〻時禋盛巍巍廟宇深甕梅襄勝國雨露感春心夜火繁星落天風斷漏沈雪猶寒小院鐘已動雙林式序祠官入如神祝版臨管絃喧過雁人吏散棲禽五世澤猶在三朝恩至今箕裘先德業堂構豈冠簪幸祖終難替承家亦有箴但求無斬艾喬木自成陰

螺隱集

興化　李國宋　大村

絶句

石城曲

大江千幅帆長船破巨浪開牕看江色郎立江船上

閨情

妝罷掩明鏡羅衣私自憐春心不敢道閒立玉階前

登文游臺

曉登文游臺〻上春風起隱〻綠煙中一片晴湖水

怨情

別鶴琴中操愁鸞鏡裏啼生為伯玉婦死是仲卿妻

山閣晚眺

落葉下秋山茅堂帶疏樹煙水夕陽中挂帆何處去

山中

老樹葉參差風來衆山響孤生寂無人白石平如掌

新月

月員初作客月晦已經旬今宵見新月愁殺未歸人

江上曲

江船如走馬江帆如轉蓬一船使五帆那得不愁儂

莫愁湖

白石三山成蒼煙六代都北風千尺浪愁煞莫愁湖

閨情

曉閣開珠箔空牀掩繡幃如何春燕子只是一雙飛

拔蒲曲

十五拔蒲女綠湖深處歌生來慣舟楫不是仰風波

少年行

莎草綠叢叢揚鞭走玉驄桃花飛滿路日暮亂塵紅

過石湖橋

路盡見寒竹煙深聞午雞人家知不遠只在此橋西

陽羨東門作

李氏叢書

陽羨城如錦煙波處處山我來東郭望已在畫圖間

寓樓望銅官山

袁令千年去荊溪一水寒西風寓樓上終日對銅官

發荊溪

久住荊溪上難忘嶽麓松南樓乘曉月先起別銅峰

曲阿舟次雪中別紫七兄弟

歲暮還鄉去登舟雪滿衣翻將別離意惆悵送君歸

息嬀怨

不死邪成怨無言自可憐楚王恩意重薦寢已三年

古意

春草年年綠春鶯處處啼惟應薄命妾終日閉空閨

鷗塘晚送何忍冬

欲送行人去臨行倍黯然如何天半月只在柳條邊

少年行贈何子

少年好圖史縱觀天下事閒却腰下劍有技不曾試

春日揚州城西寓目

揚州古墓田處處埋青草千年白骨灰踏成車馬道

得家書

有使傳書至驚心手倦開貧家無好信只是送愁來

春雁

李氏叢書

海上銜蘆雁春來向北歸驚心避矰繳故作斷行飛

遣懷

白頭無一事方悔讀書非相邀年少客日暮鬭雞歸

石頭城聞虞歌

江上氣蕭蕭虞歌沸早潮秋風多猛士誰者善吹簫

揚州城西即事

騮馬錦鞍韉生成在朔邊彎弓來射雁飛鏃過甘泉

題余來儀望雲圖

欲報身猶在終天恨若何惟餘雙淚眼常見白雲多

和宗鶴問雨中十絕句用原韻

楚天真欲漏大雨灌寒河捲起一城浪高〻駕白鼉
海霧無端黑江雲不肯黄還家備糠覈又是一年荒
萬竈翻波底如盆日夜傾遥知江北雨足勝漢南兵
作健不成健男兒空讀書未能身似虎那免命為魚
鵞鴨紛〻亂蛟鯨汩汩通便須求破浪慎忽議堙洪
漏霤聲難聽聊為抱膝歌江東船借問米價近如何
恒雨皆陰氣天心莫浪猜牢愁誰送酒直遣老顏頹
只訝江星動難逢月道開幾時齊一色朗〻比中台
進趨須問命退隱不求仙只羨栄桑老躬耕有薄田
百室流亡盡扶携八口艱雨晴青不改惟有舊三山

李氏叢書

螺隱集

興化　李國宋　大村

絶句

暮春見雁

月落空庭花影稀暮春猶有塞鴻飛只緣漢北風沙苦多少銜蘆不肯歸

廣陵元夕

春星低樹月華流照入笙歌十二樓酹客不知邊塞苦齊聲高和古涼州

贈王山癯

李氏叢書

客路逢君欲斷腸蕭然行李寄僧房栖鴉欲定秋林晚幾度疏鐘對夕陽

金風颯〻雁行斜飄泊於今始憶家望斷白雲無限恨秋來江上荻蘆花

世情岐路自西東樸被天涯未是窮一夜城頭催戍鼓壯心銷盡角聲中

廣陵竹枝詞

髻子三山高又低廣陵城下水東西紅橋落日人爭度芳草茸〻襯馬蹄

蜀嶺西來煙靄浮平山翠夾兩山頭摘星樓畔蛾眉月倒影彎

環似玉鈎

吳溝遥接汴河開江上春潮日日迴夜半槳聲聽不住南船纔過北船來

石橋横斷水邊亭細草如茵叠翠屏嶺上梅花春不見依〻楊柳又垂青

蕪城墩下唱歌來舴艋輕舠艣櫓催家在茱萸灣裏住五更月落打魚回

上方高刹俯江村江上諸山拱寺門試立釣磯西向望雷塘孤塚欲黄昏

花開花謝碧陰濃煙雨城頭度晚鐘燕子不來春社冷舊家門巷鎖重〻

李氏叢書

紅樓珠箔倚青娥絃管新聲入夜多關北關南船泊定揚州明月朔州歌

贈龔山人半千

一樽寒對晚風前風雨江城逼舊年我未壯齡君未老相逢短鬢各蕭然

煙霞心事畫圖情蜀紙吳綾寄此生一自鍾陵松柏盡不堪歸問石頭城

正月十四夜飲王使君署中

薄雪初消夜色多冰壺玉樹對清歌紅牙細按更聲轉生見春星沒絳河

春晚聞僧吹簫

花落諸天送夕曛洞簫清響度春雲誰知弄玉樓中曲翻向祇園靜裏聞

雨夜發邗關

片帆江上又南飛細雨孤燈擁溼衣夜半櫓搖驚客起夢中鄉路不成歸

孟城東樓晚眺

樓外楓林晚著霜敗荷衰柳葉初黄長淮一帶皆秋水幾點孤村在夕陽

李氏叢書

送韓醉白游湖上

西子湖頭月正圓王孫行樂到湖邊長堤十里青楊柳試問新栽今幾年

哭周羌夫

蜉蝣生死事如何此日琴牢忍復歌混跡人間三十載知音牙曠正無多

高生已向揚州死若莅周子蘭稚更可憐禪智青山覆湖月白楊衰草共寒煙

茉莉

八尺湘簾畫閣垂晚妝新罷卷珠幃階前茉莉花將放香散黄

昏月上時

夜渡珠湖

露華秋淨水如空荻葦蕭蕭野岸風南北兩湖三百里挂帆同在月明中

少年行

夫人匕首吳王鈎玉鞘金環裝兩頭取佩腰間入都市明日報恩還執讎

閬苑

板桐西去是何鄉金母遥傳近女牀閬苑神仙不知數人間空憶杜蘭香

李氏叢書

村晚

積雨東臯久未歸夕陽晴樹晚輝輝空村永日柴門靜只有呢喃燕子飛

秦淮對雨

無情桃葉水潺潺長日江樓燕子還風過小窻坐秋雨秦淮東望是鍾山

渡江

石城遥指白雲間水淨天空挂席閑落日微風江上坐江南江北見青山

白土山

白土峯頭戰骨枯青燐徧地長秋蘇盧循歸海孫恩死半壁山河屬寄奴

江上曉行

龍江關下客心悲遥夜輕風五兩吹天半孤舟山半樹曉星殘月影離離

閨情

羅衣熏罷曉粧殘晴日簾櫳花滿欄蛺蝶一雙庭下過手拈裙帶倚門看

村晚

寒煙漠漠繞孤村籬豆花開滿草門愁鬢不應秋便改只緣風雨又黄昏

李氏叢書

渡江

吳潾斜挂片帆來爪步雲峯面面開依舊一江好風景雨中煙樹妙高臺

暨陽道中

欸乃吳歌客思閒江南風景異邗關孤舟斜過小橋去煙水殘陽又一山

廣陵秋詞

摘星樓外見殘陽極目連天野草黄最是無情江上鴈年年八月過雷塘

錦帆南幸竟無歸回首興亡淚溼衣獨向城西訪遺迹敗垣荒徑水螢飛

題吳藻仙詩卷

不須檀板按芳筵絶妙清詞自可憐宛對鴛溪三尺絹半塘晴樹六橋煙

雲水心情一惘然六時金磬冷枯禪斷䰟無那三生事只合長齋繡佛前

雨後閒步憶家

雨晴荒墅聽啼鴉閑步階前日影斜小架寒藤吐新綠山房遥憶忍冬花

有筠軒梅放憶二王兄弟

年年春色到階墀只是人間有別離憶得樽前共明月小牕煙樹向南枝

江上清明

漁陽笳騎漢南兵柳色春江客子行歲歲人間有寒食只今惆悵是清明

吳陵感舊

曲巷迴溪日影斜東風舊恨感啼鴉三年一踏城西路飛盡堤邊楊柳花

聞笛

煙樹離離月半鉤長溪如帶繞朱樓數聲玉笛三更夜白露滿天橫斗牛

晚別何龍若還寓

臨歧夕照水雲閒君自東行我自還同是芙蓉塘畔客飄零只似隔關山

井梧露葉下秋庭切切陰蟲不可聽君坐小牕相憶否昨宵寒雨一燈青

贈何忍冬

風吹黃葉雨飄綿柳色渾如二月時惹得阿儂秋思苦鷓鴣小令脊鴒詩

贈蔣生

年少雄心老漸灰當筵莫笑蹶張材白頭海上埋名客曾事揚州太保來

題送別圖

鈿車軋軋馬蕭蕭欲渡長溪過板橋日暮離人惆悵去野煙荒草亦䰟銷

春日廣陵城西作

冶春上巳與清明畫舫兼攜少婦行莫遣衣香牽酒客閒愁多在廣陵城

聽白生彈琵琶 生名珏字璧雙通州人也

善手崑崙世所稀開元遺事到今非纔聞一曲頭先白身是滄洲老布衣

水調江南最愴神東都法曲記難真勸君休唱安公子恐是亡隋刧裏人

鑾江道上

五度南都挾策迴三年一上鳳凰臺青山厭見勞勞客頻帶滄洲白髮來

雪後詠

穆滿何曾在帝鄉輪蹄萬里踏寒霜天邊尚解哀黃竹不遣朱弓屬偃王

炊桂為薪飯玉難冰棱成片雪漫漫王章休怨牛衣卧恐卧牛衣未是寒

和雨泉龕喜晴詩 從祖維章公配李太夫人工於吟詠著雨泉龕集

犀帖牕開日乍明芭蕉影裏坐新晴遥聞屋角雙鳩喚不似朝來逐婦聲

七夕感事

天路迢迢碧漢間白榆清露滿關山無端一夜飛星駕烏鵲何曾得暫閒

村夜讀閨媛詩

橫陳縹帙撿烏絲盡是吳孃絶妙辭讀罷紅燈低白髮春風春雨打牕時

老去心情異少年無端閒事惱枯禪都將細寫簪花字歸疊香幢繡佛前

春日揚州城外晚步

城邊綠柳綠依依寒雨梨花昨夜飛行盡竹西芳草路紅橋煙暝畫船歸

對月

三星寥落月低河天宇雲空水欲波莫遣吳剛斫丹桂江南喬木已無多

無愁有愁曲

莫道無愁愁煞人日烏西轉海生塵青牛別在長松下只道高唐夢是真

蕪城

土覆空壕烏夜哀休驚百雉等閒摧時雨後城圮祖龍壁返蒙恬死依舊長城鐵馬來

戊午五月過蘇州坐霜哺堂表重其出其六十時午日負母看花圖索題

六十班衣學老萊花間負母笑顏迴只今五月披圖坐霜哺堂前花又開

虎邱曲

十里金閶接畫樓。南塘齊艤木蘭舟。姑蘇處〻好山水。一半風光在虎邱。

三月吳儂艇子開。春風蕩槳虎邱來。更無人拜要離塚。都傍真娘墓上回。

吳苑鶯花欲暮天。松門石路草芊〻。千年白虎空陳迹。五義荒墳倍可憐。

青山相對寺門多。門外煙橫水自波。十五女郎扶櫓去。雙鬟搖蕩唱吳歌。

生公石畔餘秋草。短簿祠前空夕陽。往事銷魂俱不見。遊人如蝗過山塘。

別游氏妹

破屋三間別緒孤。扁舟明夜宿寒湖。蘆花兩岸飛殘雪。與汝同為失母雛。

喬東湖示山樓讀書圖題一絕句

老去山塘繫夢思。披圖遥憶住山時。小樓煙雨桃花發。人在春風短簿祠。

南津口占送季端木

送君南浦柳青〻。許我逢秋過草亭。話到秋期腸已斷。敗蘆黄葉滿沙汀。

寒風吹雨滿春衣。樽酒離亭送客歸。明日孤帆看不見。紛〻柳絮向南飛。

見蔣前氏畫柳却憶

一林垂柳影毵毵。畫裏風姿憶蔣三。昨歲揚州寒食後。小橋歌舫酒初酣。

題蔣前氏水田白鷺圖

菱葉牽絲荇葉肥。野田漠漠鷺鷥飛。與君同住滄浪岸。十里荷風釣艇歸。

舟中口占送熊晥生黄左宜惠臣程載錫

牽衣怕上木蘭舟。〻子催人不可留。行到陵亭最惆悵。陵亭西去是揚州。

端午後一日過王勿齋得程載錫諸子書却寄

綠酒香蒲細雨天。八行書到廣陵船。梘堂正是思君地。不待開緘已惘然。

廣陵清明

保障湖頭春可憐。賣餳聲裏鬪花鈿。殘陽孤館攤書坐。拋盡紅橋二月天。

贈眉雪山人

眉雪老翁相術神。常携竹杖走風塵。李生不是封侯骨。頭白山中射虎人。

揚州早雁

楊柳西風低晚煙芙蓉秋色老江天一行新雁忽南渡二十四橋月正圓

碧浪軒聽琵琶

碧浪軒前日欲斜清絃苦調雜風沙南人愛抱北人樂兩行秋淚墮琵琶

秦淮弔張麗華

景陽遺事暗銷魂人道秦淮古墓存埋玉不知何處是臺城煙樹月黄昏

金陵月夜

玉漏江城落晚風星河耿耿露華空青溪十萬朱樓影人在月明秋水中

秦淮對月

玉斧吴剛桂影稀銀河誤犯斗牛歸朦朧武定橋頭月又照秦淮老布衣

過盧孝廉故居

古木寒鴉嘯暮天盧家舊墅少人煙青燐白骨荆溪路風雨斷橋三十年

題后土祠

上方珠閣影重重香炮昏燈寂寞紅一自佩環歸玉殿韋郎從此怨東風

李氏叢書

晚逢閻二聖來招飲宜園

十年契闊驚相見荒館殘燈爲爾過莫向天涯恨離別茫茫溝水是寒河

僧院曉寒

曉寺烏啼殿角斜春風吹髩客思家揚州二月寒如此滿地霜明薺菜花

聽白生琵琶

乍見龍香捍撥年平生不解聽鵾絃莫言此調真淒楚慢撚輕籠亦可憐

絃索蕭騷雨打窗奈何低唤淚淙淙烏衣子弟俱憔悴名在檀槽白壁雙

真州重拜文丞相祠

少年曾過迴鑾渚遺像驚瞻五月寒四十頭顱髭欲雪重低短髮拜黄冠

題喬雲漸小影

欲向白田訪高士留雲何處草堂春却從展卷驚相見據石科頭是此人

漢祖

秦帝河山百二州高皇大度一時收家人櫟釜渾閒事異日猶封羡頡侯

李氏叢書

寄王勿齋

江路迢迢柳影斜，故人寒食在天涯。春風昨夜吹槐閣，閒煞城東桃李花。

天河

榆天夜白水無波，牛女年年渡此河。若向一年爭一日，萬年那似百年多。

詠牛女

微雲清淺泛河灣，鵲駕宵行溼露鬟。傳語深閨休乞巧，女牛應是不曾聞。

送黃惠臣程載錫歸用唐人拈句起

悲莫悲兮生別離，登山臨水送將歸。如何數縷長隄柳，只挂征帆出浦飛。

廣陵清明

蕭然一榻似枯禪，已不窺園是此年。惟有清明難忘却，小童將柳過窗前。

見荷花

蓮的青青藕發芽，香風吹徧野人家。溪田蕩作西湖水，憔悴多年無此花。

余舊讀書東塔，因過王子新齋留題

王生寂寞耽詩卷，破屋高齋也可憐。却憶晚燈禪榻畔，廿年前事倍淒然。

龍珠禪院

南宗心印水雲邊，水淨空潭月在天。若道本來無一物，老龍何事抱珠眠。

放生池

芰白蒲青水自波，潛淵在藻樂如何。洞庭苦戰三千里，爭似維那一勺多。

黃蓮康熙七年後，大水傷荷，荷遂盡。至廿三年，荷忽自生，城外綿亙三十餘里，中有黃花，及黃蓮子，尤奇

紅蕖參差滿碧池，黃花忽發水邊枝。若教玉輦親來過，便是潘妃醉舞時。

題木菴太史弟待漏圖

五世冠簪侍玉墀，北門西掖拜恩私。只今貂錦朝元日，又是春寒待漏時。

珠塵集自叙

大村李國宋著

原夫野麕防鵲國風並誌乎貞淫渚杜阜蘭楚士兼傷其顑頷
凡以義有所託遂乃情見乎辭嗣是東都寫恨於四愁南國興
懷於六憶玉溪公子攄高詠於無題京兆王孫寄幽悰於倚醉
誰能遣此自古皆然僕本狂人兼多怨緒長年習苦類蓼蟲之
辛螫終夜含愁似花中之謝豹茫然觸物因之意不自聊率爾
鳴哀亦且音弗暇擇語嫚靡而近褻豈是登徒好色之心魂惝
怳以善憑庶幾無忌飲醇之志覽是詩者勿謂毫端雜采足比
吐綬飛綵或憐紙上殷紅盡屬啼鵑漬血爾

珠塵集

興化 李國宋 大村

西崑體

落花

珠簾不卷暗銷魂花落閒庭坐綢軒布穀雨多春料峭老鴉風
起月黃昏影隨飛絮渾無主香繞遊絲豈有根自是紅顏易凋
歇壽陽深殿掩重門

柳絮

藏烏一帶柳陰陰飛絮橫塘散曉林空裏纏綿情自尒人前輕
薄恨誰禁春風雪滿張郎鬢夜月花愁魏后心只恐化萍隨水
去香蹤無定杳難尋

隋宮

大業宮人斂翠蛾楊花哀怨李花歌三千殿脚生憎少十萬遼
東浪死多白骨幾年埋素簀紅輝一炬變青莎吳公臺下悲風
起清夜遊魂是阿麼

燕

雲橫畫棟月橫鉤涎尾先通十二樓絲綫繫來曾作佛玉筐飛
去轉多愁筵前尚憶張公子塞上虛稽定遠侯誰念營巢獨憔
悴曲房深戶早驚秋

姮娥

碧殿長年冷絳雪瑤霜珠露拂雲翹蝦蟇仙窟空丸藥鳥鵲靈
河別作橋天上白榆何日種鏡中青桂逐時銷虛憐十五盈盈
夜獨碾冰輪出海潮

四姓

天書親奉斧文圖四姓通侯恩幸殊少府金錢歸賜第平津車
馬避先驅新升小妓名房老別有家奴字子都聞拜武功多貴
爵仲舒帷下長青蘇

教書

平明閶闔啟鯨鐘恩赦遥聞下九重不許青蠅窺瑣禁却教丹
鳳領瑤封風行絕地周王駿雨過垂天夏后龍四海葵心同向

日未光偏未照春農

河塞

丹水神泉浴日華板桐東注接流沙千年過洛沈周璧萬里尋
源阻漢槎竹楗何須憂瓠子斗泥無復泛桃花馮夷震怒天吳
恐不見朝宗到海涯

星變

夬道蒼龍守帝庭欃槍夜半掃青冥參旗欲捲蚩尤霧仗馬先
驚造父星碧落有天終夢夢瑤光無主自熒熒紫宮莫便投壺
笑鵲渚鈍河半未寧

淚

萬點千行拂素紈盈盈雙筋尚闌干漢宮莖露傾金掌海屋鮫
珠迸玉盤石女山頭啼夜月銅仙闕下泣秋寒華陽蔽膝秦川
錦抱被朝來尚未乾

薊門

趙際燕陲古帝宮背環滄海倚崆峒百年如礪城猶在一去衝
冠士已空漫道黃金收異北由來白豕貴遼東山川不改市朝
變虎旅三關氣轉雄

無題

雨絕雲飛事可疑九重泉路百年期少翁有術魂難返妙子無
蹤叩豈知錦水夢遥鴛泛泛青陵草暖蝶遲遲粉香玉色成灰

土問着檀奴自解悲

楚宮

白芷香蘋怨晚風君王沈醉細腰宮張儀舌劒胎為禍鄭袖心
機巧似忠秦厥西來關不閉楚靡南走澤將空章華零落湘江
冷弔客傷心泣楝筒

南朝

石頭煙雨枕寒流歌舞南朝閱幾秋孔翠鎧邊倀子從沈檀閣
上麗華遊金蓮步細知難穩玉樹花殘漫自愁芳樂望仙亡國
後隔江依舊有迷樓

鍾陵

冶城宮闕散殘暉。佳麗千春事已非。衆雀衎空人獨往。烏衣巷冷燕無歸。虛憑鐵鎖橫天塹。誰請金艘衛帝畿。寂寞鍾陵一抔土。新亭有淚漸應稀。

促織

粉壁椒除夜夜通。桂花深苑紫蘭叢。式彊只合逞相和。邢尹難教共一宮。青女曉寒金井露。素娥秋怨玉階風。昆靈池畔商歌起。落葉哀蟬此調同。

釣臺

長揖歸山老富春。久從白水識真人。椒房寵替糟糠婦。瘴海功疎薏苡臣。履虎總緣拳日角。為漁還自混風塵。東南無限羊裘

李氏叢書

客。嚴瀨於今少釣綸。

地震

鼎沸千門水夜澌。夢魂疑是走支祁。共工有力傾天柱。媧帝無功奠地維。龍鬪野空封豕窟。鼇翻波湧大鵬垂。何時四宇同磐石。赤縣蒼生仰載師。

感舊

芙蓉頻暈柳眉低。翡翠香林憶並棲。朝坐尚懷來夢草。夜眠常枕辟寒犀。繁霜曲斷魂俱斷。小雨雲迷路亦迷。容鬢漸衰人漸老。暮煙無際柳垂堤。

老牸

河鼓星精永夜哀。臨風喘月臥蒿萊。桃林有路歸何處。函谷無仙望不來。幸未為犧身尚在。翻因舐犢老相催。土膏欲動春鳩喚。隴上耕犁又幾回。

廣陵旅情

黃鶯啼過鶴城煙。客裏行歌思悄然。暮雪柳絲張緒鬢。春風榆莢沈充錢。貧歸水國栖蓬户。老向山光乞墓田。但使此鄉多酒伴。半生拚醉賣花天。

懷舊

休將往事憶紓池。春老殘花離舊枝。年少幾回鸜鵒舞。清宵多聽鷓鴣詞。黃壚久在傷心地。謝墅虛當捉鼻時。信似白駒飛過

李氏叢書

隙。鏡中星鬢漸成絲。

感事

怕聽桓郎喚奈何。壯齡心事已蹉跎。氍毹自比羊公鶴。蒼白難分洛下鵞。世外幾人憂曆火。年來陸地可揚波。東南漸腐諸軍粟。雨雪江湖正荷戈。

古墓

西原野鬼嘯寒天。敗冢青燐閱幾年。遙夜雨淋三尺土。冷秋雲護半陂煙。馬銜枯草鳴空地。烏下棠梨啄瘦田。人世不逢殷長史。荒碑無主待誰憐。

國山

嶽麓銅峯面々分雨中遥望國山雲紫宫秘記金函策青嶂残碑石鼓文（孫皓封山碑形如石鼓）虎踞幾年占王氣龍驤他日駐新軍九岑環繞荆溪水留得司徒半畝墳（吴司徒董朝葬山麓一名董山）

春怨

鼓鼙南國羽書遥寂々啼鶯坐柳條花外管絃抛綺席水邊車馬斷紅橋春風入苑吹飛絮落日沈江退晚潮屈戍重樓鎖粧篋野田零露粉痕消

残花

香消茂苑美人稀粉黛飄零掩蕙幃樓上緑珠辭衛尉幕南青冢葬明妃鳩啼月額風先起燕舞池心影共飛二十四番愁欲絶一春休問沈郎圍

無題

桃花靧面點新妝林下風標坐曲房才子不逢荀奉倩神人知有杜蘭香天邊桂樹梯難到水底珊瑚網漫張欲寄氷心託毫素柳綿狂舞向横塘

廣陵春情

十二重門叫曉烏傾城傾國散江都同車有女隨公子獨處無郎怨小姑鏡破紅樓春寂寞襪遺青隴錦模糊残花斷絮飄香徑不數滕王蛺蝶圖

閨情

馬蹄踏々佩吴鈎礽出盧家便解愁花影亂横芳草路柳綿深護夕陽樓三春錦字機中女萬里雕弧塞外侯雁磧龍沙何處是素紈團扇易驚秋

悼亡為王景州表叔賦

天荒地老不須哀撥盡人間總刼灰潘令鬓邊添白髮韓媛壙下長青苔花房蘂盡蜂成蜜月晚明還蚌少胎何必三年方隔世一重輕翣是泉臺

再悼

摩夷天外幾重天一隔塵寰遂杳然盧氏阿侯猶在抱左家嬌女竟誰憐燕釵不結長抛髮龍角難膠既斷絃若更聞烏風木夜直傾綃淚變桑田（姑祖母繼亡）

哀故學憲夏陽解公

華陽宅裹拜皐比礽見先生曳杖時豈料掛冠求小隱遂令裹藥問三醫秦田種就收瑜瑾夏鼎文成鎮魍夔真似峴山能墮淚頽宫記惡有盧碑

輓王姑祖母

一門宗籍孰情親古凡端然拜禮頻上谷水多終未堅西陽丈好竟難真經臺月轉雙林影繐帳風飄六幻塵若為丁蘭求故母可能重晤問前因

歲暮

雪館牕扉向曉開予洲歲晚滯樗材今思小掾香篝火病乞貧
姑丈炷灰秦地未容簫引鳳楚鄉何意鴆為媒世間雲雨多蕭
索不似高唐觀裏來

無題四首

鵲渚星橋爛爛光傾城碧玉汝南王越人醉倚青翰榜荀令偷
燒繡被香花憶欲來名士悅鏡臺新下老奴狂李波小妹褰裙
起自許風流逐陸郎

三山弱海限風波會面其如一笑何平子四思因路遠丁娘十
索為情多燈前却扇迴珠袖帳裏橫衾壓水渦莫是司空難麥
酒能教今夜負香羅

水晶簾幕護微霜燭釦凝膏丙夜長仙樹有聲聞蛤蚧錦波無
力困鴛鴦柔綵不鎖顛當穴密絮牢黏夾纈房免向蘭沙乞靈
藥阿環親授與神方

舊掛秦簫對鳳臺埽眉纔罷綺牕開月歸滄海珠難覓雲在高
唐雨又來趙國佳人調瑟手魏家公子飲醇材方知早嫁王昌
是青雀殷勤信好媒

珠塵集

興化 李國宋 大村

香奩體

惆悵

水邊樓閣樹邊村花比數愉玉比温彷彿青春凝別恨分明翠
靨有啼痕苔錢細疊深深院柳帶低垂隱隱門滿地綠陰人靜
悄不勝惆悵是黃昏

遥夜

牕外芭蕉牕裏燈烏皮小几夜深凭愁人怕雨聽偏怯侍女添
香喚不譍冷近簾櫳風翦翦暗窺屏帳影騰騰重門鎖徧無消
息此際知君睡未曾

有憶

綠牕塵網鏡生煙枕畔鮫綃裏翠鈿杜宇啼多空有血女蠶絲
老不成眠挑燈悶坐三更雨殢酒難過二月天夢裏忽來醒又
去厭厭和淚到花前

多情

從來怕向情中死却為多情死即休青鏡無言虛對面紅箋有
恨只低頭人歸別浦雲歸海夢在橫塘月在樓兩地想(相)思愁各
半憶渠常是抱箜篌

青春

桃花含笑柳含顰宋玉東家是好鄰夢裏采香空有路人前解
珮恨無因曲房倚處心曾許小婢傳來語未真半信半疑還半
喜最難禁受此青春

午浴

文梓芳盆楚練沈日光紅透午牕深解衣玉瑩芙蓉影垂髻香
分荳蔻心暖喚蘭湯聲細〻倦拖雲帨汗淫〻嬌嫣浴罷渾無
力斜綰雙頭白鳳簪

晝寢

星眸微纈體微蘇斗帳低垂日正晡琥珀枕邊紅暈淺琅玕簟
上綠雲鋪衣鬆竇釦香生玉粉透冰綃汗是珠貪取晝長酣午

夢夜來小醉與狂奴

侍醉

醉眼乜斜心暗跳和衣假寐到深宵屏風乍觸生〻怯屈戌徐
開款〻搖明月影中人窸窣露桃花上鳥啁噍熒〻牕角殘燈
火偷得銀牀半臂綃

長夏

日午桐陰小院幽悶來清晝罷梳頭心香未了閒中許臂血潛
消暗裏愁長夏獨眠嫌楚簟佳期同赴憶春樓人生風月知能
幾風月憐人定未休

長夜

靜數更籌裏繡衾微風颯〻冷森〻鼠窺暗壁殘燈閃鶴唳空
牕細雨深愁病厭煎春已瘦悶懷撩亂夜難禁當時若使分明
道未必愆期遂至今

憶昔

憶向耶溪問浣紗春心悄與寄些〻階前候我顏終靦簾下窺
人影半遮一別露桃知有子三年苦李不成花今生未畢他生
願惆悵人間度歲華

寫恨

卷簾春晝見啼鶯獨坐衹徊百感生漸覺年華拋過隙不知人
世有傾城蠹魚老去仙難遇精衛填來恨未平雁柱鵾絃閒挂

壁幾時親手對調箏

幽思

博山香細裊寒牕幽思騰〻坐未降報喜預占巢樹鵲關心密
囑吠籬尨蠅頭小楷緘千疊龍角花釵裹一雙袖裏南金懷裏
字兩眉深鎖向銀釭

偷傳

綠𥫱高傍粉垣垂繡戶重〻未可窺閬苑住仙人不到桃源問
路犬先疑愁腸百結從教斷餐飯慵加自覺癡兩字相思數行
淚偷傳消息與紅兒

低頭

桂堂斜立弄青梅。當面低頭背面擡。心願不言終自肯。眼波纔動被人猜。江郎便欲輕〻喚。神女虛教冉〻回。想到曲房深處坐。黛蛾雙歛未曾開。

鷺見

北郭南鄰別是村。一朝鷺見暗銷魂。月當深院重〻影。水隔橫塘漸〻昏。夜合有心花有蒂。相思無子樹無根。鴛鴦刺罷腰肢懶。繡帶斜拈獨倚門。

詩觀二集卷四選大村公詩詩後小跋

泰州鄧孝威名漢儀

昭陽詩格極正而若其平易如程不識之用兵不肯稍〻用奇以收出險之效閱湯孫詩風秀之中每露警拔其遊陽羨諸作尤為絕倫觀其年既苕華才復俊逸誠令人歎為難及也

按公遊陽羨詩即五古中蜀山公瀆諸作是也

真我堂詩卽島酒集

李　浣　魯叟

古樂府

將進酒

金風肅殺天萬里半夜鬼燐照瀘水將軍勒銘燕然山壯士十年西入關葡萄苜蓿車蔽埜人頭婦女長城下天子策勳坐明堂尚方賞賜及牛馬未老功臣奈若何當筵且酌金叵羅趙女起舞吳女歌將進酒歌行一西酒一斗穀城黄石君知否

楊白花

楊白花飛來飛去落誰家傷心一別天之涯一朝委作沾泥絮東君斷送何太遽桃李容易爭芳春緑暗紅稀愁殺人楊花落盡梅子熟掩映歔向東風哭

飲馬長城窟行

悠悠山下水凛凛塞上霜遠望無日夜長城一何長畫角吹早起甯袖鐵裲襠戰馬向天鳴依依古水傍悲風西北來鴻雁喜南翔願附尺素書涕零不自防屈指數寒暑寒暑幾心傷閨中知不知鬢髮亦已蒼明朝調遠戍愁苦終茫茫

懷歸

涼風瑟瑟吹我裳蟋蟀寥寥吟在堂出門四顧非故鄉長歌激越夜徬徨浮雲西去月流光有馬北鳴無雁翔迢迢河漢遥相望駕車無軏河無梁涕從中零憂何方豈不懷歸道阻長

登牛首山訪葉子覺見留宿茅齋

落日上高山遠進青不了山前風有聲山頭月更皎一徑入雲衣喧雜閙睞鳥石磴穿懸岩松林攀竹篠數武有茅椽叩門獨幽窗拄杖立老翁古貌越人表擁篲掃蓬茨逢迎入樹杪信宿下榻懸鷄黍多荒饌携手登絶頂江天一浩淼白雲任往來青嵐亂昏曉落葉連野深古藤依樹繞寂歷空谷中繁喧境絶杳僧房掩畫關鐘鼓來縹緲盡日暢所遊塵心頓覺少回首望蒼茫不知天地小

送萊馭大兄應試北闈

每念各一方況為南北別僕夫戒晨征顔色形嗚咽親老無時慰愁懷無斷絶披衣在徬徨起舞暫激越領袖推吾兄白眉螢譽子讀書餘十年知己一朝結方伯與文宗冰壺瑩如雪衆人非不多卓尔國士列既壯思濟時安能訖明哲都城匹馬中古道鳴金鐙征邁重平生臨岐言語切東山高卧時提鼻一何決富貴所自有秬期志行潔風雲會遭逢莫易回人熱長治與久安指揮在人傑弟兄適皇衢堂上為怡悦

送友人之燕

送君去千里含悲不自已君未出黄河我夢到燕水努力重聲名加飡為君喜別淚落紛紛淚落自今始珍惜鷹歸皆笥中多素紙

夜坐

月含千里光皎皎入我房依人兼近遠還復照他鄉他鄉況明月離情應慘

傷無聊思往事歡聚何可忘坐久竟無寐方知夜更長

懷古

青山護城郭長江勝包絡王氣何籠葱人家烟火錯黃閣連
紫城玉殿封金鑰燕雀無輕飛車馬日相索人物盛金華朱衣明
素掾風前白玉珂馬首青絲絡冠帶自凌遲黃金爲酬酢人事
不復持天運安可託風景今已遷城頭嚴刁柝

懷友

我輩鍾交情依別如懷古何況路三千寂歷幾風雨憶昔紉蘭芳
徘徊江之滸拙腕怯雕蟲奇思輕繡虎落筆起狂瀾强力雄於弩
玉屑共噴職脫手迴風舞松風竹月閒玄談獨揮麈醇酎斗傾

李氏叢書

肝膽片言吐古道明素心晨夕何勝數言別疇與歡離索生愁苦
思君似藕絲抽出心千縷鷗鷺無同飛鷄鶩多爲伍何日隨西風
輕鷗逐柔櫓

長歌送朱威遠北上

丈夫血性如金鐵井臼謀生何屑屑慨然一日萬里游長歌杖策輕
離別非無兒女區區情珍重平生難自絕溫飽何嘗爲一生四方有志
蓋明哲祖道十里秋風深紅葉山山照孤潔大白休辭酒千千霜天
鴻雁聲凄切岐途再拜意不言鬚眉伉爽胸懷烈恥爲游子可憐容加鞭
諾日心常熱離家十步即異鄉誰爲同調堪怡悅還賴人人皆識君況復
燕趙多奇杰寶鞍玉勒馳名騎長安道上金張列使君一見重心知

白水丹鷄相締結揮毫得句座生風尋聲通氣皆心折定交杵
臼片言間許人自許一腔血得官何足爲君榮兩李張儀猶有舌全
臺獨望東南有人一卷懷冰雪

李氏叢書

真我堂詩

李浣

五言律

和龔孝升都憲見懷之作

薊北吟詩客滄浪獨念群千山懸夜月一雁落秋雲聲氣樽前合文章海內聞遥知書諫草揮筆動星雯

寄王錢山大司馬

振步星辰上高風動玉珂威名山作鎮功德海無波舊誼深桑梓新情繫蔦蘿雙魚聊寄意極目五雲多

寄錢牧齋宗伯

故國猶遺老文章孰與儔寄聲千里雁記業五湖舟樽酒開金屋笙歌聽玉樓獨憐安石駕未許伴沙鷗

賣花聲

賣花三月市頻聽過窗西春色迎人艷香風入户低無端驚曉夢有意唤深閨移得金錢在芳心任自攜

病起

半載沉痾裏逃生真偶然愈親慈母髮稚子惜青年藥餌猶多累文章未了緣此身何所用深欲問高天

吾命遭多險風波此日微愁腸難對酒病骨不勝衣省事存生理推心戒殺機加餐聊自勸努力慰親闈

天意方深警艱難得此生夢多看世幻愁少覺身輕流水功名跡空山兒女情淡然何所似孤月静中明

紫門何必掩聾瞽即山深拂几留書卷開軒對竹林愁皆身外事閒似客邊心更喜寒燈夜清鐘送遠音

獨笑平生事空勞七尺身聰明真誤我奔走悔依人情溺因多病愁貪始覺貧自今清悟後洗眼一時新

困人惟獨坐天地一樊籠筆染妹雲裏琴彈夜雨中心同棲鳥静情對落花空飄泊身原定誰言任轉蓬

風雨茅檐下鶯花入徑斜搴簾千樹曉高枕一湖秋歲月看明鏡聲名寄蒯緱何年知己合孤劍向人酬

不識人皆紛誰知我是真風雲千古性金玉百年身薄俗寧辭客深思和靖親但存松柏在霜雪自精神

漸覺多新境深疑改舊顔謀居鳩自拙聽法石終頑天地愁中樂風塵亂裡閒正思高卧處明月滿秋山

傳淨華陽信浮名動客愁莊生頻化蝶李廣孰封侯一棹金山寺孤燈玉帶樓青雲如有路不愧此生遊

和吳鹿友相國

此日誰真隱當年重帝師文山歌正氣安石望清時借箸一樽酒垂綸兩鬢絲野人疎禮節深愧叅門楣

得家書聞秦郵憂旱

昨傳江北信十畝種愁多自是天方夢寧關海不波民生拚野壑國運急官河
懸憶枯魚泣秋風奈爾何

秋江晚霽

雨歇知秋潛江深怪酒寒風前黃葉岸客裏白蘋灘夢逐晴光穩詩憑晚眺寬
蒼茫一片影暗月冷漁竿

雪夜獨飲

雪滿高樓夜清樽興歇闌叩扉無蠟屐對酒只瓶花梅影映孤燈暗心憎
玉漏催杯空爐火細自起撥寒灰

客中春雪

入春初見雪傍曉覺寒威縹緲侵書幌顛狂點客衣梅邊同霧

李氏叢書

散竹上聽風飛遊子關山路蒼茫何處歸

自題畫用鄒臣虎前輩韻

萬壑秋風裡晴霞晚曙開流泉通曲徑落葉下高臺寺遠僧行
少山危鳥不回誰知青高士深臥白雲隈

扶母櫬舟宿真州

落日孤城外舟依野店門江流今日淚山斷故園魂小憩還餘痛
微勞豈報恩影形無寂寞兄弟對黃昏

商州康小范相訪彼此不值

相尋非有約彼此亦知名念我稀良晤聞君復遠征合情依古寺
行色冷孤城惆悵明朝路星霜遠夢成

寄慰鏡月三兄

空青秋風約飄零到歲寒人情已險阻天意亦波瀾異國音長
斷高堂夢未安最憐孤客在相憶坐燈殘

雨後同陳士振家鏡月兄集邑中用王子一韻

不期成小集即此見天真看世留雙眼得幾人論詩得幾人鑿桐奇
共賞池草夢相親莫問乾坤內荒荒戰伐塵
虛堂風雨靜苔色破人行文酒成家禮琴歌答友聲一編晨
夕意四座古今情活活前溪水新來幾處生

贈陶齋主人

秋色柴門迫高人到始開籬疎雲欲度隱靜鳥頻猜薄俗

李氏叢書

消

書幌閒情近酒杯遊心天地外沉醉不知回

春霽泛舟海子

雨餘天一色短棹入春流新草灘頭潤晴雲水面浮林深喜
見寺岸靜惜移舟不是忘機客還驚沙際鷗

贈海陵宮紫玄

當日金門客遯蹤寄草堂所深無市井地靜獸滄浪詩酒閒
中得身名亂後藏知君高隱處一片白雲鄉

贈華陽江秋水

秋水壺中隱門無車馬過風塵青鬢者詩酒白雲多采采應
乘鹿揮毫獨換鵝閒情何所寄山月掛藤蘿

古蜘蛛寺

梵寺當年蹟，憑陵俯大荒。網羅乘王氣，烏鼠竄陰房。樹曲留殘雪，山迴抱夕陽。誰知攜帝子，大曆總蒼涼。

避雨聞修別墅限崖隨淮三首

河朔謀歡飲，香清入座遥。論心依遠水，恨別隔溪橋。草色沉空翠，松聲急暮潮。陰霾天意在，愁入夢中蕉。

其二

急雨荒城暮，殘烟遠棹隨。樹知風勢急，石傍水聲危。大澤龍蛇動，高天禾黍悲。牢騷同此意，應是怨謌饑。

其三

夜闌人未醉，相對酒如淮。林蜜迷荒岸，烟深響斷崖。天心偏用晦，生計總難諧。踈火前溪隔，歧途此日懷。

李氏叢書

題陳士振湖海草廬

意氣生湖海，誅茆偶結廬。到門高士啟，抱膝古人書。雷雨迷雙劍，煙波狎五魚。萍蹤天地外，身世得安居。

雨中招杜子皇、王于一、陳古公社集

避人餘玉磬，激雨入雲濛。古調私心許，荒途昔日同。蠹魚知食字，飛鳥解憐風。慷慨成賡和，忘機愧海翁。

琴樽通寂寞，風月許平分。各有千秋志，相携一卷文。浮名羊叔子，主事楚雲氛。薄醉窗邊臥，西山藹夕曛。

過天助叔以下分韻

昨有清尊約，重來叩索居。故詩千古在，論世百年虛。志以窮偏合，愁因酒欲舒。生殘歎竹亂，咄咄向空書。

相期惟避俗，尊酒集閒居。好句狂來除，浮名亂後虛。既非高隱志，莫有大文餘。何日窮愁盡，山中悔著書。

村庄早發

早起村家易，披衣曙色通。野蔬炊已熟，村婦首攏蓬。屋暗方疑雨，舟行不信風。雞聲知遠近，旭日漸升東。

李氏叢書

七言律

寄懷萊馭大兄

勞君風雨廿年餘，壯志平生喜自舒。夜月客還千里夢，春雲江上幾行書。炎涼風俗人相許，成敗英雄我不如。兄弟長安惟努力，天南無合倚門閭。

梁父三兄從武林歸，即公車北上，詩以送之

不見經年復遠行，扁舟南北盡逢迎。星霜千里兼僮僕，晨夕他鄉有弟兄。湖上烟風時入夢，池邊春草夜含情。寒天相送殘陽路，燕子新來聽好聲。

同梁仲木過呂公艸堂訪趙孟遠不值

李氏叢書

短棹風前一水香，幽人蹤跡問茅堂。天涯生氣憑詩合，時事牢騷借酒狂。行李未能閑歲月，敝裘猶自入風霜。清樽漫負明朝約，柳色空餘亂夕陽。

秋深感懷步七弟韻

高秋遠樹帶長空，南北江天點斷鴻。亂後何書為可讀，悲來有髮不成蓬。三年夢落浮雲外，十畝秋沉舊雨中。剩有壯懷孤劍在，不教容易泣西風。

古砌微寒泣亂蛩，柴門只合一丸封。中原戰伐存邊鼓，絕漠風雲工鼎鐘。兄弟獨憐千里別，功名疑隔萬山重。經鋤漫學青門種，寂寞秋園隱菜傭。

乾坤百戰知何已，倚杖呼天月到窗。鴻雁朔風依故國，魚龍夜氣冷清江。十年賦就存錐穎，獨夜愁傾借酒缸。滿地殘煙橫鼓角，中原肯共一心降。

除夕

未足三冬已一年，空餘分寸惜高天。老親夢入千山隔，兄弟心從幾處懸。燈影故殘垂催夜半，鐘聲欲送到春邊。閑愁此夕除無恨，對酒含情不忍眠。

偶廬

不改江山豈定居，偶然栖託即吾廬。幾竿愛有全欹竹，萬卷悲存未破書。近水欲流新歲月，閉門偏識舊漁樵。漁不嫌野徑多荒僻，剪燭猶堪小摘蔬。

李氏叢書

旅中感懷

吳天花老一春殘，煙水秦淮拂釣竿。白下有家翻似客，愁來無病亦忘餐。誤人未竟焚秦史，慚我空留溺漢冠。夢隔一江何日到，秋風還自擬鵬摶。

秦淮晚眺

落日荒荒近水流，閒依古渡識沉浮。風來紅燭明孤舫，煙入青山影半樓。隋苑有鴉楊柳暗，秦宮無鹿黍離愁。獨憐橋上淒涼月，十載猶能照客遊。

春杪天助叔招同士振家萊馭夜集

綠滿西郊一望遥小車花外約今朝當楷淡月隨詩到入座殘春共酒消雙眼風塵悲燕雀百年心事話漁樵自慚咸也踈狂甚卜夜相從逸興饒

臨流夜飲

月白沙明夜景深踈鐘縹緲動長吟孤城天際全疑畫流水橋邊半入琴詩酒不違今日興尊罏猶係故園心漸看兩岸浮烟靜萬籟依稀不可尋

重九前三日舉次子

此日徐卿已二雛九秋佳節近懸弧陶公索醉籬邊菊莘老傳來掌上珠漫說國香元有種敢言天馬自名駒負薪肯構他年事豈望青雲學大儒

九日雨中同陳實庵年伯暨同社諸子登文游臺

會逢佳節冷漁磯寂寞天高雁影稀拂酒黄花侵客鬢舞庭楓葉就僧衣空餘破帽從風落何處孤帆帶雨飛極目湖山存我輩興來偏與俗相違

勗妻

長愁因我病省事念家貧兒女半生債休辭獨苦辛

訓大兒

愧余無可肖念子獨如愚珍惜髫年在青燈影不孤

訓次兒

天機多笑語兩字識之無莫學堂前父乾坤一酒徒

班婕妤

飛燕承新寵秋風謝舊歡那能天上月長與扇俱團

樓中飲妓

風前一笑整雲鬟把酒慇勤意態閒壁上不須頻畫記早聞高唱玉門關

夢蕉軒詩草

自白門放舟之溧水

又作江南客，扁舟一葉輕。常行誇路熟，連日喜天晴。流水春無際，遥山晚更明。莫嫌村落遠，雞犬已聞聲。

春日登溧城晚眺

苦被人呼懶，登高足轉輕。羣山環四面，一水抱孤城。雨歇餘涼氣，鴻歸有倦聲。春來無箇事，常此畫圖行。

春宵

薄薄紗窗細細風，幾番步向月明中。含愁欲語無人共，目極遥天斗柄東。

李氏叢書

折梅

獨自攀條有所思，剛逢驛使欲何之。憑君代寄江南信，聊贈東風第一枝。

晚登溧城遥望鄉邑

城小無多跋，來登最上頭。黑雲吞落日，綠樹下鳴鳩。花草經春發，關山入望愁。那堪凝眺處，鄉思落揚州。

江南春曲

曾作江南客，喜唱江南春。梅花一枝好，折贈隴頭人。隴頭人不歸，江雨空霏霏。霏霏杏花溼，繞花蝴蝶飛。蝴蝶飛來亂，江南春欲半。水暖鴨先知，桃葉渡頭喚。渡頭波縈縈，白門楊柳青。楊柳青如許，新燕枝頭語。枝頭春色酣，天氣三月三。安得一樽酒，常與話江南。

書夢後

寤寐無端不自由，見時歡喜別時愁。羡他栩栩飛蝴蜨，老伴蒙莊夢裏游。

槐安幻境是耶非，富貴功名世所稀。底事南柯癡太守，等閒國裏別王歸。

醒後黄粱熟未遲，由來好夢不多時。盧生有識還應悔，留與後人作笑資。

李氏叢書

悼亡

琴瑟相調說四年，已教分半隔江天。如何事太違人意，妻死猶慳一訣緣。

我病正逢卿病日，病中思我益神傷。歸來聞得萱堂說，空下酬卿淚幾行。

小別尋常尚惘然，於今況復說長眠。幾回泣向東風問，淚灑曾無到九泉。

舊物重繙不自安，頻將清淚背人彈。嬌兒尚小無知識，留與大時當母看。

漏點頻催夜轉長，醒來月色上銀床。明明夢裏纔相見，為說今宵較昨涼。

每逢佳節倍心傷強作歡顔慰北堂稚子不知無母苦偏嫌身着素衣裳

寂寞簾櫳烏自啼階前芳草亦萋萋春來怕說傷心事偏有旁人為我提

人事浮雲過太虛一回自解一欷歔生離死別差多少只欠千安兩字書

浮生大夢總如斯聚散無端兩不知恐至相從泉下日卿卿又是再生時

捕蝗歌

吁嗟乎小民亦何辜罹此飛蝗毒去歲食我苗今年食我穀食苗食穀猶還可督郵往來急於火急於火民力傷古來從軍六十免今為羽孽全家忙況復官吏行不良東村責脯肉西村索酒漿信乎劉澄剪蟲穢小民乃更呼哭殃天亦雨蝗亦有試問捕之能滅否緣何攘臂趨如風使民畏官勝畏蟲西之丁男調向東丁男不足繼以童吁嗟乎即使捕蝗蝗果滅窮黎已自受磨折為兇理髮加以髡心非不愛計終拙願得人人是魯恭蝗不入境民從容

始皇歎

為遺滈池君明年祖龍死分明神人相與言始皇求之不得耳沙邱途輼涼車載鮑魚車前驅人命不得少踟躕刻石頌德胡為乎何如童男女入海無消息至今能使人相憶

征婦怨

邊城去歲風塵起數萬漢兵多戰死縱有家人為招魂此身已作他鄉鬼少婦生兒夫戍時兒生夫歿益增悲撫兒思夫怨不釋血淚霑襟頭欲白

登清洪山最高處

野馬滿春衣尋幽上翠微路頻隨樹轉身漸與雲依破廟無僧住空山有鳥飛蒼茫凝眺久落日送斜暉

讀聊齋誌異

說鬼談神總有微欲將豪興借風乘書成若得東坡在定與先生訂酒朋

從古文章憎命達由來花鳥伴春過知君領得其中味故借傍人作樣多

謔浪詼諧有憑想慚沒世竟無稱故將異事授奇筆傳作人間鑑曲燈

集說成書豈偶然總憑翰墨結前緣世間儘有驚奇事不遇才人不得傳

萬變紛紜似走丸弄人造化太無端只應冷雨淒風夜展向西窗翦燭看

宵靜無人燈閃青一輪明月到空庭詩成不敢高聲唱怕有游

魂窗外聽。

閨情

妝罷當窗立，春風暖透衣。看他新燕子，雙繞畫簾飛。

中山八景和王大韻錄三

望中日落片帆收，鼓棹歌成水調頭。腔為風來吹忽斷，觴因詠後戲相酬。悠揚寫出漁家樂，音節酣餘酒味柔。一曲聲終天共遠，滿船樹影淡宜秋。石白漁歌

芝草凋零燕羽存，落花滿地近黃昏。應時慣逐晴天雨，避客頻穿石室門。為羡拂雲留影瘦，翻嫌無語作春溫。緣何如此癡頑骨，學得身輕欲斷魂。芝山石燕

李氏叢書

孤峯矗起欲騰飛，芳草如烟映四圍。倒挿芙蓉清且潔，中藏雲霧出還歸。斑成濃綠經朝雨，顆點輕黃襯夕暉。兀坐飽看山變態，春風吹上野薔薇。觀峯聳翠

舟出瓜洲

遠山小如拳，遠水平於掌。日落大江寒，漁舟自來往。

散步

秋雲淡不收，吹向西南去。一片相思心，隨風落何處。

寄懷姊文史

曾記邗江把臂游，十年前事已悠悠。而今付與多情月，半照秦南半瀨州。

七夕

贏得人間乞巧忙，年年此夕對秋光。玉皇不解天孫苦，只恨牛郎債未償。

哭盛生 芙毓字俊夫溧水庠生

鵂鶹夜夜叫城隅，問爾來此胡為乎。僉云此是不祥鳥，占有喪亡事不虛。其時六月二十七，果然傷我良友盛俊夫。俊夫生年二十五，與人論交傾肺腑。昂藏七尺軀，性情不與俗人伍。急人患難扶人危，鄉黨嘖嘖素相推。讀書亦復能折節，文章見賞文宗師。何來疾風疾，吹折人間好材質。母哭子無晝日，行路聞之泪亦溢。死者已矣生者悲，悲夫生者無夫死者無兒，女無父者

李氏叢書

嬉不知。浮生大夢乃如斯，研斷墨淚沾繞，和淚吟詩更哽咽。魂兮不來山月黑。

采蓮曲

采蓮莫采根，蓮根植芳沚。蓮花尚有根，郎行何所止。

其二

采蓮莫采葉，蓮葉護鴛鴦。安得郎與妾，棲宿也成行。

其三

采蓮莫采花，蓮花似郎面。不愁郎面遙，怕與花相見。

其四

采蓮莫采子，蓮子多苦心。心苦無人見，望郎直到今。

秋夜不寐

苦被秋情惱愁生夢不成月明偏我照蟲老為誰鳴香燼爐中火更添枕上聲来朝沽濁酒一醉卧前楹

晚登溧城秋眺感賦

高平城上偶登臨惱我無端感不禁亂後田荒人遠徙年來茅塞路難尋羣山明淨還如舊卅載蕭條直到今獨立蒼茫天欲晚溪烟深處急秋砧

廨宴層城對夕斜湧從散後憶繁華妝兒慣占荒園地燕子難尋舊主家古廟有基都放馬疏林無樹不棲鴉而今欲問當年事水自成流草自芽

晚泊

何處堪停泊荒村曲岸頭夕陽明古寺老樹繫孤舟愁客心牢鎖長江水自流殷勤加一飯来日白門遊

舟宿燕子磯

燕子磯邊路輕舟幾度維者番留客宿又是送秋時市小味多貴江斧山欲隨蒼茫凝眺久百感付心知

餅梅

一餅春色上寒梅花影參差照酒杯只恐清香飛去易小窗鎮日未曾開

秋夜

明月來窺窗色冷窗前未滅青燈影秋蟲無賴自長吟那管離人愁夜永

雜詩

宣聖有至言不仁不可疾疾甚固作亂亦匪馭人術東漢諸黨錮正復坐此失吾愛陳仲弓親入張讓室不磷亦不緇唐湟何足恤更有申屠蟠屢徵身不出高蹈風塵外優游無礙室二賢行不同皆足保其質試問後來者擇術爲居一抑或學黨人豪情恣放逸

又

蔡邕感卓恩馬融害固直張禹揚子雲依違從莽賊小戴馬相

如貪汙名不恤統觀兩漢儒強半無品節然或富文辭或湛深經術求才三代下完人豈多得但有一節長即足累史筆不觀游俠徒龍門尚纂述

又

從來嫉妒心不生者稀有梁公擠師德望之構延壽君子尚如斯小人安足咎

又

濟寛必以猛忠厚難久恃不觀舜佐堯四凶先殛徙宣尼治魯國聞人以誅死鋤惡務使盡昔賢同一揆何嘗事姑息致用滋奸宄嗟我積弱朝乃自優柔始

又

高岡有古樹。清蔭垂千畝。手植自前人。培根深且厚。上有鸞鳳棲。下有牛馬走。婆娑四出枝。如人左右手。枝枝皆奇特。譽者不絕口。聞有庸妄人。執斧趨其右。戕伐雖屢經。無損喬松壽。二百數十年。青蒼自耐久。不意內蠹侵。如柳生左肘。聚類蝕其心。剝傷頻頻有。小鼠恣穿齧。是蠹外來友。東南一小枝。緣此成枯朽。所望藝林人。經營善其後。

又

生人有美惡。好惡與之隨。今乃反其用。憎妍而愛媸。是不近人情。必也出於私。有客譁然辯。謂子亦多疑。我佛重緣法。人人所共知。有緣斯相慕。無緣不相思。余乃俯首笑。徐徐起應之。譬如

李氏叢書

兩小人。交始甘如飴。遇一正直士。棄之早如遺。方鑿與圓枘。意見宜參差。所好既非正。所惡亦悮施。幾聞仁人心。而以緣法移。

又

骨肉情最親。兄弟左右手。如何今世人。鬩牆相詬醜。甚且搆爭訟。重財忘父母。其所厚者薄。安望薄者厚。

又

聰明不可露。過露則近刻。糊塗以了事。又莫辨白黑。曠觀今世人。二者必居一。待人既有思。遇事復不惑。渾厚而精明。懸此以相憶。

又

我生未三十。閱世猶淺耳。何意轉瞬間。人事多遷徙。試即目所見。一為較彼此。或癡壽命長。或賢多夭死。或自困而亨。或由泰而否。起伏百無定。顛倒不由己。旁觀徇愛惡。褒貶無時已。豈知冥冥中。自具有至理。與翼者缺足。與角者缺齒。人生天地間。大都一彈指。失意故足憂。得意胡足喜。渾夫從天定。俟命乃君子。

舟行被竊紀之以詩得二十四韻

光緒廿一年。臘月初二日。夜泊爪洲灘。同舟人有七。湯沈杜周劉。戈李姓各一。作客與還鄉。互把行蹤述。擁被話宵寒。高談或抱膝。簫聲雜笛聲。入耳時洋溢。（時沈子吹簫戈生擫笛和之）為樂不可恣。適

李氏叢書

遭彼吝媍。妙手空空兒。待勞忽以逸。侵曉見窗明。犀觳猛咤叱。惱我夢初醒。披衣起研詰。始知風中帽。杳如黃鶴失。低首悄無聲。自悔太坦率。湯叟向余言。君乃禍中吉。我與戈生輩（物）入他人室。匪獨衣無副。無以禦風溧。烟壺白似銀。晶鏡墨如漆。貫朽餘錢帶。長近半匹。羊皮新背子。呢面色欺蜜。都化為烏有。返璧應無術。咄咄實怪事。君計將安出。余乃愕然驚。不待其辭畢。研墨伸素紙。錯亂誌以筆。庶幾行路難。俾得同知悉。帆影似笑人。去隨江水疾。

舟宿清福洲

一上偏舟宿。關心記水程。行裝遭鼠竊。客路羊鴻征。雨歇風無

九江流月有聲秣陵明日到回首動鄉情

清明偕畢上舍搢臣王苾才介人仲兄次琴游平山謁齊

一節愍公泰墓

平山疊翠對斜曛下有齊公節愍墳寒食何人澆濁酒棠梨滿
地鎖愁雲蒼黃覆轍同鼂錯慷慨捐軀殉建讓與太平天子佐
博將擁戴紀功勳 姚廣孝薦相者袁珙於燕王珙曰殿下太平天子也

仝史姊丈倫仙仲兄次琴游天生橋

看山一路豁雙眸引到天生橋上游石橫空裝傀儡半塘賸水
浸骷髏 橋側有塘一方名骷髏 碑殘老倩苔花補 碑模糊全文不可辛讀祇萬歷年秣陵金丹書等字尚可辨識 瓦碎頻添蔓草愁莫向胭脂河內望波中無復舊沙鷗 橋下水道即古胭脂河

解醉篇

淮南李生好飲酒小戶見之輒俯首有時上頓吐心胸旁若無
人氣衝斗或嬉或笑或怒罵引得觀者開笑口諸君莫漫笑余
身試與諸君笑古人灌夫此度終不改目中那識武安尊更有
劉伯倫以酒為性命禰衡阮籍性疏狂徐邈對人稱中聖謝元
醉虎蔡邕龍其名雖異實則同八達卜晝復卜夜被髮裸袒一
室中唐人飲中之仙亦有八箇箇精神似盤鶻惟有老杜知憐
才紀以新歌句挺拔總觀縱酒諸前賢或聖或狂或稱顛姓名
一一至今傳酒後耳雙熱不復拘小節往哲多如斯於我又何
說壘塊正須濁酒澆敢辭喝盞醉酕醄得逍遙且逍遙貴賤財
利一例可仝拋酒天酒地并酒國陶陶蕩蕩其樂不可易願無
為我酣呼惜我尚自惜未能追蹤古人迹信筆揮成解醉篇知
音讀之節應擊慎勿浪示不飲之惡客

戒酒篇

淮南李生好飲酒恨不酒杯長在手興酣唱月使倒走一月醉
日二十九以此往往喉渴久藉然得之如印綬況復輒節不可
負屠蘇飲許先黃耇賭量快尋舊日偶歡呼互勝戰以拇五加
皮同粥面厚一飲一石或八斗目張耳熱手拊缶願為飲者傳
不巧為君脫帽濡其首醉後不復識某某一毫之挂總不受好
如養勇北宮黝始以嫚罵繼以毆似打如顧覓真帚龍吟虎嘯

長鯨吼蔑視旁人為烏有俄而張口作大嚼側卧道旁枕其肘扶歸醒時已過酉家人為我細分剖問我情形還記否好勇鬬狠危父母既違拘謹之素守沈頓亦非以養壽循循言語真善誘令我聞之色沮忸口不能言心自咎前車已覆當慎後編經劉乙可尚友節飲士行亦不苟戒酒箴成置座右從兹酵不輕入口大書告我春月柳倘以為是希報玖（時同飲者為硯友偉章王上含雲渼也）

偶述

予家籍隸古昭陽三百年來世澤長早歲欣能承祖業一衿聊可繼書箱詞章屢荷當途賞科第偏難比顧償浪把光陰虛擲去只今無以慰高堂

李氏叢書

一事差堪喜溢眉椿萱已老未衰時問安愧遜雞鳴早聞訓叨陪鯉對遲膝下長欣承色笑燈前慣聽説兒嬉人生此樂誠難得好學萊衣慰孝思

花萼樓閒集弟兄惟予是叔最遲生伯緣謀食愁奔走仲喜同居話性情無故樂為人共羨且耽句信雅能賡童年曾記相嬉戲兒女今看各長成

荀家奉倩漫傷神僕亦緣兹咽苦辛四載心驚同轉瞬三生石想再來身似娘有子空依父愛我如卿鮮替人可遇趙何能致魄俾詢後果與前因（用靈異記許至雍事）

生平落落少知音冷煖文情閲歷深書付浮沈多爽報盟寒車笠竟難尋不才偏耻諛人面無藥能醫忌我心懷刺天涯何所向且將濁酒對花斟

倔強知難合世賢生來傲骨怕求憐有人問字書千里（同里陳生康叔舊曾問業於予近復以文賦稿寄至溧署求為刪改）何處抒懷詩幾篇小負聲名元氏叟更饒潔癖米家顛蹉跎漸悔成年壯努力還期著祖鞭

升沈一例夢游中我亦無須問碧翁接物心曾祛詐僞讀書資少得明聰懶如叔夜貪閒卧文愛昌黎耻送窮何處却尋消遣法燈前把卷課兒童

倐到人間廿九年有時顧影亦增憐多情撩我成癡病爛醉從他喚酒顛未肯低頭輕拜佛也曾矢口妄談天浮名自此思拋却日起三餐夜穩眠

李氏叢書

春夜獨坐

水滴銅龍漏點添小庭獨坐夜厭厭燈摇老屋光生壁蟲觸明窗翅打簾撲面風微敲鐵馬當頭月滿轉銀蟾問儂底事遲眠慣半為吟詩險韻拈

時事

破浪乘風去不停通商來往越滄溟九夷地總沾恩露四出旌頻换使星南北大臣聞政府會同小相贊　王廷仍多館伴隨員遞飽讀東西海外經

車聲轆轆去何之平砥偏宜馬路馳九市場開分界域五方民

處禖華夷新聞滙報風同播發審輪差事迭司巡捕爭衡房共
啟案闕文涉用文移
水陸師分廠學堂來游弟子燦成行同文更譯書千卷對策兼
詢箕九章總署求材多破格百家逞說各矜長功名捷徑人爭
赴時務高談也不妨
分簡大臣閱武來江天海國闢行臺花翎别署團防職鐵甲先
掄管帶才騎走平原操馬隊礮翻濁浪演魚雷自强更立新軍
號聲勢於今亦壯哉
錢糧漕稅徵輸外捐課河防又海防助餉抽釐憑設局賑饑納
粟許為郎銀泉盤鑄龍文巧金礦深開鳥道長大小臣工分職
掌辛勤日為理財忙
採辦人歸路幾千監工製造更掄員器成不日機頻鼓火種先
天藥細研脫手連珠槍迸雨開花落地礮無烟但求備物堪為
用那惜支消府庫錢
樂府聲傳行路難而今唱罷不須歎四荒風土供游歷一統輿
圖入畫看穩任地球隨轉運險經水窟保平安挑燈試讀瀛寰
志眼界無窮世界寬
水陸舟車駕火輪分馳互逐快無倫通天有術音傳電縮地來
游跡絕塵没字函開聲自語回光燈照影常新一從技藝矜奇
巧海内多談格致人

百計經營耗我財機心日起莫能猜清烟對梟吹鴉片彩票雙
銜縱鴿媒耳足八音筒迭奏目窮千里鏡齊開尋常用作家常
物魚燭煤油火自來
鏡裏光從鏡外窺介然照出假鬚眉縮成鉛石書翻印窄翦衣
裳樣入時傳教法沿天主說束脩弟拜鬼方師不圖袖手攘無
策一變人心轉欲夷

罷言

昨喜妖星净掃槍又驚一片海雲生形同蒼狗隨風變勢挾毒
龍帶雨行惟有朝暾光不匿那堪滛霧氣相迎只令障礙憑誰
撥翹首重看景象清
痛哭誰深賈傅情勞予漫作不平鳴有功偏將遭誣死指管帶濟遠兵
輪方伯謙事失律元戎獲倖生駑足全軀捐險隘老臣重禄薄聲名
朝端還賸空言士天柱何曾隻手擎
時事艱難不忍聞各懷私見各成羣堅持和議秦丞相易說兵
機馬服君史記蔡澤傳又越韓魏而攻强趙北阬馬服當日趙括似曾襲父奢之封令借用其說門户北
開輪管鑰樓船東下失將軍一齊忘却綸言旨忠憤誰乎
聖望殷
謀國頻年喪老成妖氛驀起衆心驚前軍電報傳三北後議風
聞割五城李廣有聲空震寇劉錡扼險少援兵六州鐵鑄今成
錯左衽難為率土氓

南北洋開駐節麾重權總理各空持要盟忍許多金索逼處任
教他族滋生厭窮山援虎衛防踈大海縱鯨馳貪狼肆顧填難
滿失計愁同失著棋
海防釐局重重設還仗捐輸有庶黎洋債償難清億兆輿圖按
漸削東西驚心迭見患生肘養敵終虞禍噬臍無路請纓攄壯
志強吟酸句咽風凄

詠烟六十韻

爾雅無烟草由來出外洋培根滋吕宋移本植閩鄉紀自姚君
始烘傳馬氏良約章寬例禁食物廣家常類聚名堪數奇居貨
可藏相思人不厭備要味曾詳辰見三春種風迎八角颺金絲

李氏叢書

醺最美肉果淡憑嘗蓋露秋經曝除嵐瘴補方性能飢使飽號
怪酒兼饒延産蘭州府添堆福建莊切矜齊髮細吸喜餞悲忘
水旱栽雙管交情佐一觴款賓酬遞迭呼僕進趨蹌入手持斑
竹隨身擊繡囊繩牽絲絡索挂飾玉琅璫吹火煤搓紙摹銅套
翦緗霧疑噓口吻氣欲達膀胱灰蓄磨光瓦鍼指剔垢錮好難
分彼此染漸及閨房愛逐時宜偶花翻異樣剛揉條心捲孔炙
葉尾燒芒帖老新牌冒枝駢匾匣裝當胸筒貯袋漱齒頰餘芳
竅引雲盤屈銜資意倘徉沁脾龍腦透嵌嘴象牙鑲携便舟車
亦需同醬醋將溼多袪盡借飲罷橐頻忙鐃我閒懷適徵他別
種遑側餅饞瀉影齅鼻己聞香譯許輝盧曉沽憐估值昂品殊

中上下色辨緑紅黄擣片熏和鯽書功織辟蟻匙挑銀鑄小蓋
揭珀生涼更訝西番藥旁通内地商公斑爭輾上孟買繼開場
丹白皮俱好新陳價各償賤仍嗤嗎喇銷復重砼碭市積恒增
棧行批動計箱設關捐共課舉國嗜如狂泥塊圓摶昨泉刀互
易相賻嫌錢兩少枰較忽毫強過籠先融滓安盆試注湯膏原
熬莫日碗定燭提霜炊炭青鎔篆支鐺黑煮粱窨須埋汝器游
合卧匡牀高覆玻璃罩横撑橄欖槍彈丸彈指脱泡影起頭揚
斗射燈搖焰盤鋪漆吐光捻籤勞曲肘按頓食充腸茅屋紫簾
啟花街布幌張沈迷輕薄子顛倒少年郎習以嬉娛慣成何癮
癖妨戒愁根鮮斷暗昧體輕戕破寂云消遣催枯恐瘠尪毒任

李氏叢書

淪骨髓病孰救膏肓有用財都耗含憎語轉佯納規徒唯唯告
乏總倀倀梯易初枕上途當窘步防傷時還警已吟後益傍徨

九言戲紀燈市

我到江南溧水十三年年年上元燈開不夜天或花或魚或月
宫寶塔或人或物或財神游仙麒麟背駝金童高於尺鳳凰體
耀火色飛入壓草蟲織成樣偏分五彩玉兔價小償只值廿錢
怪他鬭巧頻年機各出携孩入市索買衣常牽挂廟珠燈大過
八斗甕游街蕩子摇來十丈船編麻作毛獅狀更古怪纏竹糊
紙龍形亦蜿蜒勇健男兒翻身競跳擲輝煌牌轟照眼相排連
別有鄉人騎馬更迭到鼙鼙鼓襍鉦聲鬧喧闐前憑長炬迎風

引路轉後仗流星舞火打場圓小小烏童逐班能獻技雙雙娃尾插帽欲捎煙面塗粉墨從人說醜惡頭戴兜鍪捉對舞狂顛閃爍刀槍人人合手執紅黃鎧甲各各配身穿始猶虎踞猊蹲互蓄勢繼乃狼奔兕突忽支鞭錯落參差人影屢換轉疾徐歆側步法總周全左盤右旋將飛仍故伏直闖橫衝欲却又還前裝似牛鬼蛇神多有趣人如山崩潮湧都爭先千門爆竹飛聲聽斷續成石蠟膏任意供燒煎酬以花紅糕燭諸般物一一得意頷首心陶然如此風俗不可無詩紀歸來研墨點筆銀光箋

詠古

伊尹放太甲堯舜相禪受周公輔成王前此皆未有至人心無私作為自不苟如何悖逆徒反以此藉口不學而無術霍光言聽婦後遭赤族誅其禍由自取王莽稱宰衡偽假不能久紛紛魏與晉言之亦孔醜古聖之罪人後世之亂首高齊宇文周燕隸無足咎

又

夫差困句踐項羽宴劉邦當斷不能斷後反為所戕雖云天使然人謀亦不臧屬鏤賜子胥乃復寵夷光亞父計若行未必辱烏江越用二臣霸漢任三傑王得士國以昌失人身必亡從古皆如斯匪關弱與強

又

剛柔宜迭用未可執一說漢承秦楚亂民力貴休歇惠文景三朝頗能施此術然自茲以來剛氣漸磨折始興七國兵骨肉成決裂梁使刺袁盎稍稍失臣節孝武功立時閩越更倡蹶發兵圍東甌繼且攻南越邊境數驚搖失傷我士卒赫然一震怒五道將軍出北築朔方地東通蒼海轍功勒狼居胥幕南虜迹絕積弱一旦起如人除大疾勢處不得已豈好事征伐觀謂衛青言才畧實罕匹況復任霍光貽後世以逸匪若秦與隋始終恣酷烈窮兵黷武談毋乃未精切

又

吴禍起伯嚭晉亂興二五趙高竊秦權王莽為漢輔夫差與獻公始皇及幼主由不察其佞所以受其蠱獨怪唐玄宗心識李林甫知奸而故用意果何所取

又

從來失律將罪無可貸假孫武誅宮嬪穰苴斬莊賈何況閫外事將軍得專者衛青囚蘇建唐將禄山捨君帥各有失未足為法也

又

英雄能忍辱始可成大器嘗惡尚不辭出胯何足異孟明脫晉囚三年乃拜賜吾惟李少卿年少負大志恥隸貳師麾願別樹一幟輕率五千人身臨不測地矢盡並援絕卒以此失利頹墮

其家聲老母復受累生令大用材失養未得遂讀答蘇武書歎
息不能置

又

從古隱遯士名姓多不傳沮溺丈人輩偶爾值聖賢不然千載
下亦無得稱焉披裘釣大澤子陵胡為然示異以駭俗逃名為
名牽輸與牛君直光武不能延

又

華歆負才名龍頭稱嘖嘖一自顧鳴騶管寧即割席我初怪幼
安心胸似狹窄及觀後所為疑懷爽然釋淡泊與繁華本來判
形迹彼既慕名利便難共朝夕投以藥石言未必能受益何況

李氏叢書

得失心貽患日轉劇明者未見萌並非同億逆曠思遼東帽益
為子魚惜

又

宋有胡忠簡剛直氣不磨迨自海外歸更復戀黎渦俠骨兼柔
情斯人本不多新安朱晦翁譏議無乃苛請觀擴姬妾盧杞定
如何

又

奸雄善文飾心迹未易窺無怪秦長腳動為世所推賢相如趙
鼎亦且受其欺微有李忠定先事孰預知

又

雲攀殿檻折禾引帝衣碎義方彈義府胡銓上封事更有楊椒
山直言無顧忌由來諍諫臣百折不回志貶黜何足言生死度
外置顧雖未獲償足令奸心悸迨今千百年凜凜有生氣勝他
結舌蟬苟祿而竊位

又

五代有馮道生性如韋脂歷仕八姓朝流波便逐隨自號長樂
老欲將後世欺笑罵由他人好官我自為何如宋鄧綰直認而
不辭

漫作

蘧瑗公孫僑乃是尼山友如何兩廡間以之冠厥首左邱古闇

李氏叢書

人程子言豈苟渾以為左氏莫定其是否遽令祀典中二名不
兼有必也作傳者列諸弟子後改建聖友祠以妥彼三叟似乎
吳季札亦可廁其右試問諸當途誰為開此口不然遷木主與
大顔曾耦

觀校官碑次昌黎石鼓韻作歌

校官之碑東漢物淮南李生為作歌研墨濡毫伸素紙不知起
句當如何流傳迄今十餘代無代鼎革無干戈堯碑舜璽周石
鼓半隨折戟歸銷磨後世博古諸家出難盡散失入網羅下迨
秦漢六朝碣幾能樹立仍嵯峨沈淪水底恐莫曉倒伏不鮮霾
陵阿岣嶁山尖大禹石羣誇神鬼暗護呵囊展家藏舊紙本模

糊多覺成舛訛鐵板何幸蝕未甚隸書可識殊蚪蝌固城湖腹曾潛蟄親近蛟鼉友黿鼉潮齧浪漱幾何日棋中斧已爛殘柯由魏至宋紹興歲九百年同一擲梭得自縣尉喻仲遠肇憑健足逞委蛇書丹說倩中郎手黃絹題應埒曹娥不圖至寶一旦見先塵鶴銘起江沱爬蘇剔苔辨字跡四年十月紀光和高計逾四尺闊逾二縱橫長短憑量科穿中麗牲制更古好羨三寸五分多聞置官舍覆以屋初勞剪劣霸下駝繼復從人互遷徙泮宮縣圃總經過釋文首仗洪景伯濟陰單禧資切磋代以正書俾易解字畫仍依舊曳波當年誌為何人勒潘君布政無偏頗楚太傅崇之末緒名乾元卓宇淵佗進直退慝親敵智諒非獻媚爭婥娿兵燹又更髮逆劫真蹟未燬許摩挲廿二行款分球窓四言韻叙可吟哦我來拂拭一快意勝睹元鼎元年鵝即今穩卧孔廟內免致湮没增猗那鄉校之設伊誰始始於姒夏說見軻累朝實同名或異相因不廢如江河後有獲讀斯文者願以為則毋蹉跎

苦雪行

仲春之月陽氣升無端雪花飛不息始如沙沙蠶食葉繼似洶洶濤衝磧大於手掌小於珠漫空亂舞無朝夕四五六日不得止飛廉助虐傅以翼重陰凝結氣難溫肌膚起粟寒侵腋茅屋人家斷炊烟門前幾處無行迹去秋淮北告凶年紛紛難民遭播遷已見啼號累妻子熱腸轉轂飢火煎況復值此凍裂苦老弱何以望生全噫吁嗟六降此雪反時為災古所說不向三冬兆豐年天心若為窮黎設如何當富貴家羊羔美酒鬥豪華多為自身謀溫飽發粟無人令我嗟君不見山頭石猶然失却青青色前途一望總茫茫反側高低孰得識

李氏叢書

謁明故宫方正學先生祠

横江燕子忽飛來，一去龍孫竟不回。痛絶麻衣臣獨着，抄延瓜蔓族同摧。殘碑血印丹心在（血迹碑舊卧於地，左文襄公始移植建亭以覆之），峻宇門臨碧沼開（即明之御溝）。猶是當年宫殿址，忠魂到此恐低徊。

古樹歌

青青樹乃在先文定公祠，樹果名何人不知，人問樹種自何時，約略數百年光移。孤根函溥不能直，繁枝四出茂以密。非松非柏非棗橘，亦非榆柳梅杏栗。從來不花亦不實，不花不實何足傷，性堅獨克耐風霜。柔幹和烟拂地長，高不盈丈檐不礙，婆娑却有拏雲態。葉復經冬少凋壞，頂更遮日圓如蓋。莫是文定手所植，芘蔭留與後人戴。譽同嘉樹未爲太，愛比甘棠孰忍敗，莫漫嫌他舊無名，無名始令觀者驚。君不見荆棘當途横，彼縱有名人亦輕。

古松行

古松果自何時植，幾千百年未許測。雪欺霜打苦侵逼，依然不改蒼蒼色。柯如青銅根如石，老幹横生實奇特。或側而卧或敧而斜，或一拳獨出或兩臂交加。前撐後據左杈右椏，恍如神龍出没互騰拏，忽起忽伏忽倒竪，又如首尾相應常山蛇。醜怪從來得未有，苔紋斑駁霜皮厚。中宵怒共蒲牢吼，欲挾風雨凌空走。赤日不得透，烏鵲不敢棲，畢宏韋偃紛披筆，對之束手各攢

李氏叢書

眉。令我來仰玩邪，容平等窺。隨勢而送目，由東而繞西，形狀格格説不出，失聲大詫天地之間乃産此虬姿。向游海陵路，曾賞松林菴中樹，輪囷雖説非凡林，猶未若兹蜿蜒屈曲無常度。有客不愛反生惡，惡不爲國家預將梁棟儲，不蔭行人來往長途逢，屈身轉向城市居，作態駭俗胡爲乎。松不能言對以臆，似予心胸何狹窄。不見柏梁殿柱今已朽，隋隄鏟盡當年柳。我倘貪中繩和尺，久經喜爲工師得，安望盤結仍如昔。移置歧路要道間，衹供樵牧恣除剗。深山大谷巢鬼蜮，猿蹂禽躪誰護惜。惟有見不達隱不藏，擇地而處世卒莫我傷。從人乞胎肪，封不願秦皇略示幻相亦尋常，榮枯早已淡相忘。譽我未必真益我，不材唤我總無妨。嗚呼！不材唤我總無妨。

廣陵襍詠

邗溝廟

生把句吴地，送供西施笑。死後亦何顔，來食邗溝廟。（揚人以夫差爲邗溝神，立廟以祀之）

董井

古井没草萊，時有饑烏集。往來人不知，曾供漢儒汲。

孔北海墓

舊説高士坊西即先生墓，自有千秋名，阿瞞不能妒。

雷塘

生夢揚州好，死葬揚州墓。應有阿麼魂，猶繞雷塘路。

玉鉤斜

只有玉鉤斜，閙遍棠梨好。等是死他鄉，莫把君王惱。

廿四橋

廿四橋邊路，閒花自作春。夜來一輪月，曾照舊時人。

瓊花

猶是揚州土，瓊花不再開。當年聲價重，曾引帝王來。

木蘭院

老去白頭僧，枯却木蘭樹。惱他寄食人，重到經行處。

淳于棼宅

出守南柯郡，傳聞二十年。我來偏少夢，彳亍古槐前。

平山堂

昨過平山堂，笑問道旁叟。門前誰是樹，歐薛二公柳。平山堂前有柳一株，是歐公所植，謂之歐公柳。後薛嗣昌為守，相亦種一株，自榜曰薛公柳，人莫不嗤之。見墨莊漫錄

梅花嶺

梅花今日開，嶺是前朝址。自葬史衣冠，漸忘湛若水。

康山

莫說康山小，如拳土尚存。應無王介甫，欲占謝公墩。

五雜組十六首

五雜組，盜弄兵。往復還，悲哀聲。不獲已，邊郡誡。

五雜組，弄權柄。往復還，移家舫。不獲已，駐海上。

五雜組，軍全墨。往復還，偷生賊。不獲已，勞覆翼。

五雜組，海上戰。往復還，礟槍箭。不獲已，軍獨殿。

五雜組，功莫賞。往復還，誣和枉。不獲已，陷罪網。

五雜組，險能據。往復還，南北路。不獲已，事權去。

五雜組，燕臺撫。往復還，聞金鼓。不獲已，鏖戰苦。

五雜組，豸冠職。往復還，言迂直。不獲已，遭貶謫。

五雜組，失羣鼠。往復還，湖湘浦。不獲已，歸鄉土。

五雜組，亂執平。往復還，使星旌。不獲已，割地盟。

五雜組，滄海路。往復還，洋輪渡。不獲已，任占駐。

五雜組，師生接。往復還，言喋喋。不獲已，索舊帖。

五雜組，理財賦。往復還，泉刀布。不獲已，添新鑄。

五雜組，憂無盡。往復還，議論吻。不獲已，編忠憤。

五雜組，年如電。往復還，翻飛燕。不獲已，時風變。

照相四十韻

照出天然相，人人盡詫奇。館開爭選地，法祕得從夷。釘户金牌設，登門玉趾移。鏡剛揩大齊，木試檫玻璃。尺寸形俱有，單雙價各持。神先勞貫注，勢更戒傾欹。似壁郎傳貌，如花婦鬬姿。瘦端休怪傲，肥亦莫嫌癡。幼女雲盤髻，衰翁染髭。朋憑聯爾我，姥試撫孩兒。側臉旁看好，全身半露宜。頭緣斜以仰，躬為坐而危。點

漆瞳初定兜羅手儘垂立欣藤架傍臥喜竹牀支美質任誇凰
長軀儼植鰭當胸飛走蹊倚臂氄㲪披白粉靴前褪藍翎帽後
隨文容癯比鶴武狀猛逾貌衰異裁狐鼠衣分著葛絺琪璷珠
弄串茉莉鬢橫枝閃爍裙烘茜團欒扇握葵胎都和蚌脫魄競
逐蟾融粗具規模耳精須潤澤之黴愁粘誌顆痕冀滅瘢胝細
吮毫添頰輕研垩傅皮功原資洗滌影頓判妍媸裝潢雖殊式
雕嵌總入時藏拌晶域貯挂合石屛施識倩同羣認觀滋一樣
疑翻成真面目幻作假鬚眉撲及參禪侶懸兼鍊氣師梨園佳
子弟柳巷小妖姬鬼類頑能肖洋婆醜不辭馬教淆牝牡烏許
辨雄雌標插中行數名籤大老知紅顏多副片青眼縱平窺揑

李氏叢書

較泥摶速描嗤筆寫遲豈煩鎔聚鐵那借繡穿絲色怕徐徐減
光妨漸漸虧春來無箇事拈此賦新詩

雪中紀聞

十日不出門惱殺紛紛雪有友冒寒來欲語聲先咽為云西郭
外五里路周折茅屋野人家簷前足迹絶昨遇經行者好事排
其闥見有夫和妻子狀亦不劣僵臥敗絮中肌膚同凍裂一寒
竟至此向客强申說三日斷炊烟饑腸那得熱耕種不逢年兼
慨謀生拙即此片言中已當與君訣客亦頓低眉對之增凄切
謂何不行乞而反雙扉閉感此更欷歔枯眼欲流血茫茫天壤
間親戚還相蔑何況陌路人誰肯彌吾缺與其生以沔無寍死

而潔嗚呼君休矣我躬實不閱客乃嗒然喪半日橋其舌懶步
到城市述以告同列展轉入予耳為之色不悅區區目睫間人
猶乏哺啜此外轉徙民其慘當益烈如何好生天不把彤雲撤

禽言 代流民作

泥滑滑雪積長途難民跂十日玉霙飛不歇頭冰花水淋髮一
步一蹶那得前少壯齊呼脛已沒老弱足陷莫能拔泥滑滑
行不得也哥哥後雨雪前關河妻啼子哭將奈何生者漸少死
者多苟延殘喘苦奔波十日更少一晴和予身未必保無佗行
不得也哥哥
提壺盧羨他富家漿酒沽飽兒妾溫妻孥憎騰一醉夢模糊憑

李氏叢書

教乞食聲酸呼肌膚凍裂淚墮珠不得餘瀝將口餬朝朝癡望
提壺盧
脫却布絝布絝已穿何惜脫怕將父母遺骸露寒哀號無朝暮
風餐露宿命難度肝腸欲斷聲猶吞期謀一飽羞遑顧脫却布
絝
得過且過不得已情實無奈遮身衣早破乏食腹又餓形骸垢
汙遭人唾親被凍死兒僵臥罪孽將莫前生作得過且過如何
過

喜晴

朝寒懶未起簷鵲聲相驚經旬不聽此錯莫噪新晴搴幃試一

望日已上窗明

呪虎行

溧水郭外東廬山，一朝盤踞傳有虎。紛紛市中未見人，變色相談舌猶吐。何况鄉民傍虎居，那能高枕心無虞。持叉執杖爭搜捕，虎若有知先負嵎。張牙舞爪勢甚猛，毛色斑斕目耽耽。吼聲大作腥風來，人虎縱横互馳驟。自旦至食不能傷，人力漸疲虎轉强。忽一少年陡遭攫，肝腸出腹目出眶。大家嚇破心無主，抱頭分竄形如鼠。轉幸虎肓不窮追，視同入世重生父。含淚還告死者親，此冤如何可得伸。妻哀夫歿母痛子，呪虎焚香各禱神。此後虎竟去無迹，共説神人施法力。歸來撿拾嚼殘骸，惟賸碎衣與敗屐。噫吁嘻，食人之虎神能伏，虎而冠者誰為逐。請君側耳

李氏叢書

向郊原，恐有人將苛政哭。

水仙花二十八韻有感而作

花本非凡態，端宜號水仙。譽曾馳有韻，譎莫問何年。灑落香俱活，玲瓏色更鮮。迎人疑莞爾，卧影信蕭然。體較梅兄弱，星應織女懸。素衣披月下，翠袖拂雲邊。洛浦羅裁襪，秦樓粉傅鈆。霞裳偏懶着，霧鬢少須纏。且荷湘君惜，能亡蔓緑妍。芳名徽入譜，冷艷賦由天。微試淩波步，低垂解珮肩。驚他來綽約，惱僕對蹁躚。交幸三冬結，情勞一笑牽。捫肌柔勝玉，植品潔逾蓮。晚倩冰壺駐，姿忘彩筆傳。馮夷相伯仲，雅客與周旋。身足疑姑射，游遑測

旋娟。弄珠纔拾草，泣露忽啼烟。性强風霜耐，妝看富貴捐。羞卿逢不語，怕我見猶憐。家竟江南别，神難渚北延。招魂腸欲斷，望氣眼頻穿。雪貌形如在，瑶臺夢已圓。陰陽初得理，賞玩老無緣。心小懷芬馥，愁多寄渺緜。儷蘭稱憶舊，白壁質摧先。苦説娉娉樣，酸吟嫋嫋篇。那堪春雨夜，幻相舞窗前。

春雪

冬盡曾無雪，春來恣意飄。因風飛柳絮，計日到花朝。簷角聲猶滴，山頭迹未消。應須沽濁酒，一醉度深宵。

喜得天籟閣舊藏玉烟堂董帖詩以誌之

有名項氏夙好古，生長浙西嘉興府。名則元汴子京甫，墨林山

李氏叢書

人號自取。不知何處得鐵琴，下有天籟字可尋。因以名其閣，胸中似别有邱壑。日坐此間恣笑樂，玩其所好寳所藏。丹青墨蹟滿巾箱，興來題詠意倘徉。富甲天下無與方，屠子緯真皇甫汸，競向閣下留詩章。（曝書亭詩註：項處士元汴有天籟閣，蓄古書畫甲天下，其閣下有皇甫子循、屠緯真諸公題詩尚存。子循，汸字也。）乙酉以後盡散失，説見秀水之朱十。（朱竹垞項子京畫卷跋：余家與項氏世為婚姻，所謂天籟閣者，少日屢登焉。乙酉以後，書畫未燼者盡散人間。）書畫從此人間出，多為有識者先得。我至金陵市骨董，攤邊偶披此瞀睹。鈐篆色深紫，三字分明祖可指。口不敢言心暗喜，易以畨餅一枚耳。細閲文敏書法美，首從阿彌陀經起，前後用筆罕相似。文亦不同四卷止，摹勒上石乃自萬歷己未始。（帖後有己未仲夏摹勒上石字，考其時當）

是萬曆四十七年 莫嫌灰燼之所餘燒痕隱約不能除晴窗淨几可臨摹全者波曳未模糊別印阮氏珍藏記不識何不敢議展轉流傳數百年又和吾結翰墨緣即今愛好無忍割安保將亦不遭旁姓奪含毫伸紙為作跋俾使後人知我得帖之顛末

李氏叢書

新柳

占得番風早青先到短條待攀行客手學試女兒腰水面初看映春心未解搖一痕眉樣好愛煞筆難描

新燕

忘卻逢春社驚看燕子來東風如有約舊主不相猜巢好銜泥補簾將待爾開未知燕塞客曾否寄書回時族叔小香內兄吳第先同官京師故言及之

新草

吹到江南北春風卵色天夜來新點雨望去漸迷烟有約青同踏遙憐綠乍填斜陽低照處一幅畫圖縣

新筍

齊埒園林籜風雷一夜催老饕持斧至稚子脫綳來快啗饞人口攢生苦竹胎留教參玉版暗呪莫相猜

新客

四海皆兄弟賓朋到處迎一朝初識面相見各通名粗許詢蹤迹遑期話性情他時重會合或可證前盟

新婦

憶昨于歸賦從陽體配陰漸分妯娌面未識舅姑心侍好持巾櫛和期鼓瑟琴母言猶在耳敢不戒兼欽

新妾

李氏叢書

賣向豪家去，辭親一旦行。命原憎已薄，視卻怕人輕。逞冀專房寵，先覘大婦情。還虞隨左右，衹候未分明。

新僕

憐爾飢寒逼，依人暫力傭。事原須指作，性未敢貪慵。疑喚呼聲錯，參留去意憧。頗無輕督責，過小不相容。

春郊晚步

淡蕩和風上袷輕，遥憐天氣晚來晴。歸鴉一路聲相送，人在斜陽影裏行。

村行

綠楊樹外有人家，白板門扃照晚霞。一陣香風吹到處，隔牆又見碧桃花。

散步

喜得勞身作放閒，先揩雙眼對青山。行過一片浮雲處，露出如鉤月半彎。

下第

六度秋風客，孫山以外人。錦衣愁貼月，席帽怕離身。折桂枝無分，看花樣改新。頻教揩淚眼，不敢對雙親。

榜後紀聞

窮通各有命，得失奚足傷。緣何遭勒帛，橫議若病狂。謂彼主司者，日日饜膏粱。始而索供給，貪實過於狼。繼而席所有，捲以壓行囊。當其閱文時，兩目盲無光。專一納財賄，私取大賈商。那顧揩淚眼，痛絕孤寒腸。恨不正國法，棄市膏斧斤。贈以長短聯，呼作牛豬羊。萬口齊呪詛，一時競沸揚。其罵雖不錯，於行恐未藏。何如一哂笑，付之若相忘。

莫作去聲十首

莫作天邊月，團圓不幾時。勞人遥盼望，竟夕起相思。

莫作江頭水，滔滔逝不回。輸他帆影活，能去復能來。

莫作隴頭雲，行蹤無定處。一陣東風來，吹向江天去。

莫作青青柳，長亭送客過。柔條攀折處，載得別離多。

莫作干將劍，牀頭日日鳴。無人勤拂拭，飲恨不能平。

莫作假威狐，弄智欺山虎。媚術雖云工，旁觀不受蠱。

莫作穿錢索，終朝在眼中。牽纏深怕斷，牢絆臭銅公。

莫作長沙石，硜硜亂玉真。縱然磨琢好，難昧眼明人。

莫作吐絲蠶，苦把身拘縛。忘卻有僵時，但嫌纏繭薄。

莫作泥傀儡，遍體貼黃金。空有大模樣，曾無通竅心。

東同里諸硯友

經年不挂返鄉帆，附便聊傳詩一函。道有離愁心結縷，愧無容語口開緘。諸君近日情何似，獨我平生懶未芟。為報吳陵文戰候，或當晤面把杯銜。

程君房圓墨得圓字

予購程君房圓墨面有文曰雙鳳玦背作二鳳飛立像堅潤而輕光黑可鑑喜而賦之

麋丸黝如漆，狀共月團圓。入市論價值，應得三萬錢。用清異錄徐鉉事上範雙鳳凰，一立一高騫。本是同羣侶，問何不并肩。當日製墨人，執見毋乃偏。黠哉程君房，題名附以傳。同時方于魯，庶幾鑣可聯。吴去塵所造，次不能及焉。自明天啟歲，迄今數百年。想為世寶惜，未忍加磨研。所以烏玉玦，光彩尚完全。憶昨初識面，喜結文字緣。屢向琴書側，再拜奉墨仙。誰云魄已死，不足與周旋。彷彿夢中來，默默示我玄。

上巳郊行

李氏叢書

暢好天晴雨歇時，招朋修禊雅相宜。但嫌史漢無人說，競把春寒當助辭。

東風吹我出山城，蝴蝶雙雙夾路迎。行到溪橋渾不覺，隔林驚起鷓鴣聲。

行盡溪橋轉向東，也虧鬥草有兒童。為言遠出楊林外，即是前村大路通。

池水盈盈啟鏡奩，娵隅相躍不相潛。忽然一片光搖赤，照見斜陽上樹尖。

讀詩

青衿蔓草鄭風詩，說刺淫奔我尚疑。不信執袪遵大路，亦為棄婦贈人辭。

咏古

沮止昭王有楚申，齊嬰也枉號賢臣。輸他弗擾中牟宰，初意猶思用聖人。

蔑視春秋戰國雄，聖賢眼孔略相同。斗筲妾婦形容盡，人品多歸兩語中。

五湖烟水泛鴟夷，鳥盡弓藏悟早知。蠱福想遭司馬妒，不言共載有西施。

七國衰微勢不支，秦人股掌戲嬰兒。縱然割地爭相餌，蠶食難期已有時。

李氏叢書

哀進王孫食數旬，旋悲長樂殞功臣。無多恩怨分明甚，生死都教屬婦人。

不意吴公與董公，後先著姓略相同。輸他隱逸諸君子，翻有名垂史冊中。

殺身難緩七王師，未獲安劉氏已危。地下倘教逢父面，又應對泣淚如絲。

拌牧羝羊老北溟，艱難一十九年經。不緣常惠能虛誑，蘇武何由返漢庭。

請通西域始相如，至死猶遺封禪書。可笑生來多媚骨，彈琴滌器又其餘。

王守虞罹父弇殃假神示異意原良其如天養元凶惡有子能賢反不祥
三臺周歷數晨昏又見文姬入玉門不謂當年親父子兩蒙漢賊沛殊恩
鞠躬盡瘁武鄉侯日月爭光兩表留獨惜名臣年不永輸他誤國老譙周
荆棘銅駝歎洛陽華亭鶴唳斷人腸秋風起處蓴鱸美爭不扁舟返故鄉
石使遥通意在和其如得幣輒焚何東遷莫惜朝廷小猶幸君臣壯志多

李氏叢書

料檢中書舊日章始知救己伯仁良傷心負此幽冥友遲悔從前險志藏
難得佳人有淑妃平陽縱陷忍言歸好教穩儠三堆路請更從他殺一圍
愁懷撥盡且歡娱人有圖儂當作無只願能同陳叔寶莫教斫去好頭顱
莫嫌討檄出無因累汝戾焚死後身應悔生時輕啓口逢君惡立武才人
大河以北少堅城獨有平原起義兵報道唐家天子喜一時恨不識真卿

一夢長生殿已醒驚聞蜀道雨零鈴赤心早識胡兒假悔不言從張九齡
前傳傳奕後文公闢佛心爭一樣雄底事從言加貶謫兩天子意不相同
邊書一夕五封驚苦把澶州請帝行不是親征能畫策南遷勢恐已先成
金牌十二促班師功敗垂成未敢悲只恐勞他揩淚眼還從五國盼旌旗
將軍叛宋妓心傷恥唱清歌再佐觴試問錢塘蘇小小何如惜惜姓名香

李氏叢書

英雄熱血滿腔怒視張林屢諷降難得妻甘同一死能教節義義勒成雙
鼎鑊如飴不顧身惟知取義與成仁黃冠備問期歸里此語流傳恐未真
文山已死疊山哀奉母年終始自裁縱少臨歧良友激一錢不值忍重來
生時已自作元臣至死難云是宋人若把行藏分別說應慚未得似劉因
子昂但識父朋尊世祖賢還葉李言我意無分優共劣同將忠直報皇元

乳母夫加閹府儀，沿為故事莫能移。皇家儘有推恩處，名器如何競濫施。

按問全寍縱獄囚，曾將姊氏賂相尤。緣何大辟偏輕釋，佛事頻年作去聲不休。

娼優百戲與僧隨，游遍京城導帝師。喜得君妃同受戒，捨身梁武未為奇。

燕師旦夕入城闉，猶把呼猪戒僕頻。笑殺隔牆親父子，何顏對付不言人。

金繒議罷南朝款，翠輦迎從北道回。那識城隍還土地，冤公卒受殺身災。

西湖允請建生祠，國學從疏配聖師。卻恐褒崇猶未致，閹臣九錫擬文宜。

種蕉

乞得芭蕉尺半莖，家僮若預解予情。荷鋤為植書窗外，留待來秋聽雨聲。

汲水澆根細養培，閒來日日下庭隈。幾時許我題詩句，擘得文牋勝碧苔。

陌上東風正作春，金蓮寶相未呈身。倘教夢裏先相見，我是軒中舊主人。

打米謠

吾鄉舂米用木碓，江南打米用石臼。舂米都以腳，打米必以手。以腳力少功每多，以手功少力轉厚。石杵重計卅六斤，輕亦三十斤左右。上安木柄尺半長，弱漢望之而卻走。壯男揎袖操其巔，一杵一杵高過首。接連五六十下聲，恒勇於前怯於後。兩頰發赤背汗流，脫帽露頂袒臂肘。氣如喘月牛，身似折腰柳。越打越鬆舉越低，嘔啞聲共敲聲偶。談何容易見米成，無異擔者釋重負。子細將升量，亦僅滿二斗。傳言朝朝三餐人，莫把飯當好入口。

春日訪晉始興公王導墓不得

傳聞太傅墓田荒，舊傍頹垣廢寺旁。雅意乘春尋古迹，好風吹我出書堂。誰知曲曲迷青草，無處蕭蕭認白楊。彳亍郊原直視空，衙山日落下牛羊。溧水新志成於光緒九年，猶云墓在西門外興教寺後，今寺尚有破屋數間，墓則絕無表識，守土者與郡人士聽其湮沒，何歟。

臥月

明月如圓鏡，清光照大千。原知非為我，流影到牀前。

游觀音石

王子乘興來招我游郊陌踏出西郭門言訪觀音石畦田縈兩
旁路曲不能直麰麥綠半齊菜花黃一色吹面柳搖風避人鳥
奮翼桃開淺深紅時露疎林隙日影上峯青池水涵空碧蝴蝶
互送迎村景低南北對此悅心胸相誇已嘖嘖逶迤到高岡徑
窄勢陡側攝衣競先登輾足騰砂磧履頂如平地沿着人行迹
遲速聽自由步難計千百下坡復上坡渾忘疲腳力驀向峭壁
旁詳見牆角赤怪石如獅蹲或青或深黑對峙固崢嶸離立亦
奇特隨觀趾隨前輕把菴門擊內有應聲尼拔關解迎客許仰
三峯尊天然品字式磊砢非常態斑駁苔紋蝕遇凹嵌玄珠逢

凸綴丹珀丈六現金身變相從何得五指不敢捫偷將雙眼拭
坐玩正移情客忽飲欲食敦促歸去來時晷知幾易行行循舊
途出沒認塔脊往返十里餘山城日未夕回望野雲橫喧寂境
迥隔作詩紀所游夢寐常自憶

登溧水城樓

城上高樓接夕陽茂林一帶映重岡翻風燕子無停影落雨桃
花有宿香水到春深流漸急人逢市散語多忙肩來徙倚添情緒
綫却向他鄉望故鄉

清明日感賦

清明暢好嫩晴天陌上家家挂紙錢只我頻年身作客難攜杯
酒滴重泉

柳外和風拂面吹海棠花映杏花枝無端瞥見桃開處一色嬌
紅似舊時

登懷白亭

東風吹我去乘興一登亭望古惟懷白看山不斷青癡雲歸遠
樹輕煙瞰疏櫺時有清鐘響如從上界聽

其二

亭外草芊芊斜陽薄暮天游當三月候廢起卅年前徙倚臨窗
檻喧闐隔市廛客中無箇事選勝暫流連

晚望

開門何所見景已鬱蒼蒼林樹節新月山雲接夕陽燕歸風送
影花隨徑餘香對此自怡悅蕭然俗慮忘

春晝

陰陰綠樹漸成村吹了東風廿四番乳燕窺人來欲語落花似
客去無言園桑飽飼吳蠶腹山月低啼蜀鳥魂九十春光容易
老將從何處覓殘痕

落花曲

宵來枕上風雨惡朝來一片花飛落燕子銜將春色去餘香半
向汙泥着爭似紅顏薄命多鸞飄鳳泊奈愁何惜花難得花常
好掃花苦被花情惱年年對此一憑欄可有花魂入夢看

高平學署花木詩

予於乙酉冬月來侍親側軒窗之外舊有花木數種邇來無事竊仿蘇子由記園中草木之例各吟一詩以誌之

牡丹

陌上番風次第吹牡丹葉發綠參差天憐客侍清貧署春放花開富貴枝雜卉羣芳無此色黃心紫瓣鬥新姿一年一度逢寒食相賞休嫌火後遲

桃花

柳外栽桃景最工年年開向此門中抽芽葉競添春綠據頂花先破曉紅苦愧聯吟無夜宴管催結子有東風縱然不是天邊

種較勝人間惡木叢

天竹

如竹森森列一叢和烟弄影小庭中白花碎綴梅時雨紅顆圓搖雪裡風春向秋根髠處長高輸矮幹實來豐孤標已有寒朋賞喜又生孫慰主翁

石榴

一夜風吹隔院香朝來阿措鬥新妝繡衣亂舞堂前綠絳帳低分日下光腹大如君容百子腸寬許我醉千觴願將瑪瑙輕椎碎取作天漿帶渴嘗

柳

柔條取次出高牆深鎖濃陰愛綠楊此處殊當行客路其中正有讀書堂曉風殘月春光好疏雨斜陽秋興長一十三年經見慣丰神依舊似王張

桑

乘春長遍菜園西濃綠如雲一色齊課罷人思窺帝女天生佛想覓菩提葉形那待尖長辨林字端宜著作題不是箕星精散出怎憑小鳥晤來棲

枇杷

四時氣愛枇杷備秋葉冬花性耐寒麗日光中排翠實薰風影裡走金丸蠟兄儘許園丁喚麤客頻邀士子看怪底根栽黌舍

久嘗來味亦帶微酸

芭蕉

間堦放到美人蕉有好成迷我亦饒許擘文牋題好句勞栽錦帳映疏寮夕陽影裡風搖扇秋雨聲中夜打潮蔭覆庭前花結子愁心為底不能消

齋中秋花次第而開對景之餘不能無感爰亦各吟一絶

菊

秋菊蕭疏壓影斜恥隨桃李鬥春華生來傲骨憑誰愛不遇淵明不算花

雞冠

丹砂頂襯紫羅衣。耐久花還似此稀。怎遣中宵時起舞。至今雌伏未雄飛。

鳳仙

金鳳開時影倒交。深紅淺白繞堂坳。自憐我亦三秋客。輸與凡材鬥九苞。

秋葵

葉似雞蹤異衆芳。花容嬌淡怯朝光。美人一枕春前病。兩頰秋來尚帶黃。

秋海棠

一叢花作小紅妝。徙倚無聊傍女墻。目極秋風郎不至。累卿終古斷柔腸。

玉簪

天然雪貌寫丰神。巧鬥宮妝一色新。不意秋風涼月夜。重教得見李夫人。

病驢歎

有驢有驢病且死。僵卧道旁扶不起。不食芻。不飲水。口張露舌時餂齒。四足屈曲莫能伸。尾縮毛卷垂兩耳。主人不念舊日勞。猶以藤鞭鞭厥髀。謂說令姑留汝軀。明朝貨汝肉入市。可憐畜類啞無言。眼中滴滴淚難止。物與人同生理未必命偏如敝屣。古時狗馬死皆埋。爾獨何辜橫遭此。惡語不忍聞。慘狀不忍視。歸來一飯擁被眠。噫聲驚覺春夢裏。

子夜變歌

儂初識歡時。愛歡不忍去。日日望歡來。仍到歡行處。

其二

望歡歡不來。坐見儂顔瘦。倘得歡能知。也展雙眉皺。

其三

歡若不愛儂。不應視儂笑。怎不為儂來。一把相思較。

其四

儂昨夢見歡。歡喜將儂悅。恨殺曉雞鳴。催儂與歡別。

楊白花

楊白花。朝來一片影飛斜。從今咫尺即天涯。傷心怕向汀泥委。偏不容黜硯池水。我怪楊花愁殺人。那識楊花也怨春。含情願把東風祝。明歲吹來入我屋。

前題

楊白花。一朝飛去不還家。累他燕子惜春華。呢喃訴與江南客。始知埋卻芳顔色。含愁未敢怨東風。孤負楊花轉是儂。生把紗窗輕隔絕。薄情難怪旁人說。

古銅象尊歌

銅象尊。汝亦奇。紅巾擾漂無完户。獨能不與刦灰隨。多少珍珪埋入土。鬼神何意呵護汝。想緣汝有先知明。自毀其齒以保身。

兩牙已缺問汝果來自何代。何時顛蹶喪厥蓋。蓋失落亦我見汝十餘年。時時惜汝為汝憐。昔日友雲罍與犧相周旋。今乃塊然處抑塞誰與語。況復世情競喜新。鏤金錯采稱彬彬。縱汝古質斑駁無與倫。俗眼視之輕若塵。亦復何貪不謝絕。一元大武剛鬣柔毛羣。

春寒

節屆清明暖未回。東風料峭送寒來。想嫌九十春光少。要勒名花到閏開。

閏旦四絕句

喚起看花舊主人。鳥聲分外鬥精神。縱然一夜狂風攪。吹到朝來猶是春。

昨逢穀雨採新茶。今屆春光到晚花。待得宵來同仰玩。斗杓定指雨辰斜。

二十四番風信了。春從此算是歸餘。關心笑我無他事。準備招朋再祓除。

添到和山花瓣新。桐邑拂處綠初勻。為他鶯語能留住。遲我吟詩是送春。

和王大廷榮移書齋於茅屋韻

結茅為屋竹為椽。聞說移居理硯田。室有扉新開白板。家藏物舊愛青氊。課童得暇窺疏圃。賞雨偷閒泛酒船。是否夕陽風動處。入簾草色碧於烟。

飼蠶辭。

桑先蠶出蠶必荒。蠶先桑出蠶乃熟。流傳驗自老年人。至今當作蠶書讀。不貪葉價低。但願蠶色齊。暴冷復暴煖。家家睡不穩。四七天中眼望穿。三眠過後鬧大眠。忌客忌䗲復忌鼠。又怕天陰多風雨。上山郄早我家遲。桑頻鬧互語時。繰車聲響心始慰。今年絲比去年貴。焚香謝罷馬頭娘。賣得青錢壓滿箱。半買糧半置篋。半購鏡中妝。還有阿婆留些與小姑。織作嫁衣裳。

春冷無聊從李北岳先生戲括世說中語成言十首之外亦得其六對愧不如其工意則别有所寄

虛談非今所宜。當共戮力王室。願乘長風破浪。此人不可無一。

其二

卿門何以如市。彊欲渾織太清。難使百寮準則。獨不為身後名。

其三

寬使網漏吞舟。罔顧屢違朝旨。同樂不與同憂。所思如斯而已。

其四

其人磊砢英多。文如瀉水不竭。銜寃長没海隅。竟為蘭摧玉折。

其五

臣清恐人不知。丈夫安能雌伏。何聞所聞而來。乃復驅使草木。

其六

誰為雲興霞蔚不作蕭敷艾榮見此百端交集難學太上忘情

李氏叢書

高平雜詠并序

吳頭楚尾夙號名區瀨渚平陵古稱大邑地有湖山之美星分牛斗之光自劫換紅羊重築尋仙之觀別莊傳白鹿遥連思鶴之鄉歲在旃蒙支逢作噩父承

朝命廣文之官冷無嫌子步親歷故土則居離不厭用踏江南之路兼承堂北之歡樂風景於他邦浮蹤似燕閲光陰於十載過隙如駒旅夢方長人情漸熟探來古迹曾騎款段以游投借奚囊久滿娵隅之語踏街坊以晚步耳目增新解市井之鄉談齒牙拾慧瑣言閒話聽來覺得有情述異稽神説起知從何處硯乍磨而猶潤免穎濡毫墨初落以未乾蠻牋拓紙援王韶郡疏之例竊真卿地紀之名以俗為題事原誌實逐端拈韻句不求工何曾刻意嘔心動賞焚膏繼晷怪豈干之饒舌在我難辭比太史以採風則吾豈敢明知挂漏不無萬一之識後有睹聞當作再三之續

李氏叢書

報到山城不夜開上元燈火逐人來魚龍百戲紛呈後胡旋從新舞一回

記得年年三月春荆塘山下集村民老巫舞罷天花墜曲奏迎神又送神

陌上家家挂紙錢清明又值嫩晴天一壺濁酒無人載澆到齊

公墓上田。

碓杵橋頭白石斜，過橋西去是兒家。春來寂寂渾無事，日向橋
邊自浣紗。

長遍山城野草青，望京街口怕重經。當年祖道闌車馬，曾作勞
勞送客亭。

天生橋口石嵯峨，侍鳳庵前野雀多。莫向臙脂河畔過，落紅如
雨不成波。

幽樹雨晴啼鳥滑，閒齋風定落花深。空教記得前賢句，無復新
興寺裏吟。

景周堂圮草成蹊，叢桂軒荒舊逕迷。惟有釣鰲亭下水，春來漲

與小檣齊。

一爐活火煮旗槍，玉盌盛來翡翠光。葉葉經儂親手揀，欲郎知
苦勸郎嘗。

舊時插竹園亭處，今日亭荒竹亦無。野鳥不知人意懶，山頭猶
自喚提壺。

飼蠶贏得一春忙，半為繅絲半採桑。絲吐難窮愁似茧，葉傾易
盡意如郎。

野草閒花遍地香，烏山鎮接廟頭莊。祇今亂石紛無數，不見初
平叱作羊。

一年一度報春來，陌上花歌緩緩開。酹酒好尋王導墓，踏青重
訪蔡邕臺。

採得青青草帶香，為郎漉汁煮黃粱。願郎飽食無災病，郎更多
情勸妾嘗。

嫁得郎來愛遠遊，望郎日日上高樓。妾如懷白亭邊月，郎似王
家渡口舟。

時樣衣裳時樣妝，插花挑鬢費商量。不拖六幅湘江水，一色紅
裙着地長。

解得相思味也無，窗前最怕聽啼鴣。郎行不返駱駝墅，妾夢常
依石臼湖。

出門跨馬當乘船，雙蹬輕支穩著鞭。說與阿儂須記取，鈴聲響

處是郎旋。

駕得輕舟下釣磯，蓮窩塘裏採蓮歸。中流打槳無人見，驚起鴛
鴦捉對飛。

紅石頭連黑石頭，瓜皮小艇往來游。春寒夏暖都無趣，惟愛菱
花採到秋。

秋風吹到滿城涼，野粟盈升論價量。一寸青蚨剛買得，勸郎嚼
取桂花香。

一片鼕鼕社鼓聲，隨風吹滿岳王城。村農不識前朝事，舊戰場
中語太平。

衫綠如油穩稱身，面塗粉墨紙糊巾。嬌妻含笑殷勤看，不道郎

君與鬼鄰。

車聲軋軋聽依稀。紡就輕紗好上機。不是女工貪晝夜。為郎待布作寒衣。

舊號猶傳瀨水州。方言任客細推求。小伢即是孩童字。生女家家喚媄頭。

生涯拋卻事閒游。蕩子無家妓亦愁。不履不衫成慣習。可憐錯學武蓬頭。

無想山前想更多。讀書韓子樂如何。不知築得高臺後。曾載歌姬此地歌。

偷得勞身片刻閒。細將風景話家山。妾憐洞號青絲好。郎愛峰形似馬鞍。

苦美田家樂有餘。雞豚瓜果四時儲。葉紅滿地堪溫酒。水碧盈塘好養魚。

送郎去後望郎旋。郎不來旋妾不眠。眼見東廬山上月。今宵一十二回圓。

妾家舊住鳳凰岡。嫁得郎居白鹿鄉。妾似鹿鳴惟喚鹿。郎如鳳去不求凰。

獅山山下白龍潭。山峻潭深影倒涵。潭上頻占雲起處。雨師從此駕朝驂。

家住大村古木陰。村前村後景堪尋。山頭箬帽天然樣。洞裏絲琴太古音。

黃土無情葬俊豪。孔家鎮口長蓬蒿。重來不見題詩石。況復當年左伯桃。

妾傍芝山結草廬。琛山腳下是郎居。神燈不見郎携至。石燕何曾解寄書。

固城湖下水深深。仙杏山高不計尋。妾自如山常在眼。郎偏似水去無心。

輕薄兒郎笑拍張。當筵叩請奏伊涼。胡琴斜抱絃絃動。學得清歌願佐觴。

說與旁人怎得知。兒家夫婿忒情癡。前身不是張京兆。也自風流愛畫眉。

一爐香氣散氤氳。五鳳樓前化作雲。看取村婆和野叟。摩肩接踵拜真君。

連理枝同並蒂花。與郎相伴度年華。勸郎莫到尋仙觀。尋得仙時拋卻家。

望娘一折一成灣。龍性生來卻不頑。游子倘教聞此說。也應高唱念家山。

下馬村前走馬歸。燕窩莊裏燕兒肥。妾家思鶴鄉中住。生小何曾見鶴飛。

行道何人不暗傷。蘼蕪聽罷聽淇梁。年年夫遇無情婦。薄命妾逢薄倖郎。
花溪橋下水潺潺，薺母塘中藕可攀。更有佳名須記取，石榴墩與白蓮山。
兒郎歲暮不還家，徙倚門前望眼賒。誰向黃茅遺爨火，漫山亂走紫金蛇。
迎來水母何曾雨，驚起烏龍不作雲。愁絕老農無別策，登壇又拜五將軍。
寡鵠歌酸泣數行，東家阿嫂實堪傷。儂年正與郎相若，願得同居長壽鄉。
往事重提不厭頻，子胥一去已千春。而今儘有浣紗女，誰飯窮途落魄人。

果盤初薦茗初煎，款接盈庭客賀年。更進一甌如雪白，為言歡喜又團圓。
聞道朝來走狗烹，三郎廟裏祭神明。儂家舊傍廟前住，不識三郎省姓名。
綠葉成陰村半遮，桃花落盡撲楊花。與郎同住沙河上，鬧箇紫門對水斜。
涵碧池頭駕石矼，蓮花步印跡雙雙。不辭香汗揮如雨，來聽梨園柳子腔。
拓得園田地半弓，春初早韭末秋菘。更憐風味三冬好，菜甲挑來雪裡紅。
一粒明珠掌上擎，無災無難盼生成。泥金帖寫平安字，拜得乾爺為壓驚。
盼得秋成大有逢，三餐飽飯喜能供。誰知粒粒盤中食，費盡搓抄與手舂。
十年此地慣栖遲，習俗多般我漸知。敢謂續成風土記，唱來聊當竹枝詞。

泰州文獻總目録

王劍 編

第一輯　官修舊志

第六册

第七册

第八册

第九册

第十册

第十一册

第十二册

第二輯　地方史料文獻

第十三册

第十四册

第十五册

第十六册

第十七册

第十八册

第十九册

第二十册

第三輯　家族文獻

第二十一册

第二十二册

第二十三册

第四輯　泰州文存

第二十四册

第二十五册

第二十六册

第二十七册

第二十八册

第二十九册

第三十册

第三十一册

第三十二册

第三十三册

第三十四册

第三十五册

第三十六册

第三十七册

第三十八册

第三十九册

第四十册

第四十一册

第四十六册

第四十七册

第四十八册

第四十九册

第五十册

第五十一册

第五十二册

第五十三册

第五十四册

第五十七册

第五十八册

第五十九册

第六十三册

第六十四册

第六十五册

第六十六册

第六十七册

第六十八册

第六十九册

第七十册

泰州文獻索引

王劍 編

書名筆畫索引

本索引以《泰州文獻》所收書名首字的筆畫順序編排。首字相同的，以第二字的筆畫順序編排。筆畫相同的，按横、竪、撇、點、折的順序編排。餘類推。地方志以朝代後的書名首字排列。書名後，附著者及著作方式，便於對照。著者後的兩組數字分别爲輯號、册號。

一　畫

二　畫

三　畫

四畫

五畫

六畫

七畫

八畫

九畫

十畫

十一畫

十二畫

十三畫

十四畫

十五畫

十六畫

十九畫

二十一畫

二十二畫以上

書名拼音索引

本索引以《泰州文獻》所收書名首字的拼音順序編排。首字相同的，以第二字的拼音順序編排。拼音相同的，按筆畫順序編排。餘類推。地方志以朝代後書名的首字拼音排列。書名後，附著者及著作方式，便於對照。著者後的兩組數字分別爲輯號、册號。

B

K

L

M

R

S

T

W

X

著者筆畫索引

本索引以《泰州文獻》著者首字的筆畫順序編排。首字相同的，以第二字的筆畫順序編排。筆畫相同的，按横、竪、撇、点、折的順序編排。同一著者後的書名，亦類推。著者後，附書名，便於對照。書名後的兩組數字分别爲輯號、册號。

三　畫

四　畫

五畫

六畫

八畫

九　畫

十畫

十一畫

十二畫

十三畫

十四畫

十五畫

十六畫

著者拼音索引

本索引以《泰州文獻》著者首字的拼音順序編排。首字相同的，以第二字的拼音順序編排。音節相同的，按筆畫順序編排。同一著者後的書名，亦類推。著者後，附書名，便於對照。書名後的兩組數字分别爲輯號、册號。

B

C

D

M

T

W

Z

泰州著述總目

周 忠 撰

泰州著述總目

《泰州著述總目》收録的文獻書目，主要來自《江蘇藝文志·揚州卷》。部分内容作了增訂和調整。《江蘇藝文志·揚州卷》著録的泰州文獻，分爲興化市、泰州市泰縣泰興市、靖江市三部分。《泰州著述總目》按新的行政區劃設置，興化市和靖江市不變，泰興市析出，泰州市泰縣合并，共爲四部分：泰州市區、泰興市、靖江市、興化市。

泰州市區

南朝

釋道標，南朝梁海陵人。與僧詢、道邃並從光宅寺法雲受業。

釋標集二卷　見《隋書經籍志》。

唐

張紹宗，唐海陵縣人。官邵州武岡令，贈宜春郡太守。

蓬山事苑三十卷　見《泰縣著述考》卷五。

張懷瓘，初名懷素，奉敕改今名。唐海陵縣人。書法家，書學理論家。官鄂州司馬，翰林院供奉。

評書藥石論一卷六體論一卷古文大篆書祖一卷 見《宋史》卷二十二。

書議一卷書詁一卷玉堂禁經 舊鈔本，泰州市圖書館藏。

書斷四卷 《王氏書苑》本，作三卷，南京圖書館藏；《百川學海》本；《格致叢書》本；《天都閣藏書》本；《説郛》（宛委山堂）本；《四庫全書》本；《説郛》（商務印書館）本，不分卷；元至正間刊本；明弘治十四年無錫華珵翻刻本；明嘉靖十五年莆田鄭氏翻刻本；博古齋影印宋本；陶蘭泉影宋刊本；清初坊刊本；影宋鈔本，泰州市圖書館藏；舊鈔本，泰州市圖書館藏；《辟蠹山房叢書》本，泰州市圖書館藏；二〇一二年浙江人民美術出版社評注本。

二王書録

文字論 以上二種有手鈔本，見《泰縣著述考》卷五。

論用筆十法 宋仲温手寫本，國家圖書館藏；舊鈔本，見《泰縣著述考》卷五。

宋

王氏，宋海陵王綸（綸字子霞）女。後嫁廣陵呂氏。

瑶臺集二卷 見《宋史藝文志》，作王綸撰，然按《劉貢父詩話》所云，則是王綸之女。

周孟陽，字春卿。北宋泰州人。祖籍四川成都。歸貞子。寶元中第進士。官集賢殿修撰兼侍讀等。神宗初立，拜天章閣待制。卒年六十九。

易義一卷 見《［道光］泰州志》卷三十。

胡瑗（九九三—一〇五九），字翼之，世稱安定先生，泰州如皋（今江蘇泰州）人。北宋學者、教育家。先後主持蘇州、湖州州學，創蘇湖教法。皇祐四年（一〇五二）任職於太學，嘉祐四年（一〇五九）以太常博士致仕，卒於杭州。

周易口義十卷繫辭二卷末一卷 胡瑗撰，倪天隱述，

《文淵閣四庫全書》本。

洪範口義二卷　《文淵閣四庫全書》本。

丁　傳（?—一〇九二），字傳道。北宋泰州人。天錫長子。嘉祐四年進士。

丁傳文集二卷　見《泰縣著述考》卷一。

徐守信（?—一一〇八），號神公，後改神翁。北宋海陵人。年十九入天慶觀。崇寧二年賜號虚静冲和先生。大觀二年解化，贈太中大夫。

虚静冲和先生徐公語録二卷　宋徐守信述，苗希頤輯，宋紹興二十八年桐鄉朱翌刻本；宋淳熙七年知泰州事朱宋卿重刊本；《道藏》本；《重刊道藏輯要昴集》本，作一卷；舊鈔本，泰州市圖書館藏。

周　秩，字重實，一作仲實。北宋泰州人。熙寧中與兄穜同舉進士，仕終集賢殿修撰，贈徽猷閣待制。

易説十卷　見《［萬曆］揚州府志》卷二十四。

周秩文集十卷（一作周集賢集）　見《［康熙］揚州府志》卷二十八。

曹　輔，字子方。北宋泰州人。元豐年間爲鄜延路經略使，後提點廣西刑獄。

同文館唱和詩十卷　曹輔輯　收入張耒《張右史文集》；《四庫全書》本；《四庫全書珍本初集》本。

卞大亨，字嘉甫，號松隱居士。北宋末泰州人。由鄉舉入太學，靖康二年任懷寧縣簿。紹興三十年授揚州府倅。

尚書類數二十卷　見《宋史藝文志》卷二十二。

傳信方一百卷

松隱集二十卷　以上二種見《［道光］泰州志》卷三十。

卞氏集注杜詩三十卷（一作改注杜詩）　宋卞大亨、卞圜注　見《杜集書録》。

周　邦，字輝之。南宋泰州人。秩侄。南宋渡江寓居錢塘。紹興初主丹陽簿，除江東漕司幹官。

政和大理入貢録一卷　《［民國］泰縣志稿》卷二十八。

仲　並，字彌性。南宋泰州人。紹興二年進士。歷光禄寺丞，終朝請大夫、淮東安撫司參議。

登瀛秘策三十卷　見《［道光］泰州志》卷三十。

浮山集十卷　清乾隆翰林院鈔本，國家圖書館藏；清鈔本，國家圖書館藏；《四庫全書》本；《四庫全書珍本初集》本。

浮山詩餘一卷　《彊村叢書》本；《全宋詞》本。

周麟之，字茂振。南宋泰州人。登紹興十五年進士。調武進尉，歷官兵部侍郎兼給事中等。後拜同知樞密院事。年四十七卒。

海陵集二十三卷外集一卷　《四庫全書》本；《海陵叢刻》本。

別本海陵集一卷　見《四庫全書總目》集部存目。

潘汝一，字古玉。南宋泰州人。紹興十五年進士。金遣人誘致，大罵之。後以進士得官，更歷州縣。

群玉府十卷

鳳池集十卷　以上二種見《［雍正］揚州府志》卷三十五。

周　煇，字昭禮。南宋泰州人。邦子。寓居錢塘，隱居不仕。

南燼紀聞　《避蠹山房叢書》本；一九一四年鉛印本。

北轅録一卷　清初錢曾家鈔本，國家圖書館藏；《續百川學海》本；《古今説海》本；《歷代小史》本；《説郛》（宛委山堂）本；《景印元明善本叢書十種》本；《説郛》（商務印書館）本；《海陵叢刻》本；《避蠹山房叢書》本；《叢書集成新編》本。

清波雜志十二卷　宋刻本，國家圖書館藏；清金氏文瑞樓鈔本，與別志三卷合鈔，上海圖書館藏；清鈔本，鮑廷博校，與別志三卷合鈔，國家圖書館藏；《四庫全書》本；《知不足齋叢書》本；《筆記小説大觀》本；《續古逸叢書》本；《叢書集成初編》本；《稗海》本，三卷；《説郛》（宛委山堂）本，一卷；《説郛》（商務印書館）本；《舊小説》本，十二則；《四部叢刊續編》本，附張元濟撰校勘記一卷；《四庫筆記小説叢書》本；一九九四年中華書局校注本；二〇一二年上海古籍出版社標點本。

清波別志三卷　清金氏文瑞樓鈔本，與雜志十二卷合鈔，上海圖書館藏；清鈔本二種，一爲鮑廷博校本，與雜志十二卷合鈔，一爲鮑廷博校、翁同龢跋本，皆藏國家圖書館；《四庫全書》本；《知不足齋叢書》本；《筆記小説大觀》本；《叢書集成初編》本；《説郛》（商務印書館）本。

王禹錫，字疇九。南宋泰州人。紹興二十七年進士。累官通直郎，僉書鎮江軍節度判官廳事。

海陵三仙傳一卷　《辟蠹山房叢書》本；收入《海陵文徵》卷三；《古今説海》本；《叢書集成初編》本；《舊小説》本。

卞圜，字子東，一字大車，號卞夫子。南宋泰州人。大亨子。紹興三十年進士。揚州倅。

論語大意二十卷（一作論語孟子大意）

昌化圖經　宋卞圜纂修　以上二種見《直齋書録解題》卷三。

唐山集一卷後集三卷　宋卞圜、宋佽編　見《直齋書録解題》卷十五。

卞氏集注杜詩（一作改注杜詩）三十卷　宋卞大亨、卞圜注　見《杜集書録》。

堯允恭，字克遜。南宋海陵人。淳祐中隨父徙居京口，遂爲京口人。景定、咸淳兩領鄉薦。入元，江浙行省檄充濂溪、東川書院山長，俱不赴。卒年八十二。

德安堂方一百卷

堯允恭集（一作觀物老人集）　以上二種見《[至順]鎮江志》卷十九。

張嚴，字肖翁。南宋泰州人。乾道五年進士。官參知政事。

開靜治本論五卷

將論五卷

琴操譜十五卷調譜四卷　以上三種見《直齋書録解題》卷十四、卷十八。

元

陳膺，字登父。元初京口人，寓居泰州。舉鄉貢。入元隱居教授。

薌林詩集　見《[康熙]揚州府志》卷二十八。

陳膺集　見《[至順]鎮江志》卷十九。

繆思恭，字德謙，號菊坡。元末泰州人。元至正間官淮安總管。

至正庚辛唱和集一卷　元繆思恭等撰、郁遵輯，清朱彝尊重編　明刊本；《藝圃搜奇續集》本；《玉雨堂叢書第一集》本；東臺陳振東排印本；民國鈔本，國家圖書館藏。

明

道　泰，字來峰。明初泰州人。能詩文，通小學，時稱名家。

集鐘鼎古文韻選五卷　明鈔本，大連市圖書館藏；清鈔本，國家圖書館藏；一九八八年書目文獻出版社影印本；《四庫全書存目叢書》本。

禪林類聚二十卷　明道泰輯　明初刻本，國家圖書館藏，殘本，存十四卷；日本大正元年《續藏經》本；一九二三年商務印書館影印《續藏經》本。

張　毅，字仲剛。明初泰州人。元季奉二親避兵大同。入明，爲大同行都司掾。

青陽先生忠節附録二卷　明張毅輯　明弘治間刻本；明正統十年《青陽集》附刻本。

石光霽，字仲濂。明泰州人。洪武十三年以明經舉，授國子監學正，升春秋博士。

春秋書法鈎元四卷（亦作春秋書法鈎玄）　明初刻本，國家圖書館藏；明萬曆澹生堂余苑刻本；清吴玉墀藏寫本；傳鈔本；《四庫全書》本。

翠屏詩集二卷　明張以寧撰，門人石光霽編次　鈔本，國家圖書館藏；《四庫全書》本。

樗散集　見《文淵閣書目》。

石仲濂集　見《南雍志》。

劉　純，字宗厚。明泰州人，叔淵子。洪武中名醫。

玉機微義五十卷　見《千頃堂書目》卷十四。

醫經小學六卷附醫經問一卷　明正統三年刻本，南京大學圖書館藏。

盧千駟，字善德。明人，由蘇州遷居泰州。建文二年進士。

俯仰集

悲鳴集

説劍集

捶琴集

滄桑集

泡影集　以上六種見《泰縣著述考》卷七。

張　文（一四二六—一四八二），字存簡，明泰州人。頎子。成化二年進士。授刑部主事，累進郎中。十五年升浙江按察司副使。

審濟録一卷　見《［康熙］揚州府志》卷二十八。

張存簡雜稿　見《［道光］泰州志》卷三十。

張　孜（一四三一—一四八七），字存善，號裕齋。明泰州人。頎四子。

裕齋集　見明儲巏《柴墟文集》。

冒　政（一四四三—一五一九），字有恒，號履貞。明泰州人。哲子。成化十一年進士。歷官右副都御史。劉瑾索賄不得，逮下詔獄。瑾誅，復職。

履貞集二十卷　清乾隆重刻本，南通市圖書館藏。

陳　相（一四四四—一五二四），字子鄰，號管竹。明泰州人。成化十一年進士。升户部郎中，出知台州府，晉廣西參政。

［弘治］赤城新志二十三卷　明陳相修，謝鐸纂，明弘治十年刻本，南京圖書館藏；清光緒二十四年刻本，中國人民大學圖書館藏；《四庫全書存目叢書》本。

陳子鄰蚓鳴集

唱和集　明陳相、儲巏等著　以上二種見《［道光］泰州志》卷三十。

全　英，字文實，號東軒。明泰州人。成化十三年舉人。

［嘉靖］泰州志　明全英修　見《［道光］泰州志》卷三十。

東軒雜識　見《微尚録存》。

吕　傑（？—一五〇六），明泰州人。弘治三年進士。官撫州知府。

撫州府志二十八卷　明吕傑修　見《天一閣書目》。

儲　巏（一四五七—一五一三），字静夫，號柴墟。明泰州人。成化二十年會試第一。授南京吏部主事，歷遷户部左侍郎。劉瑾用事，引疾歸里。瑾誅後，復起調南京吏部左侍郎。明代泰州人物文章之冠。卒謚文懿。

儲文懿公奏疏　見《［嘉慶］重修揚州府志》卷六十二。

新刊皇明政要二十卷　明婁性謹編，儲巏校　明嘉靖五年刻本，國家圖書館藏。

柴墟文集十五卷（一作柴墟齋集） 明嘉靖四年儲洵沔陽補刻本，卷九至卷十一配萬曆刻本，泰州市圖書館藏；明萬曆二十五年儲耀刻本，泰州市圖書館藏；明萬曆四十二年儲耀刻本，上海圖書館藏；康熙十九年刻本，清華大學圖書館藏；《海陵叢刻》本；《四庫全書存目叢書》本。

七言雜字詩一卷 墨稼山房刻本；犁花漁人删訂鈔本；傳鈔本，泰州市圖書館藏。

垌野集 見明歐大任《廣陵十先生傳》。

遺山先生文集四十卷附録一卷 金元好問撰，明儲巏輯 明弘治十一年李瀚刻本，儲巏手校，國家圖書館藏。

儲巏制藝 見《泰縣著述考》卷七。

晞發集十卷晞發遺集二卷遺集補一卷天地間集一卷 宋謝翱撰

登西臺慟哭記注一卷冬青樹引注一卷 明張丁撰 以上二種明弘治間儲巏刊。

王盛仁（一四六二—一五一六），字拔之。明泰州人。

王氏宗譜 王盛仁弘治七年修纂 見《泰州東門外王氏宗譜》。

儲 嵐（一四六二—一五三八），字潔夫，别號雲崖。明泰州人。巏弟。

東莊集句録

野趣堂集句 以上二種見《泰縣著述考》卷七。

李 堅，字原德。明泰州人。弘治十八年進士。

滄浪集三卷 宋嚴羽撰，明李堅刊 明正德十年刻本。

華 湘（一四七二—一五四三），字源楚，號南畹。明泰州人。正德十二年進士。授工部郎中。歷光禄寺少卿，管欽天監事。尋以事謫守蒲州。稍遷廣西思恩府丞。

詩經臆説十四卷 明嘉靖二十一年華湘刻本，泰州市圖書館藏。

玉曆通政經三卷 唐李淳風編，明華湘補 鈔本，北京大學圖書館藏。

靈樞秘要

石府玄機

幽堂寶照

皇極玄機

洞林秘髓　以上五種見《［道光］泰州志》卷三十。

潘導光，明泰州人。逢元子。廩生。師事王守仁。

暘谷軒文集　見《泰縣著述考》卷七。

徐　嵩（一四八二—一五五八），字仲望，號小石。明泰州人。蕃子。正德十六年進士。歷官湖廣按察使、山東布政使、右副都御史等。以罪謫戍宣府，逾年放歸。

小石文集　見明沈良才《鳳岡集》。

王　艮（一四八三—一五四一），初名銀，字汝止，號心齋。明泰州安豐（今屬東臺）人。王守仁弟子。一生未仕，以講學終身，爲泰州學派創始人。

重刻心齋王先生語録二卷　明刻本，中山圖書館藏。

心齋約言一卷　《學海類編》本。

重鐫心齋王先生全集六卷　明萬曆三十四年耿定力、丁賓刻增補本，北京大學圖書館藏；明王言綸等刻本，天啓元年刻崇禎增刻本，附《新刻王心齋先生疏傳合編》二卷，中國科學院圖書館藏。

心齋先生全集八卷　明刻清初遞修《三賢全集》本，泰州市圖書館藏。

王心齋集　《廣理學備考》本。

王文貞公集二卷　清嘉慶二十一年王世豐重刻本。

王心齋先生全集五卷　清道光六年樂學堂刻本；宣統二年袁承業據原刻本重編排印本。

王心齋全集　二〇〇一年江蘇教育出版社排印本。

儲　洵（一四八四—一五五五），字平甫，號平野。明泰州人。巏長子，巏侄。正德六年進士，官兵部郎中。以讒左遷知沔陽。升福建漳南僉事。

建文革除録（一作靖難革除録）　明儲洵編　見《［雍正］揚州府志》卷三十五。

儲氏宗譜　儲洵、儲湞嘉靖三十一年修纂　見《海陵儲氏宗譜》。

江河伏流編　見《［同治］續纂揚州府志》卷二十二。

沔陽河防志　見《泰縣著述考》卷六。

野野集　見《［嘉慶］重修揚州府志》卷六十二。

王　紀，字環卿，一作理卿，別號順庵。明泰州人。正德六年進士。官至陝西僉事。

諫垣遺草　見王孫駿《蕊亭隨筆》。

給諫詩集　見《蕊亭隨筆二集》。

儲　湞（一四八六—一五五九），字行甫，號瀛溪。明泰州人。巏次子，巏嗣子。舉明經，官江西弋陽知縣。

儲氏宗譜　儲湞等嘉靖三十一年編纂　見《海陵儲氏宗譜》。

近園詩稿　見《泰縣著述考》卷七。

周　盤，字崇壽，號西野。明泰州人。王艮妹婿。受業於王艮。

文莊遺集　見《［民國］續纂泰州志》卷二十二。

林　春（一四九八—一五四一），字子仁，號東城，又號方城。明泰州人。祖籍福建。嘉靖十一年會試第一，除户部主事，調吏部。後補文選郎中。卒於官。

林東城文集二卷　明嘉靖二十三年浙中刻本；明嘉靖二十五年孔天胤刊本；《海陵叢刻》本；鈔本，山東大學圖書館藏。

儲　汶（一四九八—一五四九），字源甫，號齊南。明泰州人。巏四子。貢生，授江西鄱陽縣丞。

問芝亭稿　見《泰縣著述考》卷七。

盧　琰，字以德，號東灣。明泰州人。源子。處士。

東灣吟稿談會十二卷　集部别集類，佚。見《泰縣著述考》卷七。

王　棟（一五〇三—一五八一），字隆吉，號一庵。明泰州人。嘉靖三十七年歲貢生。泰州一派始於王艮，棟爲艮從弟，師事之，獨得其傳。爲江西南城訓導，主白鹿洞文會，又掌南昌正學書院。官終深州學正。

易説　見《［民國］泰縣志稿》卷二十七。

祠堂紀事　《三水王氏族譜》本。

會學十規　見《泰州新志刊謬》卷上。

一庵會語十二卷　見《千頃堂書目》卷十一。

一庵先生遺集二卷　明天啓四年王家俊刻本，南京圖書館藏；《三賢全集》明刻清初遞修本，泰州市圖書館藏；清王世豐刻本；清王榮禄刻本；收入一九一二年《明儒王心齋先生遺集》鉛印本；明萬曆三十九年鈔本，南京圖書館藏；《四庫全書存目叢書》本。

王一庵先生遺集三卷　明崇禎刻本。

沈良才（一五〇六—一五六七），字德夫，號鳳岡。明泰州人。登嘉靖十四年進士。由翰林院庶吉士改兵科給事中。累官至兵部侍郎。以疏劾嚴嵩落職。

大司馬鳳岡沈先生文集四卷（一作沈司馬集）　明刻

本，南京圖書館藏；康熙間六世孫沈龍翔修補本；傳鈔本，泰州市圖書館藏；《四庫全書存目叢書》本。

林　訥，字公敏，號白宇。明福建莆田人。嘉靖三十三年倭亂，遂舉家居於泰州。

林訥遺集

漁樵答問　以上二種見《泰縣著述考》卷三。

唐　珊，字可珍，號一橋，後改靈臺。明泰州人。招賢鄉處士。

鄉約解

質言集　以上二種見《［嘉慶］重修揚州府志》卷六十二。

陳　芑，字實夫，號美齋。明泰州人。王艮弟子。嘉靖間由歲貢生授河南新鄉縣訓導。年六十一卒於官。

論孟類聚　見《泰州新志刊謬》卷下。

凌　儒，字真卿，號海樓。明泰州人。登嘉靖三十二年進士。初爲永豐令，擢御史。官至右僉都御史。卒年八十。

山堂肆考二百二十八卷補遺十二卷　明彭大翼著，張幼學編，凌儒等校　明萬曆二十三年金陵書林周顯刻本，北京師範大學圖書館藏；萬曆二十三年金陵書林周顯刻、萬曆四十七年重修本，首都圖書館藏；《四庫全書》本。

舊業堂集十卷（一作凌海樓集）　明天啓四年刻本，上海圖書館藏。

顧廷對，字子俞，號直齋。明泰州人。嘉靖三十八年進士。知浙江平湖縣。擢監察御史，出按江西。後謫判涪州，改嘉善縣令，皆未任而卒。

［嘉靖］平湖縣志九卷　明泰州顧廷對修，丹徒法暟纂　明嘉靖四十二年修，見《［雍正］浙江通志》卷二百五十三著録。

江右奏疏

尹湖末議　以上二種見《［道光］泰州志》卷三十。

李存文，字應魁，號曲江。明泰州人。嘉靖四十四年進士。授吏科給事中，升工科右都給事中。外補湖廣參議。隆慶六年引疾致仕歸。

曲江諫草　見《［道光］泰州志》卷三十。

蔣　科，明泰州人。隆慶二年進士。官建寧知府。

皇明兩朝疏鈔二十卷　明賈三近輯，蔣科刊　明萬曆十四年刻本，北京大學圖書館藏；《續修四庫全書》本。

陳　汶（一五二〇—一六〇〇），字汝明，號達泉，一字魯田。明泰州人。萬曆元年恩貢，仕廣西南寧府通判，署本府事。

陳氏家譜　陳汶萬曆九年創修，見《陳氏家乘》。

宮永建（一五三四—一六一八），字克昌，號恒山。明泰州人。盛子。廩膳生。

文介公詩詞遺稿一卷　春雨草堂傳鈔本。

陳應芳（一五四三—一六一〇），字世龍，一字元振，號蘭臺。明泰州人。萬曆二年進士。任浙江金華、龍泉縣令，歷官福建布政司參議、南京大理寺丞、太僕寺少卿。

兩浙名宦録　見《泰縣著述考》卷五。

敬止集　明陳應芳輯　明萬曆二十四年刻本，上海圖書館藏；《四庫全書》本；清鈔本，上海圖書館藏；《海陵叢刻》本。

宗儒語録

劍川録　以上二種見《陳氏家乘》。

守愚集

歸來集　以上二種見《［雍正］揚州府志》卷三十五。

日涉園集　見《［道光］泰州志》卷三十。

含香集　見《陳氏家乘》。

周思兼，字紹旦，號得齋。明泰州人。庠生。師事王襞。配享東淘精舍。

定庵周公遺稿　見《泰縣著述考》卷三。

潘昌類，字龍濤。明泰州人。其先祖自蘇州遷泰。貢生。

潘子制義

花月樓詩　以上二種見《［道光］泰州志》卷三十。

韓士文，號伴松。明泰州人。精醫術。

休休樓集　見《［雍正］揚州府志》卷三十三。

李福曾，明泰州人。

李氏族譜十八卷　明李福曾等撰　清同治三年活字本。

李思謙，字鳴卿。明泰州人。萬曆舉人。

摭古遺文二卷再續摭古遺文一卷　明李登輯、姚履旋增輯　明萬曆三十一年李思謙刻本，南京圖書館藏。

錢東皐，明泰州人。

吴越分錢氏泰州宗譜十卷　明嘉靖三十五年刊本。

章文斗，字月鹿。明泰州人。以歲薦授浙江定海丞。

［萬曆］泰州志十二卷（一作甲辰志）　明李存信修，黄佑、章文斗纂　明萬曆三十二年刻本；清鈔本，民族文化宫圖書館藏；鈔本，中國科學院圖書館藏。

定海三賦志略　見《［崇禎］泰州志》卷六。

臆見

心銘

鏡古

叢奇　以上四種見《［道光］泰州志》卷三十。

宫景隆（一五五五—一六二三），字美存，一字美中，號玉崑。明泰州人。永建子。歲貢生。

燼餘偶存一卷（一作文達公圖贊）　宫焕光手鈔本；宫繼蘭刻本。見《泰縣著述考》卷四。

沈晋陽，字康侯，别號羼提道人。明泰州人。龍翔祖。萬曆時郡庠生。卒年八十五。

治清水潭議

采山堂集十卷　以上二種見《［道光］泰州志》卷三十。

唐志契（一五七九—一六五一），字敷五，又字玄生。明泰州人。與弟志伊、侄日昌並能畫，時人稱爲『三唐』。

繪事微言四卷　明天啓七年刻本，上海圖書館藏；明崇禎十一年刻本，清華大學圖書館藏；明鈔本，浙江圖書館藏；《四庫全書》本；《四庫全書珍本初集》本；《海陵叢刻》本；《畫論叢刊》本，作一卷。

丁士毅，明泰州人。

廣戒殺説

早嫁婢説　以上二種見《［道光］泰州志》卷三十。

高瑩，明泰州人。

蔣垛高氏宗譜　清乾隆二十三年刊本。

徐文炳，字明臺。明泰州人。廪貢生。天啓四年與修州志。

洞酌集　見《［道光］泰州志》卷三十。

朱成恕，字惟一，號如齋。明泰州人。

就正臆説十卷　見《［道光］泰州志》卷三十。

西竺和尚，明泰州人。住持金陵蘭若寺。魏國公徐宏基師事之。竟陵鍾惺、譚元春與其爲方外交。年八十五圓寂。

楞嚴合轍　見《泰縣著述考》卷二。

劉萬春，字忠孕，一作吏孕、公孕。明泰州人。萬曆四十四年進士。授户部江西司主事，歷官兵部員外郎、郎中，浙江布政司參政等。

［崇禎］泰州志十卷圖一卷（一作大參志）　明李自滋修，劉萬春纂　明崇禎六年刻本，國家圖書館藏；康熙五十八年魏錫祚刻本，中國人民大學圖書館藏；傳鈔康熙五十八年本，南京地理研究所圖書館藏；恨不讀書堂鈔本，吉林大學圖書館藏；鈔本，揚州市圖書館等藏；油印本，河南省社會科學院圖書館藏；《四庫全書存目叢書》本。

守官漫録五卷　明萬曆四十八年刻劉氏澹然居本，南京圖書館、國家圖書館等藏；《四庫禁毀書叢刊》本。

袁懋貞（一五九七—？），字九潦。明泰州人。世科子。萬曆二十五年舉人。官南康知府。

袁氏四公録　見宫偉鏐《微尚録存》。

廬山蓮社高賢傳七卷　明萬曆間刻本，福建省圖書館藏。

善名詩堂集八卷　明天啓間自刻本，泰州市圖書館藏。

廬山詩紀七卷　明刻本，南京圖書館藏。

蒯緱集

清源集　以上三種見《［嘉慶］重修揚州府志》卷六十二。

遊梁草

寤白園稿　以上三種見《泰縣著述考》卷四。

王德著，明泰州人。

義門泰州王氏族譜四卷　清光緒十二年續修活字本。

周世臣，字夢翁。明泰州人。

芙蓉集　明周世臣、王之驥合選　見《伯山詩話後集》。

錢世金，明泰州人。

吴越分錢氏泰州宗譜十卷　明崇禎六年刊本。

黄呈理，明泰州人。

姜堰鎮黄氏續修家乘十四卷　清順治三年刊本。

繆文遠，明泰州人。

繆氏族譜十卷　明繆文遠等撰　清同治四年刊本。

吴　陵，字又徐，號椒堂。明泰州人。

椒堂遺集　見《泰縣著述考》卷二。

吴　濤，字又山。明泰州人。

芙蓉閣詩集　見《泰州新志刊謬》卷下。

田狩龍，字確夫，一字鍾宇，號遁庵。明泰州人。置義田義倉，設家塾。年八十卒。

良知説

明道大意

誠正解　以上三種見《［雍正］揚州府志》卷三十五。

樂道歌　見《［民國］泰縣志稿》卷二十八。

教子格言

勸學語

遁庵詩集　以上三種見《［道光］泰州志》卷三十。

德香園集　見《中國人名大辭典》。

沈復曾，字大復，號林公。明泰州人。諸生。工詩。

旦園詩集　見《泰州新志刊謬》卷下。

張廷寀，字見東。明泰州人。諸生。天啓、崇禎時與儲瑛等兩修邑乘。

南軒集

竹畦集　以上二種見《［道光］泰州志》卷三十。

王相説，字懋弼，號鞠劬。明泰州人。三重子。天啓二年進士。官至湖廣參議。

四書講義合編　見《蕊亭隨筆》。

海安王氏族譜八卷　清同治二年續修，見《泰縣著述考》卷八。

趣園詩　見《詩觀二集》。

王　肇，明泰州人。

三水王氏族譜十四卷　清光緒五年活字排印本。

宋懋功，明泰州人。

港口宋氏族譜十卷　清光緒二十八年活字本。

清

宫繼蘭（一五七九—一六五八），原名大壯，字貞吉，號鶩鄰。清泰州人。景逢子。明崇禎十年進士。授工部主事，出知兖州府。

宫氏族譜一卷　清乾隆五十七年刊本。

南枝草詩鈔一卷　見《續南宫舊德録》；傳鈔本，見

《泰縣著述考》卷四。

柳敬亭（一五八七—一六七六），名逢春。清泰州人。善説書。

柳下説書四卷　見胡士瑩《話本小説概論》。

潘逢元，清泰州人。廪生。

湛泉詩集　見《泰縣著述考》卷七。

許烝欽，字欽哉，號漱雪。清漢陽人，寓泰州。崇禎四年進士。知溧水縣，遷户部主事。

漱雪集　見《[道光]泰州志》卷三十。

田毓芝，字明符。清泰州人。狩龍次子。諸生。

樂天堂稿十卷　見《[道光]泰州志》卷二十一。

徐爾貞，字介石，又字惟正。清泰州人。由貢生授文華殿中書，加禮部儀制司主事。嘗纂修國史。精於醫理。

醫彙十二卷（一作新刻醫彙）　見《[道光]泰州志》卷三十。

潘昌第，清泰州人。拔貢生。官至知府。康熙元年致仕歸里。

潘氏族譜

鑒湖詩鈔

菊園逸史詩鈔　以上三種見《泰縣著述考》卷七。

方　苞，字白英，號清漣漁父。清泰州人。諸生。

方生詩集七卷　見《[道光]泰州志》卷三十。

夢羅浮集

清漣集

蒹葭集

鄴隱園集　以上四種均見《江蘇詩徵》卷六十七。

儲　堪（一六〇〇—一六四八），字中遊，號兩岐。清泰州人。湞曾孫。明崇禎十年進士，官浙江龍遊知縣。

紅葉山莊集　見《[道光]泰州志》卷三十。

黄浣生，原名位中，號眉房。清泰州人。呈麗子。官明錦衣衛指揮僉事，授金吾將軍。南明福王任命協理兩淮鹽政事。明亡後隱居不仕。

德園詩集一卷　藍格鈔本，泰州市圖書館藏。

李嘉允，字爾孚。號孟齋。清泰州人。存文曾孫。順治六年進士。官貴州黎平府，遷守順德。康熙六年以病乞歸。

草樓制藝　見《海陵文徵附録》。

草樓集　見《江蘇詩徵》卷九十六。

釋濟教（一六〇五—一六六一），字巨治。毛姓。清泰州人。從高僧遊歷天下，主香山白馬寺十餘年。

巨治禪師語録二卷 見吴偉業《吴梅村全集》卷五十一所撰《塔銘》。

劉懋賢，字愚公。清泰州人。萬春長子。

槃庵詩 見《泰州新志刊謬》卷下。

劉懋贄，字質公，號僅三。清泰州人。萬春次子。貢生。

雪村草 見《江蘇詩徵》卷七十八。

劉懋勳，字膚公，一字光叟，號堯叟。清泰州人。萬春三子。順治八年舉人。

簣山園選稿 見《泰州新志刊謬》卷下。

張 麌，字九草。清泰州人。廷寀子。

知拙堂稿 見《江蘇詩徵》卷五十八。

黄 逵，字儀逋，一字石儔，號木蘭老人、玉壺山人。清山陰人，寓居泰州之西橋側。

玉壺山人遺詩三卷 項氏三淵堂刊本。

黄儀逋詩三卷 清康熙刻本，上海圖書館藏。

尹灣小草不分卷 稿本，國家圖書館藏。

熊 兆，清泰州人。

古文孝經朱子訂定刊誤集講一卷 清鈔本，清翁同書跋，國家圖書館藏；《四庫全書存目叢書》本。

羅 桂，字碧山，號笠隱，晚號金粟山人。清泰州人。與邑人鄧漢儀、黄雲輩結詩社。

自娱集

北遊草

愛雅堂稿 以上三種見《［民國］續纂泰州志》卷二十五。

劉九皋，字鶴亭。清泰州人。元泰子。

焚餘草 見《江蘇詩徵》卷七十九。

田顯吉，原名毓蕙。清泰州人。清順治十八年進士。知山東嶧縣。

［康熙］嶧縣志五卷 清田顯吉修，褚光鎮纂 清康熙十二年刻本，國家圖書館、南京圖書館藏；二〇〇四年綫裝書局影印本。

丁日乾，字謙龍，號漢公。清泰州人。順治二年舉人。

漁園詩 見《江蘇詩徵》卷七十七。

泰州先哲詩存不分卷　丁日乾等撰　鈔本，中國科學院圖書館藏。

陳凝祉（一六〇八—一六八四），字荼庵，號懋吉。清泰州人。順治八年舉人。任山西汾州推官，升户部郎中，歷掌關榷，轉湖廣驛糧道。

敬由録

陳懋吉詩文集　以上二種見《［道光］泰州志》卷三十。

宫偉鏐（一六一一—一六八〇），字紫陽，號紫玄，一作紫懸，别號桃都漫士。清泰州人。繼蘭子。明崇禎十六年進士。官翰林院檢討。入清，兩薦舉未就，援例終養乞歸。

孝經諸箋二卷　明崇禎九年刻本，後收入《春雨草堂集》。

楊升庵史略詞話正誤二卷（一作史略正誤）　明楊慎原著，清李清、宫偉鏐正誤　清康熙間刻本，吉林大學圖書館、福建師範大學圖書館藏；清道光五年修補本。

南宫舊德録十卷　初刻單行本；《春雨草堂别集》本。

微尚録存六卷（一作泰州志稿）　清宫偉鏐、陸廷掄撰　《春雨草堂集》本；《海陵叢刻》本。

采山外紀　見《［嘉慶］重修揚州府志》卷六十二。

庭聞州世説六卷續一卷先進風格一卷　清康熙刻本，無續一卷及先進風格一卷，上海圖書館藏；清嘉慶十一年焦循鈔本，庭聞州世説作七卷，無續一卷，上海圖書館藏；《辟蠹山房叢書》本；《海陵叢刻》本；《四庫全書存目叢書》本。

桃都漫士宫紫陽述六卷　見《［民國］泰縣志稿》卷二十七。

春雨草堂集三十四卷别集三十卷宦稿五卷　宫偉鏐撰，宫夢仁編　清康熙四十年家刻本，國家圖書館藏；清同治七年宫白頤鈔本；清鈔本，無别集宦稿，大連圖書館藏。

春雨草堂别集八卷　清道光間鈔本，作七卷；《海陵叢刻》本。

春雨草堂宦稿二十六卷　清刻本，南京圖書館藏。

春雨草堂題詠八卷　宫偉鏐輯　《春雨草堂别集》本；傳鈔本，見《泰縣著述考》卷四。

入燕集一卷　見《［道光］泰州志》卷三十。

留行贈別二集四卷　清順治間初刻單行本，泰州市圖書館藏；傳鈔本，見《泰縣著述考》卷四；《春雨草堂別集》本。

寶吕一家詞　見《全清詞鈔》卷一。

陸　舜（一六一四—一六九二），字元升，號吴州。清泰州人。清康熙三年進士。初任刑曹，後視學浙江。

陸吴州集（又作吴州文集）　清陸舜撰，陸祖遊輯康熙間陸祖遊刻本；陸箢泉鈔本；《四庫未收書輯刊》本；《清代詩文集彙編》本。

雙虹堂文集選　《泰州陸氏家集》稿本，北京師範大學圖書館藏。

吴州公佚稿　《泰州陸氏家集》稿本，北京師範大學圖書館藏。

一帆記

雙鳶記　以上二種見清焦循《劇説》卷四。

鄧漢儀（一六一七—一六八九），字孝威，一字舊山，又稱舊山農、舊山叟、舊山梅農。清泰州人。工於詩學，爲騷雅領袖。太倉吴偉業、合肥龔鼎孳皆與之倡和，康熙十八年召試博學鴻儒科，因年老授内閣中書。

官梅集一卷　清順治四年刻本；清無近名齋鈔本，泰州市圖書館藏；一九八〇年泰州古舊書店鈔本。

慎墨堂筆記一卷　辟蠹山房鈔本。

慎墨堂詩前集　清康熙間江都鄭熙績校刻本；傳鈔本，見《泰縣著述考》卷七。

慎墨堂詩拾九卷筆記一卷　漢畫軒鈔本，國家圖書館藏；辟蠹山房鈔本，無筆記一卷，多附録三卷。

編年詩

各體文

過嶺集　以上三種見《［道光］泰州志》卷三十。

被徵集

甬東集（一作甬東遊草）

燕臺集（一作燕市酒人篇）

淮陰集

濠梁集　以上五種見《［民國］泰縣志稿》卷二十七。

慎墨堂全集　揚州鈔本，天津師範大學圖書館藏。

東皋詩存　鄧漢儀等輯　清古隱玉齋刻本，南京圖書館藏。

慎墨堂名家詩品□□卷　清彭桂、施閏章、梁清標撰，鄧漢儀編　清康熙刻本，存六卷，國家圖書館藏。

蕭樓集　鄧漢儀輯　見清尤侗《西堂雜組三集》卷三。

詩觀初集十二卷二集十四卷三集十三卷閏秀別卷一卷　清康熙十一年至二十九年慎墨堂刻，乾隆十五年至十七年深柳讀書堂重刻本，多有删節，國家圖書館藏；清書林道盛堂刻本，卷一配清鈔本，泰州市圖書館藏；清乾隆十三年如皋仲之琮、浙江胡裘錞補訂刻本，國家圖書館藏；《四庫禁毀書叢刊》本；《四庫全書存目叢書補編》本。

清簾詞一卷　《名家詞鈔六十種》本。

吴嘉紀（一六一八—一六八四），字賓賢，號野人。清泰州安豐（今屬東臺）人。成童時習舉業，入清後棄去。專工於詩歷三十年，絶意仕進。

陋軒詩六卷　清康熙元年周亮工賴古堂初刻本，中國科學院圖書館、泰州市博物館藏；康熙十八年方幹雲重刻本，上海圖書館藏；康熙二十三年程岫、汪楫刻本；乾隆三十年陳璨補刻方本，南京圖書館藏；《國初十家詩鈔》本；清末民初袁承業輯刊《陋軒江村集合刻》本。

陋軒詩八卷　康熙元年賴古堂刻大業堂增修本，国家圖書館藏；一九二〇年楊程祖刻本。

陋軒詩十二卷續二卷　清嘉慶十九年栟茶繆中一草亭刻本，無《續》二卷；清道光二十年泰州夏荃刻本；一九一六年泰縣圖書館據繆中刊版重印本。

陋軒詩集一卷　鈔本，國家圖書館藏。

陋軒詩一卷　稿本，清王士禛評點，劉峙跋，山東省博物館藏。

陋軒詩不分卷　清鈔本，清柳友松題詩，南京圖書館藏。

陋軒詩續二卷　清夏荃輯，清鈔本，清劉寶楠批，中國社會科學院文學研究所藏。

吴嘉紀詩箋校十五卷　楊積慶箋校，一九八〇年上海古籍出版社出版。

陸　曜，字亮工，一字蒿野。清泰州人。舜弟。諸生。

蒿野集　見《泰縣著述考》卷五。

張幼學（？—一六五四），字詞臣。清泰州人。清順治三年舉人。知浙江鄞縣。

鄞署餐柏稿　見《海安考古録》。

雙虹堂詩合選八卷（一作張詞臣詩集）　國山徐堯章選刻本；《海陵叢刻》本。

雙虹堂五刻汝陰遊一卷塞上遊一卷　清初刻本，上海圖書館藏；清順治康熙間刊本，僅雙虹堂五刻二卷。

青樓恨傳奇　見《明清江蘇文人年表》順治三年（一六四六）。

陳忠靖（一六二一—一六八六），字爾位，一字曉堂。號念共。清泰州人。順治四年進士，選内府中書舍人。擢刑科給事中。

陳氏家譜　陳忠靖康熙二十年修纂　見《陳氏家乘》。

曉堂奏議　見《陳氏家乘》。

平賦録　見《［道光］泰州志》卷三十。

曉堂詩集（一作曉樓詩集）　見《江蘇詩徵》卷二十五。

二宜文集　見《發幽録》。

曉堂律詩二卷　陳硯鄉手鈔本；藍格鈔本，泰州市圖書館藏。

黃　雲（一六二一—一七〇二），字仙裳，號舊樵。清泰州人。世居姜堰鎮。庠生。康熙二十二年與修省志。肆力於詩歌，東南持風雅者必宗之。

臨池隨筆

景曾録

洗心録

讀書堂隨筆　以上四種見《泰縣著述考》卷六。

悠然堂集一卷　紅格舊鈔本，泰州市圖書館藏；清順治十三年山陰姜圖南代刻；《詩删》刻本，二卷。

康山集　清順治十年遊越刻。

樵青集　清順治三年刻。

桐引樓詩三十卷　清康熙二十三年刻本，上海圖書館藏。

黃仙裳七言律詩分韻無卷數　黃雲撰，王士禎選　清鈔本，南京圖書館藏；清康熙九年（十六七十）如皋令李文秀刻本。

五言詩鈔　《泰縣著述考》卷六。

倚樓詞　見《全清詞鈔》卷三。

呂　潛（一六二一—一七〇六），字孔昭，號半隱，別號石山農。清四川遂寧人。大器子。崇禎十六年進士。值蜀亂避居泰州。

懷歸草堂詩守閒堂詩課耕樓詩　清光緒十五年刻本，上海圖書館藏。

袁爾萃，字拔公，號瞻蓼。清泰州人，懋年子。

蓼庵集　見《詩觀二集》。

佘儀曾，字伯來，號羽尊，一號黍村。清泰州人。先世莆田籍。明諸生。

柳潯内外篇

瞿瞿草詩略六卷

詩概　以上三種見《泰縣著述考》卷二。

侯康民，字容庵。清泰州人。順治十八年官蒲州知州。

［康熙］**蒲州志十二卷**　清侯康民修，賈瀠纂　清康熙九年刻本，天津圖書館藏。

王　樹，字天樹。清泰州人。順治間歲貢生。有文名。家藏書甚富。以侯選訓導終。

碎金集十卷　清王樹編　見《義門王氏族譜》。

徐淑秀，自號昭陽遺子。清泰州邵某妻。明末爲宫人，明亡，棲泰州之沈村。

一葉落詞　見《泰縣著述考》卷四。

顧紹美，字景先。清泰州人。

瑟庵集　見《江蘇詩徵》卷一百三十一。

李拔卿，字枚及，號易庵。清泰州人。順治八年拔貢生。官通判。

論古堂集　見《［道光］泰州志》卷三十。

周貞媛，字瑶石。清泰州人。施千里妻。

如河軒稿　見《衆香詞》。

關關集　見《［道光］泰州志》卷三十。

蔣起榮，字素行。清泰州人。戚氏妻。

卧松吟　見《衆香詞》。

吴崇先　字式武，號鶴山。清泰州人。順治十八年由歲貢生考授宏文院中書。補秘書院。

經濟鴻書　見《［道光］泰州志》卷三十。

正覺編　見《泰縣著述考》卷二。

世綸堂稿　見《江蘇詩徵》卷十四。

志遠堂新編

桂籍軒詩　以上二種見《［道光］泰州志》卷二十四。

黃九河，字天濤，號浮螺。清泰州人。浣生子。監生。

舊燕樓近詩一卷（一作琴怨詩）　《辟蠹山房叢書》本，泰州市圖書館藏。

天濤遺稿　見《［道光］泰州志》卷三十。

深柳堂詩集　見《［民國］泰縣志稿》卷二十七。

陸羽嬉，字酌泉。清泰州人。詩人黃天濤妾。

小雲集　見《衆香詞》。

黃九洛，原名右序，字姬定，號有周。清泰州人。九河弟。官黃岩縣丞。

古雪草堂詩集一卷（一作曆園詩）　傳鈔本，見《泰縣著述考》卷六。

俞釪，字天水。清泰州人。應龍長子，順治五年舉人。任廣西太平府推官。

百尺樓誤耕録　見《［道光］泰州志》卷三十。

俞鐸，字天木。清泰州人。釪弟。順治九年進士，改庶吉士。逾年授御史。

俞太史制藝　清康熙間自刻本。

葛覃，字天衣。清泰州人。順治十七年武舉人。任川陝督標守備，隨征噶爾丹有功，誥授明威將軍。

天衣詩集　見《泰縣著述考》卷六。

費禹聞，清泰州人

費氏家乘四卷　清費禹聞、費履堅、費炳章、費文溶撰　傳鈔本，見《泰縣著述考》卷八。

上思（一六三〇—一六八八），字雨山，一字雪悟。清泰州人。住天寧寺。後主持寺院多處，晚年復返天寧寺。

雨山和尚語録二十卷　見釋震華《興化佛教通志》卷二。

陳志紀（一六三一—一六七七），字雁群，一字海陽，號懿誦。清泰州人。凝祉子。順治十六年成進士。選庶吉士。授編修。未幾以言事得罪，謫戍寧古塔。卒於戍所。

蘇長公拔尤二卷　清順治十一年自刻本。

塞外吟　見《［民國］泰縣志稿》卷二十七。

宮夢仁（一六三二—一七一三），原名歷宗。字宗衮，一作宗襄，號定山，一作定庵。清泰州人。偉鏐長子。康熙十二年殿試二甲第五。改庶吉士，授御史。出爲河南督糧道。累遷右副都御史，巡撫福建。

詩經稿　見《泰縣著述考》卷四。

二十一史名臣言行録　見《［雍正］揚州府志》卷三十五。

續南宮舊德録八卷　清康熙五十年家刻本，南京圖書館藏。

宮侍御奏疏不分卷　清康熙刻本，國家圖書館藏。

［康熙］湖廣通志八十卷圖一卷　清徐國相、丁思孔修，宮夢仁、姚淳燾纂　清康熙二十三年刻本，國家圖書館藏。

餘年撰述

喻林

英華粹語　以上三種見《［道光］泰州志》卷三十。

讀書紀數略五十四卷　手稿本，故宮博物院圖書館藏；清康熙刻本，國家圖書館藏；清康熙五十年刻本，泰州市圖書館藏；《四庫全書》本；《懺花庵叢書》本。

齊魯詩　見《詩觀二集》。

拏音集　見《明清江蘇文人年表》康熙五十年。

自訂文集一百卷（一作宮中丞自訂文集）　見《［道光］泰州志》卷三十。

宮會元文稿

山左試牘　以上二種見《宮氏族譜後集》。

文苑英華選六十卷　宮夢仁編　清康熙四十一年刻本，泰州市圖書館藏。

宮昌宗（一六三三—一六七八），字武承，號毅庵。清泰州人。偉鏐次子。順治八年拔貢。授宏文院中書舍人。康熙七年舉博學鴻詞，因疾未赴。

狂談一卷　見《［民國］泰縣志稿》卷二十七。

罷歸偶録一卷　宮懋勇寫本，見《泰縣著述考》卷四。

中翰公未刻稿　康熙五十五年宮懋勇寫本；鈔本，泰州市圖書館藏。

九雲書院詩文集　清康熙五年自刻本；傳鈔本，七卷，泰州市圖書館藏。

陳志繹（一六四〇—一六九五），字衛公，清泰州人。成祉三子。太學生。

自怡堂集　見《江蘇詩徵》卷二十五。

陳志襄（一六四五—一七二〇），字陶思，號南村。清泰州人。成祉四子。貢生。考授州同知。究心諸史。

綱鑒會通明紀十五卷（一作明紀會通）　清康熙五十八年刻本，泰州市圖書館藏；清雍正間藤花榭刊本；清書業德刻本，上海圖書館藏。

綱鑒會通一百一十五卷　清康熙五十八年刻本；書業堂補刻《明紀會通》本。

淡定齋集

謙忍居集　以上二種見《［道光］泰州志》卷三十。

南野草堂集　見《［民國］泰縣志稿》卷二十七。

姚淳燾，清泰州人。

［康熙］湖廣通志八十卷圖一卷　清徐國相、丁思孔修，宫夢仁、姚淳燾纂　清康熙二十三年刻本，國家圖書館藏。

釋德日，本姓蔣，名葵。字冰心，號藥林。清泰州人。蔣炤女弟，陳某妻。後入空門。

鏡奩十詠　見《擷芳集》。

拂愁集　見《正始集》。

易　東，字田授。清泰州人。康熙初年兩中副榜。

曉堂集　見《江蘇詩徵》卷一百五十九。

陳　綬，字儀藻。清泰州人。志襄子。貢生。

五朝詩選　陳綬選　見《泰縣著述考》卷五。

王孫驂，字參馬，又字受軒，號純夫。清泰州人。相説子。康熙八年舉人。授宜黄知縣。

蕊亭隨筆八集　鈔本，泰州市圖書館藏；《辟蠹山房叢書》本；夏荃選鈔本。

蕊亭隨筆摘要八卷　清鈔本，清鮑溶批點，浙江圖書館藏。

丁元會，字天叙。清泰州人。日乾侄。

淇園集　見清鄧漢儀輯《詩觀初集》。

沈嘉植，字子厚，號桓雙，一作垣雙。清泰州人。良才裔孫。康熙十年拔貢生。晚年任清河教諭。

山雨樓集

羅浮偶存　以上二種見《［道光］泰州志》卷三十。

劉　靖，字阮仙。清泰州人。九皋子。廪生。

太乙閣詩　手稿本。

槐蔭堂草　見《［同治］續纂揚州府志》卷二十二。

邵　笠，字澹庵。清泰州人。秀才黃杜若妻。詩媛徐淑秀爲其庶母。

薜蘿軒集　見《淮海英靈集》壬集卷一。

張　琴，字桐峰，一字桐仙，號耐軒。清泰州人。康熙十二年進士。授內閣中書。

涉園集

桐峰制義　以上二種見《［雍正］揚州府志》卷三十五。

耐庵集（一作耐軒詩集）　見《［道光］泰州志》卷三十。

西湖遊草　見《詩觀二集》。

田敬錫，字公燮，號左拾。清泰州人。毓芝子。由歲貢生考授中書。遷刑部主事，歷升員外郎、郎中。

青棠閣稿十卷　見《［同治］續纂揚州府志》卷二十二。

鄧勷采，字扶風，號次德。清泰州人。漢儀子。諸生。

我笑軒稿　見《江蘇詩徵》卷一百五十。

釋碩庵，號行載。清泰州人。俗姓段。至焦山充西堂，不久主法席。後居八港菩提寺卒。

焦山志　清江都謝家樹、山陰潘寧、泰州釋碩庵同輯。見嘉慶《丹徒縣志》卷三十二。

呂　清，字一清。清新安人，僑居泰州。康熙中爲虹縣教諭。

太平善政

咫堂真源詩稿　以上二種見《［道光］泰州志》卷二十七。

王雍鎬，字京如，一字京式，號山漁。清泰州人。庠生。

懷新堂稿　見《泰州新志刊謬》。

楊瑚璉，字古存，號聖與。清泰州人。諸生。

三年一遊録

文山紀遊述（一作文山述遊）

破帆吟

寄餘園稿

繡談詞　以上五種見《［道光］泰州志》卷三十。

鄧邵榮，字若雍，號顧亭。清泰州人。漢儀次子。

鄧尉山人稿　見《江蘇詩徵》卷一百五十。

黄陽生，字屺懷。清泰州人。雲子。貢生。

月舫集

念祖集

郁李集

吴越集

桐花集

草閣集　以上六種見《泰州新志刊謬》卷下。

秦定遠，字以御。清泰州人。宋秦觀二十四世孫，清康熙十二年武舉人。卒年九十七。

快雪堂詩文集

山水間詩

編年詩

從軍詩　以上四種見《泰縣著述考》卷四。

鄧勵相，字方回。號冠城。清泰州人。漢儀三子。

徵辟始末一卷　《辟蠹山房叢書》本。

文選樓稿　見《江蘇詩徵》卷一百五十。

黄泰來，字交三。清泰州人。雲次子。江都宗元鼎婿。貢生。與兄陽生時稱二難。

詩傳　見《泰縣著述考》卷六。

觀海集

浮香閣集

岱青樓集　以上三種見《［道光］泰州志》卷三十。

壓臺集　見《詩觀二集》。

蓮浦集

清詩片玉集　以上二種見《泰縣著述考》卷六。

國朝詩傳初集十卷　繆肇甲、黄泰來編　清問月樓刻本，北京大學圖書館藏。

洗花詞　見《［道光］泰州志》卷三十。

姚諲昉，字恭士。清人。寓居泰州西園。景詹子，鄧漢儀婿。

康山草堂集　見《泰州新志刊謬》卷下。

潘紀宗，清泰州人。昌名子。歲貢生。

沙堤清波集　見《泰縣著述考》卷七。

儲沄，字山濤。清泰州人。堪孫。歲貢生。官含山縣訓導，升廣西永福知縣。

霞起樓詩文集　見《［嘉慶］重修揚州府志》卷六十二。

陳厚耀（一六四八—一七二二），字泗源，號曙峰。

清泰州人。忠純子。康熙四十五年進士。官蘇州府教授。擢翰林院編修，遷左春坊左諭德。

禮記分類

左傳分類　以上二種見《[道光] 泰州志》卷三十。

增訂春秋世本圖譜一卷　清乾隆五十七年蓬瀛一經刻本，清李慈銘校，國家圖書館藏；清嘉慶十三年水心齋刊本，南京圖書館藏。

春秋世族譜一卷附補正一卷　清初刻本，泰州市圖書館藏；清雍正三年自刻本，清錢琦校，國家圖書館藏；清乾隆四十三年寶應湯荆垣重刻本，南京圖書館藏；清嘉慶十八年溧水張道緒刻本；清道光二十年揚州寶翰樓刻本，清丁晏校注，國家圖書館藏；聊城葉氏刊活字本；《四庫全書》本；《清頌堂叢書》本；《邵武徐氏叢書》本；《鶴壽堂叢書》本；《叢書集成續編》本。

增訂春秋世族源流圖考六卷春秋女譜一卷　清陳厚耀撰，常茂徠補撰　清道光三十年夷門怡古堂刻本，中國科學院圖書館藏；《續修四庫全書》本。

春秋長曆十卷　《四庫全書》本；《皇清經解續編》本；《海陵叢刻》本；清鈔本，國家圖書館藏；清道光十二年羅士琳校刻本；清同治十二年周懋琦鈔本，南京圖書館藏；清光緒元年盛鳳翔傳鈔羅校本；清丁氏八千卷樓鈔本，清盛鳳翔校，南京圖書館藏。

十七史正訛　見《[雍正] 揚州府志》卷三十五。

春秋戰國異辭五十五卷通表二卷摭遺一卷　《四庫全書》本；《四庫全書珍本初集》本。

召對紀言一卷　《避蠹山房叢書》本，泰州市圖書館藏。

孔子家語分類（一作家語注）　見《[雍正] 揚州府志》卷三十五。

天文編（一作天文篇）

算法編（一作算法篇）　以上二種見《[雍正] 揚州府志》卷三十五。

算法纂法總綱三卷　舊鈔本。

借根方算法八卷　黑格稿本。

對數表根　以上三種均舊鈔本，均見《泰縣著述考》卷五。

算義探奥不分卷　清鈔本，中國科學院自然科學史研究所圖書館藏。

幾何原本六卷　見《[道光] 泰州志》卷三十。

續增新法比例四十卷　見《中國算學史》。

繆肇甲（一六五一—一六九九），字墨書，號補山。清泰州人。沅父。歲貢生。

芳苞亭文集

問月樓詩鈔

唐詩神

昭代詩選　以上四種見《[道光] 泰州志》卷三十。

國朝詩傳初集十卷　繆肇甲、黃泰來編　清問月樓刻本，北京大學圖書館藏。

黃龍士（一六五一—?），名虬引，以字行，别字月天。清泰州人。善弈。

弈括一卷　清康熙四十九年崇川吴時亮刻本；清嘉慶五年雉皋黃若沅重刻；清光緒間蝸篆校刻本

黃龍士先生棋譜二卷補遺一卷　清黃龍士著，鄧元德輯　清光緒十三年鄧氏弈潛齋彙刻本；一九二五年文瑞樓影印本；一九八七年中國書店影印本；二〇〇四年甘肅文化出版社《中國圍棋古譜全集》本。

陳志諶（一六五三—一六八一），字君三。清泰州人。志襄族弟。附貢生。

峰桐園詩　見《泰州新志刊謬》卷下。

宮鴻營（一六五五—一七〇二），字東表，號易庵。清泰州人。偉鏐七子。諸生。

涉園集

閒好軒口吟六卷　以上二種見《[道光] 泰州志》卷三十。

宮壽平（一六五六—一六九三），原名懋倫，字貽安，號疇錫。清泰州人，太學生。夢仁長子。七試不遇，入貲爲郎。

靜敬堂詩文集　見《[道光] 泰州志》卷三十。

宮鴻曆（一六五六—一七一八），一名鴻律，字酉篆，一字友鹿，别號恕堂。清泰州人，偉鏐八子。康熙四十五年成進士，改庶吉士，授翰林院編修。

瀛海策略四卷

齊魯記遊

天台遊記　以上三種見《[道光] 泰州志》卷三十。

恕堂詩七卷　清康熙四十四年精刻本，復旦大學圖書館、國家圖書館藏；清嘉慶二十一年王世豐補刻本；《清代詩文集彙編》本。

恕堂詩二十六卷　清鈔本，泰州市圖書館藏。

恕堂編年詩十六卷　清稿本，泰州市圖書館藏。

恕堂詩　稿本，存十三卷，南京圖書館藏。

宫鴻曆詩一卷　清康熙四十二年商丘宋氏《江左十五子詩選》本，國家圖書館藏。

拄笏樓詩　傳鈔本，泰州市圖書館藏。

感秋集三卷　清康熙四十三年選刻本。

散懷集三卷　見《［民國］泰縣志稿》卷二十七。

淮壖集

宫友鹿詩鈔　精鈔本。

棣園集

舊雨園集　以上四種見《泰縣著述考》卷四。

甲巳遊草六卷　清康熙三十八年精刻本，南京圖書館藏；鈔本，泰州市圖書館藏。

二十一史連珠集

合璧連珠集　以上二種見《泰縣著述考》卷四。

老驥嘶風之庚詞二卷　宫鴻曆輯　清康熙二十五年刻本。

墨華詞二卷　清康熙二十五年自刻本；傳鈔本，泰州市圖書館藏。

子午進善會碑（拓片）　北京市朝陽區東岳廟藏。

程瑞祉，號東野，先世安徽休寧人，遷居泰州。程盛修族叔。

玉蘭堂倡和詩一卷　程瑞祉輯，清雍正二年精刻本，泰州市圖書館藏。

俞楷（一六五六—？），字陳芳，一作陳方，號正林。清泰州人。瀫子。由諸生貢入太學。康熙四十四年聖祖南巡召試。以纂修議叙授華亭縣教諭。

三極易知録一卷

五經源流　以上二種見《［道光］泰州志》卷三十。

俞子第一書十三卷　清康熙十七年自刻本，北京大學圖書館藏；《清代詩文集彙編》本。

俞子書三刻　見《淮海英靈集》丁集卷二。

張符驤（一六六四—一七二七），字良御，號海房，清泰州人。康熙六十年（一七二一）進士，選翰林院庶吉士。

初入翰院記一卷　《辟蠹山房叢書》本。

張海房先生依歸草初刻十卷二刻二卷　《海陵叢刻》本。

朱士模，字庭三，號蓉樵。清泰州人。憲文三子。康熙四十二年恩貢生。

解經

評史

蓉樵文集　以上三種見《［道光］泰州志》卷二十四。

黃寶成，字稼同。清泰州人。九洛子。貢生。

秋佳館詩集一卷　傳鈔本，見《泰縣著述考》卷六。

朱光皛，字魯瞻，號藥圃。清泰州人。淑熹三子，光巒兄。歲貢生。

古香亭詩草　見《江蘇詩徵》卷十八。

朱光巒，字青岳，號竹林。清泰州人。淑熹四子。歲貢生。

牧鶴軒近詩鈔　見《江蘇詩徵》卷十八。

易之炯，字凌洲。清泰州人。東子。康熙二十四年武進士。

秋錦樓集　見《江蘇詩徵》卷十五。

陸與齡，字夢九。清泰州人。舜子。諸生。年未三十而卒。

陸夢九詩最　《泰州陸氏家集》稿本，北京師範大學圖書館藏。

西渚集　見《江蘇詩徵》卷一百五十二。

陸錢齡，字夢修，號著卿。清泰州人。舜次子。貢生。

湫碧堂集詩賦合選　《泰州陸氏家集》稿本，北京師範大學圖書館藏。

俞瀫，字錦泉，號音隱。清泰州人。釪次子。以廪貢生膺歲薦，候選内閣中書。

流香閣詩詞　見《［道光］泰州志》卷二十四。

王孫驤，字白舫。清泰州人。諸生。

畫厂詩集　見《［道光］泰州志》卷三十。

朱永輝，字潤生。清泰州人。康熙間知湖南沅江縣。

沅江縣志

楊忠愍集　朱永輝刻　以上二種見《泰縣著述考》卷八。

陳秉鈞，字樸庵，號公權，又號溥亭。清泰州人。綬次子。監生。考授府通判，署鄞縣知縣。

茵花山房詩集　見《泰縣著述考》卷五。

陳　鑛，字德潤，號鐵坡。清泰州人。綬子。諸生。

杜詩選　清陳鑛選　見《泰縣著述考》卷五。

王　栻，字茂寒，號敬夫。清泰州人。康熙武庠生。卒年八十二。

看竹亭詩鈔一卷　傳鈔本，見《泰縣著述考》卷一。

課暇聊吟　鈔本，南京圖書館藏。

袁爾職，字肩山。清泰州人。康熙四十年南巡，獻策指陳河工利弊，並紀恩詩八首。

招雲閣集　見《［道光］泰州志》卷二十四。

田廣運，字右君，號慎齋。清泰州人。敬錫子。康熙五十一年會試，欽賜進士。授福建惠安縣令。

金臺偶存一卷楚遊草一卷　清康熙間自刻本；《辟蠹山房叢書》鈔本；紅粟山莊鈔本，泰州市圖書館藏。

三十二芙蓉軒詩二卷　清康熙四十三年自刻本。

芸香載筆集

螺陽集

擷英集　以上三種見《發幽録》。

王　鶴，字九皋，號野亭。清泰州人。

松軒集　見《江蘇詩徵》卷四十八。

杜光先，字楓山，一字海樹，一作號海樹。清泰州人。康熙三十九年進士。

楓山制藝（一作海樹真稿）　見《泰縣著述考》卷二。

楓山詩集　見《［道光］泰州志》卷三十。

陳志樞，字柳塘。清泰州人。歲貢生。

消暑録

松筠閣詩文集　以上二種見《［民國］續纂泰州志》卷二十五。

繆　沅（一六七二—一七二九或一七三三），字澧南，號湘芷，一號餘園。清泰州人。肇甲子。康熙四十八年進士。授編修，嘗與修《康熙字典》、《子史精華》等書。歷官工科給事中、工部侍郎、刑部侍郎。平生與孔尚任、張符驤、宫鴻曆、顧嗣立、查慎行、徐用錫等人交好。

繆沅詩選一卷　《江左十五子詩選》本。

餘園詩鈔六卷　清繆沅撰，沈德潛、金志章編輯　清乾隆十年葆素堂精刻本，國家圖書館、中國科學院圖書館藏；《清代詩文集彙編》本。

稜米集　見《淮海英靈集》甲集卷一。

蘭渚集

西溪集

浮山集　以上三種見《［同治］續纂揚州府志》卷二十二。

餘園古今體詩精選四卷（一作餘園詩選）　清乾隆三十八年蘊真堂精刻本，上海市歷史文獻圖書館、泰州市圖書館藏；清嘉慶二十三年王世豐補刻本。

宫懋言（一六七三—一七三二），字書升，號澹庵。清泰州人。鴻曆長子，康熙四十二年進士，官袁州知府。

［康熙］臨汾縣志八卷　清宫懋言纂修　清康熙五十七年刻本，國家圖書館藏。

書升制藝　清康熙間自刻本。

拄笏樓詩一卷（又作拄笏樓詩集）　清康熙五十四年臨汾署刻本；傳鈔本，見《泰縣圖書館鄉土部書目提要》。鈔本，上海圖書館藏。

宫懋信（一六七五—一七四〇），字如岡，號謹齋。清泰州人。鴻營長子。諸生。

雙柏草堂唱和詩一卷　傳鈔本，見《泰縣著述考》卷四。

釋濟生，原名王尊素。字玄度，一字太促，别號東魯拙道者。清歙縣人。雍正二年主北茅山景德寺。

閱覽隨筆二卷　清雍正三年揚州福國寺刊本；清光緒九年天寧寺重刊本。

玄度遺集　見《泰縣著述考》卷七。

王雅，字正之。清寧波人，寓居泰州。

閒居客遊詩稿　見《泰縣著述考》卷一。

唐麟翔，字石郊，號竺巢。清泰州人。康熙四十二年進士。任四川射洪縣知縣。雍正間知霍州，調蔚州。

聖諭廣訓注疏一卷　見《叢談偶録》。

唐會魁真稿十卷　見夏荃《退庵筆記》。

［康熙］射洪縣志十卷　清唐麟翔纂修　清康熙五十一年刻本，貴州省圖書館藏。

蔚蘿課藝　見《［道光］泰州志》卷二十三。

中聲集　清康熙間自刻本。

石郊詩選　見《退庵筆記》。

王礵品，字子隅。清泰州人。應麒子。康熙間歲貢生。

澄觀録　見《［道光］泰州志》卷二十一。

張瑛，字玉英。清泰州人。符驤從妹。諸生朱連璧妻。年二十九卒。

繡餘草詩選　見《海安考古録》。

汪乾，字健夫。清泰州人。附監生。工書畫篆刻。晚年以醫術濟世。

保産萬全經附集驗新方三卷　清乾隆三年自刻本。

宮翼宸（一六八四—一七七〇），字參兩，號楓亭。清泰州人。夢仁孫，壽平子。太學生，官光禄寺典簿。

紅椒山房詩八卷　清康熙四十九年刻本，山西省圖書館藏。

楓亭詩鈔八卷

紀年詩一卷（一作紀事詩）　以上二種見《［嘉慶］重修揚州府志》卷六十二。

宮雍（一六八八—一七三六），字柄和，又作炳和，號晴軒。清泰州人。夢仁孫，壽平次子，翼宸弟。康熙五十四年進士，授中書舍人。

花嶼山房集　見《［嘉慶］重修揚州府志》卷六十二。

韓敏，字遜之，一字公遜。清泰州人。康熙間歲貢生。

朱陸異同辯　見《［道光］泰州志》卷三十。

黃鸞祥，字瀛客。清泰州人，雲孫，泰來子。

黃瀛客詩稿一卷　見《［道光］泰州志》卷三十。

尤澍，字霖三。清泰州人。諸生。與繆沅、俞梅、杜光先等爲友。

古鐵齋詩録二卷續録二卷　紅格鈔本，泰州市圖書館藏。

朱東啓，字曉先，號爽亭。清泰州人。志熹孫。貢生。由主事授平越知府，又官雲南思南府知府。

静壽齋詩鈔十三卷　清乾隆二十二年刻本。

王錦，字文度，號湖舫，一作湘舫。清泰州人。黃雲愛之，妻以孫女。

瞻白廬詩　見《江蘇詩徵》卷四十八。

王梅，字鹽梅，號遜雪。清泰州人。官州司馬。

吴陵集　見《江蘇詩徵》卷四十八。

朱品奇，字玖林，清泰州人。士模子。庠生。

篷窗鈔異八十卷　原稿本，見《泰縣著述考》卷二。

劉之滂，字竹其。清泰州人。康熙五十年舉人。

左傳意　見《［道光］泰州志》卷三十。

劉　滋，清泰州人。

姜堰劉氏宗譜十六卷　清乾隆三年刊本。

俞允瑄，字宣人。清泰州人。朝鑾三子。

致知論

明德編　見《［道光］泰州志》卷二十五。

王　讓，字子謙。清泰州人。

菊村詩集　見《江蘇詩徵》卷四十七。

仲蜀岩，字天池。清泰州人。啓文子。康熙五十年舉人。候選内閣中書。

餘力集　見《［道光］泰州志》卷三十。

田　琳，字林玉，號鶴舫。清泰州人。諸生。與同里宫國苞、鄒熊等結芸香詩社。

鶴舫詩鈔少泉詩鈔　清田琳、田寶臣合著　湯懋齋選鈔本，泰州市圖書館藏。

紀　愷，字翼庵，號蓉村。清泰州人。諸生。工於詩。

蓉村詩稿一卷　見《江蘇詩徵》卷九十八。

薛　芬，字奎生。清泰州人。

雉啼集　見《江蘇詩徵》卷一百五十六。

俞　梅，字師嚴，一字太羹。清泰州人。瀫次子。康熙四十二年成進士，授翰林院編修。分校《康熙字典》、《一統志》諸書。

治河方略並圖説二十六卷　清康熙間自刻本。

孔子家語訂正

俞太羹制藝　以上三種見《［雍正］揚州府志》卷三十五。

雲斤詩集　傳鈔本，泰州市圖書館藏。

甲申集夢餘集二卷　清稿本，泰州市圖書館藏。

白陸詩選

歷朝詩雅　以上三種清俞梅輯，見《［道光］泰州志》卷三十。

沈　默，又名龍翔，字興之，號讓齋，又號遯叟，清泰州人。康熙五十二年舉人。清初召修國史，州牧舉其事屬默。

發幽録一卷　《海陵叢刻》本。

陳韶武，字爲昭。清泰州人。秉鈞子。監生。

椒亭詩稿　見《泰縣著述考》卷五。

高　炎，字幹侯。清泰州人。日起子。廩膳生。

性理詮微**四卷**　見《［道光］泰州志》卷三十。

繆　尊，字黃目。清泰州人。肇敏子。諸生。

逵園集　見《泰州新志刊謬》卷下。

田雲鶴，字輪長，又字回抱，號蓬壺居士。清泰州人。廣運子。太學生。

蓬壺漫稿**一卷**　自寫稿，見《泰縣著述考》卷二。

金鐃集　見《［道光］泰州志》卷三十。

陸　進（一六八九—？），字宿帆，號海樵，一號漱石。清泰州人。庠生。

樵海詩鈔　《泰州陸氏家集》稿本，北京師範大學圖書館藏。

漱石詩稿**十卷**

鸝吹集**一卷**　以上二種見《東皋詩存》。

宮大鵬（一六九〇—一七七二），字天巢，號巨堂。清泰州人。懋諒子。雍正七年拔貢，舉賢良方正，官江西、安徽等地知縣。

彙忠編　見《泰縣著述考》卷四。

宮耀亮（一六九二—一七五二），字武鄉，號鞠庵。清泰州人。懋言長子。康熙五十六年順天舉人。知陝西醴泉縣。

［乾隆］醴泉縣續志三卷首一卷　清宮耀亮修，陳我義纂　清乾隆十六年刻本，國家圖書館藏；鈔本，上海圖書館藏。

牧愛堂偶刊　見《宮氏族譜後集》。

程盛修（一六九三—一七七七），字風沂，號雙橋。清泰州人。雍正八年進士，改庶吉士，授翰林院編修。官至大京兆。

南陔松菊集**一卷**　清乾隆三十九年精刻本。

夕陽書屋詩初編**四卷**　清乾隆三十八年精刻本，泰州市圖書館藏；《畯廬叢書》本；《清代詩文集彙編》本。

繆　集，字義圃，號慎齋。清泰州人。沅長子。雍正五年進士，任應州知府。

昌志堂詩文稿　見《［道光］泰州志》卷三十。

宮煥光（一六九六—一七七〇），字葆宣，號省吾，或作省悟，又號師曾。清泰州人。懋信長子。庠生。

省吾詩存　見《宫氏族譜後集》。

繆　枟（一六九六—一七七七），字曉岩，一字海峰。清泰州人。沅四子。雍正十一年欽賜舉人。乾隆十七年權知廣東左州事。

蘊真堂詩稿

自怡集一卷　以上二種見《[道光]泰州志》卷三十。

戴皇恩，字浩如。清泰州人。諸生。年八十三卒。

詩經指南

禮記正詮

樊川草堂詩集　以上三種見《[道光]泰州志》卷三十。

百草堂詩集　見《[嘉慶]重修揚州府志》卷六十二。

李於濤，清泰州人。

畫樹園稿　見《[道光]泰州志》卷三十。

王晋原，字雪樵。清泰州人。雍正元年解元。

雪樵文集　手稿本，見《泰縣著述考》卷一。

顧　瀛，字仲瑜，一字臣盧，號湘靈，自號倦組居士。清泰州人。雍正間歲貢生。

顧湘靈詩一卷　辟蠹山房鈔本。

韓　鍊，字似鯉，號訥庵。清泰州人。敏次子。雍正元年拔貢。年三十餘而殁。

響泉文集　見《[民國]續纂泰州志》卷二十五。

劉育傑，字卓庵，一字凡若。清泰州人。之滂子。雍正八年進士。官潞安知府。

東竹軒詩鈔　見《泰縣著述考》卷七。

繆　琬，字香令，號玉叔。清泰州人。沅三子。雍正二年舉人。官廣東澄海知縣。

閒亭集

西溪片羽集　以上二種見宫國苞《霄峥集》。

趙　酉，清泰州人。

[乾隆]寶山縣志十卷首一卷　清趙酉修，會稽章鑰纂　清乾隆十一年刻本，國家圖書館藏。

宫懋讓（一七〇二—一七六四），字耆英，號杜洲。清泰州人。夢仁次子。雍正四年順天副榜。由八旗教習授單縣知縣，仕至德州知州。

大事約一卷　見清夏荃《退庵筆記》。

〔乾隆〕諸城縣志四十六卷　清宫懋讓修，李文藻等纂　清乾隆二十九年刻本，北京大學圖書館藏；《中國方志叢書》本。

嘯月齋詩草一卷　見《〔道光〕泰州志》卷三十。

朱端揆，字錫嘉。清泰州人。歲貢生。東啓子。官山西太平縣知縣。歷任河南開封、廣西平樂同知。年五十七卒。

妙契詩草　見《〔同治〕續纂揚州府志》卷二十二。

黔晋燕豫粤遊草二十卷　見《泰縣著述考》卷二。

王九鵬，字臨川，號羅塘逸士。清泰州人。雍正七年舉人。

周易聯珠

左傳評選　以上二種見《〔道光〕泰州志》卷三十。

蟄龍吟

夢春草　以上二種見《三水王氏族譜》。

翟　宣，字日山，號應齋。清泰州人。中乾隆三年武舉。刻意爲詩。與浙西胡裘錞、興化鄭燮、同里仲鶴慶輩相唱和。

樂清堂詩鈔　見《〔道光〕泰州志》卷三十。

俞　堉，字容萬，號蘅皋。清泰州人。梅孫，熹子。乾隆三十年中舉人。任舒城縣教諭。

古文騷賦（一作類苑聯珠）

尚論管窺詩

編年詩鈔十卷

憶舊集一卷

感秋集一卷　以上五種見《〔道光〕泰州志》卷三十。

率意吟一卷　緑格鈔本　泰州市圖書館藏。

吴陵郭北竹枝詞一卷　見《〔同治〕續纂揚州府志》卷二十二。

俞　圻，字越千，號讓林。清泰州人。梅孫，熹次子。與兄堉齊名。

剪燭吟一卷　清乾隆三十三年自刻本。

截流吟　見宫國苞《霄峥集》。

剪春詞一卷　宫國苞選《四家詞選》本。

宫增祜（一七二二—一八〇九），字篤周，號節溪。清泰州人。夢仁曾孫，翼宸子。乾隆十八年順天副貢生。官安徽東流縣教諭。

宮氏族譜不分卷　宮增祜纂修　鈔本，國家圖書館藏。

四書文制藝　清乾隆四十六年家刻本。

惑舊集　舊鈔本，見《泰縣著述考》卷四。

節溪詩鈔（一作節溪小集）　清乾隆間家刻本。

章士錦，字倬雲，號曰庵。清泰州人。乾隆六年歲貢生。官金山訓導。

閬齋文集

朗如軒吟草　以上二種見《海安考古録》。

葛維煦，字鶴汀。清泰州人。乾隆十八年拔貢生。官蒙城教諭。

師儉堂文集

詩賦雜著稿　以上二種見《［道光］泰州志》卷三十。

仲鶴慶，字品崇，號松嵐。清泰州人。素子。乾隆十九年進士。選授四川大邑縣令。後主講鎮江寶晉、歸德文正、南康白鹿等書院。年六十三卒。

蜀江日記一卷　鈔本，見《泰縣著述考》卷二。

追暇集十四卷　清乾隆刻本，南京圖書館藏；清嘉慶十五年興寧署刻本，泰州市圖書館藏。

追暇集古文二卷　見《泰縣著述考》卷二。

雲香文集一卷　見《［嘉慶］重修揚州府志》卷六十二。

陳安策（一七二七—一八〇六），字香泉，號晚安。清泰州人。附貢生。

陳氏家乘十卷首一卷　陳安策等修纂　清嘉慶十一年刻本，南京圖書館藏。

周虹，字虹起，又字天虹、天橋。清泰州人。雍正元年武進士周之松子，布衣。

天橋初稿一卷　紅粟山莊鈔本，泰州市圖書館藏；《清代詩文集彙編》本.

天橋初集四卷

不休編一卷　以上二種見《［道光］泰州志》卷二十四。

天橋遺稿一卷　辟蠹山房鈔本。

許彭年，字介眉，號鹿村。清泰州人。乾隆間歲貢生。

鹿村集　見《［嘉慶］重修揚州府志》卷六十二。

李寧，字據峰，號静川。清泰州人。乾隆十八年鄉魁。博洽工詩。與程盛修、宫焕文相倡和。

守逸山房詩鈔　見《[民國]續纂泰州志》卷二十五。

宫履基（一七三二—一七八七），字應乾，一字素軒，號坦庵。清泰州人。焕采三子。乾隆二十五年舉人。官浙江常山縣令。

素軒集　見《[道光]泰州志》卷二十三。

宫爲坊（一七三二—一七九八），字慎餘，號言可，一號筐舸，又號荔圃。清泰州人。焕光長子。乾隆三十九年舉人，候選知縣。

儀禮節録一卷　清宫爲坊選　清乾隆五十五年刻本；清嘉慶年間自刻墨稼山房印本，泰州市圖書館藏；舊鈔本，泰州市圖書館藏。

史記質疑　見《[道光]泰州志》卷二十四。

嘉言懿行録三卷　清乾隆五十八年手鈔本。

宫氏族譜後集　清宫爲坊輯　清乾隆五十七年宫爲坊鈔本。

目耕居士詩鈔　見《[道光]泰州志》卷三十。

宫國苞（一七三二—一七九九），字松如，又字渭川，號霜橋。清泰州人。翼宸孫。監生。與邑人結芸香詩社，詩爲袁枚所賞。

北遊草一卷　清乾隆四十年自刻本，泰州市圖書館藏。

半紅樓吟稿一卷（一作半紅山房集，又作半紅樓詩鈔）　清乾隆三十八年揚州刻本；鈔本，泰州市圖書館藏。

霄峥集八卷　清宫國苞輯　清乾隆三十三年春雨草堂刻本，泰州市圖書館藏；徐菊人手鈔本，泰州市圖書館藏。

霄峥集泰人詩鈔不分卷　徐菊人手鈔本。泰州圖書館藏。

四家詞選四卷　清宫國苞選　清乾隆三十三年自刻本。

繆永垣，字時亮，號葛峰。清泰州人。琬長子。集歲貢生。初任中城兵司馬，升廣西横州知州。

嗜書堂詩鈔　見《[道光]泰州志》卷三十。

嗜書堂未定詩稿一卷　清乾隆三十八年精刻本，泰州

西湖竹枝詞一卷　清乾隆三十六年自刻本，洛陽市圖書館藏；清光緒十四年丁氏正修堂重刻本，青島市圖書館藏；《武林掌故叢編》本；《叢書集成續編》本。

半芥山房初稿四卷　黑格稿本，見《泰縣著述考》卷五。

師竹齋稿五卷　見《八千卷樓書目》。

自怡集　見《泰縣著述考》卷五。

雲樹初集一卷　清陳璨輯　清乾隆二十八年夢秋山房刻本，泰州市圖書館藏。

餘杭覽古詞一卷　清乾隆三十五年刻本。

宮煥勳（一七四五—一八一二），字貞亭，一字卓亭，號竹軒，又號寄餘居士，晚號訪鶴道人。清泰州人。鳳舉子。諸生。

竹軒雜著五卷吴越遊草一卷　清嘉慶十八年家刻本，南京圖書館藏。

古希老人集　清嘉慶十八年家刻本。

田昌運，字書飲。清泰州人。

就園詩集　見《［道光］泰州志》卷三十。

玉紅詞一卷　清乾隆間精刊本。

市圖書館藏。

繆永煦，字方昇，號静軒。清泰州人。永垣弟。歲貢生。

静軒詩　《繆氏雜詩鈔》鈔本，泰州市圖書館藏。

霜笳詩稿　見《［道光］泰州志》卷三十。

拾瀋集五卷

江左英靈集　清繆永煦輯　以上三種見《泰縣著述考》卷七。

沈均，字平輿，清泰州人。遴子。歲貢生。任安徽蒙城縣教諭。

藴香閣試草　清乾隆五十四年刻本；舊鈔本，見《泰縣著述考》卷二。

陳璨，字開緒，號倥侗，又號菊莊。清泰州人。韶武子。貢生。

倥侗詩鈔一卷　清陳璨著，胡裘錞選　清乾隆二十五年漱芳軒初刻本，泰州市圖書館藏；清乾隆三十四年刻本，南京圖書館藏。

西泠遊草一卷　紅粟山莊鈔本，泰州市圖書館藏；清乾隆三十五年刻本，吉林大學圖書館藏。

王漢藻，字鶴山。清泰州人。

鷗吟集　見《泰州詩徵》卷上。

黄佐九，字遥曾，號西圃。清泰州人。乾隆三十九年舉人。嘉慶十三年截取知縣，以老疾辭。年七十五終。

易經本義彙參

增補周禮義疏　以上二種見《［道光］泰州志》卷二十四。

仲振奎（一七四九—一八一一），字春龍，號雲澗，又號紅豆山樵。清泰州人。鶴慶長子。監生。

楚南日記　見仲振履《追暇三集》。

脉約　見《海陵文徵》卷二十。

緑雲紅雨山房詩鈔　清嘉慶十六年興寧署刻本，泰州市圖書館藏。

辟塵軒文鈔外集四卷　鈔本，見《泰縣著述考》卷二。

緑雲紅雨山房文鈔外集五卷　清嘉慶十六年黑格鈔本，泰州市圖書館藏。

春柳吟　清仲振奎輯　見《明清江蘇文人年表》嘉慶十七年。

仲氏女史遺詩　清仲振奎輯，清嘉慶十六年興寧署刻本，泰州市圖書館藏。

子目：

《碧香女史遺草》，清仲蓮慶撰（字碧香）

《綺泉女史遺草》，清仲振宜撰（字綺泉，號薌雲）

《瑶泉女史遺草》，清仲振宣撰（字瑶泉，號芝芸，振宜妹）

《辟塵軒詩鈔》，清趙箋霞撰（字書雲，江蘇甘泉人。振奎妻）

《綺雲閣遺草》，清洪湘蘭撰（字畹香，一作畹雲，江蘇儀徵人。振猷妻）

附：

仲貽鑾詩（字金城，振奎女。年二十七卒）

張貽鷸詩（字揄華，振宣女。未嫁，年二十卒）

紅豆村樵詞二卷　見《［嘉慶］重修揚州府志》卷二十二。

紅樓夢傳奇二卷　清嘉慶四年緑雲紅雨山房刻本，北京大學圖書館藏；清光緒八年常熟抱芳閣刻本，復旦大學圖書館藏。

憐春閣　原稿本，見莊一拂《古典戲曲存目彙考》下編。

詩囊夢　見《明清江蘇文人年表》嘉慶十七年。

懠環

紅襦温酒

看花緣

雪香樓

卍字闌

霏香夢

香囊恨

畫三青

風月斷腸吟

後桃花扇

懊情濃

牟尼恨

水底鴛鴦　以上十三種爲未刻傳奇，均見《泰縣著述考》卷二。

趙箋霞，字書雲。清甘泉人，廷煦女，仲振奎妻。

辟塵軒詩鈔一卷　清嘉慶十二年刻本，收入《泰州仲氏閨秀詩合刻》。

翟於蕃，清泰州人。

姜堰翟氏族譜　清乾隆間刊本。

杜鴻漸，字五沙，一字南帆，又字東垞。清泰州人。

五沙詩集　見《泰縣著述考》卷二。

黄　沆，一作沅，字公言。清泰州人。爾志子。貢生。

煙寰小草　見《泰州新志刊繆》卷六。

陳時清，字老香，一字聖音。清泰州人。

陳老香先生詩集一卷　舊鈔本，見《泰縣著述考》卷五。

高玉亮，清泰州人

蔣垛高氏宗譜　清乾隆二十三年刊本。

俞天池，原名茂鯤，字麗溟，自號句曲逸士。清泰州人。梅侄。

痘科金鑒録詳注四卷（一作痘疹金鏡録詳注）　見《［道光］泰州志》卷三十。

程兆鸞，字友竹。清泰州人。嵇亭孫。盛修族子。生平樂善好施，一心净士。卒年七十二。

蓮修起信録初集六卷　清光緒二十二年刻本，中山大學圖書館藏；一九一八年中華書局仿宋排印本；日本大正《續藏經》本。

蓮修起信録二集二卷　清光緒二十四年木刻本。

李　穎，字箕山。清泰州人。

十二竹草堂詩稿　見《伯山詩話再續集》。

釋性慧，字幻雲，號炳一。清泰州人。本江西古虔州黄氏子。乾隆初自寶華來主光孝寺，改禪宗爲律門。

幻雲香雨詩鈔二卷　清性慧、圓林合著　清嘉慶十二年光孝寺刻本；碧雲寺存稿本，見《泰縣著述考》卷三。

仲　素，字芍波，清泰州人。邦文子。諸生。

茗叟詩鈔一卷　清乾隆刻本，南京圖書館藏；清嘉慶十五年興寧署刻本，見《泰縣圖書館書目》。

宫耀僑，字惠人，號震夫。清泰州人。懋信次子。監生。

南宫舊德拾遺録一卷　宫氏鈔本。

周淑媛，字又洲，小名録。清泰州人。杭宣澤妻。

凌雲岩草　見《泰縣著述考》卷三。

俞　焘，字爲光，一字知莊。清泰州人。梅子。

落落吟一卷　見《［道光］泰州志》卷三十。

知莊集　見《率意吟》。

周姑媛，字室楨。清泰州人，原籍廣東海陽。

梅林居詩　見《泰縣著述考》卷三。

葛　純，清泰州人。蕙田之祖。貢生。

五經集解

敦仁堂文集　以上三種見《泰縣著述考》卷六。

沈光祖，字繩武，號敬僅。清泰州人。諸生。

雙松閣詩稿　見《［道光］泰州志》卷三十。

繆祖培（一七五一—一七八〇），字晴嵐，號敦川。清泰州人。集孫，昆燦子。乾隆四十三年會試第一。與江都俞大鼎、儀徵汪龍光、同邑俞圻並以倚聲著名。

修月樓詩詞稿　清乾隆三十三年刻本；青箱塾傳鈔本；紅粟山莊傳鈔本，泰州市圖書館藏。

宫　麟（一七五二—一七九六），字秀機，號困庵，又號蘿莊山人。清泰州人。增祜子。廪貢生，議叙訓導。

經説雜録八卷

五常圖説

研耘詩賦偶吟二卷　以上三種見《[道光]泰州志》卷二十四。

宮錫祚（一七五八—一八三三），字瑞千，號友山，一號芥軒。清泰州人。乾隆五十七年舉人，官國子監學正。

[道光]泰州新志刊謬二卷首一卷　清任鈺、宮錫祚等纂輯　清道光十年刻本；《中國地方志集成》本；《中國方志叢書》本。

芥軒雜著一卷　清道光二十二年求志齋刊本。

仲振履（一七五九—一八二二），字臨侯，號雲江，又號拓庵，別署群玉山農、覽岱庵木石老人。清泰州人。鶴慶次子。嘉慶十三年進士。歷任廣東恩平、興寧等地知縣，擢南澳同知。

作吏九規一卷秀才秘籥一卷　清嘉慶二十三年刻本，上海圖書館藏。

虎門攬勝二卷　粵東自刻本，泰州市圖書館藏。

[嘉慶]興寧縣志十二卷首一卷　清仲振履修，張鶴齡增修，曾士梅增纂　清嘉慶十六年刻本；清咸豐六年增補嘉慶本；一九二九年鉛印本；《中國方志叢書》本。

家塾邇言五卷　清嘉慶間刻本，泰州市圖書館藏。

咬得菜根堂詩文稿（一作拓庵詩鈔）　見《[道光]泰州志》卷二十三。

棄餘稿三卷　清嘉慶十六年興寧署刻本，泰州市圖書館藏。

蠙盧詩鈔續鈔

井眉居詩鈔續鈔　以上二種見《泰縣著述考》卷二。

虎門紀遊稿　見《[同治]續纂揚州府志》卷二十二。

羊城候補曲一卷　鈔本，見《泰縣著述考》卷二。

雙鴛祠傳奇　清嘉慶二十五年咬得菜根堂刻本；藍絲欄鈔本，國家圖書館藏。

冰綃帕傳奇二卷　見王蔭槐《蠙盧詩鈔·重題張瑤娘遺像序》。

蔡　景，字景西，清泰州人。乾隆四十七年恩貢生。

桐江集　見《[光緒]泰興縣志》卷二十一。

夏　震，字東啓，號春舟。清泰州人。好爲詩，與邑中能詩者結芸香社。年七十終。

寄園詩存一卷　道光九年辟蠹山房刻本，南京圖書館藏。

膾炙集十五卷　清夏震輯　見《[道光]泰州志》卷三十。

克峻堂彙稿三卷　清嘉慶十八年夏氏稿本，泰州市圖書館藏；嘉慶刻本，一册，泰州市圖書館藏。

子目：

《甕牖吟》，常光宗撰

《半翁詩鈔》，常廷諤撰

《延令遊草》，常增撰

曹忠殷，字良儒。清泰州人。監生。人稱曹善人。卒年八十一。

善善集　見《[民國]續纂泰州志》卷二十六。

楊繩祖，字心壺。清泰州人。貢生。乾隆五十五年官溧陽縣訓導。年八十六卒。

禮經彙編

禮義周禮本末説　以上二種見《[同治]續纂揚州府志》卷九。

心壺詩鈔　見《[道光]泰州志》卷三十。

陸仁壽，清泰州人。

廣陵詩人小傳録存　清鈔本，南京圖書館藏。

紀桂芳，字中偉，號次荷老人。清泰州人。愷子。精於醫理。

河間宣明論方發明七卷　金劉完素撰，清紀桂芳注釋，清乾隆間手稿本。

東垣用藥大旨一卷　清紀桂芳編，清乾隆間手稿本。

餘慶堂醫案一卷　清紀桂芳編，清乾隆間手稿本。

常光宗，字厚直。清泰州人。

甕牖吟一卷　收入嘉慶十五年刻《克峻堂彙稿》。

陸　鎮，字四山。清泰州人。進長子。庠生。

小樵詩存　《泰州陸氏家集》稿本，北京師範大學圖書館藏。

黄德溢，字沛四。清泰州人。聞遠子。

卧吟　見《泰縣著述考》卷六。

仲蓮慶，字碧香。清泰州人。素女。洪仁遠之妻。

碧香女史遺草七卷　清嘉慶十二年刻本，泰州市圖書館藏。

李　祺，字晋堂，號青岩。清泰州人。諸生。

松蔭堂詩文鈔　見《[道光]泰州志》卷二十四。

李亨衢，字南阿，號雲谷。清泰州人，歲貢生。乾隆五十二年南巡迎鑾，賜《全唐詩》。

南阿詩稿　見《天橋遺稿》。

繆昆燦，字汝玉。清泰州人。集長子。任陝西潤清縣知縣。

聿修堂文稿　見《[道光]泰州志》卷三十。

陸祖禕，字容武，號迂叟，别號東岩子。清泰州人。舜之玄孫。郡庠生。

自怡草詩　見《泰縣著述考》卷五。

高鳳翥，字象六，號果亭。清泰州人。炎孫。諸生。官福州府通判。

三山遊草二卷

日涉園仿陶詩四卷　以上二種見《[道光]泰州志》卷三十。

孫廷颺，字虎山。清泰州人。諸生。

凌滄詩鈔二卷　清嘉慶十六年家刻本。

桂天培，字因之，號仙岩。清泰州人。諸生。年七十二卒。

天香閣遺筆一卷（一作天香閣遺草）　桂薌麓刻本，泰州市圖書館藏。

黄喬年，字覓仙。清泰州人。工詩善畫。年八十卒。子植、女楣俱以書畫名。

静香樓稿　見《江蘇詩徵》卷六十五。

吴伊訓，字步尹，號萃農。清泰州人。乾隆間歲貢生。

吴步尹小題文　道光十八年鄒鋆編鈔本，泰州市圖書館藏。

吴步尹遺稿　道光十六年鄒自厚編鈔本，泰州市圖書館藏。

王朝慶，字倩山，號景純。清泰州人。居姜堰鎮。栻曾孫。歲貢生。卒年七十。

醉經堂詩草二卷　傳鈔本，見《泰縣著述考》卷一。

吴邦柱，字石臣。清泰州人。銓孫，湘子。諸生。

辟異彙鈔　見《[道光]泰州志》卷二十五。

劉　芳（？—一八〇一），字湘南。清泰州人。歲貢生。

湘南遺稿　見《[道光]泰州志》卷三十。

劉宗德，清泰州人。

姜堰劉氏宗譜八卷　清嘉慶八年刻本。

達　真，字竹嶼，號雪齋。清泰州人。石氏子。工詩，與名流唱和。

雪齋詩草一卷　清嘉慶十年焦山刻本。

雪齋剩稿一卷　見《小倦遊閣遺稿》。

袁　澄，初名承，字濟宗，號雪坨。清泰州人，師事團升。

雪坨詩鈔一卷　清團升選　清嘉慶十九年友竹山房刻本；傳鈔本，見《泰縣著述考》卷四。

常廷諤，字静士，號檢齋。清泰州人。光宗子。

半翁詩鈔一卷　收入嘉慶十五年刻《克峻堂彙稿》。

張紹齡，字曲江。清泰州人。乾隆間諸生。工書法。

書家便覽二卷　舊鈔本，見《泰縣著述考》卷五。

程應鵬，字翼天。清泰州人。諸生。

綠蔭園集　見《江蘇詩徵》卷七十四。

程應軺，字星泉，晚號星彩。清泰州人。盛修孫。廩生。

星彩吟草　程嵩齡鈔本，見《泰縣著述考》卷六。

程應佐，清泰州人。盛修孫，選青子。嘉慶十二年解元。

願學編　見《［同治］續纂揚州府志》卷十三。

金玉聲，字崔貽。清泰州人。

笑翁草一卷　見《江蘇詩徵》卷八十八。

葉兆蘭（？—一八二六），字古軒。清泰州人。監生。

西河草堂詩剩六卷續六卷　清道光四年鄒氏刻本；清道光六年芸香社刻本，上海圖書館藏。

芸香詩鈔十二卷　清葉兆蘭、鄒熊輯　清嘉慶十四年刻本，南京圖書館藏；清同治十三年刻本，南京圖書館藏。

沈成渭，字南谷，號午橋。清泰州人。乾隆六十年成進士。官徽州府教授。奉部檄選授縣令，不赴。年八十一卒。

聽泉書屋詩文集八卷　見《［同治］續纂揚州府志》卷二十二。

鄒　熊（一七六二—一八二二），字耳山。清泰州人。監生。芸香社諸前輩虚左以待。

聲玉山齋詩集十卷　清嘉慶十五年刻本，復旦大學圖書館藏；清道光間鄒彦賓補刻本；一九二四年裔孫鄒航甫補修本。

夢園詩鈔　見《明清江蘇文人年表》道光元年。

芸香詩鈔十二卷　清鄒熊、葉兆蘭同輯　清嘉慶十四年刻本，南京圖書館藏；清同治十三年刻本，南京圖書館藏。

海陵詩彙二十三卷補遺一卷　清鄒熊輯　清道光元年刻本；鈔本，泰州市圖書館藏。

海陵詩稿二十二卷　清鄒熊輯　清道光二十一年陳文田硯鄉鈔本，國家圖書館藏。

海陵詩存二卷　清鄒熊輯　鈔本，揚州市圖書館藏。

陳師慶（？—一八三〇），字餘庭，號煉堂，又號鶴樵。清泰州人。光夏子。嘉慶十六年進士。選授江西興安縣，調雲南呈貢縣，道光五年署蒙化縣，設卡緝盜。

滇行草一卷

淮陰旅草一卷

鶴樵文集二卷　以上三種見《［同治］續纂揚州府志》卷二十二。

燕山剩墨一卷（一作燕山剩瀋）　見《陳海洲貢卷履歷》，《泰縣著述考》卷五。

陳　燮，字理堂，一字澧塘。清泰州人。嘉慶三年舉人。晚年官邳州學正。

［嘉慶］邳州志十五卷　清丁觀堂修，陳燮纂　清嘉慶十七年刻本，復旦大學圖書館藏。

半芥山房初稿四卷　稿本，見《泰縣著述考》卷五。

憶園詩鈔十二卷（一作聽雨樓詩鈔）　稿本，泰州市圖書館藏；清乾隆五十六年刻本，六卷，華東師範大學圖書館藏；清嘉慶三年聽雨樓刻本，上海圖書館藏；《吴會英才集》本，二卷；《清代詩文集彙編》本。

雙江唱和詩鈔二卷　清乾隆間刻本，泰州市圖書館藏；傳鈔本，泰州市圖書館藏。

寒碧軒詩鈔六卷題詠一卷　稿本，上海圖書館藏。

憶園詞鈔二卷　舊鈔本，泰州市圖書館藏。

吴會英才集　清畢沅、陳燮輯　清道光中刻本。

高　筠，原名垂紳。字紫嵐，一字省存，號湘浦，一號正如。清泰州人。榮祚子。乾隆六十年舉人，官内閣中書。道光初年卒。

廢書歎一卷　鈔本，見《泰縣著述考》卷四。

感懷文藝一卷　清嘉慶十六年自刻本，泰州市圖書館藏。

紅絲硯館詩集　鈔本，見《泰縣著述考》卷四。

紅絲硯館試帖詩二卷（一作陰隲文試帖詩合刻）　清高筠、俞國鑒撰　清嘉慶二十年自刻本，泰州市圖書館藏。

麥秀兩歧唱和詩二卷（一作麥秀雙歧題詠）　清道光七年自刻本，泰州市圖書館藏。

儲士俊（一七六五—？），字書升，號朝年。清泰州人。鳴珂五子。諸生。官署常州營遊擊。

海陵儲氏宗譜十卷　儲士俊修纂　清道光五年木活字本，泰州圖書館藏。

宫　庭（一七六八—一八四〇），字彤九，號畫航，又號畫舫。清泰州人。乾隆六十年舉人，授雲南江川縣令，歷署新興州知州，改教職補安徽建平教諭。

江川縣志　清宫庭修　見《［民國］續纂泰州志》卷三十二。

儲步雲（一七七一—？），字湘舫。清泰州人。昕子。嘉慶二十年歲貢生，候選訓導。

晚香齋詩集　見《［同治］續纂揚州府志》卷二十二。

陳晉元（一七七七—？），字少芳，一字檗生，外號半龕道人。清泰州人。志樞子。歲貢生。與仲振履、鄒熊、夏震相唱和。

備採録　刻本，泰州市圖書館藏。

清味齋詩存二卷　清道光十五年刻本，作《清味齋存稿》，北京師範大學圖書館藏；清道光二十八年刻本，南京圖書館藏；《清代詩文集彙編》本。

清味齋五十唱和詩一卷續一卷　清陳晉元輯　清道光七年自刻本，道光八年續刻本，泰州市圖書館藏。

清味齋生日唱和詩一卷（一作清味齋六十唱和詩）　清陳晉元輯　清道光十六年自刻本，泰州市圖書館藏。

潘慶齡，字餘庭，號予庭。清泰州人。嘉慶六年舉人。二十二年大挑乙等，歷官句容、蕭縣、祁門教諭。

汲綆書屋詩鈔一卷淮黄策略一卷汲綆圖題跋一卷　清道光十八年刻本，南京圖書館藏。

龍城消夏詩集

竹書紀年五言詩

山海經類聯　以上三種見《泰縣著述考》卷二。

吳會，字曉嵐。清泰州人。嘉慶九年舉人。年六十三終。

春秋摘要　清同治十三年費巽齋鈔本，泰州市圖書館藏。

竹所詩鈔四卷　清道光七年家刻本。

曉嵐詩文存稿　見《少佳齋存稿》。

陰隲文試帖詩合刻　清吳會、高筠合著　清嘉慶二十年刻本，上海圖書館藏。

竹所詞稿一卷　清嘉慶刊本，附《飛香圃詩集》後；清道光五年《吳儲合稿》刻本，上海圖書館藏。

吳儲合稿二卷　清吳會、儲夢熊撰　清道光三年刻本。南京圖書館藏。

俞至，字樸人。清泰州人。元燈子。嘉慶九年副榜。

樸齋詩集　見《泰縣著述考》卷三。

彭壽山，字子仁，號石夫。清泰州人。嘉慶十二年舉人。官安徽潁上縣教諭，遷江西鄱陽、都昌等處知縣。

西江觀政録二卷捕蝗記一卷　清道光十六年樂平署刻本，泰州市圖書館藏。

潁上縣志十八卷附采備　清彭壽山纂修　見《西江觀政録》。

留雲閣讀史詩一卷　清道光六年刻本。

留雲閣詩鈔二卷　清道光二十四年廣州羊城正文堂刻本，北京大學圖書館藏；《清代詩文集彙編》本。

俞國鑒，字玉衡，號澄夫。清泰州人。圻子。嘉慶五年舉人。選授通州學正。不赴。卒年五十二。

樵月山房詩文集　自訂詩稿本；夏荃選鈔本，以上二種見《泰縣著述考》卷三；傳鈔本，泰州市圖書館藏。

樵月山房詩稿一卷　泰縣古物會鈔本，南京圖書館藏。

陰隲文試帖詩合刻二卷　清高筠、俞國鑒撰　清嘉慶二十年自刻本，泰州市圖書館藏。

萬棨，字薌林。清泰州人。嘉慶十二年舉人。

薌林詩文集稿　見《泰縣著述考》卷六。

朱希洛，字範川。清泰州人。道光歲貢生。

寶燕堂詩文集八卷

詩餘一卷　以上二種見《［道光］泰州志》卷三十。

劉汝梅，字和羹，號慶豐，一作度峰。清泰州人。榮慶子。恩蔭刑部雲南司主事。

趨庭集三卷

翠柏書屋詩集二卷　以上二種見《［民國］續纂泰州志》卷二十五。

陳　琥，字繡堂，號芥夫，又號白樓。清泰州人。因夏子。嘉慶十五年舉人。大挑授碭山教諭，改安東訓導。卒年七十六。

易貫四十卷　見《［同治］續纂揚州府志》卷二十二。

五經解十五卷　見《［民國］續纂泰州志》卷二十二。

夏亮采（一七八一—一八五一），字晴嵐。清泰州人。與弟禹門以州郡試第一，同入邑庠。

晚香書屋詩鈔　見《［民國］續纂泰州志》卷二十六。

朱謙服，字百村。清泰州人。諸生。

解經

評史

玉笥小房集

蓉樵文集　以上四種見《［道光］泰州志》卷三十。

俞元燈，字牧隱。清泰州人。之驊子，候補州同知。

南遊草　見《江蘇詩徵》卷二十一。

儲夢熊，字漁溪。清泰州人。附貢生。官浙江鹽運司副使。

余棲書屋詩草不分卷　稿本，南京圖書館藏。

並蒂花二卷　自刻袖珍本。

余棲書屋詞稿一卷　清道光五年西泠署刻本，見《泰縣圖書館鄉土部書目提要》；清道光五年刻《吴儲合稿》本，上海圖書館藏。

吴儲合稿二卷　清吴會、儲夢熊撰，清道光三年刻本。南京圖書館藏。

葛　榍，字子門。清泰州人。

貽孫堂文集　見《［道光］泰州志》卷二十五。

陸大珩，字思白，號蕙門。清泰州人。諸生。年三十卒。

蕙門詩存二卷　見《［道光］泰州志》卷三十。

人境草盧存稿　見《泰縣著述考》卷五。

仲振宜，字綺泉，號薌雲，一作字薌雲。清泰州人。

鶴慶長女。虎阜崔爾封妻。

綺泉女史遺草一卷　清嘉慶十二年刻本，泰州市圖書館藏。

仲振宣，字瑶泉，號芝雲。清泰州人。鶴慶次女。張祥鳳妻。

瑶泉女史遺草一卷　清嘉慶十二年刻本，泰州市圖書館藏。

羅克倓，字夏園。清泰州人。諸生。芸香詩社社友。

槐西斗室初稿　舊鈔本，泰州市圖書館藏。

高獻可，字介橋，號扆箴。清泰州人。鳳翥子。歲貢生。官柳州府通判。卒年七十五。

憩心閣詩草　見《[道光]泰州志》卷三十。

繆承鈞，字增緒，號善夫。清泰州人。之濂子。歲貢生。年七十二終。

寒翠軒詩四卷　清嘉慶十六年刻本，南京圖書館藏。

章　墀，清泰州人。

章氏族譜十卷　清嘉慶十九年刻本。

黄　岳，清泰州人。

大埨莊黄氏族譜八卷　清嘉慶十七年刻本。

劉　氏，清泰州人。

南鄉劉氏族譜四卷　清嘉慶二十二年刻本。

王熙業，字竹垞。清泰州人。監生。

竹垞詩集　道光刊本，泰州市圖書館藏。

丁書玉，字文松，號艾田。清泰州人。乾隆間恩貢生。

兒竹軒詩鈔　見《[道光]泰州志》卷三十。

徐　昶，字良善。清泰州人。

愛日堂詩集　見《[道光]泰州志》卷三十。

葛蕙田，字二川。清泰州人。純孫，沄父。諸生。

燕貽堂文集　見《[民國]續纂泰州志》卷二十五。

曹一桂，字枝山。清泰州人。居姜堰鎮。

備採録一卷　清刻本，泰州圖書館藏。

善善集二卷　清道光五年家刻本，泰州市圖書館藏。

張　蘭（一七八七—一八三二），字素香。清漢陽人。泰縣程紹安妻。守節撫孤。工詩。

餘生閣詩略　見《泰縣著述考》卷五。

康發祥（一七八八—一八六五），字瑞伯，一字伯山。清泰州人。歲貢生。

三國志補義　清咸豐十年刻本，南京圖書館藏；《四庫未收書輯刊》本。

讀史隨筆一卷　小海山房手稿本，泰州市圖書館藏。

伯山日記　手寫稿本，泰州市圖書館藏。

小海山房詩鈔十二卷　小海山房緑格清稿本，北京大學圖書館藏。

小海山房詠史詩集一卷　清咸豐十一年刻本。

伯山文鈔二卷伯山詩鈔六種十八卷　以上二種有同治元年刻本。

小海山房詩集十二卷　稿本，北京大學圖書館藏；《清代詩文集彙編》本。

伯山詩鈔十七卷　清咸豐同治刻本，上海圖書館藏；《清代詩文集彙編》本。

伯山詩話五續集一卷　清同治間刻本。

伯山詩話前集一卷　傳鈔本，泰州市圖書館藏。

伯山全集　清道光同治間刻本，南京圖書館藏。子目：

《伯山詩話後集》四卷

《伯山詩話續集》二卷

《伯山詩話再續集》二卷

《伯山詩話三續集》二卷

《伯山詩話四續集》二卷

《三國志補義》十三卷

《伯山詩鈔》四種

《伯山詩鈔癸巳集》七卷，清咸豐十年刻

《伯山詩鈔由庚集》一卷附一卷，清咸豐十年刻

《伯山詩鈔愛日集》一卷，清咸豐十一年刻

《伯山詩鈔望雲集》七卷，清咸豐十一年刻

《小海山房詩集》一卷

《伯山文鈔》一卷

程紹裘（一七八九—一八五八），字鶴衫。清泰州人。

應鍾子，宇光兄。

煙波漁唱詞一卷　清道光二十四年自刻本。

張紹良，字又房，號留庵。清泰州人。附監生。

柳村詩集　見《江蘇詩徵》卷五十八，收其詩四首。

黄慶芳，清泰州人。

姜堰鎮黄氏續修家乘十四卷　清道光十一年活字本。

王　輔，字左亭，又號匏尊老人。清泰州人。監生。

道光元年舉孝廉方正，力辭不就。卒年六十。

經史紀餘　見《［同治］續纂揚州府志》卷二十二。

匏尊老屋圖題詠一卷　傳鈔本，見《泰縣著述考》卷一。

雪蕉草堂詩存　見《［同治］續纂揚州府志》卷二十二。

斗室詩鈔　黑格鈔本，泰州市圖書館藏。

魯嘉祥，字楓橋，號甦仙。清泰州人。芸香社友。

餘生詩鈔一卷　清道光間自刻本，泰州市圖書館藏。

程紹昌，字文伯。清泰州人。盛修孫，應佐子。廪貢生。少與從弟宇光及侄祥棟、祥芝齊名，州人有四程之目。

春暉草堂詩集　《吴州四程詩文集》本；程嵩齡輯刊石印本。

袁振華，字冶山。清泰州人。諸生。

紫櫻山館詩集　見《［民國］泰縣志稿》卷二十八。

姜　浤，字若泉，號南舸。清泰州人。工繪事，擅山水人物花卉翎毛。

蟠壑山房繪事二卷　手寫稿本，泰州市圖書館藏。

張嘉樹，字子譽。清泰州人。

友恭堂詩鈔　見《伯山詩話三續集》。

仲貽鑾，字金城。清泰州人。振奎女，宫淮甫妻，逾年相繼而逝，年二十七。

仲貽鑾遺詩一卷　清嘉慶十二年刻本，泰州市圖書館藏。

姜鳳喈，字冑儀，號桐軒。清泰州人。舒祺次子。諸生。

叢談偶録一卷　一九三〇年古物保委會石印本；紅粟山房鈔本，泰州市圖書館藏。

海陵詩學源流考　見《聲玉山齋詩集》。

蛾術軒詩文集（一作蛾術軒詩鈔）　見《海陵文徵》附録。

桐軒詩話一卷抱書樓誤識餘一卷　清姜鳳喈撰，夏荃編辟蠹山房鈔本，見《泰縣著述考》卷三。

王世泰，清泰州人，世豐堂兄。

蘭亭秋吟草　見王世豐《鄉試履曆》。

王世豐，字沂中，號筠舫。清泰州人。嘉慶二十四年舉人。官松江府金山縣訓導。

毛詩集解

兩廡先賢考略　以上二種見《［同治］續纂揚州府志》卷二十二。

王世豐鄉賢録一卷　清道光十九年刻本，泰州市圖書館藏。

捐修泰州考棚徵信録一卷　清道光十九年刻本，泰州市圖書館藏。

青箱塾課藝三集　清道光九年刻本。

任鈺，清泰州人。道光二年舉人。

［道光］泰州新志刊謬二卷首一卷　清任鈺、宫錫祚等纂輯　清道光十年刻本，泰州市圖書館藏；《中國地方志集成》本；《中國方志叢書》本。

李宸，字楓崖。清泰州人。諸生。山東東阿屯官。

粵遊草四卷　見《［民國］續纂泰州志》卷二十五。

香囊記　見《泰縣著述考》卷二。

楊筠，字小樓，一作筱樓。清泰州人。諸生。

儀禮聚考二卷　清道光元年精刻本；藍格鈔本，泰州市圖書館藏。

陸儋辰，字筦泉，號耳鄉。清泰州人。廩生。善書法，精醫理。著述甚富。

運氣辯　《海陵叢刻》本。

陸筦泉醫書六卷　《海陵叢刻》本。

子目：

《傷寒證治賦》

《傷寒醫方歌括》

《中風證治賦》

《暑濕證治賦》

《瘟疫證治賦》

《燥火證治賦》

《秋時晚發證治賦》

《腫脹證治賦》

《咳嗽證治賦》

《虚勞證治賦》

《痰飲證治賦》

《虚勞醫方歌括》

《痧辯》

《醫方歌括》

《運氣辯》

《醫學證治賦》

《本草賦》

《針灸書》

弈譜四冊　見《泰縣著述考》卷五。

張貽鷚，字榆華。清泰州人。芝雲女。未嫁。年二十而夭。

張貽鷚遺詩　清嘉慶十二年刻本，泰州市圖書館藏。

夏　蘭，字補生，一字紅舫，號鐵翁。清泰州人。震長子。諸生。

易學三卷　見《夏氏族譜》。

地理元機歌訣一卷　清嘉慶二十五年自刻巾箱本。

香草軒詩存二卷文存二卷　自刻本，泰州市圖書館藏。

補甌堂詩集　見《［民國］續纂泰州志》卷二十五。

春柳唱和詩鈔不分卷　夏蘭等著，清嘉慶十六年巾箱本。泰州圖書館藏。

香草山房春柳吟一卷　清嘉慶十六年刻巾箱本，泰州市圖書館藏。

夏　蓉，字照初。清泰州人。震次子。廪貢生。

效江醴陵雜詩一卷　見《夏氏族譜》。

苕岑集一卷　夏蓉、束鑾合輯　清嘉慶間刊本。

程宇光，原名紹芳，字韶庵。清泰州人。應鍾子。道光十七年應京兆試，遂領解。選授溧水縣教諭。以疾未赴。晚年主講海門書院。與從兄紹昌及侄祥棟、祥芝齊名，州人有四程之目。

因是齋詩文集　《吴洲四程詩文集》本；一九四八年程嵩齡刊石印本。

柏影軒詞集　一九四八年程嵩齡刊石印本。

高照言，清泰州人。

蔣垛高氏宗譜　清道光二十二年刻本。

高元禮，清泰州人。

蔣垛高氏宗譜　清道光二十二年刻本。

劉芳穀，清泰州人。

姜堰劉氏宗譜十六卷　清道光十八年活字本。

汪　璨，字佩珍。清旌德人，寓居泰州。承譯長子，璸之兄。監生。年二十九卒。

筠門詩草一卷（一作筠門遺草）　汪璸輯刻本；舊鈔本，泰州市圖書館藏。

高　椿，字荷溪，號靈崖山人，又號詠花居士。清泰州人。垂綬子。

靈崖詩剩　鈔本，泰州市圖書館藏。

高垂裕，字啓昆。清泰州人。獻可子。

天香閣詩集　見《泰縣著述考》卷四。

田寶臣（一七九二—一八五八），字少泉，號竹家。清泰州人。二十八歲補博士弟子員，五十餘始爲庠生。治《説文》，辯證尤精。

小學駢支八卷附校勘記一卷　《海陵叢刻》本；清咸豐三年藍格手稿本，泰州市圖書館藏一至四卷；一九一六年鉛字排印本；清鈔本，中國科學院圖書館藏；《續修四庫全書》本。

角山樓增補類腋六十七卷　清咸豐七年趙氏刻本；清光緒十二年文書局刻本。

賦鯖初集　清道光二十年王梅垞寫本。

鶴舫詩鈔少泉詩鈔　清田琳、田寶臣合著　湯懋齋選鈔本，泰州市圖書館藏。

少泉賦鈔　徐子霑鈔本，見《泰縣著述考》卷二。

夏　荃（一七九三—一八四二），字文若，號退庵。清泰州人。震三子。廩貢生。歷官豐縣、桃源縣訓導。與長兄蘭、仲兄蓉齊名。搜羅鄉里文獻，纂輯甚富。

淮張遺事　見《［同治］續纂揚州府志》卷二十二。

歷代年號重襲考一卷　《海陵叢刻》本。

梓里舊聞八卷　清夏荃輯　《海陵叢刻》本；夏氏紅格傳鈔本，見《泰縣著述考》卷四。

辟蠹山房藏書目一卷　見《退庵筆記》。

海陵藝文志二卷　辟蠹山房鈔本，見《泰縣著述考》卷四。

歷代錢譜考一卷

退庵錢譜八卷　以上二種有《海陵叢刻》本。

退庵筆記十六卷　鈔本，北京大學圖書館藏；《海陵叢刻》本；《四庫未收書輯刊》本；二〇一一年鳳凰出版社校注本。

文徵芟餘四卷　紅格稿本，見《泰縣著述考》卷四。

退庵文鈔一卷（一作晉磚宋石齋詩文存）　夏氏春星草堂鈔本，見《泰縣著述考》卷四。

樵月山房詩稿　清夏荃選　紅粟山莊鈔本，見《泰縣著述考》卷四。

陋軒詩六卷詩續二卷　清吴嘉紀撰　清道光二十年夏

荃輯刻本。

海陵詩徵　清夏荃輯　稿本，十卷，揚州圖書館藏；鈔本，十六卷，揚州圖圖書館藏；一九八〇年泰州古舊書店鈔本，十卷；一九八〇年天津古籍書店藍絲欄鈔本，十卷。

海陵文徵二十卷附録十二卷　清夏荃輯　清道光二十三年刻本，南京圖書館藏；陳守吾印本；清光緒九年補刻本，南京圖書館藏；一九一一年海安李氏補修本；《海陵叢刻》本。

宫閨掞藻集十一卷　清夏荃輯　紅格稿本，見《泰縣著述考》卷四。

亦好集八卷　清夏荃選　紅格稿本，見《泰縣著述考》卷四。

宋姜諤墓志題詠一卷　傳鈔本，泰州市圖書館藏。

慎墨堂詩拾　見《[民國]泰縣志稿》卷二十八。

寶應文徵詩徵　見《[同治]續纂揚州府志》卷二十二。

辟蠹山房叢書　清夏荃選輯　紅格鈔本，泰州市圖書館藏。

程祥芝（一七九三—一八六三），字小香。清泰州人。紹芝子。道光五年優貢。與叔紹昌、宇光，弟祥棟齊名，州人有四程之目。年七十二卒。

延暉書屋詩文稿一卷　《吴州四程詩文集》本；程嵩齡輯刊石印本。

待問集　見《[民國]續纂泰州志》卷二十五。

仲貽勤，字受之，小字蓉賓。清泰州人。振履子。卒年十七。

蓉賓遺草一卷　清嘉慶十六年興寧署刻本，泰州圖書館藏。

費履堅，字焱夫，一字素之，號東池。清泰州人。諸生。

費氏家乘四卷　清費禹聞、費履堅、費炳章、費文溶撰　傳鈔本，見《泰縣著述考》卷八。

示兒語二卷

童蒙啓悟一卷　以上二種見《泰縣著述考》卷六。

芥軒雜著一卷　清費履堅撰　道光二十二年求志齋木刻本，見《泰縣圖書館書目》。

倦遊草

庚午稿　以上二種手稿本，泰州市圖書館藏。

春暉草堂詩存五卷　清費履堅撰，費錫申輯　清同治三年刻本，泰州市圖書館藏。

朱餘庭，字築軒，號竹仙，又號嘯溪，一號鈍道者。清泰州人。

停雲山館詩　舊鈔本，見《泰縣著述考》卷二。

朱裕庭，又名丙炎，字仲仙。清泰州人。餘庭弟。諸生。

紫薇花館九十春吟稿一卷　清光緒二年自刻本；同治七年自刻本。見《泰縣圖書館書目》、《泰縣圖書館鄉土部書目提要》。

陳思溥，字小鶴。清泰州人。師慶子。歲貢生。

易經類稿

詩書類偶

四書解

五經解

亂餘業稿　以上五種見《泰縣著述考》卷五。

聊免書空集一卷　見《［民國］續纂泰州志》卷二十五。

李羽丹，清泰州人。

雙河李氏家乘十三卷　清李羽丹、李飛雲、李玉琴、李榮國同撰　清道光十六年刊本。

李飛雲，清泰州人。

雙河李氏家乘十三卷　清李羽丹、李飛雲、李玉琴、李榮國同撰　清道光十六年刊本。

李玉琴，清泰州人。

雙河李氏家乘十三卷　清李羽丹、李飛雲、李玉琴、李榮國同撰　清道光十六年刊本。

李榮國，清泰州人

雙河李氏家乘十三卷　清李羽丹、李飛雲、李玉琴、李榮國同撰　清道光十六年刊本。

高　銘，字金雨，號文子，晚號曼亭。清泰州人。垂藻子。嘉慶十八年貢生。補河南淇縣。

曼亭吟草二卷　見《［民國］續纂泰州志》卷二十五。

汪　璸，字仲玉，號蓉湖，初字慕僑，晚號信天拙叟。清旌德人，父承澤家於泰州，璸生於泰。恩貢生。卒年七十七。

蓉湖詩鈔三卷　咸豐四年刻本；一九三五年鉛印本。

汪瀛洲，字石亭。清旌德人，僑居泰州。璨從弟。

石亭遺稿　見《泰縣著述考》卷二。

葉汝彬，字雨樓。清泰州人。諸生。與妻高佩華拈題分詠。妻亡，刊其稿於揚郡。

雨樓吟草　見《泰縣著述考》卷六。

高佩華，字素香，號芷衫。清泰州人，同邑葉汝彬妻。

芷衫吟草二卷　清道光二十二年揚州精刻本，泰州市圖書館藏。

芷衫詩餘一卷　《小檀欒室彙刻閨秀詞》本。

吴芝軒，清歙縣人。道光間寓居泰州。工篆刻。

芝軒印稿一卷　墨格印本，泰州市圖書館藏。

葛瑞雲，清泰州人。沄從弟。監生。

葛氏父子合傳一卷　清道光十七年葛氏刊本。

旌褒孝子録一卷　清同治間家刻本。

翟利仁，清泰州人。

姜堰翟氏族譜　清道光三十年活字本。

錢　端，字端新，號柱人。清泰州人。工詩。庠有聲。

攝山遊草一卷　清道光十二年刻本，泰州市圖書館藏。

張鳳翔，字瑞哉，一字子儀。清泰州人。邑諸生。

論語直解

凌雲詩鈔　以上二種皆稿本，見《泰縣著述考》卷五。

來青集　見《［嘉慶］泰興縣志》卷四。

徐昇堂，字小隱。清泰州人。道光二年舉人。主講海安明道書院。

學耨堂文集十二卷

晚香亭詩集八卷　以上二種見《［同治］續纂揚州府志》卷二十二。

陳　增，字方川，號質庵。清泰州人。燮子。歲貢生。

質庵詩存一卷　紅格鈔本，泰州市圖書館藏。

宫癯仙，清泰州人。

梁園花影二卷補遺一卷附録一卷　清道光二十六年春雨草堂刻巾箱本；《申報館叢書續集》本。

常增，字子壽，一字益之，又字美質，號繼香，又號高庵。清泰州人。廷諤子。道光五年拔貢生。

儀禮瑣辯一卷 清道光十六年刻本；清道光二十七年刻本，南京圖書館藏；清光緒十二年刻本，南京圖書館藏。

四書緯四卷 清道光十六年自刻本，上海圖書館藏；清光緒十二年刻本，上海圖書館藏；《續修四庫全書》本。

俗語詩一卷 傳鈔本，見《泰縣著述考》卷六。

閬城詩集一卷（一作歲暮懷人詩） 清嘉慶十七年自刻本，泰州市圖書館藏。

編年詩鈔三十卷 見《［同治］續纂揚州府志》卷二十二。

一松樓文稿 見《［民國］續纂泰州志》卷二十二。

小酉山房集一卷外集一卷（一作七十二候詩） 清道光刻本，南京圖書館藏；清光緒十二年刻本，南京圖書館藏。

竹葉山房外集 清道光十四年刻本。

延令遊草一卷 收入嘉慶十五年刻《克峻堂彙稿》。

高庵詩話三卷 清道光二十三年自刻本，見《泰縣圖書館鄉土部書目提要》。

王廣業，原名佐業，字子勤。清泰州人。世豐子。道光三年進士。以户部主事用。遷兵部郎中，補軍機章京。年五十五以目疾致仕歸里。

青箱塾試帖一卷 清咸豐元年本衙刻本，泰州市圖書館藏。

鄉賢世德録一卷 傳鈔本，見《泰縣著述考》卷一。

聽花軒詩一卷 清道光五年京師刻本。

青箱塾試帖合編注略 清咸豐十六年青箱塾刻本，泰州市圖書館藏。

袁文合箋十六卷 清袁枚撰，王廣業箋 清光緒八年刻本，南京圖書館藏。

有正味齋駢體文箋二四卷 清吴錫麟撰，清王廣業注 清咸豐九年青箱塾王氏刻本，南京圖書館藏。

朱柏廬治家格言試帖 清道光五年京師刻本，見《泰縣圖書館鄉土部書目提要》。

陰隲文試帖合編 清同治十三年刻本。

青箱塾課藝初二集 清同治六年刻本，泰州市圖書館藏；清咸豐八年青箱塾刻本。

國朝詩一臠集　黑格稿本，泰州市圖書館藏。

重宴鹿鳴詩徵二卷　清光緒六年刻本，泰州市圖書館藏。

海陵竹枝詞七卷　清同治三年青箱塾刻本，南京圖書館藏。

青箱塾叢書　見《［民國］續纂泰州志》卷三十二。

潘曜三，字星廉，號樂山，一號英臺。清泰州人。慶齡子。道光舉人。官江浦教諭。

授綆書屋詩文鈔　見《泰縣著述考》卷七。

徐　信，字小園。清泰州人。

青藤館詩草　見《［民國］續纂泰州志》卷二十七。

羅慕庵，清泰州人。原籍安徽。精醫。

醫林尚友録

圖書集成藝術典

醫宗粹言四十卷　以上三種見《江蘇歷代醫人志》。

康維恒，清泰州人。

南沙康氏重修宗譜二十四卷　康維恒修纂　清咸豐元年木活字本，遼寧圖書館藏。

徐岳祥，清泰州人。

徐氏族譜十三卷　徐岳祥等修纂　清咸豐五年刻本，中國社會科學院歷史研究所藏。

陳金詔，字叔度，一字古愚。清泰州人。道光十一年舉人。

太上感應篇集注一卷　清咸豐十一年自刻本；清光緒六年方鑒補刊本。見《泰縣圖書目》、《泰縣圖書館鄉土部書目提要》。

觀心室詩存一卷古文一卷藥言一卷筆談一卷　清咸豐八年自刻本，古文以下又名《雜著》，泰州市圖書館藏。

王嘉謨，清泰州人。

東鄉王氏北支家乘八卷　清咸豐四年續修，見《泰縣著述考》卷八。

高興爵，清泰州人。

蔣垛高氏宗譜　清同治三年活字本。

唐焕章，字蔚伯，號丙庵。清泰州人。道光十五年舉人。

唐丙庵制藝　清同治二年家刻本。

王致祥，字伯笙，號小亭。清泰州人。諸生。輔子。

安寇紀略　清王致祥、徐曉峰合撰　王氏鈔本。

圜錢所見記

伯笙詩鈔一卷　王鎬偏鈔本。以上三種見《泰縣著述考》卷一。

孫　崟，字子山。清泰州人。諸生。

左傳霸圖分記六卷　見《［民國］續纂泰州志》卷二十五。

夏寶鑄，原名潤，字良玉。清泰州人。郡庠生。

瑞芍山房文集　見《夏氏宗譜》。

盧竹庵，道號清虛子。清泰州人。居東鄉戚家垛。

陰騭文注釋雜詠一卷　清光緒五年飲香塾刻本。

湯治昭，字懋齋。號悔庵。清泰州人。歲貢生。

藏鋒閣詩鈔　手稿本，見《泰縣著述考》卷五。

清哨堂詩草　見《［同治］續纂揚州府志》卷十三。

周　彝，清泰州人。

海陵丁家巷周氏支譜　周彝修纂　清同治六年重修本，泰州市圖書館藏。

程祥棟（一八〇〇—一八七一），字小松。清泰州人。祥芝弟。郡貢生。從軍黔中，歷著戰功。由知縣、同知薦升知府。歷官四川新繁、樂山、江津知縣。年逾七十告歸。

洗冤録外編二卷　泰州郎錦騏、長白德豫著，程祥棟刻　清同治六年抱朴山房刻本，吉林大學圖書館藏。

朱子小學六卷　清同治五年程祥棟木刻本，見《泰縣圖書館書目》。

松承堂詩文稿十二卷　《吴州四程詩文集》本；程嵩齡輯刊石印本。

東湖草堂賦鈔四集十二卷　清程祥棟選　清同治六年抱朴山房刻本，北京大學圖書館藏。

宫雯華，原名長慶，字晴圃。清泰州人。曾培子。

習静書屋藏稿　春雨草堂鈔本，其子元溱録，泰州市圖書館藏。

陸祖蔭，字璧人。清泰州人。

伊亭詩集　見《［民國］泰縣志稿》卷二十八。

錢金書，字百城。清泰州人。居姜堰鎮。

五聲新譜識字捷訣十四卷　王星衫、宋養卿、錢金書合輯　稿本，見《泰縣著述考》卷七。

王星衫，字樹人，別號天目山樵。清泰州人。居姜堰鎮。與運糧河宋養卿同館於江村錢金書家。

五聲新譜識字捷訣十四卷　王星衫、宋養卿、錢金書合輯　稿本，見《泰縣著述考》卷七。

江對山，字曉峰。清泰州人。諸生。與同里朱晋源、王道源時相酬唱。

思白堂詩存二卷　稿本，殘一卷，泰州市圖書館藏；清同治十年刻本，泰州市圖書館藏。

尤金城，字柳村。清泰州人。燦次子。貢生。

悟藤室詩剩（一作柳村詩集）　尤氏鈔本，見《伯山文鈔》。

城西草堂聯吟集（一作西園十二景酬唱集）　尤氏傳鈔本；一九四七年程氏石印本。

徐承琛（一八〇三—一八九三），字右卿，一字潤賓。清泰州人。光緒十一年鄉試恩賜副榜，年八十一。

丙丁憂旱隨吟草一卷　費鑒波鈔本，見《泰縣著述考》卷四。

賦法梯程四卷　費錫申鈔本，見《泰縣著述考》卷四。

寂感吟唱和詩鈔一卷　清同治十一年自刻本，泰州市圖書館藏。

王蔭福，字梅叔。清正定人，寓泰州。貢生。同治初署沛縣。

三百樹梅花庵詩　見《泰縣著述考》卷一。

王蔭祜，字子受，號鞠安。清正定人，寓泰州。蔭福弟。附貢生，候補兩淮鹽經歷。

尚詩徵名二卷叙録一卷　清光緒三十四年刻本，復旦大學圖書館藏；《龍樹精舍叢書》本。

覺華龕詩存一卷　清光緒二十年刻本，南京圖書館藏；《龍樹精舍叢書》本。

夏嘉穀，字少舫。清泰州人。蘭次子。貢生。

泰州肄雅録　見《夏氏宗譜》。

蔡氏旌孝録一卷　清光緒間自刻本，見《泰縣圖書館鄉土部書目提要》。

秦氏旌孝録一卷　夏氏木刻本，見《泰縣圖書館書目》。

泰州育嬰堂紀略不分卷　夏嘉穀輯　清光緒五年刻本，中國科學院圖書館藏。

夏嘉謨，字子猷。清泰州人。荃子。諸生。與黃荔齊名。

春星草堂集　見《[民國]續纂泰州志》卷二十五。

朱晉源，字茶舫。清泰州人。諸生。與同里江對山、王道源時相酬倡。

思白堂詩存　見《[民國]續纂泰州志》卷二十五。

李兆蓉，字鏡芙。清泰州人。廪貢生。博學能文。尤精易理。

周易析義十卷

水經注辯證四卷　以上二種見光緒《泰縣志稿》卷二六。

趙　琳，字又璋。清泰州人。瑜兄。諸生。

琴鶴堂詩文鈔　見《[民國]續纂泰州志》卷二十五。

朱春木，字樵仙，號蓮池春農。清泰州人。餘庭子。增貢生。官浙江，升用縣丞。主講曹娥書院。

蓮池春農七十壽言酬唱集一卷　一九二九年排印本。

顧　鴻，字際飛，號秋江。清泰州人。諸生。康發祥弟子。

讀易堂課藝二卷附古近體詩　清道光十五年刻本，泰州市圖書館藏。

費錫申，字巽齋。清泰州人。履堅子。諸生。精金石校勘之學，喜蓄古泉。

巽齋所藏錢録十二卷　清費錫申輯　清光緒十六年刻本，上海圖書館藏。

排律分韻詩鈔二卷（一作巽齋詩集）　鈔本，泰州市圖書館藏。

吴尚先（一八〇六—一八八六），名樽，又名安業，字師機。原籍杭州。太平天國時與弟官業奉母遷居泰縣東北鄉俞家垛。於外治法頗有研究。

理瀹外治方要一卷　清吴尚先撰，潘霨輯　《韡園醫學六種》本。

理瀹駢文摘要二卷（一作外治醫説）　清同治三年海陵刊本；《會稽徐氏鑄學齋叢書》本。

黄梯雲，字振衢，號書玉。清泰州人。荔父。道光十七年舉人。

葩經集解　見《[民國]續纂泰州志》卷二十五。

釋昌泰，字雪笠。清泰州人。道光咸豐間詩僧。

白蓮集

怡雲集　以上二種見《泰縣著述考》卷三。

晉磚室小題文　清同治四年刻本。

律賦又新初集二集　清趙瑜選　清同治八年墨稼山房刻本，泰州市圖書館藏。

陳文田（一八一二—一八八三），字硯薌，號止室。晚號晚晴老人。清泰州人。琥子。咸豐十年進士。改官刑部主事，奉命回籍襄辦江北團練，奬員外郎銜。補直隸司主事，擢湖廣司員外郎，升江西司郎中。

五朝書畫摘鈔録九卷　見《泰縣著述考》卷五。

晚晴軒詩鈔三卷　清咸豐十一年刻本，南京圖書館藏。

晚晴軒駢體文存二卷　清光緒七年京師刻本，南京圖書館藏。

晚晴軒詩存五卷　清光緒七年梓文齋刻本，中國科學院圖書館藏。

晚晴軒儷體文存二卷晚晴軒詩存五卷　清光緒七年刻本，南京圖書館藏；《清代詩文集彙編》本。

先我集四卷　清陳文田輯　《海陵叢刻》本。

費文溶，字鑒波。清泰州人。錫申次子。擅長鐵筆。年三十七而殁。

黄　玫，清泰州人。

大埨莊黄氏族譜十卷　清同治二年刊本。

鄒鍾靈，字雋生。清泰州人。工畫。

繪事晬編　見《泰縣著述考》卷六。

張茂承，清泰州人。

姜堰張氏支譜一卷　清同治十一年活字本。

許頌鼎，字子曼。清浙江海寧人。揰子。舉人。知山東膠州。寓居泰州。與錢桂森、程樸生常聚仲氏西園詩酒唱酬。

半舫詩鈔　見《［民國］續纂泰州志》卷二十七。

程祥禾，字再笙。清泰州人。紹昌子。遊幕臺灣，爲疆吏徐宗幹所器重，叙功保授浙江縣丞。

典韻溯源　見《［民國］續纂泰州志》卷二十五。

宫裕祖，字敦伯。清泰州人。諸生。

孩山堂集　見《［民國］泰縣志稿》卷二十八。

趙　瑜（一八〇八—？），字漁亭，晚號漁叟。清泰州人。歲貢生。

晉磚室詩存四卷爨餘集一卷詩續一卷　清同治五年刻本，南京圖書館藏。

費氏家乘四卷　清費禹聞、費履堅、費炳章、費文溶撰　傳鈔本，見《泰縣著述考》卷八。

海陵費氏印譜一卷　朱拓本，見《泰縣著述考》卷六。

費文彪，字炳章。清泰州人。錫午子。恩貢生。

鐵珊小草二卷　清光緒六年校刻本，泰州市圖書館藏；稿本，泰州市圖書館藏。

古近體詩摘録　清費文彪輯　清同治九年手鈔本。

劉承業，字蔚伯。清泰州人。博雅好古。搜集金石甚富。

浮雲柳絮山房古今印存　見《泰縣著述考》卷七。

朱乘驄，清泰州人。荃子。貢生。

日月吟四卷　見光緒《泰縣志稿》卷二十六。

陸聯珠，字星五。清泰州人。居姜堰鎮。

百壽唱酬集一卷　一九一七年石印本。

徐曉峰（?—一八六四），名旭，以字行。號雲溪。清泰州人。以戰功累保擢福建汀漳龍兵備道。同治三年在太平天國戰爭中被殺。贈内閣學士，謚剛毅。

紀事詩一卷（一作獨行堂詩稿）　見《［民國］泰縣志稿》卷二十八。

余振行，清婺源人。太平天國時避居泰縣姜堰鎮，精於醫學。

痘疹辯證　見《泰縣著述考》卷二。

單沂枬，字香泉，號少曾。纘之弟。清泰州人。

香泉詩鈔　見《泰縣著述考》卷六。

鄒增泰，字卜庵。清泰州人。工畫。

繪事集覽　見《泰縣著述考》卷六。

高　錞，字琴夫，號簡齋。清泰州人。垂勳子。

亦是軒詩鈔　見《［民國］續纂泰州志》卷二十六。

顏鑒澄，字鏡芙。清泰州人。歲貢生。

陋巷書屋文鈔　見《［民國］續纂泰州志》卷二十五。

黄延年，字爾常。清泰州人。世傳拳法。生平善用長槍。卒年八十一。

拳訣一卷　見《［民國］續纂泰州志》卷二十七。

陳文鐸，字晋純。清泰州人。琥次子。道光二十九年拔貢生。卒年甫三十餘。

紅藤山館詩鈔一卷　舊鈔本，泰州市圖書館藏。

鄒鋆，改名自厚，字美鏐，號矮山。清泰州人。熊侄孫。道光三十年歲貢生。葉兆蘭門人。繼續芸香社會課，延聘羅克俠、王輔爲主壇。

讀書分數録　稿本。

求志齋古今體詩鈔二卷　清道光紅格清稿本，泰州市圖書館藏。

同人會課詩選（一作續芸香詩鈔）　鄒鋆輯　清光緒稿本，泰州市圖書館藏。

洪文翰，字筱圖，晚號緇翁歙人。清泰州人。祖籍安徽歙縣。增貢生。侯選訓導。卒年六十九。

洪氏立本堂支譜二卷　見《泰縣著述考》卷八。

梅溪洪氏節烈雙褒録不分卷　清光緒八年洪氏刻本，南京圖書館藏。

晚悔筆記八卷　見《［民國］續纂泰州志》卷三十二。

所見録二卷

識小録二卷

海陵雜著二卷

晚香吟館詩鈔十二卷　以上四種見《［民國］續纂泰州志》卷二十八。

二十四孝圖説試律　清光緒十九年晚香吟館刻本，泰州市圖書館藏。

海陵雜事詩一卷　稿本，見《泰縣著述考》卷三。

海上聯吟稿二卷　清同治八年自刻本；清光緒二十一年補刻本，泰州市圖書館藏。

徐巽中，字蘭仙。清泰州人。昇堂女，東臺陳智開妻，百生母。

望雲樓詩集一卷附二卷　清刻本，南京圖書館藏。

劉景壽，清泰州人。

南鄉劉氏族譜四卷　清光緒四年刊本。

陳文梁，字季華。清泰州人。琥三子。諸生。

嘉言懿行録二卷

三餘筆記　以上二種見《［民國］續纂泰州志》卷二十五。

王燮堂，清泰州人

三水王氏族譜十四卷　清光緒五年活字排印本。

李恩培，清泰州人。

雙河李氏家乘十卷　清同治十一年刊本。

文獻目録》（著録作唐沅）。

子目：

《古今文林摘豔》

《桐蔭隨筆四卷》

《三峰草堂類稿》

《三峰草堂詩稿》

《望海樓尺牘》

章　瑾，字予懷。清泰州人。祖籍如皋。至瑾始遊庠，補郡增生。

雜字考

寂感吟

詩文集　以上三種見《［民國］續纂泰州志》卷二十三。

許桂芬，字秋舫，一字艮心子，號鐵耕子。清泰州人。諸生，工鐵筆，喜蓄古錢。

得古歡齋印存一卷　墨格朱拓本。

歷代錢法備考二卷　手稿摹圖本。以上二種見《泰縣著述考》卷五。

許愛堂，字蓉裳，一作榮裳。清泰州人。

袁　遠，字近之。清泰州人。善畫花鳥。

畫法一卷　袁穎長鈔本，見《泰縣著述考》卷四。

薛奇芳，字方平。清泰州人。諸生。

一夕盛詩前後二集　見《泰縣著述考》卷七。

汪宗沂，字仲伊。清歙縣人。太平天國時避亂居泰州。

後緹縈南曲一卷　清光緒十一年夏氏刊本。

潘淮沂，字有壬，清泰州人。曜三子。

水法天機　見《泰縣著述考》卷七。

繆　瀠，清泰州人。

繆氏族譜十二卷　清光緒十一年活字本。

唐宗沅，字少秋，晚號拙老人，又號絀翁。清丹徒人。晚年寓居泰州。

醫學撮要

桐陰堂印圭一卷　手稿朱拓本。

三峰草堂類稿四卷　手稿本。

三峰草堂叢書八種　稿本。以上四種見《泰縣著述考》卷四。

唐拙老遺稿五種　見《江蘇省泰州市圖書館古籍地方

補讀齋詩二卷　清光緒三十年刻本，南京圖書館藏。

孫桂山，字馨穀。清泰州人。家世精醫，至桂山愈臻純粹。

醫學心傳四卷　見《[民國]續纂泰州志》卷二十七。

吴廷燦，字醒安，號綬章。清泰州人。居姜堰鎮。

哀思録

西銘語録　以上二種見《泰縣著述考》卷二。

吟香詩草　見《[民國]續纂泰州志》卷二十六。

朱　宜，字馭時。清泰州人。咸豐元年舉孝廉方正。通醫理，爲人療疾。

喉方集解四卷　見《[同治]續纂揚州府志》卷十四。

尤　璋，字南卿。清泰州人。金城侄。

湘江詩草　見《尤氏宗譜》。

冒同慶，字篤初，號樸齋。清泰州人。父琴堂，諸生。

金丹直指

黄庭直解

和陶詩鈔一卷　以上三種見《[民國]續纂泰州志》卷二十六。

朱寶善，字櫻船。清泰州人。芳桂子。咸豐初以縣丞需次閩中，官澄海知縣。卒年七十一。

紅粟山莊隨筆四卷　見《泰縣著述考》卷二。

紅粟山莊詩六卷續詩六卷詩餘一卷補遺一卷　清同治九年福州刻本，上海圖書館藏；一九二五年朱崇官刻本。

紅粟山莊詩稿　紅格手稿本，泰州市圖書館藏。

古詩十九首説一卷　手稿本，見《泰縣著述考》卷二。

海陵竹枝詞初集六卷續集一卷再續集一卷　清王廣業、朱寶善、程恩洋等撰，清同治三年刻本，南京圖書館藏。

宋懋官，字柳溪，號亮工。清泰州人。監生。

一見便知録　見《港口宋氏族譜》。

鄒應庚，字小隱。清泰州人。庠生。

國朝海陵詩彙補遺一卷　鄒應庚輯　清鈔本，南京圖書館藏；一九六一年北京中國書店鈔本；一九七六年揚州師範學院鈔本。

宫元溱，字桂泉，號小圃。清泰州人，雯華子。郡庠生。

宫氏一家稿　宫元溱輯　鈔本，泰州市圖書館藏。

子目：

《春雨草堂詩鈔》，宫元溱輯

《習静書屋藏稿》，宫雯華撰，宫元溱録

《懶庵小體》，宫元溱撰

《桃源小集》，宫元溱撰

《倦遊零稿》，宫元溱撰

《環溪寄稿》，宫元溱撰

《古松精舍課餘瑣聞》，宫元溱撰

《濟世妙義》，宫元溱撰

劉天榮，字春墅。清泰州人。諸生。

自怡堂吟稿一卷　清光緒七年自刻本。

錢桂森，初名桂枝，字辛伯，號犀庵。清泰州人。魏茂林見而器之，妻以女孫。道光二十九年進士。入翰林。累遷内閣學士兼禮部侍郎。晚年歷主江寧鍾山書院、揚州安定書院、泰州胡公書院講席。

一松軒詩稿二稿　一九二一年徐世昌精刻本。

犀庵賦鈔　鈔本，泰州市圖書館藏。

王貽清，字筱岑。清泰州人。廣業三子。同治十年會魁。翰林院編修。擢湖北襄陽府知府。

玉壺冰清館分韻試帖二卷　清光緒十八年襄陽署刻本，泰州市圖書館藏。

林枚生，原名節，字仲知。清泰州人。諸生。咸豐八年順天鄉試挑取實録館謄録。卒年七十三。

籌算乘除法一卷　見《［民國］續纂泰州志》卷二十五。

胡炳文，字墨卿。清泰州人。附生。

勾股邊角圖説一卷　清光緒二十三年高郵王氏刻本，見《泰縣圖書館鄉土部書目提要》。

趙雲芬，字小漁。清泰州人。瑜子。

琴鶴山房詩一卷北山裴園詠物詩二卷　清光緒八年退齋刻本，泰州市圖書館藏。

王　銘，生卒年不詳，清代泰州东鄉人。字西厓，號西崕、西岩、右谷、鼎勛。别號二峨居士、右谷子、西厓子，别署愛石，齋名爲槐蔭艸堂、槐蔭堂、竹里館。性閒雅，工制藝，善詩詞，精鐵筆。有《竹里館印箋》存世。

竹里館印箋　二册。成書於道光二十九年（一八四九）。

王寶庸（一八二七—？），字時若，號伯平。又名灌，字瓚香，一字小厓。清泰州人。太學生，候選知府。

竹里堂日記　稿本，臺灣『中央圖書館』藏；《明清未刊稿彙編》初輯《竹里全稿》本。

王氏支譜　稿本，臺灣『中央圖書館』藏；《明清未刊稿彙編》初輯《竹里全稿》本。

小竹里館浮生記　稿本，臺灣『中央圖書館』藏；《明清未刊稿彙編》初輯《竹里全稿》本。

運歲並推　稿本，臺灣『中央圖書館』藏；《明清未刊稿彙編》初輯《竹里全稿》本。

律賦效顰　稿本，臺灣『中央圖書館』藏；《明清未刊稿彙編》初輯《竹里全稿》本。

小竹里館雜體文　稿本，臺灣『中央圖書館』藏；《明清未刊稿彙編》初輯《竹里全稿》本。

小竹里館示兒編鈔餘　稿本，臺灣『中央圖書館』藏；《明清未刊稿彙編》初輯《竹里全稿》本。

小竹里山館各種題跋二卷　手稿本，見《泰縣著述考》卷一。

邵福基（一八二七—一八九五），字厚庵。清泰州人。廩貢生。

春秋考異

性理外編　以上二種見《［民國］泰縣志稿》卷二十七。

袁　銳，更名泳，字烋庵。清泰州人。錦弟。

小庵未定草　手稿本，泰州市圖書館藏。

陳篤慶，字文卿。清泰州人。咸豐九年舉人。

百尺樓詩鈔　見《［民國］泰縣志稿》卷二十八。

蔣學來，海陵人。

海陵蔣氏重修族譜六卷　蔣學來等十八人合族同修　一九一八年木活字本，海陵區蓮花八區曹敏藏。

丁　渙（一八三〇—一九〇九），字文伯，一字濟卿。清泰州人。諸生。

禹貢輯注二卷　傳鈔本，見《泰縣著述考》卷一。

文伯公遺著二卷附一卷（一作文伯遺集或槐西草堂吟稿）　一九三〇年泰縣丁氏鉛印本。

單肇熊，字祥生。清泰州人。精於堪輿。

相宅相墓淺說二卷　見《泰縣著述考》卷六。

曹子山，清泰州人。

海陵曹氏族譜二卷　清光緒六年刊本。

柯　瀛，清泰州人。

柯氏族譜六卷　清光緒五年刊本。

郭福沅，字翰江，號菡矼。清閩縣人。副貢生。官兩淮運判，初寓泰州三峰園，繼移居俞家園。

愛石軒詩文集　見《［民國］續纂泰州志》卷三十二。

王昆源，字閬仙。清泰州人。工篆刻。

王閬仙印譜　藍格印本，泰州市圖書館藏。

王希聖，字仰山。清泰州人。諸生。主講東臺東淘水書院。

引玉集文稿一卷　見《［民國］續纂泰州志》卷二十五。

王荔泉，字子畲。清泰州人。成憲弟。延令汪仲山弟子。

硯香館詩草一卷　手稿本，見《泰縣著述考》卷一。

王　桐，原名柱。字子實，一字稷甫。清泰州人。咸豐八年順天舉人，十年恩科進士。改庶常。散館授户部主事，充秋審處幫辦。歸主海門師山書院、本州胡公書院講席。年五十八卒。

東鄉王氏北支家乘八卷　清咸豐四年續修，見《泰縣著述考》卷八。

知悔齋文集

雙藤吟館詩集（一作紫藤吟館詩集）　以上二種見《［民國］續纂泰州志》卷二十五。

雙桂軒四六文集（一作雙桂軒四六文鈔）　見《［民國］泰縣志稿》卷二十八。

王　鋆，字陶庵，一作小庵。清泰州人。同治歲貢生。卒年四十八。

綠天吟社詩一卷

槐蔭書屋課草　以上二種見《［民國］續纂泰州志》卷二十三。

張　逸，原名士煌。字逸君，號次野，亦號髯翁，又號黄雪老人。清泰州人。

髯翁日記　帳簿手稿本，泰州市圖書館藏。

髯翁詩稿　手稿本，泰州市圖書館藏。

瓢齋詩鈔

霜匏集　以上二種均稿本，見《泰縣著述考》卷五。

張　蕃，字竹軒，號椒堂。清泰州人。善撫琴。築東山草堂。

東山草堂琴譜　手稿本，見《泰縣著述考》卷五。

東山草堂遺集一卷　張樹申刻本；清光緒間家刻本。

張雲上，原名聯慶。字仲逸。清泰州人。諸生。嘗偕黄荔、錢桂森相唱和。中壽而殁。

坳堂詩集　見《［民國］續纂泰州志》卷二十五。

臧克柔，字濟剛。清泰州人。工鐵筆。

鐵耕齋印譜　自鐫拓印本，見《泰縣著述考》。

陳日新，字春圃。清泰州人。晉元子。同治六年欽賜副貢生。年八十五卒。

松筠閣文稿　見《［民國］續纂泰州志》卷二十五。

劉振疆，字實君，一作石君。清泰州人。居姜堰。留心金石文字，擅長鐫刻，刀法遒媚。

朱子家訓印譜

陰隲文印譜

滕王閣序蘭亭集序百壽圖印譜　以上三種均爲朱拓本，見《泰縣著述考》卷七。

澄懷軒筆印　朱拓本，泰州市圖書館藏。

潘淮湘，字子蘭。清泰州人。慶齡孫，曜三子。官蕭山、永康縣丞等。家世精青鳥術。淮湘承其後，益加研究。

潘氏地理合解二卷　清光緒二十一年汲綆書屋刻本。

地理辯證　見《［民國］續纂泰州志》卷二十七。

黄　荔，字荻生。清泰州人。歲貢生。梯雲子。工詩，精於倚聲。

隱囊日記　手稿本，泰州市圖書館藏。

隱囊詩稿　手稿本，泰州市圖書館藏。

心退聽堂詩集　紅格手稿本，泰州市圖書館藏。

荻生詩稿　見《全清散曲》第一八八三頁。

黄荻生先生詞稿二卷　清黄荔著，陳冕父編輯　一九五七年陳冕父手鈔本，泰州市圖書館藏。

趙雲鶴，字子鳴。清泰州人。琳子。

愛月清淡一卷　清光緒三年刻本。

王　輅，字乘之，號雲軒。清泰州人。

陋室銘印　朱拓本，見《泰縣著述考》卷一。

柯鳳苞，清泰州人。

柯氏族譜六卷　清光緒五年刊本。

朱慶鏞，字友笙。清泰州人。同治十年進士。官浙江松陽縣知縣。

友鹿山房詩存一卷　一九二五年北平石印本。

徐宗毅，字建章，清泰州人。庠生。

爲師勸懲録　見《泰縣著述考》卷四。

朱德甫，清安徽人，寓居泰州。

繪像孝女傳試律一卷　清光緒十七年泰州刻本。

洪承儒，字純士。清歙縣人，寓泰州。業賈。

畬經書屋詩鈔八卷　見《泰縣著述考》卷三。

張士炘，字熙亭。清泰州人。逸弟。善丹青。

蕉香山館墨蟹圖譜

鐵梅詩鈔　以上二種皆稿本，見《泰縣著述考》卷五。

余　鑒，字鏡湖。清婺源人，幼隨父振行避亂居泰縣姜堰鎮。同治七年進士。入翰林。

丈室天花集　見《泰縣著述考》卷二。

顔　馴，字仁卿。清泰州人。鑒澄從子。同治六年解元。

蠹餘草一卷附補遺　一九二二年北京鉛印本。

李金臺，字寶燕。清泰州人。同治九年舉人。大挑教職，署江寧教諭。

李氏家乘十卷　清同治十一年木活字本，泰州市圖書館藏。

藏雲山房詩鈔　見《［民國］續纂泰州志》卷二十五。

王　荃，原名效曾。字詠梅，一字心沂。清泰州人。致祥子。同治十年諸生。

四書隨筆　王荃、王蓀合著　稿本，存於家，見《泰縣著述考》卷一。

義門王氏族譜四卷　王德修，王荃續修　清光緒十二年活字刻本。

黄河南北考　見《家傳》。

錢　渭，清泰州人。

吴越分錢氏泰州宗譜十卷　清光緒十三年活字本。

錢錫爵，清泰州人。

吴越分錢氏泰州宗譜十卷　清光緒十三年活字本。

劉漢臣，字麓樵。清泰州人。居姜堰鎮。例授州同。

嗜書籍。晚年精研醫理。

衛青軒書目

經世日記

脉學指掌

内經摘要

還讀堂詩稿　以上五種均見光緒《泰縣志稿》。

田　濤，一作田溥，字春農。清泰州人。諸生。

周易釋義

耕税山房詩稿　以上二種見《[民國]續纂泰州志》卷二十五。

單肇蟾，字樨亭，晚號稚叟，自號半盲老人。清泰州人。沂相子。工詩古文。亦究心醫學、地理。

醫典彙編二卷

拾通數述十卷

經史秘鑰四卷　以上三種見《泰縣著述考》卷六。

單稚叟七十雙壽徵文録　一九二〇年鉛印本。

李柏林，清泰州人。

張甸李氏族譜二卷　清光緒二十五年活字本。

黄　驟，清泰州人。

大埝莊黄氏族譜八卷　清光緒十九年活字本。

高　清，清泰州人。

高氏遷泰支譜一卷　一九二五年刊本　。

王　蓀，字孝芸，晚號九聲道人。清泰州人。光緒八年副貢，任内務府景山宫八旗教習。研究音韻之學，創設環球韻學研究所。卒年七十一。

九聲堂韻學　稿本。　以上二種見《泰縣著述考》卷一。

四書隨筆　清王蓀、王荃合撰　稿本。

海安王氏族譜八卷　清同治二年續修本。

希雨齋華文初桄一卷　清光緒三十年自刻本。

希雨齋課藝五卷　清光緒二十年刻本。

九聲亭詩鈔　稿本，見《泰縣著述考》卷一。

章家昇，字筱峰。清泰州人。諸生。

經畬略

韻學考

雜考

退翁吟　以上四種見《[民國]續纂泰州志》卷二十五。

張兆璠，字筱石。清泰州人。廪貢生。

醉墨軒文鈔

三影堂詩稿　以上二種見《［民國］續纂泰州志》卷二十五。

袁　錦，字子文，號夢苕，晚號弢父。清泰州人。諸生。年六十八卒。

棣華吟館詩鈔　手稿本，見《泰縣著述考》卷四。

徐震來，字竹江，號恐齋，又號恐甫。清泰州人。諸生。

蛾術軒文稿十五卷

潛翠山房詩稿一卷（一作祥爵山房詩草）　以上二種見《［民國］續纂泰州志》卷二十五。

邱文田，字石農。清泰州人。咸豐間歲貢生。

石農文鈔　見《［民國］續纂泰州志》卷二十五。

陳祖培，字子植，號悔庵，又號爾爾主人。清泰州人。

聽鸝館筆記一卷　手稿本，泰州市圖書館藏。

悔庵筆記一卷　手稿本，泰州市圖書館藏。

王世晋，字觀來。清泰州人。諸生。

蓍蒓遺草一卷　家刻本，見《泰縣著述考》卷一。

徐閬卿，字蓮甫。清泰州人。諸生。工畫，與徐震甲、徐繼裕齊名，時稱『三徐』。

畫水樓存稿一卷　稿本，見《泰縣著述考》卷四。

袁登庸，字昇伯。清泰州人。同治十二年副貢生。以亳州學正終。

［光緒］亳州志二十卷首一卷　清鍾泰、袁登庸等纂修　清光緒二十年活字本。

戈頌平（一八三六—一九〇八），字直哉。清泰州人。精研醫理。

傷寒指歸六卷（一作仲景傷寒指歸）　清光緒十一年刻本；舊鈔本，南京圖書館藏；《四庫未收書輯刊》本。

黄帝素問指歸八十一篇　傳鈔本，泰州市圖書館藏。

神農本草經指歸五卷　宣統元年戈仁壽鈔本，長春中醫藥大學圖書館藏；《中國本草全書》本。

傷寒雜病論金匱指歸十卷（一作金匱指歸）　清光緒十一年刻本；鈔本，上海圖書館藏。

陳研薌，清泰州人。

春明詩課彙選四卷補遺一卷　清陳研薌原選，胡俊章

增輯 清光緒七年鉛字排印巾箱本。

陳 芾（一八三六—?），字蘭槎，一字墨癡，號子棠、海濱鄉人、蓬山外人、怡園。清泰州人。同治九年舉人。

執硯山館詩集五卷 清光緒十九年自刻本，泰州市圖書館藏；清光緒二十二年刻本暨鉛印本，上海圖書館藏。

怡園老人年譜一卷（又作執硯山館年譜） 清光緒十九年自刻本；清光緒二十二年鉛印本，南京圖書館藏。

怡園隨筆一卷 舊鈔本，見《泰縣圖書館書目》。

丁柔克（一八四〇—?），號燮甫，江蘇泰州人。其父丁楚玉，字子琳，道光十六年（一八三六）進士，官雲南蒙自等縣知縣，咸豐中病逝於任所。丁柔克的岳父賈洪詔，字金門，湖北均州人。道光二十年（一八四〇）進士，官至雲南巡撫，光緒二十三年（一八九七）卒，年九十三歲。著有《柳弧》。另有《歸鶴瑣言》、《倒海探珠集》、《醫學星宿海》、《糜畯齋楹聯》、《玉壺鳳肺》、《青芙館秘書》等書，均未見有刻本問世。

柳弧 稿本，中國人民大學圖書館藏，二〇〇二年中華書局宋平生等整理本。

宫本昂（一八四〇—?），字子行，號千里。清泰州人。署即墨知縣。

宫氏族譜不分卷 清光緒五年木刻本，國家圖書館藏。

黄葆年（一八四五—一九二四），字錫朋，又字隰朋，號希平，又號歸群。清泰州人。光緒六年進士，官臨淄、泗水等縣知縣。太谷學派南宗主要傳人。

詩經讀本四卷 黄葆年批注 鈔本，泰州圖書館藏；一九八六年泰州市圖書館《新泰州學派資料》本；一九九八年廣陵古籍刻印社《太谷學派遺書》本。

禮記讀本十卷 黄葆年批注 鈔本，泰州圖書館藏；《新泰州學派資料》本；《太谷學派遺書》本。

李平山先生年譜 黄葆年删訂 《太谷學派遺書》本。

周子通書 紅格鈔本，泰州市圖書館藏。

觀海山房追隨録 李光炘著，黄葆年删訂 《太谷學派遺書》本。

黄氏遺書八卷 鈔本，泰州圖書館藏；《新泰州學派資料》本；《太谷學派遺書》本。

稼溪一滴不分卷　鈔本，泰州圖書館藏；《太谷學派遺書》本。

歸群草堂語録不分卷　鈔本，泰州圖書館藏；《新泰州學派資料》本；《太谷學派遺書》本。

希平夫子語録不分卷　《新泰州學派資料》本。

歸群草堂文集二卷　鈔本，泰州圖書館藏；《新泰州學派資料》本；《太谷學派遺書》本。

歸群草堂詩集二卷　鈔本，泰州圖書館藏；《新泰州學派資料》本；《太谷學派遺書》本。

歸群文課六卷　歸群弟子著，黄葆年校訂　鈔本，泰州圖書館藏；《新泰州學派資料》本；《太谷學派遺書》本。

唐宋文讀本五卷　鈔本，泰州圖書館藏。

經義存疑一卷　鈔本，泰州圖書館藏。

大小謝詩鈔　鈔本，泰州圖書館藏。

八韻詩存不分卷　鈔本，泰州圖書館藏；《新泰州學派資料》本；《太谷學派遺書》本。

書古詩存後不分卷　鈔本，泰州圖書館藏；《新泰州學派資料》本；《太谷學派遺書》本。

天籟集四卷　鈔本，泰州圖書館藏；《太谷學派遺書》本。

天籟遺音二卷　鈔本，泰州圖書館藏；《太谷學派遺書》本。

古詩源批注二卷　鈔本，泰州圖書館藏。

論語三十六□聲注

六書説文略一卷

希平紀言　以上三種俱鈔本，見《泰縣著述考》卷六。

徐錦彰（一八四六—？），字綺雲。清泰州人。國學生，候選縣丞。

徐氏族譜六卷　徐錦彰等修纂　清光緒三十四年毓麟堂活字本，泰州市圖書館藏。

王耕心（一八四六—一九〇九），原名昂霄，字穆存，一字道農，號龍宛居士。清泰州人。陰祐子。官徐州府運河同知。

新訂周易傳義

毛詩音詁　以上二種見《泰縣著述考》卷一。

正定王氏家傳六卷　清光緒十九年龍樹精舍刻本，南京圖書館藏；藍格手稿本，泰州市圖書館藏。

蘇子

董子 以上二種見《泰縣著述考》卷一。

貫子次詁十六卷 清光緒二十九年龍樹精舍刻本，復旦大學圖書館藏；《續修四庫全書》本。

佛説摩訶阿彌陀經衷論一卷 清魏源會譯，王耕心衷論 清光緒三十年自刻本，北京大學圖書館藏。

龍樹篇 見《泰縣著述考》卷一。

櫰隱庵剩稿一卷 清光緒三十二年龍樹精舍刻本，南京圖書館藏。

龍宛居士集六卷 清光緒三十二年自刻本；一九一七年刻本，上海圖書館藏；藍格手稿殘本；《清代詩文集彙編》本。

龍宛文稿 見《［民國］續纂泰州志》卷三十二。

王道農詩稿 緑格手鈔本，泰州市圖書館藏。

王氏家集 王耕心校刻本。

正定王氏四種 清光緒十九年王氏龍樹精舍刻本，清華大學圖書館藏。

朱　輝（一八四六—一九三五），字月樵，别號混俗道人，晚更號萬工山人。泰州人。工繪事，尤善畫龍。

畫龍淺説一卷 清光緒三十二年排印本。

萬工圖集七卷

九真要訣圖説一卷 以上二種均稿本，見《泰縣著述考》卷二。

韓國霖（一八四八—？），字雨三。泰州人。

韓氏宗譜十二卷 韓國霖等修纂 一九一三年有懷堂木活字本，南京圖書館藏。

阮　焱（一八四八—？），字晉明。清餘杭人。幼奉母避兵居泰。年十八，始爲詩。後任阜寧知縣。

淮園詩鈔 清光緒三年自刊本，泰州市圖書館藏。

江　鎮（一八五〇—一九〇六），字麗春。清泰州人。受業於舅父朱輔治，致力於醫，深得醫之要旨，名噪兩泰間。

温病抉微一卷 清江鎮、江祖韓、江祖範同輯

仁術肩牆録十卷 以上二種見《泰縣著述考》卷二。

宋　浚，清泰州人。

港口宋氏族譜十卷 清光緒二十八年活字本。

徐天璋（一八五二—一九三六），字睿川，號曦伯。

泰州人。諸生。湛深經學。

睿川易義正編十卷副編六卷續編二卷　一九二四年鉛字排印本。

睿川易義合編八卷　清宣統三年鉛印本。

禹貢傳注圖考　稿本，見《泰縣著述考》卷四。

尚書句解考正　清光緒二十七年雲麓山館刻本，北京大學圖書館藏；一九三五年雲麓山館刻本。

毛詩傳箋考證　見《［民國］泰縣志稿》卷二十八。

詩經集解辯正二十卷　一九二三年鉛字排印本。

三禮析義

夏小正通釋二卷

春秋明義

春秋三傳辯誤

春秋三傳辯疑　以上五種均稿本，見《泰縣著述考》卷四。

論語實測二十卷　一九一九年鉛印本；一九二四年南京鉛字排印本。

中庸箋正一卷　一九一九年泰州徐氏鉛印本；一九二七年南京排印本。

古本大學説義一卷　清宣統二年泰州徐氏鉛印本；一九二三年南京排印本。

孟子集注箋正十四卷　一九三六年江都胡震排印本。

四書箋疑疏證八卷　徐天璋箋，徐浚仁疏　光緒二十二年中一堂刻本，泰州市圖書館藏。

孝經古今章句考

爾雅箋正圖考　以上二種皆稿本，見《泰縣著述考》卷四。

闕里講經編一卷　一九二〇年雲麓山館刻本。

泰州徵獻録不分卷　徐天璋輯録　鈔本，中國人民大學圖書館藏。

徐氏雙孝録一卷　清光緒二十八年自刻本，泰州市圖書館藏。

徐氏類編十卷　清宣統元年刻本，泰州市圖書館藏。

理氣蒙求四卷　清宣統元年自刻本。

烏私集三卷芻獻集五卷既濟金鑒一卷心性元旨二卷續編二卷　清宣統元年自刻本。

五行彙考四卷　手稿本，泰州市圖書館藏；鈔本，見《泰縣著述考》卷四。

皇極潛元演數一卷　手稿本，泰州市圖書館藏；鈔本，見《泰縣著述考》卷四。

楚辭叶韻考四卷　傳鈔本，杭州市圖書館藏；《四庫未收書輯刊》本。

徐氏經學叢書　一九三一年鉛印本。

徐氏類編　清宣統元年刊本。

程恩官（一八五三—一九二二），字典六。清泰州人。恩洋兄。

藤花閣詩存一卷　見《［民國］續纂泰州志》卷二十三。

程恩洋（一八五五—一九二四），字子謨。清泰州人。歲貢生。

海陵竹枝詞　仲一侯鈔本，暨南大學圖書館藏。

海陵竹枝詞初集六卷續集一卷再續集一卷　清王廣業、朱寶善、程恩洋撰，清同治三年刻本，南京圖書館藏。

陳恩涵，清泰州人。光緒進士。授主事。

陳氏家譜　鈔本，見《泰縣著述考》卷八。

韓國鈞（一八五六—一九四二），字紫石，亦字止石，晚號止叟。民國泰州海安人。清光緒五年（一八七九）中舉，曾任河南鎮平等县知縣，吉林巡按使等。民國成立後，歷任江蘇省民政長、江蘇省長等。

［民國］續纂泰州志　韓國鈞、王貽牟總纂　謄清稿本；鈔本。

李桂枝，清泰州人。

雙河李氏家乘十三卷　一九一三年活字本。

洪載福，字右橋，一字子厚。清歙縣人，寓泰州。承儒侄。

敦復軒詩稿一卷　見《泰縣著述考》卷三。

王夔立，字卓如，又號克庵居士。清泰州人。蔭祐次子。入錢塘籍，補附學生。幕遊四十年，卒年七十五。

韋蘇州年譜一卷詩文集三卷後編十四卷　《覺後編》排印本，見《泰縣著述考》卷一。

蔣氏，清泰州人。

蔣氏宗譜二卷　清光緒三十一年活字本。

江墉，字少庭。清泰州人。朱輔治弟子。精醫。

温病闡微　見《［民國］續纂泰州志》卷二十七。

張桂郁，清泰州人。

泰州張氏支譜二卷　清光緒三十二年活字本。

袁鏣，字季枚。清泰州人。錦季弟。諸生。

袁弢父先生傳一卷　清袁鏣、袁葆田合撰　清光緒二十六年家刻本。

［民國］甘泉縣續志二十九卷首一卷　錢祥保修，桂邦傑總纂，袁鏣等分纂　一九二一年刻本；一九三七年重印本；一九六三年油印本；《中國方志叢書》本；《中國地方志集成》本。

季枚遺稿　稿本，見《泰縣著述考》卷四。

王敬淵，字簡卿，亦號墨芸。清泰州人。鴻業子。中光緒二年鄉試第二。晚主講東臺西溪書院。

憶舊圖記一卷　紅粟山莊傳鈔本，泰州市圖書館藏。

孫士榮，清泰州人。桂山長子。傳父業，精醫。

傷寒辯似四卷　見《［民國］續纂泰州志》卷二十七。

汪達汝，字桐軒。清泰州人。諸生。早歿。

窺破機關二卷　見《［民國］續纂泰州志》卷二十五。

李順觀，字光國。清泰州人。諸生。

醒世編一卷　清光緒三十二年同善堂刻本。

徐豐曾，字玉生，晚號贛叟，又號東海散人。清江寧人。諸生。寓居泰州。

雙桐書屋詩集四卷補遺一卷詞存一卷　一九二四年石印本。

仲文濤，清泰州人。

仲氏支譜四卷　清光緒三十二年活字本。

高彝尊，字懿伯，號小晉，一號慰陔。清泰州人。錫康子。光緒二年舉人。官兵部職方司郎中。

續困學紀聞　見《高氏支譜》。

黃道元，清泰州人。

姜堰黃氏天祥公支譜四卷　一九一三年活字本。

陳恩洽，字融齋，號硯芬。泰州人。寶書四子。光緒進士，授户部主事，擢度支部員外郎、制同司司長。辛亥革命後，回籍任商會會長。卒年七十三。

硯芬詩文存　見《泰縣著述考》卷五。

姜飲蘭，泰州人。

姜氏族譜　一九一三年活字本。

陳明祚，字大士，號棲雲。清泰州人。監生。

雲厂詩稿

關中詩稿

聞吟詩稿　以上三種見《泰縣著述考》卷五。

袁葆田，清泰州人。

袁弢父先生傳**一**卷　清袁鑣、袁葆田合撰　清光緒二十六年家刻本。

宋　瑜，清泰州人。

港口宋氏族譜**十**卷　清光緒二十八年活字本。

章文傑，清泰州人。

章氏族譜**十**卷　一九二五年活字本。

喬鶴年，清泰州人。

吳陵喬氏族譜**六**卷　清光緒十九年活字本。

程樸生，字石洲，一號平常道人。清歙縣人，寓泰州城内。桓生弟。歷任江西、廣東知州。精於六壬。

大六壬課　見《泰縣著述考》卷六。

紀觀海，清泰州人。

紀氏宗譜**二**卷　清光緒三十四年活字本。

李廣春，清泰州人。

張甸李氏族譜**二**卷　清光緒二十五年活字本。

尤　琇，清泰州人。

尤氏宗譜**二**卷　清光緒三十二年活字本。

沈　隱，字洛亭。清泰州人。與顏馴、高爾庚相唱和。

蘅茅詩集　見《泰縣著述考》卷二。

章奎森，字量圓，別號天弢。清泰州人。

沁園詞**二**卷　一九一八年姜堰石印本。

王貽牟，字笠農。泰州人。廣業七子。歲貢生。

［光緒］續修泰州志**三十四**卷首**一**卷　清鄭輔東修，王貽牟纂　一九二一年石印本；一九一七年鈔本，存卷首、卷一、卷二、卷四、卷五；《中國地方志集成》本。

［民國］續纂泰州志**三十五**卷首**一**卷　韓國鈞、王貽牟總纂　一九二四修，稿本，南京大學圖書館藏；鈔本，中國歷史博物館藏。

草隸鉤沈

隱囊雜録　以上二種見《［民國］泰縣志稿》卷二十六。

黄雪山莊詩存**四**卷　見《泰縣著述考》卷一。

于懷慶，字燕伯，號老漁。清泰州人。居姜堰。

古梅山房詩草初編二卷二編三卷　一九二一年石印本。

張沛霖，字潤甫，號蔣溪逸叟。清泰州人。諸生。

芸軒索異録十卷　傳鈔本，見《泰縣著述考》卷五。

訓吟草四卷　一九二六年石印本。

盧福保，字崧亭，號茨如。清泰州人。歲貢生。清末初設學、商兩會，福保被選爲學會會長、商會協理。又被選爲姜堰鎮商會總理。

説劍山堂經解　紅格鈔本，泰州市圖書館藏。

小學音義十二卷　見《［民國］泰縣志稿》卷二十六。

［宣統］續纂泰州志三十五卷　清胡維蕃修，盧福保纂　清宣統間修，稿本，中國科學院圖書館藏；民國鈔本，南京圖書館藏；鈔本，民族文化宫圖書館處藏；油印本，揚州市圖書館處藏。

金剛經提要一卷　一九一八年石印本。

説劍山堂吟草八卷　見《［民國］泰縣志稿》卷二十六。

李恩涵，字秋江。清泰州人。光緒八年舉人。

都門遊草

養庵賦鈔（一作秋江賦草）　以上二種見民國《泰興縣續志》卷二十五。

秋江文稿　見《泰縣著述考》卷二。

李長漣，字鑒湖。清泰州人。邑廪生。

四書彙解三卷　見《［民國］續纂泰州志》卷二十六。

陸炳埏，原名英，字子才。清泰州人。光緒五年舉人。選授南匯縣訓導。主講惠南、芸香書院。卒年七十五。

自編年譜一卷

蟫翳軒文集四卷

亦隱軒詩集二卷

南沙詠史詩二卷

鴻飛集一卷　以上五種見《［民國］續纂泰州志》卷二十五。

陳玉德，字光庭。清泰州人。精於醫學。

醫林願學編　見《中醫人物辭典》。

錢錫恒，字子人。清泰州人。桂楨子，桂森侄。年七十卒。

論文史略一卷　見《［民國］續纂泰州志》卷二十四。

姜選樓，改名文炳。字午泉，一字塞翁。清泰州人。貢生。

清橋書屋老人吟一卷　清光緒十一年刻本，泰州市圖書館藏。

李甲生，字羲侯。清泰州人。

天南遊記一卷　稿本，見《泰縣著述考》卷二。

王培蓮，字季黴，原名培蘭。清泰州人。桐四子。潛心水利輿地。

地輿水利圖考　見《泰縣著述考》卷。

王錫衡，字陰湘。清泰州人。鋆子。諸生。卒年七十。

壽卿齋文詩集　見《［民國］泰縣志稿》卷二十七。

高善樹，字友伯，號蘭岩，一號逋仙。清泰州人。爾庚兄。紹淦子。廩貢生。

聽鸝吟館詩詞草　見《［民國］續纂泰州志》卷二十五。

石和鈞，原名如岳。字岱庵。清泰州人。廩生。卒年四十二。

古槐軒詩集　見《［民國］泰縣志稿》卷二十八。

朱希淵，字肖船。清泰州人。寶善子。宦福建雲霄縣照磨。歸後任王氏私立翼中小學教員。

海客詩存一卷　見《［民國］泰縣志稿》卷二十六。

徐恩榮，字子霑。清泰州人。震甲子。與王貽典、黄荔、盧福保等相唱和。

小西湖釣徒詩稿一卷　紅格手稿本，泰州市圖書館藏。

汪時益，字壽芝。清旌德人，寓居泰州。瓆次子。

紅梨新館詩稿　見《泰縣著述考》卷二。

陸仁淵，字心顏，號形山。清泰州人。監生。年六十七卒。

周易探微八卷　稿本，見《泰縣著述考》卷五。

形山北遊記二卷附録一卷　一九二五年形山書舍刊本，南京圖書館藏。

地靈學八卷

形山雜著六卷　以上二種見《泰縣著述考》卷五，謂有稿本。

王貽典（一八五八—一九〇七），字石逸。清泰州人。廣業十一子。光緒十六年進士。授刑部湖廣司主事，兼江西司主稿。三十三年補法部奉天司員外郎，遷編置司郎中，充丞參廳會辦。

笙寒樓詩鈔　見《［民國］續纂泰州志》卷二十四。

宋學賢，字士雅。清泰州人。光緒十五年舉人。

杏雨堂詩文集　見《［民國］續纂泰州志》卷二十五。

劉法曾，字心伯。一作心白。清泰州人。漢臣侄。光緒十四年舉人。掌教東臺三賢書院。民國初，兩修泰州志。

清史纂要　一九一六年中華書局排印本。

外史蒙求　清光緒二十八年上海石印本。

覆甑漫存六卷　一九二三年泰和陳伯鄂排印本。

曹　氏，清泰州人。

大泗莊曹氏族譜二卷　一九一二年活字本。

余文海，字仰蘇，別號漁村逸叟。清泰州人。原籍婺源。振行孫，鑒子。結冷香吟社。

漁村詩集一卷　一九三六年泰州排印本。

冷香吟社詩選　一九一九年石印本。

漁村鼓盆求應録一卷　一九二六年石印本。

榮　詔，清泰州人。業幼科，名與戴雪舫埒。

雜證繩墨一卷　見《［民國］續纂泰州志》卷二十七。

朱　氏，清泰州人。

白米朱氏宗譜　一九二八年活字本。

高爾庚，原名珠樹。字星仲，號曼孫，又號學頑。清泰州人。光緒二十五年歲貢生。

二南釋義

毛詩集解

字略

泰州方言　以上四種見《泰縣著述考》卷八。

光緒續泰州志　高爾庚編　一九二一年油印本，泰州市圖書館藏。

尚友録正略（一作尚友録考證）　稿本，見《泰縣著述考》卷四。

海陵雜録一卷　見《泰縣著述考》卷四。

井眉居詩鈔一卷續鈔一卷　一九二三年鉛印本，清高炳華編校。

王成憲，字芝泉。清泰州人。工鐵筆。

青箱閣蘭譜一卷　手鈔本，見《泰縣著述考》卷一。

睫園印譜一卷　藍格印本，泰州市圖書館藏。

夏康慶（一八六〇—？），字晉侯。清泰州人。諸生。

泰縣夏氏宗譜二卷　一九一七年活字本，泰州市圖書館藏。

怡怡書屋文集　見《[民國]泰縣志稿》卷二十六。

張　廉，字錦泉，號稚發。清泰州人。逸子。庠生。

遁庵日記　手稿本，見《泰縣著述考》卷五。

宮　立，字憑自。清泰州人。居姜堰。與劉麓隱、余文海相酬唱。

塘東隨筆四卷　一九一八年自刻石印本。

儲玉藻，字小場，別號信天翁。清泰州人。監生。

竹筒齋課餘草詩集　見《[民國]續纂泰州志》卷二十五。

曹湘浦，字楚卿。清泰州人。倬女。卒年二十一。

繡餘吟草一卷　清光緒十五年家刻本，見《泰縣圖書館鄉土部書目提要》。

陳金聲，字子和。清泰州人。官浙江分水知縣。精於醫理。

傷寒辯注二卷

金匱辯注二卷　以上二種有一九二四年自刻石印本。

袁　銜（一八六一—一八九九），字澹生。清泰州人。光緒十四年鄉魁。二十一年詔舉異材，召對稱旨，以知縣用。初選廣東升平，改選浙江景寧。後擬調青田，旋卒。

袁景寧集二卷　《海陵叢刻》本。

飄蓬集　見《[民國]續纂泰州志》卷三十二。

劉步階，清泰州人。

姜堰劉氏家乘四卷（支譜）　一九一三年活字本。

洪榮棣，字鄂棠，號白威。清泰州人。文翰孫，嘉紱子。年二十餘卒。

鄂堂詩稿　手稿本，泰州市圖書館藏。

韓佩芬，清泰州人。譚小雲妻。善繪仕女花卉鳥獸。

題詠畫譜　一九二六年華商局石印本。

袁祖郇，字況生，自號江東布衣。清泰州人。錦子。

袁氾生詩稿　手鈔本，泰州市圖書館藏。

石抱中，字樸存。清泰州人。和鈞次子。善詩工畫。年十五夭。

沈　夔，字宿蘇。清泰州人。諸生。卒年二十四。

泰州石神童遺詩一卷　傳鈔本，泰州市圖書館藏。

班書地理志沿革考二卷　紅格鈔本，泰州市圖書館藏。

九邊圖説訂訛　見《［民國］續纂泰州志》卷二十三。

姜海田，字石舟。號鶴儕。泰州人。選樓子。監生。

姜氏族譜　一九一三年活字本。

蕉雨室詩集一卷　手稿本，見《泰縣著述考》卷三。

儲　傑，字漢三，泰州人。熙亭子。

馬譜圖説一卷　傳鈔本，見《泰縣著述考》卷七。

田　澄，泰州人。

阪埨田氏家譜一卷　一九二九年石印本。

劉一禮，泰州人。

南鄉劉氏族譜四卷　一九二八年活字本。

儲　才，字兼三，泰州人。熙亭子。入講武學堂，騎兵及要塞炮工專科畢業，任吴淞炮臺教練官。後遊京師，任内務財政部員。

盲吟集三卷　見《泰縣著述考》卷七。

李壽開，字元之。原籍丹徒。慎儒次子。寓居泰州，選任泰城商會會長。

楹聯雜志一卷　一九三七年石印本。

姜泰厘局邀免稟稿　一九一三年鉛印本。

韓　氏，泰州人。

韓氏宗譜二卷　一九二五年活字本。

單毓元，泰州人。

［民國］泰縣志稿　單毓元修纂　一九三一年油印本，泰州市圖書館藏；《中國地方志集成》本。

丁　氏，清甘泉丁光烺女，泰州單毓元妻。年四十二卒。

鶴立廎偶録一卷

鞠盤文剩二卷詩剩二卷

國朝閨閣詩集注四卷　以上三種見《泰縣著述考》卷一。

柯南傑，泰州人。

柯氏族譜六卷　一九三三年活字本。

王士緯，泰州人。

王心齋先生學譜一卷　一九四二年鉛印本。

王念慈，字釋塵。清泰州人。

止一居詩集　見《[民國]泰縣志稿》卷二十六。

王　籽（？—一九四二），字直之，號野哉，別號歷溪村人。泰州人。擅長六法，題作俱佳。人物傳真，無不工秀。尤精鐵筆，名聞中外。

歷溪村人畫集　一九三三年銅版印本。

王諶謀，字野庭，泰州人。光緒二十三年舉人。

青箱書屋詩文集二卷　一九二二年自刻石印本。

太上感應篇詩一卷　一九二〇年石印本，見《泰縣圖書館鄉土部書目提要》、《泰縣圖書館書目》。

王漢民，字光國。號溪隱。泰州人。居姜堰鎮。白榴社友。

溪光室唱和集二卷　一九三〇年排印本。

丁憲祖，字紹武，一字秋碧，號一癡，又號蓮若。泰州人。居白米。工詩文，尤精醫學，主編《曲水泰東衛生日報》。

菰蘆醫學論文集

秋碧劄記初稿　以上二種見《泰縣著述考》卷一。

徐炳華（一八六九—一九三四），字劬庵，一字菊人，晚號守雌。泰州人。廩生。江蘇省諮議局議員。兩任泰州續志分纂及委員。

説文識小録　手稿本，泰州市圖書館藏。

徐氏家譜　手稿本，泰州市圖書館藏。

劬庵雜鈔　手鈔本，泰州市圖書館藏。

守雌堂詩文刪存　紅格手稿本，泰州市圖書館藏。

守雌堂詩近作　手稿本，泰州市圖書館藏。

王國謀，初名昌謀。字蘭谷。泰州人。貽牟子。江蘇省議員。

新訂蟋蟀經一卷　一九二〇年自刊石印本。

泰縣農業　稿本，上海圖書館藏。

泰縣物産志二卷　稿本，見《泰縣著述考》卷一。

馬錫純（一八七〇—一九四二），字東侯，一字東皋，號蓴叟。泰州人。諸生。曾任泰縣縣立第一高等小學校長，江蘇省立第四師範教員，創設淮東中學，任國文教員。

南陽勸業會紀要九卷　手稿本，見《泰縣著述考》

卷四。

泰州鄉土志　清馬錫純編纂　光緒三十四年錦章書局石印本，南京圖書館藏。

徵蘭小志一卷　一九二三年自刊石印本。

泰縣第一高等小學校友會雜志　一九一七年石印本。

國文範本　一九二〇年墨耕齋石印本。

王國麟（一八七〇—？），字大秀。泰州人。

王氏宗譜六卷（一作泰州東門外王氏宗譜）　民國間王國麟等修　一九二四年三槐堂活字本，南京圖書館藏。

武國良，字簡侯，一字簡子。泰州人。善草書。精醫理。著述豐富。曾任泰縣圖書館職二十餘年。

仲聖方證合一要訣

證候學

方劑應用法

藥證學

中西各病證治會要

中西花柳病學

小兒適用推拿法

外治學

小兒百病外治學

婦科百病外治學

疾病食養法

中西病名類證

中醫診斷補

針灸要穴集驗

內科外科婦科兒科單簡經效方

婦科方證會要

中西病理今釋

簡子自笑録

冷齋醫話　以上十九種均稿本，見《江蘇歷代醫人志》。

盧承澧，字東侯，號正信居士。泰州人。研習佛學，皈依太虛法師。

正信録　一九三八年仿宋排印本。

李星南，字極仙。泰州人。光緒二十三年拔貢生。

日省録　手稿本，見《泰縣著述考》卷二。

二曾堂雜學　見《［民國］續纂泰州志》卷二十五。

二曾堂文稿　手稿本，泰州市圖書館藏。

凌文淵（一八七六—一九四四），名庠，號直支，亦作植支，又號隱峰居士。泰州人。清庠生。肄業於兩江師範。一九一二年任南京臨時政府臨時參議院議員。其後任代理財政部參事、次長、總長等職。一九二七年去職，任國立藝專教授、北京美術學校校長等。時與陳半丁、陳師曾、齊白石並稱京師四大畫家。

中國鹽業最近狀況第一編三卷　一九一三年鹽政討論會印本。

各省區歷年財政彙覽第一編不分卷　一九二七年財政部排印本。

省債　一九二八年北平銀行月刊社排印本。

中國經濟史

財政金融學　以上二種見徐友春主編《民國人物大辭典》。

籥庵東遊日記一卷　清光緒三十年上海江南商務總局鉛印本，南京圖書館藏。

我的美感第一集　一九二六年鉛印本；一九二八年北京排印本。

程嵩齡（一八七七—一九五一），字俊生，號畯僧。泰州人。庠生。

宋磚譜四册（一作樂陶陶齋宋磚譜）　手拓本。

荻室泉録十二册

海陵書畫譜二卷　鈔本。以上三種見《泰縣著述考》卷六。

泰州詩書畫及見識一卷　《畯廬叢書》本。

吴陵畫譜補二卷　泰縣古物支會鈔本，南京圖書館藏。

桑田録　一九一二年油印本。

城西草堂詩史　程嵩齡選　一九四七年石印本；《近代中國史料叢刊續編》本。

泰文録一卷　程嵩齡輯　《畯廬叢書》本。

程氏詞剩　徐菊人鈔本，泰州市圖書館藏。

吴州四程詩文集　程嵩齡編　一九四八年石印本；《近代中國史料叢刊續編》本。

子目：

《春暉草堂詩文稿》，清程紹昌撰

《因是齋詩文稿》，清程宇光撰

《延暉書屋詩文稿》，清程祥芝撰

《松承堂詩文稿》，清程祥棟撰
程氏遺稿四種　程嵩齡編　《近代中國史料叢刊續編》本。
子目：
《星采吟草》，程應軺撰
《浣花軒餘課》，程應佐撰
《餘生閣詩鈔》，程張蘭撰
《煙波漁唱詞》，程紹裘撰
畯廬雜著　程大千自印本。泰州圖書館藏。

陳啓彤（一八七八—一九二六），字管侯。泰州人。海平次子。研究許學，貫通群經諸子。創設地方圖書館，後任財政部編纂處主任，中國大學哲學教授等。

易通例一卷易通釋二卷（一作陳巙侯易學）　一九二五年刻本，泰州市圖書館藏。
廣新方言二卷　一九二八年北京鉛印本。
續新方言　民國鈔本，國家圖書館藏。
六書微一卷　陳啓彤撰，伍劍禪校訂　一九二六年中國大學鉛印本。
訓詁微　鈔本，國家圖書館藏。
墨子小取解科一卷
墨經閒言一卷　以上二種均爲稿本，見《泰縣著述考》卷五。
墨子大取解科一卷　一九二五年北京中國大學排印本。
名理微一卷　稿本，見《泰縣著述考》卷五。
庚甲雜集四卷　鈔本，國家圖書館藏。
經説聞言二卷
玩辭記一卷
觀象記二卷
甲子餘録乙丑閒編一卷
形名正義一卷
因名殘稿一卷
詩故一卷　以上七種均稿本，見《泰縣著述考》卷五。
陳氏寓齋叢書　一九二五年北京刻本。

袁祖成（一八七八—一九二七），字康侯，號退生，又號退僧，泰州人。鑣長子。光緒諸生。一九一四年任東海縣知事。一九一七年創辦泰州淮東中學。一九二七年，孫傳芳部攻陷泰州，被害。

宋史劄記一卷

清徐遊記一卷

退僧先生遺集　清王公璵輯　以上三種見《泰縣著述考》卷四。

任正學（一八八三—一九四〇），字宗儒，一字宗孺，號桃源隱氓。泰州人。希社成員。

田舍吟一卷　興化市圖書館藏。

夏兆麐（一八八五—一九四八），字紹侯，號耐庵。泰州人。兩淮師範畢業。歷任中小學教員，泰縣圖書館館長等。熱心搜集整理地方文獻，著述頗豐。

泰縣縣立圖書館金石記目　鈔稿本，泰州市圖書館藏。

泰縣公共圖書館鄉土部書目提要　鈔稿本，泰州市圖書館藏。

方志學　稿本，見《泰縣著述考》卷四。

耐庵叢著　叢書類　稿本，泰州市圖書館藏。

子目：

《族譜學概要》

《論語政要》一卷

《新生活解證》

《兩漢地方自治制度考》

《螢草文存》四卷

《瑞芀堂諧著》

《傭餘漫墨》四卷《續墨》一卷

《春紅晚白軒雜綴》二卷

《松林庵小志》

《泰縣内政志》四卷

《泰縣方言補》一卷《吴陵語録》一卷

《泰縣風俗談》十卷

《泰縣氏族略》三卷

《泰縣三大災録》三卷

《吴野人生活》

《吴陵野紀》八卷

《吴陵牧影》一卷

《吴陵藝苑》一卷

《痛史一斑》一卷

《梓里抽奇録》一卷

《梓聞餘録》四卷
《海陵文拾》一卷
《海陵詩史》二卷
《國學研究社詩文選》四卷
耐庵叢稿　叢書類
報紙剪貼本　泰州市圖書館藏。
子目：
《梓聞餘録》
《吴陵牧影》
《吴陵藝苑》
《吴陵野記》
《春紅晚白軒雜綴》
《丁卯兵災録》
《辛未水災録》
《海陵文拾》
《泰縣風俗談》
《泰縣氏族略》
《兩漢地方自治制度考》
《岳墩小志》
《松林庵小志》

黄　立（一八八七—一九六七），原名黄仲善，後改名重憲，又名仲憲。泰州姜堰人。民國間於家鄉及上海興辦教育事業。建國後任泰縣政協委員，江蘇省文史館館員等。

人系　民國四年逍遥齋石印本，華東師範大學圖書館藏。

夏彭曜（一八八八—？），字光宇，號冷香。泰州人。清監生。

夏氏族譜二卷　一九一三年活字本。

宋尹東，字守清，泰州人。縣參議員。

紅杏樓唱和詩存二卷　鈔本，泰州市圖書館藏；一九三〇年自刻石印本。

韓　潮（？—一九一三），原名寶潢，字漱白。泰州人。

獨樂詩集一卷　見《［民國］泰縣志稿》卷二十六。

晚香詩稿不分卷　民國鉛印本，南京圖書館藏。

錢慰貞，字幹庭，泰州人。桂森孫。庠生。好佛，皈依太虚法師。

蓮邦耆舊録　一九二六年《佛化週刊》本。

程　習，字習朋，一字習子，號小可，又號閒亭居士。祖籍儀徵，生於泰州東鄉。南社社員。歷任中學國文教員，兼業新聞界。

笑花樓近稿**二卷**　一九一九年揚州排印本。

少年集稿**一卷**　一九二三年石印本。

程習朋詩　一九四三年油印本；一九四四年重訂油印本。

楊祖賢，泰州人。

席蔭軒酬唱集不分卷　排印本，南京圖書館藏。

于　氏，泰州人。

南鄉于氏族譜　一九二六年續修，見《泰縣著述考》卷八。

丁　氏，泰州人。

姜堰丁氏族譜　一九二六年續修，見《泰縣著述考》卷八。

王　舜，泰州人。

三水王氏族譜**十二卷**　一九三七年續修，見《泰縣著述考》卷八。

王天恨，字翼吾。泰州人。

紅粉青鋒記　見《泰縣著述考》卷一。

第一夜　一九三〇年文華書局排印本。

王雲梯，泰州人。

白馬廟王氏族譜**八卷**　一九三九年重修本。

黄　鎮，字石屏。泰州人。江寧第一中學畢業，入北京大學肄業。

黄鎮遺稿**一卷**　見《［民國］泰縣志稿》卷二十七。

夏　勤（一八九〇—一九五〇），字敬民。泰州人。朝陽大學畢業。

法學通論　一九一九年朝陽大學排印本。

刑事訴訟法釋疑　一九四四年中國印館排印本。

錢荷玉（一八九四—一九二九），字蘊清。泰州人。王光國妻。

香露軒吟剩**一卷**　一九三〇年排印本。

顧　名（一八九四—一九三六），字君義、君誼，以君誼行，號行一，生於泰州東南鄉顧高莊。畢業於中國第一所師範學校通州師範，一九一五年考入北大國文門，後擔任國史館編纂、財政部秘書、臨時執政府善後會議委員、國立暨南大學、復旦大學、大夏大學國文系教授等職。並在《又新日報》等多家報館擔任主編主筆。他還曾成立顧高莊農村改進會，編纂《泰縣民國志稿》等。

曲選　國家圖書館藏。

陸銓（一八九九—一九六二），字次公，泰州人。版本目録學家，歷任泰縣縣立圖書館館員、泰州市文化科長、泰州市圖書館館長。

謝王鄉志一卷　一九三七年巾箱手稿本，泰州圖書館藏。

塘灣小志一卷　一九三七年巾箱手稿本，泰州圖書館藏。

泰州文廟祭器款式一卷　手稿本，泰州圖書館藏。

海陵金石記　稿本，南京圖書館藏。

泰州公私藏書考略一卷　手稿本，泰州圖書館藏。

泰縣著述考八卷　一九五八年稿本，泰州圖書館藏。

泰州版本考不分卷　一九六三年泰州市圖書館鈔本，上海圖書館藏。

泰縣刊版書録一卷　民國油印本，國家圖書館藏。

清代泰縣禁書述要一卷　民國油印本，國家圖書館藏。

通揚禁書録一卷　手稿本，泰州圖書館藏。

泰州報刊調查録一卷　手稿本，泰州圖書館藏。

陸蔭彤，泰州人。

泰州陸氏家集不分卷　清稿本，北京師範大學圖書館藏。

戈講藝，字琴譜，泰州人。與父陽休同入邑庠。喜作駢文。

芹圃詩鈔　見《［民國］泰縣志稿》卷二十八。

戈講武，字秋農，泰州人。

泰州鄉會同登録二卷泰州鄉會駢批試題彙録一卷泰州鄉會制藝選鈔一卷　戈講武編　鈔本，南京圖書館藏。

朱觀，字近吾。泰州人。

親屬法之商榷一卷　鈔本，見《泰縣著述考》卷二。

嚴恩榮，字耀秋。泰州人。光緒三十二年畢業於日本明治大學師範科。泰縣勸學所長。

泰縣視學報告　一九一五年排印本。

泰縣教育近況　一九一七年鉛印本。

陸丹林，泰州人。

革命史譚　一九四五年重慶排印本。

仲　彬，字約齋。泰州人。

泰縣戰事始末記　一九三〇年自刻排印本。

繆文彬，字質君，號賊菌。泰州人。國文教員。後任《江泰日報》主編。

蟄庵隨筆一卷　見《泰縣著述考》卷七。

陸鴻遵，泰州人。

泰城陸氏支譜一卷　鈔本，見《泰縣著述考》卷八。

戈廷捷，泰州人。

戈氏族譜　傳鈔本，見《泰縣著述考》卷八。

盧　綰，泰州人。

新城盧氏家譜　鈔本，見《泰縣著述考》卷八。

李岳愷，泰州人。

李氏族譜十四卷　李岳愷修纂　一九一三年木活字本，泰州市圖書館藏。

俞霖澍，字汝良。泰州人。

俞汝良詩　一九二四年傳鈔本，見《泰縣圖書館鄉土部書目提要》。

李毓彬，字受青。泰州人。

泰縣各善堂款産存徵録　李毓彬等合編　一九一九年鉛印本。

束榮松，字秀東。泰州人。

泰縣鄉土教材不分卷　束榮松撰，丁作彬等校訂　一九四七年鉛印本。

陳兆琛，泰州人。原籍丹徒，陳廷焯長子。任時敏中學校長。

時敏中學一覽　一九三七年鉛印本。

時敏中學高中部紀念刊　一九二八年鉛印本。

時敏中學初中第三届畢業紀念刊　一九三一年鉛印本。

蘇泰時中初二級校友會會刊　一九三四年鉛印本。

泰中一九三四年級臨別紀念刊　一九三四年鉛印本。

沈榮基，字問渠。泰州人。曾任泰縣姜堰市立第一校校長，後任泰縣第三高等小學補習科主任。

姜堰市鄉土志一卷　一九一九年石印本。

劉長福，泰州人。

姜堰劉氏家乘四卷首二卷　劉長福修纂　一九一四年木活字本，揚州市文管會藏。

張錫蕃，泰州人。

泰縣張氏家乘一卷　張錫蕃修纂　一九二九年鉛印本。

泰州市圖書館

江蘇省泰州市圖書館古籍地方文獻目録　一九八一年泰州市圖書館油印本，南京圖書館藏。

江蘇省泰州市圖書館古籍善本書目　一九八四年泰州市圖書館油印本，南京圖書館藏。

泰縣圖書館

泰縣圖書館書目　泰縣圖書館編　一九二五年泰縣圖書館石印本，泰州市圖書館藏；《明清以來公藏書目彙刊》本。

泰縣公共圖書館工作報告　泰縣圖書館編　一九三〇年油印本，南京圖書館藏。

佚　名

東鄉王氏支譜　見《［道光］泰州志》卷三十。

明天啓泰州清丈田地魚鱗文册

清乾隆泰州所屯田魚鱗弓口圖册

民國泰縣清丈田地丘形圖册　以上三種藍格填寫本，見《泰縣著述考》卷八。

民國泰縣户主丘册　黑格填寫本，見《泰縣著述考》卷八。

吴陵志十卷　見《泰縣著述考》卷八。

院試歲科文武入學録一卷　清乾隆二十九年刻本。

陳公祠事記　清嘉慶八年祠堂刻本。

清節堂徵信録　清道光三年刊本。

歲科並考九學同登録一卷　清咸豐八年刻本。

泰州新建書院學堂徵信録　清光緒三十年刊本，泰州市圖書館藏。

泰州教育會規則　清光緒三十四年鉛印本

明清泰州入學全案三卷　費氏傳鈔本，泰州市圖書館藏。

泰城懇免加厘保壩全案一卷　一九一三年鉛印本。

王氏義莊條規　一九一九年樂學刊活字本。

曲塘鎮取銷小車苛捐原案一卷　一九二一年鉛印本。

泰州學堂章程　光緒二十九年木刻本，見《泰縣圖書館鄉土部書目提要》。

諸神祭祀聖誕文附名宦鄉賢節孝祭文一卷　清光緒間張瑞齋鈔本，泰州市圖書館藏。

泰州賦役全書　清刻本，鎮江圖書館藏。

明清兩朝泰州入學同登録不分卷　民國鈔本，上海圖書館藏。

泰縣鄉土志十二章　一九二八年油印本，南京博物院圖書館藏。

泰州市地理志不分卷　稿本，揚州圖書館藏。

泰州古迹志　稿本，南京图书馆藏。

泰州志詩選一卷　鈔本，揚州圖書館藏。

泰縣姜堰鎮劉氏續修家乘　一九三三年木刻本，姜堰博物館藏。

泰興市

宋

潘及甫，字憲臣，北宋泰興柴墟人。從胡安定學。慶曆中與兄希甫同登進士。爲懷仁尉、筠州判官，後以屯田員外郎通判江州，遷左朝散郎。

潘朝散文集三十卷　見《五山耆舊前集》卷一。

明

茅大芳（一三四九—一四〇二），一作茅大方，名誧，以字行。明泰興人。洪武三年選儒士典教淮南，擢秦府長史。建文元年擢右副都御史兼吏部左侍郎。朱棣即位，逮誧赴京師，不屈死。後謚忠湣。

文城集不分卷　舊鈔本，南京圖書館藏。

希董先生遺集（又作希董堂集、希董先生遺書、茅中丞希董集）　明嘉靖十一年朱篪刻本；舊鈔本，南京圖書館藏；清道光十三年泰興刻本，吉林大學圖書館藏；《四庫未收書輯刊》本。

翟善，字敬夫。明泰興人。洪武中以貢舉，入國子監，授吏部驗封司主事，升員外郎。二十六年命善著部事，再遷尚書。後坐事降宣化知縣。

諸司職掌十卷　明刻本，國家圖書館藏；《玄覽堂叢書》本；《續修四庫全書》本。

朱昶，字明通，一字子溟，號雪江。明泰興人。洪武三年以儒士授泰興縣教諭，二十四年召對稱旨，以才德薦授秦府紀善，升長史。

雪江集

資善堂集　三卷　見《泰興縣志補》卷七。

張　瑊（一四二五—一四七〇），字世璉。明泰興人。二十六歲舉鄉試。天順中召入翰林院，爲中書舍人。成化六年偕太僕寺丞金湜使朝鮮。未幾卒。

西莊遺稿　見《［嘉慶］泰興縣志》卷五。

皇華集一卷　見《張氏家乘》、《［康熙］泰興縣志》卷三。明朝鮮官府編《皇華集》二十四卷收録。北京大學圖書館藏明朝鮮銅活字本。

何　棐（一四六四—一五四一），字輔之，號篤齋。明泰興人。登弘治十五年進士。知浦城，擢監察御史。正德中以監軍隨征蜀。調廣西副使，遷南京太僕寺少卿，調九江兵備副使致仕。

九江郡志　見《千頃堂書目》卷七。

篤齋遺稿　《［光緒］泰興縣志》卷二十。

張　黼，明泰興人。監生，直隸定興縣縣丞，贈江西道監察御史。

居雍録

泳棠聯句（與弟張黼合著）　以上二種見《泰興縣志補》卷七。

張　黼，字元素，明泰興人。張瑊繼子。

泳棠聯句　與兄張黼合著　見《泰興縣志補》卷七。

朱　貞，明泰興人。登天順元年進士。官至四川布政司參政，督儲松潘。

息軒稿　見《［光緒］泰興縣志》

張　羽（一四六七—一五三六），字鳳舉，號東田。明泰興人。登弘治九年進士。初授淳安知縣。擢爲監察御史。嘉靖任四川參政，升河南布政使致仕。

東田先生奏稿　鈔本，國家圖書館藏。

東田遺稿二卷　《四庫全書》本；清刻本，上海圖書館藏；一九九一年上海古籍出版社《四庫明人文集叢刊》本。

張　金，字礪卿，明泰興人。永王府儀賓。

孝貞録　見《［光緒］泰興縣志》卷末。

吴　閲，字廷簡，明泰興人。弘治十五年登進士。官行人司行人，兩使大藩，稱職，卒於官。

南雍録　見《泰興縣志補》卷七。

張　翀（一四六九—一五二六），字鵬舉，明泰興人。張羽二弟。弘治十八年進士。歷任江西上高縣知縣、福建道監察御史、江西廣信府知府。

北渚遺稿　四卷　見《五山耆舊前集》卷二

張　翡，字文舉，明泰興人。張羽三弟。幼而敏悟，讀書爲文，諸兄莫能先。長工於詩，爲句清雅。

石亭稿　見《泰興縣志補》卷七。

張　聽（一四七九—一五五五），字鵠舉，號南溪。明泰興人。羽、狆弟。正德九年進士。初授禮部主事，升户部郎中。後官河南布政使、副都御史、南京户部侍郎。

南溪奏議二卷　見《［光緒］泰興縣志》卷二十。

南溪遺稿二卷　見《［康熙］泰興縣志》卷二十八。

張　狥，字鶚舉，明泰興人。羽、狆九弟。貴州平越衛教授。書法家。

前江集（一作前江遺稿）　見《五山耆舊前集》卷五。

張　榜，明泰興人。

五經正解　一卷

四書正解　一卷　以上二種見《泰興縣志補》卷七。

李承式，字敬甫，號見衡，又號建衡。明泰興人，原籍山西雲中。中嘉靖三十五年進士。初令錢塘、深澤、固安，擢兵部武選司主事。以郎中出爲陝西副使，累遷福建左布政使。

圓機營陣圖　見《［民國］泰興縣續志補》卷七。

何　鏶（一五四九—一六〇一），字肆卿，號襟宇，晚號黄穀山人，明泰興人。棐孫。萬曆十六年舉人，官德興縣知縣。

西征録一卷　何鏶編　收入《泰興何氏家乘》卷三。清光緒十九年刻本。

李　植（一五四九—一六二二），字汝培，號順衡。明泰興人。承式子。萬曆五年進士。改庶吉士，擢御史，遷太僕少卿。歷官南大理丞、光禄寺卿、遼東巡撫。

言事紀略五卷　見《［民國］泰興縣續志補》卷七。

逋園詩集　見《五山耆舊前集》卷九。

李來翰，字墨林，號默吟，明泰興人。李植子。

默吟詩存　二卷　輯入《崇川各家詩鈔彙存》咸豐七年刻本，南京圖書館藏。

楊寅冬，明泰興人。寅秋弟。以孝行稱。

歷代史彙二百四十卷　見《千頃堂書目》卷四。

何南金（一五六二—一六〇九），字許卿，號麗泉。明泰興人。棐從孫。十六歲補諸生，早負文譽。與泰州儲巘、同邑張京元號淮南三俊。萬曆三十五年進士。知福建莆田一年，卒於官。

智泉志一卷　見《千頃堂書目》卷八。

莆陽獄詞（一作麗泉勘語）　收入《泰興何氏家乘》卷十四，清光緒十九年刻本。

悲華館集（一作麗泉初稿）　收入《泰興何氏家乘》卷十一，清光緒十九年刻本。

十笏齋集　見《［嘉慶］泰興縣志》卷五。

朱一馮（一五七二—一六四六），字非二，號明京，別號澹叟。明泰興人。萬曆二十六年進士。知信陽。入爲兵部武選司員外郎等。擢福建參政。進按察使、布政使。

福寧定亂紀事二卷

符離弭變紀事一卷　以上二種見《千頃堂書目》卷五。

自訂詩文集三十卷　見《五山耆舊前集》。

李雲宗，明泰興人。

龜城德政集四卷

松岩輒録十五卷　以上二種見《［康熙］揚州府志》卷二十八。

張京元，字思德，一作中山，別字無始。明泰興人。萬曆三十二年進士。授户部主事，擢江西參議僉事。遷提學副使。

大明會典便覽不分卷　明天啓元年張京元刊。

莊子删評　見《澹生堂書目》。

寒燈隨筆一卷　見《［光緒］泰興縣志》卷二十。

删注楚辭二卷（又作楚辭删注）　見《［光緒］泰興縣志》卷二十。

丁久逸，字文開，明泰興人。

東遊草　見通州單思恭《甜雪齋集》本書序。

于志舒，字明醇，一作明純。明泰興人。天啓二年進士。授户部主事，介節自持。升銓部，以不附權黨還籍。

繞指集　見《［嘉慶］泰興縣志》卷五。

楊遷，明泰興人。

兩川詩鈔　見《泰興縣志補》卷七。

清

釋德溥，字百泉。清泰興人。泰興慶雲寺第十五代住持。工詩文，有『詩僧』之稱。

腰雪堂詩集六卷　清康熙六年刻本；清雍正五年刻本，上海圖書館藏；清乾隆五十二年精刊本。

戚維陵（一六一七—一六九九），字桐綸，號嚴陵。清泰興人。維京兄。

浮漚集

擬止集

燕遊集　見《延令戚氏重修族譜》。

王　睿（？—一六八三），清泰興南鄉曲水圩人。王艮後裔，王三重女，吴嘉紀妻。

陋軒詞　見《衆香詞》。

李宗孔（一六一八—一七〇一），字翔時，號書雲。清泰興人，徙江都。順治四年進士。由部郎授御史，改給事中，晋吏科都給事中。

問奇一覽

音韻須知　以上二種見《廣陵思古編》卷二。

奏疏二卷　見《［雍正］揚州府志》卷三十五。

伊洛精義釋訓一卷　見《［康熙］江都縣志》卷六。

李書樓正字帖七卷　見《清史稿藝文志及補編》。

宋稗類鈔　李宗孔輯　清康熙刻本，上海圖書館藏；清乾隆刻本，上海圖書館藏；民國有正書局鉛印本，上海圖書館藏。

宋稗摘粹　鈔本，上海圖書館藏。

寤歌存稿　見《［康熙］江都縣志》卷六。

戚六鯨（一六一八—？），字夢伯，號松庵，清泰興人。邑庠生。康熙三十六年副榜。

夢伯文集　見《延令戚氏重修族譜》。

張金鏡，字聖宣。清泰興人。恩貢生。候選教諭。

易經合參

詩經集注　以上二種見《［嘉慶］泰興縣志》卷五。

四書説約　見《［康熙］泰興縣志》卷三。

張茂枝（一六二二—一六九五），字因園，一字因亓，號芝園。清泰興人。羽五世孫。康熙十五年進士，授内閣中書。以疾歸。

五茸遊草

九子秋吟

浣花居稿　以上三種見《江蘇詩徵》卷五十六。

罨畫溪詩集　見《五山耆舊今集》。

張桂枝，字五丹。清泰興人。茂枝弟。歲貢生。候銓訓導。

三鳳堂制藝　見《［嘉慶］泰興縣志》卷五。

三鳳堂集　見《［民國］泰興縣續志補》卷七。

張蕃枝，字因植。清泰興人。春枝異母兄。

詩經合參　見《［光緒］泰興縣志》卷二十一。

四書合參　見《［嘉慶］泰興縣志》卷五。

季　嫺，字静娛，一字扆月，號元衣女子。清泰興人。寓庸女，興化李長昂妻。

學古餘論一卷　見《［民國］泰興縣續志補》卷七。

前因紀一卷

學禪諢語一卷

百吟篇

近存集　以上四種見《清史稿藝文志及補編》。

季静娛詩一卷　《詩媛八名家集》本，國家圖書館藏。

雨泉龕詩選不分卷

雨泉龕合刻八卷　以上二種清順治刻本。國家圖書館藏。

閨秀集初編五卷　清季嫺編　見《四庫全書總目》存目。

季開生（一六二七—一六五九），字天中，號冠月。清泰興人。寓庸長子。順治六年進士。選翰林，旋擢禮科給事中。以諫言忤福臨謫寧古塔，年三十三卒。

贛臣詩稿四卷　清康熙刻本，國家圖書館藏。

季式祖，字孚公。清泰興人。附貢生，曾任浙江錢塘縣縣丞、昌化縣知縣。工詩詞，好聲伎，擅詞曲，是戲曲界公認的明清二十三位著名戲曲家之一。季式祖的戲曲代表作爲傳奇《紫微》，寫的是甬東（今浙江定海縣）名臣張中丞的故事。

吏隱集　見《季氏族譜》。

季振宜（一六三〇—一六七三），字詵兮，號滄葦。清泰興人。寓庸二子，開生弟。順治四年進士。官監察御史。藏書家。購求善本，江南故家之書多歸之，藏書之富甲於天下。

侍御奏疏二卷　見《五山耆舊今集》。

延令宋板書目一卷（一作季滄葦藏書目）　《士禮居黃氏叢書》本；《粵雅堂叢書》本；《叢書集成初編》

本；清同治間鈔本，與清孫從添《藏書記要》合編，國家圖書館藏；清鈔本，與清毛扆編《汲古閣珍藏秘本書目》合編，國家圖書館藏；清同治八年（一八六九）劉履芬鈔本，國家圖書館藏；清光緒十三年上海蜚英館影印嘉慶十年吳縣黄丕烈士禮居刻本；一九一四年上海掃葉山房石印清嘉慶十年黄丕烈士禮居刻本；一九二二年上海博古齋影印《士禮居叢書》本；《續修四庫全書》本。

聽雨樓集二卷

静思堂稿二卷　以上二種見《［光緒］泰興縣志》卷二十一。

杜工部集二十卷　清錢謙益箋注，錢曾參校　清康熙六年季振宜静思堂刻本，季振宜爲之序，杭州大學圖書館、浙江省圖書館等藏。

唐詩七百一十七卷目録五卷　季振宜輯校　稿本，存七一六卷，國家圖書館藏。

朱人特（一六三三—一六八七），字與偕，一作軼凡。清泰興人。一馮從孫。舉康熙十七年鄉試。治經有家法。

春秋説約十二卷（一作春秋講義）

琴譜一卷

楞巢偶存三卷　以上三種見《［光緒］泰興縣志》卷二十一。

種松園文集

經元文稿　以上二種見《［民國］泰興縣續志補》卷七。

朱鶯鷺（一六三六—一七〇二），字造子，一字近光。清泰興人。一馮孫。康熙九年（一六七〇）進士，官行人。頒詔粤東，卒於道。

燕臺遊草（一作燕臺新詠）　見《［光緒］泰興縣志》卷二十一。

季公琦，字希韓，號方石。清泰興人。振宜弟。拔貢生。

方石詩鈔　見《［光緒］泰興縣志》卷二十一。

曹新標，字錦舟，清泰興人。康熙十七年舉人。精制舉業，一時學者奉爲圭臬，負笈從遊至百餘人。

花溪吟草　二卷　見《五山耆舊今集》。

季舜有，字辟山。清泰興人。寓庸四子。舉順治十四年鄉試，以副解歷官翰林院典籍、內閣中書。擢南寧府同知，再補嘉興。

寄巢詩集　見《[光緒] 泰興縣志》卷二十。

季良眉，字子常。清泰興人。寓庸族子。

北村詩鈔　見《[光緒] 泰興縣志》卷二十。

何龍光（一六三九—一七一六），字錫永，號秋山、大山。清泰興人。諸生。

正思堂詩集二卷（一作秋山詩集）　見《[光緒] 泰興縣志》卷二十一。

張玉履（一六四六—一七二五），字履上。清泰興人。金鏡三子。康熙十八年進士。任直隸行唐縣知縣等。二十九年、三十八年北闈同考官，所得皆名士。蔣廷錫、鄂爾泰皆出其門。

易經衷旨　見《[嘉慶] 泰興縣志》卷五。

四書約解　見《五山耆舊今集》。

三鳳堂遺稿　見《泰興縣續志補》卷七。

李　錦，字天襄，一字晝公，宗孔子。清泰興人。康熙十五年（一六七六）進士，官刑科給事中，風骨傲岸，遇事敢言。

敦素堂詩稿　見《五山耆舊今集》

張顯祖，字端伯。清泰興人。金鏡從子。康熙十七年舉人，官知縣。

洗桐軒詩存二卷　見《[民國] 泰興縣續志補》卷七。

吴　馥，字分明。清泰興人。

嘯碧軒詞　見《衆香詞》。

朱宜彦（一六五二—一七一三），字允嘉，號雪樓。清泰興人。貢生，候選訓導。

碧梧軒詩文集三十卷　見《泰興朱氏宗譜》。

朱允嘉（一六五二—一七一三），名宜彦，字允嘉，號雪樓。清泰興人。貢生，候選訓導。

碧梧軒詩文集三十卷　見《泰興朱氏宗譜》。

張丕揚（一六五三—一七二一），字北溟，一作伯鷹，號木田。清泰興人。茂枝子。康熙歲貢生，官内閣中書。

木田詩鈔八卷　清雍正刻本，國家圖書館、蘇州市圖書館藏。

劉嗣季，字環溪。清泰興人。康熙十五年（一六七六）進士。授陝西洋縣尹。

四書彙解十卷　見《［嘉慶］泰興縣志》卷五。

環溪文集十卷

環溪詩集十卷　以上二種見《［光緒］泰興縣志》卷二十一。

季慎行，字端木，清泰興人。季式祖子。

延令世説　見《［光緒］泰興縣志》卷末。

戴京生，字於周。清泰興人。康熙八年舉人。

春秋説約　見《［民國］泰興縣續志補》卷七。

讀史隨筆　見《［光緒］泰興縣志》卷二十一。

讋世語四十卷

亦園集　以上二種見《［民國］泰興縣續志補》卷七。

封　鄴，字秋厓。清泰興人。品瑜父。康熙十四年舉人。官猗氏知縣。

怡園集　見《［民國］泰興縣續志補》卷七。

王令樹（一六五七—一七二〇），字樹人，别字桐孫。清泰興人。康熙十八年進士。初授四川富順縣令。擢禮部主客司主事。改授山西道監察御史。以終養告歸，卒年六十四。

映日堂詩六卷（又作映日堂詩集）　原刊本，南京圖書館藏；清康熙間刻本，作四卷，北京大學圖書館藏；清康熙刻本，古體詩二卷近體詩六卷；清乾隆三十年精刊本；《清代詩文集彙編》本。

陸肇昌，字辰初。清泰興人。與弟遐昌同第康熙二十一年進士。知洛南，調桂平，權知桂林府。

棣華閣集　清陸肇昌、陸遐昌合編　見《［光緒］泰興縣志》卷二十一。

陸遐昌，字介蕃。清泰興人。與兄肇昌同登康熙二十一年進士。任工部都水司郎中。擢知南康府。

棣華閣集　清陸肇昌、陸遐昌合編　見《［光緒］泰興縣志》卷二十一。

戚　珍（一六五七—一七〇五），字元瑛，號思園。清泰興人。邑廪生。與父維京，子詒仕，三世以篤行著稱。

萬花草堂集　見《［光緒］泰興縣志》卷五一。

繪素集一卷

哭父詩一卷

思園試草　見《延令戚氏重修族譜》。

朱國瑛（一六五九—一七三四），字仁玉，清泰興人。歲貢生，任懷遠縣訓導。

春秋題解　見《泰興朱氏宗譜》。

戴　坦，字平山。清泰興人。康熙二十五年以選貢應廷試，授知縣。

平山制藝　見《[嘉慶]泰興縣志》卷五。

張國祺，清泰興人。廩貢生。

小畫舫集　見《[光緒]泰興縣志》卷二十一。

朱青選（一六七三—一七二七），字海士，號野塘，別號鶴巢。清泰興人。康熙四十八年進士，官翰林院編修。

春秋説約　見《[嘉慶]泰興縣志》卷五。

野塘詩文集　見《[光緒]泰興縣志》卷二十一。

王三尊，字達士，號勵齋。清泰興人。醫學家。究心醫學三十餘年。精於臨證，長於内科雜病及疫病。

醫權初編**二卷**　《珍本醫書集成九十種》本。

王新猷（一六七八—一七四四），字無咎，一字壯其。清泰興人。令樹長子。副康熙五十三年解試。

無咎遺稿　見《[光緒]泰興縣志》卷二十一。

月松草堂詩稿　見《王氏族譜》

王新銘（一六八〇—一七五六），字湯又，號潛夫。清泰興人。令樹子。由河工起家，官東平州知州。與長洲沈德潛、江陰翁照，興化李鱓、鄭燮，海門丁有煜輩交遊。

潛夫詩鈔十一卷百花吟一卷　清乾隆刻本，泰州市圖書館藏；《清代詩文集彙編》本。

吉　人，字默庵，清泰興人。康熙三十八年武舉，揚河營守備。

挂笏草堂集詩鈔　見《泰興縣志補》卷七。

張洪材，字肩亭，清泰興人。春枝孫。歲貢生。訓江寧。

箽泉詩鈔　見《[光緒]泰興縣志》卷二十一。

封品瑜，字栗中，號淡庵。清泰興人。鄴子。優廩生。

古文眉詮集　封品瑜裒録　見《[嘉慶]泰興縣志》卷五。

釋佛齡，字會昌。清泰興人。幼學儒，博涉經典。年十八入佛門。

語録十卷　見《〔光緒〕靖江縣志》卷十四。

朱金詔（一六九三—一七六二），字典封，號仙岩。清泰興人。乾隆十五年恩貢生。候選教諭。

義學　見《〔嘉慶〕泰興縣志》卷五。

戚詒仕（一七〇〇—一七五六），字豐孫。一字枝巢。號古狂、翼齋、三西山人。清泰興人。邑廪生。祖父維京，父珍，三世以篤行著稱。乾隆二十一年修通州郡志，詒仕襄其事。

玉汝堂四書全章文稿　見《延令戚氏重修族譜》。

四書説約　見《〔嘉慶〕泰興縣志》卷五。

古狂吟　見《〔民國〕泰興縣續志補》卷七。

課兒草　見《延令戚氏重修族譜》。

歷朝詩選

玉汝堂文集　以上二種見《〔嘉慶〕泰興縣志》卷五。

輯珍遺著　見一九九二年版《泰興縣志》。

趙智洪，字文中。清泰興人。雍正二年歲貢生。

惇樹草堂集　見《〔光緒〕泰興縣志》卷二十一。

季芳馨，字卉浦，號香草。清泰興人。奮庸曾孫。乾隆元年進士。由庶常改官山西聞喜縣，兼攝河津絳州，旋調永濟。以疾作解官歸。

到玉堂詩鈔

邃齋草

重訂李義山詩譜　以上三種見《〔光緒〕泰興縣志》卷二十。

蔣光祖，字南村。清泰興人。雍正由選拔分發河南，歷知武安、虞城縣事。升任鄧州知州。

春秋三傳輯要

四書文稿

廿一史攝要　以上三種見《〔嘉慶〕泰興縣志》卷五。

〔乾隆〕武安縣志二十卷　清蔣光祖修，夏兆豐纂清乾隆四年刻本，國家圖書館、南京圖書館藏；《中國方志叢書》本。

〔乾隆〕鄧州志二十四卷首一卷末一卷　清乾隆二十年刻本，國家圖書館、南京圖書館藏；《中國方志叢書》本。

雞肋集　見《[嘉慶]泰興縣志》卷五。

南村文集　見《[光緒]泰興縣志》卷二十一。

閒吟倡輯　見《[民國]泰興縣續志補》卷七。

炳　宗，字慧謙。清泰興人。

竹院集

樹下稿　以上二種見《江蘇詩徵》卷一百八十一。

桂敬順，字翼昭，號介軒。清泰興人。附貢生。官山西渾源知州。

[乾隆]渾源州志十卷　清桂敬順纂修　清乾隆二十八年刻本，國家圖書館藏；清同治九年孔廣培增刻本，上海圖書館藏。

恒山志五卷附圖一卷　清乾隆二十八年刻本，南開大學圖書館藏。

虞城縣志十卷

武安縣志二十卷　以上二種見《[民國]泰興縣續志補》卷七。

介軒詩鈔一卷　稿本，安徽師範大學圖書館藏。

桂禮順，字簡庵，號月田。清泰興人。官河東鹽運使經歷。

月田詩鈔　見《[光緒]泰興縣志》卷二十一。

玉壺吟八卷　清乾隆三十四年序刻本，日本内閣文庫藏。

朱鳴春（一七二六—一八〇三），字晞雍，號曉林。清泰興人。青選孫。廩貢生。候選訓導。精醫。

真知録　見《[光緒]泰興縣志》卷二十一。

藥性歌　見《[嘉慶]泰興縣志》卷四。

戚顔開（一七二九—一七六二），字皇揆，號齋岩。清泰興人。詒仕長子。邑庠生。

齋岩詩鈔　見《延令戚氏重修族譜》。

朱景淳（一七二九—一七八五），字厚蘊，號粹原，又號存原。清泰興人。乾隆三十年選拔貢生。候選直隸州判。

循陔箋集

遊星池集　以上二種見《淮海英靈集》丁集卷三。

何　湘（一七四五—一八一六），字芸樓，一字雲流。清泰興人。乾隆五十七年舉人。大挑知縣。

删訂王凱痧症全書三卷　清何湘、何汾合編　見《[民國]泰興縣續志補》卷七。

芸樓詩草（一作耕道堂詩草） 收入《泰興何氏家乘》卷十三。

館閣試律説注釋二卷四册 嘉慶辛酉年耕道堂刊 金陵杜新甫刻

試律論

試律繼聲

丹桂山房文集

楊妃菊詩選 以上四種見黄橋《泰興何氏家乘》

何汾，字丹樓。清泰興人。精醫，常爲貧病施針藥。見善本方書必重録以行。

删訂王凱痧症全書三卷 清何湘、何汾合編 見《［民國］泰興縣續志補》卷七。

朱腹松（一七四八—一八〇六），字鼎懷，又字鼎櫰，號雪濤。清泰興人。青選曾孫，嗚春子。乾隆四十四年由選貢舉順天鄉試，授完縣令，調清苑。權保定府同知。後以事謫戍伊犁。

雪濤文集 見《［嘉慶］泰興縣志》卷五。

塞上草四卷 清乾隆六十年刻本，南京圖書館藏。

夢餘詩鈔 見《［光緒］泰興縣志》卷二十一。

孫文烈，字心友。清泰興人。增廣生。年逾九十，尤好學不倦。

八法文集續編 見《［嘉慶］續修泰興縣志》卷五。

張福謙，字藴山。清泰興人。乾隆五十八年進士。道光元年補泰州學正。修州志，總其成。

［嘉慶］重修泰興縣志八卷 清凌坮、張先甲修，張福謙纂 清嘉慶十八年刻本，國家圖書館、南京圖書館藏。

程泰象，字仰公。清休寧人，入泰興籍。諸生。

蔭園詩集 見《江蘇詩徵》卷七十四，收其詩一首。

李敬修，字惕原，號願齋。清泰興人。歲貢生。

願齋詩稿四卷 見《淮海英靈集》二集卷四。

惕園詩鈔 見《［民國］泰興縣續志補》卷七。

錢密，字玉立，號寶晋。清泰興人。

得閒軒集一卷 見《江蘇詩徵》卷三十六。

徐志定，字静夫。清泰興人。舉人。知上虞、新昌。

四書定義 見《［嘉慶］泰興縣志》卷五。

何松齡，清泰興人。龍文祖父。

雲山閣遺稿 見《［光緒］泰興縣志》卷二十二。

張大鯨，字禹門。清泰興人。宛仲子。

四書合注　清張大鯨輯　見《［光緒］泰興縣志》卷二十二。

季惇大，字濂溪，一作濂期。清泰興人。芳馨子。與兄美大，同邑張大鵬、大駒昆季，號爲『四大』。乾隆五十三年領解試第一。嘉慶初舉孝廉方正。授六品秩。

洗心編

濂溪全稿　以上二種見《［光緒］泰興縣志》卷二十。

朱藻鏡，清泰興人。

硯史　見《泰興縣志補》卷七。

季爾慶，字廉夫。清泰興人。監生。少負清譽。入都，從紀昀遊。儀徵阮元輯《淮海英靈集》，爲之徵詩郡邑，收羅散失。

理學闡微四卷　清嘉慶間刻本。

靜思堂初稿不分卷　清嘉慶間泰興季氏刻本，中國人民大學圖書館藏。

靜思堂續稿不分卷　清刻本，南京圖書館藏。

靜思堂五稿八卷　見《［民國］泰興縣續志補》卷七。

張　鑒，字野塘，號雅堂，晚號三不野叟。清泰興人，附貢生。性豪放，耽吟詠，所交皆一時名流。

晚香齋詩古文三卷　見《泰興縣志續》卷十一。

欒一鶴，清泰興人。

北城書屋集

花雨堂詩集　以上二種見《泰興縣志補》卷七。

嚴振先（一七五六—？），字鵬飛，號南池。清泰興人。登乾隆六十年進士，改庶起士。授吏部主事，歷員外郎。卒於任。

南池文集　見《［光緒］泰興縣志》卷二十一。

遊吴草

北上草　以上二種見《［嘉慶］泰興縣志》卷五。

玉如意十六卷　嚴振先撰　清光緒二十六年泰興陳氏寶章閣活字本，南京圖書館藏；一九一四年石印本；一九九五年江蘇古籍出版社校注本；二〇一二年廣陵書社影印本。

戚承訓（一七六一—一八三二），原名顯祖。字正風，號酒村。清泰興人。顔開子。邑庠生。

紅露山人文集十卷詩集一卷　見《[光緒]泰興縣志》卷二十二。

紅露館古文　邑人徐廷琛傳鈔稿本。

泰興何氏家乘二卷　清道光二十七年活字本，吉林大學圖書館藏。

朱辰煒（一七七五—一八五五），字誠偉，號晨薇，別號乖翁。清泰興人。向春孫。諸生。

音解集要五卷

揮麈閒評

閨怨集古　以上三種見《[光緒]泰興縣志》卷二十二。

楊　華，字君實。清泰興人。嘉慶五年副解試，歷權諭江浦、興化、桃源、儀徵。訓東臺、安東。

楚陽鐸餘集　見《[光緒]泰興縣志》卷二十二。

朱芝香（一七九八—一八六二），原名馥薰，字芳馨，號仙植。清泰興人。國子生。以醫名里中。

醫學玉連環二十卷　見《[光緒]泰興縣志》卷二十二。

朱氏族譜四卷　清光緒十七年木活字本。

玉汝堂課藝四冊

萬花草堂自知集

序娱老集詩稿

延令戚氏五世詩鈔　以上四種見《延令戚氏重修族譜》。

何廷蕙，清泰興人。龍文父。

大樹山莊詩存　見《[光緒]泰興縣志》卷二十二。

陳啓文，字焕周，別字虹江。清泰興人。乾隆五十四年選貢，廷試列第一。授工部七品小京官。六十年舉順天鄉試，進主事，歷員外郎、郎中。究心河務。

退齋剩稿三卷　清陳啓文著　鄭肇經編次　一九四一年中央水利實驗處油印本。

何　萱（一七七四—一八四一），字石閭。清泰興人。松齡子。道光十六年歲貢生。尤精音韻之學。時碩學如武進李兆洛、仁和龔自珍、邵陽魏源與之友善。

韻史八十卷　一九三六年商務印書館鉛印本。

[道光]縣志略四卷　見《[民國]泰興縣續志補》卷七。

琴法指掌二卷　見《[光緒]泰興縣志》卷二十二。

陳維彥，字過軒，更字小川。清泰興人。啓文子。國子生。

小斜川集　見《［光緒］泰興縣志》卷二十二。

何龍文，字雲伯。清泰興人。以廩貢權諭桃源。留心河務。

防河策要四卷

滇遊草二卷

月颿詩鈔　以上三種見《［光緒］泰興縣志》卷二十二。

尹政熙，字古畬。清泰興人。道光歲貢生。歷任溧水、山陽、儀徵教諭。

訓士質言一卷

里居嘯詠

碧梧軒詩稿　以上三種見《［光緒］泰興縣志》卷二十二。

何安泰，字春舫，清泰興人。萱從孫。

春舫詩存八卷　見《［光緒］泰興縣志》卷二十二。

潘人麟，字散木。清泰興人。道光歲貢生。

左右修竹齋集二卷　見《［光緒］泰興縣志》卷二十二。

李雲渼，字楚泉。清泰興人。諸生。

翠微山房集　見《［光緒］泰興縣志》卷二十二。

蔣　麟，字小州。清泰興人。諸生。

紅蕉館集　見《［光緒］泰興縣志》卷二十二。

李　晋，清泰興人。

退穀詩存　見《泰興縣志補》卷七。

朱廷蘭，字滋圃，清泰興人。附貢生，孝友工詩，析產時以肥沃讓群季，挈家南洲別墅時，廣出私財，安撫流亡，江陰鄭經、江寧葉棠、儀徵劉蘊輝諸名宿皆依焉。晚年益肆志詩酒。

研露館詩草（一作研露館稿）

諸浙遊紀行草二卷　以上二種見《泰興縣志稿》

陳　潮（一八〇一—一八三五），字宗海，一字東之。清泰興人。道光十一年舉人。精六書、音韻、算術。

陳東之經説一卷（一作東之文鈔）　劉師培《國粹學報》彙編印本。

依唐石經校定十二經　見《［民國］泰興縣續志補》卷七。

詩聲衍一卷　清劉逢禄撰、陳潮編並補注　見金鉽《江蘇藝文志》。

五經音義不分卷　鈔本，故宫博物院藏；《故宫珍本叢刊》本。

四元細草二卷　見《［光緒］泰興縣志》卷二十七。

華嚴經音義二卷　唐釋慧苑撰，清陳潮訂正　清道光十五年歙縣徐氏刻本。

吴存義（一八〇二—一八六八），字和圃，號荔裳。清泰興人。祖籍安徽休寧。道光十八年進士，改庶吉士，授翰林院編修。督學雲南、浙江，官至吏部左侍郎。

雲軺録　見《［民國］泰興縣續志補》卷七。

榴實山莊詩鈔六卷詞鈔一卷試律二卷文稿一卷　清同治刻本，南京圖書館藏；《清代詩文集彙編》本。

夏裕祥，泰興人。

夏氏宗譜四卷　夏裕祥修　清嘉慶十八年木活字本。

季永忠，泰興人。

季氏族譜　季永忠等修　清嘉慶二十一年世家堂木活字本。

耿美章，泰興人。

耿氏族譜二卷　耿美章纂修　清道光二年世賢堂木活字本。

趙明亮，泰興人。

延令趙氏重修族譜四卷　趙明亮纂修　清道光十年木活字本，上海圖書館藏。

張青選，泰興人。

張氏家乘二卷　張青選拜撰　清道光十一年木活字本。

佚　名，泰興人。

夏氏宗譜四卷　纂修者不詳　清道光十三年木活字本。

佚　名，泰興人。

戴氏舊志四卷　纂修者不詳　清道光二十四年鈔本。

余元華，泰興人。

余氏族譜三卷　余元華、余錦輝校理年表　清道光二十五年木活字本。

余錦輝　見『余元華』條。

陳　雲，泰興人。

陳氏宗譜六卷　陳雲修　道光二十六年敦行堂藏板。

陸師遊，字藝林。清泰興人。官太常寺典簿，屢襄邑善舉。

清潤淵源集　清陸師遊、盧婉芳、孫鴻祺撰，清光緒初刻本。復旦大學圖書館藏。

澹遠堂剩稿　見《清潤淵源集》卷一。

盧婉芳，字蟫仙。清山陽人。舉人盧澤女，幼侍父讀，工詩詞，泰興陸師遊妻。

清潤淵源集　見『陸士遊』條。

半青閣集（《清潤淵源集》卷一爲半青閣剩稿）　見《［光緒］泰興縣志》卷二十六。

何　楷（一八〇六—？），字承點，號小山。清泰興人。何湘次子。自幼聰敏，十多歲考中秀才，餼於縣庠，三十歲時中舉。昆山訓導，後爲内閣中書，誥授奉政大夫。邃於經術，詩文均佳。

寶善堂詩文選

古文精華

時藝萃珍

梯雲集詩　以上四種見黄橋《泰興何氏家乘》。

佚　名

延令文獻考　見《泰興縣志校》。

延令獻徵録　見《泰興縣志校》。

延令雜志　見《泰興縣志校》。

延令異聞録　見《泰興縣志校》。

冷士嵋，字秋江。清泰興人。

江冷閣文集正續編　六卷

詩集十二卷　見《泰興縣志稿》。

陳焕新，字文甫。清泰興人。道光二十年舉人。權諭江浦，訓東臺、桃源、清河，補諭上元。

看山草堂遺集　見《［光緒］泰興縣志》卷二十二。

沈沅江，字芷庭。清泰興人。咸豐恩貢生。

師竹堂遺集　見《［光緒］泰興縣志》卷二十二

陳　緯，字紫坦。清泰興人。充道光二十九年選貢。

修竹吾廬詩鈔二卷　見《［光緒］泰興縣志》卷二十二。

吴寶儉，清泰興人。存義子。以知府需次湖北，未竟其用而卒。

四十初度述懷一卷

禮園遺稿詩一卷　以上二種見《［民國］泰興縣續志

補》卷七。

耿永亮，清泰興人。

耿氏宗譜二卷　耿永亮修　清道光二十八年世賢堂木活字本。

季儒真，清泰興人。

季氏族譜四卷　季儒真修　清道光三十年世家堂木活字本。

韓長貴（一八三三—？），清泰興人。

延令韓氏重修族譜八卷　韓長貴等修纂　清光緒十七年木活字本，國家圖書館藏。

朱銘盤（一八五二—一八九三），字俶僩，原字日新，號曼君。清泰興人。光緒八年（一八八二）舉人。曾客吴長慶、張光前軍幕。與周家禄、張謇諸人從軍朝鮮，與朝鮮士大夫時有酬唱。後以軍功保舉知州。工駢體文，沉博絶麗。詩天骨開張，風格雋上。其《朝鮮雜詩》尤工。

四裔朝獻長編五十六卷　見鄭肇經《曼君先生紀年録》。

泰興朱氏宗譜八十四卷　光緒十三年聚珍本，南京圖書館藏。

晋會要八十卷　稿本，國家圖書館藏。

宋齊梁陳會要不分卷　稿本，國家圖書館藏。一九八四年、一九八六年上海古籍出版社出版顧吉辰等校點本，係據稿本整理，分爲《南朝宋會要》、《南朝齊會要》、《南朝梁會要》、《南朝陳會要》四册出版。

桂之華軒文集九卷　光緒三十二年南通翰墨林書局鉛印本，上海圖書館藏。

桂之華軒詩集四卷　光緒三十四年南通翰墨林書局鉛印本，復旦大學圖書館藏。

桂之華軒詩集四卷補遺一卷文集九卷補遺一卷附紀年録一卷　一九三四年泰興鄭餘慶堂鉛印本，南京圖書館藏。

曼君在朝鮮文　稿本，見《臺灣公藏善本書目書名索引》，臺灣『國立中央圖書館』藏。

朱香南，清泰興人。

延令朱氏八甲重修宗譜十六卷　朱香南纂修　清咸豐四年資善堂木活字本，上海圖書館藏。

唐嘉崗，泰興人。

唐氏族譜　唐嘉崗、唐正山、唐萬林、唐榮年、唐錦魁等修　清咸豐五年徐行恕堂木活字本。

唐正山　見『唐嘉崗』條。

唐萬林　見『唐嘉崗』條。

唐榮年　見『唐嘉崗』條。

唐錦魁　見『唐嘉崗』條。

張志海，清泰興人。

張氏家乘二卷　張志海等同修　清咸豐五年木活字本。

羅書文，清泰興人。

羅氏族譜六卷　羅書文修　清咸豐五年四知堂木活字本。

周宏道，清泰興人。

周氏族譜四卷　周宏道修　環溪鎮湧泉氏吉永纂輯，清咸豐八年愛蓮堂木活字本。

耿大倫，清泰興人。

耿氏族譜二卷　耿大倫修　同邑高步野同子步仁纂輯，清咸豐十年常平堂刊刻。

楊興鵬，清泰興人。

延令楊氏重修族譜年表四卷　楊興鵬纂修　清咸豐十年四知堂木活字本，四川省圖書館藏。

陳　鎬，字建西。清泰興人。同治三年以歲貢生需次安徽州判，權知蕪湖。歷知績溪、旌德。

養正録一卷　見《［光緒］泰興縣志》卷二十二。

孫遷逵，字喬甫。清泰興人。同治恩貢生。主六峰講席，檄教授徐州郡。

律吕圖説析解一卷

徇鐸草一卷

求友山房詩集四卷　以上三種見《［光緒］泰興縣志》卷二十二。

孫鴻祺，清泰興人。諸生。工詩詞。婚後伉儷酬答，所著日富。

挑燈遺稿　見《清潤淵源集》卷二。

陸椿長，字味蘇，亦字耐安。清泰興人。師遊女。諸生孫鴻祺妻。母即盧婉芳。工於詩，且以詞享譽文壇。

自怡草四卷　見《清潤淵源集》卷三。

自怡詩餘二卷　見《清潤淵源集》卷四。

自怡堂詩集二卷　見《［光緒］泰興縣志》卷二

十六。

汪秉鍾，字毓采，號松坪。清泰興人。高介絶俗。好古書畫，精琴理，亦工詩，詩有陶潛、嵇康風味。

靜觀樓詩鈔　見《泰興縣志補》卷七。

尹文燦，字星若，清泰興人。附生。

九章演代

新代數學　以上二種見《泰興縣志稿》文苑。

嚴應辰，字康金，號瑞亭，清泰興人。性孝友，年二十補縣學生員。觀書有癖，穎悟過人，經史之外，於六書九數曆學醫卜星相以及音韻之學、篆分之法，俱能精通，各學俱有論訂。

地理辯正疏衍誼七卷

三元獨步六卷

周易朱子九圖詳注

卦訣心悟秘記

觀訾篇

仁孝録　以上六種見《泰興縣志稿》。

冷彭仁，字壽卿，清泰興人。附貢生。

文集（經義、史論、時事）三卷

詩集雜作二卷　見《泰興縣志稿》。

黄耀祖，字惺齋，清泰興人。幼聰穎多疾，父元善命學醫，比長，施醫藥鄉里，有『世有令德』匾額。

醫典六卷　見《泰興縣志稿》。

高崇文，字右泉，清泰興刁鋪人。附貢生。年十七入庠邑，日誦數千言，穎悟過人，歷署清河、豐縣、六合、阜寧訓導，豐縣教諭。邳州學正，朱銘盤、楊瑞祥、張樹聲等爲其弟子。

晚香堂詩文集　見《泰興縣志稿》。

韓步鯉，字琴溪，清泰興人。廪貢。能承父志，樂善好施，輸粟濟貧，終歲弗懈。

志成軒詩集　見《泰興縣志稿》。

汪　鍇，字諧篪，清泰興人。廪貢生，年十二，執筆能爲文，已而學益進，所作詞賦頗饒情致，與吴鳳藻樹幟騷壇，迭爲雄長，縣人治詩賦者，不師汪則師吴。

冷香吟館詩賦遺稿　見《泰興縣志續》卷十一。

李邦憲，字仲章，清泰興人。廪貢，候選訓導。幼聰穎，喜讀書，能古文，尤長於詩。

古近體吟草二卷

古文辭（存一卷） 以上二種見《泰興縣志稿》。

李邦治，字伯平，清泰興人。附貢，候選訓導。性至孝，好爲善，急公好義。

勸鄉俚言 見《泰興縣志稿》。

葉甘棠，字惺齋，清泰興人。同治元年舉孝廉方正。承父志蠲田建義莊以贍族。

五倫圖説五卷 見《泰興縣志續》卷十一。

孫思祺，清泰興人。

雲南邊防策 見《泰興縣志續》卷十一。

葉承椿，清泰興人。縣學生，父端本，字莊甫。性仁讓，終其身未嘗與人争訟，尤篤於門内之行，課生徒亦先器識而後文藝，故門下多端士。

姚江粹語一卷 見《泰興縣志續》卷十一。

曹國枬，清泰興人。知醫，並地學。

六經傳説注

傷寒金匱指歸補解注

地理辯正説明

金書秘奥説明 以上四種見《泰興縣志稿》。

成薇仙，清泰興人。清進士浙江候補知縣成沐蔭三女，適浙江候補驛丞常光第。幼承嚴訓，刺繡餘閒兼工詩賦。

詩賦一册 見《泰興縣志稿》。

楊氏，清泰興人。

現身寶録四卷

儒門抉理四卷 見《泰興縣志稿》。

翟伯恒，字保之，號東泉。清泰興人。同治十三年進士，改翰林院庶起士。散館，授編修，累遷福建、京畿、雲南道監察御史，刑、禮、工三科給事中。分巡福建、延建邵道。居臺諫時，不輕以細故許大臣，而於民生屢屢敢於直言上疏。

國朝六科漢給事中題名録（第四部） 光緒十三年重梓二版。

格言楷則 光緒五年石印本。

于播（一八七二—一八八九），字玉峰。清泰興人。入學江陰南菁書院。唐文治弟子。

玉峰遺稿一卷 于播撰，唐文治選 清光緒三十年刻本，國家圖書館藏。

朱文彬，字小浦，清泰興人。號知非，幼負文名，隨父官浙中，日與邦人士相吟和。

唾餘集　見《泰興縣志稿》文苑。

趙允升，字子猷，清泰興人。諸生。生三歲而孤，性端謹，不苟言笑，入塾後苦讀，文思沉細。

聽松軒詩　見《泰興縣志稿》文苑。

陳汝玉，字小垣，清泰興人。奮志讀書，縣試冠軍，工書、善詩古文辭。

屋居書屋遺草一卷　見《泰興縣志稿》。

陳汝球，清泰興人。歲貢生。少穎異，博覽群籍，筆耕二十載，講掖有方，門下士成就甚衆，生平好爲詩、古文詞，興之所至，每發爲歌詠以自遣。

小如舟屋浪遊集一卷

耕硯園覆甓草一卷

書味軒雜稿一卷　以上三種見《泰興縣志稿》。

孫崇緯，字星樓。清泰興人。幼承家學，年十四即以詞賦受知於學使童華。光緒九年成進士，授刑部主事。累遷本部郎中。授普洱府知府。

留餘堂古今體詩遺稿

西征草

從扈草

南遊草　以上四種見《泰興縣志續》卷十一。

徐士燕，字穀生。清泰興人。同治光緒間廪生。

讀杜質疑　見《杜集書録》内編卷八。

陳國霖，清泰興人。

國朝貢舉年表三卷　積山書局石印本。

張文廉，清泰興人。

算術教科書上卷一卷　清張文廉、劉啓文撰　清光緒三十一年排印本。

劉啓文，清泰興人。

算術教科書上卷一卷　清張文廉、劉啓文撰　清光緒三十一年排印本。

王屏之，清泰興人。

王氏族譜十八卷　王屏之等修纂　清光緒三十四年活字本，國家圖書館藏。

洪寶興，字鈺侯。清歙縣人。世居泰興。與袁祖成、繆篆友善，時稱海陵三才子。

海陵竹枝詞一卷　傳鈔本，見《泰縣著述考》卷二。

楊百誠（一八六一—一九二八），字如侯。泰興人。

醫家。肄業於南菁書院。宣統元年應山西法政學校之邀赴晉。辛亥革命後任警務衛生科醫員，益致力於醫學。

温病進義

五色診鉤玄

靈素氣化新論

靈素生理新論

醫學新論

腦病新論

肝病病理學　以上七種見《江蘇歷代醫人志》。

孟錦發，泰興人。

孟氏族譜二卷　孟錦發修　清同治二年木活字本。

佚　名，泰興人。

袁氏宗譜四卷　纂修者不詳　清同治二年木活字本。

王立祚，泰興人。

王氏宗譜八卷　王立祚修　清同治四年木活字本。

耿天成，泰興人。

耿氏宗譜二卷　耿天成修　清同治六年世賢堂木活字本。

于文華（一八六八—一九一六），字實秋，泰興人。光緒二十年舉人。

蔡邕十意　見《於氏家乘》卷五。

陳鵬池，泰興人。

陳氏宗譜八卷　陳鵬池修　清同治七年敦行堂藏板。

陳純啓，泰興人。

延令程氏重修宗譜六卷　陳純啓修　程應龍等纂修　清同治八年九如堂木活字本，上海圖書館藏。

張志裕，泰興人。

張氏家乘二卷　張志裕等同修　清同治九年木活字本。

嚴顯祥，泰興人。

趙氏族譜四卷　嚴顯祥等纂修　清同治九年木活字本，上海圖書館藏。

余誼成，泰興人。

余氏族譜四卷　余誼成等校理年表　清同治十年下邳堂木活字本。

王元章，錦縣（今錦州）人，民國五年調任泰興知縣。

〔宣統〕泰興縣志續十二卷首一卷泰興縣志補八卷泰

興縣志校六卷　王元章修，金鉽纂，稿本，南京大學圖書館藏；一九八〇年泰州古籍書店鈔本；《中國地方志集成》本。

金　鉽（一八七一—一九五〇），字蘅意，號陶宧，泰興縣人。光緒二十一年進士，改翰林院庶吉士，散館授編修。宣統初年，任江蘇通志局協纂，辛亥革命時，被舉爲泰興縣民政長，民國元年改任縣知事，後任彭泽縣長。曾任江苏通志編纂等。抗战後被聘爲國史館編修。

［宣統］**泰興縣志續十二卷首一卷泰興縣志補八卷泰興縣志校六卷**　王元章修，金鉽纂，稿本，南京大學圖書館藏；一九八〇年泰州古籍書店鈔本；《中國地方志集成》本。

［民國］**泰興縣志稿**　稿本。

戚寶燦（一八七二—？），字子輝，號星如。泰興人。

戚氏族譜十五卷首一卷（一作延令戚氏重修族譜）　戚寶燦等修纂　一九三〇年活字本，國家圖書館藏。

楊春發，泰興人。

延令楊氏重修族譜年表四卷　楊春發纂修　清同治十一年四知堂木活字本，四川省圖書館藏。

李步淳，泰興人。

李氏家乘四卷　李步淳修　清光緒二年載福堂木活字本。

季志學，泰興人。

季氏族譜六卷　季志學等同修　清光緒三年世家堂木活字本。

葉宏山，泰興人。

葉氏族譜二卷　葉宏山修　清光緒四年木活字本。

羅廷楨，泰興人。

羅氏宗譜六卷　羅廷楨修　清光緒四年四知堂木活字本。

張長山，泰興人。

延令張氏纂修族譜六卷　張長山等修　清光緒五年百忍堂木活字本，上海圖書館、南京圖書館藏。

解廷貴，泰興人。

解氏族譜四卷　解廷貴修　清光緒六年惜鷺堂木活字本。

錢景盛，泰興人。

錢氏家乘　錢景盛修　清光緒六年木活字本。

耿長桂，泰興人。

耿氏族譜二卷　耿長桂修　同邑高步仁澐泉氏纂修清光緒七年常平堂纂輯木活字本。

韓維廣，泰興人。

延令程氏重修宗譜八卷　韓維廣修　程鶴田等纂　清光緒七年九如堂木活字本，上海圖書館藏。

馮長成，泰興人。

馮氏宗譜　馮長成修　同里鄭桂榮纂輯　清光緒七年木活字本。

孟錦龍，泰興人。

孟氏宗譜四卷　孟錦龍修　清光緒八年承三堂木活字本。

余蔭臣，泰興人。

余氏族譜四卷　余蔭臣等校理年表　清光緒九年下邳堂木活字本。

王啓因，泰興人。

王氏宗譜十卷　王啓因、王啓爵修　清光緒十年木活字本。

陳金輝，泰興人。

陳氏宗譜六卷附文集《陳氏試藝》　陳金輝等倡修清光緒十二年木活字本。

顧金鵬，泰興人。

嘉樹堂族譜二十卷　顧釗、顧金鵬修　清光緒十二年嘉樹堂木活字本。

丁文江（一八八七—一九三六），字在君，筆名宗淹，泰興人。一九一一年畢業於英國格拉斯哥大學。歸國後參加學部考試，賜格致科進士。歷任北洋政府工商部礦政司地質科科長、地質研究所所長、地質調查所所長、北票煤礦公司總經理、淞滬商埠督署總辦、北京大學教授。一九三五年出任中央研究院總幹事。中國地質學會、中國古生物學會、中國地理學會的主要創始人。

動物學　商務印書館，一九一四年。

礦政管見（附修改礦業條例意見書）　農商部地質調查所單行本。

中國分省新圖

雲南東部之地質構造

中國古生物志

王氏宗譜　王柏林修　同邑封善慶積甫纂輯　清光緒十六年三槐堂木活字本。

姜一彰，泰興人。

姜氏重修族譜四卷（一作延令姜氏重修宗譜）　姜一彰修　李青選纂　清光緒十六年樂顏堂木活字本，上海圖書館藏。

楊春山，泰興人。

延令楊氏重修族譜年表四卷　楊春山纂修　清光緒十七年四知堂木活字本，四川省圖書館藏。

佚　名，泰興人。

延令張氏家乘四卷　纂修者不詳　序由李承霖撰　清光緒十八年三鳳堂木活字本。

何　檀，泰興人。

泰興何氏家乘六十卷　何檀纂修　清光緒十九年木刻本。

韓維翰，泰興人。

延令程氏重修宗譜八卷　韓維翰修　程鶴田等纂修清光緒十九年九如堂木活字本，上海圖書館藏。

張行儉，泰興人。

中國本部的三造系

民國軍事近記

梁啓超年譜長編

中國官辦産業史略

地質調查報告

外資礦業史資料　以上十二種見一九九二年版《泰興縣志》。

丁文江選集　一九九三年北京大學出版社。

丁文江文集　二〇〇八年湖南教育出版社。

中國近代思想家文庫·丁文江卷　二〇一五年中國人民大學出版社。

耿盛元，泰興人。

耿氏宗譜二卷　耿盛元修　清光緒十四年世賢堂木活字本。

馮肇龍，泰興人。

馮氏分譜八卷　馮肇龍、馮肇成修　清光緒十五年木活字本。

馮肇成　見『馮肇龍』條。

王柏林，泰興人。

張氏三修家譜十四卷　張行儉纂修　清光緒二十年刻本。

佚名，泰興人。

季氏宗譜十二卷　合族纂修　清光緒二十一年一諾堂刻本，河北大學圖書館藏。

陳懷珍，泰興人。

陳氏族譜十卷　陳懷珍修　同邑張天寶、張天衢纂輯　張作山梓　清光緒二十一年義德堂木活字本。

佚名，泰興人。

楊氏宗譜　纂修者不詳　清光緒二十二年四知堂木活字本。

羅振平，泰興人。

羅氏宗譜六卷　羅振平修　清光緒二十二年四知堂木活字本。

何淦，泰興人。

泰興何氏家乘四卷　何淦等纂修　清光緒二十三年木活字本，吉林大學圖書館藏。

李祥玉，泰興人。

李氏家乘四卷　李祥玉修　同邑天星橋東李宜橋秦樂氏纂輯　清光緒二十四年載福堂木活字本。

耿學儒，泰興人。

耿氏族譜二卷　耿學儒修　同邑陸建揚顯甫樂纂輯清光緒二十六年常平堂木活字本。

馮喬富，泰興人。

馮氏宗譜　馮喬富等同修　同邑茹章楊煥之纂輯　清光緒二十六年木活字本。

蔣世長，泰興人。

蔣氏宗譜六卷　蔣世長修　清光緒二十六年木活字本。

崔敦文，泰興人。

延令泰興崔氏重修族譜八卷　崔敦文等纂修　清光緒二十七年世德堂木活字本，國家圖書館藏。

張廣福，泰興人。

張氏族譜　張廣福修　清光緒二十七年三鳳堂木活字本。

劉獻廷，泰興人。

泰興劉氏重修族譜　劉獻廷、陳漱等纂修　清光緒二十七年木活字本，上海圖書館藏。

陳　漱　見『劉獻廷』條。

佚　名

王氏宗譜六卷　纂修者不詳　清光緒二十八年三槐堂木活字本。

季郁坤，泰興人。

季氏族譜六卷　季郁坤等同修　清光緒二十九年世家堂木活字本。

葉正興，泰興人。

葉氏族譜　葉正興修　清光緒二十九年木活字本。

唐永清，泰興人。

唐氏族譜十四卷　唐永清等修　清光緒三十年徐行恕堂木活字本。

唐麟閣　見『唐永清』條。

唐封山　見『唐永清』條。

唐　劍　見『唐永清』條。

唐源高　見『唐永清』條。

黄萬長，泰興人。

黄氏族譜　黄萬長修　延令柴墟西村李東山纂輯　清光緒三十年雙鳳堂木活字本。

佚　名，泰興人。

張氏宗譜四卷　纂修者不詳　清光緒三十年三鳳堂藏板。

盧九思，泰興人。

盧氏重修家譜八卷　盧九思修　清光緒三十年木活字本。

錢景餘，泰興人。

錢氏宗譜　錢景餘主修　清光緒三十年木活字本。

佚　名，泰興人。

韓氏族譜　纂修者不詳　清光緒三十年木活字本。

佚　名

王氏宗譜八卷　纂修者不詳　清光緒三十一年樂學堂木活字本。

卜瑞蘭，泰興人。

卜氏宗譜六卷　卜瑞蘭等修　清光緒三十一年西河堂木活字本。

解士堯，泰興人。

解氏族譜　解士堯修　清光緒三十一年惜鷺堂木活字本。

佚　名，泰興人。

胡氏族譜　纂修者不詳　清光緒三十二年安定堂木活字本。

張鴻藻，泰興人。

延令城北張氏重修族譜八卷　張鴻藻序　奚介亭譜師重加編次　清光緒三十二年敦睦堂木活字本。

佚　名，泰興人。

常氏宗譜　纂修者不詳　清光緒三十四年木活字本。

張登禮，泰興人。

張氏族譜四卷　張登禮修　清光緒三十四年三鳳堂木活字本。

于文炳，泰興人。

泰興城北大馬莊泰州城南大泗莊于氏重修族譜十卷　於文炳等纂修　清宣統元年木活字本，吉林大學圖書館藏。

唐宗文，泰興人。

唐氏族譜　唐宗文修　清宣統元年木活字本。

戴兆朋，泰興人。

戴氏族譜四卷　戴兆朋修　柴墟西村劉榮甫刊印　清宣統元年木活字本。

戴康國，泰興人。

延令戴氏重修宗譜八卷　戴康國等纂修　清宣統元年敦睦堂木活字本，吉林大學圖書館藏。

顧　釗，泰興人。

嘉樹堂族譜二十卷　顧釗修　清宣統元年嘉樹堂木活字本。

季儒棠，泰興人。

季氏宗譜十卷　季儒棠修纂　宣統二年渤澥堂活字本。

周池源，泰興人。

周氏族譜四卷　周池源修　環溪鎮深甫氏吉文淵纂輯　環溪鎮吉質甫刊印　清宣統二年愛蓮堂木活字本。

楊餘地，泰興人。

延令楊氏重修族譜年表四卷　楊餘地纂修　清宣統二年四知堂木活字本，四川省圖書館藏。

戴振意，泰興人。

延令戴氏重修族譜八卷　戴振意等纂修　清宣統二年注禮堂木活字本，吉林大學圖書館藏。

孟世銘，泰興人。

孟氏族譜四卷　孟世銘修　一九一二年木活字本。

葉登龍，泰興人。

葉氏族譜　葉登龍修　一九一三年木活字本。

朱孔吉，泰興人。

朱氏族譜四卷　朱孔吉修　一九一四年木活字本。

周長庚，泰興人。

周氏族譜三十卷　周長庚修　一九一四年汝南堂木活字本。

馬彭俊，泰興人。

馬氏族譜　馬彭俊修　一九一四年扶酆堂木活字本。

常弼廷，泰興人。

常氏宗譜八卷　常弼廷等纂修　一九一四年三省堂木活字本，國家圖書館藏。

任大銀，泰興人。

任氏宗譜六卷　任大銀修　一九一五年世澤堂木活字本。

耿學進，泰興人。

耿氏族譜二卷　耿學進修　同邑王德壽積山氏纂輯，王積山梓　一九一五年常平堂木活字本。

吉　漣，泰興人。

吉氏族譜十二卷　吉漣等纂修　一九一六年敬勝堂木活字本，國家圖書館藏。

佚　名，泰興人。

蔡氏宗譜約二十卷　纂修者不詳　一九一六年雙鳳堂木活字本。

陸裕鼇，泰興人。

民國陸氏家乘八卷　陸裕鼇修　一九一七年木活字本。

蔣筱甫，泰興人。

延令戴氏重修支譜四卷　蔣筱甫纂修　一九一七年木活字本，上海圖書館藏。

佚　名，泰興人。

顧氏族譜　纂修者不詳　一九一八年資善堂木活字本。

陶鑒文，泰興人。

陶氏族譜六卷　陶鑒文、陶金浩等修　一九一八年木活字本。

陶金浩 見『陶鑒文』條。

錢欽旺，泰興人。

錢氏家乘四卷 錢欽旺修 一九一八年木活字本。

石懷智，泰興人。

石氏族譜十二卷 石懷智、石鵬先等修 一九一九年仁壽堂木活字本。

石鵬先 見『石懷智』條。

呂元章，泰興人。

呂氏族譜八卷 呂元章、呂鴻逵等修 一九一九年木活字本。

呂鴻逵 見『呂元章』條。

符聯壽，泰興人。

符氏族譜六卷 符聯壽修 一九一九年木活字本。

楊懷行，泰興人。

延令楊氏重修族譜年表四卷 楊懷行纂修 一九一九年四知堂木活字本，四川省圖書館藏。

佚 名，泰興人。

韓氏族譜六卷 纂修者不詳 一九一九年木活字本。

季滄瀛，泰興人。

季氏宗譜十卷 季滄瀛等纂修 一九二〇年渤澥堂木活字本，北京大學圖書館藏。

徐占卿，泰興人。

延令徐氏重修族譜十卷 徐占卿等纂修 一九二〇年木活字本，上海圖書館藏。

季鵬翥，泰興人。

季氏宗譜六卷 季鵬翥等修 一九二一年世家堂木活字本。

佚 名，泰興人。

張氏宗譜四卷 纂修者不詳 一九二三年三鳳堂木活字本。

周定三，泰興人。

陳氏族譜 周定三纂修 一九二三年尚義堂木活字本。

李小山，籍貫不詳。

延令陳氏族譜四卷首一卷 李小山纂修 一九二三年木活字本，南開大學圖書館藏。

吴蔭圃，泰興人。

吴氏宗譜 吴蔭圃、吴子樹等修 一九二四年三讓堂木活字本。

吴子樹　見『吴蔭圃』條。

王金貴，泰興人。

延令王氏重修族譜十八卷　王金貴等修　一九二五年木活字本。

佚　名，泰興人。

王氏族譜二十二卷首一卷　一九二五年三槐堂木活字本。

李　政　民国泰興人。

李氏支譜　民国李政等修，李積善纂　民国十四年木活字本。

李積善　見『李政』條。

李承式，泰興人。

李氏支譜　李承式等修　一九二五年木活字本。

余元長，泰興人。

余氏族譜四卷　余元長、余錦湘等修　一九二五年福祉堂木活字本。

余錦湘　見『余元長』條。

佚　名，泰興人。

姜氏宗譜四卷　一九二五年起渭堂木活字本。

耿學同，泰興人。

耿氏族譜二卷　耿學同修　蔣雍齋梓　一九二五年常平堂木活字本。

于文焕，泰興人。

泰邑于氏族譜八卷　于文焕修　一九二六年木活字本，南京圖書館藏。

張高俊，泰興人。

張氏族譜八卷　張高俊修　一九二六年三鳳堂木活字本。

周裕慶，泰興人。

周氏族譜六卷　周裕慶修　一九二七年緝熙堂木活字本。

張信之，泰興人。

張氏族譜六卷　張信之等修　一九二七年木活字本。

于昌言，泰興人。

于氏族譜八卷　吉質甫纂輯　于昌言等修　一九二八年木活字本。

史纘魚，泰興人。

史氏族譜八卷　史纘魚等修　一九二八年木活字本。

呂希海，泰興人。

呂氏族譜六卷　呂希海修　一九二八年舒愛堂木活字本。

朱樸齋，泰興人。

朱氏族譜六卷　朱朴齋修　一九二八年資善堂木活字本。

郭朋成，泰興人。

泰邑郭氏族譜四卷　郭朋成、郭盛富纂修　泰邑龍稍港凌慶齋鐫　一九二八年七鳳堂木活字本。

郭盛富　見『郭朋成』條。

楊兆焕，泰興人。

楊氏宗譜十二卷　楊兆焕、楊德峻等修　楊鳳棋纂輯　一九二八年纘費堂刊板。

楊德峻　見『楊兆焕』條。

顧遐昌，泰興人。

顧氏族譜　顧遐昌修　一九二八年資善堂木活字本。

佚　名，泰興人。

葛氏族譜　纂修者不詳　一九二九年履綏堂木活字本。

蕭恒廣，泰興人。

蕭氏族譜六卷　蕭恒廣等修　一九二九年木活字本。

戴文祥，泰興人。

泰邑戴氏族譜二十二卷　戴文祥修　一九二九年敦睦堂木活字本。

陳　芬，泰興人。

延令戴氏重修支譜四卷　陳芬纂修　一九二九年木活字本，上海圖書館藏。

高元魁，泰興人。

高氏宗譜十卷　高元魁修　一九三〇年木活字本。

戚穩壽，泰興人。

延令戚氏重修族譜十五卷首一卷　戚穩壽編輯　一九三〇年活字本，國家圖書館藏。

張廷宗，泰興人。

張氏族譜　張廷宗、張貴三修　一九三一年三鳳堂木活字本。

張貴三　見『張廷宗』條。

周鐸源，泰興人。

周氏族譜四卷　周鐸源修　延令柴墟鎮李小山輯　一九三二年愛蓮堂木活字本。

蔣懷茂，泰興人。

蔣氏宗譜八卷　蔣懷茂等修　一九三二年積善堂木活字本。

錢步聯，泰興人。

錢氏宗譜　錢步聯等修　一九三二年忠恕堂木活字本。

丁金輝，泰興人。

丁氏宗譜六卷　丁金輝等修　一九三三年木活字本。

秦元盛，泰興人。

秦氏宗譜四卷　秦元盛等纂修　一九三三年刻本。

李榮卿，籍貫不詳。

延令孫氏重修支譜四卷　李榮卿纂修　一九三三年留餘堂木活字本，上海圖書館藏。

張學哲，泰興人。

張氏族譜六卷　張學哲修　一九三三年毓秀堂木活字本。

趙福祥，泰興人。

趙氏宗譜　趙福祥、趙祥甫等修　一九三三年炎宋裔木活字本。

趙祥甫　見『趙福祥』條。

佚　名，泰興人。

趙氏族譜四卷　一九三三年尚義堂木活字本。

蕭輔臣，泰興人。

蕭氏宗譜六卷　蕭輔臣等修　一九三三年德輝堂木活字本。

呂天成，泰興人。

呂氏族譜八卷　呂天成、呂登魁修　一九三四年木活字本。

呂登魁　見『呂天成』條。

朱興茂，泰興人。

朱氏族譜八卷　朱興茂、朱興懷、朱興明、朱興章等修　同邑西村李小山輯　一九三四年紫陽堂木活字本。

朱興懷　見『朱興茂』條。

朱興明　見『朱興茂』條。

朱興章　見『朱興茂』條。

李景程，泰興人。

延令李氏族譜二十五卷　李景程等纂修　一九三四年敘樂堂木活字本，吉林大學圖書館藏。

楊日禮，泰興人。

延令楊氏重修族譜年表四卷　楊日禮纂修　一九三四年四知堂木活字本，四川省圖書館藏。

唐懷琴，泰興人。

唐氏族譜二十二卷　唐懷琴、唐封德、唐宜忠、唐福庚、唐寶餘等修　一九三四年徐行恕堂木活字本。

唐封德　見『唐懷琴』條。

唐宜忠　見『唐懷琴』條。

唐福庚　見『唐懷琴』條。

唐寶餘　見『唐懷琴』條。

錢欽燦，泰興人。

錢氏家乘四卷　錢欽燦修　一九三四年木活字本。

陳　晋（？—約一九三四），字夕康。泰興人。貢生。入學江陰南菁書院，師事黃元同，尤喜小學。

說文研究法　一九三五年商務印書館鉛印本。

龜甲文字概論（一作契學概論）　一九三三年上海中華書局石印本。

爾雅學　泰興市張定藏。

内經存粹一卷　稿本，見《江蘇歷代醫人志》。

耿德松，泰興人。

耿氏家乘四卷　耿德松修　一九三五年世賢堂木活字本。

馬子成，泰興人。

馬氏族譜　馬子成等修　一九三五年扶鄄堂木活字本。

徐振華，泰興人。

延令徐氏重修族譜十四卷　徐振華等纂修　一九三五年木活字本，上海圖書館藏。

陳啓松，泰興人。

陳氏宗譜　陳啓松修　一九三五年木活字本。

戴景華，泰興人。

戴氏族譜六卷　戴景華修　徐承襄梓　一九三五年木活字本。

佚　名，泰興人。

泰邑謝氏族譜四卷　纂修者不詳　一九三五年木活字本。

丁焕文，泰興人。

丁氏家乘十四卷　丁焕文修　一九三六年步雲堂木活字本。

王子楨，泰興人。

王氏宗譜　王子楨、王巨川修　一九三六年木活字本。

王巨川　見『王子楨』條。

佚　名，泰興人。

李氏家乘四卷　一九三六年載福堂木活字本。

佚　名，泰興人。

李氏族譜六卷　纂修者不詳　一九三六年木活字本。

徐廷琛，泰興人。

徐氏族譜十二卷　徐廷琛修　一九三六年世德堂木活字本。

陸榮澤，泰興人。

陸氏宗譜四卷　陸榮澤、陸餘軒修　一九三六年桂樹堂木活字本。

陸餘軒　見『陸榮澤』條。

屈鏡堂，籍貫不詳。

陳氏宗譜八卷　屈鏡堂修　一九三六年敦行堂木活字本。

佚　名，泰興人。

單氏宗譜八卷　纂修者不詳　一九三六年木活字本。

盧和元，泰興人。

盧氏族譜八卷　盧和元修　一九三六年世德堂木活字本。

張兆禮，泰興人。

張氏族譜六卷　張兆禮修　一九三七年木活字本。

張泰善，籍貫不詳。

潤東鎮揚延令夾港張氏重修族譜十卷　張泰善修　一九三七年三鳳堂木活字本。

趙金鐸，泰興人。

趙氏族譜六卷　趙金鐸修　一九三七年炎宋堂木活字本。

佚　名，泰興人。

戴氏家乘十卷　纂修者不詳　一九三七年木活字本。

刁學知，泰興人。

刁氏族譜六卷　刁學知修　一九三九年萬松堂木活

字本。

朱裕標，泰興人。

朱氏家乘十卷　朱裕標修　一九三九年木活字本。

佚　名，泰興人。

胡氏族譜五卷　纂修者不詳　一九三九年安定堂木活字本。

張寶崗，泰興人。

泰興張氏支譜十卷（一作延令張氏賢派瑜、瑱支家乘）　張寶崗等修　一九三九年敦睦堂木活字本。

楊雨春，泰興人。

楊氏族譜四卷　楊雨春等修　一九三九年木活字本。

楊福盛，泰興人。

楊氏宗譜一卷　楊福盛等纂修　一九三九年木活字本。

薛寶經，泰興人。

泰邑薛氏族譜六卷　薛寶經修　一九三九年三鳳堂木活字本。

張鵠勳，泰興人。

延令張氏政派璡支家乘十二卷　張鵠勳、張殿楹等修　一九四〇年敦睦堂木活字本。

張殿楹　見『張鵠勳』條。

佚　名，泰興人。

泰興張氏家乘八卷　纂修者不詳　一九四〇年敦睦堂藏板。

佚　名，泰興人。

王氏宗譜十卷　纂修者不詳　一九四一年三槐堂木活字本。

佚　名，泰興人。

毛氏族譜四卷　纂修者不詳　一九四一年世忠堂木活字本。

吴名鄉，泰興人。

泰邑吴氏族譜十二卷　吴名鄉、吴雲霞等修　一九四一年三讓堂木活字本。

吴雲霞　見『吴名鄉』條。

張進川，泰興人。

張氏宗譜四卷　張進川等修　一九四一年三鳳堂藏板。

張金華，泰興人。

張氏族譜八卷　張金華、張金鋒等重修　一九四一年木活字本。

張金鋒　見『張金華』條。

孟幹早，泰興人。

泰邑孟氏族譜　孟幹早等修　一九四三年承三堂木活字本。

孫集庵，泰興人。

孫氏族譜六卷　孫集庵修　一九四三年木活字本。

楊邦棟，泰興人。

楊氏族譜十卷　楊邦棟修　一九四三年木活字本。

佚　名，泰興人。

潘氏族譜八卷　纂修者不詳　一九四三年木活字本。

嚴金熙，泰興人。

嚴氏宗譜六卷　嚴金熙等修　一九四三年木活字本。

張進修，泰興人。

張氏家譜六卷　張進修纂修　一九四六年刻本。

錢鼎林，泰興人。

錢氏族譜　錢鼎林、錢貫府等修　一九四六年忠恕堂木活字本。

錢貫府　見『錢鼎林』條。

王汝金，泰興人。

泰邑王氏族譜四卷　王汝金、王同福修　一九四七年三槐堂木活字本。

王同福　見『王汝金』條。

欒德卿，泰興人。

欒氏族譜四卷　欒德卿修　一九四七年敦倫堂木活字本。

金承佑，泰興人。

金氏族譜九卷　金承佑修　一九四八年聯桂堂木活字本。

韓金有，泰興人。

韓氏族譜八卷　韓金有修　一九四八年木活字本。

佚　名，泰興人。

延令唐氏宗譜四卷　纂修者不詳　一九四九年雙鳳堂本。

佚　名

泰興何氏家乘六十卷　清光緒十九年刻本。

延令姜氏重修宗譜四卷　一九二五年起渭堂活字本。

泰興張氏支譜　一九三九年敦睦堂刻本。

靖江市

元

丁珉，字汝琳，號滄州。元靖江人。端方坦易，爲一鄉之表。

滄州集　見《［康熙］靖江縣志》卷十六。

明

劉塽，字公坦，號小齋。明靖江人。元至正年間嘗徵召帥府照磨，不就。

小齋集　見《［康熙］靖江縣志》卷十六。

朱得之（一四八五—？），字本思，號近齋。明靖江人。嘉靖間以歲貢爲江西桐廬丞。聞王陽明良知之説，遂往就學。其學體虛静、宗自然，頗近於老子。

新刻印古詩語一卷　《古名儒毛詩解十六種》本。

蘇批孟子補

四書詩經忠告　以上二種見《［康熙］靖江縣志》卷十六。

［嘉靖］靖江縣志八卷　明王叔杲、張秉鐸修，朱得之纂　明隆慶三年刻本，南京圖書館藏；一九九二年中國書店《稀見中國地方志彙刊》本；二〇一四年鳳凰出版社《泰州文獻》本。

老子通義二卷　明嘉靖四十二年陳爍刻本，南京圖書館藏；明嘉靖四十四年浩然齋刻《三子通義》本，清黄馥庵校，上海圖書館藏。

莊子通義十卷　明嘉靖四十四年浩然齋刻《三子通義》本，清傅山評，國家圖書館藏；明刻本，上海圖書館、南京圖書館藏；《續修四庫全書》本；《四庫存目叢書》本。

列子通義八卷　明嘉靖四十四年浩然齋刻《三子通義》本；《四庫未收書輯刊》本。

宵練匣一卷 《百陵學山》本；《説郛續》本；《景印元明善本叢書十種·百陵學山》本；《四庫存目叢書》本。

正蒙通義 見《千頃堂書目》卷十一。

心經注

參元三語

杜律闡義 以上三種見《［康熙］靖江縣志》卷十六。

南華真經義纂十卷 （宋）褚伯秀、（明）朱得之撰；（明）李栻輯；國家圖書館藏。

新刻印古詩語 南京圖書館藏。

范永齡，字德徵。明靖江人。宋范仲淹之後。嘉靖間以貢薦授浙江新城令。

窮元日稿四卷 見《［康熙］靖江縣志》卷十六。

朱大中，字時甫。明靖江人。諸生。。

愚庵詩稿

心印録 以上二種見《［康熙］靖江縣志》卷十六。

陳善，字德先。明靖江人。諸生。

大學古本

中庸疏義

道德經荃

陰符喻

心經法 以上五種見《［康熙］靖江縣志》卷十六。

朱正初（一五三六—一五九六），字在明。明靖江人。得之從子。援例仕鴻臚署丞。

馬馱沙小志 朱正初修 見《［光緒］靖江縣志》卷首，志修於萬曆二十年。

燕遊集

菰蒲集 以上二種見《［康熙］靖江縣志》卷十六。

朱家棟，字伯隆，自號去華。明靖江人。大中長子。以萬曆歲貢授常熟訓導，轉寧州學正，升鎮江府教授。

女則

去華子文集 以上二種見《［康熙］靖江縣志》卷十六。

朱家楫，字仲濟。明靖江人。大中次子，家棟弟。萬曆十三年舉人。初任黟縣教諭，升永豐知縣。

［萬曆］重修靖江縣志十二卷 明趙應旗修，朱家

楫、劉文栻纂　明萬曆四十四年刻本，美國國會圖書館藏；明萬曆四十七年刻，日本國會圖書館藏。

怡白齋稿　見《［康熙］靖江縣志》卷十六。

劉文栻，字應程。明靖江人。萬曆二十年拔貢，任四川什邡知縣，升雲南陸涼州知州，官至廣西梧州同知。

［萬曆］重修靖江縣志十二卷　參見『朱家楫』條。

朱家栻，字佽圃，號小山。明靖江人。大中三子，家楫弟。

小山子集　見《［康熙］靖江縣志》卷十七袁元《朱佽圃先生傳》。

朱家模，字端叔。明靖江人。大中四子，家栻弟。以廪生入國學。

芝雲館集　見《［康熙］靖江縣志》卷十六。

嚴啓楨，字端先，明靖江人。郡庠生。

幽籟集　見《［康熙］靖江縣志》卷十六。

范世楨，字獻吉，明靖江人。萬曆二十五年舉人。三十八年赴會試落乙榜，官壽州學正，升湖廣羅田知縣。天啓元年升廣平府同知。

羅川末議二卷　見《［光緒］靖江縣志》卷十三本傳。

朱統善，明靖江人。

重修朱氏世譜　朱統善萬曆二十七年修　見《靖江資善堂朱氏支譜》。

清

朱應鼎（一五八〇—一六六〇），字君調，號凝和。清靖江人。鳳臺父。諸生。

循吏傳

友誼録

引年鈔

當官功過格　以上四種見《［康熙］靖江縣志》卷十六。

朱士龍，字爾行。清靖江人。家棟長子。諸生，任鎮江教授。

元澹居集　見《［咸豐］靖江縣志》卷九，題朱士瓏撰。

朱士瑛，清靖江人。

啜墨齋稿　見《［咸豐］靖江縣志》卷九。

朱士鯤（一五九三—一六五一），字爾摶，一字子輿。清靖江人。家棟子。嗣其叔父家楫。明崇禎十五年由選貢授廣西武宣知縣。後任桂王朱由榔吏科都給事中。永曆四年官監察御史。自沉黄沙水卒。

［崇禎］靖江縣志十九卷　明陳函煇修，顧夔纂，朱士鯤協纂　明崇禎間修，清初刻本，國家圖書館藏。

釋濟恒，字巨渤。清靖江人。年二十披剃入崇聖寺。

見獨齋稿　見《［康熙］靖江縣志》卷十六。

蕭松齡（一六〇二—一六七三），字公木，號亦人。順治六年居揚州天寧寺，諸宰官士紳與之結方外交。

語録三卷　見《［康熙］靖江縣志》卷十四本傳。

清靖江人。明崇禎十二年（十六三九）由拔貢舉於鄉。明亡入清，謁選得沛縣教諭，後授國子監學正。

自訂草

燕還吟

掃桐篇

戈秋集

半餘草

雁山過

丁亥集

戊子集

庚寅集

癸巳集

難遊集

雜詩

亦園古文　以上十三種見《［咸豐］靖江縣志》卷九。

劉　幬（一六〇六—一六七〇），字尚中，號江舟。清靖江人。明崇禎十二年拔貢，清順治四年進士。授福建建安知縣。

松雲齋集　見《［咸豐］靖江縣志》卷九。

侯　溥，公叔，一字四明。清靖江人。明崇禎十二年舉人。卒年七十。

麟瑞堂集　見《［康熙］靖江縣志》卷十六。

劉　懌，字愷持。清靖江人。幬弟。增生。

閩遊集　見《［咸豐］靖江縣志》卷九。

朱鳳臺（一六一七—一七〇四），字慎人，號驥渚。清靖江人。應鼎子。順治四年進士。任直隸阜平知縣。調浙江開化知縣。八年任浙江鄉試同考官。擢兵部車駕司主事。

四書解義 見《［光緒］靖江縣志》卷九。

治開録 清順治七年刻本，南京大學圖書館藏。

［順治］開化縣志十卷 清朱鳳臺修，徐世蔭纂 清順治九年刻本，南京圖書館藏。

［康熙］靖江縣志十八卷 清鄭重修，袁元、朱鳳臺纂 清康熙八年刻本，華東師範大學圖書館藏；一九九二年中國書店《稀見中國地方志彙刊》本。

先訓記略

痘科鍵 以上二種見《［康熙］靖江縣志》卷十六。

醫學集要四卷 清康熙七年刻本，南京圖書館藏。

下學贅語 見《［光緒］靖江縣志》卷九。

退思堂草九卷 清順治七年刻本，華東師範大學圖書館藏；清康熙刻本，泰州圖書館藏。

朱澄，字泳思。清靖江人。士鯤長子。少承庭訓，工詩文。明崇禎十五年舉人。

碕庵稿

愍南集 以上三種見《［咸豐］靖江縣志》卷九。

詩系 見《［咸豐］靖江縣志》卷九戚藩撰本書序。

朱溁，字茹榮，號滄崖。清靖江人。士鯤四子，過繼伯父士驥。

朱滄崖詩集十二卷 清康熙刻本，上海圖書館藏。

扣鉢吟 見《［咸豐］靖江縣志》卷九，有松江倪匡世撰本書跋。

奚熾，字仲昌。清靖江人。

蔣中和（一六二五—？），字本達，號位公，別號眉三子。清靖江人。順治八年舉人。十二年進士。授河南蘭陽知縣。康熙十年，遷滄州通判。

眉三子半農齋集八卷 清康熙二十年刻本，中國科學院圖書館藏；《四庫全書存目叢書》本。

朱浣（一六二六—一六五一），字公亮。清靖江人。士鯤少子。以名諸生貢入太學。

粵西遺稿 見《［光緒］靖江縣志》卷九。

陸璿，字緯臺，號玉衡。一作字爾瑞，號緯堂。清靖江人。順治八年舉人。九年聯捷成進士。授江西臨江府推官，遷山東冠縣知縣。

伊蔚堂集　見《［咸豐］靖江縣志》卷九倪匡世撰本書跋。

東山詩集　見《［咸豐］靖江縣志》卷九蔣中和撰本書序。

馬　褒，字叔瞻。清靖江人。諸生。

江風集　見《［咸豐］靖江縣志》卷九倪匡世撰本書跋。

宋兆魁，字文伯。清靖江人。歲貢，候選教諭。

文伯詩鈔　見《［民國］靖江縣志稿》。

趙　時，字我用，號朗庵。本江西南昌人，清初移居靖江，以課館爲業。

奚囊集　見《［民國］靖江縣志稿》。

羊　球（一六二九—一七一〇），字月生。清靖江人。康熙十四年舉人。三十七年授安徽涇縣教諭。

醉花軒集　見《［咸豐］靖江縣志》卷九。

侯　模，字曰範。清靖江人。溥次子。順治十一年以拔貢授山西高平知縣。

治泫録一卷　見《［康熙］靖江縣志》卷十六。

徐時浚，字仲宣。清靖江人。順治十七年舉人。與朱潫、羊球、朱鳳臺結爲吟社。見《［光緒］靖江縣志》卷十四本傳。

鄭　洽，字修齡。清靖江人。先世遷自浙江浦江。諸生。

寤亭集　見《［咸豐］靖江縣志》卷九。

北山詩　見《［咸豐］靖江縣志》卷九。

劉應垵，字松樊，號小山。清靖江人。諸生。長於詩古文詞。卒年四十八。

松樊集　見《［咸豐］靖江縣志》卷九金敞撰本書序。

劉　鑒，字武敬。清靖江人。康熙初歲貢生。授魏縣丞，攝灤州篆，補淳安縣丞。

征途集　見《［咸豐］靖江縣志》卷九。

劉　銘（一六三一—一七〇三），字武勤，號曉滄。清靖江人。幬子。以歲貢任泗水訓導。與修《江南通志》。升河南鞏縣知縣。

梅隅集　見《［咸豐］靖江縣志》卷九。

朱去疑，字子言。清靖江人。諸生。

秋鳴雜俎

村中紀聞

鷗知稿

秋鳴集

煙汀清嘯

貧閒詩稿

詩商集　以上七種見《[咸豐]靖江縣志》卷九。

劉鎏，字武南。清靖江人。銘同母弟。康熙初歲貢，考選訓導。

存書樓集　見《[咸豐]靖江縣志》卷九。

劉汝宸，字紫楓。清靖江人。鎏子。諸生。

避塵園集　見《[光緒]靖江縣志》卷九。

鄭梁，字石臞。清靖江人。洽子。諸生。

剩翁遺稿　見《[咸豐]靖江縣志》卷九。

孟有章，清靖江人。精《靈樞》、《素問》之學，與蘇州葉桂齊名。其瘍科尤有神效。

醫案

刀圭圖式　以上二種見《[光緒]靖江縣志》卷十四。

孫光遠，字和中。清靖江人。例貢生。精醫術，治奇難雜症多有驗。

醫學究源

槎源問答

臨證治驗神行集　以上三種見《[光緒]靖江縣志》卷九。

朱逢源，字彙淇。清靖江人，貢生。家有舒嘯園，爲西沙名園。

舒嘯園集　見《[民國]靖江縣志稿》。

鄭霖（？—一六九二），清靖江人。

葭浦詩稿　見《[咸豐]靖江縣志》卷九。

朱廷宏（一六四一—一七〇七），字父定，號畏庵。清靖江人，鳳臺次子。貢生。官福清縣丞。

畏庵詩鈔　見《[民國]靖江縣志稿》。

朱廷寀（一六六九—一七四三），字在寬，號省軒。清靖江人，鳳臺第十子。監生。

在寬詩鈔　見《[民國]靖江縣志稿》。

鄭楫，字濟川。清靖江人。國子生。精醫術。

醫學究源

傷寒門問答

神行集　以上三種見《[咸豐]靖江縣志》卷九。

劉金書，字承起。清靖江人。康熙歲貢，官安徽蒙城訓導。

蕉雨軒集　見《[咸豐]靖江縣志》卷九。

劉枝茂（一六八三—一七三五），字青畬，號淡庵。清靖江人。銘孫。

萃春軒詩集　見《[咸豐]靖江縣志》卷九。

盛元鯉（一六八七—一七四七），字瀛飛。清靖江人。廪貢生。曾任驤騰書院山長。

長嘯軒詩鈔　見《靖江盛氏宗譜》卷十二《靖江盛氏先輩賢達録》。

鄭　熊，字西載。清靖江人。廪生。潛心理學，尤精堪輿之術。

蕉窗問答條注　見《[咸豐]靖江縣志》卷九。有民國鉛印本（于楷輯，朱紫翰校）。

醫學窮源補　見《[民國]靖江縣志稿》。

江永清，字元青，號蜀峰。清靖江人。增生。清儉勤謹。

學庸序解

春秋左傳分編

四書人物典制類編

四書訓義　以上四種見《驥江江氏重修宗譜》卷五。

楊方浚，字用嘉。清靖江人。與從兄坦及黄吕聲創建東川書院。

靖江藏志　見《[咸豐]靖江縣志》卷九。

鄭毓善，原名一鵬，字岩九。清靖江人。洽孫，梁子。雍正十年順天鄉試舉人。乾隆元年進士。改翰林院庶起士。

四書大成

性理提綱　以上二種見《[咸豐]靖江縣志》卷十四本傳。

霍　升，字東嶧。清靖江人。廪生。

懲庵詩草　見《[咸豐]靖江縣志》卷九。

沈芳舟，字瑓琜。清靖江人。諸生。乾隆二十五年授南陵訓導，時已卒。

四書集解

爾雅注釋　以上二種見《[咸豐]靖江縣志》卷九。

顧文旭，自號半笠居士。清靖江人。年十七補弟子員，尋入國學。

半笠亭經史質疑

蕉窗詩集　以上二種見《［咸豐］靖江縣志》卷九。

楊　超，原名小赤，字端夫。清靖江人。雍正十三年舉人。乾隆十二年進士。授四川西充知縣。尋擢瀘州直隸知州兼永寧道事。復攝天全州，又任瀘州。卒年七十九。

七經鈔並批

餘閒畫譜

古心琴譜　以上三種見《［咸豐］靖江縣志》卷九。

顧士彦，字彦貞。清靖江人。國學生。

春秋一得四卷　見《［咸豐］靖江縣志》卷十三本傳。

朱　沐，清靖江人。

竹窗詩集　見《［咸豐］靖江縣志》卷九。

鄭　忬，字羲民，一字前村。清靖江人。梁孫，毓善子。乾隆九年舉人。十三年會試第一。二十三年充琉球使臣館伴。歷官鴻臚寺少卿，出守湖南永州，署衡州府、衡永郴桂道。後因事遷刑部奉天司員外郎。

於役偶吟二卷舫齋詞稿一卷　清乾隆二十三年刻本，山西省圖書館藏。

桂珠百首

烏啼小草

湘南集

聽雨集

九愚堂文集　以上五種見《［咸豐］靖江縣志》卷九。

劉方溱，清靖江人。

翠雲樓集　見《［咸豐］靖江縣志》卷九。

劉枝蔚，清靖江人。

管窺集　見《［咸豐］靖江縣志》卷九。

劉枝梅，字惟和。清靖江人。乾隆六年順天鄉試舉人。十三年登中正榜，授内閣中書。擢湖北荆州同知。

愛日堂詩集　見《［咸豐］靖江縣志》卷九。

沈建槐，字登三。清靖江人。芳舟長子。乾隆二十一年貢生。與弟建梧同爲村塾師。

四書剩　見《［咸豐］靖江縣志》卷九。

劉鳴義（一七〇六—一七九七），字守溪，號理泉。清靖江人。枝茂子。由國學生考取州吏目，不赴。

燕遊詩草　見《［咸豐］靖江縣志》卷九。

劉廷欽，字被表。清靖江人。乾隆歲貢生。候選訓導。

多聞集　見《［咸豐］靖江縣志》卷九。

劉人鶴，字立群。清靖江人。補諸生，援例入國子監，應順天鄉試。議叙選雲南普寧州吏目。柏齡任雲貴總督，乃延之主講昆池書院。

兵法管窺

歷代天文災異録　以上二種見《［咸豐］靖江縣志》卷九。

沈建梧，字覲三。清靖江人。芳洲次子。與兄建槐同爲村塾師。

八詠樓詩

古文集

覆瓿集

歷代詩筏　以上四種見《［咸豐］靖江縣志》卷九。

羊　理，字研山。清靖江人。少遊京師，充武英殿供事。後授江西贛州府照磨。乾隆五十五年與修縣志。

馬洲記知

海國聞見録　以上二種見《［咸豐］靖江縣志》卷九。

瞿　燈，字燃青。清靖江人。乾隆貢生。後修縣志，協纂文獻，由其校訂居多。

醉餘詩草　見《［咸豐］靖江縣志》卷九。

竹枝詞　見《［民國］靖江縣志稿》。

陳方濤，字晉賢。清靖江人。諸生。與朱一開、張鶴起有『西沙三傑』之稱。

二十一史文鈔

諸子百家讀本　以上二種見《［咸豐］靖江縣志》卷九。

朱一開，字南楨。清靖江人。幼穎異，弱冠補諸生。援例入國子監。卒年七十八。

古今文集　見《［咸豐］靖江縣志》卷九。

劉章雅（一七四二—一八一一），字經翼，號許閒。清靖江人。鳴義子。

淡明齋前後集　見《靖江梓溪劉氏巽篘公直系支譜》。

陶嗣景（一七五二—一八二七），字西崖。清靖江人。邑增生。續修邑志，嗣景任繕校。

四書約

詩書約

晉陵紀古

藝苑剩譚

筆耕録

西崖燼餘集

詩學辨體　以上七種見《［咸豐］靖江縣志》卷九。

吴　珊，字荆南。清靖江人。乾隆三十年歲貢。

壺山詩集不分卷　乾隆刻本　中科院文學研究所圖書館藏。

朱士麟，字書苑。清靖江人。以授徒爲生。

彭城草

崇川草

延令草

東皋草　以上四種見《［咸豐］靖江縣志》卷九其表弟劉人鯤撰序。

瞿　哲，字希誠。清靖江人。工醫。

集驗良方　見《［咸豐］靖江縣志》卷九。

陳　桐，字晉封。清靖江人。乾隆四十二年拔貢，由四庫館校録出任山東高唐州州判，歷官泰安縣縣丞、博平知縣、沂州府通判等。通醫術，精星相諸學。

太乙占驗考

測天闡易書　以上二種見《［咸豐］靖江縣志》卷九。

鄭錫琪，原名鈺。字仲儒。清靖江人。怿子。乾隆六十年順天鄉試舉人。嘉慶六年進士。改翰林院庶起士。七年授户部主事。

尚書疏證辟謬八卷

迂叟文鈔

迂叟詩鈔　以上三種見《［咸豐］靖江縣志》卷九。

靖江鄭氏宗譜　鄭錫琪、鄭士鋐嘉慶二十年修纂　見《靖江書帶草堂鄭氏宗譜》。

鄭士鋐，清靖江人。錫琪族弟。

靖江鄭氏宗譜　鄭錫琪、鄭士鋐嘉慶二十年修纂　見《靖江書帶草堂鄭氏宗譜》。

朱　照，字鑒資，號鏡江。清靖江人。援例授四川重慶府同知。遷叙永直隸同知。曾奉使西藏。

西域風土記　見《［民國］靖江縣志稿》。

朱　勳（一七六一—一八二九），字晋階，號虛舟。清靖江人。朱照弟。由監生捐納按察使經歷，分發陝西。嘉慶八年授按察使，遷布政使。十八年任陝西巡撫。道光元年護理陝甘總督。

讀易集説不分卷　清嘉慶二十二年資善堂刻本，南京圖書館藏。

四書通

性理約　以上二種見《［咸豐］靖江縣志》卷九。

靖江朱氏支譜八卷　朱勳等修　清嘉慶十七年木活字本，上海圖書館藏。

劉　鎬，字西京。清靖江人。諸生。

西京外篇　見《［咸豐］靖江縣志》卷九。

熊　載，字光吕，號渭川。清靖江人。廪生。嘉慶十八年貢生，二十一年舉人。考取景山官學教習。

愛吾書塾文鈔八卷

古近體及試帖詩四卷　以上二種見《［光緒］靖江縣志》卷九。

鄭汝英，字墨卿。清靖江人。錫琪三子。附監生。咸豐初邑紳士擬舉孝廉方正，固辭。卒年八十四。

論語訓纂

江防見聞録

畿輔水考

滄江平浪記

駢體文集

尺蠖詩稿　以上六種見《［光緒］靖江縣志》卷十三本傳。

陳鳳喈，字閬陽。清靖江人。桐長子。以明經終。

萬卷樓詩稿　見《［咸豐］靖江縣志》卷九。

鄭　翊，清靖江人。錫琪侄。嘉慶十五年舉人，二十五年進士。

南歸日記　見《［咸豐］靖江縣志》卷九。

劉玉階，字立峰。清靖江人。嘉慶二十五年邑紳以玉階舉孝廉方正，不就。道光十五年貢生。

亦陋軒詩稿　見《［咸豐］靖江縣志》卷九。

劉庭璽，字尹中。清靖江人。父斯顥，乾隆五十四年進士。

瓦礫集　見《［咸豐］靖江縣志》卷九。

錢清綺，清靖江人。嘉慶十五年舉人。

四書批

左傳批

周禮選

莊子注釋

抱樸子批

三教合參

半空山人集

山人雜俎　見《〔民國〕靖江縣志稿》。

陳鳳朝，字小魯。清靖江人。桐次子，風喈弟。大學士松筠與之契合，一切章奏皆出其手。

燕臺草

北征紀行

西湖雜詠　以上三種見《〔光緒〕靖江縣志》卷十四本傳。

劉　均，原名庭璧，字子成，清靖江人。父斯灝，乾隆己酉進士，雲南蒙化直隸同知，劉均隨侍官廨。長於古文詞，能書善畫。

滇南雜述

鄣闡集

江上草堂詩存　又作《江上草堂詩集》，武汉大学圖書館、湖南省圖書館、甘肅省圖書館藏。

唐詩箋　以上四種見《〔咸豐〕靖江縣志》卷九。

蔣　煦，字穎生。清靖江人，道光二十六年舉人。官浙江臨安知縣。

三徑餘閑詩文集　見《〔民國〕靖江縣志稿》。

劉　鈖（一七六八—一八四二），字罕稱，號退頤。清靖江人。國學生。

經史精義　見《靖江梓溪劉氏家譜》。

朱　均，字綺生，夫爲錢塘戴有恒（戴熙長子），清靖江人。

織蒲小草

繡餘吟　以上兩種爲稿本　復旦大學圖書館藏。

王鳳起，號竹庵，靖江人，援例得縣丞。與丹徒人陳廷焯友善。工詩詞。

江樓暮雨詩鈔　見陳廷焯《白雨齋詞話》卷六。

鄭康枚，清靖江人。汝英長子。廩生。道光二十年副榜。

晚翠軒詩稿　見《〔光緒〕靖江縣志》卷九。

浥翠軒詞稿　見《［民國］靖江縣志稿》。

鄭庭棨，字戟門。清靖江人。汝英侄。咸豐元年恩貢。

亥山吟稿　見《［光緒］靖江縣志》卷九。

吴樹棠，字辛僑。本姓劉，少孤無依，出繼吴氏。清靖江人。咸豐二年順天鄉試挑取謄録。年六十卒。

補陔堂隨筆　見《［咸豐］靖江縣志》卷九。

幼殤集　見《［光緒］靖江縣志》卷十四本傳。

朱炳文，字心齋。清靖江人。廪生，保舉訓導。

以齋制藝詩古文　見《［光緒］靖江縣志》卷十四本傳。

潘　泉，清靖江人。增廣生。

［咸豐］靖江縣志稿十六卷　清于作新修，潘泉纂清咸豐七年活字本，國家圖書館等藏；一九九〇年天津古籍出版社影印咸豐本。

逍遥館雜存　見《［咸豐］靖江縣志》卷九。

忠義録　見《［民國］靖江縣志稿》。

劉泰詹（一七九〇—一八五二），字尊卿，又字峨如，號沙農，別號水曲山人。清靖江人。鳴義曾孫，劉鈐長子。道光十五年恩貢，官直隸州州判。後以授徒養家。

卮言齋詩稿　見《［咸豐］靖江縣志》卷九。

關山百一詩鈔

農隙漏卮齋文集　見《靖江梓溪劉氏巽篸公直系支譜》。

愛日堂文集　見《［民國］靖江縣志稿》。

何星榆（一七九〇—？），原名文權，字漢田。崇明人。幼隨父遷居靖江東鄉。性慧嗜學，工詩古文辭。歲貢。官訓導。

平堂生詩詞稿

新樂府　見《［民國］靖江縣志稿》

陶　甄（一七九三—一八一八），字漢豐，一字作之，別號雲堦。清靖江人。嗣景次子。秀才，精篆刻。

周禮揭要

天崇必讀　以上兩種見《五柳陶氏支譜》。

劉人鏡（一八一一—一八八一），清靖江人。附貢生，候選鹽運司副使。嘗與修《［光緒］靖江縣志》。

七硯齋詩草　見《［光緒］靖江縣志》卷九。

劉　穎（一八二一—一九〇二）字晙生，清靖江人。

泰詹子。附貢生。候選訓導。

斯是室經義類編

孟子遊梁先後考

孟子於思之門人辨

讀史鉤元

劉氏科目源流

蕭公木年表

母弟少卿年表　以上見《[民國]靖江縣志稿》。

味辛草堂類編

聽雨山房叢稿

斯是室雜吟　見《靖江梓溪劉氏巽篘公直系支譜》。

劉喬孫，清靖江人。

松侶詩草　見《[民國]靖江縣志稿》。

劉松久，清靖江人。

梓溪劉氏支譜六卷　劉松久修纂　清道光七年敦本堂活字本，中國人民大學圖書館藏。

劉錦中，字睿思，清靖江人，增廣生。

七子一家稿初集

七子一家稿二集

七子一家稿三集　見《靖江梓溪劉氏家譜》。

劉錫華，字聲律，號黼廷，清靖江人。

驥江小試文初集

驥江小試文二集

驥江小試文補遺　見《靖江梓溪劉氏家譜》。

劉　和（一八二八—一八五六），字少卿。清靖江人。泰詹少子。諸生。道光二十九年拔貢，授教諭。咸豐二年舉人。

經義彙　見《[民國]靖江縣志稿》。

青立山房詩草　見《[光緒]靖江縣志》卷九。《續修四庫全書總目提要》收録此書。

柹葉書齋吟草

宣南吟草　以上兩種見《靖江梓溪劉氏家譜》。

劉　蘇（一八三三—一八八八），字棣生，一字開第。清靖江人。同治十二年舉人。

易理銓

居易堂詩稿　見《[民國]靖江縣志稿》。

宋　梁（一八三四—一九二四），字晴溪，別署匏民、滄粟居主人。清靖江人。廪生。

滄粟居詩草

夕陽紅雜著

東陽旅館未定草　見《［民國］靖江縣志稿》。

祝冠軍（一八三五—？），字亦臨，號筱嶽。靖江人。同治九年舉人。官天津知縣。

深柳山房詩稿

筱嶽文稿　見《［民國］靖江縣志稿》。

陶　唐（一八三六—一八六七），字瑞初，號樸齋。清靖江人。嗣景孫。幼聰慧，有神童之譽。屢試不中，憂憤而終。

蕉雨齋詩稿　民國鈔本，靖江錢厚明先生藏。

黃在中（一八四三—一八七五），字文吉，清靖江人。廩膳生。

培德堂詩文稿　見《［民國］靖江縣志稿》。

方玉振，字爾音。清靖江人。恩貢生。

深柳居詩

蘇杭遊記　見《［民國］靖江縣志稿》。

劉庭熺（一八五一—一九〇四），字景星，號拙園。清靖江人。劉和子。光緒九年進士。官河南虞城、滑縣、嵩縣知縣。

劍嘯詩鈔　見《靖江梓溪劉氏家譜》。

拙園詩鈔　見《［民國］靖江縣志稿》。

劉志熺（一八五一—一九二九），字佑孫，一字宗臣，號伊仲。靖江人。穎子。廩貢生。候選訓導。

史腴録　見《［民國］靖江縣志稿》。

説文經注集證

讀史闢謬

半竹居詩文詞稿　見《靖江梓溪劉氏巽簃公直系支譜》。

劉維熺（一八五八—一九三九），字硯佘。靖江人。穎子。致力鄉邦文獻的搜輯整理，參與纂述《［民國］靖江縣志稿》。

四書句讀辨正

鄉黨考

鄉土志

經説一得

説文叙録

劉魯曾讀説文條記

古文詞類纂四集

徵獻録

味辛草堂詩稿

吴顧賦增注箋略合鈔　見《[民國]靖江縣志稿》。

文廟崇祀考

文廟祭品圖説

宫制考證

炳燭明齋詩集　見《靖江梓溪劉氏家譜》。

[民國]靖江縣志稿　范漢光、劉維熼纂修，一九一九年江蘇通志徵訪稿本。

陳　籛，字味茶。靖江人。博學工詩。

孤山小逋詩稿　見《[民國]靖江縣志稿》。

劉庭熾（一八六三—一九三七），字磬心，別署懶雲。靖江人。劉蘇子。靖江第一任勸學所所長，靖江第一所女子學校——浚化女校的創辦者。研究詩學四十餘載，積稿盈篋。

居易堂詩草

居易堂詩續草

論孟注解

擇從録

讀史碎金

二妙軒雜纂

天香書室瑣録

梓陰書屋消夏録

懶雲居詩話

人尚友録

吴門識小録

杜律評論

古文粹

唐宋詩粹

清百家詩鈔

驥渚詩存

壽挽聯合鈔　以上十七種見《靖江梓溪劉氏家譜》。

朱一鳳（一八七一—？），又名逸鳳，字爾翔。靖江人。

靖江資善堂朱氏支譜十卷　一九四一年鉛印本。上海圖書館藏。

靖江書帶草堂鄭氏宗譜四卷　一九四八年鉛印本。無錫圖書館藏。

蒔竹栽花館詩草 見無錫《民智月報》一九三二年第二卷第十一期起連載，至一九三六年第五卷第七期，連載未完。

劉士哲（一八七二—一九一一），字次明，號巽簃。志熼長子。靖江人。省立政學堂畢業，斥資創設麗正學堂於城西，督教一身兼之。

巽簃詩文詞稿三十卷 見《靖江梓溪劉氏巽簃公直系支譜》。

劉魯瑛（一八七八—一九三〇），字蓮枋，號廉舫，別署天傭居士，靖江人，庭熼子。靖江最早的報紙《驥渚新聞》創辦者。

天傭居士詩文集 見《靖江梓溪劉氏家譜》。

張立朝，清靖江人。

靖江張氏宗譜 張立朝等修纂 清咸豐九年木活字本。上海圖書館藏。

張績金，靖江人。

靖江張氏宗譜二十卷 張績金修纂 清光緒十三年尚德堂木活字本，上海圖書館藏。

劉輔廷，靖江人。

梓溪劉氏支譜十五卷末一卷 劉輔廷修纂 清同治十年存心堂刻本，大連市圖書館藏。

劉岳鎮，靖江人。

靖江梓溪劉氏巽簃公直系支譜四卷 民國鈔本，蘇州市圖書館藏。

劉樹圻，靖江人。

靖江梓溪劉氏家譜 一九四一年鉛印本。

高仙階，清靖江人。

靖江高氏重修宗譜八卷 高仙階修纂 清光緒二十一年雙印堂活字本，國家圖書館藏。

錢斯珍，清靖江人。

錢氏重修世譜十二卷 錢斯珍修纂 清光緒三十一年集議堂木活字本，上海圖書館藏。

江以成，靖江人。

驥江江氏重修宗譜八卷 江以成修纂 一九一六年活字本，常熟市圖書館藏。

姚龍光，籍貫不詳。

黄橋遷靖何氏族譜十四卷 姚龍光纂修 一九二六年

刻本。

韓思義，靖江人。

驥江韓氏重修支譜六卷　韓思義修纂　一九三五年晝錦堂木活字本，上海圖書館藏。

范漢光，靖江縣徵訪通志事務所主任。

［民國］靖江縣志稿六册　范漢光等纂修，民國八年江苏通志徵訪稿本。

興化市

元

郭　忠，字恕甫。元興化人。仁宗后失明，忠以針愈之，賜號『金針先生』。

傷寒直格　見《〔康熙〕興化縣志》卷十一。

顧天麟，字均壽。元興化人。自號東泉處士。

東泉亭稿　見《〔咸豐〕重修興化縣志》卷九。

顧　煜，字均顯。元興化人。天麟弟，舉孝廉，授崇文監學士，遷翰林院學士，掌修國史。

白雲集　見《〔咸豐〕重修興化縣志》卷九。

施耐庵（約一二九六—一三七〇），名子安，又名肇瑞，或名耳，字彦端。耐庵爲其又字或别號。元末明初人。其籍貫與生平事迹衆説不一。至順二年進士，隱居大豐白駒著書，避朱元璋徵，往淮安，卒。著《水滸傳》。

水滸傳（一作京本忠義傳）　百回繁本：《京本忠義傳》，明正德、嘉靖間書坊刻本，現存殘頁二葉，上海圖書館藏；《忠義水滸傳》，明嘉靖刻本，殘存二卷八回，國家圖書館藏；《石渠閣補修忠義水滸傳》，明萬曆十七年安徽新安原刻本，清康熙五年石渠閣補修本，國家圖書館藏；《李卓吾先生批評忠義水滸傳》，明萬曆三十八年杭州容與堂刻本，國家圖書館藏。此爲現存最完整的百回繁本。一九六六年中華書局上海編輯所影印，一九七三年上海人民出版社據影印本翻印出版。

百廿回繁本：《新鐫李氏藏忠義水滸傳》，明萬曆四十二年安徽袁無涯刻本，北京大學圖書館藏。一般认为，此書在百回本基礎上，增加據簡本改寫的征田虎、王慶故事。但另有觀點認爲，此百二十回書内的前一百回其實較通行的百回本更为接近原作一些。一九六一年中華書局重加校訂出版。

七十回繁本：《金聖歎批評第五才子書施耐庵水滸傳》，明崇禎十四年貫華堂刻本，日本長澤規矩也藏。國家圖書館藏有崇禎末重刻本。此係金聖歎用袁無涯本、芥子園本作底本的删節本。

簡本：《新刊京本全像插增田虎王慶忠義水滸全傳》二十四（或二十五）卷一百一十五（或一百二十）回。明萬曆初福建建陽余氏雙峰堂刻本，殘存二卷六回，法國巴黎國家圖書館藏；《京本增補校正全像忠義水滸志傳評林》二十五卷，明萬曆二十二年福建建陽余氏雙峰堂刻本，日本日光晃山慈眼堂藏。民國間王古魯據此藏本攝録，一九五六年北京文學古籍刊行社據王古魯攝照片影印；《文杏堂批評忠義水滸全傳》三十卷，明寶翰樓刻本，法國巴黎國家圖書館殘存卷一至卷五，卷六半卷；《全像水滸傳》二十五卷一百一十五回，明崇禎元年廣東惠陽富沙劉興我刻本，日本長澤規矩也藏。

成廷珪，字原常，一字元章，又字執禮。元興化人。好學，不求仕進，惟以吟咏自娱。晚遭世亂，避地吴中，年七十餘殁。

居竹軒詩集四卷　明嘉靖刻本，國家圖書館藏；清鮑氏知不足齋鈔本，國家圖書館藏。《文淵閣四庫全書》本。

明

陸　中，字與權。明興化人。

蒲棲集二十卷　見《明史藝文志》、《千頃堂書目》卷十七。

陸　闓，字伯陽。明興化人。洪武十四年以明經辟爲楚府伴讀。

友蘭集十卷

續古樂章　以上二種見《千頃堂書目》卷十七。

陸伯陽詩集　見《［康熙］揚州府志》卷二十八。

陸　顒，亦作陸容。原名敬，避諱改今名。字伯瞻。明興化人。闓弟。洪武中由明經辟舉，任禮部主事。兩使朝鮮。永樂元年在南京與修《太祖實録》。後任户部郎中。

新編顒光先生詩集六卷文集一卷外集二卷　明景泰元年陸瑄刻本，上海圖書館藏。

沈　靖，明興化人。

養心齋集　見《〔康熙〕揚州府志》卷二十八。

張　忠，字公良，明泰興人。永樂十七年貢生，入國子監。歷官工部員外郎。河決滄州，朝廷命忠往治，經旬工成，民不知勞。擢江西饒州知府。政尚簡静。以老乞歸。

樵隱集　見《泰興縣志補》卷七。

高　穀（一三九一—一四六〇），字世用，一字育齋。明興化人。永樂十三年進士，選庶吉士，授中書。歷官至工部右侍郎，入内閣，與機務。景泰間任工部尚書，兼翰林院學士，少保、東閣大學士，再進謹身殿大學士。英宗復位，致仕歸。

高文義公集十卷

拾遺集一卷

歸田集三卷　以上三種見《千頃堂書目》卷十八。

育齋先生詩集十七卷　明弘治刻本，國家圖書館藏；《原國立北平圖書館甲庫善本叢書》本。

顧　荆，字襄伯。明興化人。永樂朝舉孝廉，官湖廣石首知縣，遷安、冀二州别駕。

春暉堂詩鈔　見《〔咸豐〕重修興化縣志》卷九。

任　琦，字時珍。明興化人。永樂選舉，辟登制科孝廉，隨朝聽政。不及仕，卒。奉特旨旌表孝行。

蘭友集一卷　見《〔民國〕續修興化縣志》卷十四。

陸　瑄，明興化人。顒子。善畫山泉、人物、草蟲、花鳥諸品。以賢良方正任大冶主簿。

東湖外史　見《〔咸豐〕重修興化縣志》卷九。

陸　清，字介夫，號西村山人。明興化人。

西村野唱　見《〔咸豐〕重修興化縣志》卷九。

陸　潔，明興化人。

近村文稿　見《〔咸豐〕重修興化縣志》卷九。

陸　海，字寬夫。明興化人。

北塘稿　見《〔咸豐〕重修興化縣志》卷九。

胡　獻（？—一五一〇），字時臣。明興化人。弘治九年進士。選庶吉士，逾年授監察御史，謫湖廣藍山縣丞。改知河南宜陽縣，後擢廣西按察司僉事，進福建提學副使。學者稱心安先生。

心安集　見《〔咸豐〕重修興化縣志》卷九。

陸彌望，字道參。明興化人。

省齋集　見《〔咸豐〕重修興化縣志》卷九。

陸彌垠，字道迴。明興化人。彌望弟。

秋崖稿　見《［咸豐］重修興化縣志》卷九。

宗　珝，亦作宗翊。字國潤。明興化人。正德十一年貢生，爲中都斷事，尋升登州府通判。

中庸一助　見《［康熙］揚州府志》卷二十八。

周　婁，明興化人。精術數。

漁村集　見《［咸豐］重修興化縣志》卷九。

陸期範，明興化人。彌望子。嘉靖十一年進士。以養祖告歸，未仕。

陸氏詩粹　見《［雍正］揚州府志》卷三十五。

丁盛時，字養晦。明興化人。嘉靖十三年選貢。授嘉興縣丞。遷益府紀善，不拜歸。

周易著注三卷　見《［咸豐］重修興化縣志》卷十。

鄒世汲，明興化人。善楷書，精天文。

河洛圖説

元會運世　以上二種見《［咸豐］重修興化縣志》卷九。

黄好信，字仲孚。明興化人。

默齋詩集　見《千頃堂書目》卷二十六。

宗　周，字維翰，一字理庵。明興化人。嘉靖十年舉人，授金鄉知縣，遷四川叙州府通判，進廣東肇慶同知，擢南刑部郎中，轉四川馬湖知府。

就正録禮記會要六卷　見《四庫提要》禮類存目。

四書五經就正録　見《［萬曆］揚州府志》卷二十四。

説文訓　見《［嘉慶］重修揚州府志》卷六十二。

中説

藝圃擷華　以上三種見《［萬曆］揚州府志》卷二十四。

袁　株，字子立。明興化人。嘉靖七年舉人。官終吉安知府。

定性識仁書

古太極測　以上二種見《［嘉慶］重修揚州府志》卷六十二。

成　周（一五〇四—一五五六），字于中。明興化人。貢生。與李春芳、宗臣爲友。

石湖集　見《興化成氏族譜》。

韓　貞（一五〇九—一五八五），字以中，號樂吾。明興化人。時泰州朱恕從王艮講學，貞慕其行，從之遊。

樂吾韓先生詩　明萬曆二十六年許子桂刻本，上海圖書館藏。

韓樂吾先生遺集一卷　清雍正十年汪芳藻刻，道光二十八年韓子瑾增刻本，南京圖書館藏。

理學韓樂吾先生詩集　清咸豐十一年刻本，上海圖書館藏。

朱樂齋先生遺詩一卷韓樂吾先生詩集一卷附韓樂吾先生行略一卷　一九二七年石印本。

李春芳（一五一〇—一五八四），字子實，號石麓。明興化人，祖籍句容。嘉靖二十六年（一五四七）進士第一，官至少師、中极殿大学士、内阁首輔。卒贈太師，謚文定。

世宗實録五百六十六卷　一九四〇年據南京圖書館藏鈔本影印本；一九六二年臺灣『中央研究院』史語所影印本；一九八三年上海古籍書店影印本。

精忠録三卷　明嘉靖三十一年楊氏清白堂刻本，日本内閣文庫藏；明萬曆間周氏萬卷樓刻本，二卷，日本内閣文庫藏；天德堂精刻本，南京圖書館藏；萃錦堂刻本，大連圖書館藏；映秀堂刻本。

岳王精忠録外集四卷　見《千頃堂書目》卷八。

宗藩條例二卷　見《明史藝文志》及本傳。

先正訓蒙　見《［乾隆］句容縣志》卷末。

海剛峰先生居官公案傳四卷　明萬曆十四年萬卷樓刻本，國家圖書館藏。按：此書作者或同名或僞託。

海公大紅袍傳六十回　清光緒四年金陵萬卷樓刻本。按：即前書。

李文定公貽安堂集十卷附傳志行狀一卷　明萬曆刻本，國家圖書館藏；清乾隆十五年重刻本，南京圖書館藏。

明雋十卷　見《［嘉慶］重修揚州府志》卷六十二。

劉玠，字國珍，號墀石。明興化人。與李春芳友。奉例授儒官。

管窺集　見《［咸豐］重修興化縣志》卷九。

潘弼，字夢徵，號西泉居士。明興化人。精醫學及太乙洪範諸術。

運氣考正

删次内經　以上二種見《千頃堂書目》卷十四。

成諧（一五一六—一五四五），字和仲，號斗野。明興化人。少負奇節，好擊劍。補邑諸生。總督翁萬達招之入幕。嘉靖二十四年大同有寇警，諧勒兵與戰，力戰死。

孫子陣法新説

車戰篇　以上二種見《［嘉慶］重修揚州府志》卷六十二。

天文正誤　見《［民國］續修興化縣志》卷十四。

海一覽

斗野集　以上二種見《［嘉慶］重修揚州府志》卷六十二。

任　琦，明興化人。

蘭友集　見《［民國］續修興化縣志》卷十四。

陸西星（一五二〇—一六〇一，一作一六〇六），字長庚，號方壺外史。明興化人。道教學者。自言得内丹真傳，形成修煉金丹之體系，於南北宗派外另成東派一支。博覽群書，兼工書畫。與弟原博並稱『二陸』。

［萬曆］興化縣新志十卷　明萬曆十九年刻本，國家圖書館藏；民國影鈔本，北京大學圖書館藏；清鈔本，南京圖書館藏；鈔本，上海圖書館、興化市圖書館藏；《中國方志叢書》本；《泰州文獻》本。

南華真經副墨八卷讀南華真經雜説一卷　明萬曆六年李齊芳校刻本，國家圖書館藏；明萬曆十三年孫大綬刻本，浙江圖書館藏；明萬曆天臺館刻本，國家圖書館藏；明書林詹氏刻本，山東大學圖書館藏；明刻本，八行十七字，上海圖書館藏；明刻本，九行十八字，山西省文物局藏；清光緒十一年興化傳薪書室覆刻本；民國上海受古書店石印本；《續修四庫全書》本；《四庫全書存目叢書》本；二〇一〇年中華書局點校本。

賓翁自記

道緣彙録　以上二種見《中國大百科全書》宗教卷『陸西星』條。

呂祖全書十卷　陸西星輯　清刻本，臺灣師範大學圖書館藏。

楞嚴經説約一卷　《日本藏經書院續藏經》本第八九册。

楞嚴述旨十卷　見《［嘉慶］重修揚州府志》卷六十二。

楞伽經句義通解四卷　見釋震華《興化佛教通志》卷四。

稽古集　見《[雍正]揚州府志》卷三十五。

方壺外史十四種八卷　明末孩堂刻本，國家圖書館藏；一九一五年香山鄭觀應等排印本；清光緒七年集益堂重刻本，二卷；《道藏精華》本；一九九四年廣陵古籍刻印社影印本；二〇一〇年宗教文化出版社編校本。

子目：

《無上玉皇心印妙經測疏》
《黄帝陰符經測疏》（以上卷一）
《老子道德經玄覽》（卷二）
《周易參同契測疏》（卷三）
《參同契口義》（卷四）
《崔公入藥鏡測疏》（卷五）
《純陽吕公百字碑測疏》（卷六）
《紫陽真人金丹四百字測疏》
《龍眉子金丹印證詩測疏》
《邱長春真人青天歌測疏》（以上卷七）
《玄膚論》
《金丹就正篇》
《金丹大旨圖》
《七破論》（以上卷八）

沈　霑，字伯雨，號雨田。明興化人。

沈山人詩六卷續集十卷　明刻本，上海圖書館藏。

雨田集

孝順卷　以上二種見《[咸豐]重修興化縣志》卷九。

宗　臣（一五二五—一五六〇），字子相，一字方城。明興化人。周子。嘉靖二十八年舉於鄉。二十九年成進士。授刑部主事，移吏部文選司，進稽勳司員外郎。出爲福建參議。遷提學副使，以勞疾卒於官。精詩古文，與李攀龍、王世貞、徐中行、梁有譽、吴國倫、謝榛以文章志行相頡頏，稱『嘉靖七子』。

西征記一卷　《説郛續》本。

海防二三策　見《[咸豐]重修興化縣志》卷九。

性理纂要鈔狐白八卷首一卷　明刻本，國家圖書館藏。

宗子相集十五卷　明嘉靖三十九年林朝聘、黄中等刻本，上海圖書館藏；明嘉靖三十九年林朝聘、黄中等刻宗書重修本，南京圖書館藏，有丁丙跋；《明代論著叢刊》本。

宗子相集十五卷附録一卷　明嘉靖三十九年建陽書林詹長卿就正齋刻本，中國科學院圖書館藏。

宗子相集十二卷　明嘉靖二十九年吴國倫刻本，上海圖書館藏。

新鎸宗先生子相文集十二卷　明萬曆三十七年書林鄭氏雲竹齋刻本，南京圖書館藏；明萬曆四十年范濟宇刻本，上海辭書出版社圖書館藏。

宗子相先生集二十五卷　明萬曆三十九年天華閣刻本，上海圖書館藏。

子相文選五卷　明末刻本，中國社會科學院文學研究所藏；《四庫全書存目叢書》本。

宗子相集一卷　《盛明百家詩》本。

宗子相集十五卷　《四庫全書》本；一九九一年上海古籍出版社《四庫明人文集叢刊》本。

陸原博，明興化人。西星弟。

楚陽明賢詩選二卷　陸原博輯　見明焦竑《國史經籍志》卷五。

李齊芳（一五三〇—一五九二），字子蕃，一作子繁，號壒村，又號青霞外史。明興化人。春芳弟。官至南京都督府都事。

韻略類繹四卷　明隆慶二年（一五六八）刻本，北京大學圖書館藏。

佩觿三卷辯證一卷附一卷　宋郭忠恕撰　明萬曆十二年李齊芳刻本，國家圖書館藏。

幼科圖訣醫方輯要二卷　見《昭陽述舊編》卷二《蟠根述》上李齊芳自叙。

官邸便方　見《［康熙］揚州府志》卷二十八。

南華真經副墨八卷讀南華真經雜説一卷　明陸西星撰　明萬曆六年李齊芳校刻本，國家圖書館藏。

壒村詩集　見《［民國］續修興化縣志》卷十四。

李翰林分類詩八卷賦集一卷　唐李白撰，明李齊芳、李茂年等分類　明萬曆二年李齊芳刻本，國家圖書館藏。

杜工部分類詩十一卷賦集一卷　唐杜甫撰，明李齊芳輯　明萬曆二年李齊芳刻本，北京大學圖書館、上海圖書館藏。

趙宋，字方宇。明興化人。嘉靖三十八年進士。累官至寧武兵備副使，山西行太僕寺卿，遷南雄知府。

昆邱集　見《［咸豐］重修興化縣志》卷九。

王中孚，字化遠。明興化人。嘉靖三十四年順天鄉試舉人。知南宫縣。擢東昌府判官。

西野集　見《［康熙］揚州府志》卷二十八。

沈山人續集十卷　明沈霑撰，明袁孟龍選　明嘉靖四十三年王中孚刻本，見《明代版刻綜録》卷一。

顧　仕，字行可，號梓河。明興化人。嘉靖三十四年舉人。授洛陽教諭，爲湖廣鄉試同考官，擢新河知縣。

顧氏族譜　顧仕嘉靖十二年修　見《興化顧氏族譜》。

居洛稿　見《［咸豐］重修興化縣志》卷九。

任　性，字萬善，號復軒。明興化人。庠生。授儒官。

易學淺訓二卷　見《［民國］續修興化縣志》卷十四。

任氏族譜　任性嘉靖三十六年創修　見《興化任氏家譜》。

成　詠，字養仲，號文田。明興化人。隆慶四年貢禮部，初授溧陽訓導，歷任沛縣教諭，泗洲學正，升廣州府通判。

成氏族譜　萬曆八年成詠修　見《興化成氏族譜》。

心像圖説　見《［民國］續修興化縣志》卷十四。

文田摘稿　見《［雍正］揚州府志》卷三十五。

潘應詔，字六治。明興化人。弼子。隆慶三年貢生。贛州府推官。

律吕考正一卷　明刻本，音樂研究所藏。

圖書測言　見《［康熙］揚州府志》卷二十八。

六治集　見《［嘉慶］重修揚州府志》卷六十二。

陸　律，字子和。明興化人。西星侄。嘉靖四十三年（一五六四）貢生，授浙江龍遊訓導。

從吾集　見《［康熙］揚州府志》卷二十八。

李茂材，字仲達，號容齋。明興化人。春芳次子。官尚寶司丞、太僕寺少卿等

李氏族譜　李茂材萬曆間創修　見《興化李氏族譜》。

李茂功，字秀成，號健齋。明興化人。春芳四子。以父蔭中書舍人。遷户部郎，榷北新關。擢守福建興化府。

依緑園詩集　見《［咸豐］重修興化縣志》卷九。

李茂業，字子修，號誠齋。明興化人。春芳五子。監生。

四書五經便學

莊子音釋

呂覽新鉤

通書指掌

地理刪繁

爾耳軒雜著

王文成書鈔分類表華

左馬評　以上八種見《興化李氏傳略》。

宗名世（一五四四—一六二三），字良弼，又字傅岩。明興化人。萬曆十七年進士。初任紹興教授，升河北肥鄉知縣，擢工部營繕司主事。榷荆州税。

含香堂文集十卷　以上二種見《［雍正］江都縣志》卷十五。

發蒙史略一卷

李思敬，字一卿。明興化人。春芳孫。茂材長子。萬曆十九年舉順天鄉試，授江西永豐知縣，攝玉山縣，遷順天大興縣。進刑部主事。改南户部，榷北新關，出知處州。

李一卿家譜

猗園集

白雲小草　以上三種見《［嘉慶］重修揚州府志》卷六十二。

李思謙，字鳴卿，號己山。明興化人。春芳孫。茂功長子。附監生。

己山詩集　見《［咸豐］重修興化縣志》卷九。

李思誠，字次卿，號碧海。明興化人。春芳孫。萬曆二十六年進士。累擢至禮部尚書。

神宗實録五百九十六卷　明天啓元年葉向高等修，王祚遠、李思誠等與修　一九四〇年汪僞時期據南京圖書館藏鈔本影印；一九六二年臺灣歷史語言研究所據原副本影印；一九八三年上海古籍書店影印臺灣本。

神宗寶訓二十六卷　明葉向高等修，李思誠等與修存卷十一卷，國家圖書館藏；一九六二年臺灣歷史語言研究所校印《明實録》附録中存十一、十二兩殘卷。

真懶齋集　見《千頃堂書目》卷二十五。

徐來儀，字威甫。明興化人。萬曆二十年進士。官刑部郎中，轉貴州按察使僉事。提督學政，攝按察使。左遷許州知州，擢南户部主事，榷淮安版閘税。

素翰堂集　見《［嘉慶］重修揚州府志》卷六十二。

任明輔，字贊皇。明興化人。萬曆間廩生。

詩經類纂四卷　見《［民國］續修興化縣志》卷十四。

黄建中，字良輔。明興化人。萬曆二十六年進士。授南陽府推官，旋擢南京户科給事中。後任大理寺評事，轉禮部主事。

留垣疏草　見《四庫提要》詔令奏議類存目。

陳經幫，明興化人。

明八科館課録　陳經幫選　見雷夢辰《清代各省禁書彙考》。

陳守一，明興化人。工醫。

醫學運氣考正　見《江蘇歷代醫人志》。

劉永光。明興化人。諸生。

空中片玉　見《［嘉慶］重修揚州府志》卷六十二。

李長倩（一五八九—一六四六），字維曼，一字瞻麓。明興化人。思敬子。崇禎七年進士。官至江西按察司僉事。福王南渡，授福建提學副使。後與黄道周擁唐王入閩監國，晋右都御史，督餉抵建寧，知事不可爲，飲藥卒。

奏疏一集

存懶齋集　以上二種見《［咸豐］重修興化縣志》卷九。

陳履忠，明興化人。

鳳阿詩草　見《［咸豐］重修興化縣志》卷九。

陳光虞，明興化人。

山居録　見《［咸豐］重修興化縣志》卷九。

顧士奇，字伯常。明興化人。天啓間中三科副榜，授江華知縣。後補浙江太平縣。未出京遇疾卒。

檀兮樓集　見《［嘉慶］重修揚州府志》卷六十二。

吴　兢，明興化人。

吴氏族譜　吴兢崇禎十六年（一六四三）創修　見《興化吴氏族譜》。

清

李思聰，字四卿，號沮修，又號再謫仙人。清興化人。春芳孫，茂功三子。隱居終老。卒年七十四。

李氏別紀不分卷　明李思聰手紀，清李長科等同訂附刻於一九二八年師儉堂刻《興化李氏傳略》後。

堪輿十一種　見《［嘉慶］重修揚州府志》卷六十二。

沮修集十二卷　見《［乾隆］句容縣志》卷九本傳。

李思訓，字于庭。號五遊。茂德六子。清興化人。邑增生。明亡後隱居高郵甓社湖畔。

于庭集　見《［嘉慶］重修揚州府志》卷六十二。

晚好齋詩存　見《［民國］續修興化縣志》卷十四。

吳　甡，字鹿友，號端愚，晚號柴庵。清興化人。萬曆四十一年進士。授福建邵武知縣。天啓二年授御史。崇禎間按察河南，擢右僉都御史，巡撫山西。後官至禮部尚書、東閣大學士。十七年遣戍金齒。福王時復故官。明亡遷家溧水。

安危注四卷　清康熙間吳氏刻本，南京圖書館藏；清嘉慶道光間刻本；一九七六年臺北偉文圖書出版社有限公司《明季史料集珍·淮南吳柴庵四種》本；《四庫全書存目叢書》本。

柴庵疏集二十卷憶記四卷寤言二卷　明崇禎間刻本，國家圖書館藏；清康熙間刻本；臺北《淮南吳柴庵四種》本；《四庫禁毀書叢刊》本；一九八九年浙江古籍出版社點校本。

憶記四卷　清初刻本，北京大學圖書館藏；　清鈔本，國家圖書館藏；《四庫禁毀書叢刊》本；一九八九年浙江古籍出版社點校本。

柴庵寤言二卷　明末刻本，北京大學圖書館藏；《四庫禁毀書叢刊》本。

兩河文告

公移別墨

柱下蕘言　以上三種見《［咸豐］重修興化縣志》卷九、雷夢辰《清代各省禁書彙考》。

送老吟　見《［咸豐］重修興化縣志》卷九。

嘉遁堂集　見《金陵詩徵》卷四十。

李嗣京，原名長華。字少文，號嘉錫。清興化人。春芳曾孫，思聰次子，長科弟。明崇禎元年進士。任江西南昌府推官。擢浙江道御史，差河東巡鹽，十五年福建巡按。明亡後杜門不出。

册府元龜一千卷　宋王欽若等撰　明崇禎十五年黄國琦刻本，李嗣京參定。國家圖書館藏本有傅增湘校並跋，一九六〇年中華書局影印。

聖朝泰交録九卷　明鄒德溥撰，李嗣京刊　明崇禎七年刻本，無錫縣圖書館藏。

王允寧先生存笥稿四十一卷　明王維楨撰，李嗣京刊　明崇禎十五年刻本，見《明代版刻綜録》。

冷香齋集

匡山吟集　以上二種見《［嘉慶］重修揚州府志》卷六十二。

淮南三鳳文鈔　李長科、李嗣京、李喬撰　見《［咸豐］重修興化縣志》卷九。

滕王閣續集十九卷　李嗣京編　明崇禎七年刻本，上海圖書館藏；《四庫全書存目叢書》本。

魏應嘉，字賓吾。清興化人。明萬曆三十二年進士。授汝南府推官。擢兵科給事中，遷刑科。天啓掌吏科，主内計，進太常卿。官至兵部左侍郎。乞休歸，里居三十年。

綱目纂元　見《［咸豐］重修興化縣志》卷九。

夥壞封疆録一卷　清李文田鈔本，國家圖書館藏《明季野史彙編》本；《正覺樓叢刻》本；《續修四庫全書》本；《四庫存目叢書》本。

雙鶴軒奏議　見《［雍正］揚州府志》卷三十五。

五雲館會藝　見《［咸豐］重修興化縣志》卷九。

李長敷，字維凝。清興化人。思誠長子。萬曆四十六年副榜，天啓元年舉人。

韻齋集　見《［嘉慶］重修揚州府志》卷六十二。

李　喬，原名長喬。字世臣，號玉峰。清興化人。嗣京弟。明萬曆四十七年進士。知河南靈寶縣、調祥符。遷禮部儀制司主事，擢山東提學副使。累官至陜西巡撫。

淮南三鳳文鈔　李長科、李嗣京、李喬撰　見《［咸豐］重修興化縣志》卷九。

陸士驌，字渠黄。清興化人。西星從孫。

稽古録　見《［咸豐］重修興化縣志》卷九。

宗宏齊，清興化人。

吟軒詩草　見《［咸豐］重修興化縣志》卷九。

李　沛（一五九八—一六五五），字平子。清興化人。春芳四世孫。庠生。明崇禎末詔舉賢良，郡縣將以沛

村居志　以上二種見《［咸豐］重修興化縣志》卷九。

魯唯一，又名洞，一字頑老。清興化人。與袁繼鳳相唱和。

紅鵑詩鈔　見《［咸豐］重修興化縣志》卷八。

李　潛，原名洵，字啓美。清興化人。長祺子，清兄。

葉聞齋稿　見《興化李氏族譜》

任明輔（一六〇一—一六八九），字贊皇。清興化人。萬曆間廩生。

詩經汇纂四卷　見《［民國］續修興化縣志》卷十四。

李　清（一六〇二—一六八三），字心水，一字映碧，號碧水翁，晚號天一居士。清興化人。春芳玄孫，思誠孫，瀚兄。明天啓元年舉人，崇禎四年進士。授寧波府推官，升刑科給事中，轉吏科給事中。明亡，任南明工科都給事中，遷大理寺左丞。南都潰敗，歸隱鄉邑。生平潛心史學，著作宏富。

南北史合注一百九十一卷　清四庫全書館寫本，北京應，固辭。

江淮稿　見《［咸豐］重修興化縣志》卷九。

平庵詩集　見《國朝耆獻類徵》卷四百二十三。

李長祚（一五九八—一六七二），字延初，又字延明，號完石。清興化人。春芳曾孫。明崇禎十二年舉於鄉，中十六年會試副榜。明亡後絶意仕進。順治五年被迫爲僧。

四書正訓

容炤草堂集　以上二種見《［咸豐］重修興化縣志》卷八。

千祥記（傳奇）　見明祁彪佳《祁忠敏日記》乙亥。

紅葉記（傳奇）　見《祁忠敏日記》己卯。

梅雪緣

翠煙記　以上三種見《古典戲曲存目彙考》卷十。

魏龍溪，清興化人。

遺真集　見《［咸豐］重修興化縣志》卷九。

曹　松，清興化人。

易學正蒙　見《［咸豐］重修興化縣志》卷九。

陸世澤，清興化人。

醒世編

故宫博物院藏；清戴氏秋樹山房傳鈔本，現歸北京大學圖書館；《續修四庫全書》本；《四庫全書存目叢書》本。

甲乙編年録　見《清代禁毁書目》補遺一。

三垣筆記　《明季野史彙編》本，四卷；《古學彙刊第一集》本，三卷補遺三卷；《嘉業堂叢書》本，三卷補遺三卷附識三卷補遺一卷；臺北新興書局《筆記小説大觀》本；一九八二年中華書局顧思點校本；清青林山房鈔本，二十卷補遺一卷，南京圖書館藏；清鈔本，八卷，中國科學院圖書館藏；《叢書集成續編》本；《續修四庫全書》本；《四庫禁毁書叢刊》本。

甲申日記八卷　清鈔本，李文田跋。國家圖書館藏；清鈔本，有附録一卷。浙江圖書館藏。

袁督師計斬毛文龍始末一卷　《荆駝逸史》本；臺北新興書局《筆記小説大觀》本，《海甸野史》本，題作《督師袁崇焕計斬毛文龍始末》；《中國野史集成》本。

南渡録　稿本，二卷，興化市圖書館藏；清鈔本，不分卷附校勘記二卷，湖北省圖書館藏；清鈔本，五卷，傳以禮校並跋。浙江圖書館藏；清鈔本，繆荃孫校，浙江圖書館藏；清鈔本，六卷，興化市圖書館藏；清鈔本，十二卷，上海圖書館藏；一九一一年廣益書局石印本；一九八八年浙江古籍出版社何槐昌點校本，以浙江館藏傳以禮校本爲底本；《續修四庫全書》本。

南渡紀事二卷　清鈔本，北京大學圖書館藏；《四庫禁毁書叢刊》本。

三餘瑣録　見《［光緒］續纂句容縣志》卷十八。

諸史異彙二十四卷　舊鈔本，浙江圖書館藏；《四庫禁毁書叢刊》本。

南唐書合訂二十五卷　清乾隆鈔文瀾閣《四庫全書》本，國家圖書館藏。

廿一史新奇二十六卷（一作正史新奇）　鈔本，北京大學圖書館藏。

歷代年號考　見《［咸豐］重修興化縣志》卷九。

外史摘奇　見《［咸豐］重修興化縣志》卷九。

澹寧齋史論　見《［光緒］續纂句容縣志》卷十八。

諸史同異録六十八卷　《四庫撤毁書》之一，見《清代禁毁書目》、劉錦藻《清朝續文獻通考》卷一百八十七。

楊昇庵史略詞話正誤二卷（一作史略正誤）　明楊慎

原著，清李清、宫偉鏐正誤　清康熙間刻本，吉林大學圖書館、福建師範大學圖書館藏；清道光五年修補本。

明史雜著一卷　鈔本，北京大學圖書館藏。

歷代不知姓名録　清四庫全書館寫本，十卷，北京故宫博物院藏；清鈔本，十卷，見孫殿起《清代禁書知見録》；清鈔本，十四卷，缺九、十兩卷，見孫殿起《清代禁書知見録》。

鶴齡録一卷　《檀幾叢書》本；《叢書集成續編》本。

諸忠記略　見劉世瑗《徵訪明季遺書目》、謝國楨《增訂晚明史籍考》。

明謚法考　見《［雍正］揚州府志》卷三十五。

三垣奏疏五卷　清順治刻本。

諫垣疏草　明崇禎間刻本，殘存古言三疏、今言十五疏，上海圖書館藏。

賜環疏　見《清代禁毁書目》。

折獄新語十卷　明末刻本，黄裳跋，國家圖書館藏；《國學珍本文庫第一集》本；《續修四庫全書》本。

女世説四卷　清鈔本，中山大學圖書館藏；清道光五年刻本，吉林大學圖書館藏。

檮杌閒評五十回（一作明珠緣）　清刻本，中國人民大學圖書館藏；一九八一年人民文學出版社據清刻本整理；二〇〇五年中華書局點校本；二〇一二年中國戲劇出版社校注本。

澹寧齋集　見《［咸豐］重修興化縣志》卷九。

澹寧齋雜著　見中華書局點校本《三垣筆記》『點校説明』。

李映碧公餘録二卷（一作公餘録）　明崇禎間刻本，國家圖書館藏；鈔本，北京大學圖書館藏。

任大任（一六〇四—一六六〇），字渥水。清興化人。增廣生。

治家訓子詩詞彙鈔　見《［民國］續修興化縣志》卷十四。

釋弘儲（一六〇四—一六七二），一作洪儲，字繼起。晚號退翁。清興化人，一作通州人。俗姓李。出世常州夫椒山祥符寺，歷住台州東山、天台國清、興化慧明、瑞華等寺。順治六年住蘇州，復興靈岩寺。

孝經箋注一卷

甲辰録十卷　以上二種見釋震華《興化佛教通志》卷四。

靈岩紀略内篇二卷外篇二卷　清釋弘儲述意，釋殊致輯　清初刻本，南京圖書館藏；民國石印本；《中國名山勝迹志叢書》本。

三峰藏和尚語録　清釋弘儲撰　清順治刻本，上海圖書館藏。

南岳繼起和尚語録十卷三峰和尚年譜不分卷　清釋弘儲等撰　民國影印本，上海圖書館藏。

南岳單傳記五卷　清釋弘儲撰　民國影印本，上海圖書館藏。

浮湘録五卷

繼起禪師語録四十卷廣録六十卷餘録三十卷

報慈録十卷

雪舟集二卷　以上四種見釋震華《興化佛教通志》卷四。

浮舟集

明白庵集　以上二種見《興化佛教通志》卷二。

樹泉集二卷　清康熙刻本，上海圖書館藏。

李　潤，字郎玉。清興化人。清從兄弟。

芝嵋集　見《金陵詩徵》卷四。

李　沂，字子化，號艾山，晚號壺庵。清興化人。沛從弟。江淮南北數十年言詩派者以陽山爲正，而陽山之詩醇雅典則，以沂爲依歸。

南福兩京實録　見《增訂晚明史籍考》卷十。

鸞嘯堂詩八卷文一卷　清康熙刻本，國家圖書館藏。

鸞嘯堂詩集二卷　清鈔本，南京圖書館藏。

唐詩援二十卷　明崇禎五年刻本，中山大學圖書館藏；清康熙刻本，柳園藏板，參見《唐詩選本六百種提要》。

秋星閣詩話一卷　《昭代叢書》本；《清詩話》本；日本近藤元粹之《螢雪軒叢書》本；《叢書集成續編》本。

徐燕譽，字槐江。清興化人。吴甡内弟。與同里陸廷掄、李沂爲莫逆交。

覆瓿詩集　見《［咸豐］重修興化縣志》卷九。

魏應星，號弁山。清興化人。明崇禎三年以副榜貢授雲南趙州通判，署州事。調署鄧川州。

弁山集　見《［嘉慶］重修揚州府志》卷六十二。

黄　珙，字廷輝。清興化人。建中長子。明崇禎八年貢生，十七年擢縣令。明亡後歸里。

北征集

叫月鵑聲集

水閣孤吟　以上三種見《［嘉慶］重修揚州府志》卷六十二。

顧大信，字成之，號懶閒，晚號佚老人。清興化人。廩生。年七十七卒。

茗爐隨筆

夢萱堂稿　以上二種見《［同治］續修揚州府志》卷二十二。

顧士吉，字叔向。清興化人。士奇弟。中明崇禎三年副榜。明亡入清，棄舉子業。

軒邱道人詩文集　見《［咸豐］重修興化縣志》卷九。

黎希淳，字太沖。清興化人。明增廣生。與弟體淳、儆淳皆工詩。

閒居雜録

存雅集

詩存　以上三種見《［咸豐］重修興化縣志》卷九。

朱國琦（一六〇八—？），字鶴山，號懶翁。清興化人。康熙二十六年，年八十，與孔尚任會。

來鶴堂集　見《江蘇詩徵》卷十八。

黎體淳，字太淑。清興化人。希淳弟。官文華殿中書舍人。

清餘閣詩集　見《［咸豐］重修興化縣志》卷九。

王貴一，字象山。清興化人。明諸生。

檀園集　見《［咸豐］重修興化縣志》卷九。

李似似，字莘子。清興化人。武進莊履豐妻。

繡佛齋井臼吟　見《歷代婦女著作考》卷九引《然脂集》。

黎儆淳，字太臣。清興化人。體淳弟。官浙江蕭山縣丞，擢江西東鄉令。明亡後入廣。

舫齋詩集　見《［咸豐］重修興化縣志》卷九。

李　貞，字文淑。清興化人。

回雲閣詩餘　見《歷代婦女著作考》卷九引《然脂集》。

李名顯，字芬遠。清興化人。順治二年貢生，授通判，未仕。

燕遊玉霏集　見《[咸豐]重修興化縣志》卷八。

李　瀚，字士翔，一字籀史，號嚴庵。清興化人。長敷子。明崇禎十七年貢生。

嚴庵稿一卷　清康熙滄浪水屋刻本，附於李國宋《嬴隱詩集》後，上海圖書館藏。

木本堂詩二十二卷　李翰、李國宋撰　清康熙滄浪水屋刻本，上海圖書館藏。

李　瀅（一六一八—一六八二），字鏡月，又字鏡遠、鏡石，號劬庵。清興化人。沛從弟。順治二年舉人。絶意仕進，肆力詩古文辭。

春秋纂義　見《廣陵思古編》卷二十一。

增定盧山志十五卷　清吳煒、李瀅撰　清康熙日思堂刻本，國家圖書館藏。

經濟考八卷　見《國朝耆獻類徵》卷四百二十三。

懿行編　李瀅輯　清康熙十二年刻本，上海圖書館藏。

雪崖偶筆　見《廣陵思古編》卷二十一。

敦好堂詩文集三十卷　見《國朝耆獻類徵》卷四百二十三。

敦好堂集六卷　清康熙刻本，上海圖書館藏。

王　待，字季守。清興化人。精詩古文。

醉娱集

東皋集　以上二種見《昭陽述舊編》卷一《桑梓述》下。

釋行溗，字法音。清長洲人，生長興化。俗姓彭。曆主揚州建隆、延陵龍樹、金陵大泉諸寺。

續指月録

法音禪師語録　以上二種見釋震華《興化佛教通志》卷四。

釋行定，字巢庵。清興化人。俗姓陳。歷參報恩、龍池、福嚴諸處，開堂於高郵之乾明寺。暮年退休於泰州慶雲精舍。

巢庵禪師語録　見釋震華《興化佛教通志》卷四。

徐　哲，字山甫，號冬庵。清興化人。順治十一年貢生。由寧國府訓導轉江寧府教授。升福建南平縣知縣。

學顔録

冬庵集　以上二種見《［民國］續修興化縣志》卷十三。

魏俊麒，清興化人。

三鳳文集　清魏俊麒、魏天麒、魏秀麒撰　見《［咸豐］重修興化縣志》卷九。

魏天麒，清興化人。俊麒弟。

參見『魏俊麒』條。

魏秀麒，清興化人。天麒弟。

參見『魏俊麒』條。

李挽河，原名澶，字萊馭，號飆輪。清興化人。喬長子。順治八年舉人，任懷寧縣教諭。年八十七卒於學署。

經史類纂一百二十卷

格言雜學六十卷　以上二種見《［咸豐］重修興化縣志》卷九。

李　法，字子鷹，號不二，又號籠鵝道人。清興化人。與如皋冒襄等以詩文唱和。康熙中舉鄉飲正賓。

碧浪山房集

籠鵝道人草

祺壽堂集　以上三種見《［同治］續纂揚州府志》卷二十二。

任先任，字秋水。清興化人。庠生。

遁庵集　見《［民國］續修興化縣志》卷十四。

釋道賢，字放眉，號寄庵。清新安人。俗姓蘇。遊揚州，居東隱，示寂於興化黎庵。

寄庵詩集　見釋震華《興化佛教通志》卷四。

李　淦（一六二六—一六九六），字若金，號季子。清興化人。順治二年以庠生在福建應唐王鄉試。博學，工詩文。

燕翼篇一卷　《檀幾叢書》本；《叢書集成續編》本。

礪園文集

鴻硯齋詩集　以上二種見《［咸豐］重修興化縣志》卷九。

戎　捷，清興化人。

陣圖紀略　見《［咸豐］重修興化縣志》卷九。

徐爾勉，字幼芬。清江都人。興化李淦妻。常與季嫻相唱和。

偕隱居詩集　見《然脂集》。

幼芬詩稿　見《［咸豐］重修興化縣志》卷九。

陸廷掄（一六二七—？），字懸圃。清興化人。士驌子。博聞強記，以古文知名。專心史學。

微尚録存六卷（一作泰州志稿）　清宮偉鏐、陸廷掄

《春雨草堂集》本；《海陵叢刻》本。

撰

懸圃文集十二卷　清康熙三十年刻本，見《泰縣著述考》卷八。

酩酊堂詩文集　見《廣陵思古編》卷二十二。

劉　蘭，字楚畹。清興化人。庠生。

五經辯義十卷　見《［民國］續修興化縣志》卷十四。

陳一貫，清興化人。

東岩詩集　見《［同治］續纂揚州府志》卷二十二。

周　漁，字素庵，一字恕庵。清興化人。順治十六年進士，改庶吉士，旋授編修。

加年堂講易十二卷　見《［民國］續修興化縣志》卷十四。

大學石本疏

論語吟　見上二種見《廣陵思古編》卷二十三。

李　然，清興化人。

竹香詩鈔　見《［民國］續修興化縣志》卷十四

李　浣，清興化人。

真我堂詩（即彘湄集）　《李氏叢書》鈔本，興化市圖書館藏。

黃正乾，字潛初。清興化人。建中孫，珙子。

潛初文集　見《［咸豐］重修興化縣志》卷八。

李　妍，字安侶。清興化人。季嫻女，李國宋姑母，

緑窗偶存　見《衆香詞》。

解受茲妻。

李　婧，清興化人。解晋如妻。

緑窗偶集　見《［咸豐］重修興化縣志》卷九。

釋超普，字萍寄，號融峰。清興化人。俗姓李。受具於揚州建隆寺僧行溁。主興化之觀音、普潤，復遷泰州棲賢、岱嶽等寺。

心經直解一卷

語録二卷附禪餘草　以上二種見釋震華《興化佛教通志》卷二本傳。

陳二雅，清興化人。

字學音義便覽　見《［咸豐］續修興化縣志》卷九。

李汝儉，原名溧，字子固，號栗亭。清興化人。歲貢生。候選訓導。

霞表閣文集　見《［同治］續修揚州府志》卷二十二。

陳以恂，字長恭。清興化人。順治十八年進士。康熙十一年知平遥縣。

周易心學編

卦贊

檀弓解略

春秋三傳合注

兩晋史鈔

宋元明三朝史鈔　以上六種見《［咸豐］重修興化縣志》卷九。

［康熙］重修平遥縣志二卷　清陳以恂修，梁雉翔纂　清康熙十二年刻本，國家圖書館藏。

大棟軒集

家居詩　以上二種見《［咸豐］重修興化縣志》卷九。

李　漢，字子倬。清興化人。中順治八年副榜，康熙十二年貢入國子監。

義解

素庵集　以上二種見《［嘉慶］重修揚州府志》卷六十二。

陳五倫，清興化人。

達園草　見《［同治］續纂揚州府志》卷二十二。

李　浦，清興化人。

遠帆詩集　見《［同治］續修揚州府志》卷二十二。

薛　京，清興化人。

冠昏喪祭類編　見《［咸豐］重修興化縣志》卷九。

陳以恪，清興化人。

易經約法　見《［咸豐］重修興化縣志》卷九。

王仲儒（一六三四—一六九八），字景州。清興化人。貢一子。

西齋集**十八卷**　康熙間夢華山房刻本，國家圖書館藏；康熙間夢華山房刻乾隆二十年汪之珩重印本，中國科學院圖書館藏；《四庫禁毁書叢刊》本。

離朱集　清毛際可撰，王仲儒評　康熙三十三年刻本。

李　驎（一六三四—一七一〇），字西駿，號虬峰。清興化人。沂子。歲貢生，以授徒爲生。康熙三十六年爲同邑王仲儒定《西齋集》。乾隆四十六年《西齋集》遭禁，以曾爲作序與王仲儒同被戮屍。

讀易臆譚

虬峰雜述

楚吟集

楚吟外集　以上四種見雷夢辰《清代各省禁書彙考》。

虬峰文集二十卷　清康熙三十九年自刻本，國家圖書館藏；《四庫禁毀書叢刊》本。

顧符稹（一六三五—一七一七），字瑟如，又字松巢、守溪，號小癡。清興化人。士奇子。館李清家。

龍津草堂集　見《［咸豐］重修興化縣志》卷八。

宗　書，字羲六，號青岩。清興化人。順治十四年舉人，康熙三年登會魁，授夔州巫山知縣。後補平涼之鎮原。

蜀道吟

覆瓿集　以上二種見《［同治］續修揚州府志》卷二十二。

宗黄合稿　宗書、黄升撰　見《［咸豐］重修興化縣志》卷九。

黄　升，字子允，號孚庵。清興化人。珙子，正乾弟。康熙十五年成進士。選順天大城知縣。

綠綺堂文集

宗黄合稿　清宗書、黄升撰　以上二種見《［咸豐］重修興化縣志》卷九。

李國宋（一六三六—？），字湯孫，號大村。清興化人。長敷孫，瀚子。康熙二十三年舉人。

瀛隱初集八卷二集八卷三集三卷珠塵集二卷　清康熙滄浪水屋刻本，上海圖書館藏，三集配清鈔本；《李氏叢書》本，興化市圖書館藏。

木本堂詩二十二卷　清李瀚、李國宋撰　清康熙滄浪水屋刻本，上海圖書館藏。

大村易藝　見《廣陵思古編》卷二十三。

大村古詩選不分卷　清雍正間刻本，鎮江紹宗藏書樓藏。

李　盤（一六三八—一六五七），原名長科。字小有，號根大。又號廣仁居士。清興化人。春芳曾孫，茂功孫，思聰長子。明崇禎十四年歲貢，舉孝廉，官廣西懷遠知縣。入清以隱逸終。

宋遺民廣録　清鈔本，上海圖書館藏。

興化李氏傳略附别紀　清李盤等輯，附李思聰手紀一九二八年師儉堂刻本，南京圖書館藏。

牧懷五紀　見《［咸豐］重修興化縣志》卷九。

牧懷詩紀五卷　《四庫未收書輯刊》本。

葭園唱和一卷　《四庫未收書輯刊》本。

媚獨齋詩集八卷　《四庫未收書輯刊》本。

金湯借箸十二籌十二卷　鈔本，南京圖書館藏；明崇禎十二年刻本，國家圖書館藏；《水陸攻守戰略秘書七種》本；《四庫全書存目叢書》本。

婦科秘方胎産護生篇　清竹林寺僧撰，李盤輯　清道光九年刻本；清同治元年桂林鴻文堂刻本；清同治五年南京李光明刻本；清光緒七年皖湖同善堂重刻本；清光緒十四年直隸藩署重刻本；清光緒二十年翰雅齋刻本；南京狀元閣寫刻本，上海中醫藥大學圖書館藏；舊鈔本，中國科學院圖書館藏；《曼陀羅華閣叢書》本。

廣仁品十八卷　明崇禎六年刻本；《四庫全書存目叢書》本。

李小有詩紀　清初刻本，四川省圖書館藏。《四庫未收書輯刊》第六輯。

淮南三鳳文鈔　李盤、李嗣京、李喬撰　見《［咸豐］重修興化縣志》卷九。

昭忠逸詠　宋劉麟瑞、劉塤撰，李長科輯　鈔本，上海圖書館藏。

周易便蒙衬解四卷　南京圖書館藏。

王熹儒，字歙州，一字勿齋。清興化人。仲儒弟。人重其翰墨。

勿齋集八卷　見《［雍正］揚州府志》卷三十五。

唐詩選評十卷　王熹儒輯評　清康熙三十四年刻本，清華大學圖書館藏。

唐七律選　王熹儒輯　見《［咸豐］重修興化縣志》卷九。

李國梅，字芬子，一字韞庵。清興化人。瀚女，解舉鼎妻。

林下風清集一卷 《國朝閨閣詩鈔》本；《李氏叢書》鈔本，興化市圖書館藏。

釋超博，字玉山。清新安人。俗姓程。歷参報恩等寺，後住鹽城。興化紳士慕其道，延住華嚴庵。

玉山禪師語録三卷

書記清一録 以上二種見釋震華《興化佛教通志》卷四。

宗之瑾，清興化人。元鼎侄。

耨硯堂編年集十卷 見《［咸豐］重修興化縣志》卷九。

芙蓉集十七卷 宗元鼎撰，宗之瑾删定 清康熙刻本，北京大學圖書館藏；《歷代畫家詩文集》本；《四庫全書存目叢書》本。

怡雲詞二卷 見《［咸豐］重修興化縣志》卷九。

李 柟（一六四七—一七〇四），原名葉。字倚江，號木庵。清興化人。清子。康熙十二年進士，由檢討歷官内閣學士，進工部右侍郎。官至左都御史。

大遠堂奏議 見《廣陵思古編》卷二十三。

大清律集解附録箋釋 見《［咸豐］重修興化縣志》卷九。

藥圃詩五卷 清康熙二十七年刻本，見《持静齋書目》卷四。

藥圃詩十二卷 清康熙四十八年刻本，上海圖書館藏。

成 晟，字睿明，清興化人。

成氏族譜 成晟康熙二十八年重修 見《興化成氏家譜》。

李 棟，字吉四，號松嵐。清興化人。瀅從子。康熙四十一年順天舉人。授内閣中書。

楚湘雜記 見《廣陵思古編》卷二十三。

楚遊雜詠一卷 清康熙三十八年刻本。

遊白岳詩一卷遊黄山詩一卷附圖一卷 清康熙刻本。以上三種見《販書偶記》卷十四。

松嵐詩文集 見《［嘉慶］重修揚州府志》卷六十二。

自怡堂稿 見《揚州畫苑録》卷二。

古詩麗則四卷唐詩麗則四卷 清王湛選，李棟參閲手稿本，南京圖書館藏。

七子緣　見清焦循《劇説》引《越巢小識》。

犢鼻褌　見清姚燮《今樂考證》。

徐文珩，字楚珍。清興化人。康熙二十三年貢生，授英山訓導。

忠孝類四卷　見《［咸豐］重修興化縣志》卷九

釋元和，字寄崖。清廣東東莞人。俗姓楊。康熙三十二年九月繼主興化龍珠寺。

寄崖禪師語録二卷　見釋震華《興化佛教通志》卷四。

李　跱，原名朱紱。字皇望，號皤村。清興化人。法次子。康熙四十一年助宮夢仁編《文苑英華選》，四十六年助宮夢仁纂《讀書紀數略》成。五十二年恩貢生。

花雨軒隨筆

香雪樓詩文詞賦集　以上二種見《［同治］續纂揚州府志》卷二十二。

香雪樓詩稿　《李氏叢書》鈔本，興化市圖書館藏。

皤村制藝　見《［咸豐］興化縣志》卷九。

戎　驤，清興化人。

戎氏族譜　戎驤康熙四十二年創修　見《興化戎氏重修宗譜》。

袁　銑，字宗安。清興化人。康熙二十五年拔貢。

語古軒四書文　見《［咸豐］重修興化縣志》卷九。

陸　震，字仲遠，又字仲子，一字種園，號榕村，又號北郭生。清興化人。廷掄子。康熙五十一年顧於觀、王國棟、鄭燮嘗從其讀。

陸仲子遺稿　清雍正六年刻本，南京圖書館藏；清宣統元年楊世沅鈔本，南京圖書館藏；泰州古舊書店據清末楊世沅鈔本復鈔本，中國社會科學院歷史研究所藏。

陸申生，清興化人。

篋中吟稿　見《［同治］續修揚州府志》卷九。

顧雲中，號燕山。清興化人。大信三子。

韻彙　見《［咸豐］重修興化縣志》卷九。

魏殿宣，清興化人。

算法指歸

地理局法　以上二種見《［咸豐］重修興化縣志》卷九。

宗　乘，字佑曾，一字步散。清興化人。書子。

白華堂詩集　見《［咸豐］重修興化縣志》卷九。

變徵堂集　見《昭陽述舊編》卷一《桑梓述》下自叙，亦收入《廣陵思古編》卷二十四。

李　恢，字少葛，一字約社。清興化人。國宋子。以庠生終。

約社詩集　見《［同治］續纂揚州府志》卷二十二。

陳爾周，字斯齋。清興化人。以恂子。雍正四年歲貢，授黟縣訓導。

禮記約解

陸司訓詩集　以上二種見《廣陵思古編》卷二十一。

李東櫰，字兆三，號芷林。清興化人，汝儉長子。雍正元年經魁，授福建寧化知縣，署永春州知州。卒於官。

芷林存稿

玉晨文集　以上二種見《［咸豐］重修興化縣志》卷九。

陸德陽，字廣明。清興化人。醫家。

傷寒論注

金匱要略注　以上二種見《［咸豐］重修興化縣志》卷十。

衛生淺説一卷　見《［嘉慶］重修揚州府志》卷六十二。

王　槐，字植三。清興化人。邑廩生。

焰留集一卷　見《［咸豐］重修興化縣志》卷八。

薛允成，清興化人。

鹿園制藝

採釀集　以上二種見《［咸豐］重修興化縣志》卷九。

李炳石，字喈文。清興化人。柟子。康熙二十六年舉人。官雲南曲靖府同知。

［雍正］揚州府志四十卷　清尹會一修，程夢星、李炳石等纂　清雍正十一年刻本，國家圖書館等藏。

存齋詩十二卷　清康熙刻本，南京圖書館藏。

陸　篆，字肇秦，號滌村。清興化人。康熙三十七年拔貢，授八旗教習。雍正二年選四川金堂知縣，後歷任直隸清苑、阜城等縣。年七十二卒。

蛾術堂文集　見《［咸豐］重修興化縣志》卷九。

李　敕，字天叙。清興化人。

寶華堂集　見《清詩鐸》卷首『詩人名氏爵里著作目』。

孫兆奎，字斗文，一字鶴浦。清興化人。康熙四十二年進士。任廣西武緣知縣。入京授兵部職方司主事，充吏兵二部則例館纂修官。從弟宗緒、騏皆能文，邑人稱三孫。

孫斗文文稿　《［咸豐］重修興化縣志》卷九。

徐大榕，字邑曹，號東樓。清興化人。增生。工制藝，尤精鐵筆。

武王十七銘印譜

漢十八侯名爵印譜　以上二種見《［咸豐］重修興化縣志》卷八。

劉方晨，清興化人。蘭孫。康熙間兩科副榜。

學庸講義　見《［民國］續修興化縣志》卷十三。

釋明鵬，字徙南，號雲肩。清興化人。俗姓楊。康熙四十九年出住東皋仁壽寺。五十三年住荆溪金沙寺，雍正四年住如皋大覺寺，乾隆七年退隱金陵，開闢鍾山師子林。

徙南禪師語録二卷　見釋震華《興化佛教通志》卷四。

陳　收，清興化人。

念齋家言

念齋雜著

念齋詩集　以上三種見《［咸豐］重修興化縣志》卷九。

徐永譽，字蘭江。清興化人。康熙四十九年歲貢生。官天長訓導。

磊園集　見《［嘉慶］重修揚州府志》卷六十二。

解　搏，清興化人。

老息齋詩鈔　見《［同治］續纂揚州府志》卷二十二。

解　擢，清興化人。康熙五十九年貢生。

仍庵詩稿　見《［咸豐］重修興化縣志》卷九。

孫宗緒（？—一七二三），字似百，一字青湖。清興化人。兆奎從弟。康熙五十一年進士。六十一年任河南安陽知縣，在任七月卒於官。

似百文集　見《［咸豐］重修興化縣志》卷九。

釋實徹（一六八三—一七四五），字天慧。清興化人。俗姓唐。雍正十一年以大覺能仁國師法裔承詔清廷。十二年命住宜興磬山聖月寺，十三年復奉敕移住揚州高旻

古文評點　見《〔民國〕續修興化縣志》卷十三。

解　楨，明興化人。醫家。

儒門醫學便覽　見《〔康熙〕揚州府志》卷二十八。

李夢星，清興化人。王宗槐妻。

停繡集　見《〔咸豐〕重修興化縣志》卷九。

李　鱓（一六八六—一七六二），字宗揚，號復堂，别號懊道人、墨磨人等。清興化人。畫家，爲『揚州八怪』之一。康熙五十年中舉，五十三年以畫至清宫充内廷供奉。後選山東臨淄知縣，調滕縣。以忤大吏罷歸，嘯詠以終。

李復堂寫生册　上海有正書局影印本。

李復堂花卉墨迹　一九二一年影印本。

李鱓花卉册　一九八四年上海人民美術出版社出版。

李鱓畫集　二〇〇四年人民美術出版社出版。

任陳晋（一六八九—一七六六），字似武，一字後山，亦曰以齋。清興化人。大椿祖父。乾隆四年進士。任徽州府教授。

易象大意存解一卷　《四庫全書》本；鈔本，南京圖書館藏。

寺。乾隆五年住興化資福寺，六年住杭州崇福寺。

天慧禪師語録二卷　見釋震華《興化佛教通志》卷四。

魏周琬，字旭堂，一字竹君。清興化人。應嘉曾孫。初寄籍江都，後歸原籍，復本姓。雍正元年成進士。授湖廣善化知縣。

充射堂集　清康熙中刊本，國家圖書館藏。

子目：

《充射堂大易餘論》一卷

《充射堂春秋餘論》一卷

《充射堂文鈔》一卷

《充射堂詩集》四卷《二集》一卷《三集》二卷《四集》一卷《五集》一卷。

許德禎，清興化人。魏周琬妻。

弋皃堂詩鈔　見《〔同治〕續纂揚州府志》卷二十二。

李　鳴，字宗復，號一齋。清興化人。跱子。廪生。

雙筆齋隨筆

坐花草堂詩文集　以上二種見《〔同治〕續纂揚州府志》卷二十二。

後山詩集　清乾隆五年刻本，厦門大學圖書館藏。

後山詩集四卷　《清代詩文集彙編》本。

燕喜堂初續文稿　見《［咸豐］重修興化縣志》卷八。

似武文稿一卷　見《興化任氏族譜》。

任澮客，清興化人。顧錫爵妻，顧九苞母，顧鳳毛祖母，任陳晋胞妹，任大椿姑祖母。

澮客詩文鈔　見咸丰《重修兴化县志》、《［同治］續纂揚州府志》卷二十二、《興化任氏族譜》、《龍津堂顧氏族譜》。

徐鎔章，字白齋，一字海翁。清興化人。雍正四年由郡庠貢。

四白堂稿

白齋詩鈔

語石山房詩草　以上三種見《［咸豐］重修興化縣志》卷九。

劉宗霈，字炎裔，一字蔚園。清興化人。庠生。

蔚園集不分卷　見《販書偶記續編》。

孫　騏，字御五，一字愚穀。清興化人。宗緒弟。康熙五十七年進士。

御五文鈔　見《［咸豐］重修興化縣志》卷九。

趙秉衡，字景山，一字魯齋。清興化人。康熙五十三年舉人。

擇雅堂文集　見《［咸豐］重修興化縣志》卷九。

成　傳（一六九〇—一七四九），字福國。清興化人。鄭燮從祖。出住泰州龍珠寺。晚年退休邗上圓通庵。

福國禪師語録　見釋震華《興化佛教通志》卷四。

卜　嵩，字擇園。清興化人。

擇園詩詞鈔　見《［咸豐］重修興化縣志》卷九。

袁視履，字孟貞，一字考堂。清興化人。銑子。貢生。

逋叟詩鈔

賓雲館文存

考堂雞肋集

明文虛白集　袁視履選　以上四種見《［咸豐］重修興化縣志》卷九。

徐秀林，清興化人。袁視履妻。

柔翰堂詩摘鈔　見《［咸豐］重修興化縣志》卷九。

王國棟（一六九二—？），字殿高，一字竹樓。清興化人。仲儒子。乾隆六年副榜。

竹樓詩鈔五卷　清乾隆三十二年刻本，國家圖書館等藏。

李光國（一六九二—？），原名燹火，字智周，一字定齋。清興化人。乾隆元年薦舉鴻博，九年中順天副榜，授祁門教諭。

帝王世系録

姓氏譜

陰符經注　以上三種見《［同治］續纂揚州府志》卷二十二。

定齋詩鈔不分卷　清乾隆師儉堂刻本，復旦大學圖書館藏；清道光十七年張經鈔本，南京圖書館藏；《李氏叢書》鈔本，興化市圖書館藏；《四庫禁毁書叢刊》本。

甓湖聯吟集七卷　清李光國輯　清乾隆十九年刻本，北京大學圖書館藏；《四庫禁毁書叢刊》本。

鄭　燮（一六九三—一七六五），字克柔，號板橋。清興化人。文學家、書畫家。乾隆元年進士。七年任山東范縣知縣，十一年調任濰縣。以請賑忤大吏，罷歸。擅長詩詞書畫篆刻，人以畫、詩、書爲其三絶。爲『揚州八怪』之一。

鄭板橋詩經真迹不分卷　一九一四年平泉書屋古印本。

鄭板橋四子書真迹　一九一四年步米山房珂羅板影印本。

板橋書道情詞墨迹　民國有正書局石印本。

鄭板橋書畫　山東省文物局編，一九八四年山東美術出版社出版。

鄭板橋書法集　周積寅編著，一九八五年江蘇美術出版社出版。

城隍廟碑　鄭燮撰並書，一九八五年北京市中國書店出版。

板橋題畫一卷　《花近樓叢書》本；《翠琅玕館叢書》（馮兆年輯）本；《巾箱小品》本；《古今文藝叢書第一集》本；《翠琅玕館叢書》（黄任恒輯）本；《藝術叢書》本；《芋園叢書》本；《美術叢書四集》本；《叢書集成續編》本。

板橋筆記小説四卷　上海大德書局石印本。

板橋集　清乾隆刻本；清善成堂刻本；清西山堂刻本；一九三三年上海啓智書局鉛印本；一九三五年上海世界書局影印本；一九四三年清暉書屋刻本；《續修四庫全書》本；《清代詩文集彙編》本。

板橋全集　宣統元年掃葉山房古印本；一九二四年掃葉山房石印本，一九八五年北京市中國書店影印，題《鄭板橋全集》。

鄭板橋集　一九六二年中華書局出版；一九七九年上海古籍出版社新一版；一九八三年興化縣鄭板橋紀念館掃描本，七卷。

鄭板橋全集　卞孝萱等編，一九八五年齊魯書社出版。

鄭板橋集詳注　王錫榮注，一九八六年吉林文史出版社出版。

鄭板橋外集　鄭炳純輯，一九八七年山西人民出版社出版。

鄭板橋集　吴澤順編注，二〇〇二年岳麓書社出版。

鄭板橋全集增補本　卞孝萱、卞岐編，二〇一二年鳳凰出版社出版。

板橋道情一卷　《樂府小令》本；《黄氏隨筆》附刊本；《拜梅山房几上書》本。

趙秉忠，字景光，號秋墅。清興化人。秉衡弟。乾隆十年成進士，改庶吉士，充武英殿纂修。尋乞假歸，閉户著書。

經學析疑三十卷

秋墅文集　以上二種見《［咸豐］重修興化縣志》卷九。

敝帚集二卷附蘆中集一卷　見《四庫提要》别集類存目。

顧名，字無近，號思齋。清興化人。符稹子。與兄問、弟言齊名，雍正元年舉人，晚年奉特旨以知縣用，歷宰河南商城、郾城等。後改發湖南澧州、山東茌平知縣。

未學吟詩集　見《［咸豐］重修興化縣志》卷八。

顧於觀，原名錫躬。字萬峰，號澥陸，别號五嶽丈人。清興化人。名從子。與李鱓、鄭燮友。康熙五十一年與鄭燮、王國棟同塾，從陸震讀。工書法，出入魏晉。

澥陸詩鈔九卷　清乾隆嘉慶間刻《興化顧氏四種》本，上海圖書館藏；《四庫未收書輯刊》本。

詩論書評　見《興化顧氏族譜》。

楊爲鳳，字桐岡。清興化人。諸生。

濟陽花圃詩鈔

蒼岩文集　以上二種見《［同治］續纂揚州府志》卷二十二。

趙秉亮，字景明，一字秋山。清興化人。秉忠弟。雍正十三年拔貢。廷試一等，未授職，充正藍旗教習。

振芬堂文集

舟中吟詩稿　以上二種見《［咸豐］重修興化縣志》卷九。

薛　衡，字有瑲，一字斂齋。清興化人。黄本綸舅父。

晴空閣詩鈔　見《［咸豐］重修興化縣志》卷九。

趙秉憲，字景申，一字竹坡。清興化人。秉亮弟。庠生。援例授詹事府主簿。

竹坡詩鈔一卷　見《淮海英靈集》乙集卷三。

趙春田，清興化人。

有以堂制藝　見《［咸豐］重修興化縣志》卷九。

康　寧，清興化人

静軒詩鈔　見《［民國］續修興化縣志》卷十四。

趙春旭，清興化人。

東穀制藝　見《［咸豐］重修興化縣志》卷九。

解鼎雍，字建西，一字希堯。清興化人。乾隆八年貢生。究心江北水道數十年，悉其源委利害。

治河議一卷　見《［同治］續纂揚州府志》卷二十二。

李培源，字道園，一字蕙畝，江蘇興化人。乾隆十九年拔貢，官霍山訓導。鄭燮推爲邑中三百年楷書第一。

李氏家譜二十卷首一卷　清光緒十九年鈔本，上海圖書館藏。

顧錫爵，字於朝，一字暘谷，號杯湖。清興化人。名子，九苞父。邑中名士如任大椿、顧同根等出其門下。

青棠軒詩鈔　見《［同治］續纂揚州府志》卷二十二。

任　氏，清揚州人。顧錫爵妻。

淡容詩文鈔　見《［同治］續纂揚州府志》卷二十二。

宗蔚生，字右華，一字思堂。清興化人。乾隆四十九年貢生。

右華時文　見《[咸豐]重修興化縣志》卷九。

趙冠三，字參兩。清興化人。增廣生。

史學正訛　見《[咸豐]重修興化縣志》卷八。

臧燦，清興化人。

曉傳堂詩集　見《[咸豐]重修興化縣志》卷九。

魏氏，清興化人。趙祖壽繼妻。

碧紗吟四卷　見《[咸豐]重修興化縣志》卷九。

徐庭（一七〇七—？），字覲光。清興化人。乾隆二十一年年五十始舉於鄉。

崇介堂文稿　見《[同治]續纂揚州府志》卷二十二。

任鴻（一七〇七—一七六三），字羽儀。清興化人。諸生。江蘇巡撫陳宏謀延訪知曉水利者，群以鴻應。鴻力陳原委利弊，瞭若指掌。

導淮入海建議一卷　見《[民國]續修興化縣志》卷十四。

趙熊卜，字渭師。清興化人。與徐庭同時。

課孫草

亦政堂文鈔　以上二種見《[咸豐]重修興化縣志》卷九。

馮起鳳，字幼翀，一字琅圃。清興化人。乾隆五十三年年逾七旬始舉於鄉。五十五年會試與千叟宴，賜國子監學正。

四書題解

蠡言撮要　以上二種見《[咸豐]重修興化縣志》卷九。

吟香堂曲譜四卷　見《清史稿藝文志補編》。

高士倫，字叙五。清興化人。庠生。

四書辯是三十八卷編年徵實通考二十六卷　見《[咸豐]重修興化縣志》卷九高士倫撰本書序。

吴授覺，字涇陽。清興化人。乾隆四十一年揚州府學貢生。

同心之言文集　見《[咸豐]重修興化縣志》卷九。

七律詩選二卷　清嘉慶刻本。

敦素園七子詩鈔七卷（一作寶應七子詩鈔）　吴授覺輯　清乾隆三十四年精刻本，上海圖書館藏。

子目：

《花雨香齋集》一卷，清喬方立撰

《借樹軒集》一卷，清湯應隆撰

《拳石山房集》一卷，清劉兆彭撰

《古槐草堂集》一卷，清湯襄隆撰

《深竹間園集》一卷，清劉玉麟撰

《槐陰樓集》一卷，清喬大鴻撰

《聽雨草堂集》一卷，清喬大鈞撰

李步墀，字丹九，號玉嶺。清興化人。鳴子。庠生。

揖旭山房詩草　見《［同治］續纂揚州府志》卷二十二。

王式舟，字樓村。清興化人。精醫藥。

靈豆録　見清洪亮吉《卷施閣文乙集》卷七本書序。

黎　田，字大田。清興化人。乾隆三十七年歲貢生。

墨雨樓詩鈔　見《［同治］續纂揚州府志》卷二十二。

徐步雲（一七三三—一八二五），字蒸遠，號禮華。清興化人。乾隆二十七年召試舉人，授内閣中書、軍機處行走。因盧見曾事牽涉，奪職戍伊犁。年滿充四庫全書館分校，復原官。

宮湘秋先生傳一卷　清嘉慶間寫刻本。

松壽閣文集二卷　徐步雲著，徐鳴珂編録　稿本，見《［民國］泰縣志稿》卷二十八。

爨餘詩鈔四卷　清嘉慶二十二年自刻本；清道光刻本；《清代詩文集彙編》本。

黄考祥，字履上，一字纘亭。清興化人。乾隆三十一年貢生，任金山訓導。

纘亭詩鈔　見《［咸豐］重修興化縣志》卷九。

蔣鍾尹，字愚溪。清興化人。工醫。

傷寒彙解

雪遊詩草　以上二種見《［嘉慶］如皋縣志》卷十七。

顔長愉，字介夫，號秋水。清興化人。

涉園近集　見《江蘇詩徵》卷三十四。

李馭坤，字念六。清興化人。乾隆二十七年以副榜貢，四十五年考授州同。

念六文存　見《［咸豐］重修興化縣志》卷九。

劉思贊，清興化人。

揣摩正宗　見《［咸豐］重修興化縣志》卷九。

黄本綸，字言如。清興化人。中乾隆三十二年經魁。

藥階堂制藝　見《[咸豐]重修興化縣志》卷九。

任大椿（一七三八—一七八九），字幼植，一字子田。清興化人。陳晋孫。乾隆三十四年二甲第一名進士，授禮部主事。三十八年充四庫全書纂修官。五十四年以郎中授陝西道監察御史，未至任卒。專究經史傳注，所學淹通於《禮》，尤長名物。《四庫全書》禮經類提要多出其手。

深衣釋例三卷　《燕禧堂五種》本；《皇清經解續編》本；乾隆四十八年刻本，有孫詒讓校並跋，杭州大學圖書館藏；《續修四庫全書》本。

弁服釋例八卷　清嘉慶元年望賢家族刻本；《皇清經解》本；《續修四庫全書》本。

相臺書塾刊正九經三傳沿革例一卷　宋岳珂撰，清乾隆五十二年任大椿刻本，清焦循校並跋，清焦廷琥校，國家圖書館藏。

字林考逸八卷　《燕禧堂五種》本；《式訓堂叢書》本；清光緒十六年江蘇書局刻本，有陶方琦補一卷；清光緒二十三年成都龔氏刻本；一九三四年補刻光緒二十三年本，有補一卷附録一卷；一九八七年江蘇廣陵古籍刻印社影印本；《續修四庫全書》本。

釋繒一卷　《燕禧堂叢書》本；《皇清經解》本；清刻本，王萱齡跋，國家圖書館藏。

倉頡篇續本一卷　清光緒十六年江蘇書局刻本，國家圖書館藏；《續修四庫全書》本。

吴越備史注二十卷　見《清史列傳》卷六八本傳。

列子釋文考異一卷　《燕禧堂五種》本；《周秦諸子斠注十種》本；清鈔本，清戈宙襄校、顧廣圻跋，上海圖書館藏。

子田初集四卷　清乾隆間刻本，南京圖書館藏；《清代詩文集彙編》本。

苧村集一卷　清石嘉言輯《同音集》本，清乾隆六十年清素堂刻。

燕禧堂五種十五卷　清乾隆間刻本，國家圖書館等藏。

小學鉤沈四十四種十九卷　清任大椿輯，王念孫校清嘉慶二十二年山陽汪廷珍據高郵王氏刻本續刻本；清光緒十年龍氏刻本；清光緒中湖北崇文書局刻本；《小學類

寶旭堂文集　以上三種見《［民國］續修興化縣志》卷十三。

顧仙根，字藕怡，一字真香，晚號松下老人。清興化人。九苞侄。諸生。道光初年八十一歲卒。

從政摘要　見《［咸豐］重修興化縣》卷八。

藕怡詩鈔四卷　清乾隆四十五年刻本，中國人民大學圖書館藏；《清代詩文集彙編》本。

紀荒詩略　見《［咸豐］重修興化縣志》卷九。

顧同根，字蓮溪，別號復道人。清興化人。仙根弟。能詩文，好畫山水。卒年三十六。

蓮溪文草

半緑庵詩草　以上二種見《［咸豐］重修興化縣志》卷八。

趙　恂，清興化人。

玉署堂詩賦文藝稿　見《［咸豐］重修興化縣志》卷九。

黃　騂，字約領。清興化人。乾隆三十六年舉人，四十一年召試二等，充内廷教習。挑發山東，任淄川知縣。補清平令。發甘肅，補靖遠令。以軍功擢平涼鹽茶同知，

編附編》本；《翠琅玕館叢書》（馮兆年輯）本；《芋園叢書》本；一九八七年江蘇廣陵古籍刻印社影印本；《續修四庫全書》本。

馮霦大，字麟書，號蓼村。清興化人。諸生。

蓼村吟　見《昭陽述舊編》卷一《桑梓述》下。

釋圓能（一七四〇—一八〇三），字西林，一字墨庵，晚號香雨道人。清興化人。俗姓張。年二十七爲光孝寺總持。年六十退居邑之瓢庵。

香雨詩鈔一卷　清嘉慶十二年刻本，與炳一《幻雲詩鈔》合刻，中國科學院圖書館藏。

顧　進，字彥湘，一字書升，號虛舟。清興化人。廪生。

彥湘詩鈔四卷補遺一卷　清乾隆嘉慶間刻《興化顧氏四種》本，上海圖書館藏。

彥湘詩鈔不分卷　稿本，上海圖書館藏。

李宗揚，原名德讓。字進之，號雲岩。清興化人。鳴孫。庠生。

春秋略議

雲岩詩鈔

改任寧夏西寧知府。卒於官。

約領詩鈔　見《［咸豐］重修興化縣志》卷八。

雙江倡和集　見《江蘇詩徵》卷六十六。

徐　英，字後之。清興化人。卒年八十。

春秋三傳合參

經注日鈔

韻學考辯　以上三種見《［咸豐］重修興化縣志》卷九。

徐中行，清興化人。

學庸講義

九秋吟草　以上二種見《［咸豐］重修興化縣志》卷九。

符　旌，字浚城，號雨岩。清興化人。嘉慶元年由郡庠貢選盧江訓導。

微吟小醉山房詩鈔　見《［同治］續纂揚州府志》卷二十二。

陳燕桂，清興化人。多士弟。

瑞石山房詩草　見《［咸豐］重修興化縣志》卷九。

潛光集　見《［民國］續修興化縣志》卷十四。

鄭　坤，清興化人。

簡堂詩鈔　見《［同治］續纂揚州府志》卷二十二。

徐慶升，字受堂。清興化人。諸生。

灌書堂詩集　見《［同治］續纂揚州府志》卷十三。

徐鳴珂，字竹薌。清興化人。步雲子。以太學生終。與顧仙根、江都許之翰、江藩等友善。

東詠軒筆記三卷　傳鈔本，泰州圖書館藏。

研北花南吟草四卷詞鈔一卷合璧詞一卷　清道光十八年刻本，北京大學圖書館藏；紅粟山莊鈔本，泰州市圖書館藏。

徐　昶，字秩南。清興化人。英從弟。諸生。

大酉山房詩鈔　見《［同治］續纂揚州府志》卷二十二。

徐　甫，清興化人。

竹賓詩鈔　見《［同治］續纂揚州府志》卷二十二。

楊　桐，清興化人。

左傳分國

春秋便覽　以上二種見《［咸豐］重修興化縣志》卷九。

困學管見
硯北筆記
清蔭堂詩集　以上三種見《[同治]續纂揚州府志》卷二十二。
李　槐，字秋爽，號三亭。清興化人。庠生。
三亭詩鈔　見《[同治]續纂揚州府志》卷十四。
江國膺，字元禮。清興化人。醫家。
醫方選要十卷　見《[咸豐]重修興化縣志》卷十。
渾　然，號謙谷子。清武昌人。住興化城南鴻寄園。
懷葛樓吟草　見《[民國]續修興化縣志》卷十四。
釋履祥，字雪笠。清興化人。祝髮爲觀音閣德性弟子。
雪笠詩鈔八卷　見《[民國]重修興化縣志》卷十四。
李　年，原名德謩。字幹夫，號蓬觀。清興化人。步墀六子。諸生。以教授爲業。
春秋大事始末　見《[同治]續纂揚州府志》卷二十二。
阿修府志訂訛　見《[咸豐]重修興化縣志》卷九。
瓣香書屋詩文集　見《[同治]續纂揚州府志》卷二十二。
任　蕃（一七四六—一八〇一），字牧生，號春帆。清興化人。乾隆五十七年貢生。
春帆吟草　見《[同治]續纂揚州府志》卷二十二。
顧鳳毛（一七六二—一七八八），字超宗，號小謝。清興化人。九苞長子。乾隆四十九年高宗南巡，召試列二等。五十三年副貢生。
楚辭韻考
入聲韻考
毛詩韻考　以上三種見清焦循《雕菰集》卷二十一《顧小謝傳》。
顧麟瑞，字仲嘉，一字芝衫。清興化人。九苞次子，鳳毛弟。嘉慶六年拔貢。年四十二卒。
篔簹館詩鈔
無聲詩館詞集　以上二種見《[同治]續纂揚州府志》卷二十二。
樂府定霸記
峨眉研傳奇　以上二種見《[民國]續修興化縣志》

卷十四。

黄仲仙，名不詳，字仲仙。清常州人。景仁女，顧麟瑞妻。

仲仙詩鈔　見李詳《李審言文集·藥裹慵談》卷一『顧文子黄仲則結姻逸事』。

陳多士，字卿武。清興化人。嘉慶五年恩貢。

木樨館詩鈔　見《［咸豐］續修興化縣志》卷九。

顧日宣，字浚卿，號楓亭。清興化人。九苞族子。嘉慶十四年恩貢生。

雙桂堂文稿

楓亭詩鈔　以上二種見《［咸豐］重修興化縣志》卷九。

任　寅（一七六五—一八二一），字賓南，號春圃。清興化人。廩貢生。

春圃詩文集　見《［民國］續修興化縣志》卷十四。

任鳴梧（一七六五—一八二一），字諧五。清興化人。

碧崖詩鈔四卷　見《［民國］續修興化縣志》卷十四。

任槐里（一七六七—一八三四），字西林，號惺愚。清興化人。大椿從弟。嘉慶二十四年貢生。歷主淮安、東臺書院。

十三經析疑二十卷　見《興化任氏家譜》。

二十二史要録二十卷

經訓堂集　以上二種見《［民國］續修興化縣志》卷十三、十四。

宗臨保，字庶咸，號燮堂。清興化人。蔚生孫。道光元年恩貢。

芙蕖館詩草

憶舊吟　以上二種見《［咸豐］重修興化縣志》卷九。

釋上定，字大歇。清興化人。邢氏子。依吴陵開化寺冰懷濟能禪師受法，繼其席。

大歇禪師語録二卷　見釋震華《興化佛教通志》卷四書目。

陳秉樞，字叔霞。清興化人。

借雲堂集　見《淮海英靈集》甲集卷一。

薛科聯，字鄂樓。清興化人。聯元兄。乾隆五十三年貢太學，後選霍山訓導。

唐書撮要

宋史撮要

明文撮要　以上三種見《［同治］續纂揚州府志》卷二十二。

薛聯元，字稚曾，一字琴溪。清興化人。嘉慶十七年歲貢生。與兄科聯齊名，士林推爲二薛。

重訂感舊吟二卷　清道光十五年刻本，南京圖書館藏。

稚曾詩鈔　見《［同治］續纂揚州府志》卷二十二。

戎　臣，清興化人。

興化戎氏重修宗譜六卷　戎臣等修纂　清道光二十六年刻本，中國社科院歷史所藏。

朱　發，字祥宇。清興化人

鵝湖舊草亭詩集　見《［民國］續修興化縣志》卷十四『書目』。

李朝光，字御瞻。清興化人。精醫術。

醫學切要二卷　見《［同治］續纂揚州府志》卷十六。

釋定學，字雪幢。清武昌人。住興化般若庵。

一瓢齋詩鈔　見《［民國］續修興化縣志》卷十四。

陸世用，字湘雪。清興化人。庠生。

湘雪詩鈔　見《［同治］續纂揚州府志》卷二十二。

陳禮齊，字簡夫。清興化人。多士子。嘉慶二十五年恩貢生。

小木樨館詩鈔　見《［同治］續纂揚州府志》卷二十二。

李農祥，字秋帆，號慶蕃。清興化人。鳴曾孫。庠生。

來仙閣詩鈔　見《［民國］續修興化縣志》卷十三。

丁　炎，清興化人

易經注解　見《［咸豐］重修興化縣志》卷九。

趙若琮，清興化人。

丹浦文集　見《［咸豐］重修興化縣志》卷九。

黄　岡，字仞千。清興化人。嘉慶十三年貢國子監。

黄淮水道圖議　見《［咸豐］重修興化縣志》卷九。

袁　培，字培之，號滋畹。清興化人。庠生。

春秋傳說彙要

語子常談　以上二種見《［咸豐］重修興化縣志》卷八。

錢作孚，清興化人。

安懷樓文集

梅花書屋詩稿　以上二種見《［咸豐］重修興化縣志》卷九。

顧欽文，字敬堂，一字乳山。清興化人。九苞族弟。增廣生。

履善堂文稿　見《［同治］續纂揚州府志》卷十三。

趙若琯，清興化人。

竹實山房詩鈔　見《［同治］續纂揚州府志》卷二十二。

朱　灼，字蕢實。清興化人。庠生。

歷代紀元

旌直堂詩文稿　以上二種見《［民國］續修興化縣志》卷十四。

姚世臣，清興化人

綠陰書屋詩　見《［咸豐］重修興化縣志》卷九。

戎澤涵，清興化人。

戎氏宗譜六卷　清道光二十六年木活字本，上海圖書館藏。

鄭　鋐（一七八一—一八五六），字景堂。清興化人。燮從孫。諸生。

身體力行篇二卷

景堂隨筆二卷　以上二種見《［同治］續纂揚州府志》卷二十二。

顧　弼（一七八二—一八四五），號小蓮。清興化人。同根子。太學生。

真賞齋詩集　見《［民國］續修興化縣志》卷十四。

鄭　鑾（一七八二—一八五三），字子硯，一字子彥。清興化人。燮從孫。嘉慶十二年舉人，大挑知縣分廣東，署吴川縣。後迭署柘城、宜陽諸縣，補魯山縣。

［咸豐］重修興化縣志十卷　清梁園棣修，劉熙載、鄭鑾等纂　清咸豐二年刻本，北京大學圖書館藏；《中國方志叢書》本；《中國地方志集成》本。

梁園集不分卷數　清道光十四年精刻本。

魯山集不分卷數　清道光間刻本，國家圖書館藏。

嶺海集　見《［同治］續纂揚州府志》卷二十二。

水荒吟一卷附下河水利説一卷　清道光十四年刻本，南京圖書館藏。

黄巨卿，字金鄉。清興化人。嘉慶十八年拔貢。

綠綺堂文集　見《［同治］續纂揚州府志》卷二十二。

鄒必顯，號趣齋主人。清興化人，僑寓揚州。嘉慶間説話藝人，評話稱絶技。

飛跎全傳四卷　清嘉慶二十二年一笑軒刻本；清嘉慶二十二年維揚文盛堂刻本；清咸豐七年如皋義林堂刻本；清同治十一年揚州醉經堂刻本；《古本小説集成》本；一九九五年華夏出版社排印本。

顧繼春（一七九二—一八四七），字石安，號雨帆。清興化人。麟瑞長子。庠生。

小篔簹館詩鈔

微雲館詞鈔　以上二種見《［同治］續纂揚州府志》卷二。

趙　杞，字詩城。清興化人。廪生。

石杖山房詩文集　見《［民國］續修興化縣志》卷十四『書目』。

任兆旌（一七九八—一八四〇），字浚夫，號六之。庠生。

拈花詩鈔　見《興化任氏族譜》。

顧繼華，字子清，一字月江。清興化人。繼春弟。監生。年四十四卒。

鷺拳軒詩賦文鈔　見《［同治］續纂揚州府志》卷二十二。

束　鑾，字補卿，號廣微。清興化人。增貢生。道光初主揚州梅花書院講席，一時從遊者皆江南北知名之士。

秋齋隨筆

過江集二卷

秋雨齋試帖

興化耆舊集八卷　以上四種見《［民國］續修興化縣志》卷十三。

陽山耆舊詩編　見《［同治］續纂揚州府志》卷二十二。

胡良瑚，字葆光，一字勖堂。清興化人。庠生。

勖堂存稿　見《［同治］續纂揚州府志》卷二十二。

趙慎修，字竹塘。清興化人。少與從弟閎中齊名。

禹貢彙旨　見《［民國］續修興化縣志》卷十三。

［咸豐］重修興化縣志十卷　清梁園棣修，劉熙載、趙愼修等分纂　清咸豐二年刻本，北京大學圖書館藏；《中國方志叢書》本；《中國地方志集成》本。

醫學别解

蘭桂山房詩稿　以上二種見《［民國］續修興化縣志》卷十三。

魏壽金，清興化人。

魏氏族譜八卷　魏壽金修纂　清咸豐六年鈔本，上海圖書館藏。

王啓方，字文卿。清興化人。嘉慶二十一年舉人。大挑知縣分四川，任樂山知縣。補彭水縣。

冰案撫琴清吏録

宦海鴻爪集　以上二種見《［民國］續修興化縣志》卷十三。

方志祖，清興化人。

外科集成　見《［民國］續修興化縣志》卷十四。

趙閎中，字沅芷。清興化人。慎修從弟。道光二十四年年五旬中舉。

種蘭草堂詩詞文稿　見《［同治］續纂揚州府志》卷十三。

顧繼榮（一八〇五—一八五四），字君彦。清興化人。繼華弟。嗣伯父鳳毛。以廩生終。

觀弈山房詩賦鈔　見《［同治］續纂揚州府志》卷十三。

釋慧道，字寶中。定學弟子。繼其師住興化般若庵法席。

萍香社詩集　見釋震華《興化佛教通志》卷二引《滄浪詩社同聲集》。

李言揚，清興化人。

春秋略義

寶旭堂文集

雲岩詩鈔　以上三種見《［民國］續修興化縣志》卷十四。

曹際春，字熙臺。清興化人。庠生。

易學大全十卷

周易提要　以上二種見《［民國］續修興化縣志》卷十三。

虞　氏，清興化人。陳朴妻。

静一齋詩集　見《[民國]續修興化縣志》卷十四。

葛　祺，字米山。清興化人。道光十四年集同志創明性書院。

學規録要　見《[民國]續修興化縣志》卷十三。

釋真山，字岫雲，號石庵。清興化人。俗姓郝。攝東廣福寺事。卒年八十餘。

岫雲禪師語録一卷　見釋震華《興化佛教通志》卷四。

黄晋卿，字子仲，别號素翁。清興化人。道光十二年貢生。

素翁詩鈔　見《[同治]續纂揚州府志》卷二十二。

李福祚，字學庵，一字學山。清興化人。佳言子。以選貢入成均，官亳州學正，升授徐州教授。

[咸豐]重修興化縣志十卷　清梁園棣修，劉熙載、李福祚等分纂　清咸豐二年刻本，北京大學圖書館藏；《中國方志叢書》本；《中國地方志集成》本。

昭陽述舊編三卷　李福祚編　清咸豐七年刻本，南京圖書館藏。

學庵三述

學庵詩文集　以上二種見《[同治]續纂揚州府志》卷二十二。

橄欖軒詩鈔　見《[民國]續修興化縣志》卷十四『書目』。

李　祓，原名元禧。字壯猷，號香樹。清興化人。年長子。道光十七年拔貢，二十年試京兆，挑取謄録，以知縣用。晚歲主講鹽城表海書院、本邑昭陽書院。

[咸豐]重修興化縣志十卷　清梁園棣修，劉熙載、李祓等分纂　清咸豐二年刻本，北京大學圖書館藏；《中國方志叢書》本；《中國地方志集成》本。

一丈紅薔山館詩稿

句曲山房文集　以上二種見《[民國]續修興化縣志》卷十四。

薌墅制藝　見《[民國]續修興化縣志》卷十三。

陽山耆舊録

句曲山房詞稿

蟫翁詞集　以上三種見《[民國]續修興化縣志》卷十四。

任光裕，字建中，號綽庵。清興化人。優增生。

課徒文集　見《[民國]續修興化縣志》卷十四。

解起鼇，字雲舟。清興化人。道光十一年舉人。

雲舟制藝　見《[咸豐]重修興化縣志》卷九。

錢志昱，清興化人。

賓暘詩鈔　見《[咸豐]重修興化縣志》卷九。

曹國安，清興化人。

丹崖文賦稿

良常山人詩鈔　以上二種見《[民國]續修興化縣志》卷十四。

陳秉義，清興化人。

竹軒集　見《[咸豐]重修興化縣志》卷九。

趙華萱（一八〇九—一八九一），字懋堂。清興化人。咸豐六年歲貢生。

懋堂制藝　見《[民國]續修興化縣志》卷十四。

顧祖德，號虹橋，別號一笑山人。清興化人。鳳毛族兄弟。邑庠生。年八十餘卒。

虹橋詩鈔　見《[同治]續纂揚州府志》卷二十二。

劉鳳喈，清興化人。

自怡堂文稿

惜陰軒詩鈔　以上二種見《[民國]續修興化縣志》卷十四。

余森，清興化人。

一硯齋詩鈔　見《[民國]續修興化縣志》卷十四。

薛樹聲，字風坪。清興化人。聯元次子。增廣生。梁園棣修縣志，大半出其手。

曆代紀元　見《[同治]續纂揚州府志》卷二十二。

[咸豐]重修興化縣志十卷　清梁園棣修，劉熙載、薛樹聲等分纂　清咸豐二年刻本，北京大學圖書館藏；《中國方志叢書》本；《中國地方志集成》本。

雕蟲集

半畝園詩鈔　以上二種見《[同治]續纂揚州府志》卷二十二。

四六彙鈔　見《[民國]續修興化縣志》卷十四『書目』。

朱絲，字琴君。清興化人。道光十五年恩貢生。

今韻音學稿

甲子編年大事表　以上二種見《[民國]續修興化縣

志》卷十四。

李崇禧，字席芬，號崧甫。清興化人。年次子，祓弟。咸豐五年恩貢。注選直隸州州判。

書經佐讀

詩經佐讀

麟經集纂

十六國春秋年表

世系年表

帝統集覽

歷代將相録

絳縣老人四百四十五甲子圖

歷代黄河遷徙志

古今風俗雜識

詩學辯源　以上十一種見《［民國］續修興化縣志》卷十三。

趙　拔，字萃卿。清興化人。年近六旬始舉同治九年科鄉魁。主文正、昭陽兩書院講席。

選樓時文　見《［民國］續修興化縣志》卷十四。

劉熙載（一八一三—一八八一），字伯簡，一字融齋，晚年號寤崖子。清興化人。著名學者。道光二十四年進士，改翰林院庶吉士，散館授編修。官至左中允、廣東學政。晚年寓居上海，主講龍門書院。

古韻大旨一卷　見《續修四庫全書提要》經部。

説文疊韻二卷首一卷　《古桐書屋六種》本；《四庫未收書輯刊》本。

説文雙聲二卷　《古桐書屋六種》本；《四庫未收書輯刊》本。

［咸豐］重修興化縣志十卷　清梁園棣修，劉熙載等分纂　清咸豐二年刻本，北京大學圖書館藏；《中國方志叢書》本；《中國地方志集成》本。

天元正負歌一卷　見《清史稿藝文志補編》。

劉熙載書概箋注　王大亨、歐陽恒忠箋注　一九九〇年廣西師範大學出版社、灕江出版社出版。

書概評注　金學智評注，一九九〇年上海書畫出版社出版。

藝概六卷　《古桐書屋六種》本；清光緒三年刻本；清宣統三年鉛印本；一九二七年北京富晋書社鉛印本；江蘇存古學堂鉛印本；一九七八年上海古籍出版社出版王國

安標點本；《劉熙載集》本；《藝概箋注》，一九八六年貴州人民出版社出版，王氣中箋注；《續修四庫全書》本；二〇〇九年中華書局校注本。

劉熙載集　一九九三年華東師範大學出版社劉立人、陳文和點校本。

劉熙載文集　二〇〇〇年江蘇古籍出版社點校本。

昨非集四卷　《古桐書屋六種》本；《續修四庫全書》本；《清代詩文集彙編》本。

文概一卷　《文學津梁》本；一九三三年雙流黄氏濟忠堂刻本。

詞概一卷　《詞話叢編》本；民國間陳氏鉛印本。

曲概一卷　《新曲苑》本。

古桐書屋六種　清同治光緒間刻本，南京圖書館藏；一九八七年江蘇廣陵古籍刻印社影印本。

子目：

《四音定切》四卷

《説文雙聲》二卷

《説文疊韻》二卷首一卷續編一卷

《昨非集》四卷

《持志塾言》二卷

《藝概》六卷

古桐書屋續刻三種　清光緒十三年刻本，南京圖書館藏。

子目：

《古桐書屋劄記》一卷

《遊藝約言》一卷

《制藝書存》一卷

劉熙載論藝六種　一九九〇年巴蜀書社校點本。

朱繡，字素庵。清興化人。絲弟。諸生。

勤志齋詩鈔　見《［民國］續修興化縣志》卷十三。

趙恭生，清興化人。

趙氏念初族譜不分卷　趙恭生等修纂　清同治十二年木活字本，上海圖書館藏。

顧杏春，字燕林。清興化人。廪貢生。

顧氏族譜二十卷首一卷　清同治十三年龍津堂活字本，國家圖書館藏。

周易圖存

讀易叢言

〔咸豐〕重修興化縣志十卷　清梁園棣修，劉熙載、顧驌等分纂　清咸豐二年刻本，北京大學圖書館藏；《中國方志叢書》本；《中國地方志集成》本。

劍花館詩鈔　見《〔同治〕續纂揚州府志》卷二十二。

任鄴書（一八一八—一八九九），原名應祺，一名虎臣，字子涵。清興化人。槐里子。附貢生，例授徵仕郎，候選中書科中書。太平天國戰爭期間襄辦團練。歷任育嬰堂、積善會、恤嫠局三堂總董，昭陽書院山長。

江淮河運圖說一卷

陳修園三十六種注釋

金剛經注釋一卷　以上三種見《〔民國〕續修興化縣志》卷十三、十四。

朱晴嵐，字曉峰。清興化人。年九十猶未明即起挑燈展卷，誦聲琅琅。

十三經字音訂訛

韻學津梁

辟邪論二卷　以上三種見《〔同治〕續纂揚州府志》卷二十二。

讀史摭餘

嗽蔗軒雜著

學詩識小　以上五種見《〔民國〕續修興化縣志》卷十三。

鈕秉衡，字仲平。清興化人。增廣生。

覆甕文集

將就軒詩鈔　以上二種見《〔民國〕續修興化縣志》卷十四。

任毓祺（一八一五—一八三九），字引之，號硯溪。清興化人。

硯溪文集

楚陽文獻　以上二種見《〔民國〕續修興化縣志》卷十四。

顧　驌（一八一七—一八五五），字希埜，號唐坡，別號味閒居士。清興化人。繼春長子。道光二十四年舉人。太平天國戰爭期間在鄉籌畫團練事宜。

說文證義

楚詞正韻　以上二種見《〔同治〕續纂揚州府志》卷二十二。

陳廣德，字茂亭。清興化人。道光二十五年進士，官户部主事。後主文正書院講席。

周易纂義　見《［民國］續修興化縣志》卷十四。

［咸豐］重修興化縣志十卷　清梁園棣修，劉熙載、陳廣德等分纂　清咸豐二年刻本，北京大學圖書館藏；《中國方志叢書》本；《中國地方志集成》本。

蕉根集　見《［民國］續修興化縣志》卷十四『書目』。

陳　震，字豫東。清興化人。

竹石草堂詩鈔　見《［民國］續修興化縣志》卷十四『書目』。

金　鎔，字冶青。清興化人。與余焜、成沂相唱和。

大冶子詩集　見《［民國］續修興化縣志》卷十四。

顧階升，字晉齋。清興化人。庠生。年八十餘卒。

八分書屋詩鈔　顧階升、顧辰枏撰　見《［同治］續纂揚州府志》卷二十二。

顧辰枏，清興化人。

八分書屋詩鈔　顧階升、顧辰枏撰　見《［同治］續纂揚州府志》卷二十二。

袁青管，字翰卿。清興化人。道光三十年貢生。

周易集説彙要　見《［同治］續纂揚州府志》卷二十二。

春秋三傳合編　見《［民國］續修興化縣志》卷十四。

阮晉朋，清興化人。

求牧芻言　見《［民國］續修興化縣志》卷十四。

戎蔭張，原名榮光。字燭齋。清興化人。

燭齋制藝　見《［民國］續修興化縣志》卷十三。

宗德超，字子受。清興化人。庠生。

芙蕖館詩集　見《［民國］續修興化縣志》卷十四。

徐逢年，字實秋。清興化人。醫家。附貢生。

時疫辯證　見《［民國］續修興化縣志》卷十四。

金德輝，字子石。清興化人。道光二十五年貢生。

子石詩詞稿　見《［同治］續纂揚州府志》卷二十二。

王叙彝，字竹亭。清興化人。邑庠生。

愛竹軒詩鈔　見《［民國］續修興化縣志》卷十三。

成桂馨（一八二二—一八六五），字景顔。清興化人。諸生，工篆刻。太平天國間奉當事命督辦團防。

性存堂印譜　見《［民國］續修興化縣志》卷十四。

成　沂（一八二三—一八九〇），字子清，晚號古頑。清興化人。桂馨族弟。太平天國戰争期間在鄉辦團練。又赴上海李鴻章營，以軍功保舉同知銜候選知縣。

縮泐鍾王小楷十種

小居竹軒詞集　以上二種見《［民國］續修興化縣志》卷十三。

戎福餘，清興化人。

興化戎氏三修宗譜六卷首一卷　戎福餘修纂　清光緒十年刻本，吉林大學圖書館藏。

魏　潢，清興化人。

興化魏氏族譜六卷　魏潢修纂　清光緒十四年木活字本，上海圖書館藏。

張肇熙，字緝臣。清興化人。舜民子。咸豐元年舉人。

芸臺戒詞及補編　張肇熙撰，補編張金録撰　清光緒二十年刻《芸莪合編》本。

余光勳，字仲銘。清興化人。諸生。精曆算、輿地。

禹貢錐指改錯

導淮圖説

中西算術輯要　以上三種見《［民國］續修興化縣志》卷十四。

王紹曾，原名居奠，字静齋。清興化人。叙彝弟。附貢生。

碧芙蓉館詩文集　見《［民國］續修興化縣志》卷十三。

姚武寬，字蓉舫。清興化人。咸豐九年恩貢生。選清河教諭，後署安東訓導。

熙春堂駢文詩稿　見《［民國］續修興化縣志》卷十四。

顧　騄，字耳山。清興化人。繼春次子。驌弟。同治九年舉人，光緒六年大挑一等，授知縣，分陝西，初補白河縣，後調補鳳翔。

［光緒］白河縣志十三卷　顧騄修，王賢輔、李宗麟纂　清光緒十九年刻本，北京大學圖書館藏；一九六九年臺灣成文出版社影印本。

顧鳳翔詩集　見《［民國］續修興化縣志》卷十四

『書目』。

解如森，字春卿。清興化人。庠生。

怡文堂詩集　見《［民國］續修興化縣志》卷十四。

余　楠，字讓生。清興化人。廩貢生。

務滋堂詩集　余楠、余棣、余浚合著　見《［民國］續修興化縣志》卷十四。

余　棣，清興化人。

務滋堂詩集　余楠、余棣、余浚合著　見《［民國］續修興化縣志》卷十四。

余　浚，清興化人。

務滋堂詩集　余楠、余棣、余浚合著　見《［民國］續修興化縣志》卷十四。

趙鴻苞，清興化人。

雙硯書屋詩集　見《［民國］續修興化縣志》卷十四。

張嘉穀，清興化人。

抱拙軒詩集　見《［民國］續修興化縣志》卷十四。

陳正朋，清興化人。

環球書屋詩集　見《［民國］續修興化縣志》卷十四。

黃龍彥，字古蟠。清興化人。廩貢生。

鋤經堂詩鈔　見《［民國］續修興化縣志》卷十三。

鄒　峒，清興化人。

海棠香國詩集　見《［民國］續修興化縣志》卷十四。

徐雲程，清興化人。

聽秋軒詩集　見《［民國］續修興化縣志》卷十四。

陳玉臺，清興化人。

玩易軒詩集　見《［民國］續修興化縣志》卷十四。

魏蘭金，清興化人。

雙鶴軒詩集　見《［民國］續修興化縣志》卷十四。

徐耀先，清興化人。

吟紅山館詩稿　見《［民國］續修興化縣志》卷十四。

徐步瀛，字十洲。清興化人。同治九年舉人，大挑知縣分廣西，署興安縣，補平樂縣，攝平樂府事。卒年九十二。

文鑒摘要　見《［民國］續修興化縣志》卷十三。

黃元瑞，字仲修。清興化人。庠生。

自娛集詩詞稿

南北曲二十一套　以上二種見《［民國］續修興化縣志》卷十四。

趙聖傳，字蓉裳。清興化人。廩貢生。

左傳服義述　見《中國人名大辭典》。

穀梁詁義　見《［民國］續修興化縣志》卷十三。

李　鉞（？—一八七四），字左之。清興化人。庠生。從軍，歷保分省知府，晋道員。

西征雜録

固始守城七十二日筆記

瀹雪軒詩草　以上三種見《［民國］續修興化縣志》卷十三。

李鴻儒，字儀吉，一字醉六。清興化人。咸豐十一年拔貢，選授溧水教諭。

芙秋館詩鈔　見《［民國］續修興化縣志》卷十四。

劉彝程，字省庵。清興化人。熙載長子。悉心弧矢級數等學。廣方言館算學主教。光緒元年兼掌求志書院。

上海求志書院算學課藝一卷　清光緒二十二年上海石印本。

廣方言館（算學）課藝　清劉彝程、沈善蒸編　清光緒二十二年活字印本。

割圓闡率一卷　清光緒二十四年石印《古今算學叢書》本。

簡易庵算稿四卷　清光緒二十六年江南製造局刻本，國家圖書館藏。

亥加入開立方解證　自刻本，見《四部總録·演算法編》。

對數四問一卷　收入《皇朝經世文續編》。

孔廣謨，字笛生。清興化人。同治二年進士。簽分安徽知縣。未赴任卒於家。

潛山堂制藝　見《［民國］續修興化縣志》卷十四。

任香尉（一八三六—一九一八），清興化人。王氏女，緩卿妻。清孝欽皇后徵造才女，賜五品銜。

藏經紀略二卷

繡餘吟草一卷　以上二種見釋震華《興化佛教通志》卷二。

余　焜，字石莊，别號湘麓居士。清興化人。增貢生。

玉藤仙館詞存一卷　清光緒刻本，南京圖書館藏。

郭恩浚（一八四一—一九一一），字沁泉。清興化人。太平天國戰爭後寓揚州。治《易》最力，兼精壬奇之學。

說易

說地

說占驗

陽山逸叟遺集　以上四種見《［民國］續修興化縣志》卷十三。

成占春（一八四六—一九〇三），字梅叔，號萼仙。清興化人。同治十年進士，選庶吉士，十三年散館，授雲南易門知縣，調署蒙自。後調署河陽縣、石屏州，補鎮雄州知州。

海琴仙館詩六卷　清光緒二十三年刻本，南京圖書館藏；《清代詩文集彙編》本。

石文熹，字魯卿，一字季荀。清興化人。同治六年舉人。中舉後主講本邑昭陽書院。

春秋輿地古今沿革考

春秋各國年譜　以上二種見《［民國］續修興化縣志》卷十四。

陸殿鵬，字薦秋。清興化人。光緒二年會元，授吏部文選司主政。

學庸衍義　見《［民國］續修興化縣志》卷十四。

趙鴻書，字小樓。清興化人。拔子。光緒四年歲貢生。

蜕樵詩鈔　見《［民國］續修興化縣志》卷十三。

江曲春，字澤之。清興化人。醫家。光緒十五年恩貢。

舟車便覽

霍亂新編　江曲春、吴良憲、趙履鼇合著　以上二種見《［民國］續修興化縣志》卷十四。

葛以續，字永昭。清興化人。增廣生。

十三經發微　見《［民國］續修興化縣志》卷十四。

黄崇德，字静徵。清興化人。元瑞子。庠生。

水流花放館詞稿　見《［民國］續修興化縣志》卷十三。

朱　椿，清興化人。

湖北郡邑道里圖不分卷　見《清史稿藝文志補編》。

枕湖書屋詩集　見《[民國]續修興化縣志》卷十四。

朱　桐，清興化人。

二白書屋詩集　見《[民國]續修興化縣志》卷十四

釋密藏（一八五一—一九一〇），字隱儒，號秋崖。清興化人。俗姓姚。光緒十年主江天寺席。慈壽寶塔毀於兵燹，重新建造。

續金山志二卷　清光緒二十七年刻本，北京大學圖書館藏；《中國佛寺志彙刊》本；《中國佛寺志叢刊》本。

藏逸經書標目　一九一八年刻本，復旦大學圖書館藏。

隱儒禪師語録二卷　見釋震華《興化佛教通志》卷四。

王蘇門，字嘯岑。清興化人。紹曾子。增廣生。

史論

藕花榭吟草　以上二種見《[民國]續修興化縣志》卷十三。

戎雲程，清興化人。蔭張子。光緒二年舉人。

小西盧文賦草　見《[民國]續修興化縣志》卷十三。

徐石橋，清興化人。

竹溪詩草　見《[民國]續修興化縣志》卷十四。

趙克仁，清興化人。

一琴一鶴山房詩集　見《[民國]續修興化縣志》卷十四。

吴良憲，清興化人。工醫。

樂壽堂醫案

霍亂新編　江曲春、吴良憲、趙履鼇合著　以上二種見《[民國]續修興化縣志》卷十三、卷十四。

李光傑，字小樹。清興化人。附貢生。補太常寺典簿廳，後改用同知，分廣西。

緑窗詞稿　見《[民國]續修興化縣志》卷十四。

魏晋卿，興化人。辛亥革命後曾與葛瀛瀾協商政治。

閱藏詩百首　見《[民國]續修興化縣志》卷十四。

趙術堂，字觀瀾，號雙湖（有作字雙湖，號觀瀾），清高郵人，久居興化。清代醫學家。趙術堂早年習儒，曾官直隸州州同。生平淳厚謙慎，嗜於醫學，頗有心得。三十歲即知名於淮、揚兩府。

醫學指歸二卷首一卷　清同治元年趙氏旌孝堂刻本，南京圖書館藏。

楊世盛，清興化人。

悔飲軒詩稿　見《[民國]續修興化縣志》卷十四。

楊世沅，清興化人。

寄鷗館詩集　見《[民國]續修興化縣志》卷十四。

楊世興，清興化人。

白軒詩草

味燈齋詩草　以上三種見《[民國]續修興化縣志》卷十四。

孔昭回，字蘭孫。清興化人。廣謨子。

石知堂印譜二卷

醉月吟四卷　以上二種見《[民國]續修興化縣志》卷十三。

吴春元，清興化人。

吴氏族譜六卷　清吴春元、吴占熊纂。清光緒二十五年木活字本，南京博物館藏。

吴占熊　見『吴春元』條。

劉尚文，清興化人。

莆陽金石初編二卷　清光緒二十六年福州刻本。

程鶴田，清興化人。

延令程氏重修宗譜八卷　清光緒三十年九如堂木活字本，上海圖書館藏。

孔憲榮，字文孫。清興化人。光緒二十三年拔貢。宣統二年會考一等。初用禮部京官，後改學部。

興化孔氏支譜十二卷　清宣統元年木活字本，上海圖書館藏。

瀟鳴詩社唱和集　見《[民國]續修興化縣志》卷十三。

李選青，清興化人。

碧浪山房詩鈔　見《[民國]續修興化縣志》卷十四。

徐賢書，清興化人

雪鴻軒詩稿　見《[民國]續修興化縣志》卷十四。

包貞福，清興化人。

天壺齋詩文集　見《[民國]續修興化縣志》卷九。

孫耀蝯，清興化人。

分撰匋齋藏石記釋文自定本二卷　收入《李審言文集》。

清代學術概論舉正一卷　見李稚甫《二研堂全集叙録》（《李審言文集》附録三），著録稿本。

顔氏家訓補注一卷　《國粹學報》本；民國間東南大學排印《顔氏家訓論略》本；收入《李審言文集》。

媿生叢録　清宣統元年江寧刻本，二卷，國家圖書館藏；收入《李審言文集》；二〇〇〇年江蘇古籍出版社點校本；《媿生叢録》四卷《續録》一卷，未定稿待刊。

藥裹慵談六卷　載《國粹學報》七十九期；收入《李審言文集》；二〇〇〇年江蘇古籍出版社點校本。

世説新語箋釋一卷　載一九三九年《制言》；收入《李審言文集》。

學制齋文集四卷　稿本藏於家，見《二研堂全集叙録》。

學制齋駢文二卷　一九一五年江寧蔣國榜鉛印本；收入《李審言文集》。

李審言詩録　《道咸同光四朝詩史一斑録》三編本。

李審言丙辰懷人詩　民國鉛印本。

小瘦紅閣詩存二卷　見《［民國］續修興化縣志》卷十四。

李　詳（一八五九—一九三一），字慎言，一字審言，中年又字媿生，晚號齳叟。興化人。光緒十一年貢生。三十二年被聘爲江楚編譯官書局幫總纂。宣統三年被聘爲江蘇通志局分纂。一九二三年應聘爲南京東南大學中國文學系教授。一九二八年蔡元培任中央研究院院長，被聘爲特約著述員。對鄉邦文獻的收集整理貢獻尤多。

［光緒］鹽城縣志十七卷首一卷　清劉崇照修，陳玉樹等纂，李詳等分纂　清光緒二十一年刻本，國家圖書館藏；《新修方志叢刊》本；《中國地方志集成》本。

［民國］阜寧縣志　見民國《阜寧縣新志》卷末《阜寧縣新志編纂始末》。

［民國］興化縣志稿　見李稚甫《李詳傳略》（《李審言文集》附録四）。

［民國］江蘇省通志稿三百五十二卷　繆荃孫、馮煦纂修，李詳協纂　稿本，南京圖書館藏；一九二七年影印本；一九四五年鉛印本；一九九一年江蘇古籍出版社校點本。

遊杭詩録一卷　一九一八年丁福保鉛印本，附刊於《李審言文集·學制齋詩鈔》後。

丙寅遊杭絶句　民國鉛印本。

學制齋詩存四卷　稿本，見《二研堂全集叙録》。

韓詩萃精　見《學制齋文鈔》卷一本書序。

汪容甫文箋一卷　《國粹學報》本；收入古直著《汪容甫文箋》卷中，民國間中華書局排印《層冰草堂叢書》，一九五八年人民文學出版社重印出版；《中國學術名著第五輯》本。

杜詩證選一卷

韓詩證選一卷　以上二種有《國粹學報》本。

顧亭林先生詩箋注校補一卷　清光緒二十三年刻本，華東師範大學圖書館藏；《續修四庫全書》本。

選學拾瀋一卷　清光緒二十年家刻本；一九三九年《制言》本；鈔本，國家圖書館藏。

文選萃精説義　手稿本，國家圖書館藏。

文心雕龍補注一卷　《國粹學報》本；《龍溪精舍叢書》本；收入《李審言文集》；二〇〇〇年中華書局《增訂文心雕龍校注》本。

興化李審言先生與東莞張次溪論文書一卷　《京津風土叢書》本。

駢文學（一作駢文研究法）　見《學制齋文鈔》卷一本書序。

重印江都汪氏叢書　秦更年、李詳等輯　一九二五年上海中國書店影印本。《李審言文集》本，李稚甫編校一九八九年江蘇古籍出版社出版。

子目：

《文選學著作五種》

《楚辭翼注》

《世説新語箋釋》

《文心雕龍補注》

《顔氏家訓補注》

《汪容甫文箋》

《箋注雜存四種》

《正史源流急就篇》

《西漢節義傳》

《媿生叢録》六卷

《藥裹慵談》六卷

《學制齋駢文》二卷
《學制齋文鈔》二卷
《學制齋書劄》二卷
《學制齋詩鈔》四卷附《遊杭詩録》
《分撰匋齋藏石記釋文自定本》二卷
附録李詳傳記資料及李稚甫撰《二研堂全集叙録》

李竹書（一八六八—一九三二），字韻琴。興化人。庠生。

興化李氏一家集二卷　李竹書、李竹溪輯　一九三四年興化遼東印書館鉛印本。

任登第（一八六九—一九二九），字擢英。興化人。附生。

興化任氏家譜八卷首一卷　一九四二年興化遠東印書館鉛印本。

郭鍾琦（一八七〇—一九二七），字叔瑛。興化人。恩浚子。宣統元年拔貢，授知縣，分河南。一九二二年任縣商會會長，一九二七年代理興化縣長。

[民國]**江都縣續志三十卷首一卷**　錢祥保修，桂邦傑等纂，郭鍾琦協纂　一九二六年刻本；一九六三年油印本；《中國方志叢書》本。

丁草劉白疆域屬東駁議　興東界綫成案録　一九一九年鉛印本。

高廩，興化人。

槐堂書屋詩文稿　見《[民國]續修興化縣志》卷十四。

李竹溪，字海曙，一字剡泉。興化人。竹書弟。留學日本宏文學院師範科，畢業於南京民國法政大學法律科。任貴州安順、貴陽縣知事等。貴州第一監獄典獄長等。

李氏族譜四卷　一九二八年師儉堂木刻本，南京圖書館藏。

興化縣重修文峰塔徵信録　一九二六年鉛印本。

貴州第一監獄報告書

黔省公牘　以上二種見《興化李氏族譜》。

興化李氏一家集二卷　李竹書、李竹溪輯　一九三四年興化遼東印書館鉛印本。

葛瀛瀾，字嘯龍。興化人。光緒二十九年舉人。辛亥革命後被舉爲臨時縣議會副議長。

嘯龍詩文集　見《[民國]續修興化縣志》卷十四。

楊　棠，興化人。

南城脞録

皋廡閒譚

吐鳳樓文稿

黄葉村人詩文稿

半亭詞稿　以上五種見《［民國］續修興化縣志》卷十四。

鈕方義，興化人。

惠林遺草　見《［民國］續修興化縣志》卷十四。

潘廷灼，興化人。

鏡湖曲譜　見《［民國］續修興化縣志》卷十四。

趙銘傳，興化人。拔孫。宣統元年歲貢。民國初縣知事考試及格，任浙江雲和、青田縣知事。

東亞唱歌集　見《［民國］續修興化縣志》卷十三。

釋顯固，字志堅，號侶樵。興化人。俗姓孫。宣統元年應東臺西溪泰山寺之聘，整治寺院。

泰山志二卷　見釋震華《興化佛教通志》卷二本傳。

任厚琨（一八八二—一九三二），字瑶皋。興化人。庠生，精醫學，僑寓東臺。南菁高等學堂肄業，專研經史水利。歷任運河督辦公署諮議、運河工程局評議、江蘇水利局參事。嘗主東臺商會。

詩經講義一卷

水利芻言一卷

幼科指南

任氏驗案

傷寒闡微

内經概要

藴庵文存

蝸廬詩鈔　以上八種見《［民國］續修興化縣志》卷十四。

歷史講義一卷　此編爲東臺師範、中學兩校課本，今藏於家。

李恭簡，民國興化人，曾任汪僞興化縣長、縣志委員會主任、鹽城縣長、江蘇『綏靖督辦公署』軍法處處長，一九四五年被蘇中行署鎮壓。

［民國］興化縣續志十五卷　李恭簡修，李詳、魏俊、任乃賡纂，民國三十三年鉛印本。

魏　俊，字克三，民國興化人，縣志委員會副主任。

［民國］興化縣續志十五卷　李恭簡修，李詳、魏俊、任乃賡纂，民國三十三年鉛印本。

任乃賡，民國興化人，縣志委員會副主任。曾任山東萊蕪、濟寧、江蘇碭山縣縣長。

［民國］興化縣續志十五卷　李恭簡修，李詳、魏俊、任乃賡纂　民國三十三年鉛印本。

劉韻琴（一八八四—一九四三），興化人。劉熙載孫女。早年僑居馬來西亞，任馬六甲城華僑小學校長，回國後任上海《中華新報》記者，爲國内最早的女新聞記者之一。

韻琴雜著　民國五年上海泰東圖書館鉛印本。

韻琴詩詞　李西亭校注，一九九六年武漢工業大學出版社。

成文彬（一八八九—一九三八），字彦儒。興化人。興化縣救濟院婦孺救濟所主任。

興化成氏家譜三編首一卷　一九三二年鉛印本。

釋震華（一九〇九—一九四七），興化人。俗姓唐。上海玉佛寺住持。

續比丘尼傳六卷　一九三九年鎮江竹林寺刊本；一九九一年上海古籍出版社影印竹林寺本，與梁釋慧皎《高僧傳》等合刊，名《高僧傳合集》。

夾山奕葉集三卷　一九四一年鎮江竹林寺刻本，上海圖書館藏。

興化佛教通志　一九四四年鉛印本。

興化方外詩徵一卷　一九四三年上海玉佛寺鉛印本。

中國佛教人名大辭典

東渡弘化高僧傳

入華求法高僧傳

夾山志

回龍山志

玉佛寺志

圓通庵志

僧伽護國史一册

清代佛教年鑒

清代佛教綱要

比丘尼創著集

比丘尼表彰集

比丘尼軼事叢考

佛塔考略

異類法緣記

護生原理

泰縣佛教通志

碧岩吟稿　以上十八種見釋震華《興化佛教通志》卷四『書目』。

阮性傳，興化人。

興化縣小通志　南京圖書館藏。

劉荔生，興化人。

興化劉氏族譜六卷　劉荔生等修纂　一九二九年青照堂木活字本。

徐振書，興化人。

徐氏家譜十一卷附徐氏老譜備考　徐振書修纂　一九三七年刻本，河北大學圖書館藏。

解聯萼，興化人。

解氏宗譜六卷　解聯萼修纂　一九四二年興化遠東印書館鉛印本。

佚　名

李氏叢書　佚名輯　興化圖書館藏藍絲欄鈔本。

夢蕉軒詩草　《李氏叢書》鈔本，興化市圖書館藏。

興化書帶草堂昭陽鄭氏宗譜　木刻兼手鈔本，興化市博物館藏。

施氏家譜（一作國貽堂施氏家譜附施氏宗祠木榜文）　一九一八年施滿家手鈔本，大豐市白駒施耐庵紀念館藏。

附録

本書目之作者，均非泰州人，或無法確定爲泰州人。但這些著述均與泰州有關，故作爲附録，繫於《泰州著述總目》之後，以備查檢。

［嘉靖］興化縣志四卷，明胡順華纂修，明嘉靖三十八年刻本。

延令纂二卷，明王穉登撰，《四庫禁毀書叢刊》本，《王百穀集十九種》本。

［萬曆］泰興縣志四卷，明陳繼疇纂，王穉登修，明刻清印本。

［萬曆］興化縣新志十卷，明歐陽東鳳修，嚴錡纂，明萬曆十九年刻本，清鈔本，民国影鈔本。

［崇禎］靖江縣志十九卷，明陳函煇修，徐遵湯、許經、薛岡纂，清初刻本。

［康熙］泰興縣志四卷，清錢見龍、吴樸纂修，清康熙二十七年刻，乾隆補刻本；鈔本。

［康熙］泰興縣志四卷，清宋生纂修，清康熙五十五年刻本；鈔本。

［康熙］續增靖江縣志十八卷首一卷，清胡必蕃修，金敞纂，清康熙二十二年刻本；清康熙四十年增補本。

［康熙］興化縣志十四卷，清張可立撰，清康熙二十三年刻本，清康熙二十四年鈔本。民国二十二年鈔本；一九六二年鈔本。

高陽四種集，清趙欽穀輯，清康熙刻本，上海圖書館藏。

［雍正］泰州志十卷首一卷，清褚世暄修，陳九昌等纂，清雍正六年刻本。

［道光］泰州志三十六卷首一卷，清王有慶等修，陳世鎔等纂，清道光七年刻本；清光绪三十四年胡維藩、朱枚補刻本。

海陵從政録不分卷，清周際華撰，清道光十九年家蔭堂刻本，南京圖書館藏。

昭陽從政録一卷，清俞麟年撰，清同治十年刻本，南京圖書館藏。

泰州繂堤説略一卷，清王又樸撰，清光緒元年輔仁書院刻《詩禮堂全集》本，南京圖書館藏。

［光緒］泰興縣志二十六卷首一卷末一卷，清楊激雲修，顧曾烜纂　清光緒十二年刻本。

［光緒］靖江縣志十六卷首一卷，清葉滋森修，褚翔等纂，清光緒五年刻本，臺北《中國方志叢書》影印本。

海陵詩録不分卷，清曹月湖編，稿本，復旦大學圖書館藏。

新泰州學案，柳詒徵撰　景幼南鈔本，泰州圖書館藏。

姜堰鄉土志，錢錫萬撰，一九一六年姜堰文明書社石印本，據州圖書館藏。

江蘇通志局興化徵訪稿，顧碩纂，稿本。

江蘇省立國學圖書館興化分館圖書簡目，佚名編，民國油印本，鎮江圖書館藏。

江蘇省立國學圖書館興化分館被毁圖書簡目，佚名編，民國油印本，鎮江圖書館藏。

吴王張士誠載記五卷，支偉成撰，民國二十一年泰東圖書局鉛印本，南京圖書館藏。

東臺縣茅山志一卷，袁承業撰，一九二四年石印本，南京圖書館藏。

［民國］重修興化縣志，佚名撰，僅存《河渠志》，民國間稿本。

泰州採訪稿，佚名編，稿本，南京圖書館藏。

泰州詩徵三卷，佚名輯，清鈔本，南京圖書館藏。

泰縣鄉土志十二章，佚名編，一九二八年油印本，南京博物院圖書館藏。

海陵六家詩鈔，佚名輯，鈔本，揚州圖書館藏。

繆氏雜詩鈔不分卷，佚名輯，鈔本，泰州圖書館藏。

續修江蘇通志泰縣徵訪册，胡維藩、朱學曾呈，盧求古彙稿，稿本殘本，存第四至十五册。